몽골 패권하의 고려

MONGORU HAKENKA NO KORAI
by MORIHIRA Masahiko

몽골 패권하의 고려

제국질서와 왕국의 대응

초판 1쇄 발행 2024년 6월 30일
초판 2쇄 발행 2025년 9월 25일

지은이 모리히라 마사히코
옮긴이 이명미 · 정동훈

펴낸곳 서울대학교출판문화원
주소 08826 서울 관악구 관악로 1
도서주문 02-889-4424, 02-880-7995
홈페이지 www.snupress.com
페이스북 @snupress1947
인스타그램 @snupress
이메일 snubook@snu.ac.kr
출판등록 제15-3호

ISBN 978-89-521-3140-9 93910

이 책의 출판은 2022년도 서울대학교 동아문화연구소의
번역/저술 지원사업의 지원을 받았음.

몽골 패권하의 고려

제국질서와 왕국의 대응

모리히라 마사히코 지음
이명미·정동훈 옮김

서울대학교출판문화원

한국어판 서문

『몽골 패권하의 고려: 제국질서와 왕국의 대응』의 한국어판을 내면서 필자로서 인사드립니다.

이 책의 원저인 일본어판은 2013년에 간행되었습니다. 필자와 같은 분야를 전공하는 한국의 역사학자들 중에는 이미 읽어 보신 분도 계실 것입니다. 하지만 역사학자 또는 한국사 연구자라도 다른 분야, 다른 주제를 연구하시는 분들께는 제 책이 닿지 못했을 것 같습니다. 또한 책의 존재를 알지 못하고 학술지 등에 실린, 수정하기 이전의 논문만 보신 분도 계시지 않을까 합니다. 일본어판이 출판된 지 이미 10년이나 지났으니 이 책의 내용은 최신 연구 성과라고는 하기 어렵지만, 아래와 같은 의미에서 한국어판의 출간이 제 연구가 한국에서 더 널리 참조되는 데 도움이 되었으면 좋겠습니다.

사실 일본인이 일본어로 쓴 책을 한국에서 알아서 찾아봐 주고 읽어 주기를 바라는 것은 과분한 소망이며, 어찌 보면 오만한 바람이기도 할 것입니다. 외국인이라 해도 한국사를 공부하는 이상, 자신의 연구 성과를 한국에 알리고 싶다면 애초에 한국어로 글을 쓰는 것이 마땅합니다. 그러나 한국어를 할 줄 아는 일본인보다 일본어를 할 줄 아는 한국인이 압도적으로 많다는 식민지 이후의 상황에 안주했던 탓인지, 오랜 시간 일본의 한국사 연구자들은 자신의 연구를 한국어로 발표하는 데 적극적이지 않았습니다. 그러한 의미에서 해방 후에도 일본의 한국사 연구는 진정한 외국사 연구라고 말하기 어려운 측면이 있었습니다. 이런 분위기가 바뀌기 시작한 것은 양국의 시민 교류가 확대된 1990년대 이후가 아닌가 싶습니다. 마침 그 시기에 한국사를 공부하기 시작한 저는, 스스로 쓴 한국사 책을 한국어로 번역하지 못하고 있는 것에 큰 아쉬움을 느끼고 있었습니다. 그때까지만 해도 개별 논문을 한국어로 발표한 일은 있었지만, 대학교의 바쁜 일상 업무를 처리하고 새로운 연구 성과를 끊임없이 내야 하는 상황 속에서 책 한 권을 혼자서 번역하는 것은 쉽게 손댈 수 있는 일이 아니었습니다.

그러다가 2014년 즈음, 오랜 친구인 이명미 선생이 정동훈 선생과 함께 졸저를 한국어로 번역하고 있으니 내용을 확인해 달라는 고마운 연락을 주셨습니다. 두 분은 저보다 나이는 조금 어리지만, 믿음직하고 우수한 고려사 연구의 동료이자 마음 맞는 친구입니다. 특히 이명미 선생은 즐거웠던 서울대학교 유학 시절에 학생으로 만나 여러 가지로 신세를 졌습니다. 저는 두 분의 권유에 두말없이 응했는데, 그 확인 작업 역시 생각보다 긴 시간이 필요했습니다. 그것은 무엇보다 저의 태만 탓이겠지만, 제 너저분한 일본어 표현을 어떻게 한국어로 잘 옮길 수 있을지 판단하기가 스스로도 적잖이 어려웠기 때문이기도 합니다. 그럼에도 꾸준히 작업을 진행해 주신 두 분께는 아무리 감사를 전해도 모자랍니다.

역사학이란 과거에 대해 주체적으로 질문을 던지는 학문이라고 합니다. 수많은 역사적 사실 가운데 무엇에 주목할 것인가, 그 의미나 의의를 어떻게 해석하고 평가할 것인가 하는 선택지는, 실증을 바탕으로 하면서도 연구자의 주체적인 문제의식에 따라 얼마든지 다양하게 확산될 수 있습니다. 그것은 궁극적으로는 개인의 문제일 것입니다. 하지만 개인 또한 태어나고 자란 곳의 사회 환경이나 역사의 영향을 받을 수밖에 없는 존재이므로, 역사에 대한 개인의 문제의식이 지니는 특성은 각 나라마다 다릅니다. 같은 한국사라 해도 한국인이 자국사로서 하는 연구와 외국인이 외국사의 일부로서 하는 연구는 연구의 동기, 문제 설정, 역사적 사실에 대한 해석이나 평가 방식 면에서 당연히 차이가 납니다. 저 역시 일본에서의 성장 과정이나 살아오면서 겪은 다양한 경험, 역사학을 공부하기 시작했을 당시 일본의 학계 분위기 등에서 많은 영향을 받았고, 그것을 연구에 반영해 왔습니다. 그러한 문제의식이나 연구 배경의 자세한 내용은 이 책의 서장이나 후기를 읽어 주시기 바랍니다. 한 일본인이 어떻게 해서 한국사 연구를 평생의 업으로 삼았고, 그중에서도 왜 굳이 고려·몽골 관계사를 연구 주제로 선택했는지 살펴봐 주시면 좋겠습니다. 외국인으로서 한국사를 연구해 온 제 경험이 한국사를 자국사로서 공부하는 분들께 조금이라도 좋은 자극이 되었으면 합니다.

마지막으로 이번 한국어판 간행 사업을 지원해 주신 서울대학교 동아문화연구소, 출판 작업을 맡아 주신 서울대학교출판문화원, 그리고 한국어판 출판을 흔쾌히 수락해 주신 나고야대학교출판회의 관계자 여러분께 깊이 감사드립니다.

2023년 봄,

연구실에서 후쿠오카 앞바다를 바라보면서

모리히라 마사히코(森平雅彦)

차례

제2편 상호 연락의 인터페이스와 고려-원 관계

| 제7장 | 고려에 설치된 원의 참치: 경로 비정을 중심으로

| 제8장 | 『빈왕록』에 보이는 지원 10년의 고려 사절

제3편 제국에서의 왕국의 존립

종장 원에서의 고려의 기능적 위치: '제국 동방 변경 수호자'로서

서장

고려-원 관계사 연구의 의의와 과제

1. 고려-원 관계사 연구의 의의와 이 책의 관점

고려는 918년부터 1392년까지 475년 동안 한반도에 존재한 왕조다. 한반도에서 인류가 영위했던 역사를 연구하는 데 고려가 중요한 대상임은 말할 것도 없다. 이에 지금까지 많은 선학들이 다각적으로 고려의 역사를 분석해 왔다. 이 책은 그 가운데 13세기 후반에서 14세기 중반에 이르는 원조(元朝) 시기의 몽골제국, 즉 세조(世祖) 쿠빌라이로부터 시작되는 대원(大元) 대몽골국(Dai-ön yeke mongγol ulus)—이하 이 책에서는 '원' 혹은 '대원울루스'라고 지칭할 것이다[1]—과의 국가 간 관계에 대해 그 기본적인 구조를 해명하고자 한다.

서장에서는 이러한 연구 주제를 선정한 기본적인 의의와 이 책의 과제를 서술하고자 한다. 우선 고려사 전체의 흐름 속에서 이 문제가 갖

1　大元이라는 국호는 1271년(元宗 12, 至元 8)에 탄생하는데, 이 책에서는 편의로 1260년(원종 원년, 中統 원년) 쿠빌라이 정권이 발족한 시점부터를 원 혹은 대원울루스라고 지칭할 것이다. 대원울루스라는 호칭은 杉山正明의 제창에 기반한 것이다(杉山正明[1995b]; 杉山正明[1996a]; 杉山正明[1996b]; 杉山正明[1997]; 杉山正明[2004a] 등 참조). 동시대의 용어인지에 대해서는 의문이 제기된 바 있지만(舩田善之[2006], 106~107쪽), 그것이 타당한지에 대한 판단은 전문가의 몫으로 돌리고, 이 책에서는 우선 분석 개념으로서 대원울루스라는 명칭을 사용하고자 한다.

는 위상과 의미를 확인해 두도록 하겠다.

918년(太祖 원년) 건국 후, 936년(태조 19)에 이르러서야 신라 말기의 후삼국(신라, 후백제, 태봉→고려) 분립 상태에 종지부를 찍은 고려는 초기에 왕권의 취약성을 안고 있었다. 그러나 10세기 중반 이후 중국 당(唐)·송(宋)의 제도를 참고하고 여기에 독자성을 더해 점차 체제 정비를 진행하면서 11세기 후반에 이르기까지 중앙집권적인 관료제 국가를 구축해 갔다. 국내에서는 개경(開京, 현재의 황해북도 개성시)의 귀족적인 문벌관료를 중심으로 한 문치주의가 번성했고, 중국 고전에 근거한 학술·문예와 불교, 그리고 고려청자로 대표되는 문화가 꽃을 피웠다. 고려는 또한 송·거란(契丹)·서하(西夏)·여진(女眞)·일본 등 여러 정권 및 민족으로 다극화된 동방 유라시아의 국제환경 속에서, 후당(後唐)·후진(後晉)·후주(後周)·북송(北宋)·요(遼)·금(金) 등 대륙의 역대 왕조에 칭신(稱臣)하고 조공(朝貢)함으로써 왕위를 승인(冊封)받는 현실적인 사대(事大) 형식의 외교를 전개했다. 하지만 한편으로 고려는 국가 제도에 자국의 군주를 천자(天子)·황제(皇帝)에 비기는 내용을 포함하고 있었고, 주변 지역에도 고려왕의 교화를 퍼뜨리는 것을 표방하는 등 독특한 자세를 보였다는 점이 주목된다.[2]

이렇게 확립된 고려의 고전적 체제[3]는 12세기에 이미 동요하게 되었다. 특히 1170년(毅宗 24)과 1173년(明宗 3)에 연달아 발생한 무신들의 정변(경인·계사의 난)을 계기로 한국 역사에서 매우 드문 무신집권기가 이후 한 세기에 걸쳐 계속되었다. 이 사건은 기존의 왕조를 부정할 정도로 혁신적이지는 않았지만, 문신 우위의 전통은 물론 양인과 천인의 구분

2 이 문제에 관한 연구사에 대해서는 森平雅彦[2007] 참조.

3 여기서 이야기하는 '고전적 체제'라는 용어에 대해서는, "역사에서 그 후의 國制 및 문화의 기초가 되고 후대로부터 어떠한 규범의식을 가지고 회고되는 국제 및 문화를 '고전적'이라고 정의"한다는 吉田孝[1997](194쪽)의 논의와 그것에 입각한 渡邊信一郎[2003](제3장)의 중국 고대 國制史에 관한 논의를 참고했다.

이라는 신분질서까지도 동요시키는 등 새로운 가능성을 내포한 사회 변동을 동반했다.

이렇게 고려 사회가 새로운 단계로 진입했을 때, 그 앞에 나타나 역사 전개에 크게 영향을 미친 것이 다름 아닌 몽골제국이었다. 몽골 고원의 여러 유목부족을 통합한 칭기스칸은 1206년(熙宗 2, 太祖 칭기스 원년)에 제위에 오른 뒤 곧 금 치하의 화북(華北)·요동(遼東) 지방 경략을 개시했다. 그 과정에서 한반도로 도망한 거란인 집단을 추격하다가 1218년(高宗 5, 태조 칭기스 13)에 처음으로 몽골군이 고려와 접촉했다. 이를 계기로 양국의 통교가 시작되었다. 그러나 몽골 측의 잇따른 공물 요구에 고려 정부가 심한 불만을 갖게 되었고, 그러던 중 1225년(고종 12, 태조 칭기스 20) 몽골 사신이 조난된 사건이 발생하면서 통교는 일단 두절되었다. 그리고 1231년(고종 18, 太宗 우구데이 3)부터 1259년(고종 46, 憲宗 뭉케 9)에 걸쳐 몽골군의 대규모 군사 침공이 단속적으로 반복되었다. 이 침공은 처음에는 몽골 측에서 1225년에 조난된 사신을 고려가 살해했다고 단정하고 그 죄를 묻겠다는 명목으로 개시한 것이었으나, 기본적으로는 몽골제국이 같은 시기에 유라시아 동서에 걸쳐 광범위하게 추진했던 정복전쟁과 병행·연동된 움직임이었던 것으로 보인다.

이에 대해 고려는 당시의 집권 무신 최씨의 주도하에 수도를 개경에서 강화도로 옮기고, 지방에서는 민간인들에게 입보(入保), 즉 섬이나 산성(山城)으로 들어가 농성할 것을 명령해 29년이나 저항을 이어 갔다. 그러나 적극적인 사태 타개책을 찾아내지 못한 채 주민 피해가 확대되는 가운데, 최씨 정권은 권력을 원활히 승계하지 못하면서 서서히 구심력을 상실해 갔다. 결국 1258년(고종 45, 헌종 뭉케 8) 궁정 쿠데타로 최씨 정권은 막을 내렸다.

이렇게 해서 고려는 항전의 책임을 최씨에게 떠넘기는 형태로 몽골과의 강화 교섭에 본격적으로 착수했다. 1259년(고종 46, 헌종 뭉케 9) 왕태자 왕전(王倎), 즉 훗날의 원종(元宗)은 부왕 고종을 대신해 항복 사절로서 당시의 황제 헌종 뭉케가 있는 곳으로 향했다. 그러나 그 도중에 뭉케는 급사했고, 그 동생 쿠빌라이와 아릭부케 사이에 제위 계승을 둘러싼 대립이 표면화되었다. 이러한 상황에서 태자 왕전이 쿠빌라이의 진영을 찾아가 투항 의사를 밝힌 결과, 1260년(원종 원년, 中統 원년)부터 고려는 그 정권인 원에 신속(臣屬)하게 되었다. 무신 집권세력은 최씨의 실각 후에도 김준(金俊), 임연(林衍) 등에 의해 명맥을 유지하고 있었으나, 1270년(원종 11, 至元 7)에 원의 압력으로 완전히 붕괴되었다. 이로써 '왕정복고(王政復古)'를 이루어 낸 국왕을 중심으로, 그 후 약 한 세기에 걸쳐 고려의 역사는 원과의 긴밀한 관계 속에서 전개되었다. 원·고려군이 1274년(원종 15, 지원 11)과 1281년(忠烈王 7, 지원 18) 두 차례에 걸쳐 일본을 침공한 것도 이 시기였다.

1356년(恭愍王 5, 至正 16) 공민왕은 당시 구심력이 느슨해져 가던 원의 직접적인 영향으로부터 이탈을 꾀하며, 원과의 관계 속에서 일그러진 왕권과 통치체제의 재건을 추진했다. 이러한 고려의 시도는 후에 원, 즉 북원(北元)과 명(明)의 외교전, 홍건군과 왜구의 침탈, 국내 반대 세력의 저항 등 혼잡한 내외정세에 대응해야 하는 과제에 직면하면서 충분한 성과를 거두지 못했다. 그러나 그 과정에서 주자학의 이념을 표방한 개혁파 관료가 성장했고, 이는 1392년(恭讓王 4, 조선 太祖 원년)의 왕조 교체로 이어졌다.

이상과 같이 원과의 관계는 13세기 후반~14세기 중반의 고려사를 크게 특징짓는 중요한 한 요인이었다. 물론 전술한 바와 같이, 고려가 대륙의 왕조에 대해 사대 외교를 진행한 일 자체는 고려 초부터 확인된다. 그러나 원 이전의 것은 기본적으로 외교상의 '형식'으로, 책봉 종주국이 고려의 국내 문제에까지 직접 간섭하는 일은 없었다. 이에 비해 원과의 종속관계는 한정이 없었던 것은 아니더라도 상당한 수준의 실질성을 가지고 있었으며, 그를 배경으로 한 원과의 여러 관계가 고려 내 정치·사회·경제·문화의 모든 방면에 폭넓게 영향을 미쳤다. 예를 들면 무신집권기의 종언이라는 고려 정치사상의 일대 변혁도 그 영향을 보여 주는 상징적인 사건이다. 요컨대 원과의 관계는 단순히 국제관계사의 한 장면에 그치는 것이 아니라, 당시의 고려사 전반을 이해하는 데 관건이 되는 연구 주제다.

그러므로 고려 시대사에서 이 시기는 원과의 밀접한 관계를 지표로 앞뒤 시기와 구별할 수 있다. 현재 이 분야를 주도하고 있는 한국의 학계에서도 '원 간섭기'라는 호칭이 일반화되어 있다. 다만 필자는 고려가 원으로부터 받은 영향의 형태와 국면의 다양성, 쌍방향적인 교류의 양태로 보아 이것을 고려의 종속적·수동적 측면이 강조되는 경향이 있는 '간섭'이라는 용어로 표현하는 것이 적합하다고는 생각하지 않는다. 따라서 이 책에서는, 그러한 영향의 배경으로 일정한 실질성을 수반한 원과의 종속관계가 유지되었던 기간이라는 의미에서 '사원기(事元期)'라는 호칭을 사용하고자 한다.[4] 구체적으로는 고려가 쿠빌라이 정권과 강화를 맺은 1260년부터 공민왕이 반원정책을 시작한 1356년까지의 97년에 해당한다.

이 사원기는 고려 후기뿐 아니라 나아가 중장기적 역사변동에서도 중요한 위치를 점한다고 생각한다. 11세기 후반까지 정비되어 온 고려의 고전적 체제는 그 후 무신집권기와 사원기를 통해 변용되고 재편되었으며, 고려 말·조선 초의 변혁을 거쳐 15세기 후반에 새로운 고전인 『경국대전(經國大典)』으로 집대성되었다. 고려·조선 두 왕조에서 각기 고전적 체제가 확립된 시기의 사이에 위치한 사원기는 여러 획기와 관련되었다고 생각한다. 두세 가지 사례를 제시해 보면 다음과 같다.

우선 정치의 측면에서, 전술한 바와 같이 고려는 국가 제도에 자국의 군주를 천자·황제에 비견하는 내용을 포함하고 있었으나, 이러한

4 '事元期'라는 용어에 대해서는 矢木毅[2008a](xi쪽의 주 6)의 논의도 함께 참조.

'참월한 제도'는 13세기 말에 원의 힐책을 받아 크게 변경되었다. 즉 황제 휘하의 제후국에 적합한 격식으로 강등되었던 것인데, 이러한 국가 체제는 이후 조선에도 계승되었다. 또한 이 시기, 당·송의 제도에 준거한 최고중추기관인 중서성(中書省)·문하성(門下省)·상서성(尙書省)의 3성(중서문하성과 상서성의 2성설도 있음)이 첨의부(僉議府, 이후 첨의사사(僉議使司), 도첨의사사(都僉議使司)로 개칭)로 통합되었으며, 군사 관련 업무를 담당하는 추밀원(樞密院)도 밀직사(密直司)로 개칭되었다. 그리고 이러한 기관 재상들의 합좌(合坐), 즉 회의기구가 종래 '군국중사(軍國重事)'에 관여하는 일부 재상의 특임기구였던 도병마사(都兵馬使)와 일체화됨에 따라, 단독 최고의결기관으로서의 도평의사사(都評議使司)가 탄생했다.[5] 도평의사사는 조선 시대 최고기관인 의정부(議政府)의 전신이다.[6]

경제 측면에서, 고려 조정은 전기에 관료를 비롯한 권력구성원에게 토지를 분급하는 제도로서 전시과(田柴科)를 정비, 시행했다. 그러나 후기에 들어 원칙적으로는 국왕이 하사하는 것으로 되어 있는 사급전(賜給田) 등의 형식을 빌려 권세가들이 대규모로 토지를 겸병하고 탈점함에 따라 전시과가 제 기능을 하지 못하게 되었다. 그리하여 조선의 건국 세력은 고려 멸망 직전인 1391년(공양왕 3) 기존의 토지 권익을 정리하면서, 사실상 새 정권의 간판정책 중 하나인 새로운 토지분급제-과전법(科田法)을 내세웠다. 토지의 겸병·탈점이 가장 성행했던 시기는 사원기였다고 하는데, 그 요인 중 하나였던 사급전이 성행한 배경에는 원과의 관계가 영향을 미쳤던 것으로 보인다. 즉, 원과의 관계 속에서 현 국왕과 전 국왕, 왕세자, 경우에 따라서는 그 외 유력 왕족 사이에 왕좌를 둘러싼 분파 당쟁이 빈번히 발생함에 따라 각 국왕이 스스로의 권력기반을 확고히 하기 위해 자신의 지지세력에게 과도하게 경제적인 혜택을 주었던

5 矢木毅[2008a], 182~188쪽 참조.

6 末松保和[1996], 193~304쪽 참조.

것이다.[7]

또한 문화 측면에서, 고려 지배층이 위정자의 소양으로서 유교를 중시하면서 호국의 방도로는 불교를 강하게 믿었던 데 비해, 조선은 왕권 이데올로기에서 불교를 배제하고 유교, 특히 남송의 주희(朱熹)가 집대성한 주자학(朱子學)을 체제교학으로 삼았다. 이 주자학이 한반도에 본격적으로 전해진 것이 바로 사원기의 일이었다. 그리고 국가 간 관계를 매개로 한 원과 고려의 인적·물적 교류, 과거(科學) 부활과 학교 진흥이라는 원의 유학 관련 정책의 고려 내 파급 등을 생각하면 원과의 밀접한 관계가 고려로의 주자학 전래를 촉진한 중요한 요인 가운데 하나였음을 알 수 있다.[8]

이처럼 고려-원 관계는 고려 전기부터 조선 전기에 이르는 중장기적 사회변동의 과정에서 발생한 많은 중요한 변화에 관련되어 있는 것으로 보인다. 그러나 고려-원 관계가 한반도 사회에 미친 영향과 그 역사적 의의에 대한 전체적인 해명은 아직 제대로 이루어지지 않은 상황이다. 그 원인은 무엇보다 고려-원 관계 그 자체가 충분한 수준에서 정밀하고 체계적으로 해명되지 않았기 때문이다. 물론 고려-원 관계라는 한마디로 정리한다 해도 그 관계의 내용은 국가 수준부터 민간 수준까지 여러 층위에 걸쳐 있다. 그러나 고려-원 관계의 발단이 그랬듯이 국가 간 관계가 그 기축이 됨은 기본적으로 부정할 수 없을 것이다. 물론 겉모습에 지나지 않는 부분도 있겠지만, 어디까지가 외양이고 어디까지가 내실인지를 확인하기 위해서라도 우선은 국가 간 관계를 상세하고 체계적으로 파악해 두고자 한다. 그리고 그 핵심으로서 사람들의 행동에 일정한 준칙·틀을 부여하는 제도와 관례, 그중에서도 특히 왕조를

7 이상의 토지 겸병·탈점 문제의 정치적 배경에 대해서는 森平雅彦[1996] 참조.

8 이상의 주자학이 고려로 전파된 국제적 배경에 대해서는 森平雅彦[2003]; 森平雅彦[2006]; 森平雅彦[2011] 참조.

대표하는 국왕·왕실을 둘러싼 것이 가장 기본적인 골격을 이루게 될 것이다.

이상의 관점에서 이 책은 고려-원 관계의 형태를 결정하는 골격 중의 골격으로서, 양국 국가 간 관계에서 고려왕 및 고려왕실이 가지는 위상과 관련한 제도와 관례를 상세하고 체계적으로 밝히는 것을 당면 과제로 삼는다(이하 별도 표기 없이 고려-원 관계라고 하는 경우, 국가 수준의 관계를 가리킨다). 이는 고려인들이 원과의 관계에서 어떻게 행동했고, 어떠한 내심을 품고 있었는지를 직접 논하는 것은 아니며, 기본적으로는 그 전제로서 표면상 표방된 원칙과 형식의 부분을 파악하고자 하는 것이다. 원 측이 상위에 선 관계의 형식을 논하는 이상, 원 측에서 본 대(對)고려 관계를 논하는 것 같은 양상을 보일 수도 있다. 그러나 어디까지나 고려가 원과의 관계를 구축하는 과정에서 당면했던 기초적인 조건으로서 이 문제를 다룰 계획이다.

이와 같이 이 책은 일차적으로 고려 사회, 나아가서는 한반도 사회의 역사적 전개 과정의 자취를 더듬어 가는 작업의 일환으로서 고려-원 관계를 논하는데, 그 근저에 있는 문제의식 두 가지를 서술해 두겠다.

첫째는 한국 국제관계사 연구의 일환으로서의 의의다. 지금까지의 한국사 연구에서 국제관계사는 의식하건 하지 않건 한국 사회의 본질에 대한 논제로 다루어진 측면이 있다. 주지하다시피 일찍이 일본에서는 주로 20세기 전반에 조선 타율성사관이 주창되었다.[9] 그리고 그 중요한 근거의 하나는 한국의 역대 왕조가 대륙의 왕조에 대해 사대 외교를 행했다는 사실이었다. 이에 대한 비판으로 전후(戰後) 일본과 해방 후 남북한에서는 한국인들이 외압에 과감히 저항한 사실을 찾아내는 움직임이 활발하게 이루어졌고, 이러한 저항사관에 무게를 둔 역사 서술이 나

9 근현대 일본에서의 한국사관 전개과정에 대해서는 다시 정리, 검토할 필요가 있는데, 여기에서는 일단 旗田巍[1969] 참조.

타났다. 또한 1980년 전후부터는 한국 역대 왕조에 자국에 대한 자존 의식과 그 정치적인 표현이 존재했다는 사실이 '발견'되어 주목받게 되었다.[10] 최근에는 적어도 학계 수준에서는 사대외교의 형식성에 대한 인식도 널리 정착되었다고 할 수 있다.

필자가 원에 종속된 시기의 고려에 착목하는 것은 어떤 의미에서 이러한 추세에 역행하는 것처럼 보일지도 모르겠다. 실제로 필자는 이전에 어떤 연구자로부터 '한국인에게 치욕스러운 시대'를 굳이 연구 주제로 선택한 이유를 질문받은 일이 있다. 그러나 외압에 대한 과격한 저항 활동에 전제 없는 가치를 부여하고, 저항에 관여하지 않았거나 저항 활동으로부터 떨어져 있었던 사람들의 역사적 존재 의의를 사상해 버리는 방식으로는 전체 상황을 구조적으로 이해하기 어려울 것이다. 그뿐 아니라 이러한 관점은 그러한 저항이 누차 좌절되었다는 역사적 결과 앞에서 오히려 타율성의 인상을 재생산할 위험성을 내포할 수도 있다. 또한 한국 역대 왕조의 자존적 자세도 실제로는 현실의 대륙 왕조와의 관계에 따라 대외적, 혹은 국내적으로도 여러 가지 형태로 억제·조정되는 복잡한 양상을 보였다. 이는 많은 경우 현대의 역사가가 볼 때 '명분과 실제의 괴리', '모순'이라고 평가할 수도 있는 양상이다. 이러한 평가는 전면적으로 순화된 자기표현은 아닌데, 그러한 양상도 외부적으로 보이는 것과 내부적으로 구축된 것이 구별되었다라고 하는 단순한 이분법으로는 설명할 수 없다는 점이 중요한 특색이다.[11]

사원기를 단순히 '민족 수난의 역사'로 정리하는 관점 또한 그 이전 시기에 몽골에 저항하다 스러져 간 사람들에 초점을 맞추는 한편, 원에 종속된 채로 살아가는 길을 선택했거나 선택할 수밖에 없었던 사람들, 선택 가능성을 의식조차 하지 못했던 상황 속에서 나날의 생활을 이어

10 森平雅彦[2007] 참조.

11 森平雅彦[2007], 157~159쪽 참조.

갔던 사람들의 '주체성'을 간과할 위험성을 품고 있다. 적어도 고려인들은 원에 의해 단지 일방적으로 억압당하고, 한결같이 수동적으로 신음하고 있었던 것은 아니다. 오히려 엄청난 인적·물적 손해를 감당해야 했던 일본과의 전쟁조차 하나의 기회로 이용했고, 다양한 생존 전략을 개인적·집단적으로 고안하여 실천하기도 했다. 그러한 '성과'의 일단은, 유라시아 전역에서 몽골의 지배를 받으면서 결국 그 형태를 상실해 버린 정권이 적지 않음에도 고려가 원의 쇠퇴 후까지 명맥을 지켜 내어 조선에 배턴을 넘겨주었다는 사실에서도 나타난다.

이처럼 강온 양면을 넘나드는 대단히 탄력적인 대응은 오랜 기간 가혹한 대외 환경에 노출되었던 한반도의 역사에서 보이는 특징적 면모다. 또한 이는 고대에서 현대에 이르는 그 역사가 연구 주제로서 매력적인 이유 중 하나다. 여기서 관찰되는 인간 현상의 복잡함과 풍부함은 '저항인가, 복종인가', '자존(自尊)인가, 사대인가'라는 단순한 이분법으로는 도저히 파악할 수 없다. 주변 국제 환경에 대한 깊이 있는 대응 방식에서야말로 한국사 연구가 한 지역 연구의 문맥을 넘어 역사학으로서 갖는 일반적 의의, 나아가서는 보편적인 인간 탐구 주제로서 갖는 가치의 한 단면이 보인다. 그리고 이를 통해, 예컨대 국제관계론 및 정체성론(正體性論)을 비롯한 인문·사회과학의 여러 관련 분야에 흥미로운 모델 및 아이디어를 제공할 수도 있을 것이다. 이 책의 연구는 그러한 문제의식을 중요한 하나의 기초로 삼아 진행해 나갈 것이다. 이 책의 부제인 '제국질서와 왕국의 대응'도 한편으로는 '광역의 헤게모니와 지역사회의 관계'라는 인류사의 일반적 현상 가운데 한 사례로서의 의미 부여를 염두에 둔 것이다.

두 번째 문제의식은 몽골제국사 연구의 새로운 조류와의 관련성이다. 최근 몽골제국사에 대한 재검토가 활발하게 전개되어, 그 세계사적인 획기성이 지적되고 있다.[12] 몽골을 야만적인 파괴자로 보는 논조는 자취를 감추고, 몽골 정권 아래에서의 다양한 문화적 성취와 상업을 비롯한 경제의 활황, 인간과 물자와 정보의 역동적인 움직임, 느슨한 통합을 발판 삼아 국제화한 사회의 다양성 및 개방성 등이 강조되고 있다. 그리고 원에 대해서는, 이를 전통적인 '중국사'의 틀에 억지로 집어넣어 온 관점이 비판받으면서 유목민 정권으로서의 연속성, 그것이 이후의 명·청 시대에 미친 큰 영향 등이 주목받고 있다. 이 책도 그러한 최신 성과를 적극적으로 흡수함으로써 고려-원 관계의 역사상을 재검토하는 것을 목적으로 한다. 이 책의 각 장에서 '대원울루스'라는 호칭을 사용한 것은 이를 전통적인 '중국사'의 범주에 두고 있지 않다는 점을 강조하기 위한 것이며, '원'이라고 간략히 칭하는 경우에도 같은 인식을 공유하고 있다는 점을 미리 밝혀 두고자 한다.[13]

또한 강조하고 싶은 것은, 몽골제국이 중앙집권국가와는 달리 비교적 높은 자립성과 자율성을 가진 다양한 층위의 정치세력을 세력권 아래 두고 있었으며, 일면 그러한 여러 세력의 복합체·연합체로서 존재하는 정치체였다는 점이다. 다음 장 이하에서 구체적으로 서술할 테지만, 당시의 고려 또한 원이라는 정치체의 한 구성단위로서의 측면을 갖는다. 그런데 몽골제국의 세력권 아래 있었던 하위 정치세력에 대해, 특히 원에서의 그 실상에 대해서는 관련 사료의 제약으로 분명히 밝혀지지 않은 점이 많이 남아 있다. 그 가운데 고려는 오히려 비교적 풍부한 사료를 가진 사례다. 그런 의미에서 고려-원 관계사 연구는 몽골제국을 구성하는 하위 정치세력의 사례 연구, 나아가서는 몽골제국의 국가구조를 분석하는 작업의 일환으로서도 의미를 가질 수 있다. 이 점은 이 책

---

12 이와 관련된 대표적인 논의로, 여기에서는 일단 岡田英弘[1992]; 杉山正明[1992]; 杉山正明[1995b]; 杉山正明[1996a]; 杉山正明[1996b]; 杉山正明[1997]; 杉山正明[2004a]; 宮紀子[2006a]를 제시해 둔다.

13 이 책에서는 '중국'이라는 용어를 주로 지역으로서의 China proper와 그곳에서 배태한 문화전통을 일컫는 의미로 사용하며, 정권을 중국왕조 등으로 칭하는 경우는 '중국을 지배한 왕조'의 의미로 사용한 것이다.

의 직접적인 목표는 아니지만, 꾸준히 의식하는 관점의 하나다.

다만 굳이 부언하자면, 몽골제국에 관한 논제가 유라시아 규모의 '거대한 스케일'을 가진다는 사실 그 자체는 이 책의 문맥에서 어디까지나 부차적인 문제이며, 그것을 직접적인 연구 동기로 삼은 것은 아니다. 말할 것도 없이 그 객관적 의의는 충분히 인정하며 관심도 두고 있으나, 이 책에서는 기본적으로 한반도에서의 인류 역사의 한 국면에 깊이 관련되었다는 점에서만 몽골제국의 중요성에 주목한다. 이것이 문제를 축소하는 것은 결코 아니다. 대체로 역사학에서는 어떤 역사상이 얼마나 큰 공간적·시간적·양적 영향을 끼쳤는지에 관심을 두는 경향이 있다. 인류사 전체를 하나의 인체에 비유하자면, 그것은 인체를 기관 단위로 해부해 어디가 뇌이며 어디가 심장인지를 찾는 것과 같다. 물론 그것은 그 자체로 매우 중요하다. 그러나 아무리 뇌나 심장을 강조한다고 하더라도, 그것만으로는 인체의 전체 구조를 보여 줄 수 없다. 또 인체의 본질을 유전자 단위에서 해석하려고 한다면, 표피 한 조각, 체모 한 조각도 뇌, 심장과 동등한 가치를 갖게 된다.

인류사회의 '일견 작은 한 장면'에서 그 보편적·근원적인 명제(유전자)를 찾아내려는 시도가 역사학은 물론 다른 인문·사회 여러 학문에서도 일어나고 있음은 두말할 필요도 없다. 전술한 바와 같이, 필자가 고려-원 관계사, 나아가서는 한국사에서 찾아내려고 하는 것도 인류사회의 본질 일반을 이해하는 실마리가 되어 줄 학술적 가치다. 다만 몽골제국사에 대해 현상 면의 거대한 스케일에 매료되는 측면이 큰 것은 사실이며, 또 현대의 일본 사회에서는 한국사 자체가 갖는 일본과의 지리적·역사적인 관계성이라는 다른 현상 면의 스케일이 크기 때문에 때로는 안이하게 특별 취급되기 쉬운 면도 있다. 이 책에서 필자의 문제의식이 그와는 다른 성격의 것이라는 점을 미리 명확하게 해두고자 한다. 물론 이것은 단순히 '다르다'는 점을 이야기한 것일 뿐으로, 다른 문제의식이 옳거나 그르다 혹은 더 좋거나 나쁘다고 운운하는 것은 아니다.

2. 학설사와 그 문제점

이어서, 고려-원 관계에서의 고려왕·고려왕실 위상에 관한 제도·관례 해명이라는 당면 과제에 입각해, 필자가 본 연구를 시작한 1990년대 중반까지의 학설사를 개관하고 그 방법론적인 문제점들을 분명하게 지적해 보고자 한다.

근대 역사학에서 고려-원 관계사에 대한 관심은 메이지 시기의 이른바 '원구(元寇)' 연구로까지 거슬러 올라가는데, 본격적인 연구는 20세기 초, 일본 내 한국사 연구의 태두인 이케우치 히로시(池內宏)로부터 시작되었다. 그는 '원구' 연구에서도 원·고려 정세에 관한 상세한 논술에 근거해 뛰어난 업적을 남겼는데,[14] 그 기초가 되는 고려-원 관계사 논고를 1917년부터 1933년에 걸쳐 발표했다.[15] 여기에서는 강화(講和) 이후 초기의 양국 교섭, 삼별초의 반원 항쟁, 원의 제주도 지배, 고려에 대한 원의 다루가치[達魯花赤, daruɣači] 파견, 원이 고려에 설치한 기관인 정동행성(征東行省)의 연혁, 공민왕의 반원 정책 등 각 시기의 기본적 논점을 폭넓게 다루면서 주로 그 제도사·사건사적인 사실관계를 논했다. 그 성과는 『만선사연구(滿鮮史研究)』 중세(中世) 제3책[16]에 수록되어 있다. 이외에 같은 시기 일본에서 쓰다 소키치(津田左右吉)가 고려 북변의 영토 할양 문제에 대해,[17] 오시부치 하지메(鴛淵一)가 정동행성에 대해,[18] 마루가메 긴사쿠(丸龜金作)가 14세기 초에 원에서 고려 왕가에 수여한 심왕(瀋王) 칭호에 대해[19] 각기 논했지만, 고려-원 관계의 여러 요소를 망라했다는

14 池內宏[1931b].

15 池內宏[1917]; 池內宏[1925]; 池內宏[1926a]; 池內宏[1926b]; 池內宏[1929]; 池內宏[1931a]; 池內宏[1933].

16 池內宏[1963a].

17 津田左右吉[1913a]; 津田左右吉[1913b].

18 鴛淵一[1929].

점에서는 이케우치 히로시의 업적이 압도적인 존재감을 보인다.

제2차 세계대전 후인 1950년대 일본과 한국에서는 원에 대한 고려 지배층의 동녀(童女), 즉 공녀(貢女) 헌상 문제에 관한 유홍렬(柳洪烈)의 논고,[20] 고려 왕가에 시집 온 몽골 공주의 정치적 위상에 관한 김성준(金成俊)의 논고,[21] 심왕 문제 및 원 제실(帝室)과 제주도의 관계에 관한 오카다 히데히로(岡田英弘)의 논고[22] 등이 산발적으로 발표되었으며, 유럽에서는 루이 앙비(Louis Hambis)가 양국의 왕족 간 통혼에 관한 기초적인 연구를 발표했다.[23] 1960년대에 들어 한국의 고병익(高柄翊)과 일본의 기타무라 히데토(北村秀人)가 잇따라 정동행성의 연혁·조직·기능에 관한 연구를 발표하면서 관련 연구에 큰 진전이 있었다.[24] 두 사람의 연구는 사료를 널리 활용하고 논점을 종합했다는 점에서 고려-원 관계 연구의 수준을 완전히 새로운 차원으로 끌어올렸다. 이에 따라 당초 원의 일본 공격 사령부로서 설치되었던 정동행성이 이후에 고려에서 원의 최고지방통치기관이 되었고, 고려왕을 장관으로 해서 통상적으로는 고도의 자율성 속에서 운영되면서도 상황에 따라 원의 고려 통제 수단으로 이용되었다는 점 등이 밝혀졌다. 당시 한국 학계의 수준을 보여 주는 국사편찬위원회의 『한국사』에서도 이러한 성과를 받아들여 정동행성을 중심으로 양국 관계를 다루었다.[25] 이 외에 1960년대에는 북한의 김재홍과 미국의 윌리엄 헨손(William E. Henthorn)이 몽골의 고려 침략에 관한 전론을 저술했는데,[26] 원과의 초기 교섭을, 특히 후자는 고려에 대한 원의 요구 사항

19 丸龜金作[1934].
20 柳洪烈[1957].
21 金成俊[1958].
22 岡田英弘[1958]; 岡田英弘[1959].
23 Hambis[1957].
24 高柄翊[1961]; 高柄翊[1962]; 北村秀人[1964]; 北村秀人[1965].
25 高柄翊[1974].
26 김재홍[1963]; Henthorn[1963].

을 논급했다.

1970~80년대에도 기타무라 히데토가 심왕 문제에 대해 실증성 높은 연구를 발표했고, 한국에서도 김경래(金庚來)와 이승한(李昇漢)이 같은 주제를 다루었다.[27] 또 김혜원(金惠苑)이 충렬왕의 대원교섭활동과 양국 간 통혼관계에 대해 탄탄한 성과를 발표했으며,[28] 영토 할양 문제에 관한 방동인(方東仁)과 김구진(金九鎭)의 전론도 발표되었다.[29] 대만에서도 정동행성에 관한 딩쿤젠(丁崑健)의 논고, 통혼관계에 관한 샤오치칭(蕭啓慶)의 논고가 발표되었다.[30] 한국의 원사 연구자인 주채혁(周采赫)이 몽골제국의 국가구조에 입각해 양국 관계의 특질을 논하고자 한 것은[31] 전체적인 구조를 인식하는 방향성에서 부족함을 보이고 실증 면에서 아쉬움을 남기기는 했으나 귀중한 문제 제기였다고 할 수 있다.

오히려 고려-원 관계사 이상으로, 이 시기부터 1990년대에 걸쳐 한국의 고려사 연구에서는 사원기의 국내 정치사를 정치세력의 성격을 분석하는 관점에서 논하려는 움직임이 활발해졌다. 민현구(閔賢九)의 '권문세족론(權門世族論)'은 그 효시였다.[32] 그는 사원기의 집권층을 원과의 관계를 배경으로 과거 등을 통하지 않고 정치 진출을 이루어 낸 신흥세력이자 이후 대대로 고위관직을 점하며 갖가지 사회 폐해의 주체가 된 '권문세족'이라고 규정했다. 민현구의 설에 대해서는 뒤에 김광철(金光哲)이 비판을 제기하면서 당시 지배층의 다수는 전통적인 관료 가문인 '세족(世族)' 출신이었으며, 국왕에 가까운 '측근' 집단이 각 왕대의 정치운영을 주도했다고 논했는데,[33] 그 후에도 사원기의 개별 왕대 정치 과정

---

27 北村秀人[1972]; 金庚來[1988]; 李昇漢[1988].

28 金惠苑[1986]; 金惠苑[1989].

29 方東仁[1982]; 方東仁[1984]; 金九鎭[1989]; 方東仁[1990].

30 丁崑健[1980]; 蕭啓慶[1983a].

31 周采赫[1989].

32 閔賢九[1974].

에 관한 상세한 연구가 연이어 등장했다. 근년에는 당시의 정국을 원과의 일체화를 지향하는 '통제(通制)'파와 고려의 독자성 유지를 지향하는 '국속(國俗)'파의 각축으로 정리하는 견해도 있다.[34] 이들 연구는 원과의 관계가 고려 국내 정국에 미친 영향을 논했다는 점에서 고려-원 관계사 연구의 심화 편이라고 할 수 있다.

한편, 1990년대 고려-원 관계 자체에 관한 연구는 주로 한국 학계에서 진행되었다. 고려에서 파견된 질자(質子, turγaγ)에 관한 양의숙(梁義淑)의 논고,[35] 심왕 문제 및 입성(立省) 문제, 즉 원에서의 고려 직할화(直轄化) 운동에 관한 김혜원의 논고[36]가 발표되었는데, 이러한 1990년대 중반의 동향은 관련 논의의 큰 비약으로 기억될 것이다. 그리고 1994년에 간행된 장동익(張東翼)의 『高麗後期外交史研究』는 특히 주목할 만하다.[37] 이 저서의 백미는 중국 문헌을 널리 조사해 대량의 새로운 사료를 발굴한 점으로, 장동익은 이에 근거해 정동행성의 조직 및 연혁 등에 대한 종래의 이해 수준을 크게 바꾸어 놓았으며, 고려·원 양국의 정치 교섭과 그 외의 교류에 대해서도 많은 새로운 사실을 밝혔다. 장동익은 이러한 성과에 기반해 신편 『한국사』에서 고려-원 관계 집필을 담당했다.[38] 또 장동익이 수집한 중국 문헌의 관계 사료는 1997년에 『元代麗史資料集錄』[39]으로 간행되어 이 분야 연구에 큰 도움이 되고 있다.

또한 1996년에 발표된 이익주(李益柱)의 박사학위논문 「高麗·元 關係의 構造와 高麗後期 政治體制」[40]와 그 일부를 학술지에 게재한 「高

---

33 金光哲[1991].
34 金炯秀[2001].
35 梁義淑[1993a]; 梁義淑[1993b].
36 金惠苑[1993]; 金惠苑[1994].
37 張東翼[1994a].
38 張東翼[1994b].
39 張東翼[1997].
40 李益柱[1996a].

麗·元 關係의 構造에 대한 硏究」[41]는 문자 그대로 양국 관계의 구조를 정면에서 논한 획기적인 연구다. 종래의 연구가 원으로부터의 억압과 간섭이라는 측면을 강조해 온 것에 비해, 오히려 고려가 독자적인 왕조 체제를 기반으로 고도의 자율성을 유지했다는 사실에 주목한 점이 이 연구의 특징이다. 이익주는 양국 관계의 그러한 틀을 중국 전통의 화이론(華夷論)적 국제질서의 연장선상에 놓고, 사료 용어에 기반해 '세조구제(世祖舊制)'라고 칭했다. 이 세조구제론은 그 후 한국 학계에서 고려-원 관계에 관한 통설의 지위를 얻게 되었다.

이상과 같이 1990년대 중반까지의 고려-원 관계에 관한 연구는 여러 단계를 거치면서 많은 성과를 축적해 왔다. 그러나 여기에는 여전히 근본적인 문제가 있다고 생각한다.

첫째는 양국 관계의 구조를 체계적으로 추구하지 않았다는 점이다. 많은 논자는 극히 일부의 논점에 대해 몇 편 이하의 논고를 발표했을 뿐 꾸준히 연구를 이어 가지 않아, 구조를 체계적으로 파악하고자 하는 지향성이 부족했다. 그리고 많지는 않으나 구조를 해명하고자 했던 연구 역시 특정 '부분'만을 부각했다는 점을 지적할 수 있다. 예전에는 '정동행성'을 중심으로 양국 관계를 논하다가, 최근에는 '세조구제론'이 통설이 되었다. 이 외에 양국의 통혼관계에 기반해서 고려-원 관계를 '부마국체제'라고 부르는 연구도 있다.[42] 그러나 이러한 연구는 고려-원 관계를 구성하는 다양한 제도·관례의 일부를 가지고 전체적인 체제를 규정하려는 것이다. 그 부분이 아무리 중요하다고 하더라도 다른 제도와 관례를 포괄한 전체적인 체계를 보지 않은 채 '체제'를 운운할 수는 없다. 다른 제도·관례와의 중요도 차이에 입각하여 하나를 대표로 이야기하는 것은 가능할지도 모르겠지만, 적어도 많은 제도와 관례의 내용이 모

41 李益柱[1996c].

42 閔賢九[1974]; 閔賢九[2004].

두 조사되지 않은 현 단계에서 그러한 논법은 성립할 수 없다.

둘째는 모든 논고에 몽골제국사 연구의 최신 성과가 충분히 반영되어 있지 않고, 논의의 전제가 되는 몽골제국사에 대한 이해에 불충분하고 부정확한 부분이 있다는 점이다. 전술한 바와 같이, 근래에 일본의 동양사학계를 중심으로 몽골제국사 연구가 급속히 심화되고 있으며, 거기에는 구래의 이미지를 일신하는 성과도 다수 있다. 고려-원 관계의 역사상도 그 성과를 포함해 재인식되어야 한다. 이전에는 한국의 연구자들이 이러한 최신 연구정보에 접근할 물리적·기술적 한계가 있었으므로 이 점을 단순하게 비판만 할 수는 없다. 하지만 일본 학계를 포함한 관련 연구자들이 한국사 연구자라는 이유로 다른 분야의 사료와 연구 성과에 대한 추적을 소홀히 한 면이 있다는 것은 부정할 수 없다. 그러나 '한국사', '중국사', '북아시아사'라는 역사학의 분야 구분은 어디까지나 편의적으로 설정한 큰 틀에 지나지 않는다. 연구의 대상으로 삼은 역사상이 그러한 틀을 넘나드는 형태로 전개되고 있다면, 그 넓이에 응해 자유자재로 경계를 넘어야 하며, 결코 기왕의 틀 안에 안주해서는 안 된다. 고려-원 관계를 연구한다면, 몽골제국사의 사료 정보 및 연구 성과를 가능한 한 전문가와 같은 수준에서 다루고 흡수해, 몽골제국사 전문가로부터의 비판을 버틸 정도로 논의의 질을 높일 필요가 있다. 물론 필자도 그렇듯이 개인이 다룰 수 있는 사료 언어, 연구 언어에는 어쩔 수 없는 능력의 한계가 있으므로 말처럼 되지 않는 부분이 많다. 그러나 적어도 '그래야만 하는 자세'를 염두에 두는 것이 중요하다.

이렇게 보면, 이 책에서 요구되는 자세는 아래의 두 가지로 집약된다.

① 고려-원 관계에 대해, 당면한 목적인 고려왕·고려 왕가의 위상에 관한 제도와 관례를 하나하나 찾아내어 그 상세한 내용을 개별적으로 해명하고, 그에 기초해 전체적인 체계를 제시하는 것.

② ①의 작업을 행하는 과정에서 몽골제국사 연구의 사료 정보와 연구 성과를 충분히 다루고 흡수해 이해의 정확성을 기하는 것.

필자는 이러한 자세의 중요성을 이 책의 바탕이 되는 기존 발표 논문에서부터 이미 반복적으로 제기해 왔는데, 다행히 많은 연구자들이 이를 받아 주었고, 그 이후 필자의 성과를 비판적 혹은 생산적으로 발전시킨 새로운 연구도 등장하고 있다. 이러한 최신의 연구상황에 대해서는 본론 안에서 적절하게 언급하고자 한다.

3. 이 책의 구성

이상 서술한 과제에 답하기 위해, 이 책에서는 다음과 같은 구성을 취했다.

우선 제1편 「몽골 지배층 안에서의 고려 왕가」에서는 원에 신속한 고려 왕가가 몽골 지배층의 일원으로 위치했던 것과 관련한 여러 가지 문제를 4개 장에 걸쳐 논한다.

제1장 「부마고려국왕의 탄생: 원에서의 고려왕의 지위에 대한 예비적 고찰」에서는 『원사(元史)』 제왕표(諸王表)에도 기재된 '부마고려국왕'이라는 왕호(王號)의 성립 과정과 의의에 대해 검토하고자 한다. 사원기에는 첫 번째 원종과 요절한 충목왕(忠穆王)·충정왕(忠定王)을 제외한 모든 역대 고려왕이 몽골 황실의 공주(황녀·왕녀)를 부인으로 맞이해 그 부마가 되었다. 그것이 왕호에도 반영된 것인데, 이러한 위상을 고려 왕가가 획득한 경위와 그 의미, 즉 여기에는 몽골 왕후(王侯)와 동등한 지위의 취득이라는, 고려왕이 원의 세력권에서 존립해 가는 데 매우 중대한 정치적 의미가 있었다는 점을 밝힐 것이다.

제2장 「고려왕 위하와 그 권익: 대원울루스의 한 분권세력으로서의

고려 왕가」에서는 제1장의 검토 내용에 기반해, 고려왕이 몽골의 부마로서 획득한 여러 가지 권익에 대한 기초적인 사실관계를 확인할 것이다. '고려왕 위하(位下)'는 몽골제국의 최상층부를 구성하는 분권적인 왕후 귀족 집단의 일원인 고려왕과 그 예하의 인간 집단 및 권익을 말한다. 구체적으로는 몽골 부마로서의 자격에 따른 권력기구의 존재, 본국 외에서의 사속민(私屬民) 배치, 몽골 왕후와 같은 투하령(投下領)이라는 권익지 설정 등의 여러 문제를 검토할 것이다.

제3장 「고려 왕가와 몽골 황족의 통혼관계에 관한 일고찰」에서는 양국의 통혼 과정에 대한 사실관계를 재검토하고, 이에서 나타나는 패턴을 분석할 것이다. 사료의 제약으로 당사자 수준의 의식으로 확정할 수는 없다는 난점이 여전히 있지만, 향후 몽골 황실의 다른 통혼 사례와 비교할 수 있도록 해석의 가능성을 정리한다.

제4장 「원의 케식 제도와 고려 왕가: 고려-원 관계에서 투르칵의 의의」에서는 고려 왕가가 사원기 내내 원에 파견했던 투르칵이라는 질자(質子)에 대해 검토하고자 한다. 이 투르칵에 대해서는 '숙위(宿衛)'라는 조직과의 관계가 지적되어 왔는데, 여기서는 이 '숙위'가 케식(kešig)이라는 원 황제 직속의 친위대이며, 고려에서 파견된 투르칵은 케식에 참여해 원 황제를 가까이서 시위(侍衛)했다는 점 그리고 이는 단순한 인질과 달리, 해당 왕족 및 고려 왕가가 대원 관계에서 유리한 입장을 획득하는 데, 특히 양국의 왕실 간 통혼관계를 개시하는 데 중요한 정치적 의의가 있었다는 점을 지적할 것이다.

이어서 제2편 「상호 연락의 인터페이스와 고려-원 관계」는 고려와 원의 밀접한 상호 연락을 구현하는 인터페이스로서, 공문서, 교통, 사절 교섭의 제도 및 실태에 주목해 거기에 투영된 양국 관계를 4개 장에 걸쳐 검토할 것이다.

제5장 「고려왕과 몽골 관부·관인 사이의 왕복 문서」에서는 우선 13세기 전반 전쟁 시기에 고려왕과 몽골 관인이 주고받은 문서의 형식을

검토할 것이다. 이 시기 고려에서는 몽골의 황제뿐 아니라 원정군 지휘관 및 궁정 서기관 등에게도 국왕 명의의 친서를 보내어 사태를 타개하고자 했다. 이러한 통신 방식은 원 대에도 중서성으로 대표되는 원 고위 관부와 문서를 주고받는 것으로 계승되었는데, 이 장 후반부에서 그 형식에 대해 논할 것이다. 이는 또한 고려왕의 정동행성 장관으로서의 위상과 깊이 관계되는 주제이기도 하다. 아울러 그것이 후세 동아시아의 외교문서 형식에 영향을 미쳤을 가능성까지도 논급하고자 한다.

제6장 「대원울루스와 고려 불교: 한국 송광사 소장 원 대 티벳문 법지를 중심으로」에서는 나카무라 준(中村淳)과 필자의 공동연구로 실체가 밝혀진 송광사(전라남도 순천시 소재) 소장 법지 문서(원 황제가 티벳 고승들을 불교계의 최고권위자인 제사(帝師) 혹은 국사(國師)로 임명하면서 발급한 문서)의 발급 경위를 고찰할 것이다. 아울러 이 문서의 존재가 시사하는, 황제를 정점으로 한 원의 종교 질서가 고려에 파급된 상황에 대해 논하고자 한다.

제7장 「고려에 설치된 원의 잠치: 경로 비정을 중심으로」에서는 몽골제국이 광대한 판도를 지배·통합하기 위한 인간·물건·정보의 전달 수단으로서 정비한 잠치(ǰamči, 站赤), 즉 역로망이 고려 국내에 부설된 과정을 주로 경로에 주목해 해명하고자 했다. 동시에 그 특징이 양국 관계의 어떤 측면을 반영하는지 고찰했다.

제8장 「『빈왕록』에 보이는 지원 10년의 고려 사절」에서는 1273년(원종 14, 지원 10)에 원에 파견된 고려 사절의 편성부터 귀국까지의 행적을 복원하고 분석한다. 일시적인 예외를 제외하면 원은 자국 관리를 고려에 상주시키지 않았으므로, 양국의 긴밀한 관계는 구체적으로는 매우 빈번한 사자(使者)의 왕래에 의해 실현되었다. 따라서 사자의 왕래와 그를 통한 교섭 실태는 양국 관계 이해의 관건 중 하나가 된다. 이 장에서는 그 가운데 한 사례를 분석할 것인데, 이와 동시에 사절단의 성격과 관련해 양국 관계가 중국 전통의 화이질서를 계승한 측면을 다루게 될 것이다.

또한 제3편 「제국에서의 왕국의 존립」에서는 우선 제9장 「사원기 고려의 재래 왕조 체제 보전 문제」를 통해 원이라는 제국의 패권 아래에서 고려라는 독자적인 왕국이 존재해 간 사실의 제도적 성격을 고찰할 것이다. 여기서는 고려-원 관계의 구조를 통설과 같이 중국 전통의 화이질서라는 틀만으로는 설명할 수 없으며, 고려 재래 왕조 체제의 보전이라는 문제 또한 몽골제국이 유라시아 각지의 정복지를 지배하는 데서 드러난 일반적인 양상에서 크게 일탈한 것은 아니었음을 지적할 것이다.

마지막으로 종장 「원에서의 고려의 기능적 위치: '제국 동방 변경 수호자'로서」는 이 책 전체의 결론이다. 여기에서는 개별적으로 논해 온 여러 제도와 관례가 전체로서 어떤 연관 구조를 이루고 있는지를, 주로 기능론적인 관점에서 정리할 것이다. 그 결과 주목되는 것은 고려가 원의 동방 변경 진수(鎭守)를 담당하는 역할을 부여받았으며, 고려 측에서도 그것을 자임해 자국의 이해를 주장하는 데 이용했다는 점이다. 여기서는 그러한 '명목'과의 관련하에 통혼관계, 정동행성, 재래 왕조 체제의 보전, 잠치 등의 제도와 관례가 운용된 양상과 거기에 투르칵이나 케식 제도, 화이질서와 종교질서 등의 요소가 짜맞추어져 들어간 구도를 제시하고자 한다.

이상과 같이 이 책에서는 서장과 종장을 제외하고 3편 9장의 구성을 취해 다양한 논점을 다양한 각도와 차원에서 다루는데, 하나의 장에 복수의 논점이 관여되어 있기도 하며, 하나의 논점이 여러 편이나 장에 걸쳐 논급되기도 한다. 따라서 전체적인 흐름에 이해하기 어려운 부분이 있을지도 모르겠다. 전체 내용을 아우르는 종장을 제외하고 제1장부터 제9장까지의 각 장과 주요 논점의 배치를 간략히 도식화하면 아래의 표와 같다.

<주요 논점 구성표>

<table>
<tr><th>제1장</th><th>제2장</th><th>제3장</th><th>제4장</th><th colspan="2">제5장</th><th>제6장</th><th>제7장</th><th colspan="2">제8장</th><th>제9장</th></tr>
<tr><td colspan="3">통혼관계</td><td>투르칵
·
케식
제도</td><td>정동
행성</td><td>문서제도</td><td>종교
질서</td><td>교통제도</td><td>사절
교섭</td><td>화이
질서</td><td>왕조
체제
유지</td></tr>
</table>

정동행성의 조직과 기능에 관해서는 현재 상황에서 기존의 학설을 크게 변경할 필요는 없다고 판단했기 때문에 특별히 전론을 쓰지는 않았지만, 종장에서 원 국가체제 안에서의 정동행성의 위상에 대해 다루었다. 또 심왕위 및 공녀 문제는 이 책의 주제에 직접 관련되는 논제가 아니라고 판단했기 때문에 특별히 장을 구성하지 않았다.

이 책을 구성하는 각 장은 서장을 제외하고 모두 과거에 학술지 등에 발표한 개별 논문을 대폭 증보·개정한 것이다. 처음 발표했던 당시의 게재 매체 및 논의 전개의 사정으로 '원'과 '대원울루스', '카안(qa'an)'과 '황제' 등의 용어에 차이가 있는데, 원을 '중국사'의 일부로 보지 않는다는 점을 특별히 강조하는 등 용어법에 담은 당초의 의도를 중시해 그대로 두었다. 장에 따라서는 이미 이야기한 이 책 전체의 연구 목적에 직접 관계되지 않는 논점을 언급한 부분도 있는데, 이 역시 해당 장의 논지가 당초 가지고 있던 의도의 하나이므로 그대로 두었다.

물론 이 책의 성과도 아직 초보적인 단계로, 고고학의 발굴조사에 비유하면 겨우 정밀지표조사 혹은 중요하다고 생각되는 몇 개의 포인트에 트렌치를 설치한 단계에 지나지 않는다. 한층 더 본격적인 검토가 이어질 필요가 있으며, 거기에서부터 고려와 원 국가 간 관계의 전체상, 나아가 정치 영역을 넘어선 고려-원 관계의 전반적 이해로 이어져야 할 것이다. 이 책이 그러한 연구의 '서설' 내지 '교두보'로서 위치할 수 있게 되기를 바란다.

제1편

몽골 지배층 안에서의 고려 왕가

제1장

부마고려국왕의 탄생

원에서의 고려왕의 지위에 대한 예비적 고찰

1. 문제의 소재

1259년(高宗 46, 憲宗 뭉케 9), 고려는 햇수로 29년에 걸친 저항 끝에 몽골제국에 항복하기로 결정하고 태자 왕전(王倎, 훗날의 元宗)을 항복 사절로 파견했다. 마침 대칸 헌종 뭉케는 남송 공략 도중 진중에서 급사했는데, 왕전은 당시 막냇동생인 아릭부케와 대칸위를 다투고 있던 황제의 동생 쿠빌라이(훗날의 世祖)의 막부를 찾아갔다. 그 결과 고려는 이후 한 세기에 걸쳐 원에 신속(臣屬)했고, 고려의 역사는 원과의 긴밀한 정치관계 속에서 전개되었다.

그 사이 충렬왕(忠烈王)에서 공민왕(恭愍王)에 걸친 역대 대부분의 고려왕이 원 황실의 공주(황제의 딸, 왕의 딸)와 혼인해 그 부마(駙馬, 몽골어로는 쿠레겐(güregen, küregen)이라고 함)가 되었음은 잘 알려진 사실이다. 『원사(元史)』 권108, 제왕표(諸王表)에 따르면, 당시의 고려왕은 동물 모양 손잡이가 달린 최고 등급의 인장(印章)을 부여받은 제왕(諸王)·부마 가운데 하나인 '부마고려국왕(駙馬高麗國王)'의 지위를 가지고 있었다.

이 사실은 당연하게도 양국 관계 연구에서 주목받아, 원의 고려에 대한 지배 통제책의 하나이자 원의 정치질서 안에서의 고려의 지위 상승을 보여 주는 사례로 논의되었다.[1] 그러나 지금까지는 그 구체적인 내용, 특히 관련 제도에 대해 실증적으로 충분히 파악하지 않은 채 추상적인 이미지만을 그려 온 경향이 있었음도 부정할 수 없다. 이러한 점은 양국 관계의 구체적인 구조, 특히 원의 국가체제 안에서 고려가 어떠한 위치에 있었는지를 아직도 체계적으로 밝히지 못한 요인 중 하나다. 따라서 이 책은 원과의 관계 속에서 고려왕과 관련해 형성된 제도적인 환경을 하나하나 해명하는 것을 목표로 할 것인데, 그중에서도 가장 근본적인 속성인 '부마고려국왕'이라는 지위에 대한 이해는 매우 시급하고 중요한 과제가 된다.

이에 이 장에서는 우선 몽골 황실의 공주가 고려 왕가에 하가(下嫁)[2] 함으로써 '부마고려국왕'이라는 왕호가 성립하기까지의 경위를 최대한 실증적으로 밝히고, 아울러 관련 제도에 내포된 기본적인 성격에 대해 논하고자 한다. 이로써 부마고려국왕의 역사적 성격을 연구함에 있어 대전제가 되는 기본적인 사실관계를 확인하고자 한다.

2. 공주 하가를 둘러싼 고려 왕가의 솔선귀부

몽골의 황실은 특정한 인족(姻族, quda)을 통혼 대상으로 삼았다. 몽골에서 고려 왕가에 공주를 하가시킨 일의 유래를 살펴보는 작업의 전제로, 우선 다른 부마 가문에 관해 파악해 보고자 한다. 쿵크라트족같이 내력이 오랜 인족에 대해서는 뚜렷하게 명시되어 있지 않지만, 태조 칭기스

1 대표적인 논고로 高柄翊[1974]; 蕭啓慶[1983a]; 金成俊[1985]; 金惠苑[1989]; 周采赫[1989]; 鄭容淑[1992]; 張東翼[1994a] 등이 있다.

2 (옮긴이 주) 몽골의 공주가 고려의 왕자나 국왕과 결혼하는 것을 가리켜 원서에서는 대체로 '降嫁'라고 표현해 몽골 황실과 고려 왕실의 위계를 드러내었다. 저자는 '降嫁'라는 용어를 몽골 공주와 고려 종실의 결혼뿐 아니라, 고려의 공주들이 국내에서 결혼한 사례에 대해서도 사용하고 있다. 그러나 '降嫁'는 한국에서 일상적으로 사용하는 용어가 아니므로, 원서의 취지를 반영해 '下嫁'라는 용어로 대체해 사용했다. 이는 이하 다른 부분에서도 마찬가지다.

칸 이후 새로 부마가 된 인족에 대해서는 한자를 음차해 몽골어로 서술된 몽골제국의 건국설화, 이른바 『몽골비사(Mongγol-un Niuča Tobča'an)』(일명 『원조비사(元朝秘史)』)에 다음과 같은 기록이 있다.[3]

> 코빌라이 노얀을 카를로오드(카를룩 사람들)에게 출정시켰다. 카를로오드의 아르슬란 칸이 코빌라이에게 투항했다. 코빌라이 노얀이 아르슬란 칸을 데려와 칭기스 카한을 알현시켰다. 저항하지 아니했다고 칭기스 카한이 아르슬란에게 은혜를 베풀어 "딸을 주겠다!"고 했다.(제235절)

> 오이오드(위구르 사람들)의 이도오드가 칭기스 카한에게 사신을 보냈다. 아드키락과 다르바이를 사신으로 해, "구름이 개어 어머니이신 태양을 본 듯, 얼음이 풀려 강물을 얻은 듯 칭기스 카안의 명성을 듣고 몹시 기뻤습니다. 칭기스 카한께서 허락하신다면, 황금 띠의 죔쇠라도, 진홍 옷의 자투리라도 얻는다면 그대의 다섯째 아들이 되어 힘을 바치겠습니다!" 하고 아뢰어 왔다. (후략) (제238절)

> 토끼해(1207) 조치에게 우익의 군대를 지휘해 숲의 사람들에게 출정하게 했다. 보카가 향도해 갔다. 오이라드(오이라트)의 쿠투카 베키가 투멘 오이라드(일만 오이라트)에 앞서 귀순해 왔다. (중략) 〔칭기스 카안은〕 오이라드의 쿠투카 베키를 맞아 "먼저 귀순해 자기의 투멘 오이라드를 이끌고 왔다." 해 상을 내려 그의 아들 이날치에게 체체이겐을 주

---

3 이하의 『몽골비사』 일본어역은 小澤重男[1989], 75~77쪽 및 82~98쪽에 의한 것이다. 또한 여기서 인용한 사료 번역문 가운데 어구의 표기법은 필자가 〔 〕로 묶어 둔 보충과 생략 부분을 제외하고는 모두 小澤重男의 번역에 의한 것이다.
(옮긴이 주) 이하 『몽골비사』의 한국어역은 유원수 역주, 『몽골비사』(사계절, 2004), 235~237쪽에 의한 것이다.

었다. 이날치의 형 투룰치에게 조치의 딸 콜로이칸을 주었다. (후략) (제239절)

이와 같이 카를룩, 위구르, 오이라트의 수장들은 모두 솔선해 몽골에 귀부한 데 대한 포상(소유르갈, soyurgɣal)으로 공주와 혼인해 부마가 되었다고 한다.[4] 위구르와 오이라트에 대해서는 훌레구 울루스에서 페르시아어로 편찬한 역사서, 라시드 앗 딘의 『집사(集史, Jāmi‘ al-Tawārīkh)』 내 해당 부족지에도 같은 취지의 기록이 있다.[5]

그런데 이 '솔선귀부'라는 사유에는 다분히 명목적인 면도 포함된 것으로 보인다. 예컨대 오이라트의 수장 '쿠투카 베키'는 일찍이 태조에 적대한 자무카나 나이만 측에 가담했던 적이 있었다.[6] 또 뒤에 인용한 바와 같이 『원사』에는 세조가 카를룩에 대해 귀부를 지체했다고 언급한 기사가 있다. 일반적으로 몽골에서는 통혼관계와 정치적인 동맹관계(안다, anda) 사이에 밀접한 상관관계가 있었다.[7] 공주의 하가는 기본적으로 다른 세력을 자기 진영으로 흡수하기 위한 정략적인 행위이며, 그것이 솔선귀부의 공 때문이라고 하는 것은 일종의 명분이었다고 보아도 좋을 것이다. 그렇다 해도 공주의 하가는 공식적으로는 대칸이 사여하는 최고 수준의 포상, 즉 소유르갈이었으며, 그때 공식적으로 선포된 사유는 위에서 인용한 바와 같이 솔선귀부라는 공적이었다.

이상의 내용을 바탕으로 몽골 황실이 고려 왕가에 공주를 하가시킨 사유를 살펴보면, 당대의 사료에서도 마찬가지로 설명되었음을 알 수 있다. 전형적인 예로, 사원기 고려를 대표하는 문인 관료인 이제현(李

4 소유르갈의 개념에 대해서는 村上正二[1993c], 184~185쪽 참조.
5 志茂碩敏[1995], 411 및 431~432쪽 참조.
6 『몽골비사』, 제141절; 『元史』 권1, 太祖本紀, 歲甲子 참조.
7 村上正二[1970], 158쪽; 磯野富士子[1985], 63~65쪽 참조.

齊賢)은 원의 관리에게 보낸 서신에서 1320년(忠肅王 7, 延祐 7)에 영종(英宗) 시데발라에 의해 티벳으로 유배된 충선왕(忠宣王)을 변호하는 가운데 다음과 같이 언급했다.

> 삼가 생각하건대 폐읍(弊邑, 고려)은 사대(事大)한 이래로 백여 년 동안 해마다 직공(職貢)을 닦아 오면서 일찍이 조금도 해이하게 한 적이 없었습니다. 과거 요(遼)의 잔당인 금산왕자(金山王子)라는 자가 중원의 백성을 약탈하고 바다 섬에서 난을 일으켰으므로 조정(朝廷, 몽골)에서는 카친[哈眞]과 차라[扎剌]를 보내어 군사를 거느리고 토벌하게 했으나, 날씨가 춥고 눈이 쌓여 보급로가 끊어지는 바람에 군사가 전진하지 못해 도리어 흉악한 무리들의 웃음거리가 될 뻔했습니다. 그런데 우리 충헌왕(忠憲王, 고종)께서 조충(趙冲)과 김취려(金就礪)에게 명해 군량을 운반하고 군사를 후원하게 해 앞뒤로 상응해 그들을 멸했으므로, 이에 양국의 장수가 서로 형제가 되어 만세토록 잊지 않기로 맹세했습니다. 이는 폐읍이 태조 황제 때에 힘을 다한 일입니다.
>
> 세조 황제께서 남쪽을 정벌하러 갔다 돌아와 장차 대통(大統)을 잇게 되었는데, 이때 아우가 삭방(朔方)에서 변란을 선동하므로 제후(諸侯)들이 우려하고 의심해 왕래하기에 매우 어려웠습니다. 그러나 우리 충경왕(忠敬王, 원종)께서 세자로서 군신(群臣)을 거느리고 양초(梁楚) 교외에서 맞이해 배알하시었으니, 이에 온 천하가 먼 나라 사람들이 기뻐해 복종함을 보고는 천명(天命)이 돌아옴을 알게 되었습니다. 이는 폐읍이 세조 황제께 충성을 다한 일입니다.
>
> 충경왕이 작위를 잇고 동쪽으로 돌아오자, 충렬왕은 다시 세자로서 천자께 입시(入侍)했습니다. 세조께서 그 공을 생각하시고 그 의리를 아름답게 여기셔서 천하에 비길 데 없이 매우 극진히 대우하시었고, 공주를 시집보내시어 특별한 은혜를 드러내시었으며, 누차 조지(詔旨)를 반포하시어 옛 습속을 고치지 말도록 하시었습니다. 사해(四

海) 안에서 이를 미담이라고 칭하고 있습니다.[8]

여기서 고종이 "태조 황제 때 힘을 다했다."라는 것은 몽골에 반기를 들고 고려 영내로 들어온 거란인 집단을 칭기스칸이 카친·차라에게 명해 토벌할 때 고려 측이 조충과 김취려를 보내 그를 도운 1218~1219년(고종 5~6, 太祖 칭기스 13~14)의 사건을 말한다. 이것이 몽골과 고려의 첫 접촉으로, 그 후 한동안 양국은 평화적으로 교섭했다. 그러나 6년 후 몽골 사절이 조난당한 사건으로 국교는 단절되었고, 1231년(고종 18, 太宗 우구데이 3)에 이르러 몽골군이 대규모로 고려를 침공하기 시작했다.

이어서 원종이 "세조 황제께 충성을 다했다."라는 것은 1259년에 당시 태자였던 원종이 항복 사절로서 헌종 뭉케를 찾아가다가, 마침 뭉케가 사망하자 남송과의 전투에서 돌아오는 중이었던 세조 쿠빌라이의 진영을 찾았다는, 이 장의 첫머리에서 언급했던 사건을 말한다. 그때 아릭부케와 대칸 자리를 다투고 있던 쿠빌라이는 이 사안을 다시없는 좋은 기회로 받아들였다. 그는 이듬해인 1260년(원종 원년, 中統 원년)에 사망한 고종을 대신해 고려의 새 국왕으로 원종을 책립했고, 이후 고려는 원에 신속하게 되었다.

또 충렬왕이 "세자로서 천자께 입시했다."라는 것은 1271년(원종 12,

8 『益齋亂藁』 권6, 〈同崔松坡贈元郎中書〉. "竊惟, 弊邑事大以來百有餘歲, 歲修職貢, 未嘗少弛. 往者有遼氏阜孽金山王子者, 驅掠中原之民, 弄兵于海島, 朝廷遣哈眞·扎剌, 帥師討罪, 天寒雪深, 甬道不繼, 軍不得前, 却幾爲凶徒笑. 我忠憲王命趙冲·金就礪, 轉餉濟師, 掎角而滅之. 兩國之帥, 相與約爲兄弟, 誓萬世無相忘. 是則弊邑盡力於太祖皇帝時也. 世祖皇帝, 南征而返, 將繼大統, 時有介弟扇變于朔方, 諸侯憂疑, 道路甚梗. 我忠敬王, 以世子率群臣, 拜迎于梁楚之郊, 天下於是覩遠人之悅服, 知天命之有歸. 是則弊邑盡忠於世祖皇帝者也. 忠敬王, 襲爵東歸, 忠烈王, 復以世子入侍輦轂. 世祖念其功, 嘉其義, 眷遇深至, 天下莫及, 令尙公主, 以示殊恩, 屢頒詔旨, 毋改舊俗. 四海之內, 稱爲美談." 이 기사는 『東文選』 권62에도 실려 있으며, 그 일부가 『高麗史』 권110, 李齊賢 傳과 『高麗史節要』 권24, 충숙왕 10년 정월 條에도 실려 있다. 『益齋亂藁』에 실린 문서와 자구는 약간 다르지만 내용에는 차이가 없다.

至元 8)에 그가 질자(質子, 투르칵[禿魯花], turγaγ)로서 세조의 궁정에 입시했던 일을 가리킨다.[9]

이제현은 이상의 사실을 공주 하가의 이유가 되는 고려 왕가의 공적이라고 했다. 충선왕의 유배를 둘러싼 다른 논의에서도 마찬가지 논리가 동원되었다.[10]

그 가운데 충렬왕에 관한 내용에서 그가 몽골 궁정에 시위(侍衛)로 들어간 것이 공주 하가의 직접적인 사유라고는 할 수 없다. 후술할 바와 같이 공주 하가 논의는 1269년(원종 10, 지원 6)에 이미 거론되고 있었고, 그것이 정식으로 승인된 것은 1271년의 일이었기 때문이다. 즉 이러한 논리는 공주 하가라는 안건이 처음 등장한 때로부터 1274년(원종 15, 지원 11)에 그것이 실현되기까지의 과정에서, 사후에 붙여졌을 것이다.[11]

그에 비해 태조에 대한 고종의 공헌과 세조에 대한 원종의 공헌은 공주 하가가 이루어지기 훨씬 이전의 사건이므로, 그 직접적인 원인으로 일단 타당한 것처럼 보이기도 한다. 실제로 공주 하가 사유에 대한 설명으로 이 두 가지 혹은 둘 중 하나를 거론하는 경우가 많이 확인된다. 그 전말을 명확히 언급한 것은 아니지만, 예를 들어 『익재난고(益齋亂藁)』에 실린 〈걸비색목표(乞比色目表)〉에는,

> 돌아보건대 폐읍(고려)은 우리 대방(大邦, 몽골)에 귀부해 적개심으로 거란을 공격해 성무(聖武, 태조 칭기스칸)의 동정(東征) 군대를 도왔으며, 빛나는 것을 보고서 변량(汴梁)으로 가서 북상하는 세조 황제의 군대를 맞

---

9 이 문제에 대해서는 이 책 제4장 참조.

10 1323년(충숙왕 10, 至治 3)에 閔漬 등이 충선왕을 변호하기 위해 쓴 上表文(『高麗史』 권 107, 閔漬 傳)에 관련된 언급이 보인다.

11 다만 이는 양국 간에 통혼이 실시된 시점에 대해 최소한 이것을 명분 차원에서 동기로 내세우는 동시에 평화로운 통속관계를 보장하는 조치로서 매우 중요한 의의가 있었다고 생각된다. 상세한 내용은 이 책 제4장 참조.

> 이했으니, 드디어 공주를 하가시켜 주시는 영예를 입었습니다.[12]

라고 했다. 또 1349년(忠定王 원년, 至正 9년)에 이곡(李穀)이 지은 조위(趙瑋)의 묘지명에도,

> 생각하건대 옛날 세조 황제께서 이미 해내(海內)를 통일하고 멀리 있는 나라까지 어루만지고 달래면서 우리 충헌왕께서 귀부한 일과 충경왕께서 힘쓴 일을 아름답게 여기시어 이를 현창하고 보상하는 은전(恩典)을 행하시었으니, 이에 황제의 딸을 충렬왕에게 하가시키셨다.[13]

라고 했다. 또한 『고려사』 충렬왕 23년(1297, 大德 원년) 2월 기해 조에 보이는, 충렬왕이 성종(成宗) 테무르에게 올린 문서에서도 다음과 같이 언급했다.

---

12 『益齋亂藁』 권8, 〈乞比色目表〉. "顧惟, 弊邑服我大邦, 敵愾攻遼, 助聖武東征之旅, 觀光過汴, 迎世皇北上之師, 遂蒙釐降之榮."

13 〈趙瑋墓誌銘〉(국립중앙박물관 소장). "惟昔世皇既一海內, 而懷柔要荒, 嘉我忠憲之歸款·忠敬之勤勞, 而行崇德報功之典, 迺釐降帝女于忠烈王."
필자는 국립문화재연구소의 한국금석문종합영상정보시스템(http://gsm.nricp.go.kr/_third/user/main.jsp)을 통해 원물과 탁본의 사진을 열람했다(2013년 8월 28일 최종 확인). 또한 원문과 해석은 李穀, 『稼亭集』 권12, 〈高麗國重大匡僉議贊成事上護軍平壤君趙公墓誌〉; 『東文選』 권125, 〈高麗國重大匡僉議贊成事上護軍平壤君趙公墓誌〉; 劉燕庭(劉承幹 補), 『海東金石苑』 補遺 권6, 〈趙瑋墓誌〉; 朝鮮總督府[1919], 493~494쪽; 李蘭暎[1968], 234~235쪽(표제를 '趙仁規墓誌銘'으로 오기함); 許興植[1984b], 1184~1187쪽; 金龍善[2012], 543~544쪽 등을 참조했다.
(옮긴이 주) 한국금석문종합영상정보시스템 사이트는 현재 폐쇄되었다. 〈조위묘지명〉의 판독문과 해석, 이미지 등은 현재 국사편찬위원회 한국사데이터베이스 고려시대 금석문·문자자료(http://db.history.go.kr/KOREA/item/gskoList.do)에서 확인할 수 있다(2023년 10월 31일 최종 확인).

> 신의 선신(先臣) 왕식(王禃, 원종)은 뭉케 황제 기미년(1259)에 세자로서 입조했습니다. 이때 세조 황제는 남정(南征)에서 돌아오고 계셨는데, 선신은 도포를 입고 홀(笏)을 들고서 변량(汴梁)의 교외에서 맞이해 배알했으니 세조께서 가상하게 여기시고 총애가 날마다 커졌습니다. 소신(小臣, 충렬왕)에 이르러서는 공주를 하가시키시어 대대로 동번(東藩)으로 삼으셨습니다.[14]

원 측에서도 무종(武宗) 카이샨이 충렬왕비 쿠틀룩켈미쉬 공주를 추봉할 때의 제서(制書)에서,

> 그 선조가 태조에게 공적이 있었으므로, 제실(帝室)이 통혼하는 것을 허락했다.[15]

라고 했고, 주덕윤(朱德潤)이 지은 충선왕의 제문(祭文)에서도,

> 세조 신무황제(神武皇帝)께서 천하를 경영한 이래 위세를 크게 떨쳐 중국은 이미 평정되어 미치지 못하는 곳이 없었고 따르지 않는 자가 없었다. 이때 선왕(원종)은 나라를 들어 내부해서 함께 멀고 험한 곳까지 평정했으므로, 이에 황제의 딸을 하가시켜 경사(京師)에서 혼례식을 했다.[16]

---

14 『高麗史』 권31, 충렬왕 23년 2월 己亥. "臣之先臣禃, 於蒙哥皇帝己未歲, 以世子入覲. 時世祖皇帝回自征南, 先臣具袍笏, 迎拜于汴梁之墟, 世祖嘉嘆, 寵睠日隆. 至於小臣, 釐降公主, 世爲東藩."

15 『元文類』 권11, 〈高麗國王封曾祖父母父母制〉; 『高麗史』 권33, 충선왕 2년 7월 乙未. "由其先有功於太祖, 許帝室以連姻."

16 『存復齋集』 권7, 〈祭太尉瀋王文〉. "自世祖神武皇帝經營四方, 赫赫皇皇, 中土旣平, 無遠弗屈, 無人不將. 于時先王挈國內附, 相平遼荒, 爰降帝女, 式配于京."

라고 기록했다.

위와 같은 고종과 원종의 공헌은 명백히 몽골—직접적으로는 태조 칭기스칸과 세조 쿠빌라이—에 대한 고려의 솔선귀부를 의미하는 것으로 언급되었으며, 또한 그것이 공주를 하가시킨 이유로 연결되었다. 일례로 『익재난고』 권8의 〈진정표(陳情表)〉에는,

> 삼가 생각하건대 성조(聖朝, 몽골제국)가 의를 떨치고 터전을 세운 이래 오직 소국(小國, 고려)만이 왕화(王化)를 따라 먼저 복종했고, 위엄을 도와서 적을 토멸해 거란인들이 반란을 일으키려는 모의를 막았고, 위험을 무릅쓰고 〔세조의〕 군대를 맞이해 세조께서 왕업을 일으키시는 것을 도왔습니다. 이에 〔원은 고려와〕 장인과 사위의 친선을 맺어, 〔고려의〕 통치자의 지위를 맡기셨습니다.[17]

라고 했다. 또한 충선왕이 1321년(충숙왕 8, 至治 원년)에 유배지인 티벳에서 본국의 신료에게 보낸 서한에서도,

> 고왕(高王, 고종)이 성무황제(聖武皇帝, 칭기스칸)에게, 원왕(元王, 원종)이 세조황제에게 솔선귀부해 천운을 도와 공을 세웠으므로, 돌아가신 아버지 충렬왕께서 공주를 맞이할 수 있었다.[18]

라고 했다. 또 최해(崔瀣)가 원의 관리에게 준 글에서는,

---

17 『益齋亂藁』 권8, 〈陳情表〉. "伏念, 自聖朝奮義而肇基, 惟小國向風而先服, 助威討賊, 遏遼民狼頓之謀, 冒險迎師, 贊世祖龍興之業. 由是講甥舅之親, 而委以保釐之位."

18 『高麗史』 권35, 충숙왕 8년 11월 壬午. "以高王之於聖武, 元王之於世皇, 率先歸附, 佐運樹功, 先考忠烈王得尙公主."

> 천자(天子)께서 동국(東國, 고려)이 솔선해 향화(嚮化)했다 해서 대대로 공주와 혼인하는 것을 허락하셨습니다.[19]

라고 했고, 원 중기의 사람인 통사사인(通事舍人) 왕관(王觀)의 발언 가운데도 다음과 같은 기록이 있다.

> 고려가 의를 경모하고 왕화를 따라 성조(聖朝)에 귀순한 지 백여 년 동안 대대로 이어오면서 신하의 절의를 잃은 적이 없습니다. 세조 황제께서는 그 충성을 가상히 여겨 황제의 딸을 시집보내시고 지위를 친왕(親王)과 동등하게 하셨으니, 그 융성한 총애는 비길 데가 없었습니다.[20]

그러나 이상의 사료는 모두 세조의 딸인 쿠틀룩켈미쉬 공주가 충렬왕에게 처음으로 하가한 1274년으로부터 한참 후대인 1290년대 이후의 사료다. 반면 하가 이전에 몽골 정부 내에서 고려에 대해 내린 평가는 위와 정반대다. 예컨대 『원사』 세조 본기(本紀)의 지원 7년 2월 을미 조는 다음과 같은 세조의 말을 싣고 있다.

> 왕식(王禃, 원종)에게 조유(詔諭)해 이르기를, "그대는 내부(內附)가 늦었으므로 반열을 제왕(諸王)의 아래로 한다. 우리 태조 때에 이디쿠트[亦都護]가 먼저 귀부했으므로 제왕의 위에 위치하게 했고, 아르슬란[阿思蘭]은 뒤에 귀부했으므로 반열을 그 아래로 한 것이다. 경은 잘 알아두라."라고 했다.[21]

---

19 『拙藁千百』 권1, 〈送盧教授西歸序〉. "天子, 以東國首先嚮化, 世許尙主."

20 『高麗史』 권125, 柳淸臣. "高麗慕義向化, 歸順聖朝, 百餘年矣, 世世相承, 不失臣節. 世祖皇帝嘉其忠懇, 妻以帝女, 位同親王, 寵錫之隆, 莫與爲比."

후술할 바와 같이 1269년에 원종은 권신(權臣) 임연(林衍)에 의해 폐위되었다가 원 측의 정치적 압력에 의해 곧 복위한 일이 있었다. 위의 기사는 원종이 사건의 전말을 설명하기 위해 이듬해에 원에 입조했을 때의 일에 대한 기록이다. 이때 세조는 원종에게 솔선귀부한 위구르의 왕, 즉 이디쿠트는 제왕의 상위에 둔 반면, 귀부를 지체한 카를룩의 군주 아르슬란은 제왕의 하위에 두었다는 일화를 언급했다. 즉 고려왕도 귀부가 늦어 제왕보다 하위에 있는 몸이므로, 처지를 정확히 알고 행동을 신중히 하라는 뜻이다. 고려는 솔선귀부는커녕, 반대로 '귀부가 늦어진' 데 대해 힐책을 받는 입장이었다.

고려는 실제로 30년 가까이 몽골에 귀부하기를 거부했으므로, 원 측의 지적은 일견 당연하다고도 할 수 있다. 『고려사절요』의 고종 45년(1258, 헌종 8) 12월 조는 몽골에 귀부하기로 결정한 고려가 몽골에 사신을 보내 다루가치(daruγači, 감시관)의 파견을 요청한 사실을 다음과 같이 전하고 있다.

> 장군 박희실(朴希實)과 조문주(趙文柱), 산원(散員) 박천식(朴天植) 등을 몽골에 보내 다루가치를 요청하기를, "본국이 아직 사대의 성의를 다하지 못한 까닭은 오직 권신이 정사를 멋대로 행해 내속(內屬)하기를 좋아하지 않았기 때문입니다. 그런데 지금 최의(崔竩)가 이미 죽었으니 곧 바다 섬에서 나와 육지로 향해 상국의 명을 듣고자 합니다. 그러나 천병(天兵, 몽골군)이 국경을 압박하고 있으니, 비유하자면 쥐구멍을 고양이가 지키고 있는 것 같아 감히 나오지 못하고 있는 것입니다."라고 했다.[22]

---

21 『元史』 권7, 世祖本紀, 至元 7년 2월 乙未. "詔諭禃曰, 汝內附在後, 故班諸王下. 我太祖時亦都護先附, 即令齒諸王上, 阿思蘭後附, 故班其下. 卿宜知之."

22 『高麗史節要』 권17, 고종 45년 12월. "遣將軍朴希實·趙文柱·散員朴天植等如蒙古, 請

고려 측의 태도에서 솔선귀부를 과시하는 듯한 모습은 조금도 엿보이지 않는다. 오랜 기간에 걸친 적대 행위의 책임을 권신 최씨에게 돌리면서도 결과적으로 '본국' 모두 몽골에 저항해 왔음을 인정하고 있다.

1259년에 원종이 세조의 진영을 방문했을 때도 원은 결과적으로 다시없는 좋은 기회로 생각하면서 이를 고려와의 화평에 이용했으나,

> 고려는 만 리나 떨어진 나라로, 당(唐) 태종(太宗)조차 친정(親征)하고서도 굴복시키지 못했다. 지금 그 세자가 스스로 와서 우리에게 귀부하고자 하니, 이는 하늘의 뜻이다.[23]

라는 세조의 환영사와는 반대로, 당초에는 "접대가 소박해 그 마음을 회유하려는 뜻이 없었다."라고 묘사될 정도로 원종을 대우했다.[24]

그 후에도 원종 대 전반에 걸쳐 원 측은 새로 귀부한 직후의 고려를 경계하는 자세를 취했다. 『고려사』 세가, 원종 원년 3월 정해 조에 의하면 원의 강회선무사(江淮宣撫使) 조양필(趙良弼)은 고려 회유책을 세조에 진언하는 가운데,

> 고려는 비록 작은 나라라고 하지만 산과 바다로 가로막힌 데 의지하고 있으니, 우리나라에서 군사를 낸 지 20여 년이 되었어도 아직 신

達魯花赤曰, 本國所以未盡事大之誠, 徒以權臣擅政不樂內屬故爾. 今崔竩已死, 卽欲出水就陸, 以聽上國之命. 而天兵壓境, 比之鼠穴爲猫所守, 不敢出耳."

23 『高麗史』 권25, 원종 원년 3월 丁亥. "高麗萬里之國, 自唐太宗親征而不能服. 今其世子, 自來歸我, 此天意也." 원종의 투항을 환영하는 세조의 말은 이제현, 『益齋亂藁』 권9上, 〈有元贈敦信明義保節貞亮濟美翊順功臣太師開府儀同三司尙書右丞相上柱國忠憲王世家〉에도 같은 문장이 실려 있어 『高麗史』 기사와의 관계가 엿보인다. 그런데 이 〈충헌왕세가〉는 14세기의 저작으로서 몽골제국과 고려 왕가의 유서 깊은 관계를 강조하는 내용을 포함하고 있으므로, 애당초 세조가 발언했다고 하는 것이 실은 후대의 윤색을 거친 것일 가능성도 부정할 수 없다.

24 『高麗史』 권25, 원종 원년 3월 丁亥. "供張踈薄, 無以懷輯其心."

복(臣服)하지 않고 있습니다.[25]

라고 했고, 원종 원년 4월 병오 조에 보이는 고려에 대한 세조의 서신에는,

온 천하에 아직도 신복하지 않는 것은 오직 너희 나라와 송나라뿐이다.[26]

라고 했다. 또 정거부(程鉅夫)의 『운루집(雪樓集)』에 실린 〈불림충헌왕신도비(拂林忠獻王神道碑)〉에 의하면, 원의 애수(愛綏)라는 인물은 1262년(원종 3, 중통 3)에 대규모 불사를 거행하고자 하는 세조에게 간언을 올리는 가운데 주변 정세에 대해 언급하면서,

지금 막 고려가 새로 귀부했고 이단(李璮)이 다시 반란을 일으켰으며, 회해(淮海) 연안에서는 전장(戰場)의 종소리가 밤새 울려 아침에 이릅니다.[27]

라고 했다. 당시 고려 정부는 새로 귀부한 나라의 의무로서 질자, 즉 투르칵 제출, 호적 제출, 역참(잠치[站赤, ǰamči]) 설치, 군사 협력, 식량 공출, 다루가치 설치 등의 조건과 함께 피난지인 강화도에서 옛 수도인 개경(開京, 지금의 황해북도 개성시)으로의 환도를 요구받았다. 그러나 고려는 이를 온전히 실행하지 않았으므로, 결국 원은 고려의 복속을 의심하게 되

25 『高麗史』 권25, 원종 원년 3월 丁亥. "高麗雖名小國, 依阻山海, 國家用兵二十餘年, 尙未臣附."

26 『高麗史』 권25, 원종 원년 4월 丙午. "普天之下, 未臣服者, 惟爾國與宋耳."

27 『雪樓集』 권5, 〈拂林忠獻王神道碑〉. "方今高麗新附, 李壇復叛, 淮海之壖, 刁斗達旦."

었다.[28] 1278년(충렬왕 4, 지원 15) 원 동정원수부(東征元帥府)에서 황제에게 올린 글 가운데, "고려가 처음으로 귀부해 민심이 아직 안정되지 않았다."[29]라고 한 것을 보면, 공주가 하가한 후에도 여전히 고려를 정세가 안정되지 않은 '새로 귀부한 나라'로 여기고 있었음을 확인할 수 있다.

고려가 오랜 기간 저항했던 사실을 묵살하고 태조 칭기스칸과 최초로 접촉한 일을 솔선귀부로 언급하기 시작한 것은, 현전 사료에 근거하는 한 1294년(충렬왕 20, 지원 31)의 기록이 최초다. 충렬왕은 이해에 즉위한 성종 테무르의 질문에 응해, 정가신(鄭可臣)으로 하여금 고려의 귀부가 태조 이래 76년이 된다는 내용의 글을 올리게 했다.[30] 이때 성종이 그와 같은 질문을 한 구체적인 이유는 분명하지 않지만,[31] 제위가 바뀜에

---

28 池内宏[1931b], 26~27 및 35~37쪽; 蕭啓慶[1983a], 234~235쪽 참조. 고려가 그러한 태도를 취했던 원인으로는 우선 당시의 정부 내부에 권신 金俊을 중심으로 한 반몽골 지향이 남아 있었던 점을 지적할 수 있다. 다만 국왕 측과 김준 측 사이에 정치주도권을 둘러싼 갈등이 있었고, 이 역시 대원정책에 반영되어 있었음에 주의할 필요가 있다. 또한 당시의 고려 정부의 재정이 실제로 원의 요구를 얼마나 감당할 수 있었는지도 문제다.

29 『元高麗紀事』, 至元 15년 春. "高麗初服, 民心未安."

30 『高麗史』 권31, 충렬왕 20년 5월 甲寅. "황제가 일찍이 翰林學士 撒剌蠻으로 하여금 고려가 귀부한 연월을 묻게 했다. 왕이 鄭可臣으로 하여금 上書하게 해 대답하기를, '太祖 聖武皇帝께서 朔方에서 처음 나라를 세우셨을 때 큰 세력이 있는 나라가 金 정벌을 도왔는데, 뒤에 그 공을 믿고 교만하게 굴며 황제의 명을 좇지 않았습니다. 金山王子라는 자가 그 국호를 大遼라고 고치고는 中都 등에서 남녀 백성들과 재물을 약탈한 뒤 동쪽으로 달아나 江東城을 거점으로 삼아 지켰습니다. 조정에서 哈眞과 札剌를 보내 추격해 토벌하게 했는데, 마침 눈이 깊이 쌓이고 길이 험해 군량의 보급을 유지하지 못하게 되었습니다. 高王(고종)이 그 소식을 듣고 趙冲과 金就勵(金就礪)를 파견해 원군을 보내고 군량을 제공해 그 추악한 오랑캐를 섬멸했고, 이어 표문을 올려 東藩이 되기를 청했습니다. 태조께서 慶都虎思를 보내시어 우대하는 조서를 내려 답하시며 크게 칭찬하고 상을 내리셨으니, 지금까지 일흔여섯 해가 되었습니다.'라고 했다."

31 『高麗史』 권28, 충렬왕 4년 7월 丁亥 條에는, "중서성에서 본국의 역대 事績과 臣服한 날짜, 황제 즉위 이후 使臣의 명단, 국왕이 親朝한 연월을 자세하게 기록해 바치게 했다. 이는 國史院의 보고에 따른 것이었다."라는 기사가 있다. 원의 국사원이 아마도 사서를 수찬하는 사업에 관련해 고려의 귀부 연월을 문제로 삼은 경우가 있었

따라 고려가 '귀부가 늦었던 나라'라는 입장이 바뀔 수 있는 계기가 있었던 것으로 보인다. 그리하여 전술한 바와 같이 몽골에 대한 고려의 솔선귀부를 태조 대까지로 소급하고, 세조 즉위 때의 경위 또한 언급하게 되었던 것이다.

그러한 인식의 변화가 양국의 어떠한 의도에서 이루어진 것이었는지, 지금 단계에서는 사료를 통해 직접적으로 알 수 없다. 다만 앞서 제시한 관계 사료의 대다수가 그러하듯이, 솔선귀부의 공적이 고려가 원에 어떠한 요구를 하거나 혹은 자국의 이해를 옹호하고자 할 때 그 근거로서, 또는 고려 왕가를 현창하는 문맥에서 거론되고 있음은 확인된다. 적어도 결과적으로 이것이 원의 판도 안에서 고려의 위상을 높이는 것과 연관이 있었음은 분명하다. 그러나 이것은 상당한 기간을 거쳐 양국 사이에 성립되었던 인식이므로,[32] 몽골이 고려에 공주를 하가시킨 애초의 배경이라고 간주할 수는 없다.

그뿐 아니라 귀부 초기의 고려는 적어도 솔선귀부라는 명분을 통해서 볼 때 원에서 공주를 하가시키기에 적격인 대상은 아니었다. 앞서 서술한 고려의 공적들이, 처음으로 하가가 행해진 당시에도 이를 정당화하는 사유로 인지되지 못했음은 주목할 만하다. 이러한 상황에서 공주

던 것으로 보인다. 세조가 사망하고 성종이 즉위한 직후에 비슷한 질문이 있었던 것도, 선대에 관한 사서 편찬 등과 관련이 있었을 가능성을 상정할 수 있다.

32 다만 『高麗史』 권25, 원종 원년 8월 戊申 條에는, "大府少卿 張季烈과 장군 辛允和가 몽골에서 돌아와 보고하기를, '臣 등이 새 수도인 開平府를 찾아가자, (중략) 황제께서 말씀하시기를, 「너희 나라가 대국을 섬긴 것이 40년인데, 지금 朝會한 80여 개 나라 가운데 너희가 보기에 그 예우가 후한 것이 너희 나라와 같은 곳이 있는가.」라고 하시며, 衣帛을 차등 있게 하사하시었습니다.'라고 했다."라고 되어 있다. 귀부한 직후인 고려가 마치 과거 40년간 몽골에 臣屬해 온 것처럼 세조가 말한 것인데, 이는 세조의 즉위를 경하하기 위해 내방한 고려 사신에게 한 발언이다. 당시는 제위계승전이 아직 결판나지 않은 상황이며, 또한 정통성 면에서 세조가 결코 유리하지 않았다고 한다(杉山正明[2004c] 참조). 아마 그러한 사정에서 참석한 고려 사신에게 세조가 특별히 따뜻한 말을 했던 것일 것이다. 그러나 일시적이기는 해도 상당히 이른 시기에 고려의 저항 사실을 무시한 언사가 원조 황제에 의해 제시되었던 점이 주목된다.

하가가 이루어진 배경에는 그에 상응하는 사정이 원과 고려 양쪽에 각각 있었으리라 생각한다. 다음 절에서는 이 문제를 검토해 보고자 한다.

3. 고려에 공주를 하가시킨 사정

고려 왕가에 공주를 하가시키기까지의 경위는 고병익(高柄翊), 샤오치칭(蕭啓慶), 김성준(金成俊), 김혜원(金惠苑), 정용숙(鄭容淑) 등의 연구에서 다룬 바 있다.[33] 이들 연구에서는 모두 공주 하가 문제가 처음으로 부상한 시기에 대해, 고려에서 집권 무신 임연이 원종과 첨예하게 대립해 1269년(원종 10, 지원 6) 6월에 왕을 폐위하고 왕의 동생 안경공(安慶公) 창(淐)을 옹립했던 사건과 관련이 있음을 지적한다. 원의 정치적 압력으로 그해 11월에 원종이 복위했을 때, 사건 처리를 위해 고려에 파견된 원의 사신 흑적(黑的)이 원종에게, 당시 '왕태자'였던 충렬왕에게 공주를 시집보내기로 이미 결정했음을 다음과 같이 알렸기 때문이다.

> 왕이 흑적 등에게 연회를 베풀면서 그들을 윗자리에 앉게 했다. 흑적 등이 사양하며 말하기를, "지금 왕태자께서 이미 황제의 따님과 혼인할 것을 허락받으셨습니다. 저희는 황제의 신하이며 왕께서는 황제의 부마 대왕의 아버지이신데, 어찌 감히 항례(抗禮)를 하겠습니까. 왕께서 서향하시면 저희는 북면할 것이고, 왕께서 남면하시면 저희는 동면하겠습니다." 했다. 왕이 사양하며 말하기를, "천자의 사신이 어찌 아랫자리에 앉겠습니까." 하며 굳이 사양하니 동서로 서로 마주 보고 앉았다.[34]

---

33 高柄翊[1974], 425쪽; 蕭啓慶[1983a], 234~237쪽; 金成俊[1985], 150~152쪽; 金惠苑[1989], 165~169쪽; 鄭容淑[1992], 208~213쪽.

이에 대해 김성준은 뒤에 고려 측이 다시 하가를 주청했을 때 세조가 이를 거절했던 점을 지적하고 흑적의 말의 신빙성을 의심하면서, 이것이 임연을 견제하기 위한 허언이었다고 파악했다. 그러나 그와 같은 정략성은 인정하되 사안의 중대함으로 보아 하가를 허가한 것 자체는 사실이라고 본 정용숙의 견해가 타당할 것이다. 다만 공주의 하가 논의가 언제, 어떻게 부상하게 되었는지에 대한 엄밀한 논증은 이루어지지 않았다.

이 문제에 대해서는 우선 대덕 10년(1306, 충렬왕 32)에 방우선(方于宣)이 지은 〈정인경묘지명(鄭仁卿墓誌銘)〉의 한 구절이 구체적인 정보를 제공하고 있다.

> 지원 6년 기사년(1269)에 지금의 왕(충렬왕)께서 친조(親朝)했는데, 공(정인경)은 섭교위(攝校尉)로 호종했다. 그해 7월 돌아오다가 파사부(婆娑府)에 이르러 임연이 〔왕을〕 폐립했다는 소식을 듣고 조정으로 돌아가자고 했으나, 좌우에서 시종하는 사람들이 고향을 생각하는 마음을 버리지 못해 혹자는 압록강을 건널 것을 권하기도 했다. 공이 굳게 대의를 들어 승여(乘輿)를 받들고 ▨ 천자의 궁정에 이르러, 먼저 황제의 치소에 나가 원왕(元王, 원종)을 복위시킨 것과 공주를 하가시킬 것, 군사를 파견해 적을 토벌할 것 등의 몇 가지 일을 아뢰었는데, 하나같이 모두 허락을 받았다. 이는 만세에 남을 공적이다.[35]

---

34 『高麗史』 권26, 원종 10년 11월 癸亥. “王宴黑的等, 使坐上座. 黑的等讓曰, 今王太子, 已許尙帝女. 我等帝之臣也, 王乃帝駙馬大王之父也, 何敢抗禮, 王西向, 我等北面, 王南面, 我等東面. 王辭曰, 天子之使, 豈可下坐. 固辭東西相對.”

35 〈鄭仁卿墓誌銘〉(국립중앙박물관 소장). “至至元六年己巳, 今上親朝, 公以攝校尉扈從. 是年七月, 還至婆娑府, 聞林衍廢立事, 議欲還赴朝廷, 左右侍從, 不能無懷土之心, 或勸涉鴨江. 公確擧大義, 奉乘輿, ▨至闕庭, 先赴帝所, 奏陳元王復位·釐降公主·遣兵討賊等數條事, 一皆頷可. 此則萬世之功也.” 필자가 실물을 확인했다. 또한 釋文에 대해서는 『海東金石苑』 補遺 권6, 〈鄭仁卿墓誌〉; 朝鮮總督府[1919], 473~476쪽; 許興植

『고려사절요』의 기록에 따르면 임연의 국왕 폐립 사건이 발발한 직후, 사행에서 돌아오던 중 압록강 하류 우안의 파사부(지금의 遼寧省 丹東市 振安區 九連城鎮)에 있었던 왕태자, 즉 훗날의 충렬왕에게 정주(靜州, 지금의 평안북도 신의주시)의 관노 정오부(丁伍孚)가 찾아와 사건의 발생을 전했는데, 시종 신료들 사이에는 귀국을 권하는 자와 신중책을 권하는 자로 의견이 갈라졌다. 이런 와중에 정인경이 국내에 잠입해 정보를 수집하고, 또 임연이 원에 파견한 사자를 붙잡아 상황을 파악했다. 이에 왕태자는 세조를 찾아가 그의 도움을 청했다고 한다.[36]

위 묘지명의 한 구절은 이러한 경위를 개술하고 있는데, 그때 먼저 세조의 거처에 들어간 정인경이 원종의 복위, 공주의 하가, 임연의 토벌 등을 주청해 모두 승낙을 받았다고 한 점이 주목된다. 이때의 공주 하가 요청에 대해서는 뒤에 정인경을 공신으로 책봉할 때 충렬왕이 내린 교서(敎書)에서도 다음과 같이 언급했다.

> 지난 기사년에 천하가 회동했으므로 과인(寡人)이 입조해 무사히 알현하고 돌아와 파사부에 이르렀을 때, 권신 임연이 권력을 멋대로 휘둘러 난을 일으켜 왕실을 흔들었다는 소식을 들었다. 일행이 놀라 의논이 분분해 일진일퇴하면서 의심을 품고 결단을 내리지 못했다. 그대가 나라만을 생각하고 집안은 잊고서 이해를 두루 말해, 나를 호위하고 다시 황제가 계신 곳으로 들어가 우리나라의 사변을 아뢰고 황실과의 혼인을 청했다. 과연 황제의 돌봄을 받아 군사에게 명해 〔과인을〕 호위해 돌아가게 하시었으니, 다시 삼한(三韓)을 정돈했고 영광은 만국에 미쳐 이로써 오늘의 평안함에 이르렀다.[37]

[1984b], 1097~1099쪽; 金龍善[2012], 423~425쪽 참조.

36 『高麗史節要』 권18, 원종 10년 7월.

37 "越己巳年, 以天下會同, 寡人上朝利覲, 回來到婆娑府, 聞權臣林衍擅權柄搆亂動搖王

세조는 같은 해 8월에 충렬왕으로부터 사건을 통보받고, 즉시 오토스 부카[斡朶思不花]와 이악(李諤)을 고려에 파견해 원종 폐위의 이유를 물었으며, 다음 달에는 충렬왕에게 '특진상주국(特進上柱國)'이라는 훈위(勳位)를 수여하고, 3천 명의 군사를 주어 '국난(國難)'에 대응하게 했다. 또 10월에는 잘라이르 국왕 튀렝게[頭輦哥]가 이끄는 군사를 보내어 고려를 압박하면서 진공을 준비하는 동시에, 흑적을 고려에 파견해 임연에게 원종을 복위시키라고 했다. 이에 임연은 어쩔 수 없이 원종을 복위시켰던 것이다.[38]

이와 같이 정인경의 주청 가운데 원종 복위와 임연 토벌을 위한 움직임은 즉각 실행되었으므로, 공주 하가에 대해서도 묘지명에서 "하나같이 모두 허락을 받았다."라고 한 부분의 신빙성을 인정할 수 있을 것이다. 그리고 전술한 흑적의 발언이 이에 근거한 것이라면 자연스럽게 이해할 수 있다. 공주 하가를 원 측에서 발의한 것으로 본 견해도 있으나,[39] 원 측이 반응을 나타낸 것은 충렬왕의 통보를 받고나서부터인 것으로 보이며,[40] 위의 사료에 따르면 충렬왕의 통보라 함은 정인경이 주청한 일 외에는 확인되지 않는다. 그러므로 공주의 하가는 1269년 원종 폐립 사건을 계기로, 그해 8월에 충렬왕 측에서 먼저 제안했던 것으로 보인다.

그렇다면 다음 의문은 충렬왕이 왜 그런 시기에 공주 하가를 바랐는지다. 종래에는 공주 하가의 의의로 고려왕이 원의 권위를 배경으로

室. 一行震驚, 議論紛紜, 一進一退, 持疑未決. 爾國耳忘家, 敷陳利害, 挾護寡躬, 還入帝所, 奏以本朝事變, 請昏天威. 果蒙帝眷, 勅兵護還, 復整三韓, 流榮萬國, 式至今日休." 이 교서의 실물은 현존하지 않고, 다만 『瑞山鄭氏家乘』(1819)에 그 錄文이 있다. 필자는 盧明鎬 외[2000b](도판 6쪽)에 수록된 사진을 참조했다.

38 이상의 경위에 대해서는 『元史』 권6, 世祖本紀, 至元 6년 8월 丙申; 9월 己未; 戊辰; 10월 丁亥의 기사에 근거. 또한 池內宏[1931b], 49~58쪽 참조.

39 金惠苑[1989], 165~166쪽; 鄭容淑宏[1992], 210~211쪽.

40 池內宏[1931b], 52~53쪽 참조.

최씨·김준·임연으로 이어진 무신정권을 몰아내고 그 권위와 권력을 회복했다는 점이 언급되어 왔다.[41] 적어도 결과론으로서는 수긍할 수 있으며, 사료를 통해 논증하기는 어렵지만 그것이 공주 하가를 요청하게 된 동기의 하나였을 가능성은 어느 정도 고려해 볼 수 있다. 그러나 필자는 국내 문제에 대한 대책이라는 의의와는 별도로, 당시 고려·원 양국 사이에 가로놓여 있던 다음 현안과의 관련성도 지적해 두고자 한다.

『원사』 홍준기(洪俊奇) 열전에 "지원 6년에 고려의 권신 임연이 반란했다."라고 한 것을 비롯해서,[42] 원은 임연의 국왕 폐립을 원에 대한 반란으로 받아들이고 있었다. 『고려사』 등 관계 사료에 의하면 원종과 임연의 대립은 직접적으로는 국정상의 주도권 다툼이었던 것으로 생각되지만, 세조의 책봉을 받은 원종을 허가 없이 폐위한 행위를 원에서는 자신의 위신을 범한 것으로 받아들였던 것이다. 게다가 이 사건이 다음의 원 측 사료에,

> 고려국은 강화도에서 전쟁을 피한 지 40년으로, 비록 신하로서 조공을 바친다고 했으나 끝내 〔섬에서〕 나오려 하지 않고 있으며, 권신이 〔지리의〕 험난함을 믿고 왕위를 멋대로 하기에 이르렀다.[43]

> 지금 심왕(瀋王)의 조부(원종)는 그 영공(令公) 임인(林演, 임연)의 말에 미혹되어 그 거소(강화도)를 편안히 여기면서 때에 맞추어 환도하지 않았다.[44]

---

41 蕭[1983a], 235쪽; 金成俊[1985], 151~152쪽; 金惠苑[1989], 168쪽; 鄭容淑[1992], 212쪽; 張東翼[1994a], 115쪽.

42 『元史』 권154, 洪福源 附 洪俊奇 傳.

43 張之翰, 『西巖集』 권19, 〈大元榮祿大夫中書平章政事趙公神道碑銘〉. "麗國避兵江華島四十載, 雖云臣貢, 終莫肯出, 致柄臣恃險擅王位."

44 姚燧, 『牧庵集』 권24, 〈轉運鹽使趙公神道碑〉. "今瀋王之祖, 惑其令公林演之說, 而安其所, 不以時徙."

등과 같이 전해지는 것으로 보아, 원 측에서는 이 사건을 임연 혼자만의 문제가 아니라 국왕 이하 고려 전체의 귀부 여하와 관련된 문제로 받아들이고 있었던 것 같다. 전술했듯이 원은 사건이 벌어지기 전부터 개경 환도 등의 여러 요구를 이행하지 않고 있던 고려를 불신했던 것이다.

『영락대전(永樂大典)』에 인용된 원의 정서(政書) 『경세대전(經世大典)』의 정전(政典), 정벌(征伐), 고려의 기사를 발췌한 『원고려기사(元高麗紀事)』에는 지원 6년 11월 2일 자로, 고려의 국왕 폐립 사건에 어떻게 대응할 것인지에 관해 원 추밀원(樞密院)에서 의논한 내용을 정리한 기사가 실려 있다. 거기에 보이는 마형(馬亨)의 발언 기록에는 그해 5월에 그가 올린 상주를 다음과 같이 인용했는데, 이를 통해 폐립 사건이 발생하기 직전에 이미 원 측에서는 고려가 순종하지 않는 데 대해 강경론이 제기되고 있었음을 알 수 있다.

> 신 마형이 삼가 황제 폐하께 아룁니다. 고려는 본래 기자(箕子)를 봉한 땅으로, 한(漢)나라와 진(晉)나라는 모두 군현으로 삼았습니다. 지금 비록 내조했지만 그 마음은 헤아리기 어렵습니다. 삼가 듣건대 일찍이 성지(聖旨)를 내리시어 그들로 하여금 힘을 헤아려 육지로 나와 살라고 하셨으나, 지금까지 나오지 않고 있습니다. 지난해 〔일본으로〕 사신을 보내 화호하려고 한 것은 본래 어진 이와 친하게 지내고 이웃과 사이좋게 지내는 도리를 위한 것이었으나, 지금 고려는 거짓말을 꾸며 내어 상명(上命)을 어기고 있습니다.
>
> 무릇 이웃나라로서 이웃나라의 사정을 알지 못하는 경우는 없습니다. 남송이 현재 학경(郝經)을 잡아 두고 있는데 지금 다시 사신을 일본에 보냈다가 만일 상명(上命)을 거역한다면 위엄을 잃게 될 것이며, 후에 병사를 일으키더라도 그 땅은 큰 바다에 막혀 있으니 승부를 내기 어려울 것입니다.
>
> 옛말에 무거운 쇠뇌는 생쥐를 잡는 데 쓰지 않는다고 했습니다. 지

> 금으로서는 군사를 엄히 다스리고 고려에게 길을 빌려 일본을 취한다는 것을 명분으로 삼았다가 형세를 틈타 고려를 습격해 군현을 정하고 그 백성을 안무하는 것이 가장 좋겠습니다. 도리를 어겨 빼앗되 도리에 따라 지켜, 그 나라의 전선(戰船)·기계(器械)·군사를 쓰고, 아울러 남송으로의 중요한 길목을 지키면서 일본과 왕래하는 사정을 방해한다면, 이것이 만전의 형세가 될 것입니다. 지금 지체하면 저들이 섬에서 병사를 모으고 바다에서 식량을 쌓아 놓고서 널리 굳게 지키게 되어 깨뜨리지 못하게 될까 우려되니, 이를 살피지 않아서는 안 됩니다.[45]

즉 마형은 강화도에서 환도하지 않고 기만적인 태도를 보이는 고려를 믿을 수 없다고 주장하면서, 일본 공략을 명목으로 고려에 군대를 보내 고려를 평정하고 군현으로 삼아 그 인적·물적 자원을 흡수하고, 남송으로 통하는 중요한 길목을 막아 남송과 일본의 왕래를 끊자고 건의했던 것이다. 다만 그는 때를 놓치면 고려가 방어 태세를 갖추어 섬에서 굳게 버티게 되어 쉽게 공략할 수 없게 될 것이라고 경고했다. 그리고 폐립 사건에 대한 대처로는 다음과 같은 견해를 밝히고 있다.

> 지금 이미 사이가 벌어졌다고 군사를 움직여 그를 정벌하는 것은 옳지 않습니다. 군사를 움직여서 승리한다고 해도 역시 좋은 계책은 아

---

45 『元高麗紀事』, 至元 6년 11월 2일. “臣亨謹奏皇帝陛下. 高麗本箕子所封之地, 漢·晉皆爲郡縣. 今雖來朝, 其心難測. 竊聞, 先曾有旨, 令量力出居陸地, 至今不出. 去歲, 遣使和好, 本爲親仁善鄰之道, 今高麗謀稱飾詞, 有違上命. 夫鄰國不知鄰國之事情者, 未之有也. 南宋見執郝經, 今又遣使於日本, 萬一逆上命, 有失威重, 後雖起兵, 地限滄海, 勝負難必. 故千鈞之弩, 不爲鼷鼠而發. 於今不若嚴兵, 假道於高麗, 以取日本爲名, 乘勢可襲高麗, 定爲郡縣, 安撫其民. 可爲逆取順守, 就用本國戰船·器械·軍旅, 兼守南宋之要路, 缺日本往還之事情, 此萬全之勢也. 今遲之, 恐聚兵於島嶼, 積糧於海內, 廣被固守, 不能搖矣, 此不可不察也.”

니며, 만일 이기지 못한다면 위로는 나라의 위신을 손상시키고 아래로는 사졸의 힘을 상하게 할 것입니다. 저들이 강산의 험준함을 믿고 바다에 식량을 쌓아 두고서 가만히 지키면서 움직이지 않는다면 무슨 계책으로 취할 수 있겠습니까. 지금 고려는 십 년의 기세가 있음에도, 조정이 일본을 정벌하는 데는 분명 길을 빌린다고 하다가 자신을 멸망시키려는 마음이 있으리라 우려하고 있으며, 또 앞뒤로 상명을 어긴 죄가 있어 깊이 불안해하며 살얼음을 밟는 것처럼 하고 있으니, 그런 까닭에 아무것도 하지 않고 우리가 움직이기를 기다리고 있는 것입니다. 지금 만약 군사를 일으키면 호랑이와 함께 산에 들어가거나 섶을 지고 불을 끄러 가는 것과 같으니, 이는 실로 해서는 안 되는 일입니다.

마형이 말씀드리건대, 만약 표문을 올려 아뢴 사정이 있다면 마땅히 사신을 보내어 그 죄를 관대히 사면하고 진봉(進奉)을 감면해 주며 그 백성과 사직을 안무하면서, 아울러 집정자 한두 사람을 소환해, 그가 이르거든 남송의 죄악을 열거하고 함께 힘을 합쳐 한마음, 한목소리로 그 죄를 벌하자고 하는 것이 좋겠습니다. 사신을 일본에 보내는 것은 어진 이를 가까이하고 이웃과 사이좋게 지내는 도리를 위한 것으로, 그 역시 이러한 뜻입니다. 마땅히 이 말로써 이곳에 온 자를 따뜻하게 타일러야 하겠으니, 그러면 저들이 성지에 감격하고 흠모해 큰일을 이룰 수 있을 것입니다. 남송을 평정한 후에 다시 다른 뜻이 있는지를 살펴 군사를 돌이켜 그들을 정벌해도 늦지 않을 것입니다. 이것이 일거양득하는 방법이며, 온전히 승리하는 방책이라고 할 수 있습니다. 지금 곧바로 군사를 일으키면 저들 역시 군사를 일으켜 우리에게 대응할 것이니, 이는 적국을 하나 만드는 일입니다.[46]

---

46 『元高麗紀事』, 至元 6년 11월 2일. “今既已有釁端, 不宜動兵伐之. 動而得勝, 亦不爲善, 萬一不勝, 上損國家之威, 下損士卒之力. 彼恃江山之險阻, 積糧於海內, 謹守不動, 何計

즉 마형은 강경책의 불리함을 설명하면서, 당시 고려가 원 측의 대응 방식에 따라 이반할 수도 있는 갈림길에 서있으므로, 고려 측이 굽히고 들어올 경우 이를 사면해 국가의 존속을 보장해 주면 남송이나 일본 공격에도 자진해서 협력할 것이라고 했다. 그리고 남송을 평정한 후 고려가 만약 다른 뜻을 품고 있을 경우 그때 다시 토벌하면 될 것이니, 지금 새로운 적국을 만드는 것은 좋은 계책이 아니라는 것이다.

이어서 전 추밀원 경력(經歷) 마희기(馬希驥)는 다음과 같이 말했다.

> 지금의 고려는 바로 옛날 신라·백제·고구려 세 나라를 합해 하나가 된 것입니다. 무릇 번진(藩鎭)은 권력이 나뉘면 제어하기 쉽고, 제후가 강성하면 신하로 삼기 어려운 것이 예나 지금이나 뻐아픈 이치입니다. 이전에 조명(詔命)을 내려 신사(信使)를 파견해서 일본에 은혜를 드리우고자 했으나 저들은 은밀히 모략으로 길을 막았고, 백성을 옮겨 바다에서 떠나 육지로 나오라고 했으나 그 역시 따르지 않았습니다. 이때도 지형이 험난함을 쉬이 믿고 스스로 강대하다고 여겼으니 항거하려는 뜻의 싹이 이미 나타났던 것이며, 신하의 권세가 너무 무거웠기 때문이었습니다. 근래에는 상국에 청하지도 않고 멋대로 〔왕을〕 폐하고 세우니 법에 마땅히 용납할 수 없습니다. 그러나 먼 나라를 다스리는 데는 보통의 방법에 구애되어서는 안 되며, 반심을 품고 있는 자를 안무하는 데는 임시방편을 따라야 합니다. 지금 소국의 일이 이미 이와 같으니, 우리 조정은 진실로 마땅히 숙고해야 할 것입니다.

取之. 今高麗有十年之銳, 恐朝廷攻伐日本, 必有滅虢之心, 又節次有違上命之罪, 深不自安, 如履薄氷, 所以無故而待動也. 今若發兵, 如虎入山, 抱薪而救火, 此實不可爲也. 亨謂, 如有來進表文所告情節, 卽宜遣使寬赦其罪, 減免進奉, 安撫其民社, 仍召執政者一二人, 至則數南宋之罪惡, 欲與戮力一心, 同聲伐罪. 所遣使於日本, 爲親仁善鄰之道, 亦是此意. 宜以此語, 溫恤其來者, 庶幾感慕聖旨, 以成大擧. 待南宋已平, 再審他志, 廻兵誅之, 亦未爲晩. 是一擧而兩得也, 可爲全勝之策. 今便發兵, 彼亦以兵應我, 是生一敵國也."

마희기는 말하건대, 죄를 용서해 주고 책봉해 주는 것은 상국으로서 하지 않는 미봉책일 것이며, 군사를 일으켜 토벌한다고 해도 삼군(三軍)에 온전히 승리하는 공적이 없게 될까 우려스럽습니다. 양쪽을 감안해서 그 중간을 택해, 다만 폐립을 모의한 신하 한 사람만을 국문하고 여러 사람들을 어지럽힌 무거운 죄는 용서하는 것이 어떻겠습니까? 저들의 주현(州縣)과 성, 군인과 민인의 많고 적음을 헤아려 둘로 분리해서 그 나라를 나누어 다스리며, 권한을 비슷하게 하고 세력을 동등하게 해 저절로 서로 견제하게 한다면 우리 나라는 여유 있게 좋은 방책을 도모하면서 따로따로 처리할 수 있게 될 것입니다. 이렇게 하면 저들은 분명 성조(聖朝)에서 너그럽게 용서하는 큰 은혜를 마음에 품을 것이며, 그 나라는 없애지 않으면서도 자연히 약해질 것입니다. 옛날에 한나라의 주부언(主父偃)이 제후의 권한을 삭감했던 것이 이러한 뜻이었습니다. 하물며 고려는 변방의 하찮은 무리들로, 먼 바다의 섬에 있으면서 조정의 성교(聲教)를 듣지 않은 지 오래되었습니다. 마땅히 관대하게 용서하는 마음을 좇아 스스로 새롭게 하도록 허락하는 것이 또한 우리 상국이 먼 곳을 품어 주고 변방을 편안히 하며 잔혹함을 억누르고 살생을 없애는 뜻일 것입니다.

지금 만약 이 계책을 버리고 행하지 않으며 혹 위력으로 불러들이거나 군사를 모아 나아가 취하고자 할 경우, 만에 하나 소국의 권신이 흉악한 일을 자행하고 반역을 일으켜 산에 기대고 물을 믿으면서 송나라와 연횡해 섬에 들어가 대항한다면 우리 성조에 비록 막강한 군사 백만이 있다 한들 세월이 걸려도 함락할 수 없을 것이니, 실로 대국의 이익이 아닐 것입니다.[47]

---

47 『元高麗紀事』, 至元 6년 11월 2일. "今之高麗, 乃古新羅·百濟·高句麗三國併而爲一也. 大抵藩鎭, 權分則易制, 諸侯強盛, 則難臣, 古今之痛義也. 曩者, 詔命遣信使, 垂恩於日本, 陰謀沮壞, 遷居民捨水而就陸, 亦不聽從. 此時, 亦易有恃山水之固, 自爲強大, 抗拒

마희기 역시 마형과 같은 이유로 고려는 믿을 수 없다고 했지만, 당장은 공략하기 곤란하다는 점과 함께 고려와 남송이 연합할 것을 우려해 강경책은 불가하다고 보고, 폐립 사건의 주모자만 국문하는 것으로 이 사안을 사면하는 것이 좋겠다고 했다. 다만 그는 번속국이 큰 세력을 가지는 것은 좋지 않으므로 고려를 두 개의 나라로 나누어서 서로 견제하도록 한다면 통제하기 쉬워질 것이라고 했다.

이와 같이 원은 폐립 사건을 전후해 고려를 무력으로 제압해서 직할 군현으로 만들자는 주장부터 국가를 분할하자거나 일단 회유하면서 사태를 관망하자는 주장까지, 고려에 대한 견제를 전제로 강경책과 온건책 등 몇 가지의 대응책을 고려하고 있었다. 당시 고려는 실로 존망의 위기에 처해 있었다고 해도 과언이 아니다. 고려의 자세에 대한 원 측의 문책이 이어지는 가운데 교섭의 최전선에 있던 충렬왕은 원 측에서 이러한 논의가 일어날 것임을 충분히 예측할 수 있었을 것이며, 실제로 그러한 동정을 감지하고 있었을지도 모른다. 그런 가운데 공주 하가라는 파격적인 우대를 스스로 주청한다는 것은 어떤 의미에서는 참월하다고도 할 수 있는, 의표를 찌르는 행동이었다. 그런데 이후 1274년(원종 15, 지원 11)에 쿠틀룩켈미쉬 공주가 충렬왕에게 하가할 때, 고려의 부로(父老)들은, "100년에 걸친 전란 끝에 다시 태평세월을 보게 될 줄은 생각조차 하지 못했다."라고 하며 기뻐했다고 전한다.[48] 공주 하가의 유래를 전하

之萌, 已見矣, 蓋爲臣下權太重故也. 近者不請上國, 擅自廢立, 法當不容. 然治遠邦者, 不牽于常制, 安反側者, 務要於從權. 今者小國事, 已如斯矣, 我朝誠宜熟議. 希驥以謂, 若釋罪就封, 上國不爲姑息之政, 或興兵致討, 三軍恐無全勝之功. 合無兩釋, 取其酌中, 止鞫廢立謀臣之一夫, 赦註誤諸人之重罪. 驗彼州城軍民多寡, 離而爲二, 分治其國, 使權侔勢等自相維制, 則我國徐議良圖, 易爲區處耳. 如是則彼人人必懷聖朝寬宥之大恩, 其國不削而自弱矣. 昔漢之主父偃削諸侯權, 是其議也. 況高麗邊陲殘類, 海嶼遠方, 不聞朝廷之聲敎久矣. 宜從寬恕, 許令自新, 亦我上國懷遠安邊勝殘去殺之意也. 今倘舍此而不爲, 或以威力追召, 或以積兵進取, 萬一小國權臣恣凶作逆, 阻山恃水, 與宋連衡, 拒守海嶼, 我聖朝雖有雄兵百萬, 未可以歲月下之, 甚非大國之利也."

는 위의 여러 사료에서도 엿보이듯, 공주 하가의 의의로서 우선은 고려와 원 관계를 크게 호전시켰다는 점을 주목해야 한다.

따라서 충렬왕이 공주 하가를 주청한 의도를 찾는다면, 그가 원에 대해 적극적으로 친화하고 순종하는 자세를 보임으로써 몽골 황실 부마로서의 지위를 얻고, 이를 토대로 당시 원과 위태로운 관계였던 고려 왕조를 보전하고자 했다는 점을 간과할 수 없다.

한편 원 측이 공주 하가를 허락한 이유에 대해서는 이를 직접적으로 말해 주는 사료가 보이지 않는다. 따라서 국왕 폐립 사건 때 원 측이 고려했던 안건을 통해 간접적으로 살펴보고자 한다.

앞서 언급했듯이 원의 추밀원은 강경책은 배제하며, 임연의 죄는 묻되 고려 자체는 회유하는 방침을 제안했다. 1270년(원종 11, 지원 7) 정월과 2월에 고려에 반포한 세조의 조서에는 분명히 그러한 의지가 표명되어 있다.[49] 복위한 원종은 이 무렵 폐립 사건의 전말을 설명하기 위해 원에 입조했으나, 원이 직접 소환했음에도 임연은 응하지 않았다. 머지않아 임연은 병사하고 그의 아들인 임유무(林惟茂)가 그 지위를 계승했다. 임유무는 그해 5월 원종의 귀국과 동시에 원의 군대가 개경에 주둔하자 반란을 일으킬 뜻을 드러내었으나, 궁중의 신료들에게 살해되고 말았다. 이로써 무신정권은 붕괴되었고, 원과의 관계를 배경으로 약 한 세기만에 국왕이 실권을 회복했다. 그 후에도 무신정권을 지탱해 왔던 군사조직인 삼별초(三別抄)가 1273년까지 저항을 계속했으나, 사태는 대체로 원 측의 각본대로 흘러갔다고 할 수 있다.

마형과 마희기의 말에 의하면 그들은 우선 고려를 공략하기 어렵다는 점을 고려했다. 험난한 지세에 의지해 섬으로 들어가서 버티는 고려

48 『高麗史』 권32, 충렬왕 세가의 史臣 贊; 『高麗史節要』 권19, 충렬왕 즉위년 11월. "王與公主, 同輦入城, 父老相慶曰, 不圖百年鋒鏑之餘, 復見大平之期."

49 『元高麗紀事』, 至元 7년 정월 15일; 2월 16일.

는 쉽게 공략하기 어려운 적수로 인식되었다. 과거 수십 년에 걸쳐 고려가 몽골에 대한 저항을 계속할 수 있었던 이유가 순수하게 고려 측의 군사적인 역량에만 기인한다고 할 수는 없겠지만, 적어도 이 당시 원 정부의 수뇌부는 그러한 인상을 가지고 있었던 것이다.

게다가 그들은 남송의 존재도 염두에 두고 있었다. 1268년(원종 9, 지원 5) 9월, 원군은 대남송 경략의 최전선인 양양(襄陽)·번성(樊城) 방면으로 진출했고, 그로부터 6년에 걸친 포위전을 전개했다. 고려의 국왕 폐립 사건은 원이 본격적인 남송 공략에 막 착수하려는 참에 벌어진 일이었다. 마형이 고려를 남송 경략에 이용하자고 건의하고, 마희기가 고려와 남송의 연합을 걱정했던 배경에는 그러한 절박한 사정이 있었던 것이다. 섬으로 들어가 버티며 남송과 연계하는 고려는 난적이 될 것이라는 마희기의 발언, 고려에 다른 뜻이 있다면 남송 평정 후에 죄를 물어도 좋을 것이라는 마형의 발언으로 보건대, 적수로서의 고려가 가진 군사력을 간과하지 않았던 것, 아울러 고려를 당장은 적으로 돌리고 싶어하지 않았던 것도 오직 남송이 존재했기 때문임을 알 수 있다.

또한 마형은 일본 경략과의 관계에 대해서도 언급했다. 1266년(원종 7, 지원 3) 이래 원은 고려를 통해 일본과의 교섭을 시도하고 있었다. 그로부터 원의 일본 공략을 돕는 것은 고려의 가장 긴요한 정책 과제가 되었다. 이 점을 원이 고려의 존속을 허락했던 주요한 이유의 하나라고 보았던 종래의 해석은[50] 그런대로 자연스럽다고 할 수 있다. 다만 마형에 의하면 고려를 멸망시키고 그 인적·물적 자원을 흡수해 일본 경략을 진행하는 선택지도 가능했다. 결론적으로 고려 정부를 회유하고, 일본 경략에 앞장서게 하자는 것 역시 이미 강경책이 불리해졌다는 인식을 전제로 한 것이었다. 국왕 폐립 사건을 둘러싸고 논의된 내용만을 놓고 보자

50 蕭啓慶[1983a], 235~236쪽; 金惠苑[1989], 168쪽.

면, 일본 경략에 있어서의 고려의 역할은 고려의 존속을 인정하는 필요조건이기는 했어도 반드시 충분조건은 아니었던 것으로 보인다.

한편, 1269년은 우구데이가(家)·차가타이가(家)·주치가(家)의 반(反)쿠빌라이 세력이 중앙아시아에서 이른바 탈라스의 회맹을 거행한 해이기도 하다. 다만 사료에 보이는 한 이러한 정세가 고려된 흔적은 없다.

이렇듯 고려의 국왕 폐립 사건 당시 원은 남송과의 전쟁을 중심적으로 고려하는 동시에 일본 경략 역시 염두에 두면서, 고려에 강경책을 펼친다면 그 저항 역시 무시할 수 없으리라 판단해 고려의 존속을 인정하는 쪽을 선택했다고 생각된다.[51] 이에 원은 고려와의 관계를 안정시키기 위해 충렬왕의 요청을 받아들여 공주를 하가시킴으로써 고려 왕가를 회유하고 후원하는 방책을 채택했던 것으로 보인다. 이 점에서 원과 고려 왕가의 이해가 일치했던 것이다. 원이 자신의 세력권 안에 있는 재지(在地) 군주 가문 모두에 공주를 하가시킨 것은 아니었으므로, 고려의 정치적인 중요성은 이 시기에 그만큼 높이 평가받고 있었다고 할 수 있다.

다만 바꾸어 말하자면 몽골이 고려에 그만큼 안정적인 복속을 요구했다고도 할 수 있다. 이 시점에서 하가를 허가한 것은 어디까지나 임시적인 조치였던 것으로 보이며, 공주 하가가 즉각 실행된 것은 아니었다. 1270년(원종 11, 지원 7) 2월 폐립 사건을 설명하기 위해 원에 입조한 원종이 다시 공주 하가를 청했으나, 세조는 이러한 중요한 일을 '다른 일' 때문에 온 김에 주청하는 것은 부적절하니 '환국'해서 '백성을 존무'한 뒤 '특별히 사신을 보내어' 주청하라며 거절했다.[52] 당시는 아직 강화도에

---

51 이 장에서는 원과의 종속관계하에서 고려가 존속할 수 있었던 배경에 대해, 어디까지나 원종 폐립 사건 무렵의 상황에 한정해서 논했다. 고려의 존속은 애초에 고려가 귀부했을 때 세조가 승인한 것이고, 훗날 '세조구제(世祖舊制)'라고 불리며 고려의 기득권처럼 여겨진 틀이었다고 할 수도 있다. 그러나 이는 처음부터 그렇게 결정된 것이 아니라 애초 그때그때의 정세에 따라 요동치면서도 결과적으로 유지되고 있었던 것이었다(이 책 제9장 참조).

52 『高麗史』 권26, 원종 11년 2월 甲戌.

임씨 세력이 건재했으므로, 고려의 정세가 진정되는 것을 공주 하가의 전제로 삼았음을 알 수 있다.

그 후 국왕 권력이 회복된 고려에서는 원의 다루가치와 둔전경략사(屯田經略司)가 진주하는 가운데 개경으로의 환도, 질자 파견, 역참 설치, 일본 공략 원조 등이 단계적으로 실시되었다. 수년 사이에 원에서 전부터 요구해 왔던 것을 거의 충족했던 것이다.[53] 1271년(원종 12, 지원 8) 정월, 원종은 다시 공주 하가를 주청했는데, 그때의 표문(表文)에서 그 전제로 개경 환도를 완료했음을 보고했다.[54] 그리고 그해 10월에는 황제가 하가를 허가했다는 사실이 고려에 전해졌는데,[55] 실제로 쿠빌라이가 쿠틀룩켈미쉬 공주를 충렬왕에게 하가시킨 것은 1274년 5월의 일이었다.[56] 이는 제주도를 거점으로 한 삼별초의 저항이 직전 해에 간신히 진정되고, 제1차 일본 공격을 눈앞에 둔 시기였다. 이 단계에 이르러 원 측에서 고려의 복속이 확실해졌다고 판단했기 때문인 것으로 보인다.[57]

---

53 Henthorn[1963], 194~225쪽; 李益柱[1996c], 17~21쪽 참조. 같은 맥락에서 원이 요구해 왔던 호적 제출에 대해 1269년(원종 10, 지원 6)에 '民戶'의 '計点'이 실행되었던 것을 그 이행으로 보는 견해도 있다(李益柱[1996c], 19쪽; 朴鍾進[2000], 204~207쪽). 그러나 이는 고려의 내정 면에서의 조치로 파악하는 것이 마땅할 듯하며, 원이 고려에 호적을 제출하게 한 일은 없었다고 생각한다. 이 문제에 대해서는 이 책 제9장에서 상세히 논할 것이다.

54 『高麗史』 권27, 원종 12년 정월 丙子.

55 『高麗史』 권27, 원종 12년 10월 辛丑.

56 『高麗史』 권27, 원종 15년 5월 丙戌; 『元史』 권8, 世祖本紀, 至元 11년 5월 丙申.

57 이상의 경위가 공주 하가에 이르기까지의 실정이라고 한다면, 하가가 실시되었던 당시에는 그 이유를 어떻게 설명했는지가 문제가 될 것이다. 이에 대해서는 이 책 제4장에서 논한다.

4. 부마에서 부마고려국왕으로

원종은 1274년(원종 15, 지원 11) 6월에 사망하고, 공주와 혼인한 지 얼마 되지 않은 충렬왕이 즉위했다. 이렇게 해서 고려왕은 일견 세조의 부마로서 매우 높은 정치적 지위를 획득했던 것처럼 보인다. 그런데 충렬왕이 즉위할 때 다음과 같은 사건이 있었다.

> 〔왕이〕 편복(便服)과 조정(皂鞓) 차림으로 본궐에 행차하고, 다시 예복과 홀(笏)을 갖추고 강안전(康安殿)에서 조서(詔書)를 받았다. 그 조서에 이르기를, "국왕(원종)이 살아 있을 때, 세자(충렬왕)가 〔왕위를〕 계승할 만하다고 여러 번 말했다. 이제 세자에게 명해 국왕의 직무를 이어받도록 하니, 그에게 속한 모든 신민들은 그의 통제를 받도록 하라." 했다. 왕이 조서를 받고 경령전(景靈殿)을 참배한 뒤 강안전으로 돌아와 황포(黃袍)를 입고 즉위하고서 여러 신하들의 조하(朝賀)를 받았다. 이어 조사(詔使)를 위해 연회를 베풀었는데, 조사는 왕이 부마이므로 왕을 남면의 자리에 추대하고는, 조사는 동향하고, 다루가치는 서향해 앉았다. 왕이 술잔을 돌리자 조사는 절을 하고 받은 뒤 마시고 나서 다시 절을 올렸으나, 다루가치는 서서 마시고 절을 올리지 않았다. 조사가 말하기를, "왕은 천자의 부마이신데, 당신은 어찌 감히 이와 같이 하는가. 우리가 돌아가서 아뢰면 그대가 죄를 받지 않을 것 같은가."라고 했다. 〔다루가치가〕 답하기를, "공주가 계시지 않으며, 또 이것은 선왕 때의 예법일 뿐입니다."라고 했다.[58]

58 『高麗史』 권28, 충렬왕 즉위년 8월 己巳. "以便服·皂鞓幸本闕, 更備袍笏, 受詔于康安殿. 其詔曰, 國王在日, 屢言世子可以承替. 今命世子承襲國王勾當, 凡在所屬, 並聽節制. 王受詔畢, 謁景靈殿, 還御康安殿, 服黃袍卽位, 受群臣朝賀. 仍宴詔使, 詔使, 以王駙馬, 推王南面, 詔使東向, 達魯花赤西嚮坐. 王行酒, 詔使拜受, 飮訖又拜, 達魯花赤, 立飮不拜. 詔使曰, 王天子之駙馬也, 老子何敢如是. 吾等還奏, 汝得無罪耶. 答曰, 公主不在, 且

즉 연회 석상에서 왕이 술을 따라 줄 때 사신은 충렬왕을 부마의 예로 대우했는데, 다루가치는 '선왕' 원종 때의 예법에 따라 충렬왕의 부마 지위를 고려하지 않는 듯한 태도를 취했다. 이때는 충렬왕에 대해 그때까지의 고려왕으로서의 격식과 부마로서의 격식 사이에 일종의 차이가 있었음을 알 수 있다.

이러한 국왕과 부마로서의 격식 차이에 대해, 위의 기사에 보이는 연회 석상에서의 좌석 배치 문제를 바탕으로 생각해 보고자 한다. 주지하듯이 일찍부터 중국에서는 서열을 가시적으로 표현하는 예제로서 좌차(坐次)가 중시되었다. 원의 예제도 중국 역대의 제도를 참작해 정비되었던 것 같은데, 연회 석상 등에는 몽골 고유의 관습도 많이 남아 있었다고 한다.[59] 그러나 많은 내용이 아직 상세하지는 않으므로, 일단 중국의 경우에 비추어 본 의미 해석은 보류하고 좌차의 서열에만 초점을 맞춰 보고자 한다.

위의 기사를 살펴보면, 부마로서 남면할 것을 권유받은 충렬왕이 가장 우위였음은 분명하다. 그리고 그다음 지위가 동면한 사신, 그다음이 서면한 다루가치였다는 점은 양자의 정치적 지위나 충렬왕이 술을 따라 준 순서로 보아 틀림없을 것이다.

此先王時禮耳."

59 『元史』 권67, 禮樂志 序文. "원이 나라를 다스림에 朔漠에서 일어났기에 朝會와 燕饗의 예는 本俗을 많이 따랐다. 태조 원년(1206), 阿難河에서 諸侯王과 크게 회동해 황제위에 오르고서 처음으로 九斿白旗를 세웠다. 세조 至元 8년(1271), 劉秉忠과 許衡에게 명해 비로소 朝儀를 제정하게 했다. 이로부터 황제의 즉위, 元正, 天壽節, 제왕과 외국에서 내조했을 때, 황후와 황태자의 冊立, 군신이 尊號를 올리는 일, 태황태후와 황태후에게 冊寶를 올리는 일, 그리고 郊廟 의례 시 군신의 朝賀에 이르기까지 모두 조회 의례와 같게 했다. 그러나 종친에게 크게 잔치를 베풀거나 대신에게 연회를 하사하는 것은 본속의 의례를 쓴 것이 많았다(元之有國, 肇興朔漠, 朝會燕饗之禮, 多從本俗. 太祖元年, 大會諸侯王于阿難河, 卽皇帝位, 始建九斿白旗. 世祖至元八年, 命劉秉忠·許衡, 始制朝儀. 自是, 皇帝即位, 元正, 天壽節, 及諸王·外國來朝, 冊立皇后·皇太子, 羣臣上尊號, 進太皇太后·皇太后冊寶, 暨郊廟禮成, 羣臣朝賀, 皆如朝會之儀. 而大饗宗親, 錫宴大臣, 猶用本俗之禮爲多)."

이에 대해서는 『고려사』 세가, 공민왕 4년에 기록된 일로,

> 원의 황태자가 우룩 테무르[月魯帖木兒]를 보내 영안왕대부인(榮安王大夫人)에게 연회를 베풀었으니, 왕이 그 저택으로 행차했다. 왕과 이씨(李氏)는 함께 남면하고, 황후의 동생(실제로는 언니[60])인 조희충(趙希冲)의 처는 동쪽에 앉았으며, 기철(奇轍)과 우룩 테무르는 서쪽에 앉았고, 재추들은 층계 위에 앉았다.[61]

라는 사례가 있다. 순제(順帝) 토곤 테무르의 황태자 아유르시리다라를 낳은 황후 기씨(奇氏)는 고려인이었고, 그의 죽은 아버지 기자오(奇子敖)는 영안왕(榮安王)에 봉해졌다. 황태자가 우룩 테무르를 보내 기자오의 처 이씨, 즉 영안왕대부인에게 연회를 베풀었을 때, 그녀는 공민왕과 함께 남면했다. 동쪽에는 기황후의 여동생, 실제로는 언니인 조희충의 처가 앉았고(서면), 황후의 형제이자 기씨 일족의 중심인물인 기철은 우룩 테무르와 함께 서쪽에 앉았다(동면). 관련 인물의 정치적 지위를 보았을 때, 14세기 중반의 이 사례에서도 남면을 최고위로 하고 동면, 서면의 순으로 우위였던 것으로 보인다.

또한 앞서 제시했듯이 『고려사』 세가, 원종 10년의 기사에는 원의 사신 흑적이 부마의 아버지인 원종이 상좌에 앉아야 한다고 하면서, 왕이 서면하면 자신은 북면하고, 왕이 남면하면 자신은 동면하겠다고 했다는 기록이 있다.[62] 이 가운데 후자는 충렬왕 즉위 때의 연회 석상에서 사신이 취했던 좌차다. 그리고 북면은 서면보다도 하위가 되는 것으로,

---

60 기황후 자신은 奇子敖의 막내이고, 趙希冲의 처는 그 장녀다(『稼亭集』 권12, 〈高麗國承奉郎摠部散郎賜緋魚袋贈三重大匡僉議政丞判典理司事上護軍奇公行狀〉).

61 『高麗史』 권38, 공민왕 4년 8월 癸亥. "元皇太子遣月魯帖木兒來, 宴榮安王大夫人, 王幸其第. 王與李氏並南面, 皇后弟趙希冲妻坐東, 奇轍與月魯帖木兒坐西, 宰樞坐階上."

62 『高麗史』 권26, 원종 10년 11월 癸亥.

사면 가운데 가장 아래 자리다.

그런데 원종과 흑적의 사례에서 주목할 만한 점은 원종이 스스로 황제의 사신보다 상좌에 앉는 것은 참월하다고 고사했기에, 결국 양자가 동서로 마주했다고 한 점이다. 중국에서 이러한 석차는 남북으로 서로 대면하는 군신관계 같은 절대적인 상하관계가 아닌 손님과 주인 관계를 표현하는 것이다.[63] 원종과 흑적의 경우도 서로 상대방을 윗자리에 앉히거나 아랫자리에 두지 않고자 한 끝에 도출한 타협이자 절충이었다. 동쪽과 서쪽 가운데 누가 어느 쪽에 앉았는지는 불분명하지만, 어쨌든 대등성이 강한 관계 표현이었다고 보는 데는 지장이 없을 것이다.

후술할 바와 같이 원종 대부터 충렬왕 대 초에 걸쳐 원의 조신(朝臣)과 고려왕의 좌차는 결국 이와 같이 동서로 마주 보는 형식이 취해진 듯하다. 충렬왕은 즉위 후 원과 명칭이 같은 관제나 '선지(宣旨)', '짐(朕)', '주(奏)', '사(赦)'라는 용어 등 군주를 천자·황제에 비견해 온 고려 전통의 국제(國制)를 제후로서의 격식에 맞게 강등해, 원에 대한 참월을 피하도록 했다.[64] 그런데 몽골 제왕의 일원인 부마의 지위는 본래 원에서 일반 조신의 상위에 있었으므로 충렬왕이나 그 아버지인 원종은 연회 석상에서 원 사신의 윗자리에 앉을 것을 권유받았고, 이것은 공민왕 대 초까지 이어졌다. 그러나 즉위 초기의 충렬왕은 이를 고려왕으로서의 격식으로는 확립하지 못했던 것이다.

이와 같은 '차이'는 다음과 같은 부분과 관련이 있었던 것으로 보인다. 『고려사절요』 충렬왕 원년 5월의 기사를 보면,

> 왕이 조사(詔使)가 온다는 소식을 듣고 서문 밖으로 나가 영접했다. 왕이 공주에게 장가든 이후 비록 조사라 할지라도 일찍이 성을 나가 영

---

63 岡安勇[1983], 8~9쪽; 奥村周司[1984] 참조.

64 『高麗史』 권28, 충렬왕 원년 10월 庚戌; 2년 3월 甲申 등.

> 접하지 않았다. 역관 김태(金台)가 원에 가자 중서성(中書省)의 관원이 그에게 말하기를, "부마왕(駙馬王)이 조사를 영접하지 않는 것은 선례가 없다고 할 수 없다. 하지만 왕은 외국의 군주다. 조사가 이르렀을 때 영접하지 않는 것은 불가하다."라고 했다. 이때부터 비로소 조사를 영접했다.[65]

라고 했다. 당초 충렬왕은 스스로가 부마임을 내세워 조사를 성 밖에서 마중하지 않았는데, 원이 '외국의 군주'인 고려왕은 반드시 출영(出迎)해서, 즉 성 밖에 나가서 조사를 맞이해야 한다고 지시했다는 것이다.

『경세대전』 잠치(站赤)에 실린, 지원 29년(1292, 충렬왕 18) 중서성의 상주(上奏)에는, '외국'의 사절이 복건(福建)에 도착했다는 언급이 보이며,[66] 원의 양우(楊瑀)가 지은 『산거신화(山居新話)』 권2에는 강절행성(江浙行省)의 연리(掾吏)로 현지의 '토인(土人)'을 임용하는 것이 금지된 데 대해 강절행성 좌승(左丞)인 불주(佛住)가 "그렇다면 중앙의 중서성에서는 '외국인'을 임용하는 것이 된다."라고 빈정거렸다는 일화가 보인다. 이러한 '외국'이 원의 강역 바깥을 가리키는 것임은 명백하다. 또한 원의 위초(魏初)는 지원 8년(1271, 원종 12) 4월 24일 자로 올린 주의(奏議) 가운데,

> 바깥으로는 교지(交趾)가 칭신하고, 고려가 입공(入貢)하며, 일본과 남송이 덕화(德化)를 사모하고 있습니다.[67]

라고 해, 고려를 쩐조(陳朝) 베트남, 일본, 남송과 함께 원의 '바깥'이라고

---

65 『高麗史節要』 권19, 충렬왕 원년 5월. "王聞詔使來, 出迎西門外. 王旣尙主, 雖詔使, 未嘗出城而迎. 舌人金台如元, 省官語之曰, 駙馬王不迎詔使, 不爲無例. 然王是外國之主也. 詔書至, 不可不迎. 至是, 始迎之."

66 『永樂大典』 권19419, 站赤 4, 至元 29년 정월 7일.

67 魏初, 『靑崖集』 권4, 奏議. "外則交趾稱臣, 高麗入貢, 日本·江左, 瞻望德化."

했다. 1275년에 원 중서성의 관원이 고려를 '외국'으로 표현한 것도 이들과 같은 인식에 근거했을 것이다. 충렬왕이 부마가 된 후에도 원조 전체의 외부에서 이에 복속한 '외국'의 군주라는 종래의 격식이 고려왕에게 우선 적용되었던 것이다.

당연하게도 이러한 상황은 충렬왕에게 바람직하지 않았던 것으로 보인다. 1277년(충렬왕 3, 지원 14) 고려에서는 김방경(金方慶)이 모반을 행했다는 무고 사건이 발생해, 원 측의 여러 세력이 그를 취조하고 있었다. 이듬해 사건의 정황을 파악하기 위해 원에 소환되었던 충렬왕은 역으로 이 기회를 이용해 다루가치나 둔전경략사를 비롯해 고려에 주둔하고 있던 원군의 철수를 승인받았고, 또한 부마의 특권인 잠치의 차자(箚子), 즉 이용허가증 발급권을 획득하기도 했다.[68] 충렬왕은 원 세력이 국내에 침투하는 데 저항해 통치 권한을 강화함과 동시에 부마로서 실체적인 권한을 확보하고자 했던 것으로 보인다. 『원사』 세조 본기에 의하면 그해 7월에는 '부마인(駙馬印)'을 "고쳐서 주조[改鑄]"하기도 했다.[69] 이를 통해 부마로서의 지위가 재확인되었던 것인데, 그렇다 해도 고려는 원종 이래, 원으로부터 부마인과는 별도로 고려 '국왕지인(國王之印)'을 받고 있었으므로,[70] 고려왕의 지위와 부마의 지위는 여전히 분리된 상황이었다.

그러나 3년 후, 『고려사』 세가, 충렬왕 7년 3월 을묘 조에,

> 장군 노영(盧英)이 원에서 귀환했다. 황제가 부마국왕의 선명(宣命)과

---

68 『高麗史』 권28, 충렬왕 4년 7월 甲申; 壬辰; 戊戌.

69 『元史』 권10, 世祖本紀, 至元 15년 7월 壬寅.

70 『高麗史』 권25, 원종 원년 8월 壬子 條에 의하면 즉위 직후의 원종에게 내려졌던 세조의 조서 가운데, "이제 경에게 虎符와 국왕의 인장 및 옷감·활·칼 등의 물품을 하사한다."라고 했다. 『元史』 권4, 世祖本紀, 중통 원년 6월, 是月 條에도 원종에게 "國王封冊·王印及虎符"를 사여했던 것이 기록되어 있다.

> 정동행중서성(征東行中書省)의 인(印)을 사여했다. 앞서 왕이, "신이 공주에게 장가들었으니 선명을 고쳐 '부마'라는 두 글자를 더해 주시기 바랍니다."라고 상주했다. 황제가 이를 허락했다.[71]

라고 한 것과 같이, 충렬왕은 '부마국왕'의 선명을 청했고, 황제로부터 이를 사여받았다. 이로써 '부마고려국왕(駙馬高麗國王)'이라는 호칭이 성립된 것이다. 『원사』 세조 본기에 의하면, 이해 2월 신미일의 일이었다고 한다.[72]

그런데 『원고려기사』와 이 기사가 주요한 전거가 되었던 것으로 보이는 『원사』 고려전에 따르면, 지원 15년(1278, 충렬왕 4) 7월에 "고쳐서 주조"된 것은 '부마고려왕인(駙馬高麗王印)'이었다고 한다. 그러나 두 자료 모두 '부마'의 칭호를 앞에 붙인 고려왕의 선명이 수여된 것에 대해서는 『원사』 세조 본기와 같이 지원 18년(1281, 충렬왕 7) 2월의 일로 기록해 모순이 있다. 『고려사』 세가와 『고려사절요』는 '부마국왕금인(駙馬國王金印)' 또는 '부마국왕인(駙馬國王印)'이 충렬왕 8년(1282, 지원 19)에 고려에 전해진 것으로 기록하는[73] 한편, 『원사』 세조 본기와 같이 충렬왕 4년(1278, 지원 15)에 '부마금인(駙馬金印)'이 하사된 것으로 전하고 있다.[74] 따라서 『원고려기사』와 『원사』 고려전에서 말하는 1278년에 하사된 '부마고려왕

---

71 『高麗史』 권29, 충렬왕 7년(1281, 至元 18) 3월 乙卯. "將軍盧英還自元. 帝賜駙馬國王宣命·征東行中書省印. 先是, 王奏曰, 臣旣尙公主, 乞改宣命, 益駙馬二字. 帝許之."

72 『元史』 권108, 諸王表에는 부마고려국왕의 첫 책봉 연대에 대해서 '至元'이라고만 기록되어 있고 몇 년인지는 빠져 있다. 中華書局 표점본의 校勘記에서는 충렬왕이 공주를 맞이해 즉위한 지원 11년(1274, 원종 15)으로 추정하고 있으나, 당연히 지원 18년(1281, 충렬왕 7)이 타당할 것이다.

73 『高麗史』 권29, 충렬왕 8년 9월 甲子; 『高麗史節要』 권20, 충렬왕 8년 9월. 그런데 최근 川西裕也가 至正 4년(1344, 충혜왕 후5)의 官敎, 즉 고려왕이 발행한 관료의 임명문서에 이 '駙馬高麗國王印'이 날인되어 있는 사례를 확인했고, 그 印文이 파스파문자 한문으로 쓰여 있음을 판명했다(川西裕也[2011], 117~120쪽).

74 『高麗史』 권28, 충렬왕 4년 7월 壬寅; 『高麗史節要』 권20, 충렬왕 4년 7월.

인'은 어디까지나 부마의 인장을 가리키는 것이라고 보아야 한다.

그런데 『고려사』 충렬왕 세가에는 부마고려국왕의 왕호 성립을 전하는 위의 기사에 이어, 그다음 날의 기사에,

> 왕이 흔두[忻都]·홍차구(洪茶丘)와 회의를 했다. 왕이 남면하고 흔두 등은 동면했다. 사대한 이래로 왕이 사신과 동서로 마주 보고 앉았는데, 이제 흔두는 감히 항례를 행하지 않았으니 나라 사람들이 크게 기뻐했다.[75]

라고 했다.[76] 우선 이 기사에 의해, 이때까지 고려왕과 원의 조신은 대등 관계에 준하는 동서의 좌차로 대면했음이 판명된다. 그리고 부마의 지위와 고려왕의 지위가 일체화한 부마고려국왕이라는 왕호가 성립됨에 따라 기존의 관례가 수정되어, 고려왕이 상위에 위치하는 남면-동면의 좌차가 취해지게 되었음을 알 수 있다.

이러한 지위 향상의 배경 가운데는, 위의 사료에서 정동행중서성의 인장을 수여한 사실을 전한 데서도 보이듯 당시 계획 중이었던 제2차 일본 원정을 고려가 수행한 데 대한 반대급부 성격이 있었을 것이다.[77]

---

75 『高麗史』 권29, 충렬왕 7년 3월 丙辰. "王與忻都·茶丘議事. 王南面, 忻都等東面. 事大以來, 王與使者, 東西相對, 今忻都不敢抗禮, 國人大悅."

76 『高麗史節要』 권20, 충렬왕 7년 3월 條에도 거의 같은 문장이 실려 있는데, "이때 와서 흔두는 감히 항례를 행하지 않았다(今忻都不敢抗禮)."라는 부분을 "이때 와서 흔두와 홍차구는 감히 항례를 행하지 않았다(今忻都·茶丘不敢抗禮)."라고 했다.

77 위에 서술한 좌차 변화에 대해, 정동행중서성 인장의 취득을 직접적인 원인으로 보는 견해도 있을 수 있다. 그러나 충렬왕은 이미 전년 10월에 정동행성의 장관인 좌승상에 서임되었고(『元史』 권11, 世祖本紀, 至元 17년 10월 癸酉), 12월에 冊命과 印信을 수령했다(『高麗史』 권29, 충렬왕 6년 12월 辛卯). 서임 내지 책명 수령 후, 부마고려국왕호의 성립 전에도 원의 관인은 빈번하게 고려를 방문했으며, 거기에는 일본 원정과 관련된 안건도 포함되었다(『高麗史』 권29, 충렬왕 6년 10월 丁酉; 是月; 11월 戊申; 庚戌; 7년 정월 戊戌; 丁巳). 행성의 간부로 취임함에 따라 원조 관인과의 좌차가 변화했다면 이미 그것이 드러날 기회는 여러 차례 있었던 셈이다.

어쨌든 이와 같은 과정을 거쳐 비로소 고려왕의 격식은 원의 부마로서 실체화되었다고 생각된다.[78]

5. 소결: 고려왕 위하의 성립

애초에 고려는 원에 믿음을 주는 번속국이 아니었다. 그런 가운데 권신 임연이 국왕을 폐립하는 사건을 일으키자, 원은 고려를 멸망시키는 것까지 고려하면서 이 사건에 개입했다. 이러한 위기 상황에서, 충렬왕은 도리어 공주 하가라는 파격적인 우대를 스스로 요청해 원에 대한 공순한 자세를 명확히 함과 동시에 왕국의 생존과 사건의 해결을 도모했다. 한편 원 측도 대남송 전쟁이 본격화된 상황에서 일본 경략 역시 고려해야 하고 고려의 저항을 무시할 수도 없었으니, 고려에 대한 강경책은 불리하다고 판단했다. 이에 충렬왕의 요청을 받아들여 그를 회유하는 방침을 택했다. 그 결과 고려 정세가 안정되기를 기다려 양국 군주 가문의 통혼이 성립되었던 것이다. 그러나 고려왕의 격식이 원의 부마로서 실체화된 것은 충렬왕 대 초의 단계적인 교섭을 거쳐 1281년에 부마고려국왕이라는 왕호(王號)가 성립되면서부터였으리라 생각된다.

부마고려국왕이 탄생하기까지의 과정은 이상과 같다. 그렇다면 그러한 몽골제국의 부마라는 것은 제도상 어떠한 지위를 의미하는 것일까? 이 장을 정리하면서 마지막으로 이 점에 대해 서술해 두고자 한다.

---

78 다만 고려를 '외국'으로 보는 관념은 그 후에도 남아 있었다. 고려의 李穀이 起草한 문장에서는 원에 대해 자국을 '외국'으로 칭하고 있으며(李穀, 『稼亭集』 권8, 〈代言官請罷取童女書〉), 고려 사신 金之淑이 원 궁정에서 "諸侯王之列"에 위치하지 않고 交趾國과 좌차를 다툰 일(『高麗史節要』 권21, 충렬왕 21년 6월), 또한 강남으로 향하던 고려왕의 어용 상선이 "海外不臣之國"과 같은 抽分(관세)을 징수받았다고 하는 등의 일이 있었다(『牧庵集』 권16, 〈榮祿大夫福建等處行中書省平章政事大司農史公神道碑〉).

몽골제국의 왕후(王侯) 귀족인 황실의 친족 제왕·부마·공주·후비(后妃)와 족장(族長) 및 기타 유목집단의 유력 수장들은 분지(分地)와 분민(分民), 즉 자신들에게 분봉된 영역과 인민을 소유했다. 그리고 그렇게 해서 형성된 분권적인 정치세력의 단위를 투하(投下), 몽골어로는 아이막(ayimaq)이라고 한다. 투하는 몽골식 봉건제라고 평가되기도 한다. 특히 제왕·부마·공주·후비 같은 황실 구성원의 투하는 다른 것과 구별해 위하(位下)라고도 한다. 대몽골국(예케몽골울루스, Yeke mongyol ulus)의 상부구조에는 이러한 여러 투하의 복합체, 연합체로서의 일면이 있다고 한다.[79]

고려왕에 관해서도 『경세대전』 잠치에 실린 문서에 따르면, 대덕 5년(1301, 충렬왕 27년)에 요양행성(遼陽行省) 대녕로(大寧路)는 자신들 관하의 잠치가 피폐하게 된 원인의 하나로 "고려왕 위하의 화물을 운반하는 짐말"이 과중한 점을 지목했다.[80] 또 『원고려기사』의 대덕 3년(1299, 충렬왕 25) 기사에서는, 원의 승상 울제이[完澤]가 충선왕의 정치를 비판하면서 고려에 파견했던 사자로부터의 보고를 인용해,

> 또 일찍이 태후(太后)의 의지(懿旨)를 받들어 공주(충선왕비 붓다슈리)와 왕원(王謜, 충선왕) 두 위하의 케식테이[怯薛䚟, kešigtei, 친위대]는 하나로 합병하라 했으나, 왕원은 의지를 받들지 않았습니다.[81]

라고 했다. 이를 보면 고려왕도 다른 부마와 마찬가지로 위하의 위치에

---

79 투하의 제도적인 대략에 대해서는 海老澤哲雄[1966]; 岩村忍[1968]; 周藤吉之[1969]; 安部健夫[1972a]; 松田考一[1978]; 小林高四郞[1983]; 周良霄[1983]; 愛宕松男[1988a]; 村上正二[1993a]; 村上正二[1993b]; 村上正二[1993c]; 植松正[1997a]; 李治安[2007] 등 참조.

80 『永樂大典』 권16420, 站赤 4, 大德 5년 정월 11일.

81 『元高麗紀事』 大德 3년 정월 10일. "又嘗奉太后懿旨, 公主與謜兩位下怯薛䚟, 合併爲一, 謜不奉旨."

있었음이 명백하다. 따라서 부마고려국왕의 원의 제도상 위치에 대해서는 우선 이 점을 기본적인 성격으로 파악할 필요가 있다. 즉 고려왕은 적어도 형식상으로는 원이라는 국가를 내적으로 구성하는 하나의 분권 세력으로서 존재했던 것이다.[82]

앞으로 문제가 되는 것은 고려왕 위하의 구체적인 내용인데, 이에 대해서는 투하로서의 실질성을 몇 가지 지적할 수 있다.

원 조신과의 좌차에 대해서는 전술한 바 있는데, 충렬왕은 1294년(충렬왕 20년, 지원 31) 성종 테무르 즉위 때의 연회석상에서 제왕·부마 가운데 제7위에 앉았고,[83] 그 6년 후의 지순연(只孫宴, jisün), 즉 궁중 향연에서는 제왕·부마 가운데 제4위에 앉았다고 한다.[84] 특히 전자에 대해 『집사』 테무르 칸기에는 성종 즉위식에 참석했던 주요 제왕 7명으로 쿠케추(세조의 아홉째 아들), 토칸(세조의 열한째 아들), 카말라(성종의 형), 예순 테무르(카말라의 아들), 아난다(세조의 셋째 아들 망갈라의 아들), 테무르 부카와 이지르 부카(모두 세조의 일곱째 아들 아우룩치의 아들) 등이 열거되어 있는데, 이명미(李命美)는 충렬왕이 이러한 황제의 근친자에 비견하는 좌차에 위치했다고 추정했다.[85]

원에서 고려왕이 점하는 지위에 대해서는 그 밖에도 "지위는 친왕과 동등"(『고려사』 권38, 유청신(柳淸臣) 열전)하다거나, "좌차는 쿵크라트의 다음 자리였다."(『익재난고』 권8, 〈진정표〉)라고 했던 동시대인들의 평가가 확인된다. 후자는 고려 왕가의 지위가 원조 황실의 대표적인 인족인 쿵크라

---

82 일찍이 周采赫[1989](28쪽)은 고려왕이 다른 몽골 제왕과 같은 '分封地'의 '藩王'이 되었을 가능성을 지적했다. 고려왕에 있어 '분봉지'를 어떻게 파악할 것인가 하는 문제가 남지만(이 책 제2장 참조), 고려왕 위하라는 위상을 얻었음을 감안하면 다른 몽골 제왕과 같은 입장이 되었다는 점은 분명하다.

83 『高麗史』 권31, 충렬왕 20년 4월 甲午.

84 『高麗史』 권31, 충렬왕 26년 6월 壬子.

85 李命美[2003], 70~71쪽.

트 왕가 다음이라고 한 점에서 흥미롭다. 또한 투하는 대칸으로부터 정례적으로 주어지는 세사(歲賜)와 수시로 주어지는 하사(下賜)를 받았는데, 충렬왕 이후의 고려왕도 마찬가지로 세사를 받았던 것으로 보인다.[86] 충렬왕은 성종 즉위 때 쿵크라트 부마 가문의 당주(當主)인 만지타이[蠻子帶]나 옹구트 부마 가문의 당주인 게오르기스[闊里吉思]와 함께 다액의 은을 하사받은 바 있었다.[87] 무엇보다 권력기구나 분지 지배에 대해서도 고려왕이 원의 다른 제왕·부마에 준하는 부분이 있었다는 점은 상징적인데, 이에 대해서는 다음 장에서 상세히 다룰 것이다.

다만 부마고려국왕에게서는 투하로서의 일반성과 동시에 특수성이 보인다는 점에도 주의해야 한다. 그 부분에 있어서는 정동행성 등 왕을 둘러싼 원의 다른 여러 제도나 고려 재래의 왕조 체제의 존재도 중요한 고려사항이 될 것이다. 또한 몽골 황실과의 통혼 상황을 포함해 원의 제왕·부마 사이에서 고려왕의 상대적인 위상을 파악하는 것도 빠뜨릴 수 없다. 이러한 여러 문제를 다각도로 연구하면서 부마고려국왕의 역사적 성격에 대한 이해를 더욱 심화해야 할 것이다.

---

86 1310년(충선왕 2, 至大 3)에 원이 내린 〈高麗國王封曾祖父母父母制〉(『元文類』 권11) 가운데 한 절에서는 충렬왕에 대해 "애초 세자였는데 곧 황녀를 하가시켜 그로 하여금 왕위를 계승하게 했던 것은 제후의 자손이 다시 그 직을 계승하는 것과는 다르다. 마침내 토지의 물산을 정기 공납하는 것을 중단하고, 歲賜를 종친과 같게 하도록 했다."라고 했다(『高麗史』 권33, 충선왕 2년 7월 乙未 條에도 거의 같은 글을 싣고 있는데, "顧同歲賜於宗親."이라는 부분을 "固同歲賜於宗親."이라고 했다).

87 『元史』 권18, 成宗本紀, 至元 31년 4월 乙巳 條에 "부마 蠻子帶에게 은 76,500냥, 〔역시 부마인〕 闊里吉思에게 〔은〕 15,450냥, 〔역시〕 부마인 고려왕 王昛(충렬왕)에게 30,000냥을 하사했다."라고 했다.

제2장

고려왕 위하와 그 권익

대원울루스의 한 분권세력으로서의 고려 왕가

1. 문제의 소재

고려는 건국 이래 오대의 여러 국가 및 송·요·금 등 대륙의 여러 왕조와 종속 형식의 관계를 맺어 왔다. 그러나 13세기 후반~14세기 중반에 대원울루스가 번속국으로서의 고려에 가한 통제는, 예컨대 왕위 계승에 대한 개입이 상징하듯 평상시에조차 다른 왕조와는 비교할 수 없을 정도로 크고 직접적이었다는 것이 큰 특색이다. 종래의 한국사 연구자들이 양국의 정치적인 지배-피지배 관계에 많은 관심을 기울이면서 고려시대사 가운데 이 시기의 이미지로 이 점을 강조했던 것, 특히 한국의 학계에서 원 간섭기라는 호칭이 정착된 것도 일견 당연하다고 할 수 있다.

그러나 시점을 바꾸면, 몽골제국이 다른 여러 세력을 자신의 내부로 흡수하면서 국가를 형성했다는 것 또한 기본적인 사실이다. 이 책 제1장에서 지적했듯이 고려왕 또한 대카안(qa'an) 일족의 공주를 대대로 맞이해 그의 부마가 됨으로써, 투하(投下)의 하나인 고려왕 위하(位下)가 되었다. 몽골제국에서 투하[1]라는 것은 제왕·부마·공주·후비나 기타 유

1 투하에 대해서는 이하의 논고 참조. ウラヂミルテォフ[1941]; 海老澤哲雄[1961]; 海老澤哲雄[1962]; 海老澤哲雄[1966]; 岩村忍[1968]; 周藤吉之[1969]; 安部健夫

력 유목 수장 그 자신, 혹은 그 휘하의 유목집단, 또는 그 관할 영역, 즉 소령(所領)이나 속민(屬民) 등을 가리킨다. 요컨대 투하란 몽골 왕후 귀족의 분권적인 정치세력 단위에 대한 한어(漢語)식 호칭으로, 황실의 혈연인 제왕·부마·공주·후비에 관해서는 특히 위하라고도 했다. 일찍이 몽골의 봉건제라고 평가되기도 했듯이, 대원울루스의 기본구조에는 이러한 여러 투하의 복합체·연합체로서의 일면이 있었다. 고려왕은 적어도 형식적으로는 그 일원으로 존재하고 있었던 것이다. 그러므로 고려를 대원울루스라는 총체와 구별해 일국 대 일국의 상호 교섭으로 양국의 관계를 묘사하는 도식을 당연시하기에 앞서, 일단은 고려가 대원울루스의 내부 구성 요소였다는 측면을 확인할 필요가 있다.[2]

특히 지금은 양국 관계의 구조에 관한 다양한 사실관계—특히 그 기본 골격이라고도 할 수 있는 제도와 관례—를 하나씩 구체적으로 확인하는 기초 작업이 필요한 단계다. 지금까지 양국의 관계에 대한 연구는 그것을 '중화제국'의 이른바 화이질서(華夷秩序)에 근거한 표면적인 유추를 통해 묘사하는 경우가 많았다. 반면 몽골 국가로서의 대원울루스가 갖는 역사적 내실을 구체적으로 고려한 이해는 매우 드물다.[3]

돌이켜 보면, 기존 연구에 대해 지적한 이상의 사실은 각각 다른 차

[1972a]; 海老澤哲雄[1973]; 松田考一[1978]; 松田考一[1979]; 松田考一[1980a]; 堀江雅明[1982]; 小林高四郎[1983]; 周良霄[1983]; 愛宕松男[1988a]; 愛宕松男[1988b]; 李治安[1992]; 村上正二[1993a]; 村上正二[1993b]; 村上正二[1993c]; 李治安[1994]; 植松正[1997a]; 植松正[1997b]; 植松正[1997c]; 村岡倫[1997]; 杉山正明[2004b]; 杉山正明[2004e]; 李治安[2007]

2 그러한 방향성을 가진 드문 연구로, 周采赫[1989]; 金浩東[2007]; 李玠奭[2008]을 들 수 있다.

3 예컨대 李益柱[1996a](248~249쪽)는 양국의 관계가 "기본적인 형식에 있어서는 전통적인 사대관계를 재현"한 것이었다며, 책봉·조공 등의 용어를 사용해 설명한다. 그러나 그러한 논법에서는 그가 말한 "왕조 체제의 유지와 원의 간섭이라는 이중성"이 특수한 양상으로 파악될 뿐, 이를 필연으로 만든 양국 관계의 고유한 구조가 구체적으로 보이지는 않는다.

원의 문제이지만, 모두 고려사 연구의 기본적인 시야 설정에 관한 문제이기도 하다. 최근 역사학계에는 기왕의 지역사·일국사·민족사 등의 틀을 상대화해야 한다는 문제의식이 제시되고 있는데, 이를 바꿔 말하면, 어떤 역사상을 그중 어느 하나의 전유물로 보는 선입견을 배제하고, 역사상 자체에 입각해 그것이 전개된 공간의 전체상을, 각 연구자가 자신의 문제의식에 따라서 다시 이해하고자 하는 시도라고 할 수 있다. 이른바 '한국사'의 내용도 그러한 검증의 대상이 된다. 위하로서의 성격에 입각해서 대원울루스에 복속한 고려왕, 고려 왕가의 존립 양상을 고찰하고자 할 경우, 대원울루스라는 국가 자체를 단지 외적인 부대 요소가 아닌, 가장 기본적인 환경으로 고려해야 할 것이다.

이 장에서는 이러한 문제의식을 배경으로 삼아, 제1장에서 이어지는 과제인 고려왕 위하의 구체적인 내용에 대해 고찰하고자 한다. 위하로서의 위상은 단순한 명목에 그친 것이 아니었다. 고려왕은 다른 제왕·부마와 마찬가지로 대카안이 주최한 대회(大會)에 참가했고, 그 연회(toi)에 참석해 일정한 좌차를 차지했으며, 또 세사 및 기타 하사를 받기도 했다. 여기서는 나아가 고려왕이 다른 제왕·부마에 준하는 권력기구나 관할 영역 등의 권익을 가졌음을 밝힘으로써 고려 왕가가 투하로서 일정한 실체를 갖추고 있었던 양상을 구체적으로 검토하고자 한다.

권력기구에 대해서는 뒤에서 서술하기로 하고, 논지 전개의 편의상 대원울루스 투하의 제도적인 윤곽에 대한 일반적인 내용을 우선 언급해 두겠다. 각 투하는 많은 경우 북방 초원지대에 유목 본령(本領)을 보유하고 유목집단을 거느리는 동시에 옛 금(金)의 영역에 해당하는 화북(華北) 및 옛 남송(南宋)의 영역에 해당하는 강남(江南)의 로(路)·부(府)·주(州)·현(縣)에 일정 수의 인호(人戶)를 분여받아 각각의 투하령(投下領)으로 보유했다. 다만 투하령의 인호에 대한 직접적인 통치행위는 원칙적으로 대원울루스 중앙정부가 임명한 지방관이 담당했고, 지방관은 화북에서는 오호사료(五戶絲料), 강남에서는 호초(戶鈔)를 징수해서 중앙정부를 경유해 각 투하에 분급했다. 투하 측은 투하령의 장관으로서 다루가치(daruγači)를 임명해 행정을 감독하는 간접적인 형식으로 통치에 관여할 수 있을 뿐이었다. 그 외에도 투하는 공장(工匠)을 비롯해서 각종 노역에 종사하는 직속 인호를 보유했고, 이들은 대원울루스의 각지에 분포했다. 이처럼 각 투하는 곳곳에 점재하는 권익의 결합으로 이루어져 있었다고 할 수 있다.[4]

2. 고려왕 위하의 권력조직

1) 왕부와 단사관

대원울루스 제왕·부마의 위하에는 한어(漢語)로 왕부(王府)[5]라고 불리는 통치기구이자 가정(家政)기구가 설치되었다. 소속 관료로는 내정과 군사 전반을 관장한 장관격의 왕부(王傅), 사법을 담당한 단사관(斷事官, 몽골어로는 자르구치(ǰarγuči)) 등의 존재가 알려져 있다. 이들은 정원이나 품급 등의 규정에서 대원울루스 중앙정부의 통제를 받는 형식을 취하고 있었다. 그러한 왕부의 설치는 '제왕(諸王)'으로 통칭되었던 몽골의 제왕·부마[6]에게만 허락된 것으로, '왕'으로서의 지위를 상징하는 특권이었다.[7]

---

4 다만 투하의 실태는 다양하고, 개별 사례 분석의 축적도 필요하다(松田考一[1978]; 松田考一[1979]; 松田考一[1980a]; 堀江雅明[1982]; 植松正[1997b]; 村岡倫[1997]; 杉山正明[2004e] 등 참조). 그런 의미에서 이 장을 투하 사례 연구의 하나로 위치 짓는 것도 가능할 것이다.

5 王府와 그 조직에 대해서는 松田考一[1978], 46~48쪽; 松田考一[1979], 46~51쪽; 堀江雅明[1982], 390~395쪽; 小林高四郎[1983], 40~42쪽; 松田考一[1993], 14~15쪽; 村上正二[1993a], 20~21쪽 및 24~26쪽; 四日市康博[2002], 41~42쪽; 李治安[2007], 제6장 참조.

6 『元史』 권108, 諸王表, 序文.

7 後至元 4년(1338, 忠肅王 후7)에 揭傒斯가 지은 〈大元勅賜故諸色人匠府達魯花赤竹公神道碑〉에서 한문 碑面의 魯王'府'를 위구르문자 몽골문 비면에서는 유목군장의

그러므로 『고려사』 세가, 충렬왕 16년 11월 조에,

> 황제(세조)가 조인규(趙仁規)를 고려국왕부(高麗國王府) 단사관으로 임명하고 금호부(金虎符)를 하사했다.[8]

라고 한 것은 고려왕에 관해서도 황제의 명에 따라 왕부가 설치되었다는 것으로, 고려왕의 부마로서의 지위를 확실하게 보여 주는 근거로 평가해도 좋을 것이다. 왕부 창설은 적어도 충렬왕이 부마고려국왕의 왕호를 부여받아 고려왕의 지위가 부마로서 실체화되었던 1281년(忠烈王 7, 至元 18) 이후[9]일 것이다. 또는 고려왕부가 처음 등장하는 위의 사료가 그 설치를 전하는 것일지도 모르겠으나,[10] 상세한 것은 알 수 없다.

〈표 2-1〉은 고려왕부의 단사관과 관련해 사료에서 확인할 수 있는 사례를 정리한 것이다. 왕부 단사관이 1290년 이래 공민왕 대까지 존속했음이 단속적으로 확인된다. 그 가운데 마지막 사례인 권현(權鉉)에 대한 기록은 그의 아버지 권렴(權廉)이 죽은 지 30년 정도 지난 후에 작성된 묘지명이므로, 이미 과거의 관력이 되었을 가능성도 있다. 다만 적어도 공민왕 대에 고려가 실질적으로 대원울루스의 영향에서 이탈했던 무렵까지는 단사관이 왕부와 함께 설치되어 있었음은 분명하다.

그 활동에 대해서는 『고려사』 이영주(李英柱) 열전에 다음과 같은 사

宮居를 가리키는 오르두(ordu)라고 對譯했다. 이 비의 판독문에 대해서는 Cleaves [1951] 참조.

8 『高麗史』 권30, 충렬왕 16년 11월 丁卯. "帝以趙仁規爲高麗國王府斷事官, 賜金虎符."

9 이 책 제1장 제4절 참조.

10 『高麗史』 권26, 원종 10년 11월 甲子 條에, "왕이 복위하고, 淐은 사저로 돌아갔다. 백관이 王府에 가서 어가를 호위해 궐로 들어갔다. 몽골의 사자가 이를 수행했다."라고 하듯이, 원종 대까지는 개경의 고려왕궁을 '왕부'라고 칭하기도 했다. 다만 충렬왕 대 이후에는 '王宮'이라고 기록하는 것이 많아진 듯한데, 혹 원의 제도에 따른 왕부 설정 사실과 관계가 있었는지도 모르겠다.

<표 2-1> 고려왕부 단사관 사례

이름	부임한 해	재임이 확인되는 해	주요 전거	비고
조인규(趙仁規)	1290(충렬왕 16)		『稼亭集』 권3, 〈趙仁規祠堂記〉	본관, 평양 상원(祥原)
권부(權溥)		충렬왕 대(추정)	『益齋亂藁』 권7, 〈權溥墓誌銘〉	본관, 안동(安東)
오잠(吳潛)	1300(충렬왕 26)		『同福吳氏大同譜』(1980), 〈吳潛墓誌文〉	본관, 동복(同福)
조련(趙璉)		1308(충렬왕 34)	『平壤趙氏世譜』(1929), 〈趙仁規墓誌文〉	조인규의 아들
임노군(壬老君)		1314(충숙왕 1)	『養吾齋集』 권32, 〈袁謹齋墓誌銘〉	한인(漢人, 강남 추정)
이제현(李齊賢)	1320(충숙왕 7)		『牧隱集』 文藁 권16, 〈李齊賢墓誌銘〉	본관, 경주(慶州)
조덕유(趙德裕)		1341(충혜왕 후2)	『稼亭集』 권3, 〈趙仁規祠堂記〉	조련의 아들
권적(權適)		1352(공민왕 1)	〈權準墓誌銘〉	권부의 손자
권현(權鉉)		1370(공민왕 19) 전후(추정)	『牧隱集』 文藁 권16, 〈權廉墓誌銘〉	권부의 증손

주: 1) 전거로 『고려사』 열전 및 기타 관계 기사를 함께 참고했다.
2) 〈권준묘지명(權準墓誌銘)〉은 국립중앙박물관 소장본을 필자가 직접 열람했다. 이인복(李仁復)이 찬술했으며, 찬술 연대는 결손되어 '至正' 연간이라는 사실밖에 알 수 없으나, 묘주(墓主)는 지정 임진년(1352, 恭愍王 원년, 지정 12)에 사망했다. 판독은 문화재관리국 문화재연구소[1993], 105쪽; 金龍善[2012], 632~635쪽을 참조했다.
3) 근현대의 족보에 기록이 남아 있는 〈오잠묘지문(吳潛墓誌文)〉과 〈조인규묘지문(趙仁規墓誌文)〉 중 전자는 후지원 2년(1336, 충숙왕 후5)에 윤혁(尹奕)이 찬술했고, 후자는 至大 원년(1308, 충렬왕 34) 방우선(方于宣)이 찬술했다. 판독은 각각 金龍善[2012], 489~491쪽 및 629~632쪽을 참조했다.

례가 확인된다.

> 김주(金州)의 백성 대문(大文)이라는 자는 족당(族黨)이 100명에 가까웠는데, 이영주는 자신의 권세에 기대 그들을 억압해 〔그들을〕 노비로 만들고자 했다. 도관좌랑(都官佐郎) 이순신(李舜臣)은 아첨을 잘하는 성격으로, 이영주의 비위를 맞추어 사실을 왜곡하고 문서를 조작해서 〔그들을〕 천민으로 만들었다. 대문이 왕부 단사관 조인규에게 고소하자, 조인규가 그 기록을 심사하고 이영주의 간악한 허위를 자세히 보

고했다. 왕은 이순신을 가두고 이영주를 파직했다.[11]

즉 도관좌랑 이순신이 권세가인 이영주에게 아첨해 김주(지금의 경상남도 김해시)의 백성 대문의 족당을 이영주의 노예로 삼고자 했으나, 고소를 접수한 왕부 단사관 조인규가 관련 기록을 조사해 그것이 잘못되었다고 판단했다는 것이다.

이는 고려 국내의 소송에서 단사관이 구체적인 권능을 가지고 있었음을 시사하는 일화다. 단 그것과 고려의 기존 여러 관부의 상호관계는 불분명하며, 이 하나의 사례로 곧바로 일반화를 할 수는 없다. 특히 초기의 단사관인 조인규 외에는 그 직위에 입각해서 정치행위를 한 사례가 사료상에서 전혀 확인되지 않는다. 따라서 고려 왕부 단사관의 실태에 대해서는 더욱 신중히 평가할 필요가 있다.

한편, 1307년(충렬왕 33, 大德 11) 성종(成宗) 테무르 사후 원의 제위 계승분쟁에서 무종(武宗) 카이샨 '추대'[12]에 관여했던 충선왕은 그 공적으로 심양왕(瀋陽王)에 봉해졌다. 이 왕호는 3년 후에 심왕(瀋王)으로 진봉(進封)되었고, 1316년(충숙왕 3, 延祐 3)에 충선왕의 조카 왕고(王暠)에게 계승되었다. 충선왕과 왕고는 각각 성종의 형인 진왕(晉王) 카말라[甘麻剌]와 그의 아들 양왕(梁王) 숭산[松山]의 딸을 맞이했으며, 『원사』 권108, 제왕표(諸王表)에도 부마로서 '심왕'이 실려 있다. 이 심왕(심양왕)과 관련해서 원의 문인 게혜사(揭傒斯)의 『문안공전집(文安公全集)』에 실린 〈소경능묘지명(蕭景能墓誌銘)〉에서는,

11 『高麗史』 권123, 李英柱 傳. "金州民大文者, 族黨近百人, 英柱倚勢, 欲壓而爲奴. 都官佐郎李舜臣性諂, 曲阿英柱意, 舞文爲賤. 大文訴王府斷事官趙仁規, 仁規考其案, 具陳英柱姦僞. 王囚舜臣, 罷英柱職."

12 실제로는 쿠데타에 의해 成宗 사후의 원조 궁정을 장악한 아유르바르와다(훗날의 仁宗)가 강대한 군사력을 가진 형 카이샨과 어쩔 수 없이 타협하여 그에게 제위를 양도한 것이었다.

> 아버지 균형(均衡)은 진휼곡을 공출한 일로 그 지위가 공주(贛州)의 평준고사(平準庫使), 한양부(漢陽府) 한천현(漢川縣) 사락사(砂濼使)에 이르렀다. 얼마 지나지 않아 근신(近臣)의 천거로 봉훈대부(奉訓大夫) 심양왕부(瀋陽王傅) 부(府) 단사관에 제수되었으나, 곧 예규에 따라 퇴임했다.[13]

라고 했다. 중국 강남 노릉(盧陵) 사람인 소경능의 아버지 소균형(蕭均衡)이 '심양왕부 부 단사관'에 임용되었다는 것인데, 이를 통해 심양왕 휘하에도 왕부(王傅)와 단사관을 갖춘 왕부(王府)가 설치되어 있었음이 판명된다.

『고려사절요』 충숙왕 9년 3월 조에도,

> 일찍이 상왕(충선왕)이 원에 있을 때, 종신(從臣) 사복정(司僕正) 백응구(白應丘)가 재물을 불리는 데 능하다고 해 <u>심왕부(瀋王府)</u>의 사무를 맡아 보라고 명했다.[14] (밑줄 - 필자, 이하 동일)

라고 한 것에서 충선왕이 백응구의 재무능력을 보고 그를 사무책임자로 임용했던 '심왕부'의 존재가 확인된다. 또 이제현의 『익재난고』에도 '심부(瀋府)'의 속료(屬僚)에 관한 내용이 보인다.[15] 마루가메 긴사쿠는 이들 '심왕부', '심부'를 막연하게 심왕의 독자적인 관부라고 보았는데,[16] 기타무라 히데토가 지적한 바와 같이[17] 사료 해석에 오류가 있어 그대로 따

---

13 『文安公全集』 文集 권8, 〈蕭景能墓誌銘〉. "父均衡, 以賑粟致位贛州平準庫使·漢陽府漢川縣砂濼使. 俄以近臣薦授奉訓大夫·瀋陽王傅府斷事官, 尋以例罷."

14 『高麗史節要』 권24, 충숙왕 9년 3월. "初上王在元, 以從臣司僕正白應丘能殖貨, 命幹瀋王府事."

15 『益齋亂藁』 권7, 〈推誠亮節功臣重大匡光陽君崔公墓誌銘幷序〉 및 〈有元高麗國匡靖大夫都僉議參理上護軍春軒先生崔良敬公墓誌銘〉.

16 丸龜金作[1934], 21~22쪽.

17 北村秀人[1972], 118~123쪽.

를 수는 없다. 기타무라 히데토는 이들을 원의 대도(大都)에 있는 심왕의 거소라고 보았는데, 이 역시 직접적인 근거가 있는 것은 아니다.[18] 몽골 제왕 위하의 통치기구인 왕부가 심양왕에게도 설치되었음을 감안하면, '심왕부' 혹은 '심부' 또한 마찬가지로 심왕의 왕부를 가리키는 것으로 볼 수 있다.[19] 특히 『익재난고』에 보이는 '심부'는 왕고의 것으로, 충선왕 이후로도 심왕(심양왕) 왕부가 일관되게 존재했음을 알 수 있다.

위 기록에 나오는 각 단사관이 선임된 개별적인 경위에 대해서는 정확히 알 수 없는 부분이 많지만, 그들 가운데 다수의 고려인은 고려 정부의 고위 관료이기도 하며, 조인규나 오잠(吳潛)같이 당시의 국왕으로부터 특별히 총애를 받던 인물[20]도 있었다. 『고려사』 조인규 열전에 "아들 조덕유(趙德裕)는 아버지의 관작을 계승해 왕부 단사관이 되었다." 라고 한 것과 같이[21] 직위가 세습된 사례도 확인된다. 또한 두 명의 한인(漢人)인 임노군(壬老君)과 소균형(蕭均衡)의 존재도 주목된다. 특히 소균형이 심왕부 단사관에 취임한 것은 '근신'(여기서는 카안의 측근)의 추천에 의한 것이었다고 한다. 이러한 사실은 고려왕 위하에서의 사로(仕路)가 고려 본국 외부까지, 즉 대원울루스 범위까지 확대되었음을 보여 준다.

한편 '고려왕부(高麗王傅)'라는 이름은 한 사례도 확인되지 않는다. 부마 옹구트 고당왕가(高唐王家)같이 왕부(王府)에 뒤이어 왕부(王傅)가 설치되었던 사례[22]도 있으므로 고려왕부(高麗王傅)는 실제 설치되지 않았다

---

18 金惠苑[1993](40~41쪽)도 기타무라와 같은 의견인데, 역시 구체적인 논증은 없다.

19 인식에 구체성이 있는 것은 아니나, 李昇漢[1988](47~48쪽)도 이들을 몽골 제왕의 王府에 대비하고 있다.

20 『高麗史』 권105, 趙仁規 傳; 권125, 吳潛 傳.

21 『高麗史』 권105, 趙仁規 附 趙德裕 傳. "襲父爵, 爲王府斷事官."

22 閻復, 〈駙馬高唐忠憲王碑〉(『元文類』 권23)는 성종 大德 9년(1305, 충렬왕 31)에 高唐王 闊里吉思와 그 祖宗이 작위를 추봉받은 일을 기념해 찬술된 것이다. 글의 내용 가운데 성종 즉위가 "聖上御極"이라고 기록되었고, 그 내용도 성종 대까지로 한정되는 등으로 보아 이 글은 성종 대 이후에 쓰인 것으로 보인다. 그런데 여기서 高唐王府에 관한 언급이 확인된다. 한편 내몽골 百靈廟의 옹구트왕부 유적(오론 즘 유적)에서

고 생각할 수도 있다. 또한 근래의 연구에 따르면 적어도 원조 초기까지의 몽골제국에서는 왕부(王傅)와 단사관 사이에 기능적인 공통성이 보인다고도 한다.[23] 그렇다면 고려왕부에서는 책임자인 왕부의 역할을 단사관이 담당했을 가능성도 있다.

2) 케식

케식(kešig, 怯薛)이란 칭기스칸이 몽골의 지배층인 천호장(千戶長)·백호장(百戶長)·십호장(十戶長)의 자제나 평민 가운데 유능한 자를 골라 편성하고, 몽골의 세력이 확대됨에 따라 새롭게 복속한 자까지 포함시켜 구성한 카안 직속의 친위대다. 이는 숙위(宿衛, 켑테울(kebte'ül))·전통사(箭筒士, 코르치(qorči))·시위(侍衛, 투르가우드(turγa'ud), 전시에는 용사(勇士, 바아투르(ba'atur))가 된다)로 조직되어 윤번으로 카안을 호위하는 것 외에도 카안의 생활 전반에 걸친 다양한 직무를 분장하는 가정기관(家政機關)이며, 정부기구와도 밀접하게 관계되는 인적 기반으로서 매우 중요한 지위였다.[24]

카안 이외에도 제왕·부마·공주·후비 등은 그 위하, 특히 제왕·부마의 경우는 왕부에 케식을 보유한 것으로 알려진다. 고려왕에 대해서도 『원고려기사』에,

---

발견된 정해년(1347, 충목왕 3, 지정 7)의 〈王傅德風堂碑記〉에 의하면 고당왕부의 설치는 다음 武宗 至大 원년(1308, 충렬왕 34)의 일이었다. 〈王傅德風堂碑記〉에 대해서는 요코하마 유라시아문화관(横浜ユーラシア文化館) 소장의 원 비문 탁본을 열람했고, 판독에는 江上波夫[2000](442~445쪽)에 실린 탁본 사진과 판독문을 참조했다. 열람에 도움을 주신 畠山禎 씨를 비롯한 문화관 관계자께 깊이 감사드린다.

23 四日市[2002], 41~42쪽.

24 케식에 관한 논고는 많은데, 이 장의 서술에 필요한 범위에서 직접 참조한 것은 다음과 같다. 箭内亙[1930]; ウラヂミルテォフ[1941]; 坂本勉[1970]; 眞杉慶夫[1970]; 片山共夫[1977]; 片山共夫[1980a]; 片山共夫[1980b]; 片山共夫[1982]; 蕭啓慶[1983b]; 葉新民[1983]; 片山共夫[1987a]; 片山共夫[1987b]; 片山共夫[1988]; 村上正二[1993c].

A. 승상(丞相) 울제이[完澤] 등이 상주하기를, "고려왕 왕원(王謜, 충선왕)에게 죄가 있으니 먼저 길정(吉丁) 등을 보내어 이를 심문하게 했습니다. 지금 길정 등이 돌아와서 말하기를, (중략) 또 일찍이 태후(太后)의 의지(懿旨)를 받들어 공주(충선왕비 붓다슈리)와 왕원 두 위하의 케식테이[怯薛解, kešigtei, 친위대]는 하나로 합병하라 했으나, 왕원은 의지를 받들지 않았습니다."라고 했다.[25]

라고 했다. 이 기사를 통해 충선왕이 자신의 케식테이, 즉 케식의 구성원을 보유했고, 그것이 위하에 소속된 것이었음을 알 수 있다.

고려 측의 사료에는 고려왕이 보유한 이러한 몽골 케식의 여러 직장(職掌), 즉 케식 집사(執事)와 동일한 명칭의 각종 조직이 등장한다. 이들에 대해서는 시라토리 구라키치(白鳥庫吉)가 초보적인 어의(語義)를 해석한 바 있고,[26] 나이토 순포(內藤雋輔)와 권영국(權寧國)도 군제사(軍制史) 관점에서 부분적으로 다루었는데,[27] 거기에 필자의 의견을 더해 정리한 것이 〈표 2-2〉다.

이 가운데 코르치[忽赤]의 창설에 대해서는 『고려사』 병지(兵志)에,

충렬왕이 즉위하고서 관인(官人)의 자제들 가운데 일찍이 〔자신을〕 수종해 투르칵[禿魯花]이 되었던 자들을 윤번으로 숙위하게 하고, 코르치라고 명명했다.[28]

25 『元高麗紀事』, 大德 3년 정월 10일. "丞相完澤等奏, 高麗王謜有罪, 先遣吉丁等往詰問之. 今吉丁回言, (중략) 又嘗奉太后懿旨, 公主與謜兩位下怯薛解, 合併爲一, 謜不奉旨."

26 白鳥庫吉[1970], 412~415, 450~452, 454~457, 483~484쪽.

27 內藤雋輔[1961b], 236~243쪽; 權寧國[1994], 142~146쪽.

28 『高麗史』 권82, 兵志, 宿衛, 元宗 15년 8월. "忠烈王卽位, 以衣冠子弟嘗從爲禿魯花者, 分番宿衛, 號曰忽赤."

<표 2-2> 고려왕의 케식 집사(怯薛執事)

명칭	사료상의 초출	몽골 명칭	몽골에서 관장하는 사항
忽赤/忽只	1274(원종 15) 설치	qorči	궁전(弓箭)을 지니고 경호
鷹坊/時波赤	1275(충렬왕 1) 설치	šiba'uči	매 등의 사육
必闍赤	1278(충렬왕 4) 설치	bičigeči	문서 사무
阿車赤/阿闍赤/阿加赤	1289(충렬왕 15)	ačači	방사(房舍)
八加赤	1344(충혜왕 후5)	balaγači	문위(門衛)
于達赤/迂達赤	1352(공민왕 1) 이전	üldüči	도검(刀劍)을 지니고 경호
速古赤	1373(공민앙 22)	šikürči	의복·천개(天蓋)

주: 기존에 알려진 케식 집사에 한해 제시했다. 그 밖에도 '파오치[波吾赤]', '조라치[詔羅赤]' 등이 있는데, 白鳥庫吉[1970]는 각각 baγurči(여객 또는 여객을 관장하는 자), žaruči(服從者, 下僕)라고 해석했고, 우달치[于達赤]를 문지기인 옥전치[玉典赤, egüdeči]로 비정했으며, 아가치[阿加赤]를 aγači라고 읽었다.

라고 했다. 충렬왕은 세자일 때 함께 '투르칵(turγaγ, 질자)'으로서 원에 들어갔던 관인 자제들을 즉위와 동시에 자신의 코르치로 삼았다. 카안의 케식은 4번(番)으로 구성되어 3일마다 교체하면서 숙위를 담당했는데, 충렬왕의 코르치가 '윤번으로 숙위'를 담당했다는 것은 이를 방불케 한다. 역시 『고려사』 병지, 숙위 조에 의하면 당초 4번으로 편성되었던 코르치는 충렬왕 원년(1275, 지원 12) 정월에 3번으로 개편되었는데,

> 〔충렬왕 8년 5월〕 달달인(達達人)을 코르치 3번에 분속하고, 중조(中朝)의 체례(體例)에 따라 각 번을 3일마다 교체해 당직하게 했다. 견룡(牽龍) 등 모든 숙위도 이와 같이 했다.[29]

라고 하듯이 '코르치 3번'은 '중조의 체례', 즉 대원울루스의 제도에 따라 3일마다 교체해 당직하며 숙위하도록 했다고 한다. 이 '체례'란 명백

29 『高麗史』 권82, 兵志, 宿衛, 충렬왕 8년 5월. "以達達人, 分屬忽赤三番, 依中朝體例, 令各番三宿而代. 牽龍等諸宿衛, 亦然."

히 케식의 제도를 가리킨다.

또 응방(鷹坊)은 고려왕이나 대원울루스에 헌상하기 위해 수리나 매 등의 사냥용 맹금류를 조달한 것으로 알려져 있다.[30] 『고려사』 권123, 인후(印侯) 열전에는,

> 왕(충렬왕)이 일찍이 재추(宰樞)들에게 말하기를, "우리나라는 작고 백성은 가난한 데다가 가뭄이 빈번히 일어나니 응방을 혁파하려 한다."라고 했다. 인후가 말하기를, "응방은 황제께 청하고 설치한 것인데 어찌 갑자기 철폐할 수 있겠습니까?" 했다.[31]

라고 해, 고려왕의 응방이 카안의 허가를 받아서 설치된 것임을 알 수 있다. 또한 『고려사』 병지, 숙위의 충렬왕 13년 윤2월 조에는,

> 코르치와 응방의 3품 이하에게 활과 화살을 차고 윤번으로 입직(入直)하게 했다.[32]

라고 해, 응방이 코르치와 함께 활과 화살을 차고 윤번으로 숙직했음도 판명된다. 이처럼 코르치와 응방은 몽골에서와 거의 같은 조직으로서 고려왕의 케식을 구성하는 케식 집사였다고 생각된다.

다음으로 비칙치[必闍赤]는 1278년(충렬왕 4, 지원 15) 궁중에서 신속히 기무를 처결하기 위한 국왕의 비서단으로 창설되었는데, '별청재추(別廳宰樞)'라고도 불렸다고 한다.[33]

---

30 고려의 응방에 대해서는 内藤雋輔[1961c]; 朴洪培[1986]; 李仁在[2000] 참조.

31 『高麗史』 권123, 印侯 傳. "王嘗謂宰樞曰, 國小民貧, 旱災滋甚, 欲罷鷹坊. 侯曰, 鷹坊請於帝而置之, 豈宜遽罷."

32 『高麗史』 권82, 兵志, 宿衛, 충렬왕 13년 윤2월. "令忽赤·鷹坊三品以下佩弓箭輪次入直."

한편 『원고려기사』 지원 18년 2월 조에는,

> 왕춘(王賰, 충렬왕)이 상언하기를, "본국의 비칙치는 문서를 주고받는 데 익숙하지 못하므로, 천조(天朝)의 이원(吏員) 가운데 낭중(郎中)과 원외랑(員外郎) 각 1원(員)씩을 임명해 보좌하도록 해주십시오."라고 했다.[34]

와 같이 원과 공문서를 주고받는 일과 관련해 비칙치가 등장한다.

충렬왕은 당시 제2차 일본 공격의 사령부로 설치된 정동행성(征東行省)의 승상(丞相), 즉 장관이었는데, 원과 공문서를 지장 없이 주고받을 필요가 있었으므로 원의 이원을 맞이해 행성 소속의 관료인 낭중과 원외랑으로 삼고자 한다고 요청했던 듯하다. 그렇다면 '본국의 비칙치'라는 것은 행성 소속의 몽고비칙치(蒙古必闍赤)[35]라고도 볼 수 있는데, 이는 몽골어 문장을 담당하는 하급 이원이었다. 만약 필요하다면 몽고비칙치를 파견해 줄 것을 원 측에 요구하면 되었을 것이며, 상급 관원인 낭중·원외랑이 그 역할을 대신할 일이 아니다. 한편 비칙치는 서기(書記)의 범칭이기도 하므로 행성의 기타 관련직을 가리키는 것일 수도 있겠지만, 고려에 낯선 외래어를 새로 설치한 궁정 비서단의 고유명칭으로 채택해 사용하면서, 동시에 같은 어구를 보통명사로 사용했다고는 생각하기 어렵다. 그러므로 결국 '본국의 비칙치'란 위의 '별청재추'를 가리키는 것으로 보는 것이 자연스러울 것이다.

일본 공격을 앞둔 당시 고려의 입장에서 정동행성의 문서 사무는 기무(機務) 중의 기무였다. 그러나 이 비칙치들은 원의 문서제도에 충분

---

33 『高麗史』 권104, 金周鼎 傳.

34 『元高麗紀事』, 至元 18년 2월. "賰上言, 本國必闍赤, 不諳行移文字, 請於天朝吏員除郎中·員外各一員爲參佐."

35 『元史』 권91, 百官志 7, 行中書省.

히 익숙하지 못했으므로 전문 지식을 가진 행성 전속의 실무자가 필요했을 것이다. 케식으로서의 비칙치가 원과의 관계에서 문서 사무를 관장하면서—실제로는 담당하지 못했으나—군주의 비서·상담역으로 기무를 처리하는 모습은 전혀 모순되지 않는다. 그러므로 위 기사에 보이는 고려왕의 비칙치도 고려왕 위하의 케식을 구성하는 케식 집사로 보아도 좋을 것이다.

그 밖의 조직에 대해서는 사료상 담당 업무가 확실하지 않은 부분도 많으나 마찬가지로 케식 집사로 이해해도 좋을 것으로 생각된다. 전술한 바와 같이 제왕·부마는 위하의 자격으로 케식을 보유했고, 그것은 고려왕도 마찬가지였기 때문이다. 몽골의 케식과 같은 이름인 이상, 고려 측에서 일방적으로 모방한 것이 아니라 부마라는 자격에 근거한 조직으로서 대원울루스 내에서도 공인되었던 것으로 보아야 할 것이다. 앞서 제시한 사료 A에 의하면 충선왕의 케식은 왕비인 몽골 공주의 케식과 합병하도록 지시되었다. 고려왕 위하의 케식은 다른 몽골 위하의 케식과 제도적인 위상이 전혀 다르지 않았던 것이다.

공민왕 이후, 코르치·수구르치[速古赤]·우달치[迂達赤] 등은 투하에 대응하는 몽골어 '아이막(ayimaq)'의 한자 음사인 '애마(愛馬)'로 총칭되는 형태로 기록에 등장하는 경우도 있다.[36] 애마가 위의 기록들에 등장하는 것 이외의 케식 집사를 포함했는지는 확실하지 않다. 그러나 그 외에 충용위(忠勇衛)·사막(司幕)·사옹(司饔) 등 한어명 애마도 있었으며,[37] 이들은 고려 재래의 관제와도 복잡하게 얽혀 중요한 정치적 기능을 담당했던 것으로 보인다.[38] 이러한 애마의 조직과 운용 실태는 케식이라는 몽골

---

36 愛馬에 대해서는 金昌洙[1966] 참조.

37 단, 權近의 『陽村集』 권40, 〈牧隱先生李文靖公行狀〉에서는 必闍赤에 대해 "王府知印"이라는 한어 별명을 기재하고 있다. 충용위·사막·사옹 등도 본래 무언가의 몽골 명칭 케식 집사에 대응하는 것이었을 가능성은 있다.

38 애마는 고려 재래의 근시직을 가리키는 것으로 보이는 成衆官과 합쳐서 '成衆愛馬'

유래의 제도를 고려 나름대로 수용한 형태이며, 고려의 정치체제에 대한 대원울루스의 영향을 고찰하는 재료가 되기도 한다. 다만 여기에서는 일단 고려왕 위하의 케식이 존재했다는 점을 확인하는 것만으로 충분하다.

3. 투하령으로서의 고려 본국

대원울루스 전반기에 활약했던 문인관료인 요수(姚燧)는 그의 문집 『목암집(牧庵集)』에 실린 〈고려심왕시서(高麗瀋王詩序)〉에서 고려 왕가를 다음과 같이 묘사했다.

> 왕은 이성(異姓)으로 천자의 종족과는 차이가 있다. 그러나 종왕(宗王)은 비록 대국(大國)에 봉해진다 해도 허읍(虛邑)을 받는 것과 같다. 왜냐하면 조상이 자손과 종묘(宗廟)를 달리하는 일이 없기 때문이다. 인민은 천자가 관리로 하여금 다스리게 하고, 그 관부에는 감군(監郡)과 부속(府屬)을 둘 수 있다 하더라도 모두 조정에 요청해 임명하니, 형벌이니 시형, 군사 행동이 어찌 감히 율(律)을 뛰어넘어 행할 수 있겠는가. 그 백성은 다섯 집마다 실을 납부하는데 겨우 1근(斤)밖에 되지 않으며, 그것도 명령을 내려 그 땅에서 멋대로 징발하는 것을 허락하지 않고, 모두 천자의 창고로 옮겼다가 연말에 반급하며, 그 계획도 또한 정밀하다. 그러나 고려씨(高麗氏)는 그렇지 않다. 종묘에서 제사를 지

라고도 칭해진다. 코르치는 재래의 중앙군을 대신해서 국왕의 시위를 담당했고(權寧國[1994], 140~144쪽 참조), 비칙치는 후에 무신정권 이래의 인사행정조직인 政房의 구성원으로도 등장한다(金昌賢[1998], 제2·3장 참조). 또한 사막과 사옹은 각각 왕의 주거와 식사를 담당했다(『高麗史』 권118, 趙浚 傳).

내 그 선조를 받들고, 백관(百官)이 포열해 있어 그 직임을 이끈다. 상벌과 명령은 그 나라에서 전적으로 시행하며, 부세를 거두는 것도 모두 삼한(三韓)의 경내에서 오직 사용할 뿐 천자의 창고로 들이지 않는다.[39]

그는 우선 대원울루스의 '종왕'에 대해 설명했다. 이들은 독자적으로 종묘를 세운 일은 없으며, 영민은 카안의 관리가 다스리고, 왕부(王府)에 '감군', 즉 다루가치와 그 밖의 속료를 임명할 수는 있지만, 조정에 요청해 임명을 받아야 했다. 사법권이나 군사권에도 제한이 있었다. 영민으로부터 5호(戶)마다 실 1근, 즉 오호사료(五戶絲料)를 징수하지만, 투하가 독자적으로 징수할 수는 없고, 중앙정부에 납입된 것을 연말에 분급받았다.

이상의 내용은 제왕·부마에 의한 투하령 지배의 일반적인 규정에 대해 서술한 것으로, 기왕에 알려진 것과 다르지 않다.[40] 그런 다음 요수는 고려가 이러한 제왕·부마의 표준과 차이가 있다고 했다. 즉 독자의 종묘 제사와 관료기구를 보유한 고려왕이 나라를 직접 통치하며, 거둔 세금도 독점하고 있다는 것이다.

요수가 고려에 대해 이야기하면서 굳이 종왕의 투하령을 기준으로 그와의 '차이'를 언급한 사실이 주목된다. 이는 대원울루스 관인의 관점에서 보았을 때, 본래 고려 본국이 몽골 왕후의 여러 권익 가운데 유

39 『牧庵集』 권3, 〈高麗瀋王詩序〉. "王異姓之于天宗有間也. 然宗王雖受封大國, 同升虛邑. 何也未嘗祖別子于廟. 人民則天子使吏治之, 其府雖得置監郡與府屬, 皆請而命諸朝, 而刑人·殺人·動兵, 何敢越律. 其民五家賦絲, 爲斤纔一, 猶不聽下令擅徵發其地, 皆輸之天府, 歲終頒之, 其網亦密矣. 遇高麗氏則不然. 有宗廟蒸嘗, 以奉其先也, 有百官布列, 以率其職也. 其刑賞號令, 專行其國, 征賦則盡是三韓之境惟所用之, 不入天府."

40 다만 5호마다 실 1근이라는 五戶絲料는 세조 대 이전의 규정이다. 세조 대부터는 5호마다에 실 2근이 수취되어, 二五戶絲라고도 칭해졌다(岩村忍[1968], 421~426쪽; 小林高四郎[1983], 46~47쪽; 愛宕松男[1988b], 250~252쪽 참조).

목 본령의 유목집단 같은 직접 통치 영역과는 다른 범주로서, 투하령, 즉 대원울루스 정부의 행정관이 통치 업무를 담당하고 그 영주(領主)에게는 거기서 징수한 오호사료를 간접적으로 분급하는 영역의 범주에 속하는 것이었음을 의미한다. 즉 이로부터 요수가 고려 본국은 특이한 사례지만 고려왕의 투하령과 다르지 않다고 인식했던 것으로 짐작할 수도 있다.

게다가 이것은 요수의 개인적인 견해에만 그치는 것이 아니었다고 생각된다. 여기서 말하는 '심왕'은 충선왕을 가리키는데, 〈고려심왕시서〉에서는 이 글의 저술 경위에 대해 자신이 충선왕 측으로부터 "한림원(翰林院)의 신하가 시를 짓지 않을 수 없으니, 그대에게 서문을 부탁한다."라며 요청을 받았다고 전하고 있다. 여기서 말하는 '시'는 '고려심왕시(高麗瀋王詩)'임이 분명한데, 이 시는 '한림원의 수장'이 그의 소속 관료들을 이끌고 함께 지었다고 한다. 당시의 대원울루스에는 한림겸국사원(翰林兼國史院)과 몽고한림원(蒙古翰林院)이 있었는데, 후자는 몽골문 제고(制誥) 등을 담당했다. 이 장면에 등장하는 한림원은 전자일 것이다. 즉 이 시는 제고나 수사(修史)를 담당해 황제의 고문에 대비하는 한림겸국사원에 의해 만들어진, 매우 정치적인 작품인 것이다. 그러므로 고려 본국을 기본적으로 고려 왕가의 투하령으로 보는 듯한 서문에는 당시 대원울루스 정부 내의 인식이 일정 부분 반영되어 있었다고 볼 수 있을 것이다.

사실 당시의 고려 본국은 대원울루스의 최고지방통치기관인 행성 가운데 하나인 정동행성(전술한 일본 공격 사령부로서의 그것과는 다름)의 관할 구역으로 규정되어 있었다. 따라서 왕후 귀족의 권익지로서, 다른 행성의 관할하에 분포하는 투하령과 대비된다는 것이 어떤 의미에서는 자연스럽기도 하다. 그러나 정동행성의 운영은 예외적으로 고려왕의 대폭적인 재량에 맡겨져 있었다. 소속 관료도 왕의 천거에 따라 선임되는 등, 일시적인 예외를 제외하면 대원울루스가 직접 통치를 실행하지 않았다.

그러므로 이러한 인식의 실효성은 좀처럼 판정하기 어려운 부분이 있다. 그러나 고려 본국이 대원울루스의 통치체제에서 전혀 동떨어져 있었던 것도 아닌 듯하다.

예컨대 일본 출병이 실패한 후, 대원울루스의 의사를 받드는 형식으로 고려 국내에 설치되었던 '순군(巡軍)·합포(合浦)·전라(全羅)·탐라(耽羅)·서경(西京) 등 만호부(萬戶府)'에 대해서,

> 거느리는 군사는 전혀 없는데 다만 금부(金符)를 차고 선명(宣命)을 자랑하면서 평민들을 꾀어들이며, 〔이들을〕 망령되이 〔만호부 소속의〕 호계(戶計)라고 칭하고, 주현에서 감히 차발(差發)하지 못하게 압력을 가하니 대단히 옳지 못합니다.[41]

라는 기사가 있다. 이는 1356년(恭愍王 5, 至正 16)에 공민왕이 대원울루스의 중서성(中書省)에 보낸 서한의 한 구절이다. 공민왕은 만호부가 스스로의 '호계'로서 고려의 인호를 모아들여 그들에 대한 고려 정부의 징세를 방해하고 있다는 불만을 제기하고 있다. '호계'란 대원울루스의 호구(戶口) 제도에서 인호를 가리키는 것으로, 여기서는 만호부 소속의 인호를 말한다. 이들 만호부는 실질적으로 고려 정부에 의해 운영되고 있었으나, 제도적으로는 대원울루스의 군사기구이며, 그 수장인 만호 역시 황제가 친히 임명했다. 그런 까닭에 만호부의 호계가 된 인호는 고려 정부의 징세 대상이 아니라고 주장할 수 있었던 것이다.

또 제주도는 1273년에서 1294년까지 대원울루스의 직할령이 되었는데, 고려에 반환된 후에도 카치[哈赤]라고 불린 황실 직속의 목민(牧民) 집단이 거주하며 목축 활동을 이어 가고 있었다.[42]

---

41 『高麗史』 권39, 공민왕 5년 10월 戊午. "並無所領軍, 徒佩金符, 以夸宣命, 召誘平民, 妄稱戶計, 勒令州縣不敢差發, 深爲未便."

나아가 대원울루스에서 사환했던 고려인 환관 방신우(方臣祐)와 관련해서 다음과 같은 일화도 있다.

> 황경(皇慶) 연간 초에, 삭방(朔方)의 번왕(蕃王) 바르미스[八驢迷思]가 부중을 이끌고 스스로 조정에 귀순해 왔다. 〔조정에서는〕 그들을 압록강의 동쪽에 거주하게 하고자 의논했는데, 평장(平章, 방신우)이 아뢰기를, "고려는 토지가 협소하고 산이 많아 수렵이나 목축할 곳이 없습니다. 북방인이 여기에 살면 결코 즐거워하지 못할 것이며 다만 동방의 백성을 놀라게 하거나, 혹은 편안히 살지 못하게 할 뿐일 것입니다."라고 했다. 인종(仁宗)이 그 말을 그럴듯하게 여겨 중단했다.[43]

즉 중앙아시아의 반원파 몽골 제왕 가운데 한 사람으로 보이는 바르미스가 자신이 거느린 사람들을 이끌고 원에 귀순했을 때 대원울루스에서는 그들을 고려 땅에 거주시키고자 했으나, 방신우가 반대해 당시 인종 황제가 의견을 접었다는 것이다. 다만 이때 방신우가 걱정했던 것은 바르미스의 부중과 정주민인 현지 주민 사이에서 예상되는 갈등이었다는 사실을 유념해야 한다. 그가 고려 본국 내에 바르미스 등이 거주하는 것 자체를 직접 문제 삼았다는 흔적은 보이지 않는다.

이와 같이 당시의 고려 본국은 그 경역이 고려왕권에 의해 배타적으로 점유된 것이 아니라, 대원울루스의 다른 정치세력 또는 원에서 유래한 정치기구가 독자의 권력 공간을 형성할 수 있는 상황이기도 했다. 이는 대원울루스의 여러 지역에서도 복수 정치세력의 권익이 모자이크

42 高昌錫[1985]; 金日宇[2000], 제4장 참조.

43 『益齋亂藁』 권7, 〈光祿大夫平章政事上洛府院君方公祠堂碑〉. "皇慶初, 朔方蕃王八驢迷思, 率衆自歸朝. 議將處之鴨綠之東, 平章奏曰, 高麗地俠多山, 無所田牧. 北俗居之, 必不樂, 徒令東民驚動, 或不能按堵耳. 仁宗然其言而止."

처럼 분포·전개하고 있었던 것의 연장선상에서 파악할 수 있다. 그러므로 고려 본국을 고려왕의 투하령으로 보는 것은, 그 경역 전체가 자신의 투하령이라고 막연하게 주장하는 것이 아니라 고려 내에서도 다른 영주나 만호부 등에 소속된 인호를 제외하고, 고려왕이 직접 다스려야 할 영민(領民)의 범위를 한정한, 일정한 구체성을 수반하는 인식이었다고 상정할 수 있을 것이다.

또한 14세기 전반에는 대원울루스 정부가 고려 본국을 직할하게 하려는 움직임이 때때로 일어났다.[44] 그 가운데 1323년(충숙왕 10, 至治 3) 고려의 방계 왕족인 심왕 왕고를 고려왕으로 옹립하려는 정치운동의 과정에서 그 일당이 일으켰던 사례가 있다. 그들의 본래 목표가 고려 왕가 자체를 단절시키거나 본국에서 고려 왕가의 모든 권익을 박탈하고자 했던 것이라고 생각하기는 어렵다. 본국에서 권력을 탈취하는 동시에 대원울루스로 하여금 직할하게 한다는, 일견 모순된 상황을 정합적으로 설명해 보자면, 고려 본국을 실질적인 고려왕의 투하령으로 만들려는 시도였을 가능성을 생각할 수 있지 않을까? 즉 고려 본국을 대원울루스에서 직할하게 하는 동시에 이를 고려 왕가의 투하령으로 위치시켜, 고려 왕가에는 일정한 범위 안에서의 행정 감독권을 인정하고 소정의 세수를 반급하는 방식을 상정했던 것은 아닐까 생각한다. 심왕 왕고 일당은 이처럼 통치권을 대폭 양도하는 방안을 대원울루스 측에 제안함으로써 심왕이 고려왕위에 오르는 것에 대한 지지를 얻어 내고자 했던 것은 아닐까?

이러한 설명이 인정된다면 고려 본국을 고려왕의 투하령으로 위치짓는 것은 단순한 비유 이상의 현실적 의미를 띠게 될 것이다. 물론 결

---

44 정동행성의 조직을 다른 행성과 같이 대원울루스 정부에서 선임하는 일반적인 관원으로 구성하고, 고려 정부에 의한 본국 통치를 폐지하고자 하는, 이른바 立省 문제가 그것이다. 北村秀人[1965]; 高柄翊[1970b], 제9절; 金惠苑[1994] 참조.

과적으로 현실화되지는 않았지만 필자는 당시 고려 본국의 일면을 '가능태로서의 고려왕 투하령'으로 파악해 보고자 한다.[45]

무릇 대원울루스에 신속한 후에도 고려가 종래의 왕조 체제를 유지할 수 있었던 것은 고려가 세조에게 귀부했을 때 그것이 보장되었고, 이후에 이것이 '세조구제(世祖舊制)'라고 지칭되며 고려의 기득권으로 인정되었기 때문이다.[46] 또한 고려왕이 본국을 통치하는 데에는 이 외에 정동행성을 비롯한 각종 제도와 관습이 복합적으로 얽혀 있었다. 본국이 고려왕의 투하령으로 인식된 것의 의미도, 최종적으로는 그와 같은 복합구조 속에서 평가할 필요가 있다.

4. 고려왕의 소리

1) 소리의 소재와 조직구성

『고려사』 병지, 역참(站驛)에는 다음과 같은 기사가 있다.

> B. 〔충렬왕〕 5년(1279, 지원 16) 6월, 도평의사사(都評議使司)에서 말하기를, "금년 정월, 황제(세조)께서 조빙(朝聘) 노정에 이르겐[伊里干]을 설치해

---

45 필자가 1998년에 이 장의 바탕이 되는 논고(森平雅彦[1998b])를 발표한 후 이 절에 해당하는 부분의 논의에 대해 김호동과 이개석이 비판을 제기했다(金浩東[2007] 112~113쪽; 李玠奭[2008], 58쪽). 그 취지는 고려 본국의 통치 실태가 투하령의 그것과는 크게 다름에도 필자가 고려 본국을 투하령과 동일시하고 있다는 것이었다. 이는 필자의 논지 전개가 서투른 데서 기인하는 오해로, 필자의 의도는 어디까지나 잠재적인 가능성을 지적하는 데 있다. 이 장에서는 그 점을 새롭게 강조했다. 다만 투하령에 대해서는 이후 개별 사례의 분석에서 보듯 원칙과는 다른 다양한 실태가 드러날 가능성도 있으며(예컨대 杉山正明[2004e] 참조), 제도상의 규정 또한 절대시할 수는 없다.

46 이 문제에 관한 선행 연구로 李益柱[1996a], 제1장; 李益柱[1996c]가 있다. 필자의 견해에 대해서는 이 책 제9장에서 상론한다.

접대에 노역을 제공하도록 명하시었고, 얼마 후 타바이카이[塔伯海] 등을 파견해 심주(瀋州)·요양(遼陽) 사이로 가서 땅을 떼어 주고 사방 경계를 획정하게 하시었습니다. 압록강 안쪽으로는 우리나라로 하여금 스스로 두 곳〔의 이르겐〕을 설치하게 하시었습니다. 이제 청하건대, 하사받은 영성(營城) 이르겐이라는 이름의 땅에는 각 도(道)에서 부민(富民) 200호를 뽑아서 이주시키고, 부호장(副戶長)·별장(別將) 등을 택해 두목(頭目)으로 삼아 각각 50인씩을 관할하게 하고 5년마다 교체하게 하십시오. 이주시킨 백성들의 부모와 형제 가운데 고향에 남아 있는 자는 세역을 면제해 주고, 두목 가운데 공을 세운 자에게는 상을 내리십시오. 이주한 200호에는 호마다 은 1근, 칠종포(七綜布) 50필을 지급해 집 짓는 비용으로 쓰게 하고, 백저포(白苧布) 3필과 칠종포 15필은 농기구 값으로 쓰게 하고, 백저포 2필과 칠종포 15필은 식량〔의 경비〕으로 삼게 하십시오. 또 명주 4필, 솜 4근, 육칠종포(六七綜布) 15필, 털의관 2벌과 가죽신 2켤레, 화로 하나, 식기 둘, 농사짓는 소 2마리, 암소 3마리, 짐 싣는 안장 하나, 유단(油單)과 초석(草席) 각 5장씩을 지급하도록 하십시오. 또한 양계(兩界)의 망정(亡丁)과 투화정(投化丁)에게는 각각 전(田) 4결씩 지급하고 교대하는 자로 하여금 이어받게 하십시오. 몽골어와 한어(漢語)에 능한 자를 각각 두 명씩 뽑아 그들을 데리고 가서 관령하게 하며, 그 관령하는 사람에게는 각각 은 1근, 백저포 1필, 광저(廣苧)와 광포(廣布) 각각 15필, 명주 5필, 솜 3근, 쌀 15석, 말 3마리를 하사하고 해마다 그 집에 쓸 비용으로 명주와 저포 각 3필, 쌀 10석을 지원하십시오. 압록강 안쪽의 이르겐 두 곳에 각각 100호로 하고, 호마다 모시 2필과 육칠종포 5필을 지급해 농기구〔의 경비〕로 쓰게 하고, 모시 2필과 육칠종포 7필은 식량〔의 경비〕으로 쓰게 하십시오. 또한 명주 2필, 솜 2근, 육칠종포 5필과 털의관 2벌, 가죽신 2켤레, 화로 하나, 말 1필, 소 3마리, 짐 싣는 안장 하나, 유단·초석 각 3장씩을 지급하십시오. 압령관 2명에게는 각각 저포 5필, 명주

3필, 솜 2근, 광저와 광포 각 5필, 쌀 7석을 하사하십시오. 종자(從者)는 각자 한 사람씩으로 하고, 각각 모시 1필과 쌀 2석을 지급하십시오." 라고 했다. 이를 따랐다.[47]

이는 1279년, 세조의 지시에 의해 고려왕이 입조할 때의 역에 동원하기 위해 '이르겐'이라고 불리는 인호를 '요양(지금의 遼寧省 遼陽市)'과 '심주(이후의 瀋陽, 지금의 遼寧省 瀋陽市)' 지방에 한 곳(영성 이르겐), 압록강 동쪽 한반도 안에 두 곳 등 총 세 곳에 두었다는 내용으로, 이에 충당할 인원과 주거·농기구·식량을 위한 비용, 토지와 소·말 등의 가재도구, 관리직 수당 등의 지급 물자 내역을 책정한 것이다. 『고려사』 세가, 충렬왕 5년 4월 신축 조에 "중랑장(中郎將) 정공(鄭公)과 송현(宋賢)을 원에 파견해 이르겐 설치를 요청했다."라고 한 데[48]서 보이듯, 이는 그 직전에 고려 측에서 요청한 것이기도 했다. 한반도 안의 '이르겐'에 대해서는 고려가 독단으로 설치해도 괜찮았으리라 생각할 수 있을지도 모르겠으나, 이 방면에서 입조 경로의 절반 이상은 당시(1270~1290년) 동녕로(東寧路, 당초

---

47 『高麗史』 권82, 兵志, 站驛. "五年六月, 都評議使言, 今年正月, 帝令於朝聘路次置伊里干, 以供役使, 尋遣塔伯海等, 就瀋州·遼陽之間, 撥與土田, 標定四至. 其鴨綠江內, 令本國自置兩所. 今請, 於所賜之地名營城伊里干者, 刷各道富民二百戶徙居之, 擇副戶長·別將等爲頭目, 各管五十人, 五年而遞. 所徙民, 父母兄弟之留鄉者復之, 頭目之有功者賞之. 其所徙二百戶, 戶給銀一斤·七綜布五十匹, 爲屋舍之費, 白苧布三匹·七綜布十五匹, 爲農器之直, 白苧布二匹·七綜布十五匹, 爲口粮. 又給紬四匹·緜四斤·六七綜布十五匹·毛衣冠·皮鞋各二·爐臼一·食器二·農牛二頭·牸牛三頭·馱駝鞍一·油單·草席各五. 又給兩界亡丁·投化丁田各四結, 令吏者遞受. 擇能蒙漢語者各二人, 押去管領, 其管領人, 人賜銀一斤·白苧布一匹·廣苧·廣布各十五匹·紬五匹·緜三斤·米十五石·馬三匹, 歲資其家紬·苧布各三匹·米十石. 鴨綠江內伊里干二所, 各一百戶, 戶給苧二匹·六七綜布五匹, 爲農器·苧二匹·六七綜布七匹, 爲口粮. 又給紬二匹·緜二斤·六七綜布五匹·毛衣冠·皮鞋各二·爐臼一·馬一匹·牛三頭·馱駝鞍一·油單·草席各三. 押領官二人, 人賜苧布五匹·紬三匹·緜二斤·廣苧·廣布各五匹·米七石. 傔者各一人, 人苧一匹·米二石. 從之."

48 『高麗史』 권29, 충렬왕 5년 4월 辛丑. "遣中郎將鄭公·宋賢如元, 請置伊里干."

의 東寧府)로서 대원울루스에 편입되어 있던 지역에 해당했으므로, 대원울루스 측의 허가가 필요했던 것으로 생각된다.

또한 『고려사』 세가, 충숙왕 15년 7월 기사 조에는 충숙왕이 앞서 등장한 심왕 왕고와 이권을 다투는 가운데 했던 말이 다음과 같이 기록되어 있다.

> 영성과 선성(宣城) 두 소리(掃里)는 세조께서 고려왕이 조현하러 왕래할 때의 공급을 위해 설치를 허가한 것이다. 아들이 아버지로부터 전해 받지 못하고 다른 사람이 가진다면 어찌 그것이 사리에 합당하겠는가.[49]

여기에 보이는 '소리' 또한 고려왕이 '조현하러 왕래할 때의 공급'을 위해 세조가 설치를 승인한 것이다. 또한 '소리'의 소재지를 가리키는 '영성과 선성' 가운데 전자는 사료 B에 보이는 '이르겐'의 설치 지역과 일치한다. 이를 통해 사료 B에서 말하는 '이르겐'은 '소리'에 대응한다는 사실이 판명된다.

이 절에서는 이 '소리'와 고려왕 위하의 관계를 검토할 것인데, 우선 구체적인 지명이 등장하는 선성 소리와 영성 소리의 소재지를 확인해 두고자 한다(〈그림 2-1〉 참조).

설치 목적으로 보아, 이들이 수도 개경 북쪽의 한반도 북서부에서 요동 지방을 지나 원의 두 수도인 대도(大都)와 상도(上都, 지금의 內蒙古自治區 錫林郭勒盟 正藍旗)로 향하는 길 위에 있었음은 쉽게 추측할 수 있다. 그 가운데 선성이라는 지명은 사료 B에 보이지 않으나, 이 지역에서의 선성에 대해서는 20세기 초, 야나이 와타루(箭內亘)의 고증이 있다.[50] 그는

49 『高麗史』 권35, 충숙왕 15년 7월 己巳. "營城·宣城兩掃里, 世祖爲高麗王朝見往來供給, 許置之. 子不得傳之於父, 而他人有之, 豈其理也."

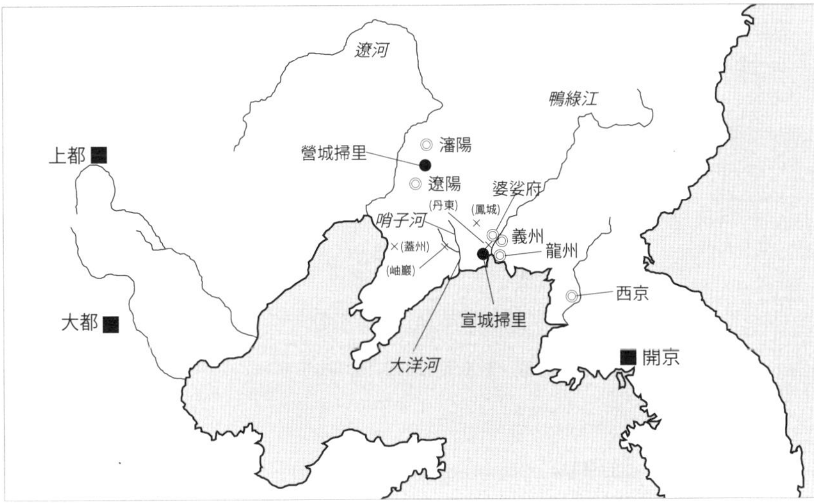

주: ( ) 안은 현재 지명

<그림 2-1> 소리(掃里) 관련 지도

금 말에 요동에서 자립한 포선만노(浦鮮萬奴)를 몽골군이 공략했을 때, '개주(蓋州)·선성 등 10여 성'을 함락시키고, 이어서 '석성(石城)'(지금의 遼寧省 丹東市 振安區 九連城鎭 부근)을 공파했다고 전하는 『원사』 왕영조(王榮祖) 열전의 기사와,[51] 『요동지(遼東志)』에서 명 초에 개주의 장수 방숭(方嵩) 등이 북원의 나하추[納哈出]를 격퇴하고 '선성·표자하(杓子河, 즉 哨子河)'까지 추격했다는 기사[52]를 근거로, 선성은 개주(지금의 遼寧省 營口市 蓋州市)와 구련성(九連城, 원 대의 婆娑府) 사이, 대양하(大洋河)의 지류인 초자하 부근에 있었다고 보았다. 그리고 수암(岫巖, 지금의 遼寧省 鞍山市 岫巖縣)의 한어음 Hsiu-yen은 '宣(hsuan)'과 통한다며 선성을 수암으로 비정했다.

50 箭內瓦[1913a], 323~326쪽.

51 『元史』 권149, 王珣 傳 附 王榮祖 傳.

52 『遼東志』 권5, 官師志, 名宦.

그러나 '선성(宣城)' 가운데 '宣' 한 글자만으로 수암 두 글자 분의 음과 관련지어 선성을 수암이라고 한 것은 다소 억지스럽다. 선성에 관해서는 『고려사』 이방실(李芳實) 열전에 다음과 같은 기록이 있다.

> 공민왕 3년, 대호군(大護軍)으로 전임되었다. 선성 다루가치 노연상(魯連祥)이 반란을 일으키자 이방실은 용주(龍州)의 군사를 거느리고 몰래 강을 건너 노연상의 집으로 곧장 쳐들어가 그 부자(父子)를 찔러 죽이고 그들의 머리를 개경으로 보내었다.[53]

공민왕 3년(1354, 지정 14) 무렵 '선성 다루가치 노연상'이 반란을 일으키자, 고려의 군관 이방실이 용주(龍州), 즉 압록강 하구, 현재의 평안북도 용천의 군사를 이끌고 '강', 즉 압록강을 몰래 건너가 곧바로 그의 집을 공격해 노연상 부자를 죽였다는 것이다.[54] 사료의 기술에서 선성이 고려국 바깥의 압록강 최하류 부근에 있었음을 추측할 수 있다.

또한 몽골군의 압박을 받았던 1232년(高宗 19, 太宗 우구데이 4)에 고려가 '몽고국 원수'에게 발송한 서장(書狀)의 한 구절에는 다음과 같은 내용이 담겨 있다.

> 또 회안공(淮安公) 왕정(王侹)이 받은 편지를 보니 말씀하시기를, "너희 나라에서는 인호를 선택해 개주관(開州館)과 선성산(宣城山) 밑으로 가

53 『高麗史』 권113, 安祐 傳 附 李芳實. "恭愍三年, 轉大護軍. 宣城達魯花赤魯連祥叛, 芳實以龍州兵, 潛渡江, 直入連祥家, 刺殺父子, 傳首于京."

54 노연상 살해 사건의 연대를 엄밀히 특정하기는 어렵다. 다만 공민왕 초기에 정부에서 노연상을 공격하자는 논의가 일어나자 당시의 재상 曹益淸이 이를 반대했다고 하는데, 조익청은 1353년에 사망했다(『高麗史』 권108, 趙益淸 傳). 즉 노연상은 1353년 이전에 이미 반란을 일으켰고, 고려 측에서 이에 대해 군사 행동을 계획했던 것이다. 이방실이 1354년에 대호군에 취임하고 얼마 지나지 않아 작전이 실행되었다고 보아도 크게 틀리지 않을 것이다.

> 서 자리를 잡고 농사를 짓게 하라."라고 하시었습니다. 삼가 생각건대 대국이 땅을 나누어 주는 것은 장차 우리나라 백성으로 하여금 농사 지어 먹고 살게 하시려는 것이니 그 의리는 기쁘게 받아들일 수 있습니다. 그러나 우리나라 곳곳에 인민과 마소가 죽거나 손실된 곳이 너무 많아, 이 한 나라의 조그마한 땅도 도리어 다 갈아 먹지 못해 공박하게도 풀만 무성하게 우거지는 모습을 참고 있습니다. 하물며 천 리나 먼 대국의 경내에 〔우리나라에서〕 어떤 사람과 마소를 보내 농사 짓게 하겠습니까. 우리 힘으로 감당하지 못할 것이며, 이치상 억지로 시키기도 어렵습니다. 넓으신 도량으로 살펴 주십시오.[55]

이때 몽골은 고려에 '개주관(지금의 遼寧省 丹東市 鳳城市)'과 '선성산'에 인호를 들여보내 살게 하라고 요구했는데, 이 '선성산'도 '대국의 경내'에 위치했다.

또한 같은 해 고려는 몽골 측의 요구에 응해 선박과 선원을 용주로 보냈는데,[56] 고려가 그 도착 여부를 문의한 것으로 보이는 문서가 이규보(李奎報)의 『동국이상국집(東國李相國集)』에 실려 있다. 거기에는 다음과 같은 구절이 있다.

> 근자에 회안공이 절하(節下, 사자에 대한 존칭)를 반송(伴送)했다가 춘분(春分)이 지나서 돌아와 태하(台下)의 교시를 전하기를, 해선(海船)과 군인을 금년 3월 3일을 기한으로 선성산에 모이게 하라는 것이었습니다.

---

55 李奎報, 〈送蒙古國元帥書〉(『東國李相國集』 권28; 『東文選』 권61). "又閱淮安公侹所蒙手簡稱, 你國選揀人戶, 赴開州館及宣城山脚底, 住坐種田. 竊思, 大國所以割與分地, 將使吾民耕食, 則其義在所欣感. 然我國每處人民牛畜等, 物故損失者大夥, 故遮一國區區之地, 尙不勝耕墾, 忍使鞠爲茂草. 況於千里邈遠大國之境, 將部遣甚處人物牛畜等, 使之耕種耶. 力所不堪, 理難強勉. 惟大度諒之." 『高麗史』 권23, 고종 19년 3월 甲午 條에도 서한의 내용이 요약된 형태로 실려 있는데, 글자의 차이가 약간 있다.

56 『高麗史』 권23, 고종 19년 3월 甲午.

곧 유사(有司)에 명해 서북면병마사를 지휘해 군인과 배를 모집하고 관원을 선발해 관압(管押)해서 보내었습니다. 그러나 물길과 풍파는 예측할 수 없어서 기한을 맞추었는지 알지 못하겠습니다.[57]

즉 용주를 출발한 선박의 목적지는 '선성산'이었다는 것이다. 이는 전술한 노연상 사건에서의 고려군 출동 경로와도 겹치는 것으로, 선성산은 노연상이 있었던 선성과 같은 장소로 보아도 좋을 것이다. 그렇다면 그것은 압록강 하구 근처에 위치했다.

이 선성산을 한반도 안의 지명으로 보아, 선성 소리를 압록강 동쪽의 소리로 보는 설도 있는데,[58] 위와 같은 고증을 거친다면 이 설이 오류임은 명백하다. 그러한 선성의 위치에 대해서는 후대의 문헌이지만 청대의 지방지(地方志)에도 봉황성(鳳凰城, 지금의 遼寧省 丹東市 鳳城市)의 '동남쪽 170리'(약 100킬로미터)에 위치한다는 기록이 보인다.[59] 또 20세기 초 안동(安東, 지금의 遼寧省 丹東市)의 지방지인 왕개공(王介公) 등의 『안동현지(安東縣志)』에도,

선성산은 현의 서남쪽 90리에 있다. 선성촌(宣城村)에는 명 영락(永樂) 연간의 선성위(宣城衛)의 유지(遺址)가 있다.[60]

---

57 『東國李相國集』 권28, 〈送某官狀〉. "近者, 淮安公伴送節下, 過分後, 來傳台敎, 有要海舡及軍人限今年三月初三日會到宣城山事件. 卽命有司指揮西北面兵馬, 令募軍人及舟楫, 選揀官員, 管押前去. 然水程風濤, 不可預剋, 但未識及期與否."

58 金惠苑[1993], 44쪽.

59 伊把漢 등, 『盛京通志』 권10, 城池, 鳳凰城城池; 呂燿曾 등, 『盛京通志』 권15, 城池, 鳳凰城城池; 阿桂 등, 『盛京通志』 권29, 城池, 鳳凰城界內歷代城池; 台隆阿 등, 『岫巖志略』 권3, 輿地志, 鳳凰城村鎭附. 그런데 "東南"이라고 기록된 방위는 실제로는 鳳城의 거의 정남쪽이다. 노정으로서는 동남 방향으로 우회하기 때문에 이렇게 기재된 것인지도 모르겠다.

60 『安東縣志』 권1, 疆域志, 山川, 山脈. "宣城山, 在縣西南九十里. 宣城村上, 有明永樂年間宣城衛故址."

라고 했다.[61] 여기서 90중국리는 약 50킬로미터다. 이 『안동현지』에 함께 실린 〈안동현전도(安東縣全圖)〉에는 '선성촌'을 압록강 하구 부근의 제8구에 표시했고, 1932년에 작성한 일본 육지측량부(陸地測量部)의 1/100,000 지형도 『용암포(龍巖浦)』에도 '선성전자(宣城甸子)'를 같은 위치에 표시했다. 현재 랴오닝성 단둥시 둥강시(東港市)의 관할구역이 된 이 지역에는 여전히 '선성산'과 '선성'이라는 지명이 남아 있다.

이상과 같은 선성의 위치는 야나이 와타루가 인용한 사료와도 부합한다. 대원울루스 시대, 구련성 지역에는 파사부가 있었고, 이곳은 압록강 하류 유역의 잠치[站赤, ǰamči], 즉 요양·심양 방면과 고려를 연결하는 역전(驛傳) 경로 위의 요충이었다.[62] 고려왕이 대원울루스에 입조할 때의 경로가 사료에 상세히 기술된 사례는 많지 않은데, 통상적으로는 잠치 경로를 따라 파사부의 대안(對岸)인 의주(義州, 지금의 평안북도 의주군)에서 도하했던 것으로 보이지만,[63] 충렬왕이 용주에서 도하했던 것으로 보이는 사례도 있다.[64] 따라서 왕의 입조를 지원할 요원이 압록강 하구 부근에 배치되었다고 하면 합리적으로 해석된다. 선성은 사료 B 단계에서 언급된 세 곳의 소리에 포함되지는 않지만, 이후에 편성되었을 수도 있다. 다만 후술하듯이 네 곳에 소리를 설치할 계획은 당초부터 있었던 것 같다.

한편 영성 소리에 대해서는 사료 B의 원문에 '심주와 요양 사이(瀋

---

61 臧式毅, 『奉天通志』 권81, 山川, 各縣山水, 鴨綠江流域, 安東縣에도 같은 내용의 기사가 있다.

62 箭內亙[1913a], 315~322쪽; 箭內亙[1913b], 454쪽 참조.

63 고려 국내에 설정된 잠치 경로에 대해서는 이 책의 제7장 참조. 국왕이 원으로 친조할 때 의주를 통과한 사례는 『高麗史』 권28, 충렬왕 4년 4월 己卯 條에 보인다. 또한 충렬왕 22년(1296, 元貞 2)의 입조에서도 의주 남쪽에 접한 영주(靈州, 지금의 평안북도 피현군)를 경유했으므로(『高麗史』 권31, 충렬왕 22년 10월 戊申), 의주에서 도하했을 것으로 보인다.

64 『高麗史』 권29, 충렬왕 10년 4월 戊申.

州·遼陽之間)'라고 한 것이 단서가 된다. 이는 '심양·요양의 근처'라는 의미로 볼 수 있을지도 모르겠으나, 이러한 용례는 어떤 환경이 전개되는 공간을 말하는 경우에 많이 쓰이지 지명에 기초한 지방을 가리키는 표현으로는 일반적이지 않다. 적어도 필자의 생각으로는 이 시대의 문헌에서는 '심양·요양의 근처'를 가리킬 때, 예컨대 뒤에 제시하는 사료에도 보이는 것처럼 '동경로지(東京路地)', '요심지면(遼瀋地面)', '요양·심양·쌍성·여진등처(遼陽·瀋陽·雙城·女眞等處)' 또는 '고려전지(高麗田地)'[65] 등으로 기록했다. 여기서는 단순히 '요양과 심양의 사이'라는 의미로 해석해 두는 것이 적당할 것이다.

그런데 20세기 전반의 기록이지만 요양·심양 지방에 관한 지방지·지도류를 검토해 보면, 요양에서 심양으로 향하는 간선로 부근에 '영성자(營城子, '英城子'라고도 표기했다. 지금의 遼寧省 遼陽市 燈塔市)'라는 지명을 확인할 수 있다.[66] 또 그로부터 10킬로미터 정도 북쪽에 있는 십리하(十里河, 지금의 遼寧省 瀋陽市 蘇家屯區)는 명 대에 요양과 심양 사이를 중계하는 호피영성역(虎皮營城驛)이 설치되었던 장소다.[67] 영성 소리가 어느 쪽의 영성에 해당하는지, 혹은 또 다른 장소에 있었는지 이것만으로는 판단할 수 없으나, 요양과 심양 사이의 경로에 위치했음은 틀림없을 것이다. 영성자와 십리하 부근은 요양과 심양의 거의 중간지점이므로, 두 곳 모두 나

---

65 『益齋亂藁』 권6, 〈在大都上中書都堂書〉.

66 『奉天通志』 권60, 疆域, 遼陽縣, 第二區 및 奉天全省輿圖; 永貞 등, 『遼陽州鄕土志』 附圖; 裴煥星 등, 『遼陽縣志』 권4, 區村志 및 附圖; 滿洲國治安部, 1:100,000 지형도 〈沙河堡〉(1932); 陸地測量部, 1:50,000 지형도 〈東烟臺〉(1933).

67 『遼東志』 권2, 建置, 驛傳에 의하면, 호피영성역은 요양의 북쪽 55리에 설치되었다. 伊把漢 등, 『盛京通志』 권10, 城池, 奉天府城池, 十里河城과 呂燿會 등, 『盛京通志』 권15, 城池, 奉天府城池, 十里河城에는 "城(瀋陽)의 남쪽 60리에 있다. 둘레는 1리 130보다. 남쪽에 문이 하나 있다. 즉 명의 虎皮驛이다."라고 되어 있으며, 阿桂 등, 『盛京通志』 권29, 城池, 奉天府, 十里河城에도 글자는 약간 차이가 있으나 같은 내용이 기록되어 있다. 또한 『遼陽州鄕土志』 권2, 道路, 十里河堡에도 "원래의 이름은 虎皮驛이다."라는 割註가 있다.

름대로 개연성이 있다.[68]

다음으로 소리의 조직구성을 요약해 보자. 사료 B에 의하면 영성 소리에는 고려의 각 도(道)에서 선발된 부민 200호를 이주시켜, 5년마다 교체하며 50인을 통솔하는 '두목'을 뽑고, 또 몽골어와 한어에 능통한 자 각 2인이 지휘·관리하게 했다고 한다. 각 100호로 구성된 압록강 동쪽 두 곳의 소리는 '압령관(押領官)'이 통할했다.[69]

선성 소리에 대해서는 상세한 내용은 알 수 없으나 이에 관련해 앞서 나왔던 '선성 다루가치' 노연상이 주목된다. 우선 선성은 대원울루스의 로·부·주·현 등 지방행정단위와는 다르므로, 그 '다루가치'는 대원울루스의 지방행정관으로서의 다루가치는 아니다. 게다가 노연상은 1354년(공민왕 3, 지정 14) 무렵 고려군의 공격을 받아 살해되었는데, 이것이 대원울루스와의 사이에서 문제가 되었던 흔적은 없다. 노연상이 대원울루스 직속의 관리라면 있을 수 없는 일이다. 반면 1356년(공민왕 5, 지정 16)에 고려가 대원울루스의 직접적인 영향하에서 이탈을 시도해 북쪽 변경에서 군사행동을 일으킨 것은 당연히 대원울루스와의 외교 문제로 발전했다. 이것은 노연상이 고려국 바깥에 있으면서 고려왕권의 관리하에 있었던 존재임을 의미할 것이다. 그렇다면 노연상은 선성에 설치되

68 영성 소리의 소재지를 遼陽의 동쪽에 있는 營城子로 비정하는 설도 있다(北村秀人[1972], 127쪽). 이 지역은 『中國古今地名大辭典』(商務印書館, 1931)에 "遼寧 遼陽縣 東太子河濱에 있다."라고 하고, 劉鈞仁, 『中國地名大辭典』(北平研究院出版部, 1930)에 "遼寧 遼陽縣의 동쪽 41리에 있다."라고 하는 營城子에 해당하며, 山崎總與, 『滿洲國地名大辭典』(日本書房, 1937)에 의하면 太子河 북안의 燕州城 지역에 있었다고 한다. 연주성은 丹東~遼陽 경로 부근에 있는 고구려 이래의 城址인데, 대원울루스의 잠치 경로에서는 벗어나 있으며, 사료 B에 "요양·심양 사이"라고 한 것과도 부합하지 않으므로, 필자는 이 설을 따르지 않는다.

69 1290년(충렬왕 16, 지원 27)에 東寧路가 고려에 반환된 후에도 압록강 동쪽의 소리가 그대로 남아 있었는지 여부는 확실히 알 수 없다. 다만 1328년(충숙왕 15, 致和 원년, 天曆 원년)에 충숙왕과 심왕 왕고가 소리의 이권을 다투었을 때 이것이 언급되지 않은 점을 보면 폐지되었을 가능성이 높아 보인다.

었던 고려왕 소리의 책임자이고, 그 직명을 몽골식으로 다루가치라고 했을 수 있다.

또한 이러한 소리가 본국에서 이주시킨 주민으로만 조직되었던 것은 아닐 가능성도 있다. 『고려사』 세가, 충렬왕 4년 7월 임진 조에는 다음과 같은 구절이 있다.

> 왕이 중서성에 서한을 보내 말하기를, "(중략) 일찍이 성지(聖旨)를 받았는데, 기미년(1259, 고종 46, 憲宗 뭉케 9) 이후 약탈되어 잡혀갔던 인민을 돌려보내 줄 것을 허락해 주셨습니다. 연전에 또 성지(省旨)가 있었는데, 북경(北京)·동경로(東京路)·동녕부(東寧府)에 경오년(1270, 元宗 11, 지원 7) 이후 도망해 갔거나, 유인되어 갔거나, 포로로 되어 갔거나, 납치되어 간 사람들도 또한 추쇄해 돌려보내기로 했습니다. 〔그러나〕 지금 귀환한 자는 한두 명도 볼 수 없습니다. 바라건대 다시 추쇄하도록 해주시되, 그 가운데 대대로 거주하면서 이주시키기 마땅하지 않은 자는 동경로 지역에 모여 살면서 공주 행려의 잡역에 충당하게 해주십시오."[70]

충렬왕은 원 측에서 반환을 인정한 본국 외의 고려인 유출민 가운데, 현지에서 오랫동안 거주해 송환이 곤란한 자들을 동경로(이후의 요양로)에 모아, 왕비인 몽골 공주와 관련된 행려의 역에 동원할 것을 요청했다. 충렬왕의 목적은 첫째로 고려인 유민을 회수하는 것이었으나, 공주에게 이바지한다는 구실은 그것과 모순되지 않는다. 행려나 운수의 역

70 『高麗史』 권28, 충렬왕 4년 7월 壬辰. "王上書中書省曰, (중략) 曾奉聖旨, 己未年已來驅掠人, 許令放還. 年前又有省旨, 北京·東京路·東寧府庚午年已來, 逃誘擄掠之人, 亦令推刷還之. 目今還者, 未見一二. 伏望, 更令推刷, 其有累世居住不便移徙者, 於東京路地圓聚, 以充公主行李厮養之役."

에 동원한다는 기능은 소리의 기능과도 일치한다. 위의 요청에 대한 원측의 승낙 여부를 명시한 기록은 없으나, 바로 반년 후에 고려 측이 요청해 소리 설치가 허가된 것은 아마도 이와 무관하지 않을 것이다. 회수된 고려인 유민의 일부가 본국으로 송환되지 않고 그대로 소리에 충당되었을 가능성도 충분히 있었을 것이다.

이상과 같이 소리는 고려에 의해, 고려인을 기초로 하여 고려국 바깥에 설치·운영되었던 것이다.

2) 소리의 제도적 성격

원래 '소리'는 좌석·주거·숙소·근거지 등을 의미하는 몽골어 '사우리(sa'uri < saγuri)'의 한자 음사(音寫)다.[71] 고려왕의 소리와 관련해서는 태종 우구데이가 '撒兀舌里惕'(sa'urid=sa'uri의 복수형)마다 잠치를 설치하도록 지시했다고 하는 『몽골비사』 제279절의 기록이 주목된다.[72] 이 sa'urid에는 '좌매(坐每)'라는 방역(傍譯)이 붙어 있는데, 여기서는 숙소를 의미하는 것으로 해석된다. 또 『경세대전(經世大典)』 잠치에 실린 지대(至大) 4년(1311, 忠宣王 3) 정월 16일 통정원(通政院)의 상주에는 긴급한 용무가 아닌 사신의 부당한 요구를 단속하지 않은 '토트카순[脫脫禾孫]과 소린(掃憐)의 두목들'을 처벌하라는 성지(聖旨)가 인용되어 있다.[73] 통정원은 잠치를 주관하는 관부이며, 토트카순(tutqasun)은 잠치 이용자의 비위를 단속하는 감독관이다. 그리고 성지에 이어지는 병부(兵部)의 의견에서는 '토트카순과 소린의 두목들'이 '각 참(站)'으로 바뀌어 표현되어 있다. 여기에 보이는 '소린' 역시 잠치와 관련된 sa'uri다. 이상을 통해 소리가 역참

71 岡本敬二[1976], 65쪽 참조.

72 『몽골비사』 해당 기사의 해석은 小澤重男[1989], 527~529쪽에 따름.

73 『永樂大典』 권19425, 站赤 10, 至大 4년 정월 16일. "通政院奏, (중략) 奉聖旨, 節該, 各站裏的整治用着的勾當, 嚴切省會者. 不用心盤問的脫脫禾孫掃憐裏頭目每, 斷七十七罪過者."

시설을 가리키는 경우가 있었음을 알 수 있다. 이와 같은 소리의 기능은 친조의 행려에 필요한 역에 동원한다는 고려왕 소리의 기능과도 부합한다.

그런데 여기서 주목되는 것은 『원사』 세조 본기, 지원 16년(1279, 충렬왕 5) 정월 계축 조의 "고려국에 칙(勅)을 내려 대회애주동경유석발락(大灰艾州東京柳石孛落)의 4개 역(驛)을 두었다."라는 기사다.[74] '4개 역'의 지명을 어떻게 구분해 읽어야 하는지 판단하기 어렵고, 어떻게 읽더라도 현재로서는 대부분이 알 수 없는 지명이지만, '동경(東京)'만은 당시 요양을 가리킨 것임이 확인된다. 마치 이 방면의 역참을 고려에서 설치하게 한 듯한 기사인데, 앞의 사료 B에 의하면 세조가 이 지방에 소리를 설치할 것을 고려에 명한 것이 이와 같은 해 같은 달의 일이다. 소리는 역참의 시설을 의미하는 경우가 있고 고려왕 소리의 기능도 이와 같았다는 점을 생각하면, 이 기사는 소리를 설치할 것을 고려에 지시한 기록으로 이해할 수 있을 것이다. 여기서 고려왕의 소리 또한 '역(驛)'이었음이 판명된다. 읽는 방법을 정확히 알 수 없는 4개의 지명은 실제로 소리가 설치된 영성·선성과 압록강 동쪽의 두 지점에 어떤 형태로든 대응하는 것으로 생각된다.[75]

게다가 소리 가운데는 몽골 제왕이 보유한 것도 있었다. 『경세대전』 잠치에는,

〔지원 21년(1284, 충렬왕 10) 2월〕 10일, 참의중서성사(參議中書省事) 멜릭부

74 『元史』 권10, 世祖本紀, 至元 16년 정월 癸丑. "敕高麗國, 置大灰艾州東京柳石孛落四驛."

75 이 가운데 '艾州'는 崔世珍, 『吏文集覽』 권3에 "艾州. 즉 義州다. 艾와 義는 음이 비슷해 漢人은 혹은 艾州라고 칭하고, 또는 愛州라고도 칭한다."라고 기록된 艾州와 같은 곳일지도 모르겠다. 그렇다면 압록강 동쪽의 소리 중 하나는 의주에 설치되었을 가능성이 생긴다. 또한 이 지역은 원의 의사를 받아들이는 형식으로 잠치의 역참이 설치되었던 장소이기도 하다(이 책 제7장 제3절 참조).

> 카[明里不花], 학사(學士) 아난다[阿難答] 등이 상주하고 재가를 받은 사항. (중략) 1. 산동운사(山東運司)는 공과(公課)의 부담이 과중하고, 소금을 운송하는 지역이 수천 리에 이른다. 또한 선덕부(宣德府)는 〔황제의〕 거가(車駕)와 납발(納鉢, 숙소)과 북평왕(北平王)의 소리를 준비해야 한다. 각각 역마를 추가로 지급할 것. (후략)[76]

이라고 되어 있어 북평왕 노무간의 소리가 확인된다. 선덕부(지금의 河北省 張家口市 宣化區)는 대도의 서북방에 위치해, 북평왕이 주둔한 몽골리아와 대원울루스의 중앙을 잇는 요충지였다. 선덕부가 북평왕의 소리나 황제의 '거가·납발'에 대한 부담 때문에 역마를 추가로 지급받았다는 것을 보면, 이 소리는 북평왕과 대원울루스 중앙의 연락을 중계하는 거점이었을 것이다.

또 『대원성정국조전장(大元聖政國朝典章)』(이하 『원전장』으로 칭함)에 실린 지원 29년(1292, 충렬왕 18) 2월 중서성 문서 가운데 보이는 회맹로분사첨사(懷孟路分司簽事) 조조열(趙朝列)의 첩(牒)에서는,

> 회맹로(懷孟路) 녹사사(錄事司)의 성에 거주하는 인호 유아한(劉阿韓)의 구두 고소를 받았는데, "10월에 하내현(河內縣)에서 차정되어 아들 유효(劉蹺)가 만선점(萬善店)의 목초지로 가서 수세[小薛] 대왕의 소리를 건설하게 되었는데, 본 로(路)의 소설(笑薛) 동지(同知)가 어떤 일로 아들 유교의 등을 17회 때려 죽게 했습니다."라고 했다. (후략)[77]

76 『永樂大典』 권19418, 站赤 3, 至元 21년 2월 9일. "十日, 參議中書省事明里不花·學士阿難答等奏準事理. (중략) 一. 山東運司, 辦課甚重, 行鹽之地數千里. 及宣德府, 所合準備車駕·納鉢·北平王掃里. 各擬增給鋪馬."

77 『元典章』 권40, 刑部 2, 刑獄, 獄具, 罪人無得鞭背. "據懷孟路錄事司在城住坐人戶劉阿韓口告, 十月內, 蒙河內縣差委, 男劉蹺前去萬善店營盤, 搭蓋小薛大王掃里, 有本路笑薛同知, 因事於男劉蹺背上打訖一十七下身死."

와 같이 수세 대왕의 소리가 확인된다. '만선점'은 타이항산맥 남쪽의 회맹로 하내현(지금의 河南城 焦作市 沁陽市)과 관련되어 있으며, 당(唐) 대 사료에 보이는 '만선(萬善)'이라는 지명에 비정할 수 있다. 소리는 그 목초지(원문은 '營盤')에 있었던 것 같으므로 수세 대왕의 목초지로도 보이는데, 그보다는 건설(원문은 '搭蓋')[78]이라는 구체적인 행위의 대상이었다는 것을 보면 어떤 시설이었을 것이다. 다만 수세 대왕과 그 부민(部民)은 당시 그로부터 백수십 킬로미터 정도 북쪽의 상당(上黨)·노주(潞州, 지금의 山西省 長治市) 방면에서 활동하고 있었다.[79] 이 소리도 수세 대왕의 거소가 아니라, 왕과 관련된 행려나 운수의 거점—대원울루스 중앙 내지 변량로(汴梁路) 휴주(睢州, 지금의 河南城 商丘市 睢縣)에 있었던 수세 대왕의 투하령과의 연락을 위한 것—이었을 공산이 크다.

이미 서술한 바와 같이 투하에는 각종 노역에 종사하는 호계, 즉 사속 인호를 보유할 특권이 인정되었고, 그들은 대원울루스 내 각지에 분포되어 있었다. 예컨대 『원전장』 성정(聖政), 균부역(均賦役)의 대덕 12년(1308, 충렬왕 34) 2월 8일의 성지에, "투하의 군(軍)·장(匠)·잠치 등 제색호계(諸色戶計)", "제왕·공주·부마 각 투하의 군·참·인장(人匠)·타포(打捕)·응방·권요(權要) 등 호(戶)"[80]와 같이 등장하는 군호(軍戶)·장호(匠戶)·응방호(鷹房戶) 등의 호계가 여기에 해당한다. 그 일종으로 참호(站戶)도 포함되어 있었는데, 소리는 역참에도 대응하므로 적어도 제왕의 행려·운수에 관련된 경우에 그 인원은 투하의 참호였다고 볼 수 있을 것이다. 즉 고려왕이 요동 지방 등 본국 바깥에서 독자의 소리, 즉 역참을 보

---

78 '搭蓋'는 위를 만들어 아래를 덮는다는 의미인데, 구체적으로는 '오두막으로 된 가축 사육장'으로 생각되는 명사적 용례나 '〔다리를〕 설치하다'라는 의미로 사용된 용례가 있으므로(岡本敬二[1975], 117~120쪽; 岡本敬二[1976], 274쪽 참조) 일단 이렇게 해석한다.

79 李治安[1992], 2~4쪽 참조.

80 『元典章』 권3, 聖政, 均賦役의 大德 12년 2월 8일의 聖旨.

유했던 것은 그러한 투하의 특권에 해당한다. 고려왕은 위하로서의 자격을 가졌으므로, 그 소리도 같은 제도적 위치를 차지했을 가능성이 있다.

이는 전술한 바와 같이 고려왕의 소리가 '이르겐'이라고 불렸던 것에서도 뒷받침된다. 이 용어는 종래에 인호를 의미하는 몽골어 이르겐(irgen)의 한자 음사임이 지적되었고,[81] 또한 『고려사』 윤수(尹秀) 열전에,

> 처음에 윤수 등이 각 도의 응방을 나누어 관리하면서 〔그 휘하에〕 도망민을 불러 모아 이르겐이라고 칭했다. 이르겐이란 중국 말로 취락이다.[82]

라고 한 것으로 보아 인호나 그 집단을 가리키는 보통명사로 이해되는 정도였다. 그런데 이르겐은 특히 부족·씨족 등 집단의 구성원이나 지배 대상이 되는 영민 등을 지칭하는 경우가 있다.[83] 여기서 주의할 점은 이르겐 또한 소리나 위의 사료에 보이는 응방이라는 특정한 정치적 조직에 소속한 인호라는 것이다.[84] 게다가 그들은 카안의 승인·지시에 의해 설치된, 원래 고려에는 존재하지 않았던 조직이다. 그 소속 인호가 공통적으로 고려에서 몽골어(의 음사)로 불렸다는 것 자체가 대원울루스에서 유래한 성격과 관련이 있다고 볼 수 있다. 실제 응방은 분명히 고려

81 白鳥庫吉[1970], 424쪽.

82 『高麗史』 권124, 尹秀 傳. "初秀等分管諸道鷹坊, 招集逋民, 稱爲伊里干. 伊里干, 華言聚落也."

83 村上正二[1970], 18~19쪽; 村上正二[1993c], 191~198쪽 참조.

84 『高麗史』 권39, 공민왕 6년(1357, 至正 17) 8월 戊午 條에도 "都堂에서 行省에 上書해, '(중략) 근래에 奇轍·盧頙·權謙 등이 몰래 本處(雙城·三撒 등)의 頭目과 결탁해 사적으로 亦里干을 두고 본국의 범죄자를 많이 끌어들여 무리를 이루고 있습니다. (중략)'라고 했다."라는 기록이 있다. 여기서 말하는 '亦里干(이르겐)'은, 고려 정부가 그 부당성을 주장했으나 奇轍 등 원조 帝室의 외척이 고려 동북경 바깥의 땅에 두었다고 하는 私屬의 인호집단이다.

왕 위하의 케식 집사였기 때문에 여기에 소속된 인호는 바로 상술한 투하의 응방호다.[85] 그런데 다른 투하에 있어서 응방호와 참호는 같은 유형의 직속 사속민이었다. 따라서 위하로서 위치 지어졌던 고려왕이 '역(驛)'으로 보유했던 소리의 이르겐 또한 마찬가지로 참호였을 가능성이 높다. 즉 고려왕이 보유했던 소리의 조직은—응방의 이르겐도 마찬가지일 것인데—몽골의 제왕·부마가 보유했던 투하의 사속민에 준하는 존재였을 것으로 생각된다.

5. 심양로의 투하령

14세기 초에 원이 고려 왕가에 내린 심왕/심양왕(이하 특별히 언급하지 않는 한 심왕으로 통칭)이라는 왕위에 대해서는 그 명칭 때문에 대원울루스의 요양행성(遼陽行省) 관하 심양로(瀋陽路)와 어떤 관계가 있는지 주목되어 왔다. 마루가메 긴사쿠와 오카다 히데히로는 구체성이 부족하긴 했으나 그 선구적인 연구에서, 심왕은 심양로의 실질적인 지배자였다고 했다.[86] 한편 이에 대해 기타무라 히데토는 양자의 사료 해석상의 문제를 지적하면서 심왕은 명목적인 칭호에 지나지 않았다고 논했다.[87] 앞서 서술한, 심왕부에 관한 마루가메와 기타무라의 견해 차이도 실은 이러한 심왕의 성격에 대한 견해의 차이에서 비롯되었다.

상세히 논할 여유는 없지만, 기타무라의 선행 연구 비판에는 수긍되는 부분이 많으며, 적어도 현재 단계에서 마루가메와 오카다의 학설을 그대로 받아들이기는 어렵다. 그러나 기타무라의 논지도 왕부로 상

85 怯薛執事와 그 예속민의 관계, 특히 鷹坊의 그것에 대해서는 片山共夫[1982] 참조.
86 丸龜金作[1934]; 岡田英弘[2010](초출은 [1959]).
87 北村秀人[1972].

징되는 심왕의 위하로서의 성격을 충분히 이해하지 못했다는 문제가 있었다. 따라서 심왕과 심양로의 관계에 대해서는 투하 제도의 관점에서 다시 검토해 볼 필요가 있다. 그런 의미에서 심왕의 투하령이 심양로에 설치되었다는 김혜원(金惠苑)의 지적[88]은 대단히 주목할 만하다.

김혜원은 논거의 하나로 대원울루스의 제왕·부마에게 사여된 왕호의 다수가 투하령의 소재지와 연관되어 있다는 점을 들었다. 북평왕(北平王)이나 진남왕(鎭南王)과 같이 정치적 역할에 연관된 왕호도 있으나, 김혜원의 지적은 대체적으로 타당하다.

> 셍게[桑哥]가 말하기를, "(중략) 제왕 싱나카르[勝納合兒]의 인문(印文)에 '황질귀종지보(皇姪貴宗之寶)'라고 되어 있습니다. 보(寶)〔라는 말〕는 인신(人臣)이 사용하기 마땅한 것이 아닙니다. 그 투하령에 따라 '제남지왕(濟南王印)'이라고 고치는 것이 마땅할 것입니다."라고 했다. 〔세조가〕 모두 승낙했다.[89]

위 사료에서 확인되는 것처럼, 실제로 왕호와 투하령의 소재지를 일치시키는 것을 지향하기도 했다. 이러한 왕호는 제왕가·부마가에 대원울루스 정부가 자체 기준에 따라 수여했던 일종의 격식 규정이었는데,[90] 월왕(越王) 투라[禿剌]나 태평왕(太平王) 엘 테무르[燕鐵木兒]와 같이 투하령을 받으면서 관련된 왕호를 함께 부여받은 사례도 있다.[91] 따라서 심왕

88 金惠苑[1993], 37~40쪽.

89 『元史』 권14, 世祖本紀, 至元 24년 10월 戊寅 條. "桑哥言, (중략) 諸王勝納合兒印文, 曰皇姪貴宗之寶. 寶, 非人臣所宜用. 因其分地, 改爲濟南王印爲宜. 皆從之."

90 堀江雅明[1985], 249~251쪽; 杉山正明[2004f], 324쪽 참조. 제왕·부마 모두가 왕호를 보유했던 것은 아니다. 또한 반대로 왕호 보유자의 모두가 제왕·부마도 아니었다(野口周一[1984], 289~291쪽 참조).

91 禿剌은 대덕 11년(1307, 충렬왕 33) 7월 癸亥에 越王號를 사여받았고, 그 9일 후에 越州路에 투하령을 受封했다(『元史』 권22, 武宗本紀). 또한 『元史』 권32, 文宗本紀, 致和

이 심양로에 투하령을 부여받았으리라는 추측도 크게 무리는 아니다. 그러나 운남(雲南)에 주둔했던 운남왕(雲南王), 요동 지방에 세력을 가지고 있던 요왕(遼王)과 같이[92] 지방 명칭을 붙인 왕호가 항상 투하령의 소재에 기초한 것은 아니었으므로, 반드시 충분한 논거가 된다고 할 수는 없다.

그런데 『고려사절요』 권23, 충선왕 2년 5월 기사의 원문이 주목된다.

> C. 帝命瀋陽路官吏, 無得隔越瀋王奏請. 違者論罪.[93]

이 기사에 대해 마루가메는 "원 황제가 심양 지방 일체의 지배를 심양왕에게 위임하고 황제는 그를 통괄해, 그 연락을 원활히 하기 위해 심양로의 관리에게 심왕의 주청을 건너뛰는 일이 없게 하라고 명령한 것으로 추측된다."라고 해석했다.[94] 한편 기타무라는 "원 무종(武宗)은 심양로의 관리에게 충선왕의 주청대로 고려 유민을 추쇄하며, 그들을 은닉하는 등의 위배 행위가 없도록 엄명한 것으로 추측된다."라고 풀이했다.[95] 양자의 해석에는 차이가 있고, "격월(隔越)"의 해석에도 차이가 있으나, "주청(奏請)"의 주체를 심왕으로 보는 점에서는 일치한다.

그러나 필자는 다음과 같은 사료가 있는 점을 고려하면 위와 같은

원년(1328, 충숙왕 15) 9월 癸酉 條에 "燕鐵木兒를 봉해 태평왕으로 삼고, 太平路를 食邑으로 했다."라고 했다.

92 雲南王의 동향에 대해서는 松田孝一[1980b]; 李治安[2007], 속편 제3장, 遼王의 동향에 대해서는 堀江雅明[1985], 249쪽 참조.

93 『高麗史』 권33, 충선왕 2년 5월 辛卯 條에도 같은 기사가 수록되어 있는데, '瀋王'을 '瀋陽'으로 기재했다. 이렇게 해서는 문장이 의미를 갖지 못하므로, 『高麗史節要』의 기재가 옳다고 판단된다.

94 丸龜金作[1934], 22쪽.

95 北村秀人[1972], 133쪽.

두 해석 모두 따를 수 없다고 생각한다. 『원전장』 권2, 성정(聖政), 진조망(振朝綱)에 실린 대덕 11년 12월의 조서 가운데 한 조항에서는 카안을 보필하는 중서성의 역할과 "직분을 뛰어넘어 상주하는 자"에 대한 금령을 제시한 뒤, "근시인원(近侍人員)과 내외대소아문(內外大小衙門)"은 "선법(選法)·전량(錢糧)" 등 "일체의 공사"에 관해 "모두 중서성의 가부(可否) 판단을 거쳐 시행"하도록 지시하면서, "건너뛰고 상주하지 말라. 어기는 자는 치죄할 것이다."라는 금령으로 마무리 짓고 있다.[96] 문맥으로 보아 마지막의 금령에서 "상주[聞奏]"의 주체는 "근시인원·내외대소아문"이고, "건너뛰고[隔越]"라는 것은 중서성을 "경유"하지 않는다는 의미임이 명확하다. 즉 근시인원과 내외대소아문이 중서성을 거치지 않고 황제에게 직접 상주해서는 안 된다는 내용이다. 같은 금령은 『원전장』, 〈진조망〉의 여러 기사 외에 다른 곳에서도 보이며,[97] 『원사』 본기의 곳곳에서도 발견된다. 예컨대 "내시(內侍) 및 여러 관사가 중서성을 건너뛰어 주청하는 일을 금지하는 명을 내렸다."라는 기사도[98] 같은 의미다. 사료 C의 자구 표현이 이상의 금령 기사와 공통되는 것은 분명하다.

따라서 사료 C 역시 심양로의 관리가 심왕을 거치지 않고 주청하는 것 일반을 금지한 규정으로 해석해야 한다.[99] 여기서 중앙-요양행성-심양로라는 대원울루스 정부의 지방통치 지휘계통상, 심양로의 상위에 심왕이 개재해 있었을 것으로 짐작된다. 적어도 중앙에 보고해야 할 로(路)

96 『大元聖政國朝典章』 권2, 聖政, 振朝綱에 실린 大德 11년 12월의 至大改元詔書. "中外越分奏事者, 即位之初, 已常戒飭. 今後, 近侍人員·內外大小衙門, 欽依已降聖旨, 除所掌事外, 凡選法·錢糧·刑名·造作·軍站·民匠·戶口一切公事, 並經由中書省, 可否施行, 毋得隔越聞奏. 違者究治."

97 『元典章』 권4, 朝綱, 政紀, 奏事經由中書省; 『元典章』 新集, 朝綱, 中書省, 紀綱, 不許隔越中書省奏啓.

98 『元史』 권25, 仁宗本紀, 延祐 원년 10월 乙未. "申飭內侍及諸司隔越中書省奏請之禁."

99 金惠苑[1993](48쪽)과 李昇漢[1988](44~45쪽)도 마찬가지로 해석했다. 다만 '隔越'을 사료 그대로 사용했으므로, 어떠한 의미로 해석한 것인지 분명히 파악할 수는 없다.

통치의 중요 국면에 심왕이 관여했음은 의심의 여지가 없다. 당시의 심왕은 충선왕이었는데, 이상이 사료 C의 의미를 이해하는 데 대전제가 된다.

다만 충선왕은 심양로나 요양행성의 관원이 아니었으며,[100] 당시 충선왕이 중서성의 정사에 '참의(參議)'했다는 기록[101]을 통해서도 심양로와의 특별한 연관성을 쉽게 설명할 수 없다. 따라서 사료 C의 규정은 기본적으로는 문자 그대로 충선왕의 심왕이라는 왕 내지 부마로서의 지위—고려왕으로서의 그것을 포함한 것인지도 모르겠으나—에 관한 것으로 이해해야 할 것이다.

그렇다면 이러한 조건을 만족하는 심왕과 심양로의 관계에는 어떠한 사례가 있었을까? 전술한 바와 같이 일부 예외를 제외하고 종래의 연구에서는 심양 지방에 거주하는 고려인을 지배하기 위해 심왕이 설치되었다고 설명해 왔다.[102] 그러나 그 근거와 '지배'의 내용이 대원울루스의 제도에 입각해서 구체적으로 논증되지는 않은 채 견강부회한 데 지나지 않았다. 심양 지방을 고려인이 거주한 특수 지역으로 간주하는 연구들도 있다. 그러나 본디 다종다양한 인간으로 구성된 대원울루스 통치하에서 고려인 집단이 특수했다면 어떠한 의미에서 특수했는지를 구체적으로 설명해야 한다. 사료 C의 의미에 대해서는 왕작(王爵)이나 로의 통치체제와의 관련성을 구체적으로 검토한 다음, 상정할 수 있는 가능성을 검토해야 할 것이다.

대원울루스에서는 몽골리아를 비롯한 지방 변경의 요지에 황자나 제왕을 파견해 군대를 거느리고 주둔하도록 하는 경우가 있었으며, 그

100 『高麗史』에서 사료 C의 직후에 실린 무종의 制書에도 그 관작은 "開府儀同三司 太子太師 上柱國 駙馬都尉 瀋陽王 征東行尙書省右丞相 高麗國王 王璋"이라고 했다(『高麗史』 권33, 충선왕 2년 7월 乙未 條).

101 『高麗史』 권33, 충선왕 복위년 5월 戊寅.

102 이러한 이해 방식을 취한 비교적 새로운 전론으로서는 金九鎭[1986]이 있다.

것을 출진(出鎭)이라고 했다.[103] 사료 C와 관련해서는 현지의 통치에 큰 권한을 행사했던 안서왕(安西王) 망갈라나 운남왕 후게치의 사례가 주목된다. 그러나 충선왕과 심왕 왕고는 생애의 대부분을 대원울루스 중앙에서 보냈다. 게다가 쿠빌라이의 황자에게 주어졌던 것과 같은 권한이 일개 부마에 지나지 않은 심왕에게 인정되었을 가능성은 애초에 생각하기 어렵다. 또한 안서왕과 운남왕의 통치 권한도 세조 재위 기간 중에 이미 대폭 축소되어, 그 지역의 통치 역시 적어도 형태상으로는 카안의 통치기관인 행성을 중심으로 하는 체제로 변화했다.[104] 14세기 초, 요양행성 관하의 심양로가 예외가 되었다고 생각하기는 어려우며, 그러한 흔적은 다른 사료에서도 보이지 않는다. 정동행성 승상의 직임이 상징하듯, 당시의 고려왕이 대원울루스 동방 변경의 방위에 일정한 전략적 역할을 담당했다는 것은 사실이다.[105] 그러나 이 경우는 고려 본국이 그 근간이 되며, 고려와 인접하지도 않은 일개 로의 통치 문제와는 직접 연관되지 않는다.

또한 몽골리아 동변에 본거를 둔 옷치긴 왕가는 일찍부터 인접한 만주리아로 세력을 확장해, 대원울루스 정부의 지방행정기관이 설치된 후에도 그 지역 여진(女眞) 인호의 일부를 통치대상으로 삼고 있었다.[106]

---

103 출진에 대해서는 松田孝一[1979]; 松田孝一[1980b]; 松田孝一[1982]; 杉山正明[1996b], 25~29쪽; 李治安[2007], 제5장 및 속편 제1~3장 참조.

104 松田孝一[1979]; 松田孝一[1980b]; 李治安[2007], 속편 제3장 참조.

105 崔瀣는 『拙藁千百』 권2, 〈全柏軒墓誌〉에서, "太師 忠烈王은 대대로 공적이 있는 帝室의 인척이라는 무거운 지위로서 東方을 鎭守한 것이 35년이 된다."라고 하며 부마로서의 충렬왕을 동방의 진수자로 표현했다. 또한 『高麗史』 권125, 柳淸臣 열전에 의하면, 원의 관인인 王觀은 "그런 까닭에 우리나라에서는 항상 동방에 일이 있을 때에 본국(고려)이 출병해 戰役에 협력하지 않은 일이 없었으며, 遼河의 동쪽 해안에 이르기까지 1만 리가 그 덕분에 평온했습니다."라고 해, 고려를 遼河 동방 지역의 군사적 진수자로 표현했다. 특히 후자의 말은 대원울루스에서 고려의 전략적 역할이 본국의 범위 안에 그치지 않는다는 것도 시사한다. 이 문제에 대해서는 이 책 종장에서 상세히 논한다.

106 海老澤哲雄[1973], 40~42쪽; 堀江雅明[1982], 395~397쪽 및 401~402쪽 참조.

따라서 심양로에서 이와 같은 권익이 심왕에게 인정되었다고 가정한다면, 전술했듯이 그 지역에 거주하는 고려 유민과의 관계 등을 고려할 수 있을 것이다. 특히 1259년(고종 46, 헌종 뭉케 9) 이후 유망해 나갔던 고려인들은 고려왕에 귀속된다는 사실이 인정되었다.[107]

그러나 그에 뒤따른 유민들에 대한 추쇄 작업은, 그 가운데 소리에 충당된 일부를 제외하면, 대부분은 본국으로 송환하는 것을 기본 방침으로 해 기록상 14세기 중반까지 계속되었다.[108] 만약 심왕가에 고려 유민들에 대한 통치 권한의 일부를 현지에서 집행하도록 허락되었다고 하더라도, 그것은 어디까지나 특수한 국면에 한정된 것이었다. 또한 그 대상 역시 심양로 관하의 주민이라고는 할 수 없으므로, 심왕가가 심양로의 지휘계통에서 현지 행정관의 상위에 위치했다고 보기는 어렵다. 게다가 쇄환의 대상이 되었던 고려인들은 심양로 이외에도 요동 지방 일대에 널리 흩어져 있었으므로, 심양로에 한정해서만 그러한 권한이 인정되었다고 보기도 부자연스럽다. 또한 1259년 이전에 요동 지방으로 유입된 고려인은 고려 정부보다 먼저 몽골에 귀부했던, 원래 서경(西京), 즉 지금의 평양 지역 낭장(郎將)이었던 홍복원(洪福源)이나 태종 우구데이 때 질자(質子)가 되었던 고려 왕족인 왕준(王綧), 그리고 그들의 자손이 이끌었던 심양로고려군민총관부(瀋陽路高麗軍民總管府)[109]의 관하에 소속되

---

107 『元高麗紀事』 中統 원년 4월 2일 條에 "(세조가) 聖旨를 내려 고려국왕 王倎(원종)에 宣諭하기를, '(중략) 전년 봄 2월부터 포로와 도망민의 방환을 요청했던 일은 이미 有司에 명을 내려 두루 쇄환하도록 했다. 언약한 이후로 도망민과 포로 등은 귀국하게 했으니 도착하거든 수용해 위무하도록 하라. (후략)'라고 했다."라고 하듯 고려가 세조에 귀부했을 때 이것이 승인되었다.

108 이 책 제9장 〈표 9-1〉 참조.

109 北村秀人[1972], 113~116쪽; 金九鎭[1986], 471~473쪽 참조. 당초에는 '高麗軍民萬戶'라고 칭했다가, 1261년(원종 2, 中統 2)부터 '安撫高麗軍民總管府'로서 요양에 설치되었다. 1263년(원종 4, 中統 4)에 왕준의 총관부가 분리되어 瀋州에 설치되었으나, 1296년(충렬왕 22, 원정 2)에 합병되어 '瀋陽等路安撫高麗軍民總管府'로 개편되었다. 그러나 뒤에 나올 〈瀋陽路城隍廟記〉에 의하면 14세기 중반에도 고려군민총관부는

어 명확히 구별되고 있었다. 또한 유민을 추쇄할 때에는 "관할하는 관부와 두목인(頭目人)"이 반환해야 할 고려인을 '군호(軍戶)', '농맹(農氓, 농민)'으로 사칭하고 멋대로 은닉하거나 방해하면서 내주지 않는 사태가 발생하고 있었다고 한다.[110] 이러한 상황으로 보건대 반환 대상자 외의 고려인에게까지 심왕가의 통치 권한이 미치고 있었다고는 생각하기 어렵다. 이처럼 다른 가능성을 제외할 때, 필자는 역시 심양로에 심왕의 투하령이 설정되었으리라는 추측이 조건을 만족시킬 수 있는 유일한 가능성이라고 생각한다.

투하영주는 적어도 명목상으로는 투하령이 설치된 로·부·주·현의 대표자가 된다. 이미 서술했듯이 그곳에서의 통치행위는 기본적으로 대원울루스 정부의 지방행정기관이 담당하지만, 투하 측은 다루가치를 임명해 투하의 권익을 대표해 행정을 감독했다. 또한,

> 칙유하기를, "제왕 분지(分地)의 백성 중에서 송사(訟事)가 있으면 왕부(王傅)와 설치된 감군(監郡, 다루가치)이 함께 다스리라. 감군이 없으면 왕부가 이를 심리하라."라고 했다.[111]

라고 하듯이 다루가치의 유무에 상관없이 왕부가 투하령의 사법에 관여한다는 규정도 있었다. 전술했듯 통상 이는 단사관의 직무로 알려져 있다.

사료 C에서는 심왕 자신이 로의 통치에 직접 관여하는 것처럼 서

두 종으로 구별되었던 것 같다.

110 『高麗史』 권36, 忠惠王 원년 4월 庚寅. "本國以此, 累次差官, 前去遼陽·瀋陽等處, 欲行分揀, 所在官司濫稱軍戶, 或稱農氓, 沮遏不刷者久矣. (중략) 雖或差人前去, 將欲推刷, 所轄官司幷頭目人, 擅自挾帶, 當欄不與, 甚爲未便."

111 『元史』 권16, 世祖本紀, 至元 27년 5월 癸亥. "敕, 諸王分地之民有訟, 王傅與所置監郡同治. 無監郡者, 王傅聽之."

술되어 있으나, 실제의 사무는 왕의 속료가 처리한 것으로 보아야 할 것이다. 같은 표현으로, 『원사』 백관지, 대종정부(大宗正府)에 보이는, "제왕을 부(府)의 장관으로 하고, 나머지는 모두 어위하(御位下) 및 제왕 가운데 봉국(封國)을 가진 자로 한다."[112]를 들 수 있다. 몽골 황족에 대한 행정을 관장하는 대종정부의 수장으로 제왕이 취임하는 것은 그렇다 하더라도, 그 밖의 관직은 어위하, 즉 카안이나 제왕 자신이 맡았다고는 생각할 수 없으므로, 실제로는 그 속료가 임무를 맡았을 것이다.

이렇게 보면, 전술한 왕호의 명칭 문제도 김혜원이 말했듯이 심양로에 심왕 투하령이 존재했음을 시사하는 근거가 된다. '심양왕'인 충선왕이 고려왕에 복위할 때, '심양로인(瀋陽路人)'이 왕에게 연회를 열어 접대했다는 기록도[113] 어떠한 관계가 있을지 모른다.

또한 『태조실록(太祖實錄)』의 총서(總序)에 의하면, 공민왕 19년(1370) 12월, 고려의 동북면원수(東北面元帥) 이성계(李成桂)가 대원울루스(당시는 이른바 北元)의 요양을 공격했을 때 요동반도의 금주(金州)·복주(復州, 지금의 遼寧省 大連市 金州區 및 瓦房店市 復州城鎭) 등에 내걸었던 방문(榜文)에,

> 원조가 통일하고 〔고려에〕 공주를 하가(下嫁)시키고서, 요양·심양의 땅을 탕목읍(湯沐邑)으로 삼아, 이로써 행성을 설치했다.[114]

라는 구절이 있었다. 이 방문은 기자조선까지 언급하면서 고려의 요동 영유권을 주장한 것으로, 그 논리 자체를 곧바로 사실로 인정할 수는 없다. 그러나 고려왕이 부마가 되고서 요양·심양의 땅에 '탕목읍'(원문은 '湯

---

112 『元史』 권87, 百官志 3, 大宗正府, 至元 9년. "以諸王爲府長, 餘悉御位下及諸王之有國封者."

113 『高麗史』 권33, 충선왕 복위년 10월 辛卯.

114 『太祖實錄』 권1, 總序. "元朝一統, 釐降公主, 遼瀋地面, 以爲湯邑, 因置分省."

邑')을 가지게 되었다는 내용은 같은 요양행성 관내에서 매우 가까운 과거에 관한 일이며, 구체성이 풍부한 만큼 어떠한 근거가 있었다고 볼 수 있을 것이다. 여기서 이 '탕목읍'을 고려왕의 소리와 관련해서 이해한 견해도 있는데,[115] 대원울루스에서 이러한 용어를 사용하는 경우 보통은 투하령을 가리킨다는 점에 주의해야 한다.[116]

정변을 거쳐 제위에 올랐던 무종은 정권 안정을 위해 몽골 왕후 귀족에게 왕호를 수여하거나 각종 사여를 빈번하게 행한 것으로 알려져 있다.[117] 사여한 내용에는 투하령도 일부 포함되어 있는데, 앞서 등장한 월왕 투라도 정변의 공로자로, 그 공에 따라 투하령과 그에 걸맞은 왕호를 받았다.[118] 충선왕도 무종을 추대한 공신이었고 '심양왕'에 봉해진 것은 이에 대한 포상이었으므로, 충선왕에게도 그와 관련된 투하령을 사여했다는 것은 자연스럽다.[119]

---

115 金惠苑[1993], 44~45쪽.

116 『元文類』 권40, 經世大典序錄, 治典. 투하에 관하여 "지금의 제도에 군현의 관원은 모두 조정으로부터 임명된다. 오직 제왕의 邑司와 그가 사여받은 탕목읍에서만 스스로 사람을 추천할 수 있다. 그러나 반드시 그 이름을 조정에 보고한 이후에야 그 직을 수여하며, 다른 관직에는 통할 수 없다."라고 한다. 여기서 말하는 제왕의 '읍사'는 제왕 직속의 인호집단을 통할하는 관부이고, '湯沐之地'는 투하령을 가리킨다(海老澤哲雄[1966], 41쪽; 村上正二[1993a], 22쪽 참조). 다른 원 대 사료에서 '탕목읍'이나 '食邑'으로 표현된 것도 마찬가지다. 이 시대 고려에서도 왕이나 왕비를 위해 '식읍'이나 '탕목읍'을 설치한 일이 있었는데, 역시 특정한 군현(의 수세)을 할당하는 형식이었을 것이다(『高麗史』 권34, 충선왕 3년 8월 庚寅; 『高麗史』 권89, 齊國大長公主 傳).

117 野口周一[1984]; 杉山正明[1995a], 104쪽 참조.

118 『元史』 권117, 禿剌 傳. 受封한 투하령은 "紹興路"라고 기록되어 있는데, 주 91에서 언급했던 禿剌 투하령 越州路의 '越州'는 紹興의 옛 명칭이다. 다만 『元史』 지리지에 그러한 路의 명칭은 기록되어 있지 않다.

119 李玠奭[2008](61~68쪽)은 충렬왕이 고려왕위를 계승하기 전 단계에서 세조의 부마로서 원의 왕작을 받았고 이에 의해 심주를 투하령으로서 사여받았을 가능성을 지적했다. 이 논의는 『高麗史』 권28, 충렬왕 세가 및 『高麗史節要』 권19에서 원종의 사후인 1274년(원종 15, 지원 11) 7월에 원이 당시 원에 체재하고 있던 충렬왕을 '王'으로 '冊'하고, 8월에 충렬왕이 귀국해 고려왕으로 즉위했을 때도 '受詔'했다고 한 것을 문제시해, 전자가 원 왕작의 수여, 후자가 고려왕위의 수여를 의미하는 것이라고

아쉽게도 투하령이 있는 곳의 지방 관부가 주청을 행할 때 투하영주를 경유한다는 명확한 규정은 필자가 아는 범위에서는 발견할 수 없었다. 그러나 투하영주에게는 다루가치를 통한 투하령의 행정 감독권이 인정되었으므로, 적어도 이와 모순되는 내용은 아니다. 이상의 검토를 통해 볼 때, 사료 C는 심양로 통치상의 의사결정에 투하영주인 심왕 측의 관여 및 감독 권한을 보장한 것으로 이해할 수 있을 것이다. 다만 심왕이 심양로 통치에 구체적으로 어떻게 관여했는지에 대해서는 사료가 없으므로 알 수 없다. 하지만 기본적으로는 전술한 원칙에 입각한 제한적·간접적 권한에 그쳤으리라고 보아야 할 것이며, 대폭적인 통치 권한을 선험적으로 상정하는 것은 적절하지 않다.

그렇다면 심왕 투하령의 인호는 어떻게 볼 수 있을까? 이에 대해 『원사』 지리지(地理志), 요양등처행중서성(遼陽等處行中書省), 심양로에 '지순전량호(至順錢糧戶)'로 기록된 5,183호가 그 인호에 해당한다고 보는 견해도 있다.[120] 그러나 투하령에는 많은 경우 로·부·주·현의 인호 가운데 일정 수가 할당되어 있었으므로 '전량호' 모두가 그에 해당한다는 보증은 없다.

또한 심양로에 거주하는 고려인을 전제 없이 심왕에 결부시킬 수 없음은 전술했는데, 적어도 심양로고려군민총관부 관하의 고려인(가운데

해석한 것을 출발점으로 삼는다. 그러나 '冊'은 글자 뜻에 따른다면 충렬왕 개인에게 주어졌던 임명장을 가리키는 것이고, 후자인 '詔'는 '高麗國王·宗族及大小官員·百姓人等' 즉 고려의 왕실·관민 전체에 주어져 충렬왕의 왕위 계승을 유시한 것이므로(고려의 사료보다 상세한 기록이 『元高麗記事』, 至元 11년 7월 是月 條와 『元史』 고려 傳의 至元 11년 8월 條에 실려 있음), 임명장과는 성격이 다른 문서다(또한 대원울루스에서는 고관 임명 때도 이러한 종류의 통지문을 관계자에게 발급했다. 자세한 것은 堤一昭[2003] 참조). 전자의 '冊'에 대해서는 『元史』 권8, 世祖本紀, 至元 11년 7월 癸巳 條에 '高麗國王'의 임명장으로 명기되어 있으니, 이개석의 견해와 같이 이를 의심할 이유는 없다. 충렬왕 투하령 보유설은 이상의 오해를 전제로 다른 관련 사료를 연결시켜 논의된 것이므로, 지금은 수긍할 수 없다.

120 金惠苑[1993], 39쪽.

일부)이 투하령으로서 할당되었을 가능성은 고려할 수 있을 것이다. "심주를 세우고 고려의 항복민을 거주하게 했다."[121]라고 한 데서 보이듯이 고려인의 존재는 심양 지방이 행정단위가 되는 계기가 되었고,[122] 또이 총관부는 이 지방의 역참을 관리하는 데도 일정한 책임을 지고 있었다.[123]

다만 심양로의 통치에 관계하는 관부로 이것만 있었던 것은 아니다. 지정 12년(1352, 공민왕 원년)의 〈심양로성황묘기(瀋陽路城隍廟記)〉[124]에는 '심양등로고려군민총관부(瀋陽等路高麗軍民總管府)', '심양등로안무사고려군민총관부(瀋陽等路安撫使高麗軍民總管府)'와 더불어 '심양등로군민총관부(瀋陽等路軍民總管府)'라는 명칭이 보인다. 그 설립 시기는 확인되지 않으나, 요동 지방의 역사적 배경이나 지리적 환경을 생각해 보면, 심양로에 고려인 이외의 주민이 존재하지 않았다고 생각하기는 어렵다.[125] 위의 관부는 그러한 주민의 통치에 관여한 것이 아니었을까?

현재로서는 이들 각 관부의 상호관계는 알 수 없다. 다만 적어도 '심양등로군민총관부'라는 명칭이나 추측되는 광범한 주민과의 관계를 고려하지 않고, 고려군민총관부나 심양로에 거주하는 고려인과의 관계만으로 투하령의 인호를 논할 수는 없을 것이다. 구체적인 사료를 발견하지 못한 현 단계에서는 일단 실태는 알 수 없는 상태라고 할 수밖에

---

121 『元史』 권6, 世祖本紀, 至元 3년 2월 癸酉. "立瀋州, 以處高麗降民."

122 瀋陽路의 성립에 대해서도 마찬가지다(北村秀人[1972], 115쪽 참조).

123 『經世大典』 站赤에 의하면, 요양등처행중서성에서 관할하는 120곳의 잠치 가운데 "安撫高麗總管府에서 관할하는 站 2곳, 말 70필, 수레 70량, 소 70隻", "瀋州高麗總管府에서 관할하는 馬站 2곳, 말 70필"이라고 한다(『永樂大典』 권14922). 또한 至元 25년(1288, 충렬왕 14) 정월, 잠치에 대한 물자 공급에 관한 병부의 의논에서도 "安撫高麗總管府에 周歲元額으로 鈔 30錠. 瀋州高麗總管府에 周歲元額으로 鈔 15錠"이라고 했다(『永樂大典』 권14918).

124 『滿洲金石志』 권5, 城隍廟記. 『滿洲金石志稿』 제1책(南滿洲鐵道株式會社, 1936년), 206~208쪽.

125 일반 인호는 아니지만 〈瀋陽路城隍廟記〉에는 "高麗女直漢軍都萬戶府"도 보인다.

없다.[126]

6. 소결

이 장에서는 대원울루스의 부마인 고려 왕가에 보이는, 다른 제왕·부마에 준하는 투하로서의 권력조직이나 소령(所領) 등의 존재를 기초적으로 확인해 보았다. 그 결론은 다음과 같다.

① 고려왕에게는 단사관이나 케식 등을 가진 왕부가 설치되었고, 고려 왕족이 봉해진 심왕의 왕부에는 왕부(王傅)도 두어졌던 듯하다. 이들 왕부의 소속 관료에는 고려 본국 외의 인사가 임용되

126 한편, 北村秀人[1972](108쪽)은 심왕 왕고 사후, 그의 손자인 篤朶不花(脫脫不花)가 심왕위를 계승하기까지 9년의 공위 기간이 있었음을 심왕이 '특정 지역의 지배자'가 아니었다는 증거로 제시했다. 그러나 왕호가 곧바로 계승되지 않았던 예는 安西王家에서도 확인되므로(松田秀人[1979], 46~47쪽 참조), 이것이 반드시 심왕가의 권익지가 철폐되었다거나 부재했다고 단정 짓는 근거가 되지는 못한다. 또한 金惠苑[1993](49~51쪽)은 심왕 進封과 함께 심양로의 '분봉지'는 몰수되었다고 하면서 그 근거로 ① 심왕위 계승의 불연속성, ② 심양 지방의 고려인 유출민 추쇄 재개, ③ 심왕 왕고와 왕비 訥倫公主의 장례가 고려 본국에서 행해졌고, 공주가 고려공주로 위치 지어졌다는 점, ④ 심왕이 고려 본국의 여러 권익을 요구하며 책동했다는 점, ⑤ 당시 行中書省이 行尙書省으로 개편되었던 점 등을 들고 있다. 그러나 전술했듯이 ①은 반드시 투하령이 부재했음의 논거가 되지 못하고, ②도 투하령 문제와는 구별해야 할 사안이다. ③에 대해서는 투하영주가 투하령에 매장되었다는 이야기를 아직 들어보지 못했다. 또한 고려공주라는 것은 『元史』 권109, 諸公主表의 용어로, 여기서는 고려 왕실에 하가한 공주를 말하는 것으로 생각된다. 같은 제공주표에서 예컨대 이키레스 부마가에 하가한 공주는 '昌國公主位'로 일괄되어 있는데, 종계인 昌王家뿐 아니라 거기서 분기했던 寧昌郡王家에 출가한 자도 아울러 기재되어 있다. ④에 대해서는 투하령의 상실만이 그 원인이라고는 단정할 수 없다. 또한 필자가 아는 한 ⑤와 같은 행성의 조직 개편과 그에 수반된 시정 방침의 변화가 투하영주의 권익 삭감으로까지 이어졌던 것을 시사하는 사료는 보이지 않는다(『元史』 武宗本紀를 보면, 오히려 그 시기에도 왕후 귀족에 대한 새로운 권익 분배가 자주 실시되고 있었다).

기도 했다.

② 고려 본국은 고려왕의 투하령에 비견되었다. 본국에서는 종래와 같은 왕조 지배가 행해지고 있었으나, 대원울루스의 통치체제에 융합된 측면도 있었으므로, 위와 같은 인식에도 어느 정도 실효성이 잠재했을 가능성이 있다. 이른바 '가능태(可能態)로서의 투하령'이었다.

③ 고려왕은 본국 바깥에 소리, 즉 역참을 보유하고 이르겐을 배치했는데, 이 조직은 각종 노역에 종사하는 부하 사속민의 범주로 이해할 수 있다. 고려왕 위하의 케식 집사인 응방에 소속된 이르겐 역시 마찬가지다.

④ 심왕은 심양로에 투하령을 받았을 가능성이 있다.

한편 『고려사』 세가, 충숙왕 15년 7월 기사 조에는,

> 다만 의주(懿州)에 설치한 해전고(解典庫, 대금업) 점포(店鋪)와 강남의 전토에 대해서는 부왕이 준 문계(文契)가 모두 있다.[127]

라는 충숙왕의 말이 보인다. 이 '강남의 전토'를 고려왕이 카안에게서 수여받은 사전(賜田)으로 보는 견해도 있다.[128] 우에마쓰 다다시(植松正)에 의하면 대원울루스에서는 사전 역시 투하령의 한 형태였다고 한다.[129] 위의 강남 사전설은 현재로서는 추측의 영역을 넘어서지 못하지만, 이것이 혹시 타당하다면 고려왕 위하는 중국 강남에도 투하령을 보유했던 것이 된다.

---

127 『高麗史』 권35, 충숙왕 15년 7월 己巳. "但懿州所置解典庫店鋪, 江南土田, 父王所與文契俱在."

128 北村秀人[1972], 126쪽; 金惠苑[1993], 43쪽.

129 植松正[1997a], 제2절; 植松正[1997c].

이처럼 고려 왕가는 위하로서 단순히 명목에만 그치지 않는 일정한 실체를 갖추고 있었다고 생각된다. 고려 왕가의 가장 기본적인 존립 기반은 고려 본국이었을 것이다. 그러나 고려왕은 카안이 소집한 쿠릴타이에 참여해 세사(歲賜)를 받는 등 고려 본국 이외에도 대원울루스 중앙을 포함한 존립 기반을 가지고 있었다. 이미 서술한 것처럼 대원울루스의 기본 구조에는 각지의 소령과 권익의 결합으로 이루어진 여러 투하의 복합체·연합체로서의 일면이 있다. 고려 왕가 또한 그러한 국가 구조 내부에 자리를 잡고, 이를 구성하는 분권 세력 중 하나로 존재했다고 할 수 있다.

물론 이상은 문제의 표층을 개관한 것에 지나지 않으며, 엄밀하게 말하면 하나의 측면에 대해 이해 방식의 가능성을 제시한 단계에 지나지 않는다. 고려 왕가는 몽골인도 유목 군주도 아니었으므로 당연히 유목 지역에 본령(本領)을 가지지 않는 점, 자신의 본령인 고려 본국이 투하령에 비견되는 점 등을 비롯해서 그 특수성이 명백하다. 몽골 투하와의 유사성은 형식 면에서는 어떨지 몰라도 실태 면에서는 일부 국면에 그친다고 해야 할 것이다.

이러한 고려 왕가는 분권 세력의 하나로서 대원울루스라는 국가 자체를 구체적으로 어떠한 형태로 구성하고 있을까? 이를 위해서는 고려와 다른 투하의 공통점·차이점을 비교하는 것은 물론, 나아가서는 각 투하들이 모여 구성한 대원울루스 전체 구조 가운데 고려 왕가가 상대적으로 어떠한 위치를 점하고 있었는지를 밝혀야 한다.

또한 그 문제를 체계적으로 고찰하기 위해서는 이미 약간 언급했던 것처럼 정동행성 등 고려 왕가에 관련된 주변 여러 제도와의 상관관계도 중요하다. 특히 본국에서 본래의 왕조 체제가 유지된 것은 고려왕 위하의 가장 큰 특색이다. 대체로 대원울루스에 신속한 고려는 한편으로는 대원울루스 체제 내부로의 융합을 지향하면서, 다른 한편으로는 상대적인 독립성·독자성을 적어도 결과적으로는 유지하고 있었다. 때로는 서로 모순되는 이 두 가지 벡터가 각각 어떠한 형태로 제도화되어 관계가 조정되거나 되지 않았는지는 양국 사이에 구축된 여러 관계의 의의를 고찰하는 데의 근본적인 문제 중 하나다.

이상과 같이 논점을 확장해 가면서 고려 왕가와 원의 관계를 규정하는 각종 제도·관례에 대해 미시적인 검증 작업을 계속하고자 한다.

제3장

고려 왕가와 몽골 황족의 통혼관계에 관한 일고찰

1. 문제의 소재

13세기 후반부터 14세기 중반에 걸쳐 원에 신속(臣屬)한 고려의 역대 국왕(제24대 元宗~제31대 恭愍王)은 신속했을 당시 국왕이었던 원종과 요절한 충목왕(忠穆王)·충정왕(忠定王)을 제외하고는 모두 몽골 황실의 공주(황녀·왕녀)를 부인으로 맞이했다. 이것은 이미 잘 알려진 사실로, 많은 연구자가 그 전개 과정에 대해 연구해 왔다.[1]

원래 몽골 황실에는 쿵크라트족 등 특정 인척, 몽골어로 쿠다(quda)와 연속적으로 통혼하는 관습이 있었다. 그리고 몽골 황실의 공주를 맞이한 부마(駙馬), 몽골어로 쿠레겐(güregen)은 황족에 준하는 지위로서 종종 몽골 남성 황족과 함께 '제왕(諸王)·부마'라고 병칭되거나 양자를 합해 '제왕'이라고 총칭되었고,[2] 원 대에는 노왕(魯王)·창왕(昌王) 등 중국풍의 왕호(王號)도 수여받았다. 그러한 몽골의 부마는 울루스(ulus), 아이막(ayimaq) 등으로 불리며 한어로는 위하(位下) 혹은 투하(投下)라고 칭해지

---

1 Hambis[1957]; 高柄翊[1974], 422~429쪽; 蕭啓慶[1983a]; 羅賢佑[1987], 92~98쪽; 金惠苑[1989]; 鄭容淑[1992]; 王崇實[1992]; 李命美[2003]; 喜蕾[2003], 1~9쪽; Zhao[2008], Chapter Eleven.

2 『元史』 권108, 諸王表, 序文.

는,[3] 고도의 자율성을 갖는 분권 집단의 수장인 왕후(王侯) 귀족의 일원이었다. 그들은 이러한 여러 분권 세력의 연합체 혹은 복합체로서의 일면을 갖는 몽골제국의 최상층부를 구성하는 존재였다.

몽골 황실과 고려 왕가의 통혼관계 역시 몽골제국 내 고려 왕가의 위상과 관련되는 문제로, 양국 관계를 고찰할 때 반드시 살펴보아야 할 주제다. 이와 관련하여 이 책 제1~2장에서 밝힌 바와 같이, 당시의 고려 왕은 1281년(忠烈王 7, 至元 18)에 탄생한 부마고려국왕(駙馬高麗國王)이라는 칭호를 바탕으로 몽골 부마로서의 격식을 구비한 고려왕 위하로서 존립했다.

한편, 양 왕실 간의 통혼 패턴에 대해 김혜원(金惠苑)은 원 측의 통혼 상대 중 황제를 제외한 다수가 최고위의 왕작(王爵), 즉 진왕(晉王)·영왕(營王)같이 한 글자 왕호를 가지며, 동물 모양의 손잡이를 가진 금인(金印獸鈕)을 수여받은 종왕(宗王)이라는 점을 지적했다.[4] 또한 이명미(李命美)는 고려의 통혼 상대가 된 몽골 황족을 원의 핵심 세력, 서남부에 소재한 종왕, 전대의 통혼 대상과 연속성이 있는 가계(家系)라는 세 가지 패턴으로 분류해 통혼의 의미와 배경을 상세하게 분석했다.[5]

그러나 이러한 선학의 노력에도 불구하고, 개별 혼인의 사실관계에 관해서는 아직 충분한 논증에 근거한 결론이 도출되지 못한 점이 있고, 통혼 패턴에 대한 인식에서 필자와 견해를 달리하는 부분도 적지 않다. 관련 사료가 절대적으로 부족한 탓에 후자에 대해서는 명확한 답변을 쉽게 도출할 수 없는 실정이지만, 오히려 이런 상황에서는 표면적인 논의만으로 급하게 단정적인 결론을 내리지 않는 것이 중요하다. 이 주

3 사료에는 '某王位下', '某投下'라는 형태로 기록되어 있는데, '位下'라고 불리는 것은 제왕, 후비, 공주, 부마 등 황제의 혈연 관계자에 한정된다.

4 金惠苑[1989].

5 李命美[2003].

제를 생산적으로 다루기 위해서는 사료 기술의 범위 내에서 지적할 수 있는 사실과 그에 대한 다양한 해석의 가능성을 과도하지 않은 범위에서 폭넓게 탐색해 둘 필요가 있다. 그를 바탕으로 유라시아 각지에서 전개된 몽골 황실의 통혼 양태와 비교해서 보다 개연성이 높은 해석을 찾아가는 것이 문제 이해의 가장 유효한 수단이 될 것이다. 물론 광대한 공간에 걸친 다수의 사례를 다양한 언어로 기록한 문헌을 통해 섭렵하고, 각 지역 고유의 역사적 배경을 염두에 두면서 모두 조사해 가는 일은 한 사람의 힘으로는 해내기 어렵다. 그러므로 보다 현실적으로 몽골 정권 아래의 유라시아 여러 지역을 전공하는 전문 연구자와 협동해 정보를 교환하고 집적해 나가는 것이 현명하고 확실한 방책이라고 생각한다.

몽골제국의 지배와 통합이라는 문제에 대해서도 최고지배층의 통혼관계가 중요한 논점이 된다는 데 이론은 없을 것이다. 그러나 유감스럽게도 이 문제가 지금까지 양적으로나 질적으로 사례를 망라해 충분히 검토되었는지 반문한다면, 반드시 그렇지는 못했다. 몽골 황실의 인척으로서 사료가 비교적 풍부한 쿵크라트족과 오이라트족 등 가장 눈에 띄는 사례들의 구조적 특징을 구체적으로 다룬 연구 정도를 제외하면 오히려 관심이 적었다고 할 수 있다.

그러나 다른 사례가 분석되기를 기다리기만 해서는 연구가 진전될 수 없다. 그러므로 이 장에서는 우선 고려사 연구자의 입장에서 고려 왕가와 몽골 황족의 통혼관계에 관한 기초적 사실과 특징, 그 의미에 대해 현시점에서 이야기할 수 있는 것을 제시해 보고자 한다. 사료적 제약으로 인해, 지적하는 사항에 실태적 의미가 존재하는가 하는 근본적인 불안은 항상 따라다닌다. 기본적으로 문제점을 제거하는 데 그칠 수밖에 없기 때문에 '일고찰'이라는 제목을 붙였다.[6] 그럼에도 이러한 글을

---

6 (옮긴이 주) 원서에서는 이 장 제목의 '일고찰'을 '覺書'라고 했다.

균이 발표하는 것은 고려의 사례로부터 얻을 수 있는 정보를 여러 관련 분야 연구자와 널리 공유함으로써 이에 대한 피드백을 기대하기 때문이다.

2. 몽골 황실 통혼관계의 여러 형태

이 절에서는 우선 고려 왕가에 대한 논의의 전제로서, 몽골 황실의 혼인 형태 일반에 관해 현재까지 알려진 정보를 정리해 두고자 한다. 일시적인 관계에 머물렀던 혼가(婚家)는 차치하고, 고려 왕가와 비교하는 데 중요한, 연속적으로 통혼한 사례의 패턴을 개관해 보도록 하겠다.

1) 교환혼

몽골 황실이 일부의 인족(姻族)과 교환혼, 즉 여성을 서로 출가시키는 관계를 이어 나간 것에 관해서는 우노 노부히코(宇野伸浩)가 그 패턴을 상세히 분석했다.[7] 이하 우노의 고찰에 근거해 정리하자면, 이러한 통혼을 행한 인족으로는 우선 몽골의 여러 부족 가운데서도 쿵크라트의 여러 종족인 쿵크라트족, 이키레스족, 올크누트족, 코룰라스족이 있다. 이들은 전설상의 황금병을 공통의 조상으로 하는 하나의 외혼집단(外婚集團)을 형성하고 있었으며, 몽골 황실과의 통혼관계는 칭기스칸 이전으로 거슬러 올라가는 오랜 전통을 가진다. 그중에서도 쿵크라트족의 알치 노얀가(家)는 칭기스칸의 부인 부르테를 비롯해 많은 카툰(qatun), 즉 황후를 배출한 유력 인족이었다.

한편 칭기스칸 이후에 그러한 관계를 갖게 된 새로운 인족으로 오

7 宇野伸浩[1993]; 宇野伸浩[1999]; 宇野伸浩[2008].

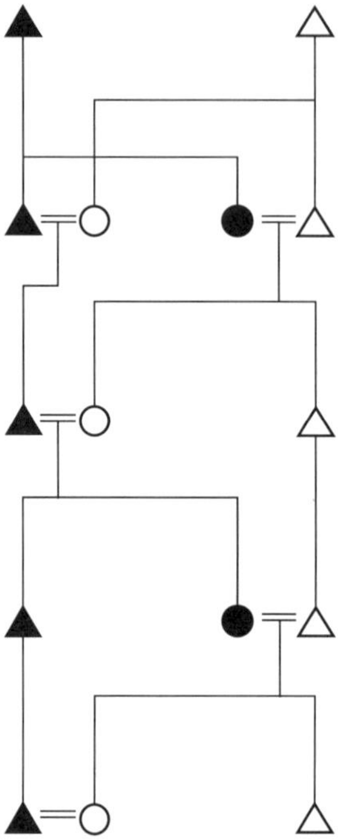

주: △▲는 남성, ○●는 여성.

<그림 3-1> 교환혼에서 보이는 패턴의 이념형

이라트족의 쿠투카 베키가(家)를 들 수 있다. 오이라트족은 몽골 고원 서북부에서 활동하던 유력 부족인데, 몽골이 발흥한 시기에 그 수장인 쿠투카 베키가 부족을 이끌고 몽골 측에 가담하니, 솔선귀부에 대한 보상으로 그 아들에게 칭기스칸의 공주가 하가(下嫁)된 것이었다.

이러한 인족 가운데, 쿵크라트족 알치 노얀가와 오이라트족 쿠투카 베키가의 사례에서는 몽골 황실 통혼관계의 공통적인 패턴이 여러 곳에서 발견된다. 제1세대가 자매교환혼으로 통혼을 개시한 후, '처의 형제의 아들에게 자신의 딸을 출가시키는 혼인'이라는 세대를 교차한 여성의 교환이 상호 간에 되풀이된 것이다(〈그림 3-1〉 참조). 이에 따라 두 집단 간에 지속적인 인척관계가 형성되어, 어머니 측의 친족관계와 인척관계가 서로 겹쳐지는 밀접한 유대관계가 생겨났다.[8] 이러한 통혼이 실행된 배경과 효과로, 위의 두 가계가 반복되는 몽골의 제위 계승 분쟁에 특히 깊이 관여해 통혼관계를 가진 황실 내 특정 일파의 지지세력으로서 중요한 위치를 점해 온 것이 주목된다.

우노에 따르면, 몽골 황실과 교환혼을 행한 인족 중 다른 사례에서는 이러한 명료한 패턴이 발견되지 않는다고 한다. 그러나 이들이 모두 몽골의 여러 부족 가운데서도 황실과 역사적인 친연성을 가진 핵심 세

8 다만 宇野伸浩[1999](7~8쪽)에 따르면 이러한 통혼은 어떤 세대에서 일부만 실현되어도 관계의 연속이 보증되므로, 모든 통혼을 규제하는 규칙이었던 것은 아니라고 한다.

력이었다는 점은 지적할 수 있을 것이다.

2) 공주 하가를 중심으로 한 통혼

교환혼과 달리, 오로지 몽골 황실에서 공주를 하가시키는 것으로 인척 관계를 유지한 사례가 있다. 알라쿠시 테긴 쿠리 이후의 옹구트 왕가와 바르축 아트 테긴 이후의 위구르 왕가가 이에 해당한다. 후술하듯이 고려 왕가의 통혼도 현상적으로는 이 패턴에 해당하므로, 비교를 위해 이 두 사례를 상세하게 살펴보겠다. 그리고 이하의 논의에서 언급되는 몽골 황족의 가계를 확인하기 위해 미리 〈그림 3-2〉를 제시해 둔다.

우선 음산(陰山) 북방에서 활동하고 있었던 튀르크계 유목민인 옹구트족에는, 그 왕부(王府) 터인 올론 숨 유적을 통해 확인되듯이 네스토리우스파 기독교가 널리 전파되어 있었음이 알려져 있다. 금(金) 대에는 금의 기미(羈縻) 아래에서 북변 방위의 임무를 맡고 있었는데, 칭기스가 발흥해 올 때 알라쿠시 테긴 쿠리가 이에 적극적으로 협력해 그의 왕가가 몽골제국 아래에서 후하게 대우받았으며, 원 치하에서는 고당왕(高唐王) 및 조왕(趙王)의 왕호를 수여받았다.[9]

몽골 황실과의 통혼관계에 대해서는 『원문류(元文類)』 권23에 실린 염복(閻復)의 〈부마고당충헌왕비(駙馬高唐忠憲王碑)〉와 올론 숨의 옹구트 왕부 터에서 발견된 정해년(1347, 충목왕 3, 至正 7) 〈왕부덕풍당비(王傅德風堂碑)〉,[10] 『원사(元史)』 권118, 알라쿠시 테긴 쿠리(阿剌兀思剔吉忽里) 열전과 권109, 제공주표(諸公主表), 조국공주위(趙國公主位), 베이징도서관(현 중국국가도서관) 소장 초본(抄本)인 유민중(劉敏中)의 『중암집(中庵集)』 권4에 실린

9 몽골제국과 옹구트족의 관계에 대해서는 櫻井益雄[1936]; 蓋山林[1991]; 趙晟佑[1999]; 江上波夫[2000]; 周清澍[2001a]; 周清澍[2001b]; 周清澍[2001c]; 周清澍[2001d] 참조.

10 이 碑의 연구 이용에 대해서는 이 책 제2장의 주 22 참조.

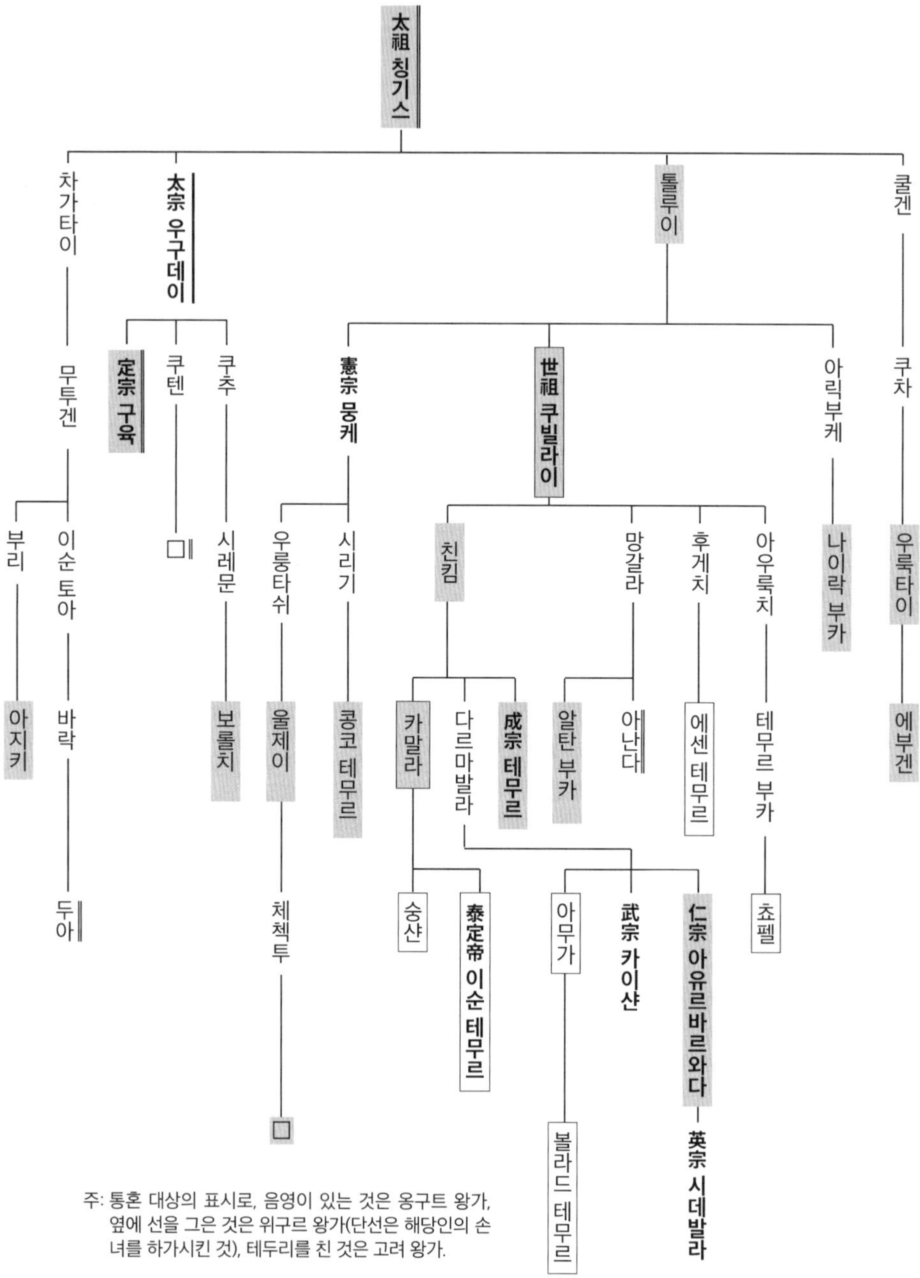

주: 통혼 대상의 표시로, 음영이 있는 것은 옹구트 왕가, 옆에 선을 그은 것은 위구르 왕가(단선은 해당인의 손녀를 하가시킨 것), 테두리를 친 것은 고려 왕가.

<그림 3-2> 관련 몽골 황족의 가계

〈칙사부마조왕선덕가봉비명(勅賜駙馬趙王先德加封碑銘)〉 등이 기본 사료가 되며, 그 외의 관련 정보가 동서 사료에 남아 있다. 이 문제에 대해서는 조성우(趙晟佑)가 초기의 경위를 논했고,[11] 루이 앙비와 에가미 나미오(江上波夫)도 전체 상황을 개관했는데,[12] 가이샨린(蓋山林)과 조우칭주(周清澍)의 연구가 상세하고 체계적이며,[13] 자오칭지(Zhao George Qingzhi)도 이를 다시 논했다.[14] 이러한 사료와 선행 연구를 참고하면서 약간의 보정을 더해 옹구트 왕가와 몽골 황족의 통혼관계를 표시한 것이 〈그림 3-3〉과 〈표 3-1〉이다.

여기서 확인되는 사항은 다음과 같다.

① 통혼관계는 알라쿠시 테긴 쿠리가 칭기스의 딸인 알라카이 베키[阿剌海別吉]를 맞이한 것으로 시작되었는데(이 공주는 이후 부얀시반[不顏昔班], 센구이[鎭國], 바요카[孛要哈]와 잇따라 레비레이트(levirate)혼, 즉 수계혼(收繼婚)을 행한 것으로 보인다), 이후에 맞이한 몽골 공주는 출신 불명의 두 사례를 제외하고는 모두 칭기스 아들들의 가계 출신이다.

② 공주 하가만 있는 완전한 일방통행 패턴이었던 것은 아니며, 뒤의 세대가 되면 몽골 황족에게 딸을 시집보낸 4개 사례가 나타난다.[15] 다만 황제의 후비(后妃)는 배출되지 않았다.

③ 칭기스 이후의 통혼 대상으로는 차가타이계 1사례, 우구데이계

11 趙晟佑[1999], 48~54쪽.

12 Hambis[1957], 23~27쪽의 TABLEAU 3; 江上波夫[2000], 391~393쪽.

13 蓋山林[1991], 41~55쪽; 周清澍[2001c].

14 Zhao[2008], Chapter Nine.

15 蓋山林[1991](51쪽); 周清澍[2001c](148쪽); Zhao[2008](161~162쪽)에서는 훌레구 울루스 아바카칸의 妃였던 카이미쉬에 대해서도 함께 논하고 있는데, 그녀는 옹구트족 출신이라는 것 외에 世系가 분명하지 않다(志茂碩敏[1995], 302쪽 참조). 일단 옹구트 왕가의 통혼 사례에서는 제외해 둔다.

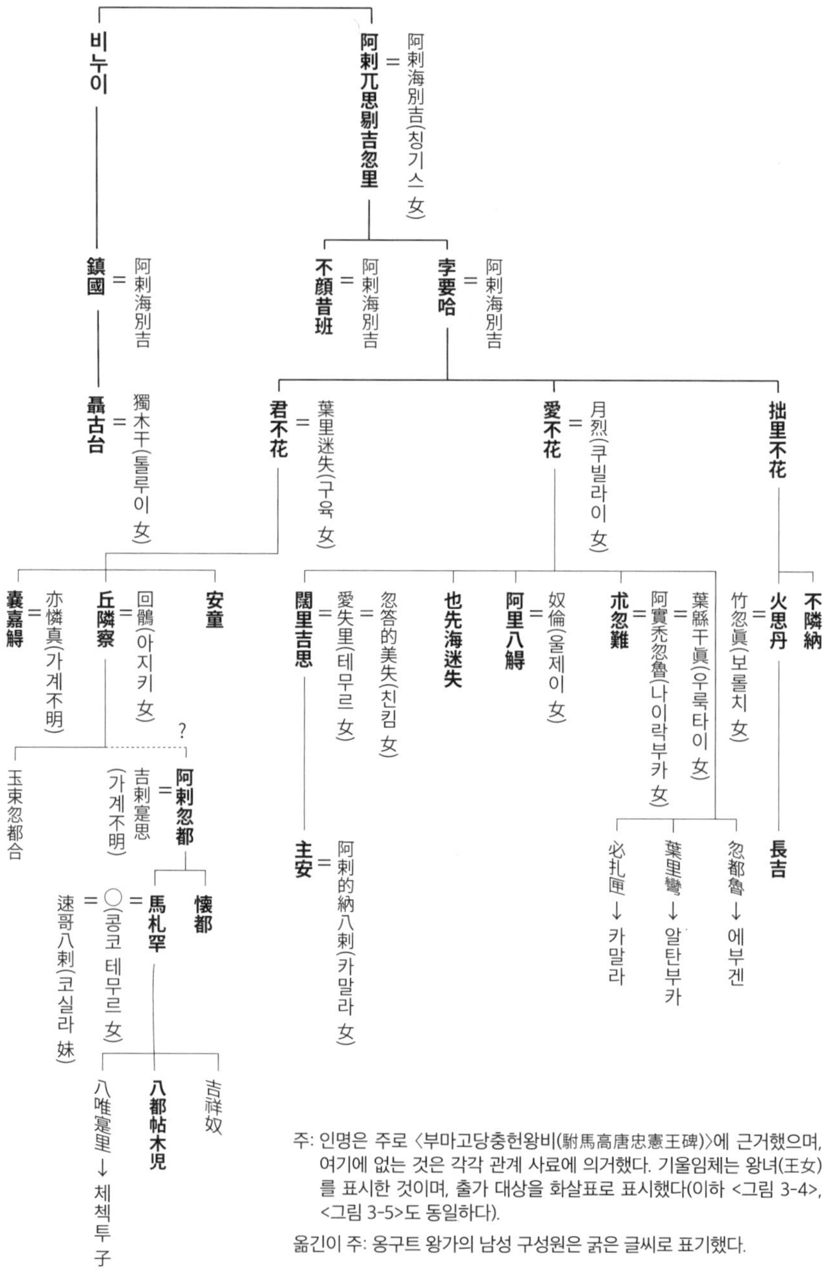

주: 인명은 주로 〈부마고당충헌왕비(駙馬高唐忠憲王碑)〉에 근거했으며, 여기에 없는 것은 각각 관계 사료에 의거했다. 기울임체는 왕녀(王女)를 표시한 것이며, 출가 대상을 화살표로 표시했다(이하 <그림 3-4>, <그림 3-5>도 동일하다).

옮긴이 주: 옹구트 왕가의 남성 구성원은 굵은 글씨로 표기했다.

<그림 3-3> 옹구트 왕가와 몽골 황족의 통혼관계

<표 3-1>

① 옹구트 왕가로의 공주 하가

공주	통혼 대상	공주 출신	系 1	系 2	系 3
阿剌海別吉	阿剌兀思剔吉忽里	칭기스 女			
阿剌海別吉	不顔昔班	칭기스 女			
阿剌海別吉	鎭國	칭기스 女			
阿剌海別吉	孛要哈	칭기스 女			
獨木干	聶古台	톨루이 女	톨루이 系		
葉里迷失	君不花	구육 女	우구데이 系		
月烈	愛不花	쿠빌라이 女	톨루이 系	쿠빌라이 系	
亦憐眞	囊嘉䚟	不明			
回鶻	丘隣察	아지키 女	차가타이 系		
忽答的美失	闊里吉思	친킴 女	톨루이 系	쿠빌라이 系	친킴 系
愛失里	闊里吉思	테무르 女	톨루이 系	쿠빌라이 系	친킴 系
奴倫	阿里八䚟	울제이 女	톨루이 系	뭉케 系	
葉緜干眞	朮忽難	우룩타이 女	쿨겐 系		
阿實禿忽魯	朮忽難	나이락부카 女	톨루이 系	아릭부케 系	
竹忽眞	火思丹	보롤치 女	우구데이 系		
阿剌的納八剌	主安	카말라 女	톨루이 系	쿠빌라이 系	친킴 系
吉剌寔思	阿剌忽都	不明			
不明	馬札罕	콩코 테무르 女	톨루이 系	뭉케 系	
速哥八剌	馬札罕	아유르바르와다 女	톨루이 系	쿠빌라이 系	친킴 系

② 옹구트 왕가로부터의 줄가(出嫁)

왕녀	통혼 대상	왕녀의 아버지	系 1	系 2	系 3
必扎匣	카말라	愛不花	톨루이 系	쿠빌라이 系	친킴 系
葉里彎	알탄부카	愛不花	톨루이 系	쿠빌라이 系	망갈라 系
忽都魯	에부겐	愛不花	쿨겐 系		
八唯寔里	체첵투 子	馬札罕	톨루이 系	뭉케 系	

주: 1) ①은 하가 대상, ②는 왕녀 아버지의 항렬 순으로 배열했는데, 실선 간이 동일 항렬이다.
2) 계(系)는 통혼 대상이 된 각 몽골 왕가의 계통. 系 1은 칭기스의 아들 세대, 系 2는 톨루이의 아들 세대, 系 3은 쿠빌라이의 아들 세대에 해당하는 계통을 표시했다(이하 <표 3-2>, <표 3-3>도 동일하다).

2사례, 톨루이계 12사례, 쿨겐계 2사례로, 톨루이계가 큰 비중을 점한다.

④ 톨루이계 내에서 톨루이 이후는 뭉케계 3사례, 쿠빌라이계 7사례, 아릭부케계 1사례로, 쿠빌라이계의 비중이 크다.

⑤ 쿠빌라이계 내에서 쿠빌라이 이후는 친킴계 5사례, 망갈라계 1사례로, 친킴 계열이 다수를 점한다. 이상과 같이 황통에 가까운 혼인이 눈에 띈다.

⑥ 다만, 소수파에 속하는 가계와의 통혼 사례도 여러 세대에서 확인된다.

⑦ 황제의 딸과 자매를 맞이한 사례가 10사례에 이른다(레비레이트혼 포함).

⑧ 옹구트 왕가의 당주(當主) 계승관계는 명확하지는 않지만,[16] 당주 이외에도 공주를 하가받은 자가 있었던 듯하다(적어도 쿠린차[丘隣察], 낭기아타이[囊嘉觧], 카스단[火思丹], 아릭바타이[阿里八觧] 등).

⑨ 통혼한 몽골 황족 가운데 적어도 아지키와 알탄부카는 원 서쪽 변경 진수를 담당한 종왕이며, 그 근거지는 옹구트 본령에서 비교적 가깝다.[17]

다음으로 위구르 왕가에 대해 살펴보자. 몽골 고원에서 활동한 튀르크계 유목민이었던 위구르가 9세기에 천산(天山) 방면에 정주해 건국한 천산 위구르 왕국은 12세기 전반에 카라 키타이의 영향 아래 들어간다. 1209년, 칭기스칸의 대두를 목격한 이디쿠트[亦都護], 즉 국왕 바르축 아트 테긴은 몽골에 귀순의 뜻을 표명했고, 이로써 왕은 칭기스의 여섯

16 옹구트 왕가의 당주 계승 관계에 대해서는 蓋山林[1991], 25~40쪽; 周淸澍[2001a] 참조.

17 아지키와 알탄부카에 대해서는 각기 杉山正明[2004f]; 松田孝一[1979] 참조.

번째 아들로 대우받으며 자신의 소령(所領)도 그대로 보장받았다. 다만 그 후 몽골 권력이 점차 침윤해 가는 가운데, 13세기 말에 원과 이에 적대한 카이두, 두아 세력 간의 항쟁에 말려든 결과, 위구르 왕가는 그 거주지를 비슈발릭에서 카라호초(高昌)로 옮겼고, 나아가서는 본령을 떠나 감숙(甘肅)의 영창(永昌)에 우거(寓居)하는 상황에 처하면서 독자적 왕국으로서의 실체를 잃게 되었다. 다만 이디쿠트의 지위는 원 대 내내 유지되었고, 고창왕의 칭호도 사여받았다.[18]

몽골 황실과의 통혼관계에 대해서는 『원사』 권122, 바르축 아트 테긴[巴而朮阿而忒的斤] 열전, 우집(虞集)의 〈고창왕세훈비(高昌王世勳碑)〉[19]가 일괄적으로 정리했으며, 그 밖의 동서 사료에 단편적인 정보가 남아 있다. 일찍이 사구치 토오루(佐口透)와 루이 앙비도 이에 대해 논급했으며,[20] 카하어 바라티(卡哈爾 巴拉提)와 류잉성(劉迎勝)의 연구가 왕가의 계보를 포함해 가장 상세하다.[21] 자오칭지도 재론한 바 있다.[22] 이러한 사료와 선행연구를 참고해 통혼 상황을 표시한 것이 〈그림 3-4〉와 〈표 3-2〉이다.

여기서 파악할 수 있는 내용은 다음과 같다.

① 통혼관계는 바르축 아트 테긴에게 칭기스의 딸인 야립안돈(也立安敦)에 이어 가계 불명의 알라진 공주[23]가 하가한 것으로 시작

18 위구르 왕가의 역사에 대해서는 佐口透[1943a]; 佐口透[1943b]; 安部健夫[1955] 참조.

19 『道園學古錄』 권24; 『道園遺稿』 권39; 『元文類』 권26; 乾隆, 〈武威縣志〉; 『五涼考治六德集全誌』 권1; 원 비석. 한문과 위구르문으로 쓰인 원 비석은 현재 하부만 남아 있는데, 乾隆의 〈武威縣志〉에 실린 한문면 기록문은 『道園學古錄』, 『道園類稿』, 『元文類』의 텍스트에는 없는 내용을 포함한다. 이 한문면 텍스트에 대해서는 黃文弼[1989] 참조. 또 위구르 문면 잔존부에 대해서는 卡哈爾(巴拉提)·劉迎勝[1984]; 耿世民[2001]을 참조.

20 佐口透[1943b], 72~80쪽; Hambis[1954], 130~134쪽의 TABLEAU 11.

21 卡哈爾(巴拉提)·劉迎勝[1984], 103~106쪽.

22 Zhao[2008], Chapter Ten.

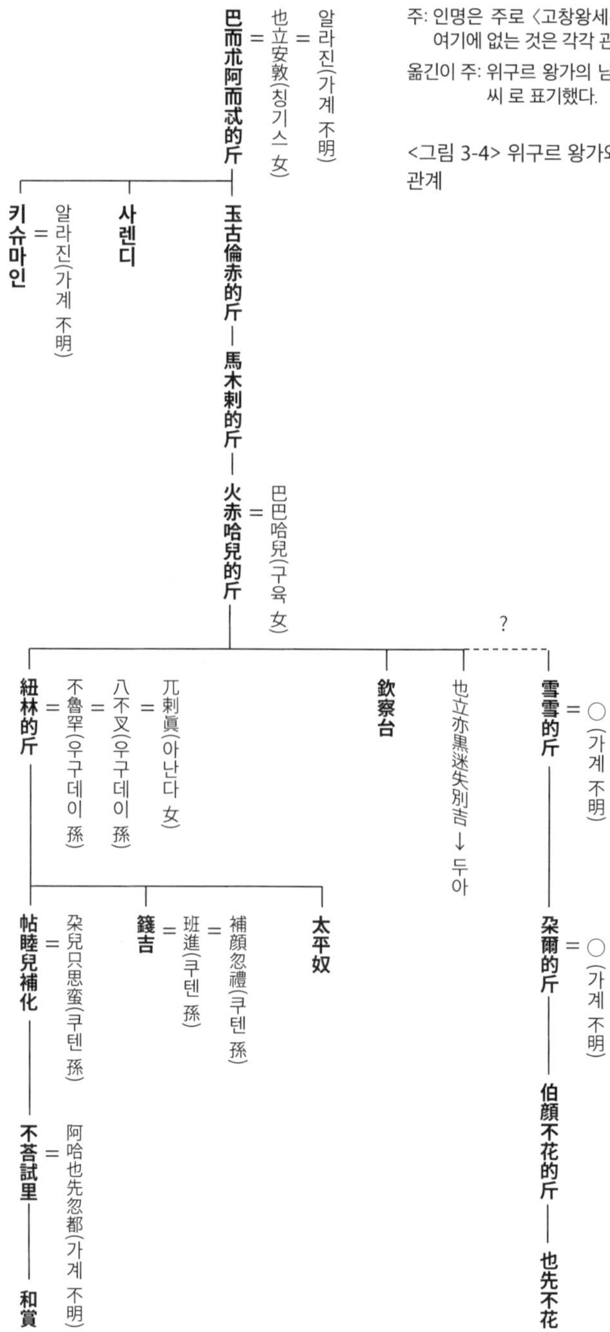

주: 인명은 주로 〈고창왕세훈비〉에 근거했으며, 여기에 없는 것은 각각 관계 사료에 따랐다.

옮긴이 주: 위구르 왕가의 남성 구성원은 굵은 글씨 로 표기했다.

<그림 3-4> 위구르 왕가와 몽골 황족의 통혼 관계

<표 3-2>

① 위구르 왕가로의 공주 하가

공주	통혼 대상	공주 출신	系 1	系 2	系 3
也立安敦	巴而朮阿而忒的斤	칭기스 女	※통혼은 이루어지지 않음		
알라진	巴而朮阿而忒的斤	不明	※통혼은 이루어지지 않음		
알라진	키슈마인	不明			
巴巴哈兒	火赤哈兒的斤	구육 女	우구데이 系		
不魯罕	紐林的斤	우구네이 孫	우구데이 系		
八不叉	紐林的斤	우구데이 孫	우구데이 系		
兀剌眞	紐林的斤	아난다 女	톨루이 系	쿠빌라이 系	망갈라 系
不明	雪雪的斤	不明			
朶兒只思蛮	帖木兒補化	쿠텐 孫	우구데이 系		
班進	籛吉	쿠텐 孫	우구데이 系		
補顔忽禮	籛吉	쿠텐 孫	우구데이 系		
不明	朶爾的斤	不明			
阿哈也先忽都	不荅失里	不明			

② 위구르 왕가로부터의 출가

왕녀	통혼 대상	왕녀의 아버지	系 1	備考
也立亦黒迷失別吉	두아	火赤哈兒的斤	차가타이 系	강화(講和)를 위해 통혼

주: ①은 하가 대상의 항렬 순으로 배열했으며, 실선 간이 동일 항렬이다.

되었다(다만 당사자의 사망으로 실제 혼인은 모두 성립하지 않음). 이후에 맞이한 몽골 공주는 출신 불명의 4개 사례를 제외하면, 모두 칭기스 아들들의 가계로부터 하가되었다. 그 내역은 우구데이계 6

23 알라진은 우구데이의 딸이라고도 추정된다(Boyle[1958], 47쪽의 주18; Zhao[2008], 171쪽 및 177쪽). 다만 특별히 논거가 있는 것은 아니므로 여기에서는 不明으로 해둔다. 다만 이 추정이 맞다면, 이는 다음에 이야기할 위구르 왕가의 통혼 대상으로서 우구데이계의 중요성을 한층 크게 보여 주는 근거가 된다.

개 사례, 톨루이계 1개 사례다.

② 우구데이계 가운데서도 우구데이의 아들 쿠텐의 계통이 절반인 3개 사례를 점한다.

③ 통혼한 몽골 황족 가운데, 쿠텐 왕가는 대대로 하서(河西), 즉 옛 서하(西夏) 지역을 본령으로 했고,[24] 아난다는 안서왕(安西王)으로서 원의 서변 진수를 담당해,[25] 모두 위구르 왕가의 인근에 소재했다.

④ 몽골 공주를 맞이한 자는 모두 이디쿠트 및 고창왕의 지위에 올랐다.

⑤ 위구르 왕가가 차가타이가의 두아에게 딸을 보낸 사례도 있지만, 이는 1275년에 원에 적대해 카라호초를 포위한 두아군의 요구에 응해 이루어진 긴급조치였다.[26]

이상의 두 왕가 이외에도 원이 티벳 불교의 고승 가운데서 임명한 제사(帝師)의 일족인 사꺄파(sa skya pa)의 퀸('khon)씨가 백란왕(白蘭王)으로 봉해졌는데, 초대 착나 도르제(phyag na rdo rje)가 앞서 나온 쿠텐의 딸을 아내로 맞이하고 그 뒤를 이은 쇠남 상뽀(bsod nams bzang po), 뀐가 렉빠 곌첸 뺄상뽀(kun dga' legs pa'i rgyal mtshan dpal bzang po)도 몽골 황실의 공주를 아내로 맞이했다.[27]

이렇게 공주 하가를 통해 몽골 황실과 연속해 통혼한 사례는 인족이 모두 비몽골계였는데, 여기에 무언가 이유가 있었을 가능성도 지적되었다.[28] 그러나 몽골 황실에서 비몽골계 인족과의 통혼이 모두 공주

24 쿠텐 왕가에 대해서는 佐口透[1951], 256~264쪽; 杉山正明[2004h] 참조.

25 안서왕가에 대해서는 松田孝一[1979] 참조.

26 佐口透[1943b], 74쪽 및 80쪽; 安部健夫[1955], 95~97쪽 참조.

27 乙坂智子[1989], 25~28쪽 참조.

28 宇野伸浩[1999], 57쪽 주 6.

하가에 한정되었던 것은 아니다. 전술한 바와 같이 옹구트 왕가는 물론, 비상조치였지만 위구르 왕가에서도 몽골 황족에게 비(妃)를 들인 사례가 있다. 훌레구 울루스 일칸의 경우, 반드시 연속적인 것은 아니었지만 룸 셀주크조(朝) 및 마르딘의 오르툭조(朝)라는 재지정권과 통혼했을 때는 주로 비를 들이는 형식을 취했다고 한다.[29] 이 외에도 케르만의 카라키타이조(朝)의 경우, 아바카와 바이두 두 칸에게 비를 들이는 한편,[30] 훌레구의 아들 뭉케 테무르의 딸을 맞이하기도 했으므로,[31] 모두 납비에 한정되었던 것도 아니다.

비몽골계인 점이 어떤 이유가 되어 혼인 형태에 편향이 생겼을 가능성은 고려할 수 있다. 그러나 공주 하가와 납비 중 어떤 패턴에 편향되는지는 유라시아 동서 각지의 정치 상황 및 사회·문화의 차이 등 또 다른 요건이 관계된 것이라고 추측된다.

3. 고려 왕가와 몽골 황족의 통혼과정

이 절에서는 고려 왕가와 몽골 황족의 통혼이 어떻게 전개되었는지, 쌍방의 통혼 주체를 구체적으로 확인해 보겠다. 이에 대해서는 전술한 바와 같이 선행 연구가 있지만, 전체상을 정리한 연구가 거의 없고, 개별 사실관계에 대해 아직 완전히 논증되지 못한 부분도 있으므로 다시 논해 두고자 한다. 또한 특별히 밝히지 않는 한, 이하에 서술하는 몽골 공주의 약력은 『고려사』 권89, 후비(后妃) 열전 및 『고려사』 세가(世家)의 관련 기사에 근거했음을 밝혀 둔다.

---

29 北川誠一[1975], 1쪽 참조.

30 北川誠一[1975], 1쪽 참조.

31 志茂碩敏[1995], 304쪽 참조.

1) 충렬왕비 제국대장공주(齊國大長公主) 쿠틀룩켈미쉬[忽都魯揭里迷失]

세조 쿠빌라이(재위 1260~1294)의 딸이며, 1274년(원종 15, 지원 11) 당시 세자였던 충렬왕(재위 1274~1298, 1298~1308)에게 하가했다.[32] 2남 1녀를 낳았는데, 1275년(충렬왕 원년, 지원 12)에 태어난 장남은 뒤에 충선왕이 되지만, 1277년(충렬왕 3, 지원 14)에 태어난 장녀는 생후 곧 병사했고,[33] 1278년(충렬왕 4, 지원 15)에 태어난 차남도 요절한 듯하다.[34] 공주 자신은 1297년(충렬왕 23, 大德 원년)에 39세로 사망했다. 1275년에 고려에서 원성공주(元成公主)로, 1294년(충렬왕 20, 지원 31)에 원으로부터 안평공주(安平公主)로 책봉되었다. 사후에는 고려에서 장목인명왕후(莊穆仁明王后), 인명태후(仁明太后)라는 시호를 받았고, 1310년(忠宣王 2, 至大 3)에 원으로부터 제국대장공주로 추봉(追封)되었다.

『고려사』 권89, 제국대장공주 열전에 따르면, 공주의 모친은 예수진 카툰[阿速眞可敦]으로, 쿵크라트 왕가 출신 정후(正后) 차부이는 아니었다. 김혜원은 이 예수진 카툰을 가소민(柯劭忞)이 『신원사(新元史)』 권104, 후비 열전에서 쿠빌라이의 제4오르두[斡耳朶] 소속 건국공신 후신족 보르굴의 딸이자 제8황자 아야치와 제11황자 토곤의 생모라고 기록한 '우시진[烏式眞] 황후(皇后)'와 동일 인물로 비정했다.[35] 『원사』에는 '烏式眞'이라는 이름이 보이지 않지만, 같은 책 권106, 후비표에는 쿠빌라이의 제4오르두 소속으로 바야우진[伯要兀眞] 황후를 들고 있는데, 김혜원은 '烏式眞'이 이와 동일인물이라고 했다.

가소민은 『신원사』의 찬술 전거를 제시한 『신원사고증(新元史考証)』

---

32 이 외에 '忽篤憏迷思'(李齊賢, 『益齋亂藁』 권9上, 〈忠憲王世家〉) 또는 '忽都魯怯里迷石'(『元高麗紀事』, 至元 11년 5월 11일)이라고도 표기된다.

33 『高麗史』 권89, 齊國大長公主 傳; 권123, 廉承益 傳.

34 金惠苑[1989](170쪽)은 『高麗史』 권89, 제국대장공주 열전에 있는 출생기사 외에 다른 기록이 남아 있지 않은 사실로부터 이러한 추측을 하고 있다.

35 金惠苑[1989], 169~170쪽.

에서도 '烏式眞'에 관한 기재 근거를 밝히지 않았다. 한편 『신원사』 편찬에도 이용된 라시드 앗 딘의 『집사(集史)』,[36] 쿠빌라이 카안기(紀) 세계표(世系表)에는 위에 언급한 제8황자 아야치와 제9황자 코코추의 생모에 대해 후신족 Būrqūl Nūyān의 딸 Hūshjīn(Ūshjīn, 烏式眞)이라고 했으며, 제11황자 토곤의 생모에 대해서는 바야우트족 Būrāqchīn의 딸 Bāyāūjīn(伯要兀眞)이라고 기록했다.[37] 이에 따르면, '烏式眞'은 분명히 실재하지만, '바야우진[伯要兀眞]'과는 부족도 다른, 별개의 인물이었다.

또 김혜원은 쿠틀룩켈미쉬의 하가 당시, 기록상 10명이 넘는 쿠빌라이의 후비 가운데 테굴룬[帖古倫] 황후는 이미 사망했고, 남부이[南必] 황후는 혼인 전이었으며, 그 외 황후들은 부족명조차 기록되어 있지 않으므로, 우시진은 정후(正后) 차부이 다음 서열이었으리라고 추정했다.[38]

그러나 이것은 『원사』와 『신원사』에만 근거한 판단이다. 『집사』, 쿠빌라이 카안기 세계표에 보이는 제5황자 쿠리다이의 생모, 메르키트족의 Tūrūqāījīn은[39] 『원사』나 『신원사』에 부족명이 기록되어 있지 않은 타르카이[塔剌海] 황후에 해당할 가능성이 있고, 『집사』에는 제6황자 후게치, 제7황자 아우룩치의 모친, 두르벤족의 Dūrbajīn Khātūn[40]과 같이 한문 사료에 보이지 않는 후비도 등장한다. 그러므로 한문 문헌의 후비명이나 부족명 표시 유무만으로 후비의 서열을 논하는 것은 위험하다.

---

36 필자는 페르시아어를 직접 읽을 수 없으므로, 『集史』의 해석에 대해서는 志茂碩敏[1995]에 일본어역이 제시되어 있는 부분은 이에 근거하고, 그 외 영어·중국어(러시아어역으로부터 다시 번역)·한국어 번역본(Boyle[1971]; 余大鈞·周建奇[1983]; 余大鈞·周建奇[1985]; 金浩東[2002]; 金浩東[2005])을 참조했다.

37 志茂碩敏[1995], 419쪽 및 426~427쪽. Boyle[1971], 244~245쪽; 余大鈞·周建奇[1985], 285쪽; 金浩東[2005], 364~365쪽 참조.

38 金惠苑[1989], 169~170쪽.

39 志茂碩敏[1995], 424쪽. Boyle[1971], 243쪽; 余大鈞·周建奇[1985], 284쪽; 金浩東[2005], 363쪽 참조.

40 志茂碩敏[1995], 433쪽. Boyle[1971], 244쪽; 余大鈞·周建奇[1985], 284~285쪽; 金浩東[2005], 363~364쪽 참조.

또한 『집사』, 메르키트족지(誌)에는 위에 언급한 Tūrūqāījīn에 대해, 아들이 없어서 다른 후비보다 지위가 낮았다고 기록되어 있다.[41] 소생 자녀 정보가 쿠빌라이기와는 다르지만, 아들의 유무가 후비의 서열에 관련된다면, 차부이 이외에도 우시진 소생자보다 나이가 많은 황자를 낳은 후비들이 생존해 있었을 경우 우시진보다 높은 서열에 있었을 가능성이 있다.

2) 충선왕비 계국대장공주(薊國大長公主) 붓다슈리[寶塔實憐]

쿠빌라이의 황태자 친킴의 아들이자 성종 테무르(재위 1294~1307)의 맏형인 진왕(晉王) 카말라[甘麻剌]의 딸이다.[42] 생모는 밝혀져 있지 않다.[43] 1296년(충렬왕 22, 元貞 2) 즉위 전의 충선왕(재위 1298, 1308~1313)에게 하가했다. 소생 자녀는 없다. 1310년(충선왕 2, 지대 3) 원으로부터 한국장공주(韓國長公主)로 봉해졌고, 1315년(忠肅王 2, 延祐 2)에 사망했다. 그 후, 1343년(忠惠王 후4, 지정 3)에 원으로부터 계국대장공주로 추봉되었다.

또 충선왕에게는 몽골인 왕비로서 의비(懿妃) 예수진[也速眞]이 있었는데, 세자 왕감(王鑑)과 충숙왕을 낳았다.[44] 그러나 그녀는 공주로 칭해지지 않은 것으로 보아 몽골 황족은 아니었다고 생각된다.

3) 충숙왕비 복국장공주(濮國長公主) 이린친발[亦憐眞八剌]

쿠빌라이의 제6황자 후게치의 아들인 영왕(營王) 에센 테무르[也先帖木兒]의 딸이다. 생모는 밝혀져 있지 않다. 충숙왕(재위 1313~1330, 1332~1339) 즉

41 志茂碩敏[1995], 424쪽. 余大鈞·周建奇[1983], 187쪽; 金浩東[2002], 173쪽 참조.

42 이 외에 '寶塔實怜'(『高麗史』 권32, 충렬왕 27년 5월 庚戌; 『益齋亂藁』 권9上, 〈忠憲王世家〉)이라고도 기록되어 있다.

43 金惠苑[1989](176쪽)은 카말라의 正妃인 普顔怯里迷失(쿵크라트족)의 소생일 가능성을 지적하지만, 구체적인 근거가 있다고는 할 수 없다.

44 『高麗史』 권89, 懿妃 也速眞 傳.

위 후 1316년(충숙왕 3, 연우 3)에 하가했는데, 3년 후에 사망했다. 소생 자녀는 없다. 정화공주(靖和公主)라는 시호를 받았고, 1343년(충혜왕 후4, 지정 3)에 원으로부터 복국장공주로 추봉되었다.

4) 충숙왕비 조국장공주(曹國長公主) 금동(金童)

성종 테무르의 둘째 형 다르마발라의 서장자(庶長子)인 위왕(魏王) 아무가[阿木哥]의 딸이다. 생모는 밝혀져 있지 않다. 이린친발 공주가 사망한 후, 1324년(충숙왕 11, 泰定 원년)에 충숙왕에게 하가했다. 이는 충선왕이 영종 시데발라(재위 1320~1323)로부터 충성을 의심받아 4년간 대도(大都)에 억류되어 있다가 태정제 이순 테무르(재위 1323~1328)의 즉위를 계기로 복권된 시기의 일이었다. 공주는 그다음 해, 왕과 함께 고려에 들어가서 용산원자(龍山元子)를 출산했으나, 그해 18세로 사망했다. 그 후 1343년(충혜왕 후4, 지정 3)에 원으로부터 조국장공주에 추봉되었다. 용산원자는 17세로 사망했다.[45]

5) 충숙왕비 경화공주(慶華公主) 바얀쿠툭[伯顔忽都]

충숙왕의 또 한 명의 몽골인 왕비인 바얀쿠툭 공주의 출신에 대해서, 『고려사』의 경화공주 열전에는 '몽고녀(蒙古女)'라고만 기록되어 있다. 그러나 공주라고 칭해진 이상, 몽골 황족이라는 점은 의심의 여지가 없다. 그 가계에 대해 많은 연구들에서 알 수 없다고 했지만, 샤오치칭과 루오샤요(羅賢佑)는 이제현의 『익재난고』, 〈충헌왕세가(忠憲王世家)〉에,

> 황경(皇慶) 계축년(1313, 충선왕 5, 황경 2)에 세자 강릉군(江陵君)에게 양위했다. 〔강릉군의〕 휘(諱)는 도(燾), 다른 이름으로 아라트나시리[阿剌忒實里]

45 『高麗史』 권91, 龍山元子 傳.

> 라고 한다. 영왕(英王)의 딸을 맞이했고, 또 위왕(魏王)의 두 딸을 맞이했다.[46]

라고 되어 있는 것에서 세자 강릉군 왕도, 즉 충숙왕에게 하가한 공주는 '영왕(英王)', 즉 영왕(營王)의 딸 외에 위왕의 두 딸이라고 했으니, 바얀쿠툭 공주는 위왕 아무가의 딸이자 금동 공주의 자매라고 지적했다.[47] 이는 정곡을 찌르는 견해라고 생각된다.[48] 소생 자녀는 없었고, 공주는 1344년(충혜왕 후5, 지정 4)에 사망했으며, 1367년(공민왕 16, 지정 27)에 원으로부터 숙공휘녕공주(肅恭徽寧公主)라는 시호를 받았다. 생모는 밝혀져 있지 않다.

혼인 시기에 대해서는 『고려사』 경화공주 열전에 "왕이 원에서 그를 맞이했으며, 충숙왕 후2년에 왕과 함께 〔고려에〕 왔다."라고 되어 있어, 왕이 공주를 원에서 맞이해, 1333년(충숙왕 후2, 元統 원년)에 함께 고려

---

46 『益齋亂藁』 권9上, 〈忠憲王世家〉. "皇慶癸丑, 遜王位于世子江陵君. 諱燾, 一名阿剌忒實里. 尙英王女, 又尙魏王二女."

47 蕭啓慶[1983a], 240쪽; 羅賢佑[1987], 96쪽.

48 李命美[2003](58쪽)는 금동(金童) 공주를 위왕(魏王)의 둘째 딸이라고 설명하고 있는데, 아마 〈忠憲王世家〉에 기재된 "魏王二女"를 위왕의 차녀라는 의미로 해석해 金童을 가리키는 것으로 파악한 듯하다. 그러나 이 외에 〈忠憲王世家〉에서 고려 왕가에 하가한 공주의 자매 순서를 언급한 사례는 없고(다른 사료도 마찬가지다), 적어도 충숙왕비로서 위왕의 공주와 함께 열거된 '亦憐眞八剌' 공주의 경우는 단순히 '英王女'라고 기록되어 있을 뿐이다. 金童만 굳이 자매순을 강조할 필연성은 보이지 않는다. 또 원과의 관계를 중심으로 고려왕의 계보와 사적을 기록한 〈忠憲王世家〉는 1325년(충숙왕 12, 태정 2) 충선왕의 죽음을 기록하며 마무리되는데, 후술하듯 바얀쿠툭의 하가 시기는 1330~1333년이었던 것으로 보이므로, 〈忠憲王世家〉에 바얀쿠툭의 하가 사실이 기록될 수 있는지 의문도 생긴다. 이에 대해서는 〈忠憲王世家〉에서 1328년에 사망한 태정제가 '泰定帝'라고 기록되어 있는 점이 주목된다. 이 황제가 묘호를 받지 않고 연호에 따라 칭해진 것은 그의 사후, 천력의 내란이 일어나고 황통이 교체된 결과였다. 따라서 그러한 황제호를 사용한 〈忠憲王世家〉의 문장은 1329년에 태정제의 후계 정권이 패배하고, 황통의 교체가 확정된 후에 성립되었음을 엿볼 수 있다. 그러니 〈忠憲王世家〉가 충숙왕의 이력 가운데 1330~1333년의 바얀쿠툭 하가를 언급한 것이 특별히 부자연스럽지는 않다.

에 들어왔음이 참고된다.[49] 충숙왕은 1330년(충숙왕 17, 至順 원년)에 아들 충혜왕(재위 1330~1332, 1339~1344)에게 양위했다. 이는 충숙왕이 당시 문종 톡 테무르(재위 1328~1329, 1329~1332)로부터 향배를 의심받은 가운데, 그를 틈타 충혜왕의 지지자들이 책동한 결과였다. 문종은 태정제의 후사 아리기바와 형인 명종 코실라(재위 1329) 사이의 내란과 내홍, 즉 천력(天曆)의 내란을 거쳐 즉위한 상황이었다. 충숙왕은 퇴위 후 곧 원으로 가서 복위 운동을 전개한 듯하며, 1332년(충숙왕 후원년, 지순 2)에 이를 실현하고 다음 해 귀국했다. 바얀쿠툭 공주의 고려 입국은 이때 이루어진 것이었다.

충숙왕은 재위 중에는 1316년, 1321년(충숙왕 8, 至治 원년)~1325년(충숙왕 12, 태정 2)에 원에 입조했는데,[50] 이때 각기 전술한 두 명의 공주를 맞이했다. 그때 바얀쿠툭 공주도 함께 맞이했다면 그 사실이 기재되어 있어야 할 터인데, 다른 공주의 동향이 그런대로 기록되어 있는 데 비해 바얀쿠툭의 기록이 전혀 없는 것은 이해할 수 없다. 또 충숙왕은 즉위 전에도 원에 입조했는데,[51] 만약 이때 이미 바얀쿠툭 공주와 혼인했다면 충숙왕은 즉위 전부터 부마로서의 자격을 갖고 있었던 셈이 된다. 그러나 왕이 부마의 칭호를 인정받은 것은 1316년에 공주를 하가받으면서부터의 일이었다.[52] 바얀쿠툭 공주와 여러 해 전에 혼인했고 이 외에도 동시에 혹은 그 후에 다른 공주를 맞이하면서 바얀쿠툭 공주만이 1333

49 이해, 충숙왕과 경화공주가 원에서 고려로 향한 것은 『高麗史』 권35, 충숙왕 後2년 윤3월 丁酉 條의 "왕은 공주와 함께 京을 출발했다. 이것이 경화공주다."라는 기록에서도 보인다.

50 『高麗史』 권34, 충숙왕 3년 2월 庚寅; 10월 丁酉; 권35, 충숙왕 8년 4월 丁卯; 12년 5월 辛酉.

51 이 책 제4장의 '왕감·왕도' 항목(210~213쪽) 참조.

52 1313년(충선왕 5, 皇慶 2) 충숙왕 즉위 시, 그의 지위는 '金紫光祿大夫 征東行中書省左丞相 上柱國 高麗國王'이었는데(『高麗史』 권34, 충숙왕 즉위년 3월 甲寅), 1316년의 공주 하가 후, '開府儀同三司 駙馬高麗國王'으로 변경되었다(충숙왕 4년 11월 辛卯).

년까지 원에 머물러 있었다고 하는 것도 이상할 것이다. 따라서 바얀쿠툭 공주의 하가는 1330~1333년 충숙왕이 원에 입조했을 때 이루어졌다고 생각하는 것이 자연스럽다.

이는 부인이 사망한 후에 그 자매를 부인으로 맞이하는 전형적인 소로레이트(sororate)혼이 행해진 형태로, 몽골 황실에서는 유사한 사례가 다수 있다. 고려 왕가에서 한 명의 왕이 자매를 맞이한 것은 사원기(事元期) 이전에도 있었으나, 소로레이트혼에 상당하는 사례는 지금까지 확인되지 않았다.

한편 경화공주라는 호칭은 1336년(충숙왕 후5, 後至元 2)에 설립된 공주부(公主府)의 명칭과 연관된 것이다.

6) 충혜왕비 덕녕공주(德寧公主) 이린친발[亦憐眞班]

충혜왕은 1330년에 최초로 즉위했을 때, 쿠빌라이의 제7황자 아우룩치의 손자인 진서무정왕(鎭西武靖王, 즉 關西王) 쵸펠[焦八](쵸스발[搠思班]로도 표시됨)의 딸, 이린친발 공주를 맞이했다. 공주의 생모는 밝혀져 있지 않다. 소생 자녀로 충목왕(재위 1344~1348)과 장녕옹주(長寧翁主)가 있다. 1367년(공민왕 16, 지정 27)에 원으로부터 정순숙의공주(貞順淑儀公主)로 봉해졌으며, 1375년(禑王 원년)에 사망했다. 장녕옹주는 원 쿵크라트 부마가(家)의 노왕(魯王)에게 출가했다.[53]

7) 공민왕비 휘의노국대장공주(徽懿魯國大長公主) 붓다슈리[寶塔失里]

1349년(충정왕 원년, 지정 9), 충정왕(재위 1349~1351)과의 왕위 계승 경쟁에 패하고 원 궁정에 있던 즉위 전의 공민왕(재위 1351~1374)에게 하가했다. 소생 자녀는 없으며 1365년(공민왕 14, 지정 25)에 사망했다. 하가 후 곧 원

53 『高麗史』 권91, 長寧公主 傳.

으로부터 승의공주(承懿公主)로 봉해졌고, 사망 후에는 인덕공명자예선안왕태후(仁德恭明慈睿宣安王太后)로 추증되었다. 1367년(공민왕 16, 지정 27)에 원으로부터 노국휘익대장공주(魯國徽翼大長公主)로 추증되었고, 뒤에 휘의노국대장공주로 고쳐 봉해졌다.

공주의 출신에 대해 『고려사』 휘의노국대장공주 열전에는 '원 종실 위왕(魏王)의 딸'이라고 되어 있다. 이 위왕에 대해서는 앞서 나온 아무가로 보는 설이[54] 다수지만, 아무가의 아들인 볼라드 테무르[孛羅帖木兒]에 비정하는 견해도 있다.[55] 필자는 볼라드 테무르설을 취하는데, 그 근거는 다음과 같다.

『고려사』 세가, 공민왕 19년(1370) 5월 임자 조에 "왕은 공주의 아버지 위왕이 주살당한 일을 듣고, 조회를 일시 정지하고 소박한 식사를 했다."라고 되어 있다.[56] 1370년, 붓다슈리 공주의 아버지인 위왕의 죽음이 고려에 진해졌다. 그러니 아무가는 이미 1324년에 사망했다.[57] 따라서 적어도 공주의 아버지가 아무가일 수 없음은 분명하다.

한편, 『원사』 권107, 종실세계표(宗室世系表), 위왕 아무가위(位)에는 아무가의 아들 7명이 제시되어 있는데, 그 가운데 '위왕'이라고 기록되어 있는 것은 볼라드 테무르뿐이며, 이후 세대에는 인명이 기재되어 있지 않다. 『원사』 권108, 제왕표(諸王表)에도 위왕에 대해서는 아무가와 볼라드 테무르만을 들고 있다. 아무가 사후에 위왕위는 볼라드 테무르에게 계승되었을 것인데, 위왕위 보유자가 두 이름으로 한정된다면, 공민왕과 통혼한 위왕은 볼라드 테무르 이외에는 있을 수 없게 된다.

---

54 屠寄, 『蒙兀兒史記』 권151, 諸公主表; Hambis[1957], TABLEAU I; 蕭啓慶[1983a], 239쪽; 羅賢佑[1987], 96~97쪽; 喜蕾[2003], 9쪽; Zhao[2008], 184쪽 및 204쪽.

55 高柄翊[1974], 426~427쪽; 金惠苑[1989], 199~200쪽; 鄭容淑[1992], 264쪽; 李命美[2003], 59쪽.

56 『高麗史』 권42, 공민왕 19년 5월 壬子. "王聞公主父魏王誅死, 輟朝素膳."

57 『元史』 권29, 泰定帝本紀, 泰定 원년 6월 庚申.

『원사』 순제 본기, 지정 13년(1353, 공민왕 2) 5월 계유 조에는,

> 지추밀원사(知樞密院事) 백가노(伯家奴)를 무국공(武國公)에 봉해, 제왕 볼라드 테무르와 함께 출진(出陣)하게 했다.[58]

라고 되어 있으며, 『원사』 희동(喜同) 열전에 붙은 양양 녹사사(襄陽錄事司) 다루가치 탑불태(塔不台) 열전에,

> 위왕이 여영부(汝寧府), 박주(亳州)에 진을 치니, 탑불태가 식량을 공급했다. 왕은 술을 좋아해 전투 준비를 가벼이 했다. 어느 저녁, 적이 왕을 습격하니 왕은 누워 있다가 미처 일어나기도 전에 사로잡혔다.[59]

라고 되어 있다. 김혜원은 두 기사의 "제왕 볼라드 테무르"와 "위왕"을 동일인물로 보았다.[60] "제왕 볼라드 테무르"의 출진은 1353년이라는 연대로 볼 때, 당시 안휘(安徽)·하남(河南)에서 세력을 넓히고 있던 홍건군(紅巾軍)에 대응한 것이었을 공산이 크다. 탑불태의 일화는 정확한 연대를 알 수 없지만, 원 말의 민중반란 중 원을 위해 목숨을 바친 '충의(忠義)' 일화 가운데 하나인데, 위왕이 '적(賊)'에게 사로잡힌 여영부(치소는 지금의 河南城 駐馬店市 汝南縣), 박주(亳州, 지금의 安徽省 亳州市) 지방은 한림아(韓林兒)와 유복통(劉福通) 등이 지휘하던 홍건군의 주 활동지다. 김혜원의 지적대로라면 공민왕과 공주가 통혼했을 때 위왕 볼라드 테무르가 살아 있었음이 증명될 것이다.

---

58 『元史』 권43, 順帝本紀, 至正 13년 5월 癸酉. "知行樞密院事伯家奴, 封武國公, 與諸王孛羅帖木兒同出軍."

59 『元史』 권194, 喜同 傳 附 塔不台 傳. "魏王軍汝·亳, 塔不台供餉. 王嗜酒, 輕戰備. 一夕, 賊劫王, 王臥未能起, 爲所執."

60 金惠苑[1989], 200쪽.

같은 이름의 몽골 황족으로 천력의 내란 때 문종 정권과 적대하다가 사로잡혀 처형당했을 가능성이 있는 '제왕 볼라드 테무르'도 있다.[61] 그가 위왕 볼라드 테무르이고 실제 이때 처형당했다면, 홍건군에게 사로잡힌 위왕은 다른 인물이며, 같은 시기에 전투를 수행 중이던 제왕 볼라드 테무르와도 다른 인물이라는 것이 된다. 그리고 『원사』의 종실세계표와 제왕표에는 위왕위 계승관계에 대한 기재가 누락된 것이 된다.

그러나 문종 정권에 적대한 '제왕 볼라드 테무르'가 위왕이라는 증거는 없다. 오히려 천력의 내란 직후에 충숙왕이 위왕 볼라드 테무르의 여형제인 바얀쿠툭 공주를 맞이한 것을 보면, 그럴 가능성은 낮아 보인다. 전술한 바와 같이, 이때 충숙왕은 자신의 향배에 관한 문종 정권의 의혹을 불식하기 위해 원에 입조해 있었다. 그러한 상황에서 문종 정권에 적대한 종왕가와 쉽게 혼인이 성사되었다고 생각하기는 어렵다. 혹은 위 기록의 '제왕 볼라드 테무르'가 위왕이었다고 하더라도 문종 정권이 그를 조기에 사면했을 가능성이 전혀 없는 것은 아니다. 어쨌든 위왕위에 관한 『원사』의 기술이나 홍건군과의 전쟁에 '위왕'과 '제왕 볼라드 테무르'가 함께 모습을 나타낸 것으로 보이는 점을 중시해, 붓다슈리 공주의 아버지로서 1350년 전후에 위왕위에 있었던 인물은 볼라드 테무르라고 보는 것이 온당할 것이다(공주의 생모는 밝혀져 있지 않다).

---

61 『元史』 권32, 文宗本紀, 天曆 원년(1328, 충숙왕 15) 10월 丙申 條의 중서성 臣의 말에 "上都의 제왕·대신은 祖宗의 成憲을 되돌아보지 않고, 간신 倒剌沙의 말에 미혹되어 갑자기 군대로 京畿를 범했습니다. 폐하의 홍복에 기대어 王禪이 마침내 궤멸되고 제왕 볼라드 테무르 및 여러 권력을 행사한 신하 蒙古答失·雅失帖木兒 등을 생포했습니다. 이미 典刑을 밝게 바로잡았으니, 마땅히 수급을 각지에 전해 사람들에게 보여 주는 것이 좋겠습니다."라고 되어 있다. 다만, 생포된 제왕 볼라드 테무르·蒙古答失·雅失帖木兒 가운데 누가 처형되었는지는 분명하지 않다.

8) 심왕비(瀋王妃) 눌룬[訥倫] 공주

1307년 성종 테무르가 사망한 후의 제위 계승전에서 무종 카이샨(재위 1307~1311)과 인종 아유르바르와다(재위 1311~1320) 형제를 지지했던 충선왕은 그 공적으로 심양왕(瀋陽王)에 봉해졌고, 뒤에 심왕(瀋王)으로 진봉(進封)되었다. 왕은 고려왕을 포함해 두 종류의 왕호를 갖게 되어, 고려왕위를 충숙왕에게 넘겨준 후에도 심왕호를 갖고 있었다. 그러다가 1316년에 아들처럼 총애한 조카 왕고(王暠)에게 심왕위를 물려주었다.[62] 이와 함께 왕고는 진왕(晉王) 카말라의 아들인 양왕(梁王) 숭산[松山]의 딸 눌룬 공주를 맞이하여 부마가 되었다.[63] 『원사』 권109, 제공주표, 고려공주위(高麗公主位)에는 눌룬 공주가 '□國公主'라고 기록되어 무언가의 책봉호를 가졌던 듯하지만, 현재로서는 정확히 알 수 없다. 공주의 생모도 밝혀져 있지 않다.

그 외에 『고려사』 권90, 평양공(平壤公) 기(基) 열전에 따르면, 고려의 방계 왕족인 평양공 왕현(王昡, 顯宗의 후손)의 딸 바얀쿠툭[伯顔忽篤]은 동궁일 당시의 인종에게 총애를 받았다고 하며,[64] 생모인 순비(順妃) 허씨(許氏, 훗날의 충선왕비)의 묘지(墓誌)에는 "伯顔忽篤皇后"라고 기록되어 있다.[65] 그러나 원 측 사료에서는 그녀가 정식으로 인종비가 되었다는 기록이 확인되지는 않는다. 위의 『고려사』 열전에도 단순히 '총애를 받았다'고 되어 있을 뿐이다. 왕통에서 멀리 떨어진 방계 종실인 것으로 보아, 왕실 간의 공식적 혼인은 아니었을 가능성이 높다. 이에 대해서는 『고려

62 『高麗史』 권91, 江陽公 滋 傳.

63 『高麗史』 권91, 江陽公 滋 傳; 『高麗史節要』 권24, 충숙왕 3년 3월.

64 또한 張東翼[1994a](181쪽)에서는 『元史』 권106, 后妃表에 明宗妃로 나오는 출신가계 불명의 不顔忽都皇后와 동일한 것으로 비정하지만, 인명의 유사성 이상의 근거는 없으므로 그 가능성은 진중하게 평가해야 할 것이다.

65 『益齋亂藁』 권7, 〈王順妃許氏墓地銘〉.

<표 3-3>

① 고려 왕가로의 공주 하가

공주	통혼 대상	공주 출신	系 1	系 2	系 3
忽都魯揭里迷失	忠烈王	쿠빌라이 女	톨루이 系	쿠빌라이 系	
寶塔實憐	忠宣王	카말라 女	톨루이 系	쿠빌라이 系	친킴 系
亦憐眞八剌	忠肅王	에센 테무르 女	톨루이 系	쿠빌라이 系	후게치 系
金童	忠肅王	아무가 女	톨루이 系	쿠빌라이 系	친킴 系
伯顔忽都	忠肅王	아무가 女	톨루이 系	쿠빌라이 系	친킴 系
訥倫	瀋王暠	숭샨 女	톨루이 系	쿠빌라이 系	친킴 系
亦憐眞班	忠惠王	쵸펠 女	톨루이 系	쿠빌라이 系	아우룩치 系
寶塔失里	恭愍王	볼라드 테무르 女	톨루이 系	쿠빌라이 系	친킴 系

② 참고: 고려 종실여성의 출가

고려 여성	아버지	통혼 대상	系 2	系 3	비고
伯顔忽篤	平陽公昡	아유르바르와다	쿠빌라이 系	친킴 系	공녀일 가능성
長寧翁主	忠惠王	쿵크라트 魯王			

주: ①은 하가 대상, ②는 왕녀 아버지의 항렬 순으로 배열했으며, 실선 간은 동일 항렬이다.

사』 권89, 순비 허씨 열전에 "순비의 딸이 황태자(뒤의 인종)에 입시(入侍)했다."라고도 언급되어 있지만, 태자비로서 출가한 것을 '입시'라고 표기했다고 생각하기는 어렵다. 아마도 원래는 고려 지배층 출신의 공녀(貢女)[66]로서 몽골 후궁에 배치된 인물이었던 것으로 생각된다. 이 책의 왕실 간 통혼 사례에서는 우선 제외해 두겠다.

이상과 같이, 고려 왕가와 몽골 황족의 통혼관계는 공주 하가의 형태로만 전개되었다. 검토 결과를 정리하면 〈그림 3-5〉 및 〈표 3-3〉과 같다.

66 공녀에 관해서는 柳洪烈[1957]; 鄭求先[2002]; 喜蕾[2003] 참조.

주: 테두리를 친 것은 고려왕, 굵은 글씨는 몽골 공주.
몽골 공주 이외의 관계자 생모도 표시했다.

<그림 3-5> 고려 왕가와 몽골 황족의 통혼관계

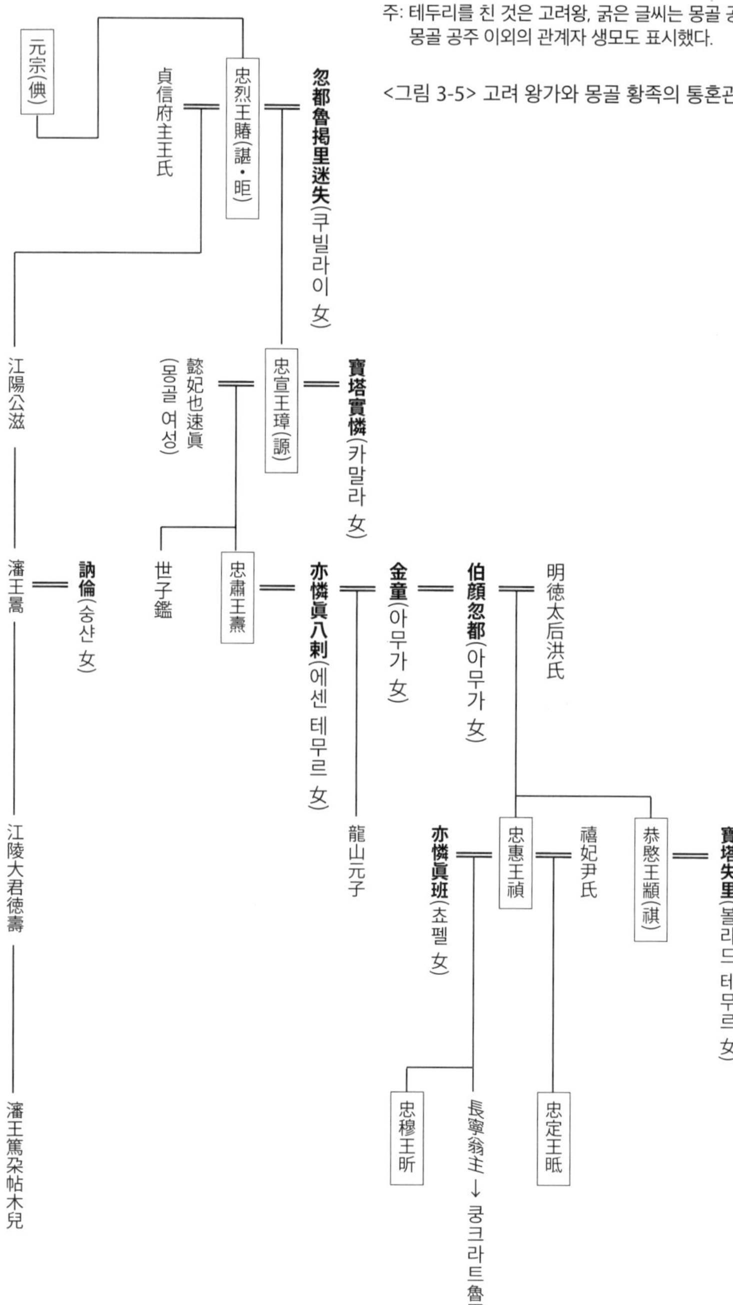

4. 통혼 패턴의 특징

지금까지 확인한 사실관계에 근거해, 이 절에서는 고려 왕가와 몽골 황족의 통혼 패턴과 그 의미에 대한 필자의 견해를 이야기해 보겠다. 통혼 배경의 복잡하고 중층적인 양상을 제시함으로써 선행 연구의 견해, 특히 이명미가 제시한 통혼 대상 왕가의 상세 분류—원 핵심 세력(쿠빌라이, 카말라), 서남부에 소재한 종왕(에센 테무르, 쵸펠), 전대의 통혼 대상과 연속되는 가계(숭샨, 아무가, 볼라드 테무르)—의 타당성에 대해 다시 검토해 보고자 한다.

1) 공주 하가만으로 성립된 통혼

고려 왕가와 몽골 황족의 통혼은 원 측 공주를 고려에 하가시키는 일방통행 형식을 취했다. 이는 일단 유라시아 동방에서 비몽골계 인족과의 일반적인 통혼 패턴으로 파악할 수 있다. 그러나 전술한 바와 같이 그러한 패턴이 반드시 유라시아 전역에서 관철되었던 것은 아니다. 그리고 이 패턴에 따라 통혼이 행해졌던 옹구트 왕가와 위구르 왕가라 하더라도 일부 예외를 포함한다는 점에 주의할 필요가 있다.

그렇다면 고려 왕실과 몽골 황실의 통혼에서 몽골 황족에게 고려의 왕녀가 출가하는 형태의 통혼은 절대 허용되지 않았는지가 문제가 된다. 실제로는 부마왕가로서 원과의 관계가 친밀해진 13세기 말 이후, 고려왕과 몽골 공주 사이에서는 요절한 충렬왕의 딸과 충혜왕의 딸 장녕옹주 이외에 왕녀가 태어나지 않았다. 그리고 몽골 공주 소생이 아닌 왕녀도 사원기 초기에만 있었을 뿐, 몽골 황족에 출가할 수 있는 자는 거의 존재하지 않았다.

원종에게는 경안궁주(慶安宮主)와 함녕궁주(咸寧宮主)가 있었는데, 각기 왕족인 제안후(齊安侯) 왕숙(王淑)과 광평공(廣平公) 왕혜(王譓)에게 출가했으며, 충렬왕에게는 요절한 쿠틀룩켈미쉬 공주의 소생 이외에도 정녕

원비(靖寧院妃)와 명순원비(明順院妃)가 있었지만, 각기 왕족인 제안후 왕숙과 한양공(漢陽公) 왕현(王儇)에게 출가했다.[67] 이 고려 왕녀들의 하가 시기는 경안궁주의 사례(1260, 원종 원년, 中統 원년)[68] 이외에는 알 수 없지만, 다음과 같이 추정해 볼 수 있다. 원종의 왕녀 함녕궁주와 혼인한 광평공 왕혜는 1285년(충렬왕 11, 지원 22)에 사망했다.[69] 또 충렬왕의 왕녀 정녕원비와 명순원비는 정신부주(貞信府主) 왕씨(王氏) 소생이다. 그녀는 1260년에 충렬왕과 혼인했는데,[70] 1274년(원종 15, 지원 11)에 쿠틀룩켈미쉬 공주가 하가한 이후로 왕과의 관계가 단절되었다고 한다.[71] 즉, 두 원비(院妃)는 충렬왕 즉위 전—아마 늦어도 왕이 1271년(원종 12, 지원 8)에 투르칵(turγaγ)으로서 장기간 원에 입조했을[72] 무렵에는 태어났을 것이며, 그 재위 기간 중반 무렵에 혼기를 맞이해 하가했을 가능성이 높다. 이렇게 원종과 충렬왕의 왕녀들은 원과의 관계가 본격적으로 깊어지기 전에 국내에서 하가한 것으로 보인다.

이러한 '생물학적 우연'도 겹쳐 있었으므로, 고려 왕녀의 출가가 의도적으로 기피되었다고 간단히 단정할 수는 없다. 만일 당초에는 그러했다 하더라도, 장녕옹주가 황족에 준하는 최유력 몽골 인족인 쿵크라트 노왕가에 시집간 일, 바얀쿠툭이 아유르바르와다의 총애를 받아 '황후'(공식적 호칭인지 아닌지는 불명)라고 칭해진 일(이 경우 방계 출신으로, 공녀로서 후궁으로 들어갔을 가능성이 있기는 하다) 등에서 변화의 징조를 찾아내는 것은 불가능한 것인가?

이명미가 지적한 것처럼,[73] 몽골 황실의 통상적 통혼 범위로부터 벗

---

67 『高麗史』 권91, 慶安宮主 傳; 咸寧宮主 傳; 靖寧院妃 傳; 明順院妃 傳.

68 『高麗史』 권25, 원종 원년 12월 庚子.

69 『高麗史』 권30, 충렬왕 11년 10월 辛丑.

70 『高麗史』 권25, 원종 원년 11월 辛卯.

71 『高麗史』 권91, 貞信府主 傳.

72 이 책 제4장의 '왕심' 항목(200~202쪽) 참조.

어난 '예외'가 다른 부족에도 존재했던 것은 사실이다. 그러나 이명미가 예로 든 잘라이르족이 본래의 가격(家格)에 반해 일칸가(家)와 통혼한 것은, 그들이 훌레구 울루스에서는 정권을 지탱하는 최유력 부족이었다는 점과[74] 관련될 것이다. 또 원에서는 '몽골'과 구별되는 위구르족의 부장(部將)도, 훌레구 울루스에서는 대대로 이어 온 신하로서 정권 중추에 위치하기도 했다.[75] 각 몽골 정권을 구성하는 여러 세력의 위상은 정권의 성립 과정 및 그 후의 상황에 따라 변화할 수 있었던 것으로 보인다.

한편, 이명미는 고려 왕가에 대해 몽골 공주의 하가만으로 통혼이 행해진 배경으로, 원에서는 고려 여성을 후궁으로 두는 것이 '세조 황제 가법(家法)'에 따라 기피되었다고 하는 『경신외사(庚申外史)』의 기사와[76] 세조가 "고려와 일을 함께 하지 않겠다."라고 맹세했다는 원 감찰어사(監察御史) 이비(李泌)의 발언[77]에 주목했다.[78]

그러나 이들은 모두 원 말, 순제 토곤 테무르(재위 1333~1370)가 고려 여성 기씨(奇氏)를 후비로 세우려는 것을 비판하면서 이를 왕조의 쇠망 요인과 연결한 언설이다. 이러한 종류의 언설이 있다고 해서 말 그대로 실제 쿠빌라이가 그런 발언을 했다고 받아들일 수는 없다. "고려와 일을 함께 하지 않겠다."라는 말은 그 자체도 막연하거니와, 원이 쿠빌라이 이래 여러 면에서 고려와 '일을 함께' 해 온 사실과 모순된다. 발언 자체는 있었다 하더라도 고려 여성의 출가에 관한 것이었는지는 보증할 수 없다. 적어도 고려 여성을 후궁으로 들이는 것은 그 이전에도 전술한 바얀쿠툭 외에 고려의 중신(重臣)이었던 김심(金深)의 딸 달마슈리[達麻實里]

73 李命美[2003], 62쪽.

74 志茂碩敏[1995], 318~333쪽 참조.

75 志茂碩敏[1995], 343~345쪽 참조.

76 權衡, 『庚申外史』, 元統 원년. "初, 世祖皇帝家法, 賤高麗女子, 不以入宮."

77 『元史』 권41, 順帝本紀, 至正 8년 是歲. "監察御史李泌言, '世祖誓不與高麗共事.'"

78 李命美[2003], 60~62쪽.

가 인종 아유르바르와다의 비가 되었다가 훗날 태정제 때 황후에 봉해진 사례가 있다.[79] 만약 고려 여성 일반을 후궁에서 배제한다는 원칙이 있었다 하더라도, 이것이 몽골 왕후의 일원으로서의 지위를 획득하고 있었던 부마고려왕가에 적용되었는지는 다른 문제다.

따라서 공주의 하가와 왕녀의 납비가 동등하게 행해졌다고는 단정할 수 없더라도, 시대의 추이에 따라 고려 왕가가 몽골 황족과 서로 여성을 주고받는 혼인 형태로 이행할 수 있었을 가능성을 전면적으로 배제해서는 안 된다고 생각한다.

2) 쿠빌라이계에 한정된 통혼

고려 왕가의 통혼 대상이었던 몽골 황족은 쿠빌라이계에 한정되었다. 충렬왕이 쿠빌라이의 딸을 맞이한 후에는 친킴 계열이 5개 사례, 후게치 계열이 1개 사례, 아우룩치 계열이 1개 사례 있어, 황제를 배출한 친킴계의 비율이 높다. 그러한 황통과의 근접성은 전술한 바와 같은 옹구트 왕가와도 공통된다. 그러나 위구르 왕가같이 우구데이계와의 통혼이 중심이 되는 사례도 있어, 반드시 원의 모든 부마가에 공통되는 현상은 아니다. 또 원 대의 옹구트 왕가는 쿠빌라이계와의 통혼에 비중이 있는 한편, 다른 계열과도 통혼하고 있다. 쿠빌라이계로 통혼 대상이 완전히 한정되는 것은 통혼 상황의 상세한 내용이 어느 정도 알려진 부마가(家) 가운데, 일단 고려 왕가에서만 확인되는 특징이다.[80]

충렬왕에 대한 쿠빌라이의 공주 하가 사례는 물론이거니와, 몽골 종왕가와의 통혼에도 기본적으로는 원 중앙 정부의 의향이 반영되어 있

79 『高麗史』 권35, 충숙왕 15년 4월 戊戌; 권104, 金周鼎 傳 附 金深 傳. 그녀에 대해서는 『元史』 권106, 后妃表에도 "荅里麻失里皇后"라고 기록되어 있다.

80 원 대에 쿵크라트 왕가에 하가한 공주의 다수는 쿠빌라이계이지만, 공주의 출신을 알 수 없는 사례도 여럿 있다(宇野伸浩[1999], 27~45쪽 참조).

었으며, 적어도 그 승인을 전제로 한 것으로 보인다. 혼인 의례 과정이 기록된 사례를 살펴보자. 충선왕의 경우, 고려 측에서 원 정부에 공주 하가를 요청하고, 이어서 의례 날짜를 확정하여 충렬왕에게 출석을 요구하는 황제의 명령이 전달되며, 원의 궁궐에서 제왕·공주·대신이 자리한 가운데 혼인 의례가 거행되었다.[81] 충숙왕과 영왕가의 혼인도 아버지 충선왕이 황제에게 공주 하가를 요청해 승인을 받았다.[82] 충혜왕의 경우, 원 중앙에서 의례가 행해졌고, 선휘원(宣徽院)이 주재해 권신 엘 테무르의 저택에서 잔치가 열렸다.[83] 공민왕의 경우, 왕 스스로 '북성(北庭)'으로 가서 공주를 맞이했다고 하는데,[84] 원에서 곧바로 그녀를 승의공주로 봉했다는 점에서,[85] 이 혼사를 원 중앙에서 승인했음은 분명하다. 충숙왕이 위왕가로부터 두 명의 계비(繼妃)를 맞이한 때나 심왕 왕고의 사례에 관해서도, 그 의식의 상세한 과정은 밝혀져 있지 않지만 원 정부의 중개 및 인정이 있었다고 보아도 크게 틀리지 않을 것이다.

문제는 고려 측의 의향이 공주의 선택을 어디까지 좌우할 수 있었는지다. 이명미는 심왕, 충숙왕(이린친발 공주와의 혼인), 공민왕 등 일부의 사례에 대해 그러한 면, 즉 고려 측 의향이 통혼 대상 공주 선택에 미친 영향을 높이 평가했다.[86] 다만 엄밀하게는 사료의 제약 탓에 고려 측의 희망이 반영되었는지 아닌지를 단정할 수 있는 사례는 없으므로, 이명미의 지적도 어디까지나 하나의 가능성에 그친다.[87]

---

81 『高麗史』 권31, 충렬왕 22년 정월 壬申; 8월 戊午; 11월 壬辰.

82 『高麗史』 권34, 충숙왕 3년 2월 庚寅.

83 『高麗史』 권36, 충혜왕 세가, 충숙왕 17년 3월 戊寅.

84 『高麗史』 권89, 徽懿魯國大長公主 傳.

85 『高麗史』 권89, 徽懿魯國大長公主 傳의 기록에 따르면 1349년(충정왕 원년, 지정 9)에 하가한 후, 공민왕이 즉위하기 전인 1351년(충정왕 3, 지정 11)에 봉해진 것이었다.

86 李命美[2003], 54~56쪽 및 59~60쪽.

87 심왕과 공민왕의 사례에 대해서는 후술하겠다. 충숙왕과 亦憐眞八剌 공주의 혼인에 대해, 이명미는 상왕으로서 실권을 장악했던 충선왕이 충숙왕의 발언력 향상을 우려해 황실 유력자와의 혼인을 피했다고 추정하고 있다. 다만 구체적인 근거 사료는

고려 왕가의 통혼 상대가 쿠빌라이계에 집중된 배경으로, 이명미는 쿠빌라이가와의 통혼이 시작될 시점의 현안이었던 남송·일본 경략 대비 및 이른바 동방3왕가 견제, 즉 몽골 고원 동부에서 큰 세력을 형성하고 있던 칭기스칸 동생들의 후예들을 견제할 필요 등을 들었다. 고려를 친중앙세력화하려는 의도에서 통혼을 시작했고 이것이 그 후의 통혼 범위를 규정했을 것이며, 또 고려를 친중앙세력화하려는 원 측의 지향이 그 후에도 계승되었다는 논의다.[88] 필자는 이 설이 어느 정도 설득력이 있음을 인정하지만, 이는 쿠빌라이계로 혼인 대상이 한정된 필요조건이 될 수는 있어도, 반드시 충분조건이라고 할 수는 없다고 생각한다. 원에서 동일하게 친중앙세력화의 대상이 되었을 다른 부마가가 비(非)쿠빌라이계의 종왕과도 통혼하고 있기 때문이다.

이 점과 관련해 이명미는, 부마가의 통혼 상대가 결정될 때는 원 중앙 정부의 의향이 일방적으로 작용한 것만은 아니며, 지리적 요인 및 각 종왕가가 개별적으로 만들어 온 기존의 관계도 영향을 미쳤을 것이라고 지적했다.[89] 실제로 옹구트 왕가나 위구르 왕가, 백란왕가(白蘭王家)가 비쿠빌라이계와 통혼한 것은 어느 정도 그러한 관점에서 설명할 수 있을 것이다. 원 대 이전부터 통혼한 가계와의 연속성, 지리적으로 가까운 종왕가와의 통혼 등의 요소가 그러하다. 그런데 고려 왕가와 지리적으로 가깝거나 원 대 이전부터 접촉이 있었던 몽골 종왕가는 쿠빌라이가와 동방3왕가다. 그 쿠빌라이가가 황통을 계승하고서 통혼이 시작되었고, 원 중앙 정부가 고려와 동방3왕가의 접근을 꺼렸다면, 고려 왕가의 통혼 상대가 쿠빌라이계에 한정된 것은 당연한 것으로 보이기도 한다.

다만 위구르 왕가가 우구데이계와 통혼관계를 맺은 것은 원 대에

없다.

88 李命美[2003], 21~31쪽 및 63~65쪽.

89 李命美[2003], 37~44쪽.

들어와서다.[90] 뒤에는 인근 쿠텐가와의 관계가 두드러지지만, 카치 아르테긴[火赤哈兒的斤]에게 최초로 하가한 우구데이계 공주는 쿠텐의 형 구육의 딸로, 쿠텐가의 인물이 아니었다. 그 아들 뉴린 테긴[紐林的斤]에게 하가한 공주도 '우구데이의 손녀'라고 했을 뿐, 쿠텐가와의 연관성은 의심스럽다.[91] 이러한 혼인의 경우, 지금으로서는 이명미가 이야기하는 것과 같은 지리적·역사적 연고가 분명하지는 않다.

또 옹구트 왕가는 쿠빌라이가와의 통혼이 시작된 후 비(非)톨루이계인 쿨겐가 및 비쿠빌라이계인 뭉케가, 아릭부케가와도 통혼했다. 쿠빌라이가와의 통혼은 아이부카[愛不花]에게 쿠빌라이의 딸인 올로[月烈] 공주가 하가한 것으로 시작되었는데, 두 사람의 셋째 아들인 아리바타이[阿里八斛]는 뭉케가에서, 넷째 아들인 추쿠난[朮忽難]은 쿨겐가와 아릭부케가에서 각기 공주를 맞이했다.

아이부카에게 공주가 하가한 시기는 특정하기 어렵지만, 지원 8년(1271, 원종 12)의 기사에 "원래 임자년에 편적된 아이부카 부마 위하의 인호"라는 구절이 보인다.[92] '아이부카 부마'가 임자년(1252, 高宗 39, 憲宗 뭉케 2) 당시의 호칭이라고 단정할 수는 없다. 그러나 만약 아이부카가 그 당시 이미 부마였다고 해도, 쿠빌라이 자신이 1215년(고종 2, 太祖 칭기스 10) 생이며 1252년에는 38세였으므로,[93] 그 '막내딸(季女)'이라고 되어 있는 올로[94]가 혼인과 출산 적령기를 맞은 것은 1252년으로부터 얼마 거슬러 올라가지 않은 시점이었을 것이다. 그러므로 1260년에 쿠빌라이가 즉위

90 〈高昌王世勳碑〉의 기록에 따르면, 火赤哈兒的斤에게 定宗 구육의 딸 巴巴哈兒가 하가한 것은 지원 12년(1275, 충렬왕 원년) 이후의 일이다.

91 〈高昌王世勳碑〉에 紐林的斤의 妃인 不魯罕과 八不叉가 '우구데이의 손녀'라고 기록되어 있는데, 이 비에서는 쿠텐가 공주인 경우 그렇게 명기했다.

92 『通制條格』 권2, 戶令, 戶例; 『元典章』 권17, 戶部, 戶計, 籍冊, 戶口條畫.

93 또한 쿠빌라이는 최초의 처를 13세에 맞이했고 그 후 1234년에는 장남 도르지가 태어나 있었다(宇野伸浩[1993], 81~82쪽 참조).

94 閻復, 〈駙馬高唐王忠憲碑〉.

했을 당시, 올로의 아들들은 태어나 있었다 하더라도 아직 어렸을 것이며,[95] 아리바타이와 추쿠난이 쿨겐, 뭉케, 아릭부케의 각 가문에서 공주를 맞이한 것은 원 대에 들어온 이후였을 것으로 추정된다.

쿨겐, 뭉케, 아릭부케의 각 가문 소재지는 특정하기 어려우나, 적어도 옹구트령 인근에 소재한 흔적은 없으며,[96] 원 초에는 몽골 고원에 분봉된 각 가문의 소령—주치가·차가타이가·우구데이가의 서방 울루스와 칭기스 동생들의 동방 울루스—사이의 중앙 울루스 내에 있었을 공산이 크다.[97] 그들과 옹구트 왕가 사이에 쿠빌라이가를 넘어서는 역사적·지리적인 연고가 있었다고 말하기는 어려운 것이다. 오히려 이들 왕가는 쿠빌라이 즉위 당시에는 쿠빌라이와 대립한 아릭부케를 지지하는 편에 속했으며 1276년(충렬왕 2, 지원 13)의 반(反)쿠빌라이 봉기(시리기의 난)에 관여한 자도 있다.[98] 옹구트 왕가는 그러한 왕가와도 새롭게 통혼을 개시할 수 있었던 것이다.

그 밖에 몽골계의 유력 부마가인 이키레스 창왕가(昌王家)의 경우, 원 대 아시[阿失]가 뭉케의 손녀를 맞이했고, 시라쿤타이[失剌渾台]가 동방3왕가의 하나인 카치운 왕가의 무남지이[木南子]로부터 공주를 맞이한 사례가 있다.[99] 동방3왕가는 고려 왕가뿐 아니라 원조 치하의 다른 부마

95 만약 月烈이 쿠빌라이가 15세였을 때의 소생이고, 15세에 장남 闊里吉思를 출산했다 해도, 闊里吉思는 쿠빌라이 즉위 시에 겨우 15세 전후가 된다.

96 원 대의 河西 지방에서 활약한 '八八大王'은 『元史』 권107, 종실세계표에서 쿨겐계라고 되어 있는데, 杉山正明[2004f](302~304쪽)에 따르면 차가다이계의 오류다.

97 몽골제국 초기의 諸子·諸弟 울루스 분봉에 대해서는 杉山正明[2004b] 참조. 쿨겐, 뭉케, 아릭부케 각 가문의 所領과 동향에 대해서는 우선 松田孝一[1983]; 村岡倫[1985]; 松田孝一[1994] 참조.

98 松田孝一[1983]; 村岡倫[1985] 참조. 阿里八觪의 장인 울제이의 아버지 우룽타쉬, 朮忽蘭의 장인 우룩타이는 모두 아릭부케파이며, 朮忽蘭의 또 한 명의 장인 나이락부카는 아릭부케의 아들이다. 이 가운데 우룩타이는 당초 시리기의 반란에도 참가했다.

99 『元文類』 권25, 〈駙馬昌王世德碑〉.

가의 통혼 대상에서도 소외되었다는 지적이 있지만,[100] 완전하게 배제되었던 것도 아니었다.

이러한 점으로 보면, 고려 왕가의 통혼 대상에 비쿠빌라이계가 전혀 보이지 않는 것은 나름대로 특수한 상황이라고 할 수 있을 것이다. 고려 측이 황통을 이은 쿠빌라이가와의 통혼을 희망했음은 충분히 생각할 수 있지만, 일반론으로서 원 치하의 여러 부마가들이 쿠빌라이가와의 통혼을 적극적으로 원하지 않았다고 생각하기도 어렵다. 그러한 통혼이 원 정부의 의도에 따른 것이었다고 한다면, 쿠빌라이가가 어떤 의미에서 고려와의 관계를 특별히 중시했다는 증거로 보이기도 한다. 전술한 것과 같이 고려 왕가의 통혼 상대가 모두 최고격의 한 글자 왕호를 갖는 왕가였다는 사실—옹구트 왕가나 위구르 왕가 등에서는 특별히 보이지 않는 경향이다—도 어쩌면 이와 관련된 것인지도 모른다.

다만 관점을 바꾸면, 통혼 상대가 쿠빌라이가에 한정되는 것은 역으로 고려 왕가가 몽골 황실 내에서 광범위한 관계를 창출하는 데 제약이 될 수도 있다. 애초부터 총체로서의 몽골 황실이 고려 왕가와의 관계를 그다지 중시하지 않았기 때문에, 쿠빌라이가의 고려 왕가 '독점'이 가능해졌고, 결과적으로 그러한 상태가 생겨난 것이라고 생각할 수도 있다.

또한 각 고려왕과 당대 혹은 전대 황제의 근친도는 반드시 높다고 할 수는 없다. 황제의 딸, 혹은 황제의 남매 정도로 가까운 황녀를 맞이한 것은 충렬왕뿐으로, 옹구트 왕가(10사례)는 물론 위구르 왕가(2사례)에도 미치지 못한다. 황제의 조카 및 종자매에 해당하는 진왕 카말라 및 위왕 아무가의 공주가 있지만, 혼인 당시 출신 왕가의 정치적 입장이 고려 왕가 입장에서 반드시 좋은 조건이었다고 할 수만은 없다.

100 李命美[2003], 43쪽.

분명 진왕 카말라는 성종 테무르의 맏형으로서 몽골 고원 통괄·진수를 담당한 주요 인물이었다. 충선왕이 그 공주를 맞이한 의의로 그 점이 주목되는 것은[101] 당연하다. 그러나 『집사』 테무르 카안기에 따르면, 결정적인 대립에까지 이르지는 않았지만 카말라와 성종 사이에는 제위를 둘러싼 갈등이 잠재해 있었다고 한다.[102] 즉위 전의 무종 카이샨의 경우가 그러했던 것처럼, 몽골 고원으로 출진(出鎭)시키는 것은 정적에게 큰 군사력을 맡기는 위험성을 내포하는 동시에 중앙 정계로부터 성가신 존재를 내쫓는다는 의미를 가질 수 있다.[103] 충선왕에게 장인 카말라의 존재가 당시 성종 정권과의 관계 구축에, 형식적으로야 어찌되었든, 실질적으로 좋은 재료가 될 수 있었는지는 간단하게 단정할 수 없다.

또 위왕 아무가는 무종·인종의 서형(庶兄)인데, 인종 대에 죄를 얻어 고려에 유배되었던 바 있다.[104] 충숙왕이 혼인한 것은 정권이 카말라계 태정제로 교체됨에 따라 아무가가 사면된[105] 직후의 일이었다. 무종·인종과의 혈연도 충숙왕을 후원하는 데 각별한 의미를 갖는 상황은 딱히 아니었다. 황제의 근친은 경우에 따라 동방3왕가 같은 방계 친족 이상으로, 해당 황제의 유력한 대항마가 될 수 있었다. 그러한 인물과의 통혼이 해당 부마의 정치적 입장 강화에 유효한지 여부는 그 시점에서 몽골 황실의 내부 사정에 따라 다를 것이다.

한편, 영왕 에센 테무르, 양왕 숭샨, 위왕 볼라드 테무르가 최고격의 왕호를 가진 데 반해 당시 정권에 각별한 영향력을 가지지는 않았다

---

101 金惠苑[1989], 176~178쪽; 李命美[2003], 50~54쪽.

102 Boyel[1971], 320~321쪽; 余大鈞·周建奇[1985], 375~376쪽; 金浩東[2005], 469~470쪽 참조.

103 杉山正明[1995a], 102~103쪽 참조.

104 『高麗史』 권34, 충숙왕 4년 윤정월 壬申; 『元史』 권26, 仁宗本紀, 延祐 5년 6월 乙巳.

105 『高麗史』 권35, 충숙왕 10년 10월 戊辰; 『元史』 권29, 泰定帝本紀, 泰定 원년 정월 己酉.

는 것은 선행 연구가 지적한 바와 같다.[106] 오히려 왕호의 격이 낮은 진서무정왕(鎭西武靖王) 쵸펠이 충혜왕과의 통혼 당시 사천(四川)·운남(雲南)에서 반정부세력과의 전투에 종사하고 있었다는 점에서[107] 당시의 정권을 적극적으로 지탱하고 있던 핵심 세력이라고 할 수 있다. 쵸펠은 그 이전부터 담당 지역에서 지방 반란을 진압하고 있었는데, 천력의 내란에서 반문종파 몽골 상층 권력자가 주도한 반정부세력의 동향은 문종 정권의 정통성을 위협하는 중대 사건이었다. 따라서 당시의 중앙 정부와의 강한 결탁을 보여 주는 통혼 사례로는 쿠빌라이를 제외하면 쵸펠을 꼽아야 할 것이다. 원의 중국풍 왕호는 중앙 정부가 그의 주관적인 입장에 따라서 몽골 황족에게 수여했던 형식상의 지위에 지나지 않는 면이 있기 때문에,[108] 그 유무나 격의 높낮이가 해당 왕의 정치력을 객관적으로 반영한다고 단정할 수는 없다는 점에 유의할 필요가 있다.

이처럼 고려 왕가와 몽골 황족의 통혼은 황통 및 원의 권력 중추와의 거리 및 몽골 황실 총체와의 관계라는 측면에서, 어떤 의미에서는 소원한 양상을 드러내기도 했다. 양국의 통혼은 이러한 친소관계의 미묘한 틈새에서 행해졌던 것이다.

3) 출진 왕가와의 통혼

그러나 원의 국가 통합 내지는 그 연출이라는 점에서 고려 왕가에 적어도 상징적인 중요성이 분명 존재한 흔적도 있다. 충렬왕 이후 통혼의 기조를 이루는, 이른바 출진 왕가와의 통혼이 그것이다.[109]

---

106 李命美[2003], 54~56쪽 및 59~60쪽.

107 『元史』 권33, 文宗本紀, 天曆 2년 정월 癸酉; 2월 丁酉; 권34, 文宗本紀, 至順 원년 6월 丙申; 10월 乙亥; 권35, 文宗本紀, 至順 2년 정월 乙巳; 3월 癸巳; 4월 乙卯; 壬戌. 또한 이 전란의 개요에 대해서는 方慧[2001], 82쪽 참조.

108 堀江雅明[1985], 249~251쪽; 杉山正明[2004f], 324쪽 참조.

109 몽골 종왕의 출진에 대해서는 松田孝一[1979]; 松田孝一[1980b]; 松田孝一[1982];

쿠빌라이는 제국 변경의 각 방면에 자신의 황자를 분봉해, 군대를 거느리고 주둔하게 했다. 즉, 몽골 고원을 통괄하는 북평왕(北平王) 혹은 북안왕(北安王) 노무간과 원 서방을 진수하는 안서왕 망갈라를 주축으로 하고, 그 외 운남왕(雲南王) 후게치, 서평왕(西平王) 아우룩치, 진남왕(鎭南王) 토곤 등을 각기 운남, 티벳, 장강(長江) 부근에 배치했다. 그 후 지역에 따라 출진 왕가의 배치는 복잡한 변천을 겪었고, 해당 지역에서의 종왕의 권한도 때와 장소에 따라 가지각색이었지만, 이들이 군사력을 가지고 그 지역의 방위를 담당하는 권위자였다는 점은 일관된다.

충선왕의 장인인 진왕 카말라는 후사가 없던 노무간을 계승해 몽골 고원 진수를 담당했다. 충숙왕의 장인인 영왕 에센 테무르는 아버지 후게치를 계승해 운남 진수를 담당했다. 충혜왕의 장인인 진서무정왕 쵸펠은 조부 아우룩치 때부터 티벳 방면을 지켜 왔다.

심왕비의 아버지인 양왕 숭샨 역시 운남 진수 담당자였다. 숭샨 자신은 고려와의 통혼 전인 1309년(충선왕 원년, 지대 2)에 건강 문제로 제왕 라오디[老的, 진서무정왕 쵸펠의 형제]에게 임무를 넘기고 있었으나,[110] 이로 인해 운남 진수를 담당한 가계로서의 양왕가의 존재감이 상실된 것은 아니라고 생각한다. 양왕의 운남 출진은 숭샨의 아버지인 카말라 때부터이며,[111] 카말라가 진왕에 봉해져 몽골 고원으로 전출한[112] 뒤, 숭샨이 이어서 양왕으로서 운남에 출진했다.[113] 숭샨 퇴임 후, 약 10년의 공백이 있지만, 1320년(충숙왕 7, 연우 7)에 숭샨의 아들 왕선(王禪)이 운남왕에 봉해져 운남으로 출진했다.[114] 1324년(충숙왕 11, 태정 원년)에 왕선은 양

杉山正明[1996b], 25~29쪽; 李治安[2007], 第5章 및 續編 第1~3章 참조.

110 『元史』 권23, 武宗本紀, 至大 2년 3월 己丑.

111 『元史』 권16, 世祖本紀, 至元 27년 10월 壬申.

112 『元史』 권115, 顯宗 열전에 따르면, 至元 29년(1292, 충렬왕 18)의 일이다.

113 『元史』 권17, 世祖本紀, 至元 30년 7월 己未.

114 『元史』 권27, 英宗本紀, 延祐 7년 5월 丁未.

왕으로 고쳐 봉해졌는데, 이때 동시에 그 아들 테무르 부카[帖木兒不花]도 운남왕에 봉해졌다.[115] 이렇게 양왕가는 대대로 운남 진수 임무를 계승했다. 심왕 왕고와 통혼한 당시의 동향은 알 수 없지만, 운남에서 어떠한 영향력을 유지하고 있었을 가능성도 배제할 수 없다. 적어도 양왕가는 그러한 역할이 기대되는 가계였던 것이다.

이명미가 유형화한 '서남부 소재 종왕가'라는 것은 결국 출진 왕가에 해당하는데, 그렇다면 진왕가와 양왕가 역시 출진 왕가에 포함시켜야 할 것이다.

예외는 충숙왕비 두 명과 공민왕비를 배출한 위왕가다. 위왕가의 소재지에 대해서는 원 말 연경(燕京)의 지방지인 『석진지(析津志)』, 〈대도동서관마보참(大都東西館馬步站) 천하참명(天下站名)〉(『영락대전(永樂大典)』 권19426)에 북경(北京, 지금의 內蒙古自治區 赤峰市 寧城縣)의 북방에 위치한 '고주(高州)' 참(站)(지금의 內蒙古自治區 赤峰市 元寶山區 興隆坡村[116]) 북쪽으로 이웃한 참이 '아무가 대왕부(阿木哥大王府)' 참이라고 기록되어 있는 것이 참고된다. 이 '아무가 대왕'은 위왕 아무가를 가리킨 것으로 보이니, 현재의 츠펑(赤峰) 방면, 즉 몽골 고원 동남변에 위왕부가 있었음을 알 수 있다. 이 위왕가와 고려 왕가의 통혼에 대해서는 충숙왕의 경우 모두 계비(繼妃)였다는 점,[117] 공민왕의 경우 왕위 계승 경쟁에 패한 상태에서의 통혼이었다는 점이 주목된다. 충렬왕 이후, 왕위 계승자로서 형식상 확실한 지

115 『元史』 권29, 泰定帝本紀, 泰定 원년 10월 丁丑. 사료 원문에는 이름이 '帖木兒'라고 기록되어 있는데, '不花'라는 두 글자가 누락된 것이다(中華書局, 『元史』 標點本, 651쪽 및 664쪽 참조).

116 張松柏·任学軍[1992] 참조. 譚其驤[1982](14쪽)에 圖示된 高州站의 위치도 같은 지점을 가리키고 있다고 생각된다.

117 李命美[2003](58~59쪽)는 전술한 바와 같이 아무가를 '전대의 통혼 대상과 연속된 가계'에 포함했다. 그러나 여러 세대에 걸친 연속적인 통혼은 그 아들 볼라드 테무르의 공주가 공민왕에게 하가한 사실로서 처음으로 성립된 것이다. 아무가의 단계부터 여기에 포함하는 것은 적당하지 않을 것이다.

위를 가진 세자나 새로운 왕이 처음으로 공주를 맞이할 때에는 모두 출진 왕가로부터 공주가 하가했던 것이다.

한편 고려 왕가는 1287년 이후 고려 내 원 최고 통치기관인 정동행성(征東行省)의 승상(丞相)을 겸임했고, 동방3왕가와 일본에 대비하는 원 동쪽 변경의 진수 담당자로서 위치 지어졌으며 스스로도 그것을 자임했다(이 책 종장 참조). 이명미는 몽골 황실과의 통혼을 반복할 부마가의 공통점으로 그들이 제국 주변부에서 군사적으로 중요한 임무를 띠고 있었음을 드는데,[118] 고려 왕가도 여기에 해당하는 것이다.

중앙 정부가 제국 변경의 각 지역을 대표해 진수를 맡은 왕가끼리의 통혼을 중개한 데에서 당사자에게 제국 내 자신의 위치와 역할을 재인식시키고, 원의 국가 통합, 즉 제국 방위망의 연계·결속을 촉진하는 효과가 상정되며, 이것을 원 측에서 의도했다고도 생각된다.[119] 다만 이러한 통혼 패턴이 현저한 특징으로 확인되는 것은 지금으로서는 여러 부마가 가운데서도 고려 왕가뿐이다. 고려 왕가의 통혼이 쿠빌라이계에 한정되면서도 그 대상 가운데 황제 근친은 적었던 것은 그러한 점을 우선 고려했기 때문인지도 모르겠으나, 한편으로는 고려 왕가를 원의 황통 및 권력 중추와 적당히 거리를 두게 하는 것과 모순되지 않는다는 점도 주목된다. 뒤에서도 언급할 심왕위 계승자의 사례를 제외하고, 통혼 대상이 되는 출진 왕가가 각 왕대에서 교체되는 것도 특정 종왕가와 친밀해지는 것을 어렵게 만들었지만,[120] 대체로 원격지의 왕가와 통혼하는 것 자체에서 동일한 효과가 예상된다. 이러한 것들 또한 원 측에서 의도했을 가능성이 있다.

---

118 李命美[2003], 34~44쪽.

119 李命美[2003](58쪽)는 영왕 에센 테무르, 진서무정왕 쵸펠과의 통혼에 대해 원이 제국의 영역을 명확히 하기 위한 연출이라는 의미를 부여했다.

120 李命美[2003](58쪽)는 영왕 에센 테무르, 진서무정왕 쵸펠과의 통혼에 대해 그러한 효과를 지적하고 있다.

4) 왕위 계승과의 관계

특수한 입장에 있었던 심왕 왕고를 제외하고, 고려 왕가의 부마는 모두 고려국의 당주(當主)가 되었다. 이 점은 위구르 왕가와도 공통되는데, 옹구트 왕가의 부마 가운데는 당주도 아니고, 달리 왕호 등도 확인되지 않는 자도 있다. 『원사』 종실세계표에서 알 수 있듯이, 몽골에서는 하나의 왕가에서 새로운 왕가가 분기해 갔다. 이것은 성장한 아들들이 일정한 연대를 유지하면서도 가계를 나누어 독립해 가는 유목민사회의 관습에 따른 것으로 보이는데, 당주 이외의 인물에게 공주를 하가시킨 것도 이와 관계될 것이다. 한편, 중앙집권적인 왕조에서 왕좌는 단 하나이며, 유목민정권 같은 가계 분리는 이루어지지 않는다. 그러므로 방계인 왕고가 심왕에 봉해져 부마가 된 것은 고려 지배층에 혼란을 가져왔다. 독자적인 정권 기반을 갖지 않은 왕고가 고려 본국의 왕위 획득을 목표로 책동을 되풀이한 것이다. 그러나 심왕호는 당초 충선왕이 고려왕호와 함께 갖고 있던 왕위를 왕고에게 넘겨준 것일 뿐, 그 자체에 원이 고려를 분열하려던 의도는 없었다. 여기에 기인한 고려의 혼란은 이질적인 사회 관습의 적용이 가져온 부작용이라고 할 수 있다.

어쨌든 사원기의 역대 고려왕은 몽골 공주를 맞이해 부마가 됨으로써 몽골 왕후로서의 지위를 획득하고, 그에 걸맞은 대우를 일정 범위에서 받게 되었다(이 책 제1~2장 참조). 이것은 고려 왕가가 원의 범주 안에서 행한 생존 전략으로서 중요한 의미를 가졌다. 물론 충숙왕이나 충혜왕처럼 공주를 맞이하기 전에 즉위한 경우도 있을 수 있고, 충목왕이나 충정왕처럼 어린 왕일 경우에는 당연히 혼인하지 않았다. 그러나 충숙왕과 충혜왕 모두 처음에는 정치 상황의 변화에 따라 부왕이 급히 퇴위하는 바람에 즉위했다.[121] 공주 하가와 즉위의 순서가 역전되었던 것은 그

121 충혜왕의 즉위 경위에 대해서는 전술했다. 충숙왕의 즉위는 복위한 후에도 원 궁정에 계속 머물렀던 충선왕이 원의 귀국 압력을 피하고자 돌연히 양위함으로써 실현

영향으로 보이는데, 특히 충혜왕의 경우는 그 시차가 한 달 정도에 지나지 않으므로 거의 동시에 진행된 것에 가깝다.[122] 공주 하가는 즉위의 전제조건은 아니라 하더라도, 조속히 성립시켜야 할 요건이었음은 틀림없을 것이다.

그러한 중요성 때문인지, '정통의 왕위 계승자가 공주를 맞이하는' 것에서 시작해, 이후에는 '공주를 맞이함으로써 왕위 계승의 자격을 얻거나 또는 얻고자 하는' 양상도 전개되었다. 일례로 방계 왕족인 서흥후(瑞興侯) 왕전(王琠)은 충렬왕 대 말에 왕위 계승 후보자로 부상해 본래의 후사인 충선왕과 대립했는데, 그때 그의 지지 세력은 원에 충선왕비 붓다슈리 공주를 왕전에게 개가(改嫁)시킬 것을 요청했다.[123] 공민왕 또한 왕위 계승 경쟁에서 일단 충정왕에게 패한 직후에 공주를 맞이했고, 2년 후에 정권을 잡았다. 이 외에도 충숙왕은 원 정부와의 관계 악화로 두 차례 실권을 경험했을 때, 그 복권 과정에서 모두 몽골 공주를 계비로 맞이했다. 이 두 사례도 동일한 문맥에서 이해할 수 있지 않을까?

이와 관련해 주목되는 것은 공주의 가계가 연속되는 사례다. 심왕 왕고는 충선왕비의 조카에 해당하는 공주를 아내로 맞이했고, 공민왕은 충숙왕비(금동·바얀쿠툭)의 조카에 해당하는 공주를 아내로 맞이했는데, 이 두 왕에게는 이례적 혹은 비정상적으로 왕위를 계승했다는 공통점이 있다. 심왕 왕고는 방계의 왕족이었지만, 그를 총애하는 충선왕의 의향에 따라 당초 고려 세자위를 수여받은 후 고려왕과 동격인 심왕위를 충선왕으로부터 선위받았다. 공민왕도 형 충혜왕의 두 아들이 연이어 왕위를 계승해 일단은 왕위 계승 후보에서 멀어졌다가 정권을 잡았다. 그

되었다.

122 『高麗史』 권36, 충혜왕 세가에 따르면, 즉위는 충숙왕 17년(1330, 지순 원년) 2월 丁未, 혼인은 같은 해 3월 戊寅에 이루어졌다.

123 『高麗史節要』 권23, 충렬왕 32년 9월.

때문인지, 그는 즉위 교서에서 충혜·충목·충정 3대를 묵살하고 조부 충선왕 및 아버지 충숙왕과의 계승관계만을 주창했다.[124] 이상의 일치가 단순한 우연이 아니며, 동시에 배우자 선택에 고려 측 당사자의 의향이 반영되었다고 한다면,[125] 의발을 계승해야 할 전왕의 비와 같은 가계의 공주를 맞이하는 것이 이례적·비정상적 왕위 계승에 정통성을 보충해주는 조건이 되었을 가능성이 제기된다.[126]

서흥후 왕전이 왕위를 엿보던 때, 그 지지파가 왕전의 혼인 상대로 새로운 공주를 찾은 것이 아니라 굳이 충선왕비를 개가시키자고 했던 점도 주목된다. 여기서는 왕전이 부마의 지위를 획득하는 한편, 충선왕으로부터는 그 지위를 빼앗는 일석이조의 효과가 간취된다. 왕비 혈통의 연속성이 습위의 정통성을 보충한다는 해석이 가능하다면, 본래 즉위 자격이 없는 서흥후로서는 전 왕비를 맞이하는 것 자체에 큰 의미가 있었던 것이다. 다른 몽골 부마가에서는 당주가 사망한 후, 그 비인 몽골 공주를 새로운 당주가 맞이하는 레비레이트혼이 종종 행해졌는데, 서흥후의 사례에서는 먼저 레비레이트혼을 성립시킴으로써 당주의 교체를 진전시키고자 하는 듯한 양상이 엿보인다.

---

124 『高麗史』 권38, 공민왕 원년 2월 丙子.

125 전술한 바와 같이 李命美는 그렇게 파악하고 있다. 또 金惠苑[1989](200~201쪽)은 공민왕이 원의 쇠망을 예기해 비유력 왕가의 공주를 맞이했다고 하지만, 이는 결과론적인 관점으로, 필자는 동의하기 어렵다.

126 李命美[2003](54~56쪽 및 58~60쪽)는 공민왕의 배우자 선택에 대해 필자와 같은 의견이지만, 심왕 왕고가 충선왕비와 동일 가계의 공주를 맞이한 것에 대해서는 왕고에게 심왕위를 넘김으로써 본국의 충숙왕을 견제하고자 했던 상왕 충선왕의 의도와 관련된 것으로 보았다. 그러나 왕고의 심왕위 계승이 충숙왕에 대한 견제가 된다는 해석 자체는 좀 더 논리적인 설명이 필요하며, 더 많은 검토를 요한다.

5. 소결

이 장에서는 고려 왕가와 몽골 황족의 통혼관계에 관한 기초적인 사실관계를 확인함과 동시에 거기에서 엿보이는 패턴을 옹구트 왕가, 위구르 왕가 등 다른 몽골 부마가와 비교하며 고찰했다. 사료가 절대적으로 부족한 탓에 통혼 패턴의 의미에 대해서는 기본적으로 가능성 정도만을 지적하는 한편 굳이 대담한 억측을 시도한 부분도 없지 않지만, 현재의 상황에서 지적할 수 있는 사항을 재정리하자면 다음과 같다.

① 고려 왕가와 몽골 황족의 통혼은 원 측에서만 고려 측에 공주를 하가시키는 일방통행 형태를 취했다. 그러나 여기에는 고려 측에 출가할 수 있는 왕녀가 거의 없었다는 생물학적 우연이 영향을 미쳤을 가능성도 있다. 이에 이러한 양상이 원의 의도와 관련되는지 여부에 대한 판단은 현시점에서는 보류하는 것이 마땅하다.

② 고려 왕가의 통혼 범위는 쿠빌라이가에 한정되었는데, 이는 원이 고려를 친중앙세력화하려 했던 점을 감안해도 특수한 상황이다. 이는 고려에 대한 원 정부의 특별한 배려로도 보이는데, 그것은 하가한 공주의 다수가 최고격의 종왕가 출신이었다는 점에서도 엿볼 수 있다. 그러나 다른 한편으로, 몽골 황실 전체와의 관계나 황제 및 원 권력 중추와의 거리 측면에서는 억제적인 면도 보인다. 다만 출진 왕가와의 통혼이 기조를 이루는 점은 원 국가통합책의 일환으로서의 의미를 생각할 수 있으며, 고려 왕가의 특징으로서 주목된다.

③ 고려 왕가에 '몽골 공주의 하가'는 우선 원의 판도 내에서의 생존 전략으로서 중요했으며, 개별 왕위 계승의 정통성과 연관되었을 가능성도 있다. 특히 전대 왕비와 동일 가계의 공주를 맞이

한 사례가 주목되는데, 이들은 이례적인 형태의 왕위 계승과 관련되었다는 공통점이 있다. 공주의 선택에 고려 측 당사자의 의지가 반영되었다고 한다면, 공주 가계의 연속성이 왕위 계승의 정통성을 보충하는 요소가 되었을 가능성이 있다.

이상과 같이 고려 왕가와 몽골 황족의 통혼관계에는 몇 가지 패턴이 있는데, 이명미가 제시한 틀에는 유효성과 함께 보정의 여지가 발견된다. 개별 사항에 관한 필자의 견해는 본론에서 제시한 바와 같지만, 특히 주의해야 할 것은 숭샨, 쵸펠같이 하나의 통혼 사례가 복수의 패턴에 걸쳐 있는 경우다. 이명미의 분류에서는 하나의 통혼 사례를 하나의 패턴으로만 파악해 상황을 지나치게 단순화하고 있다. 고려 왕가에 대한 공주 하가는 복수의 변수가 복합적으로 작용하는 가운데 전개되었다고 봐야 할 것이다.

다만 통혼 패턴의 배경 및 이유에 관한 이상의 논의는 대부분 고려와 원, 특정 측 당사자의 의도에 따라 패턴이 생겨났다는 가정을 전제로 한다. 그러나 이 점은 사료가 부족해 확정할 수 없는 요소가 많으며, 특히 생물학적 우연이 문제가 되기도 한다. 바로 고려 왕가가 통혼을 원한 가 시기 황실 내에 혼기를 맞은 공주가 누가 있었고, 다른 부마가와의 통혼과 얽힌 가운데 고려 왕가에 하가할 수 있는 공주로는 어디에 누가 있었는가 하는 문제다. 이에 통혼 패턴이 우연의 산물이며, 거기에 특별한 의도는 없었을 가능성도 현시점에서는 상정해 두어야 할 것이다.

이상의 여러 견해는 앞으로 유라시아 각지에서의 몽골 황족과 부마가의 통혼 사례를 종합해 비교·대조함으로써 개연성을 검증할 필요가 있다. 이에 따라 고려 왕가의 일반성과 특수성이 분명해질 것이며, 특수성과 관련해서는 다양한 변형 가운데 한 사례로서의 특수성인지, 다른 사례와는 전혀 다른 차원의 이질적인 것으로서의 특수성인지를 판별할 수 있을 것이다.

제4장

원의 케식 제도와 고려 왕가

고려-원 관계에서 투르칵의 의의

1. 문제의 소재

이 장에서는 고려-원 관계를 규정하고 그에 질서를 부여했던 제도의 하나로서, 고려 왕가에서 왕자를 비롯한 왕족 가운데 원에 보낸 질자(質子), 즉 독로화(禿魯花, 투르칵)에 대해 다룰 것이다. 이 문제는 지금까지도 통사·개설서나 그 외의 여러 논고에서 논급되어, 고려에 대한 원의 억압·통제책의 하나로서 나름대로 주목받아 왔다.[1] 특히 양의숙(梁義淑)은 이 문제를 처음으로 정면에서 다루면서 독로화가 고려 국내의 정치·사회에 끼친 영향을 중심으로 그 의의를 논하며, 신라-당 관계와 비교하기도 했다.[2] 또한 오토사카 도모코(乙坂智子)도 원의 주변 여러 국가에 대한 정책 구조를 논하는 가운데 티벳의 상황과 비교하면서 고려 왕족의 '입질(入質)' 문제를 다루었다.[3] 그러나 비교적 많은 관심에도 불구하고, 독로화라는 제도 자체의 의미에 대해서는 그것이 고려의 복속을 담보하기 위한 인질이었다는 표면적 이해에 그치는 듯하다. 독로화가 사료에

1 예를 들면, 柳洪烈[1957]; Henthorn[1963]; 高柄翊[1974]; 張東翼[1994a]; 李益柱[1996a]; 李益柱[1996c]; 金渭顯[2004] 등이 있다.

2 梁義淑[1993a]; 梁義淑[1993b].

3 乙坂智子[1998].

서 '질자', '질(質)'이라는 한어(漢語)로 표기되는 경우가 있는 것은 사실이다. 그러나 본래 이 용어는 위사(衛士) 등을 의미하는 투르칵(turγaγ)이라는 몽골어 술어를 음사(音寫)한 것이므로, 그것이 원에서 가지는 고유한 의미를 파악할 필요가 있다.

이에 새롭게 주목하려는 것은, 고려 왕가의 투르칵이 원 궁정에서 '숙위(宿衛)'라는 행위에 종사했다는 점이다. 종래 이 '숙위'에 각별한 주의를 기울인 바는 없으며, 심지어 투르칵과 혼동한 경우도 있었다. 그러나 매우 간단한 언급이긴 해도 일부 논저에서 이것이 '케식(kešig, 怯薛)'이라는 제도와 관련되었다는 점이 지적된 바 있다.[4]

원-몽골제국사 연구의 성과에 따르면, 투르칵은 원래 몽골에서 유목 군장 휘하에 내투(來投)해 온 족장(族長) 등이 의탁의 대가로 차출한 질자이며, 그들은 군장의 신변을 경호하는 친위대로 조직되었다고 한다.[5] 그리고 케식은[6] 몽골제국을 건설한 칭기스칸이 이러한 투르칵 외에 누케르(nökür)라는 친병(親兵)의 관습에 근거해, 몽골의 지배층인 천호장(千戶長)·백호장(百戶長)·십호장(十戶長)의 자제 및 평민 자제 중 유능한 자를 징집해 창설한 카안(qa'an, 황제) 직속의 대규모 친위대다. 그리고 그 후 제국이 확대됨에 따라 새로 복속한 곳의 자제들도 케식에 더해졌다. 케식은 4번(番)으로 나뉘어 3일마다 교대로 카안의 신변 경호를 담당했고, 카안의 일상생활 전반에 걸쳐 여러 직장(職掌), 즉 케식 직장을 나누

---

4 梁義淑[1993a], 176~178쪽; 梁義淑[1993b], 23~24쪽. 또한 주기나 개설에서 간단하게 언급된 것이지만, 堤一昭[1995](5~6쪽, 8쪽)와 岸本美緒·宮嶋博史[1998](14쪽)도 동일한 내용을 지적했다.

5 투르칵에 대해서는 札奇斯欽[1980], 809~811쪽; 村上正二[1993b], 161~162쪽; 村上正二[1993c], 187~188쪽 참조.

6 이 장에서 언급하는 케식 제도의 내용에 대해서는 箭内瓦[1930]; ウラジミルツォフ[1941]; 護雅夫[1952a]; 護雅夫[1952b]; 坂本勉[1970]; 眞杉慶夫[1970]; 片山共夫[1977]; Hsiao[1978]; 片山共夫[1980a]; 片山共夫[1980b]; 蕭啓慶[1983b]; 葉新民[1983]; 片山共夫[1987a]; 片山共夫[1987b]; 片山共夫[1988]; 村上正二[1993b]; 村上正二[1993c]를 직접 참고했다.

어 담당하는 가정(家政) 기관이기도 했으며, 또한 정부 기구와 연관되어 인력을 제공하는 인적 기반으로서의 역할도 담당했다.

이처럼 투르칵은 케식의 원형을 이루었으며, 이후에도 계속해서 복속집단으로부터 투르칵을 징집해 케식에 충당했다.[7] 후술하듯이 고려 왕가에서 투르칵을 파견한 것도 케식 제도의 일환이며, 투르칵이 된 왕족들은 케식에 충당되었다. 따라서 고려-원 관계에서 투르칵의 제도적 의의를 논하기 위해서는 우선 양국 관계에서 케식 제도가 갖는 의의를 파악해야 한다.

일반적으로 케식 제도에는 몽골제국을 초창기부터 구성해 온 여러 세력과 정복 활동의 결과로 새롭게 내투해 온 외부의 정치 세력을 카안의 권위 아래에 통합하여 카안의 권력 기반으로 전환·재편하는 장치로서의 기능이 있었다고 한다. 즉 복속집단의 수장은 충성의 증표로 자신의 자제를 케식으로 차출해 카안에게 봉사하게 했는데, 거기에는 그들을 견제하는 인질로서의 의미와 그 자제를 카안과의 주종적 관계로 포섭함으로써 그들을 몽골제국 지배층의 일원으로 키워 낸다는 목적이 있었다. 케식이 된 자제가 아버지의 지위를 계승하면, 다시 그의 아들이 케식에 들어감으로써 그러한 관계가 세대를 넘어 갱신·재생산되었다. 그리고 케식에서의 봉사는 카안에 대한 훈공으로 간주되었으며, 그 지위는 카안의 직접적인 은총을 받은, 천호장 상위의 영예로운 특권으로서 중시되었다. 이러한 케식 제도의 일반적 의의가 고려 왕가에서도 적용·발휘되었을 가능성을 충분히 고려할 필요가 있으며, 사료에 근거한 논증이 필요하다. 나아가 고려-원 관계에서 케식 제도가 갖는 특유한 의의에 대해서도 검토할 필요가 있을 것이다.

---

7 Hsiao[1978], 41쪽; 片山共夫[1980a], 25~27쪽; 蕭啓慶[1983b], 75~77쪽 참조. 札奇斯欽[1980](804~809쪽)은 세조 이후의 투르칵은 케식과 관계가 없어진다고 보고 있으나, 타당하지 않다.

물론 이상의 문제를 해명하기 위해서는 누가, 언제, 어떤 경위로 케식에 들어갔는가 하는 기초적인 사실관계를 파악해야 한다. 특히 케식에 들어간 경위에 대해서는 해당 고려 왕족이 투르칵이었음이 사료에 명시되어 있지 않은 경우도 많아서 주의 깊게 볼 필요가 있다. 일반적으로 케식에 들어가는 경로로는 투르칵이 되는 것 외에도 능력 및 가문에 따른 발탁, 관인의 추천, 세습 등 여러 가지 형태가 있었으므로,[8] 단지 케식에 들어갔다는 것만으로는 그가 투르칵이었다고 단정할 수 없다. 케식에 들어간 고려 왕족 가운데 투르칵이었던 자가 오히려 소수였다고 한다면, 케식 제도의 의의를 투르칵 파견과 관련지어 논하고자 하는 필자의 입장도 문제가 된다. 이러한 개별 사례에 대해서는 선행 연구를 통해 어느 정도 밝혀졌지만, 케식과 투르칵이 막연하게 혼동되기도 하고 사례를 추출하는 기준이 애매하거나 자의적이기도 하다는 등의 문제가 있다.

이에 이 장에서는 다음과 같은 순서로 논의를 진행하겠다. 우선 제2절에서는 고려 왕족이 케식이 된 사실이 사료에 어떻게 드러나 있는지, 사료상의 용어를 검토할 것이다. 제3절에서는 그러한 사료상 용어를 지표로 해서, 일단 고려 왕족이 케식에 참여한 모든 사례를 추출할 것이다. 그리고 제4절에서는 각 왕족이 케식에 들어간 경위를 정리하고, 투르칵으로서의 파견이 그 기본적 형태였음을 확인할 것이다. 마지막으로 제5절에서는 고려-원 관계에서 케식 제도가 갖는 의의를 고찰할 것이다.

한편 케식이 된 왕족은 본국의 신료가 수종했는데, 특히 왕족이 투르칵으로 파견되는 경우에는 정부 고관의 자제 가운데서도 투르칵을 선발해 그를 수종하게 했다. 다만 일행을 대표하는 것은 어디까지나 왕족이었다. 또한 국왕·왕실을 축으로 구축된 고려-원 관계를 검토한다는

8 片山共夫[1980a], 23~25쪽 참조.

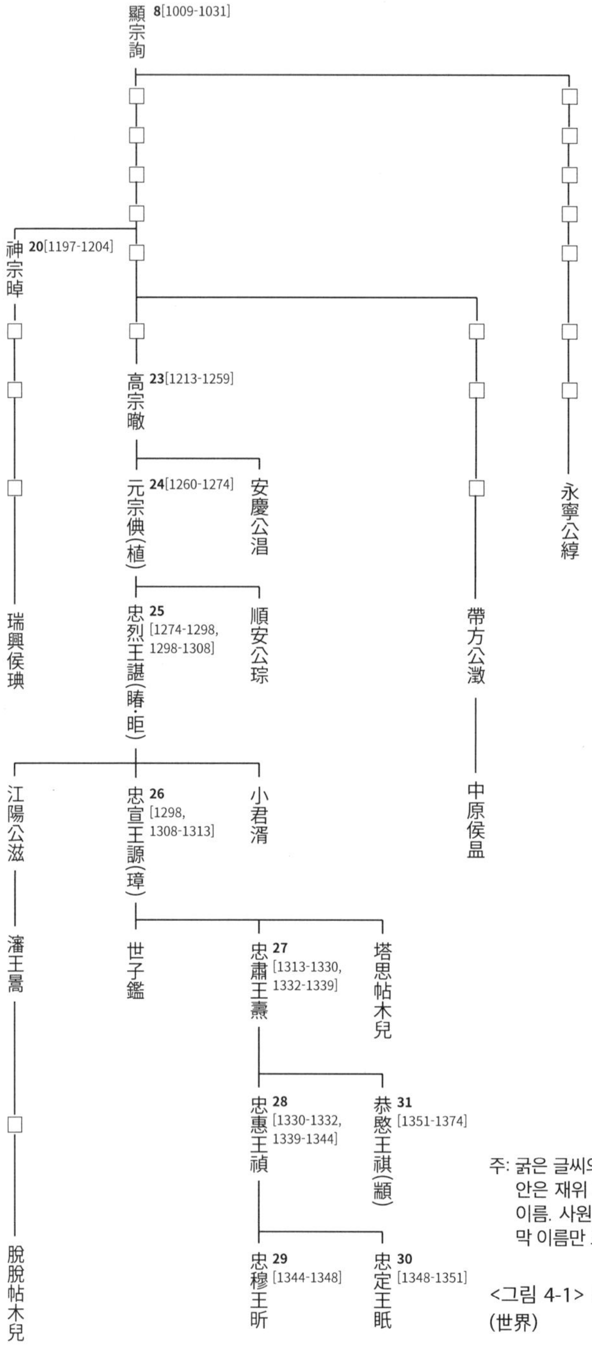

주: 굵은 글씨의 숫자는 왕의 대수(代數). [ ] 안은 재위 기간. ( )는 왕이 개명한 후의 이름. 사원기 이전의 왕에 대해서는 마지막 이름만 표시했다.

<그림 4-1> 케식 관련 고려 왕족의 세계(世界)

이 책의 취지에 따라, 여기에서는 신료로서 투르칵이 되어 수종한 이들을 직접 검토 대상으로 삼지는 않을 것이다. 앞으로 등장하는 고려 왕족의 세계(世系)에 대해서는 〈그림 4-1〉을 참조하기 바란다.

2. 고려 왕족의 케식 참여에 대한 사료 용어

1) 투르칵·숙위·입시

우선 고려 왕족 출신 투르칵이 원 궁정에서 '숙위'에 종사했다는 사실을 다시 확인해 보겠다. 충렬왕(忠烈王)에 대해서는 이제현의 『익재난고』, 〈충헌왕세가〉에 다음과 같은 기사가 있다.

> A. 〔至元〕 8년(1271, 元宗 12), 또 관인 자제 20인을 이끌고 입조(入朝)해 투르칵이 되었다.[9]

1271년, 당시 세자[10]였던 충렬왕이 관인의 자제를 이끌고 원으로 가서 '투르칵'이 되었다고 한다.[11] 한편 이것을 『고려사』 세가, 충렬왕 23년(1297, 大德 원년) 10월 병신 조에는,

---

9 『益齋亂藁』 권9上, 〈忠憲王世家〉. "八年, 又率衣冠子弟二十人入朝, 爲禿魯花."

10 고려에서는 원래 다음 왕위 계승 후보자를 太子라고 칭했는데, 원에 대한 참월을 피해 공식적으로는 충렬왕 대 초에 世子로 개칭했다. 이 장에서는 편의상 사료에 직접 근거하지 않는 한 사원기의 용어는 세자로 통일한다.

11 사료 A는 어찌 보면 관인 자제만이 투르칵이 되고, 충렬왕은 이들을 인솔했을 뿐인 것처럼 읽힐지도 모른다. 그러나 『高麗史』 권124, 尹秀 열전에 "충렬왕이 원에 있으면서 투르칵이 되자"라고 되어 있고, 또 『元史』 권7, 世祖本紀, 至元 8년 7월 乙酉 條에 "고려의 세자 諶이 質子가 되었다."라고 되어 있어, 충렬왕 자신도 투르칵이었음이 확인된다.

B. 〔충렬왕은〕 조인규(趙仁規)·인후(印侯)·유비(柳庇)를 원에 보내어 황자의 탄생을 경하하고 또 곡물의 매각을 고하며 전위(傳位)할 것을 요청했다. 표문에 이르기를, "(중략) 〔지원〕 8년 신미년, 숙위에 참입(參入)해 세월을 보내다가 공주 하가를 받기에 이르러 더욱더 번직(藩職)에 힘쓰고 있습니다."[12]

와 같이 '숙위'에 참입했다고 기록했다.

또 『고려사』 세가, 충렬왕 원년(1275, 지원 12) 12월 정미 조에는,

C. 대방공(帶方公) 왕징(王澂)을 보내어 관인 자제 10인을 이끌고 원으로 가서 투르칵이 되게 했다.[13]

라고 했다. 즉 1275년, 방계 왕족인 대방공 왕징이 관인 자제를 이끌고 원에 입조해 '투르칵'이 되었다는 것이다.[14] 대방공은 1279년(충렬왕 5, 지원 16)에도 '투르칵'으로서 원에 보내졌는데(사료 M 참조) 이러한 입원(入元) 활동에 대해 최해(崔瀣)가 찬한 수녕옹주(壽寧翁主)의 묘지명에는,

D. 부친 대방공의 휘는 징(澂)이다. 세조 황제 때 본국의 자제를 이끌고 궁중에 숙위했다. 천자(天子)께서 그 공로를 가상하게 여기시어 은혜를 베푸신 것이 일 년에 수백에 이르렀다.[15]

---

12 『高麗史』 권31, 충렬왕 23년 10월 丙申. "遣趙仁規·印侯·柳庇如元, 賀生皇子, 且告糶請傳位. 表曰, (중략) 八年辛未, 入叅宿衛, 累經歲月, 至蒙釐降, 益勤藩職."

13 『高麗史』 권28, 충렬왕 원년 12월 丁未. "遣帶方公澂, 率衣冠子弟十人如元, 爲禿魯花."

14 사료 C는 일견, 관인 자제만이 투르칵이 되고, 帶方公은 이를 인솔했을 뿐인 것처럼 읽힐지도 모른다. 그러나 앞에 나온 〈忠憲王世家〉에 "이해에 堂弟인 帶方公 澂을 보내어 入朝하게 해 투르칵으로 삼았다."라고 되어 있어, 대방공도 투르칵이었음을 확인할 수 있다(이 기사 앞에 1275년(충렬왕 원년, 지원 12)의 관제 개혁을 언급했으므로, "이해"는 1275년임을 알 수 있다).

라고 하며, 역시 원 궁정에 '숙위'했다고 했다.

이상의 사례에서 투르칵이 되는 것과 '숙위'에 종사하는 것이 완전히 동일한 것으로 보일지도 모르겠으나, 쌍방의 관계는 방계 왕족인 서흥후(瑞興侯) 왕전(王琠)의 사례에서 보다 분명하게 나타난다. 최해가 지은 최운(崔雲)의 묘지명에 기록된 주인공의 행적은 다음과 같다.

> E. 대덕 계묘년(1303, 충렬왕 29, 대덕 7), 세가(世家)의 자제로서 왕전을 수행해 천자의 궁정에 숙위했으니, 투르칵[都魯花]이라고 했다.[16]

이는 직접적으로는 1303년에 서흥후를 수행한 '세가의 자제'로서 원 궁정에서 '숙위'한 최운이 '투르칵'이라고 불린 사실을 전하는데(후술하듯 연대에는 의문이 제기되기도 한다), 다른 사료에 "왕전은 서흥군에 봉해졌다. 충렬왕 대에 투르칵[禿魯花]으로서 원에 체재했다."[17], "투르칵 서흥후 전"[18] 등으로 기록된 것에서 보듯, 서흥후 자신도 투르칵이었다. 즉 투르칵이 된 고려 왕족이 원 궁정에서 '숙위'에 종사했다는 것으로, 이 일련의 사안에 대해 사료 A·C에서는 투르칵이 된 사실만을 기록했고, 사료 B·D에서는 '숙위'에 참여한 사실만을 기록한 것이다.

다음으로 '숙위'의 정체인데, 전술했듯이 이것과 케식의 관계를 지

15 〈大元高麗國故壽寧翁主金氏墓誌銘〉. "父帶方公, 諱澂. 在世祖皇帝時, 率國子弟, 宿衛于內. 天子嘉其勞, 寵賚歲至累百." 이 묘지명은 국립중앙박물관에 소장된 것으로, 필자가 직접 확인했다. 찬술 연대는 명기되어 있지 않으나, 墓主는 元統 3년(1335, 忠肅王 후4, 後至元 원년)에 사망해 같은 해에 매장되었다. 판독에는 崔瀣, 『拙藁千百』 권2, 〈壽寧翁主金氏墓誌〉; 『東文選』 권123, 〈壽寧翁主金氏墓誌〉; 劉燕庭(劉承幹 補), 『海東金石苑』 補遺 권6, 〈壽寧翁主金氏墓誌〉; 朝鮮總督府[1919], 481~483쪽; 許興植[1984b], 1143~1146쪽; 金龍善[2012], 482~484쪽도 참조했다.

16 『拙藁千百』 권1, 〈皇元高麗故通憲大夫知密直司事右常侍上護軍崔公墓誌銘〉. "大德癸卯, 以世家子, 隨王琠宿衛闕庭, 號都魯花."

17 『高麗史』 권91, 襄陽公 恕 傳. "琠, 封瑞興君, 忠烈朝, 以禿魯花在元."

18 『高麗史』 권125, 王惟紹 傳. "禿魯花瑞興侯琠."

적한 견해가 있다. 원-몽골제국사의 선행 연구에 따르면, 원의 한문 사료에서는 카안의 신변 경호를 담당한 케식 조직 및 그 임무를 '숙위'로 기록했다. 게다가 투르칵을 케식에 종사시키는 통례가 있었으므로, 고려 왕족 출신 투르칵도 마찬가지였을 가능성이 높다.[19] 그러나 더 확실하게 하기 위해서 고려 측 사료에 나타난 원의 '숙위'가 원 측 사료의 그것과 같은 의미인지 여부를 확인해 보자.

우선 〈충헌왕세가〉를 보면, 충선왕(忠宣王)에 대해 다음과 같이 기록되어 있다.

> F. 〔충선왕은〕 16세가 되자 입조했다. 세조 황제가 편전에 불러 보았는데, 안석에 비기고 누워서 묻기를, "너는 본국에 있으면서 어떤 책을 읽었느냐?"라고 하자, 대답해 말하기를, "사부인 유신(儒臣) 정가신(鄭可臣)과 민지(閔漬)가 여기에 있으니 숙위의 겨를에 〔그들을〕 따라서 효경과 논어, 맹자에 대해서 질문하고 있습니다." 했다.[20]

여기에서는 세자 시절, 16세로 원에 들어간 충선왕이 세조 쿠빌라이 아래에서 '숙위'에 종사하고 있었던 일을 전하고 있다. 그리고 원의 문인 관료인 정거부(程鉅夫)가 지은 〈대경수사대장경비(大慶壽寺大藏經碑)〉에도 같은 일을 다음과 같이 '숙위'라고 기록했다.

> G. 왕(충선왕)의 이름은 장(璋)이다. 어진 것을 좋아하고 선한 것을 즐기

---

19 원에서 '質子'라고 칭해지는 자들 가운데는 지방 주둔군의 중요 구성원도 있었다. 예를 들면, 『元史』 권99, 兵志, 鎭守의 中統 원년(1260, 元宗 원년) 5월 條에 西京·宣德에 주둔한 質子軍이, 中統 3년 10월 조서에 固安·平灤州에 주둔한 질자군이 보인다. 그러나 궁정에서 '숙위'를 담당한 고려 왕족 투르칵은 여기에 해당되지 않는다.

20 『益齋亂藁』 권9上, 〈忠憲王世家〉. "至年十六入朝. 世祖皇帝引見便殿, 隱几而臥, 問爾在國讀何書. 對曰, 有師儒鄭可臣·閔漬在此, 宿衛之暇時, 從質問孝經論孟."

며 인덕과 교양이 있다. 세조를 섬기기에 이르러 황제의 외손자로서 세자가 되어 숙위에 들어가 높이 평가받았고, 성종 대에 선발되어 공주를 맞이했다.[21]

가타야마 도토모오(片山共夫)는 이 사료 G를 근거로 충선왕을 케식의 일원으로 보았는데,[22] 원 정부의 인사가 기록한 '숙위'이므로 이것이 케식을 가리키는 점은 분명하다. 이 외에도 원에서 관직 생활을 했던 고려인 한영(韓永)에 대해, 원의 소천작(蘇天爵)이 "공은 대덕 7년(1303, 충렬왕 29)에 숙위에 들어갔다."라고 기록했으며,[23] 고려인 이곡(李穀)도 한영의 행장에서 "대덕 7년에 선발되어 숙위에 충원되었다."라고 기록한 예가 있다.[24]

이상과 같이, 고려 측의 사료에서도 케식이 '숙위'라고 기록되었음이 확인된다. 다른 고려 왕족이 참여한 원 궁정의 '숙위'도 케식을 가리킨다고 봐도 좋을 것이다.[25] 원 말 14세기 중반에 이제현이 초안을 작성해 원에 보낸 진정표에는 양국의 밀접한 관계를 돌아보면서, "질자를 징집해 숙위의 대열에 대비하게 했습니다."라고 언급했다.[26] 고려에서 파견된 투르칵은 케식에 충당하는 것이 통례였다고 짐작된다. 따라서 '투르칵이 되었다'는 것은 고려 왕족의 케식 참여 사례를 추출하는 지표가

21 『雪樓集』 권18, 〈大慶壽寺大藏經碑〉. "王名璋. 好賢樂善, 有德有文. 逮事世祖, 以皇甥爲世子, 入宿衛, 被賞識, 成宗朝, 選尙公主."

22 片山共夫[1980a], 47~48쪽.

23 『慈溪文稿』 권17, 〈元故亞中大夫河南府路總管韓公神道碑幷序〉. "公以大德七年入備宿衛."

24 『稼亭集』 권12, 〈有元故亞中大夫河南府路摠管兼本路諸軍奧魯摠管管內勸農事知河防事贈集賢直學士輕車都尉高陽侯諡正惠韓公行狀〉. "大德七年, 選充宿衛."

25 어디까지나 원에서의 '숙위'에 관한 이야기다. 고려 측 사료에 고려왕의 호위를 '숙위'라고 기록한 경우도 있지만 기계적으로 단정할 수는 없다.

26 『益齋亂藁』 권8, 〈陳情表〉. "徵子弟之質, 而備於宿衛之行." 이 진정표는 1345년(忠穆顯 원년, 至正 5)에 반포된 카안의 조서에 대한 것이다.

된다.

또 "원 궁정에서 '숙위'에 참여했다."라는 것은 케식에 참여한 것을 의미하므로, 더욱 직접적인 지표로 볼 수 있다. 다만 전술한 바와 같이, '숙위'에 참여했다는 것만으로는 그가 투르칵으로 파견되었다고 한정할 수 없다는 점에 주의해야 한다.

고려 왕족이 원 궁정에서 '숙위'에 종사했다는 것을 '입시(入侍)'라고 표현한 사료도 있다. 우선 충선왕에 대해 〈충헌왕세가〉에서는,

> H. 대덕 2년(1298, 충렬왕 24), 왕위에 올라 어진 이를 임용하고 유능한 자를 등용해 사악함을 제거하고 폐단을 혁파했다. (중략) 공주(충선왕비 붓다슈리)의 유모가 본국의 욕심이 많은 자와 몰래 모의해 공주가 〔왕의〕 사랑을 잃었다고 〔원〕 중궁(中宮)에 호소했다. 이 때문에 숙위에 불려 들어간 것이 10년에 이르렀다. 〔당시〕 무종·인종이 잠저에 있으면서 왕과 함께 눕고 일어나 밤낮으로 서로 떨어지지 않았다.[27]

라고 했다. 1298년에 즉위한 충선왕은 후궁을 둘러싼 내분이 단서가 되어 원 측의 신임을 잃고 그해에 폐위되었는데, 위 사료 H에 따르면, 이때 충선왕은 '숙위에 불려 들어갔다'고 한다. 그런데 『졸고천백(拙藁千百)』에 실린 〈김문정공(金文正公)묘지〉의 한 구절에서는 이 일을 다음과 같이 원 궁정에 '입시'했다고 기록하고 있다.

> I. 대덕 무술년 봄에 덕릉(德陵, 충선왕)이 내선(內禪)을 받아 왕위를 계승했는데, 〔그때〕 공을 오해해 파면했다. 가을에 덕릉은 천자의 궁정에

---

27 『益齋亂藁』 권9上, 〈忠憲王世家〉. "大德二年, 卽王位, 任賢使能, 去邪革弊. (중략) 公主之乳媼, 與本國患得之人潛謀, 以公主失愛, 訴于中宮. 以故召入宿衛者十年. 武宗·仁宗龍潛, 與王同臥起, 晝夜不相離."

입시했고, 충렬왕이 복위하자 〔공을〕 다시 판도총랑(版圖摠郎)으로 삼았다.[28]

또 공민왕(恭愍王)에 대해서도 『고려사』 공민왕 세가에,

> J. 충혜왕(忠惠王) 후2년(1341, 지정 원년) 5월, 원 순제(順帝)가 사신을 보내어 숙위로 불러들였다. 당시에 '대원자(大元子)'라고 불렸다. 충목왕이 즉위해 강릉부원대군(江陵府院大君)으로 봉했다. 충목왕이 홍거하자, 나라 사람들이 왕을 옹립하고자 했으나 원에서 충정왕(忠定王)으로 왕위를 계승하게 하고 왕은 그대로 머물러 숙위하게 했다.[29]

라고 했다. 1341년, 왕자였을 당시 순제 토곤 테무르가 불러 '숙위'에 들어갔다고 하는데, 이때 원에 들어간 사실에 대해 『고려사』 안우경(安遇慶) 열전에서는,

> K. 〔안우경이 원〕 파사부(婆娑府)의 토트카순[脫脫禾孫, tutqasun]에게 문서를 보내어 말하기를, "(중략) 지금의 우리 국왕(공민왕)은 충숙왕의 적자이며, 천자의 궁정에 10년여 동안 입시해 크게 공적을 세웠다 〔그래서〕 공주를 맞이해 부마가 되었고, 정통을 계승해 작은 나라를 맡아 사대(事大)하는 예를 한마음으로 삼가고 있다. (중략)" 했다.[30]

---

28 『拙藁千百』 권1, 〈金文正公墓誌〉. "大德戊戌春, 德陵受內讓嗣王位, 以公過免. 秋, 德陵入侍闕庭, 忠烈王復位, 起爲版圖摠郎."

29 『高麗史』 권38, 공민왕 총서. "忠惠王後二年五月, 元順帝遣使, 召入朝宿衛. 時稱大元子. 忠穆王卽位, 封爲江陵府院大君. 忠穆薨, 國人欲立王, 元以忠定襲位, 仍留王宿衛."

30 『高麗史』 권113, 安遇慶. "移書婆娑府脫脫禾孫曰, (중략) 今我國王, 忠肅王之嫡子, 入侍天庭十有餘年, 頗著功績. 尙公主爲駙馬, 承正統, 莅下國事大之禮, 恪謹一心. (후략)"

라고 해, 원 궁정에 '입시'했다고 기록했다.

또 충렬왕이 세자였을 때 투르칵으로서 '숙위'에 들어간 사례와 관련해서도 다음의 『고려사』 세가, 원종 12년(1271, 지원 8) 6월 기해 조에는 '입시'라고 기록했다.

> L. 세자 왕심(뒤의 충렬왕)을 보내어 몽골에 입질(入質)하게 했다. 상서우승(尙書右丞) 송분(宋玢), 군기감(軍器監) 설공검(薛公儉), 호부낭중(戶部郎中) 김서(金惰) 등 20인이 수행했다. 또 추밀원부사(樞密院副使) 이창경(李昌慶)에게 명해 그 일행[行旅]을 호위하게 했다. 표문을 올려 상주하기를 "신으로부터 재상에 이르기까지 〔앞으로〕 자제를 돌아가며 입시하게 하기를 희망합니다. 우선 세자와 관인의 자제 20인, 관청 직원 100인을 보내어 이르게 합니다."라고 했다.[31]

이상의 '입시'는 단어 그 자체, 그리고 원 궁정에서의 '숙위'와의 관련성을 통해 볼 때, 직접적으로는 케식에 들어가 카안을 가까이서 시종한 것을 의미한다고 생각된다. 원 측 사료에 같은 '입시'의 용례가 다수 보인다는 점은 선행 연구를 통해서도 알려져 있다. 따라서 "원 궁정에 '입시'한다."는 것도 일단 고려 왕족의 케식 참여 사례로 판단하는 지표가 될 것이다. 다만 '입시'라는 말 자체는 본래 단순히 곁에서 시중드는 것을 의미할 뿐으로, 케식 이외의 의미로 폭넓게 사용될 가능성도 있어 기계적으로 단정할 수는 없다.

31 『高麗史』 권27, 원종 12년 6월 己亥. "遣世子諶入質于蒙古. 尙書右丞宋玢·軍器監薛公儉·戶部郎中金惰等二十人從之. 又命樞密院副使李昌慶調護其行. 表奏云, 自臣至于輔相, 欲令子弟相遞入侍. 而先遣世子與衣冠胤胄二十人·衙內職員百人進詣."

2) 궁전배

용례는 적지만, 고려 측 사료에는 가끔 '궁전배(弓箭陪)'라는 말이 보이는데, 투르칵과의 관련성을 주의 깊게 살펴볼 필요가 있다. 예를 들면 다음과 같은 두 건의 사료가 있다.

> 영녕공(永寧公) 왕준(王綧)이 입질하게 되자 추밀원부사 한취(韓就)가 궁전배를 선발했다. 김유(金裕)가 시를 지어 거기에 참가하기를 구했는데, 한취는 그 시가 마음에 들어 〔김유를〕 선발에 포함했다.[32]

> 북계병마사(北界兵馬使)가 영녕공 왕준이 몽골군을 따라 귀환했음을 보고했다. 왕준이 양근(楊根)에 있었을 때 궁전배 낭장(郎將) 채취화(蔡取和)가 말하기를, "처자를 버리고 공을 따라 멀리 떨어진 곳에 온 것은 국가를 편안하게 하고자 해서였는데, 지금 털끝만큼도 나라에 이익이 되는 일이 없으니 반신(叛臣)과 다를 것이 없습니다." 하고 마침내 도망해 돌아왔다.[33]

1241년(高宗 28, 太宗 우구데이 13), 고려는 몽골군 철수의 대가로 방계 왕족인 영녕공 왕준을 왕자라고 속이고 최초의 투르칵으로서 태종 우구데이에게 보냈는데,[34] 위의 사료는 그에 관한 것이다. 이에 따르면 이때 김유·채취화 등이 궁전배에 선발되어 영녕공을 수종했음을 알 수 있다.

궁전배 관련 사료는 기사 연대로는 이때 처음 등장하며, 그 이전에

---

32 『高麗史』 권130, 趙彝 附 金裕. "永寧公綧之入質也, 樞副韓就選弓箭陪. 卒裕作詩求行, 就愛其詩, 置選中."

33 『高麗史節要』 권17, 고종 42년 3월. "北界兵馬使報, 永寧公綧, 隨蒙兵還. 綧在楊根時, 弓箭陪郎將蔡取和曰, 捐妻子從公絶域者, 欲安國家耳, 今無一毫事利國, 與叛臣無異. 遂逃還."

34 『高麗史節要』 권17, 고종 28년 4월; 『元史』 권2, 太宗本紀, 13년 가을.

는 보이지 않는다. 그뿐만 아니라 『고려사』 백관지 등 고려 정부의 직제를 설명한 사료에도 전혀 언급이 없다. 이는 당연한 것으로, 지원 24년(1287, 충렬왕 13)에 쓰인 이인성(李仁成)의 묘지명(찬자 불명)에 "후계인 이우(李瑀)는 근시낭장(近侍郎將)이며 지금은 상국(上國)의 궁전배다."라고 했듯이,[35] 궁전배는 '상국' 원, 혹은 몽골제국에서 유래한 직함이었기 때문이다. 여기에 보이는 이우는 궁전배로서 고려 정부의 근시낭장이기도 했다. 앞서 인용한 사료의 '궁전배 낭장 채취화' 등도 몽골의 궁전배로서 고려의 낭장이었다고 이해된다.

궁전배는 몽골에서 유래한 직함으로, 적어도 고려와 관련해서는 왕족을 투르칵으로 파견할 때의 수종자로서 존재한 경우가 있었음을 우선 지적할 수 있다.

실제로, 궁전배라는 직함을 가진 고려 관인들은 모든 사례에서 투르칵 파견과의 관련이 확인된다. 『고려사』 세가, 충렬왕 5년(1279, 지원 16) 3월 정사 조에는,

> M. 대방공 왕징을 파견해 투르칵을 이끌고 원에 가게 했다. 김방경(金方慶)의 아들 김흔(金忻), 원부(元傅)의 아들 원정(元貞), 박항(朴恒)의 아들 박원굉(朴元浤), 허공(許珙)의 아들 허평(許評), 홍자번(洪子藩)의 아들 홍순

---

35 〈卒奉翊大夫同判密直司事左常侍文翰學士承旨世子元賓李公墓誌〉(국립중앙박물관 소장). "胤子瑀, 近侍郎將, 時爲上國弓箭陪." 필자는 한국 국립문화재연구소의 한국금석문종합영상정보시스템(http:/gsm.nricp.go.kr/_third/user/main.jsp)을 통해 탁본 사진을 열람했다(2013년 9월 1일 최종 확인). 판독에는 李蘭暎[1968], 208~209쪽(표제는 李仁成墓誌); 許興植[1984b], 1057~1060쪽(표제는 李仁成墓誌); 金龍善[2012], 397~398쪽을 참조했다.
(옮긴이 주) 한국금석문종합영상정보시스템 사이트는 현재 폐쇄되었다. 해당 묘지명의 제액은 〈이상국묘지(李相國墓誌)〉, 표제는 〈이존비묘지(李尊庇墓誌)〉이며, 그 판독문과 국역문 등은 현재 국사편찬위원회 한국사데이터베이스 고려 시대 금석문·문자자료(http://db.history.go.kr/KOREA/item/gskoList.do)에서 확인할 수 있다(2022년 1월 29일 최종 확인).

(洪順), 한강(韓康)의 아들 한사기(韓射奇), 설공검(薛公儉)의 아들 설지충(薛之冲), 이존비(李尊庇)의 아들 이우(李瑀), 김주정(金周鼎)의 아들 김심(金深) 등 관인의 자제 25인에게 모두 3등급을 뛰어넘는 관직을 제수해 보내었다.[36]

라고 했다. 1279년에 방계 왕족인 대방공 왕징이 김흔과 원정(뒤에 관(瓘)으로 개명) 등 관인 자제로 구성된 투르칵을 이끌고 원에 갔다는 것이다. 이때 투르칵이 된 '이존비의 아들 이우'는 앞서 언급한, 1287년에 궁전배였던 이우와 동일인이다. 또 『고려사절요』 충렬왕 12년(1286, 지원 23) 11월 조에는,

> 궁전배인 장군 허평, 낭장 김심, 설지충(薛之忠), 왕유소(王惟紹) 등 9인을 원에 가게 했다.[37]

라고 해, 1286년에 원에 파견된 궁전배가 등장한다. 일견 장군 허평만이 궁전배였던 것처럼 보일지도 모르겠지만, 김심과 왕유소 역시 낭장에 임명되고 궁전배로서 원으로 보내졌다는 사실을 다른 사료를 통해 확인할 수 있다.[38] 이에 이때 원에 파견된 9명은 모두 궁전배였다고 짐작된다. 그리고 이 가운데 허평과 김심은 이우와 마찬가지로 1279년에 대방공 왕징을 수행해 투르칵이 된 인물과 일치한다. 설지충(薛之忠)도 이름

---

36 『高麗史』 권29, 충렬왕 5년 3월 丁巳. "遣帶方公澂率禿魯花如元. 金方慶子忻, 元傅子貞, 朴恒子元浤, 許珙子評, 洪子藩子順, 韓康子射奇, 薛公儉子之冲, 李尊庇子瑀, 金周鼎子深等, 衣冠子弟凡二十五人, 皆超三等授職送之."

37 『高麗史節要』 권21, 충렬왕 12년 11월. "遣弓箭陪將軍許評·郎將金深·薛之忠·王惟紹等九人如元."

38 김심에 대해 『高麗史』 권104, 金周鼎 附 金深 열전에 "뒤에 낭장이 되고 또 궁전배로서 원에 갔다."라고 했으며, 왕유소에 대해 『高麗史』 권125, 왕유소 열전에 "충렬왕대에 낭장에 임명되었고, 궁전배로서 원에 갔다."라고 했다.

의 한자가 일부 다르지만, 설지충(薛之沖)과 동일인물로 봐도 무방할 것이다. 왕유소 또한 투르칵이 되었던 경험이 있는데, 그것은 허평 등과 같은 시기의 일이었을 가능성이 있다.[39]

다만 여기까지 검토한바 충렬왕 대의 사례에서는 어떤 개인이 투르칵이 된 시기와 궁전배로 등장하는 시기가 다르며, 두 직함의 관계가 분명하지 않다. 그러나 위에 등장한 원관의 묘지명[40]에 이 문제를 풀 단서가 있다. 판독이 어려운 점도 있으므로 우선 해당하는 한 구절을 원문 그대로 제시하면 다음과 같다.

> 國家, 以宰相子有才幹者十餘人, 入侍【天朝, 稱爲】弓箭陪. 于時冢宰之子, 大將【軍】金忻爲其首, 公□以相子爲副, □是【時】超拜朝議大夫·秘書尹·世子中允.

【 】안은 이전에는 판독한 바 있으나 현재로서는 정확히 판독하기 어렵게 된 부분으로 확실성에 문제를 남기지만, 김흔과 원관을 필두로 한 고관 자제들(재상의 아들로 재간이 있는 자)을 원에 '궁전배'로서 '입시'하게 한 사실을 서술하고 있다고 보아도 큰 착오는 없을 것이다. 묘지명의 기록 가운데 판독에 지장이 없는 부분을 보건대, 이것은 원관의 아버

---

39 『高麗史節要』 권21, 충렬왕 18년(1292, 지원 29) 6월 條에 "內僚別將 金呂가 中郎將 왕유소의 처를 궁중에 들였다. 왕유소는 투르칵으로서 원에 입시하고 있었는데, 김려는 먼저 〔왕유소의 처와〕 사통하고 난 뒤에 그를 〔궁중에〕 들였다. 이로 말미암아 〔왕에게〕 총애를 받아 立身했다."라고 했다. 왕유소가 투르칵이 되어 고려를 비우게 된 사이에 내료인 김려가 그 처를 빼앗고 뒤에 그녀를 왕궁에 들였다고 하니 왕유소가 투르칵이 된 것은 1292년 이전일 것이다. 이 사이에 충렬왕, 대방공 왕징, 충선왕(후술) 등이 투르칵으로 파견되었다.

40 경기도박물관 소장. 민지(閔漬)가 찬한 이 묘지명에 대해서는 현재까지 실물·탁본 등의 열람이 허락되지 않으므로, 판독문은 우선 金成煥[2000]; 金龍善[2012], 639~642쪽에 따랐다. 찬술 연대는 명기되어 있지 않으나, 묘주는 延祐 3년(1316, 충숙왕 3)에 사망했고, 같은 해 매장되었다.

지 원부가 '부추(副樞)', 즉 추밀원부사였던 시기부터 사망하기까지 사이의 일이 되는데, 원부의 추밀원부사 취임은 1269년(원종 10, 지원 6),[41] 사망은 1287년(충렬왕 13, 지원 24)이다.[42] 이 시기 및 김흔과 원관(원정)을 필두로 하는 고관 자제 집단이 원에 파견되었다는 내용을 통해 볼 때, 이것은 위에 제시한 사료 M에 기록된 1279년의 투르칵 파견과 같은 사건임에 틀림없다(다만 파견 인원수의 기재에는 차이가 있다). 다시 말해, 투르칵이 된 것과 같은 시기에 그들은 궁전배로도 칭해졌던 것이다.

이처럼 많지 않은 궁전배 사례 가운데 투르칵이 된 인물과 일치하는 사례가 이 정도 보이는 것은 단순한 우연은 아닐 것이다. 또 궁전배가 투르칵이 된 왕족의 수종자였다고 해도, 후술할 중원후(中原侯) 왕온(王昷)과 같이 왕족으로서 궁전배가 되었던 사례도 있다. 왕족과 관인의 자제로 구성된 투르칵 집단보다도 하위의 말단 수종 인원까지가 궁전배에 포함되었다고는 생각되지 않는다. 이를 통해 투르칵이 된 인물이야말로 궁전배의 직함을 보유하고 있었다고 추정되는 것이다.

다만 필자가 확인한 한에서 원 측의 사료에는 이러한 어휘가 보이지 않는다. 사용된 글자로 보건대, '궁전배'란 활과 화살을 지닌 배종자(陪從者)라는 의미일 것인데, '질자(質子)'로 한역(漢譯)되는 투르칵과는 의미가 그게 다르다. 이에 필자는 적어도 고려 측에서 게식에 관해 해당 호칭을 사용했다고 추측하고자 한다. 왜냐하면 파견된 투르칵은 결국 케식에 들어가는데, 그 케식이란 카안의 배종자(陪從者)이기 때문이다. 또 후술하듯이, 일단 케식이 된 자는 그 후에도 계속해서 그 신분을 유지하게 되므로(주 47 참조), 1279년에 투르칵이 된 허평 등이 7년 후에 궁전배로서 등장하는 데에도 문제가 없다.

명칭의 유래와 관련해서, 궁전배란 케식의 여러 직장 가운데 활과

---

41 『高麗史』 권26, 원종 10년 12월 甲申.

42 『高麗史』 권30, 충렬왕 13년 2월 庚子.

화살을 휴대하고 카안의 경호를 담당하는 코르치[忽赤, qorči]에 해당한다고 생각된다. 특히 고려에서는 충렬왕이 원 제실 부마의 자격으로 자신의 케식을 설치했을 때, 일찍이 관인 자제들 가운데 투르칵으로서 자신을 수종한 자들로 우선 코르치를 조직했다.[43] 고려에서 보낸 투르칵들이 케식 가운데서도 코르치에 들어갔기 때문에 특히 주목되었을 가능성도 생각할 수 있을 것이다.

혹은 코르치에 한정되지 않고, 카안의 친위대인 케식이 활과 화살을 휴대할 자격을 가졌을 가능성도 있다. 『통제조격(通制條格)』 잡령(雜令), 〈병장응급불응급(兵仗應給不應給)〉에 보이는 대덕 7년의 중서성 논의에는 불법으로 케식이 되어 활과 화살, 환도(環刀)를 차고 있던 주란십이(周蘭十二)의 케식 자격을 박탈하고 그의 무기를 몰수한다는 내용이 보인다.[44] 또 『원사』 인종 본기의 황경(皇慶) 2년 조에는 한인(漢人)·남인(南人)·고려인 케식으로 상도(上都)에 근무하는 자에게는 활과 화살을 지급하지 않는다는 규정이 보인다.[45] 역으로 말하면, 이 규정이 만들어지기 이전까지는 케식에게 광범하게 활과 화살이 지급되어 있었다는 이야기가 된다. 이러한 케식의 존재 형태에 근거해 고려인들이 이들을 가리켜 궁전배라고 불렀을 수도 있다.

지금의 상황에서 궁전배의 실체는 이 이상 특정하기 어렵지만, 필자는 궁전배가 케식 전체를 가리킬 가능성이 높다고 생각한다. 전술한 바와 같이 고려가 처음으로 투르칵을 보냈던 단계부터 이미 궁전배라는 명칭이 나타나기 때문이다. 다만 이것이 전체를 가리키는 것이든 일부를 가리키는 것이든, 케식을 구성하는 인원을 가리켰다는 점은 틀림없

43 이 책 제2장 제2절 참조. 카안 이외에도 몽골 제실의 제왕·공주·부마 등은 스스로의 케식을 보유하는 것이 허락되었다.

44 『通制條格』 권27, 雜令, 兵仗應給不應給.

45 『元史』 권24, 仁宗本紀, 皇慶 2년 11월 壬寅.

을 것이다.[46]

3. 케식이 된 고려 왕족 사례

이 절에서는 앞에서 검토한 '투르칵', '숙위', '입시', '궁전배' 등의 사료 용어에 근거해 원에서 케식이 되었던 고려 왕족의 사례를 추출해 보겠다.[47]

그에 앞서 원 성립 전의 상황을 살펴보고자 한다. 고려와 케식의 관계는 전술한 바와 같이 1241년(고종 28, 태종 우구데이 13)에 영녕공 왕준을 처음 투르칵으로 파견했을 때 한 차례 발생했을 것이다. 몽골의 고려 침공은 1231년(고종 18, 태종 우구데이 3)에 시작되는데, 『원사』의 기록에,

> 〔태종〕 3년, 또 살리타이[撒里答]와 함께 고려를 정벌했다. (중략) 고려가 두려워해 강화를 요청하니, 오야이(吾也而)가 이에 유시해 말하기를, "자제를 인질로 보내기만 하면 군사를 쉬게 하겠다." 했다.[48]

---

46 다만 이렇게 보면, 전술한 바와 같이 충렬왕 이후의 고려왕은 스스로의 케식을 보유했으므로, 이것 또한 궁전배라고 칭해지지 않았을까 하는 의문이 생긴다. 그러나 관견으로는, 고려왕의 케식에 왕족이 충당된 형적은 보이지 않으므로, 적어도 고려 왕족이 궁전배였던 경우, 고려왕의 케식에서는 제외해도 좋을 것이다. 또 사료상 고려 관인이 궁전배인 경우에서도 고려왕의 케식을 가리키는 것으로 의심되는 사례는 지금으로서는 없다.

47 직접적으로는 카안을 近侍한 기간을 검증했다. 관료가 되거나 특별한 명령을 받아 케식을 떠난 자도 비번 때 및 퇴임 후에는 케식에 복귀하는 등 그 자격을 상실하지 않았다(片山共夫[1980b], 3~8쪽 참조). 고려의 版圖判書였던 崔源도 스스로를 '황제'의 '케식[怯薛]'이라고 칭했다(『高麗史』 권131, 崔濡 傳). 케식에 들어간 고려 왕족의 다수는 뒤에 왕위 계승 등을 위해 귀국했으나, 마찬가지였을 가능성을 생각할 수 있다.

48 『元史』 권120, 吾也而 傳. "三年, 又與撒里答征高麗. (중략) 高麗懼請和, 吾也而諭之曰, 若能以子爲質, 當休兵."

라고 했듯이, 몽골은 애초부터 휴전 조건으로 투르칵 제출을 요구했다. 그러나 영녕공 파견으로 성립된 화의도 곧 파기되어 버렸다.[49]

한편, 양의숙은 고종 대의 투르칵 파견 사례로 영녕공 외에도 1253년(고종 40, 憲宗 뭉케 3)의 안경공(安慶公) 왕창(王淐) 파견과 1259년(고종 46, 헌종 뭉케 9)의 태자 왕전 파견을 들고 있다.[50] 그러나 여기에는 의문점이 있다. 『고려사』 고종 세가에 따르면, 안경공은 고종 40년 12월 임신에 몽골에 파견되었다가 이듬해 8월 기축에 귀국했다. 그를 투르칵으로 볼 수 있는 근거는 없으며, 이와는 관계없는 일시적인 사행이었다고 생각된다.

마찬가지로 『고려사』 고종 세가에 따르면, 고려가 몽골에 귀부하기로 결정하면서, 고종 46년 4월 갑오에 태자 왕전이 원에 파견되었다. 이때의 표문에서 고종은,

> 아, 소신의 노병(老病)이 이미 심각한 것은 황제께서도 아시는 바입니다. 이에 이번에 친조(親朝)하지 못하고 태자로 하여금 우선 가서 뵙게 합니다.[51]

라고 했다. 몽골은 고려에 복속의 징표로 국왕이 출두할 것을 요구해 왔는데, 왕은 노병을 이유로 태자를 대신 파견한 것이다. 질자 파견과는 취지가 다르다.

---

49 그 결과, 본국에서 버려진 형상이 된 영녕공은 몽골 측에 붙어 고려와의 전쟁에 참여하는 길을 선택했다. 그는 훗날 요동 지방의 고려 투항민을 통할하는 總管에 임명되었고, 원에서는 심양에 治所를 둔 安撫高麗軍民總管이 되었다(北村秀人[1972], 113~116쪽 참조).

50 梁義淑[1993a], 150~152쪽; 梁義淑[1993b], 11쪽.

51 『高麗史』 권24, 고종 46년 4월 甲午. "嗟, 小臣老病旣深, 亦皇帝所及知也. 肆今日不得親朝, 令太子姑且往覲."

그런데 〈충헌왕세가〉에서는 이 일을,

> 〔고종〕 46년 봄 3월, 왕이 친조하려고 했으나 병 때문에 하지 못하고 세자를 보내어 입시하게 했다.[52]

라고 기록했다. 이는 '세자'가 몽골에 '입시'했다는 것이므로, 태자 왕전이 케식에 들어간 것으로 보이기도 한다.

이때 태자 왕전은 우선 헌종 뭉케에게 갔지만, 뭉케가 급사하는 바람에 그의 동생 쿠빌라이의 군영을 찾아가게 되었다. 이로 말미암아 고려는 원과 강화했는데, 이때 태자 왕전이 처한 상황에 대해 쿠빌라이의 막료는 다음과 같이 이야기했다.

> 강회선무사(江淮宣撫使) 조양필(趙良弼)이 황제(皇弟, 쿠빌라이)에게 말하기를, "(중략) 전년에 태자 왕전이 내조했는데, 마침 황제(뭉케)께서 서정(西征) 중이었으므로 〔태자가〕 2년에 걸쳐 체류하고 있습니다. 〔그간〕 접대가 박해 그 마음을 회유할 수 없었습니다. (중략)" 했다.[53]

즉 태자 왕전은 방치된 상태로 만족스러운 접대를 받지 못했던 것이다. 태자가 케식으로서 쿠빌라이를 가까이서 시종한 양상은 보이지 않는다. 무엇보다 훗날 1268년(원종 9, 지원 5)에 원이 고려에 요구한 내용 가운데 다음과 같은 구절이 있다.

> N. 또 질자를 보내는 일은 우리 태종 황제 때 왕준 등이 이미 질자로

---

52 『益齋亂藁』 권9上, 〈忠憲王世家〉. "四十六年春三月, 王將親朝, 以疾不果, 遣世子入侍."

53 『高麗史』 권25, 원종 원년 3월 丁亥. "江淮宣撫使趙良弼言于皇弟曰, (중략) 前歲, 太子倎來朝, 適鑾輿西征, 留滯者二年矣. 供張疏薄, 無以懷輯其心. (후략)"

> 들어왔을 뿐이다. 늙은 자를 교체하고 사망한 자를 보충하는 것은 당연히 선례가 있다.[54]

즉 영녕공 이래, 고려에서 새롭게 투르칵을 보내지 않고 있었으므로 새로 파견하기를 요구한다는 것이다. 〈충헌왕세가〉에 '입시'라고 한 것은 찬자의 오해 혹은 오기이거나, 아니면 단순히 몽골 궁정에 체재한 것을 이렇게 표현한 것으로 생각된다.

이후 쿠빌라이는 막료들의 제언을 받아들여 태자 왕전에 대한 대우를 개선하고 귀국시켜 사망한 고종을 계승할 새로운 고려국왕으로 책립했다. 그가 바로 원종이다, 사료 N에도 보이듯 원은 곧 그에게 복속국의 의무[55] 가운데 하나로서 투르칵 제출을 다시 요구했다.

1) 왕심(王諶, 충렬왕. 뒤에 춘(賰), 거(昛)로 개명)

뒤에 충렬왕이 되는 왕심은 1271년(원종 12, 지원 8) 6월에 세자로서 투르칵이 되어 숙위(케식)에 들어갔다(사료 A·B·L). 이것이 원 대에 고려 왕가에서 처음으로 케식에 참여한 사례다. 위의 사료 N에 보이듯이, 이때 원은 고려에 영녕공을 이을 새로운 투르칵 파견을 요구했고, 왕심을 파견한 것은 이에 호응하는 조치였다.

그런데, 『원사』 세조 본기에서는 충렬왕의 다음과 같은 발언이 확인된다.

> 고려국왕 왕춘(王賰)이 말하기를, "신이 이전에 경사(京師)에서 숙위했을 때 임연(林衍)의 반란을 당해 국내가 크게 어지러워 대동(大同, 여기서

---

54 『高麗史』 권26, 원종 9년 3월 壬申. "且納質之事, 惟我太宗皇帝朝, 王綧等已入質. 代老補亡, 固自有例."

55 이 문제에 대해서는 이 책 제9장 제2절 2) 참조.

는 평양을 중심으로 하는 고려 서북부 지역을 가리킴)에 거주하는 고려민을 모두 〔원에〕 편적했습니다. 신은 〔이곳의 민들을〕 다시 고려의 민으로 반환하기를 원합니다." 했다. 이를 승낙했다.[56]

즉 1269년(원종 10, 지원 6)에 고려에서 권신 임연이 원종을 폐위시킨 사건이 발발했을 때, 왕심은 '경사'에서 '숙위'를 하고 있었다는 것이다. 『고려사』 원종 세가에 따르면, 왕심이 사건 직전인 이해 4월 을미일에 원 궁정에 가 있었던 것은 사실이다. 그러나 이미 7월 정묘일에는 압록강변까지 귀환했다. 원 궁정에 도착한 것은 6월 병신일경이었으므로,[57] 왕복 여정을 고려하면 카안의 궁정에 있었던 것은 며칠 되지 않았을 것이다. 적어도 이 사안에 관한 연대기 기록에는 왕심이 '입조', '내조'했다고 기록할 뿐 케식에 들어갔다고 하지는 않았다. 전술했듯이 당시 고려는 투르칵 파견을 독촉받고 있었으므로, 이해에 왕심이 케식에 들어갔다면 투르칵으로서 파견된 것이라고 생각하지 않을 수 없다. 이 투르칵이 원에 들어간 후 곧 귀국했다면 그에 상응하는 이유가 있어야 할 것인데, 당시 상황에서 그 이유를 찾을 수는 없다. 왕심이 본국의 원종 폐립 사건의 상황 보고를 접한 것은 돌아오던 도중이었으므로,[58] 귀국 이유와는 직접 관련이 없다. 따라서 왕심이 1269년에 케식에 들어갔다는 사실은 인정하기 어려우며, 이때 원에 갔던 것은 어디까지나 일시적인 사행이었다고 봐야 할 것이다. 위 충렬왕의 발언은 후대에 이루어진 것으로, 그가 '숙위'를 언급한 것은 의도적인 목적을 포함한 어떠한 이유에 따른 오인 혹은 오기일 것이다.

---

56 『元史』 권16, 世祖本紀, 至元 27년 정월 丁卯. "高麗國王王賰言, 臣昔宿衛京師, 遭林衍之叛, 國內大亂, 高麗民居大同者皆籍之. 臣願復以還高麗爲民. 從之."

57 『元史』 권6, 世祖本紀, 至元 6년 6월 丙申.

58 『高麗史節要』 권18, 원종 10년 7월.

투르칵으로서 케식에 들어간 후, 왕심은 일본 원정 준비에 협력한다는 명목으로 1272년(원종 13, 지원 9) 초에 일시 귀국했다가[59] 연말에는 원 궁정으로 돌아갔다.[60] 이후 아버지 원종의 사망으로 왕위에 오르는 1274년(원종 15, 지원 11)까지 원 궁정에 머물렀다.[61]

2) 왕징(王澂, 대방공. 현종(顯宗) 왕순(王詢)의 제4자 평양공(平壤公) 왕기(王基)의 후손)

왕심은 1274년에 귀국해 즉위한 뒤, 곧바로 이듬해에 새로운 투르칵을 원에 보냈다. 관련해 『고려사』 세가에는 다음과 같이 기록되어 있다.

> O. 새롭게 투르칵을 정해, 3등을 넘어 관직을 제수했다. 도교서승(都校署丞) 한사기(韓謝奇)는 복야(僕射) 한강(韓康)의 아들이며 추밀(樞密) 이분희(李汾禧)의 사위다. 아직 20세가 되지 않았는데 차례를 넘어 8품직을 제수받았으니, 많은 사람들이 그를 비난했다.[62]

그 결과, 같은 해 말에 방계 왕족인 대방공 왕징을 투르칵으로 보냈다(사료 C).

그런데, 다음 해 윤3월, 대방공 일행은 '의관의 자제(衣冠之冑)'가 아니라 하여 송환되었고,[63] 이에 왕징은 사료 M에 보이듯이 1279년(충렬왕 5, 지원 16)에 다시 투르칵을 이끌고 원에 들어가게 되었다. 이 사료에는

59 『高麗史』 권27, 원종 13년 2월 己亥. 귀국 신청 자체는 전년에 이루어졌다(『元史』 권7, 世祖本紀, 至元 8년 9월 癸亥).

60 『高麗史』 권27, 원종 13년 12월 丁未.

61 『高麗史』 권28, 충렬왕 즉위년 8월 戊辰.

62 『高麗史』 권28, 충렬왕 원년 6월 甲子. "新定禿魯花, 超三等授職. 都校署丞韓謝奇, 僕射康之子, 樞密李汾禧之壻. 年未二十, 超拜八品, 人多非之."

63 『高麗史』 권28, 충렬왕 2년 윤3월 癸丑. 『元史』 권9, 世祖本紀, 至元 13년 정월 己丑條에 "고려국에 勅을 내려 관료의 자제를 질자로 삼게 했다."라고 되어 있는데, 대방공 일행에 자격 문제가 발생해 이루어진 지시일 것이다.

대방공이 투르칵을 이끌고 갔다고 기록되어 있을 뿐이지만 왕실에서 투르칵을 차출하지 않았다고 생각하기 어려우므로, 대방공 자신도 투르칵이었다고 보아야 할 것이다. 이후 그는 다시 귀국한 것으로 보이며, 5년 후에 세 번째로 투르칵으로서 원으로 향했다. 『고려사』 세가, 충렬왕 10년(1284, 지원 21) 4월 조에 "대방공 왕징 등이 투르칵으로서 원으로 갔다."라고 한 것이 그것이다.[64] 왕징은 이후 1292년(충렬왕 18, 지원 29)에 사망하는데,[65] 그때까지의 동향은 확인되지 않는다.

이처럼 대방공은 세 차례에 걸쳐 투르칵으로서 원에 들어갔는데, 사료 D에서 기록하고 있듯이, 그는 이때 세조의 숙위(케식)에 들어갔다.

3) 왕서(王湑, 소군(小君). 충렬왕의 서자)

『고려사』 권 91, 소군 왕서 열전에는 다음과 같은 기사가 있다.

> P. 〔소군 왕서는〕 왕(충렬왕)을 이어 숙위를 하고자 해 강수형(康守衡)에게 뇌물을 주어 요청했다. 강수형은 "왕서로 하여금 투르칵을 거느리고 오게 하라."라고 승상(丞相) 안톤[安童]의 말을 전했다.[66]

충렬왕의 서자인 왕서는 부왕을 계승해 '숙위', 즉 케시에 들어가기를 희망했다. 그래서 원의 관인 강수형을 움직여 승상 안톤으로부터 투르칵을 거느리고 내조하라는 지시를 받았다. 그 지시를 고려에 전한 것도 강수형이었는데, 이것은 충렬왕 즉위 후에 그가 조사(詔使)의 일원으로 고려에 왔던 1275년(충렬왕 원년, 지원 12) 10월의 일이었을 것이다.[67] 안

64 『高麗史』 권29, 충렬왕 10년 4월 甲辰. "帶方公澂等, 以禿魯花如元."

65 『高麗史』 권30, 충렬왕 18년 9월 丙寅.

66 『高麗史』 권91, 小君 湑. "欲襲王宿衛, 賂康守衡以請. 守衡以丞相安童言來告曰, 令湑率禿魯花來."

67 『高麗史』 권28, 충렬왕 원년 10월 庚戌.

톤은 왕서 자신을 투르칵으로 삼으라고 직접 이야기하지는 않았으나, 그것은 왕서가 케식에 들어가고 싶다고 한 데 대한 회답이었으므로 충렬왕이나 대방공처럼 왕서 역시 투르칵을 거느린 채 그 스스로가 투르칵이 되어 케식에 참여하라는 의미로 짐작된다.

그런데 다음 해인 1276년(충렬왕 2, 지원 13) 3월, 충렬왕은 왕서가 '교만하고 방자'하다고 해 그의 머리를 깎게 했다.[68] 왕서가 실제로 충렬왕을 계승해 투르칵이 되었다면, 1275년 말부터 이 사이의 일일 것인데, 전술했듯이 이 시기에는 대방공 왕징이 충렬왕을 계승해 투르칵에 선발되었다. 사료 P에 따르면, 왕서가 다른 투르칵들을 거느리게 되었다고 하므로, 대방공과 입장이 겹치게 된다. 양자가 동행했다고 생각하면 모순은 해결되는 듯하지만, 전술했듯이 대방공 일행이 투르칵 자격이 불충분하다고 해 고려에 송환된 것은 왕서가 머리를 깎고 1개월 후인 윤3월의 일이었다. 직접 원 정부의 요인을 움직여서 투르칵이 된 왕서가 원 궁정에 있으면서 충렬왕의 의지만으로 머리를 깎았다고 생각하기는 어렵다. 이때 그는 고려 본국에 있었을 것이다.

이렇게 볼 때 왕서는 실제로는 투르칵이 되지 않았고, 따라서 케식에도 들어가지 않았던 것 같다. 결국 대방공만이 새로운 투르칵에 선발되었던 것이다. 왕서가 교만하고 방자하다고 해서 머리를 깎은 것도, 혹 위에 기록한 것과 같은 투르칵 선발을 둘러싼 책동과 관계된 것일지 모르겠다.

4) 왕온(王昷, 중원후. 대방공 왕징의 아들)

『고려사』 세가, 충렬왕 15년(1289, 지원 26) 12월 조에 "궁전배 중원후 왕온이 원으로 갔다."라고 해,[69] 방계 왕족인 중원후 왕온이 궁전배(케식)로서

68 『高麗史節要』 권19, 충렬왕 2년 3월.

69 『高麗史』 권30, 충렬왕 15년 12월 庚寅. "弓箭陪中原侯昷如元."

원에 들어갔음을 알 수 있다. 그는 카안의 케식에 들어간 것으로 생각된다. 이후 1298년(충렬왕 24, 대덕 2)에 고려에서 원에 사신으로 파견된 것을 보면,[70] 그 무렵까지는 본국에 돌아와 있었음을 알 수 있다.

5) 왕원(王謜, 충선왕. 뒤에 장(璋)으로 개명)

훗날 충선왕이 되는 왕원은 충렬왕의 세자로서 16세에 원에 가서 숙위(케식)에 들어갔다(사료 F, G). 그는 1275년에 출생했으므로, 『고려사』 세가, 충렬왕 16년(1290, 지원 27) 11월 정묘 조의 "세자를 보내어 원에 가게 했다. 정당문학(政堂文學) 정가신(鄭可臣), 예빈경(禮賓尹) 민지(閔漬) 등이 수행했다."라는 기사[71]가 이에 해당할 것이다. 이후 1292년(충렬왕 18, 지원 29), 1295년(충렬왕 21, 元貞 원년), 1297년(충렬왕 23년, 대덕 원년)에 일시 귀국했으나, 모두 그해 안에 원 궁정으로 돌아갔다.[72]

충선왕은 1298년(충렬왕 24, 대덕 2) 정월에 충렬왕으로부터 양위를 받았으나, 같은 해 8월 원 조정에 의해 폐위되고 충렬왕이 복위했다. 충선왕은 숙위(케식)로 소환되었고, 이후 약 10년 동안 성종 테무르의 궁정에 있었다(사료 H, I). 이 사이 충렬왕 주위에서는 충선왕을 대신해 서흥후 왕전을 새로운 왕위 후계자로 세우려는 움직임이 있었다. 그러나 충선왕은 1307년(충렬왕 33, 대덕 11), 성종 사후 원에서 발발한 정변에서 아유르바르와다 태자(뒤의 인종)를 도와 무종 카이샨을 '추대'했고,[73] 그 결과 새로운 정권의 지지를 기반으로 본국에서의 탈권에 성공했다. 그는 충

70 『高麗史』 권31, 충렬왕 24년 9월 丙申.

71 『高麗史』 권30, 충렬왕 16년 11월 丁卯. "遣世子如元. 政堂文學鄭可臣, 禮賓尹閔漬等從行."

72 『高麗史』 권30, 충렬왕 18년 5월 戊戌; 윤6월(정확히는 7월) 丙戌; 권31, 충렬왕 21년 8월 戊午; 12월 癸卯; 23년 6월 丙午; 10월 癸巳.

73 실제로는 쿠데타를 통해 성종 사망 후의 원 궁정을 일단 장악한 아유르바르와다(뒤의 인종)가 강대한 군사력을 보유한 형 카이샨과 부득이하게 타협한 결과다.

렬왕이 사망하자, 1308년(충렬왕 34, 至大 원년) 고려로 귀국해 고려왕에 복위했으나, 곧 원 궁정으로 돌아갔다.[74]

이어서 인종 대에도 1313년(충선왕 5, 황경 2)에 세자 왕도에게 양위하기 위해 일시 귀국한 일[75] 이외에는 원 궁정에 머물렀다. 그러나 영종 시데발라 대가 되면서 1320년(忠肅王 7, 延祐 7), 원의 정쟁에 휘말려 '티벳(吐蕃)'에 유배되었다. 3년 후에는 사면되었으나, 1325년(충숙왕 12, 泰定 2)에 대도(大都)에서 사망했다.

충선왕은 복위 후에도 역대 카안의 케식에 참여했던 것으로 보인다. 『고려사』 충선왕 세가에는 다음과 같은 기록이 있다.

> 왕(충선왕)이 하교(下敎)해 말하기를, "(중략) 나 또한 〔원 궁정에〕 입시하여 〔충렬왕을〕 계승해 부마가 되고 3조(三朝, 세조·성종·무종)를 대대로 시위한 것이 지금까지 19년에 이른다. (중략)" 했다.[76]

또 『졸고천백』에 실린 〈원선지(元善之)묘지명〉에는

> 이때(1313), 덕릉(충선왕)은 성조(聖朝)에 입시한 지 오래되었는데, 동방의 본국으로 돌아갈 뜻이 전혀 없었다.[77]

라고 기록되어 있다. 이 외에 『고려사』 민지 열전에도 "천자의 곁에 머물러 시(侍)하며 다섯 조정〔의 황제〕을 대대로 섬겼다."라고 했는데,[78] 이

---

74 『高麗史』 권33, 충선왕 복위년 8월 壬子; 11월 壬申.

75 『高麗史』 권34, 충숙왕 즉위년 4월 丙戌; 충숙왕 원년 정월 丁未.

76 『高麗史』 권33, 충선왕 복위년 11월 辛未. "王下敎曰, (중략) 孤亦入侍, 繼爲駙馬, 歷衛三朝, 于今十有九年. (후략)"

77 『拙藁千百』 권1, 〈大元故征東都鎭撫高麗匡靖大夫檢校僉議評理元公墓誌銘〉. "是時, 德陵入侍聖朝久, 殊無東歸意."

는 1323년(충숙왕 10, 至治 3)에 해당하는 기사로, '다섯 조정(五朝)'은 세조부터 영종까지 5대의 카안에 해당한다. 충선왕이 케식으로서 세조·성종을 '시(侍)'하고, '위(衛)'했던 것은 분명하므로, 연이어 무종·인종·영종을 '시위'한 것도 '숙위'로서 '입시'한 것을 의미한다고 생각된다.

『비서감지(秘書監志)』 녹질(祿秩)에는 그 방증이 되는 기사가 다음과 같이 보인다.

> 황경 원년 11월, 집현전대학사(集賢殿大學士) 중봉대부(中奉大夫) 비서감경(秘書監卿) 제조회회사천대사(提調回回司天臺事) 뎀시딘[苫思丁], 비서소감(秘書少監) 성조열(盛朝列) 등의 관원이 이달 17일, 제조음양관(提調陰陽官) 쿠추[曲出] 태보(太保), 예리야[也里牙]가 그 직무의 장에서 전해 받는 성지의 대략. "예케 케식[也可怯薛]의 제1일, 가희전(嘉禧殿) 안에 있을 때, 이지르부카[亦只里不花] 왕, 수구르치[速古兒赤] 우룩 테무르[月魯帖木兒] 지원(知院), 뭉릭투카[明理統哈], 시바우치[昔寶赤] 타카이[塔海]·쿠틀룩[忽都魯]·캉사르[亢沙兒] 등이 있었다. 제조음양관 쿠추 태보, 예리야, 망구타이[忙古歹]에게 상주하게 하니 "(중략)"라고 상주하자, 성지를 받들기를, "(중략)"라는 성지가 있었다. 이를 삼가 받들었다.[79]

이것은 원의 주의(奏議) 기록에 사용되는 서식으로, 주의 내용 앞에 당직 케식과 윤번 일시, 장소, 근시하고 있던 케식의 이름 등이 기록된다(밑줄 부분).[80] 즉 4번 케식 가운데 예케 케식(yeke kešig)[81]의 당직 제1일(황

---

78 『高麗史』 권107, 閔漬 傳. "留侍輦轂, 歷事五朝."

79 『秘書監志』 권2, 祿秩. "皇慶元年十一月, 集賢大學士中奉大夫秘書監卿提調回回司天臺事苫思丁·秘書少監盛朝列等官, 於今月十七日, 有提調陰陽官曲出太保·也里牙於當職等處傳奉聖旨節該. 也可怯薛第一日, 嘉禧殿內有時分, 對亦只里不花王·速古兒赤月魯帖木兒知院·明理統哈·昔寶赤塔海·忽都魯·亢沙兒等有來. 提調陰陽官曲出太保·也里牙·忙古歹交奏. (중략) 奏呵, 奉聖旨. (중략) 麼道, 聖旨了也. 欽此."

경 원년(1312, 충선왕 4) 11월 17일), 가희전 내에서 '이지르부카 왕'을 비롯한 케식이 당시의 인종 황제를 근시하고 있었던 것이다.

이 기사에서 주목되는 것은 '이지르부카'라는 '왕'의 이름이 충선왕의 몽골명과 일치한다는 점이다. 충선왕은 "益知禮不花王",[82] "益知禮普化王",[83] "瀋王益知禮布花"[84] 같은 몽골명으로 기록된 경우가 있다. 1312년 당시 충선왕은 원 궁정에 있었으므로, '이지르부카 왕'을 충선왕으로 볼 수 있다면, 위의 기사는 복위 후의 충선왕이 카안의 케식에 참여하고 있었음을 구체적으로 보여 주는 귀중한 예증이 된다.

문제는 라시드 앗 딘의 『집사』에 세조의 황자 서평왕(西平王) 아우룩치의 둘째 아들로, Ičil buqa, Ejil buqa라는 같은 이름의 왕이 보이고, 이는 『원사』 권107, 종실세계표(宗室世系表)에 실린 아우룩치[奧魯赤]의 둘째 아들, 서평왕 바디마디각[八的麻的加]과 동일인으로 생각할 수 있다는 점이다.[85] 해당 인물은 『원사』 권108, 제왕표에는 바락마리크[八剌麻力]로

80 이상의 문서 형식에 대해서는 箭内亙[1930], 236~238쪽; 片山共夫[1977], 94~95쪽; 片山共夫[1980b], 7쪽 참조. "速古兒赤 月魯帖木兒 知院"을 하나로 묶어 읽는 이유는 첫째, 『元史』 권24, 仁宗本紀, 至大 4년(1311, 충선왕 3) 3월 是月 條에 등장한 知樞密院事의 "月魯帖木兒"와 『通制條格』 권8, 儀制, 公服私賀의 皇慶 2년(1313, 충선왕 5) 정월 條에 언급된 "月魯帖木兒 知院"이 모두 이 사료에 나타난 이와 동일인으로 생각되기 때문이다. 둘째, 이러한 종류의 문서에는 케식 집사 명칭 + 인명 + 조정 관명이라는 표기법이 종종 보이는 데 따른 것이다(片山共夫[1980b], 7쪽 참조).

81 제1~제4케식 각 번은 당초 태조 칭기스의 공신 보로굴, 보오르추, 무칼리, 칠라운과 그 자손이 각기 통솔했는데, 뒤에 제1케식은 카안 스스로 통솔하는 예케 케식이 되었으며, 제4케식도 칠라운의 후예 가운데 적격자가 단절되어 보로굴의 후예 및 그 외에서 통솔했다(片山共夫[1977]; 葉新民[1983] 참조).

82 『東文選』 권62, 上征東省書.

83 『高麗史』 권123, 印侯 傳; 권125, 王惟紹 傳.

84 『元典章』 권33, 禮部, 白蓮敎.

85 Hambis[1945], 120~121쪽 및 143쪽 참조. 西平王 이지르부카의 존재를 방증하는 사료로는, 『元史』 권18, 成宗本紀, 至元 31년 6월 壬辰 條의 "西平王 奧魯赤, 寧遠王 闊闊出, 鎭南王 脫歡 및 也先帖木而의 大會에서 賞賜의 例를 정해, 금 각 500냥, 은 5,000냥, 鈔 2,000정, 幣帛 각 200필로 하고, 제왕 帖木而不花, 也只里不花 등은 금 각 400냥, 은 4,000냥, 초 1,600정, 폐백 각 164필로 했다."라는 기사도 있다. 세조의 후

기록되어 있다. 『원사』 제왕표에 따르면, 서평왕위는 아우룩치 → 바락마리크(이지르부카) → 괌푸박[管不八]으로 계승되었다고 한다. 이지르부카의 재위 기간은 알 수 없는데, 아우룩치가 늦어도 1312년(충선왕 4, 황경 원년)에는 사망한 것으로 보이며,[86] 『원사』 본기에 서평왕 괌푸박이 처음 나오는 해는 지순(至順) 2년(1331, 충혜왕 원년)까지 내려가므로,[87] 1312년에 이지르부카가 서평왕위에 있었을 가능성은 있다. 그러나 그렇다고 하더라도 서평왕은 티벳 방면의 진수를 담당하는 왕가였으므로 그가 원 궁정에서 케식에 들어갔다고 생각하기는 어렵다. 역시 현재로서는 '이지르부카 왕'은 고려의 충선왕일 가능성이 유력하다.

6) 왕전(王琠, 서흥후(瑞興侯). 신종(神宗) 왕탁(王晫)의 제2자 양양공(襄陽公) 왕서(王恕)의 후손)

『고려사』 세가, 충렬왕 27년(1301, 대덕 5년) 2월 병신 조에 "서흥후 왕전을 보내어 원에 입시하게 했다."라고 했으며,[88] 『고려사절요』 충렬왕 27년 2월 조에는 "서흥후 왕전을 원에 보내어 숙위하게 했다."라고 했다.[89] 이것은 앞서 제시한 사료 E에 보이는, 최운이 왕전과 함께 투르칵으로서 케식에 들어갔다는 것과 대응하는 사례다. 다만 사료 E에서는 이 사실을 1303년의 일로 기록했다. 논리상으로는 왕전 일행이 고려를 출발한 2년 후에 케식에 들어갔다고도, 혹은 최운이 왕전보다 2년 뒤부터 케식

예인 제왕에 대한 성종의 하사 규정인데, 전반부는 세조의 황자에 대한 것이며('也先帖木而'는 이미 사망한 雲南王 후게치의 아들일 것이다), 이어지는 다음 격의 '帖木而不花'는 당시 티벳 방면에서 활동 중이던 奧魯赤의 첫째 아들로 보인다. 그다음에 위치한 '也只里不花'가 그 동생일 가능성은 충분하다고 생각한다.

86 황경 원년에 원에서 행해진 주의 가운데, "세조의 아들은 寧遠王(闊闊出)만이 남아 있다."라는 언급이 있다(『元史』 권125, 鐵哥 傳).

87 『元史』 권35, 文宗本紀, 至順 2년 3월 癸卯.

88 『高麗史』 권32, 충렬왕 27년 2월 丙申. "遣瑞興侯琠, 入侍于元."

89 『高麗史節要』 권22, 충렬왕 27년 2월. "遣瑞興侯琠如元, 宿衛."

에 합류했다고도 해석할 수 있겠으나, 단순히 사료 E의 연대 표기가 잘못된 것일 수도 있다. 적어도 충렬왕 29년(1303, 대덕 7) 2월에는 병신일이 없고, 충렬왕 27년 2월에는 병신일이 있으므로, 『고려사』 세가의 기사가 연대를 잘못 기록했을 가능성은 없다고 생각된다. 왕전이 1301년에 고려를 출발한 것은 틀림없으며, 적어도 그는 이해에 케식에 들어갔다고 봐도 좋을 것이다.

당시는 충렬왕과 충선왕이 첨예하게 대립하던 때였으며, 충렬왕은 왕전을 자신의 후계자로 고려하고 있었다. 1307년에 충선왕이 고려 본국에서 탈권에 성공하자, 왕전은 충선왕에 의해 처형되었다.[90]

7) 왕감(王鑑)·왕도(王燾)(충선왕의 왕자. 후자는 뒤의 충숙왕)

이색(李穡)의 『목은집(牧隱集)』에 수록된 〈윤지표(尹之彪)묘지명〉에 다음과 같은 기사가 있다.

> Q. 〔아버지의〕 이름은 석(碩)이며 정승공(政丞公)이다. 조정의 사자가 이르렀을 때, 정승은 별장(別將)이었는데, 잔인(盞人)으로서 왕 앞에 서 있었다. 사자가 두 왕자를 천자의 궁정에 입시하게 하라는 성지를 전했다. 정승은 이를 듣고, 마음속으로 자신은 동생 쪽을 수행해야겠다고 생각하고 돌아와 아버지에게 고하니, 아버지는 "너의 계책은 틀렸다. 왕자를 수행하는 것은 후일을 위한 계책이다. 형이 있는데 동생이 먼저 나라를 갖는 일이 있겠느냐?"라고 했다. (중략) 연장인 쪽은 원자(元子)인데 일찍 사망했으며, 어린 쪽이 충숙왕이다. 공은 〔왕을〕 수행해 경사에 입조했는데, 〔당시의〕 요좌(僚佐) 가운데 공의 위에 있는 자가 없었다.[91]

---

90 『高麗史』 권32, 충렬왕 33년 4월 甲辰.

91 『牧隱文藁』 권17, 〈海平君謚忠簡尹公墓誌銘幷序〉. "諱碩, 政丞公也. 朝廷使者至, 政丞

형제인 2명의 왕자가 원 궁정에 '입시'했다고 하는데, 동생이 뒤의 충숙왕이라는 점으로부터, 이 기사의 '왕'은 충선왕, '두 왕자'는 그 아들 왕감과 왕도임을 알 수 있다.[92] 카안을 가까이서 모시는(入侍) 직책으로는 케식 이외에 환관 등도 있으나, 고려의 왕족이 환관이 되지는 않았음은 말할 것도 없다. 또한 왕자들이 원에서 중국식 관직을 별도로 수여받은 흔적도 없다. 다른 왕족의 사례를 통해 볼 때, 여기에서 말하는 '입시'도 케식에 들어가서 카안을 근시하는 것을 의미한다고 보는 것이 자연스럽다.

충선왕은 1298년(충렬왕 24, 대덕 2)과 1308년(충렬왕 34, 지대 원년)부터 약 5년간, 두 차례에 걸쳐 재위했는데, 앞 시기에는 충숙왕이 5세였으므로, 두 왕자가 이때 케식에 들어갔을 가능성은 낮다. 그들은 1305년(충렬왕 31, 대덕 9)에 충렬왕을 따라 원에 들어갔으므로,[93] 그 이전에는 고려에 있었던 것 같다. 또한 사료 Q에서는 왕위 계승이 확실한 형을 따라가는 편이 장래의 영달에 유리하다고 하는 아버지의 의견과 달리, 동생을 따라간 윤석의 선택이 결과적으로 적중했다는 경위를 서술했다. 두

時爲別將, 以蓋人立于王前. 使者傳旨, 兩王子入侍天庭. 政丞聞之, 默白念吾當從弟, 歸告尊公, 尊公曰, 兒計失矣. 所以從王子者, 爲後日計也. 兄在而弟先有國乎. (중략) 元子早亡, 少忠肅王也. 公從朝京師, 僚佐未有居公右者."

92 『高麗史』 권124, 尹碩 열전도 같은 일화를 전하고 있다. 문장 표기를 볼 때 사료 Q가 그 전거로 보이는데, 여기에는 충선왕 대의 일이라고 기록되어 있다.

93 "왕이 원으로 갔다. 손자인 廣平公·江陵侯 (중략) 등이 수행했다."(『高麗史』 권32, 충렬왕 31년 11월 戊午)라는 기록이 있다. 충렬왕의 손자인 광평공·강릉후에 대해서는 『高麗史』 권109, 朴全之 열전에 "충선왕이 일찍이 궁중에 불러들였다. 광평·강릉 두 君이 시위하고 있었다. 왕은 각자의 이름을 쓰게 하고 그것을 〔박전지에게〕 보여 주어 '어느 쪽이 나라를 계승할 자이겠는가?'라고 했다. (중략) 몇 개월 지나지 않아 광평은 사망했으며 과연 강릉이 후사가 되었다."라고 해, 이들이 충선왕의 후계자 후보가 되는 두 명의 왕자였음을 알 수 있다. 최종적으로 왕위에 오른 강릉군이 충숙왕인데, 『高麗史』 권34, 충숙왕 세가에도 충숙왕은 5세에 江陵軍 承宣使가 되었고 뒤에 강릉대군에 봉해졌다고 한다. 한편 金惠苑[1989](205쪽)은 1305년에 원으로 간 것도 투르칵 파견으로 보았으나, 근거가 부족해 따를 수 없다.

왕자 가운데 누군가가 왕위를 계승할 것임은 움직일 수 없는 전제였던 것으로 보인다. 그런데 충선왕은 1298년 폐위 후, 약 9년간 계속해서 왕위 계승이 위태로운 상황이었다. 게다가 서흥후 왕전의 대두는 충선왕의 왕자가 왕위를 계승할 가능성도 위태롭게 했을 것이다. 물론 사료 Q와 같은 묘지가 반드시 모든 사실을 객관적으로 기록했으리라 믿을 수는 없으나, 두 왕자가 케식에 들어간 것이 1298년이었다면 그에 관한 경위가 어느 정도 반영되었을 것이다. 그러나 충선왕 복위 후의 일이었다고 한다면, 이 기록 양상도 맞아 들어간다(윤석은 출생 연도가 분명하지 않으므로 그의 연령을 통해 원에 들어갔던 시기를 유추하는 것은 불가능하다).

따라서 두 왕자는 충선왕 복위 후에 케식에 들어갔다고 보는 것이 개연성이 높다. 형인 왕감은 1310년(충선왕 2, 지대 3)에 사망했으므로, 그것도 충선왕의 복위 직후였다. 『고려사』 충숙왕 세가의 모두에는 즉위 전에 왕도가 "충선왕을 따라 원에 들어갔다."고 되어 있는데, 이는 그가 왕감과 함께 케식에 들어갔을 때의 일을 가리키는 것일 가능성이 있다. 그렇다면, 1308년 11월에 본국에서 복위한 충선왕이 그 후 곧 원으로 돌아갔을 때 두 왕자가 동행했다고 볼 수 있다. 『고려사』 세가, 충선왕 5년(1313, 황경 2) 3월 갑인 조에 "〔충선왕은〕 장자 강릉대군 왕도를 데리고 황제를 알현해 전위(傳位)할 것을 요청했다. 황제가 이에 왕도를 책립해 왕으로 삼았다."라고 되어 있듯이,[94] 왕도가 즉위에 즈음해 원 궁정에 있었음은 분명하다.

처음에는 왕감이 세자였다. 충선왕은 1310년 정월에 세자 왕감에게 전위하고자 했다가 종신들의 반대에 직면했는데,[95] 5월에는 상황이 급변해 왕감과 그 종신들을 사사(賜死)했다.[96] 이에 동생인 왕도가 왕위

94 『高麗史』 권34, 충숙왕 즉위년 3월 甲寅. "以長子江陵大君燾見于帝, 請傳位. 帝乃策燾爲王."

95 『高麗史』 권33, 충선왕 2년 정월 是月.

계승자가 되었다. 이후 왕도는 1313년에 즉위하기 위해 귀국길에 올랐다.[97]

8) 왕고(王暠, 심왕(瀋王). 충선왕의 이모형(異母兄) 강양공(江陽公) 왕자(王滋)의 아들)

충선왕은 자신의 조카인 왕고를 아들처럼 사랑하며 양육했다. 충선왕이 1313년 3월에 충숙왕에게 전위했을 때 그도 고려 세자에 책립되었는데,[98] 이후 곧 투르칵이 되었다. 이는 『고려사절요』의 "상왕(충선왕)이 언양군(彦陽君) 김문연(金文衍)을 원에 파견하고, 세자 왕고를 머물게 해 투르칵으로 삼았다."라는 기록에서 확인된다.[99] 이로써 그는 케식에 들어갔을 것이다. 왕고는 1316년(충숙왕 3, 연우 3)에 충선왕이 원에서 수여받았던 심왕위를 계승하고, 원 황실의 공주를 맞이해 부마가 되었다. 당시 원 황제는 인종이었는데, 이곡의 『가정집(稼亭集)』에 실린 〈위남부마제심왕문(爲男駙馬祭瀋王文)〉에서는 왕고에 대해 다음과 같이 기록했다.

> R. 〔왕은〕 오직 공경하고 삼가며, 전전긍긍하고 두려워했으니, 영종황제의 총애를 받아 날마다 연침(燕寢)에 시(侍)했다. 은택은 화창한 봄날처럼 성하고 위엄은 엄한 추위처럼 생겨났다.[100]

왕고가 인종에 이어 영종까지도 궁정에서 근시한 것을 보면, 그가 심왕이 된 후에도 케식에 참여했을 가능성을 생각할 수 있다.

이후 왕고는 1333년(충숙왕 후2, 元統 원년)까지, 또 1339년(충숙왕 후8, 후

---

96 『高麗史』 권33, 충선왕 2년 5월 乙巳.

97 『高麗史』 권34, 충숙왕 즉위년 4월 丙戌.

98 『高麗史』 권391, 江陵公 滋 傳; 『高麗史節要』 권23, 충선왕 5년 3월 甲寅.

99 『高麗史節要』 권23, 충선왕 5년 5월. "上王遣彦陽君金文衍如元, 留世子暠, 爲禿魯花."

100 『稼亭集』 권11, 〈爲男駙馬祭瀋王文〉. "惟敬慎, 兢兢伈伈, 寵遇英皇, 日侍燕寢. 恩沛春融, 威生寒凜."

지원 5)부터 1344년(충혜왕 후5, 지정 4)까지 원 궁정에 있었는데,[101] 영종(재위 1320~1323) 이후의 카안에게도 케식으로서 시위했는지 여부는 분명하지 않다.

9) 왕정(王禎, 충혜왕)

『고려사』 세가, 충숙왕 15년(1328, 致和 원년, 天曆 원년) 2월 정사(丁巳) 조에 "세자 왕정을 원에 파견해 숙위하게 했다."[102]라고 한 것에서 이해에 충숙왕의 세자 왕정이 원에 파견되어 '숙위(케식)'에 들어갔음을 알 수 있다. 이후 1330년(충숙왕 17, 지순 원년) 2월, 왕정은 문종 톡 테무르로부터 책명을 받아 충숙왕을 대신해 왕위에 올랐다.[103] 그가 바로 충혜왕이다. 충혜왕은 같은 해 5월에 원 궁정을 떠나,[104] 8월에 고려에 도착해 즉위했다.[105]

그러나 1332년(충혜왕 2, 지순 3), 충혜왕은 왕위를 박탈당하고 원으로 향했으며, 충숙왕이 복위했다.[106] 『고려사』 이조년(李兆年) 열전의 기사에 따르면, 충혜왕은 이때 다시 케식에 참여하게 되었다고 한다.

> 충숙왕이 복위하고 충혜왕은 원에 숙위했다. 당시 엘 테무르[燕帖木兒]는 이미 죽었고, 바얀[伯顏]은 충혜왕을 더욱 박하게 대우했다. 충혜왕은 엘 테무르의 자제 및 위구르(回骨) 소년들과 함께 술을 마시고 유락을 일삼았으며, 한 위구르 여성을 사랑해 혹 숙위에 나아가지 않았다. 바얀이 더욱 그를 미워해 지목해 '발피(撥皮)'라고 했다. 속된 말

---

101 『高麗史』 권35, 충숙왕 후2년 4월 丁卯; 『高麗史節要』 권25, 충숙왕 후8년 6월; 8월; 『高麗史』 권37, 충목왕 즉위년 12월 己巳.

102 『高麗史』 권35, 충숙왕 15년 2월 丁巳. "遣世子禎如元宿衛."

103 『高麗史』 권36, 충혜왕 즉위년 2월 壬午.

104 『高麗史』 권36, 충혜왕 즉위년 5월 丙子.

105 『高麗史』 권36, 충혜왕 즉위년 8월 丙辰.

106 『高麗史』 권36, 충혜왕 2년 2월 甲子.

> 로 호협(豪俠)한 사람을 '발피'라고 한다. 종신들이 모두 실망했으나 감히 간언하지 못했다.[107]

또 이 기사에 따르면, 이때 왕은 방탕한 생활을 하면서 '숙위' 당직에조차 나아가지 않아, 당시의 권신 바얀의 미움을 받기에 이르렀다고 한다.

그 결과, 『고려사』 세가, 충혜왕 2년 2월 갑자 조에,

> (전략) 〔바얀이〕 황제에게 "왕정은 소행이 나빠 숙위에 해가 될까 두렵습니다. 마땅히 그 아버지가 있는 곳으로 보내어 덕의(德義)를 가르치도록 해야 할 것입니다."라고 상주하니, 황제가 허락했다.[108]

라고 하듯이, 충혜왕은 '숙위'에서 방출되고 말았다.[109] 다만 이 기사는 앞의 생략된 부분에 기록된 충혜왕이 재차 원에 들어갔을 때의 일로, 케식에서 추방된 것은 그 후일담이다. 그 실제 시기는 『고려사』 세가, 충숙왕 후5년(1336, 後至元 2) 12월 신묘 조의 "왕이 압록강을 건넜다. 황제는 전 왕(충혜왕)이 근신하지 않는다고 해 본국으로 송환했다."라는 기록[110]을 통해 1336년 무렵이었음을 알 수 있다.

10) 왕흔(王昕, 충목왕)

케식에서 방출된 충혜왕은 1339년(충숙왕 후8, 후지원 5)에 부왕이 사망하자

---

107 『高麗史』 권109, 李兆年 傳. "忠肅復位, 忠惠宿衛于元. 時燕帖木兒已死, 伯顏待忠惠益薄. 忠惠與燕帖木兒子弟及回骨少年輩, 飮酒爲謔, 因愛一回骨女, 或不上宿衛. 伯顏益惡之, 目曰撥皮. 俗謂豪俠者爲撥皮. 從臣皆觖望, 不敢言."

108 『高麗史』 권36, 충혜왕 2년 2월 甲子.

109 케식의 근무 태만은 肉刑 및 流刑으로 엄하게 처벌받았다(『몽골비사』, 제227절).

110 『高麗史』 권35, 충숙왕 후5년 12월 辛卯. "王渡鴨綠江. 帝以前王不謹, 遣還國."

복위했으나, 1343년(충혜왕 후4, 지정 3) 악정(惡政)을 행했다는 허물로 황제 사신의 손에 포박되었다.[111] 그리하여 다음 해, 충혜왕의 장자 왕흔이 왕위를 계승했는데, 『고려사』 충목왕 세가의 첫 부분에,

> 충숙왕 〔후〕6년(1337, 후지원 3) 정축 4월 을유일에 태어났다. 성품이 총명했고, 원에 들어가서 숙위했다. 충혜왕 〔후〕5년(1344, 지정 4) 2월 정미일에 고용보(高龍普)가 왕을 안고 황제를 배알했다. (중략) 그리하여 왕위를 계승하게 했다. 당시 왕은 8세였다.[112]

라고 되어 있는 것을 통해, 왕흔이 즉위 전에 '숙위(케식)'에 들어가서, 원 궁정에 있었음을 알 수 있다.

원에 들어간 시기에 대해서는 『고려사』 김인연(金仁沇) 열전의,

> 충목왕은 〔충혜왕의〕 원자로 원에 있었다. 사부 박인간(朴仁幹)이 사망했으므로 스스로 서장(書狀)을 써서 김인연과 부원군(府院君) 김영돈(金永旽), 함양군(咸陽君) 박충좌(朴忠佐) 등을 불러 입시하게 했다.[113]

라는 기사가 참고된다. 왕흔의 사부 박인간이 원에서 사망했다는 것인데, 『고려사』 충혜왕 세가에 따르면 이는 충혜왕 후4년 11월 임진일로, 충혜왕이 포박된 날(11월 갑신일)로부터 겨우 8일 후의 일이었다. 이를 보면 충혜왕 실각 이전에 왕흔은 이미 원 궁정에 있었음을 알 수 있다. 한편, 1337년(충숙왕 후6, 후지원 3)생인 왕흔은 충혜왕 복위 이전에는 아직

---

111 『高麗史』 권36, 충혜왕 후4년 11월 甲申.

112 『高麗史』 권37, 충목왕 총서. "忠肅王六年丁丑四月乙酉生. 性聰慧, 入元宿衛. 忠惠王五年二月丁未, 高龍普抱王, 以見帝. (중략) 遂令襲位. 時王年八歲."

113 『高麗史』 권108, 金之淑傳 附 金仁沇傳. "忠穆爲元子在元. 以師傅朴仁幹卒, 手書招仁沇及府院君金永旽·咸陽君朴忠佐等入侍."

3세 이하였으므로, 아무래도 이 연령에 케식에 들어갔다고 생각할 수는 없다. 이에 충혜왕 복위 후에 해당하는 시기를 찾으면, 1341년(충혜왕 후2, 지정 원년) 5월의 일이 주목된다. 이때 충혜왕의 동생인 왕기(王祺)가 케식에 들어갔는데(후술), 전술한 왕흔의 사부 박인간이 그 수종 인원에 이름을 올리고 있다.[114] 사료에는 보이지 않지만, 당시 5세였던 왕흔도 이에 동행해 케식에 들어갔을 가능성을 생각해 볼 수 있다. 즉위 후 왕흔은 1344년 4월에 귀국했다.[115]

11) 왕기(王祺, 공민왕. 뒤에 전(顓)으로 개명)

앞서 제시한 사료 J에 따르면, 충혜왕의 동모제인 강릉대군 왕기는 1341년 5월에 원에 가서 '숙위(케식)'에 들어갔으며, 충목왕·충정왕 재위 기간 내내 머물러 있었다. 1351년(충정왕 3, 지정 11) 10월, 왕기는 원의 승인을 얻어 즉위했고,[116] 같은 해 12월에 귀국했다.[117] 그가 바로 공민왕이다. 마침 원에서는 홍건의 난이 발생해 중국 지배가 흔들리기 시작했으며, 곧이어 고려도 원의 직접적인 영향으로부터 사실상 이탈하는 방침을 취하기에 이르렀다. 이 때문에 케식에 참여한 것이 확인되는 고려 왕족은 기록상으로는 공민왕이 마지막이다.[118]

이상, 이 절의 분석 결과를 〈그림 4-2〉로 정리했다.[119]

---

114 『高麗史』 권36, 충혜왕 후2년 5월 癸酉.

115 『高麗史』 권37, 충목왕 즉위년 4월 乙酉.

116 『高麗史』 권37, 충정왕 3년 10월 壬午.

117 『高麗史』 권38, 공민왕 즉위년 12월 庚子.

118 乙坂智子[1998](25쪽)는 충선왕의 서자 德興君 塔思帖木兒도 '入質'한 것으로 보았다. 그러나 그는 애초 僧籍에 있다가 충정왕 3년에 원으로 '도망'한 인물로(『高麗史』 권91, 德興君 塔思帖木兒 傳), 고려 조정에서 파견한 투르칵이라고 할 수는 없다.

119 케식 제도를 매개로 한 원 황제와 고려 왕가의 관계를 고찰하는 이 장에서는 직접적인 검토 대상으로 삼지 않지만, 원 황태자의 케식이 되었던 고려 왕족도 있다. 안동 권씨 출신이지만 충선왕의 왕자로서 대우받은 王煦는 인종 대에 충선왕의 추천으로 '皇太子速古赤'(시쿠르치(šikürči)는 天蓋·의복을 담당한 케식 집사의 한 직책)이 되었다(『東

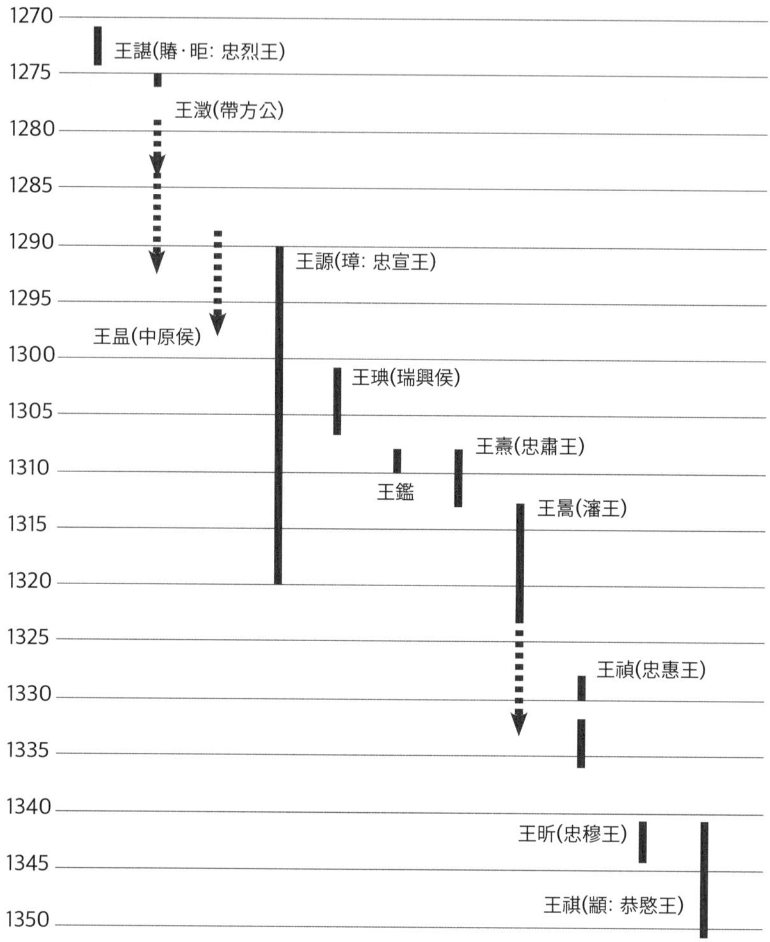

주: 1) 이 그림은 연 단위의 개략적인 사항을 보여 주는 것으로, 같은 해 안에서의 일시적 직무 이탈 및 복귀는 표시하지 않았다.
2) 점선 화살표는 케식에 들어가서 재임한 기간의 하한을 정확하게 파악할 수 없는 기간이다. 이 가운데 심왕 왕고에 대해서는 처음으로 고려에 귀국한 시점을 표시했다.

<그림 4-2> 고려 왕족이 케식에 들어간 기간

4. 투르칵 파견과 케식 참여의 관계

지금까지 고려 왕가가 원에 신속한 기간에 왕족을 케식에 참여하게 했음을 확인했다.[120] 특히 충목왕·충정왕·공민왕을 제외한 역대 국왕이 자신의 왕자를 케식에 보냈음이 주목된다. 전술한 바와 같이, 몽골제국에서 복속집단의 수장은 대대로 정례적으로 자제를 케식에 참여하게 했다. 원 중기에 성립한 〈경세대전서록(經世大典序錄)〉에서도 귀부한 이후의 고려 왕가에 대해,

> S. 이후에 왕은 세자를 보내어 와서 입시하게 했는데, 빈번하게 총애를 받아 공주를 맞이해 왕이 되기에 이르니, 관함은 공신호를 하사받고 지금에 이르기까지 은택이 더욱 더해졌다. 역대 황제가 은혜를 베풀고 친애한 것이 지극했다.[121]

라고 했다. 역대의 국왕이 세자를 원에 보내어 와서 '입시'하게 했다는 것도 세자를 케식에 들여보내 카안을 근시하게 하는 것을 의미하며, 고려 왕가의 케식 참여가 정례적인 것으로 간주되었음을 엿볼 수 있다.[122]

文選』 권125, 〈鷄林府院大君贈謚正獻王公墓誌銘并序〉). 또 심왕 왕고의 손자인 脫脫不花는 순제의 황태자 아유르시리다라의 '東宮怯薛官'이 되었다(『元史』 권42, 順帝本紀, 至正 10년 11월 丙辰). 이처럼 카안 이외의 케식인 경우, 보통은 사료상에 어떠한 형태로든 소속처가 명시되었다. 지금까지 특별히 언급하지 않았지만, 상기한 두 사례 이외에 고려 왕족이 참여한 케식에 대해서는 그러한 흔적이 특별히 확인되지 않으므로, 카안의 케식으로 봐도 문제가 없을 것이다.

120 충렬왕·충선왕·대방공 등은 케식에 있으면서 일시 귀국한 일이 있는데, 허가를 받거나 카안의 명령 등에 따라 일시적으로 케식을 이탈하는 것은 가능했다(ポーロ·マルコ[1970], 219~220쪽; 片山共夫[1980b], 3~5쪽 참조).

121 『元文類』 권41, 〈經世大典序錄〉, 政典, 征伐, 高麗. "是後, 王來世子入侍, 寵錫便蕃, 至尙主爲王, 官賜功臣號, 至于今渥澤益以加. 列聖之涵濡照嫗, 至矣."

122 『元文類』 권41, 〈經世大典序錄〉, 政典, 征伐, 高麗에는 양국 교섭 개시에서 원종 대 삼별초 진압에 이르는, 사료 S 직전까지 몽골-고려 관계의 주요 사건을 연대순으로

투르칵 또한 대대로, 정례적으로 차출해 보내게 되어 있었다. 고려가 귀부하자, 원은 투르칵의 교체·보충은 통례라고 하며 영녕공 왕준을 대신할 투르칵을 제출할 것을 요구했다(사료 N). 이에 원종은 세자 왕심을 투르칵으로 보내면서 이후 "자제를 돌아가며 입시하게 하기를 희망합니다."라고 했다(사료 L). 이는 대대로 자제를 투르칵으로서 케식에 들이는 것을 말한다. 실제로 왕심이 귀국해 즉위하자, 곧 "새롭게 투르칵을 정해"(사료 O), 대방공 왕징을 보냈다. 이후에도 충렬왕 대 말에는 차기 국왕 후보로 지목된 서흥후 왕전이 투르칵이 되었고, 충숙왕 대에도 세자 왕고가 투르칵이 되었다.

그러나 케식에 들어간 왕족 가운데 투르칵이었음이 사료에 명시된 인물은 이상에 한정되며, 특정 왕 대에 치우쳐 있기도 하다. 투르칵을 정례적으로 파견하겠다고 하면서 다른 왕 대에는 보내지 않은 것일까? 그러나 그렇다고 한다면, 충렬왕 이후 충숙왕 대에만 단발적으로 파견이 이루어진 것이 오히려 이상하며, 전술한 바와 같이 14세기 중반에 이르러 이제현이 양국의 밀접한 역사적 관계를 강조하는 문맥에서 "질자(투르칵)를 징집해 숙위(케식)의 대열에 포함"시켰던 일을 제시할 이유도 없었을 것이다.

그렇다면 몽골 측에서 고려국왕에게 그의 자제를 투르칵으로서 차출하도록 요구했고 실제 확실하게 판명된 사례에서 세자나 이에 준하는 인물이 투르칵으로서 파견되고 있음을 함께 고려할 때, 충렬왕·충선왕·충숙왕·충혜왕 등 역대 국왕이 세자를 비롯한 왕자를 케식에 들인 사실이 주목된다. 이들 왕자는 모두 투르칵으로서 파견되었다고 봐야

기술하고 있다. 그 때문에 일견 사료 S는 원종 대 세자 王諶의 케식 참여에 대해 서술한 것으로 보이기도 한다. 그러나 세자 심의 케식 참여는 삼별초 진압 전의 일이다. 또 개별 사건의 서술에서는 각 고려 왕족에 대해 기본적인 姓諱나 諱로 개별 표기하는 것에 비해, 사료 S에서는 막연하게 '왕', '세자'라고 기록하고 있다. 이상을 통해 사료 S는 '역대 황제'와 고려 왕가의 관계를 총괄한 기사로 봐야 한다.

할 것이다. 어린 왕으로 끝났던 충목왕·충정왕과 즉위 후 곧 원으로부터의 이탈 정책을 펼쳤던 공민왕을 제외하고, 모든 국왕이 왕자를 투르칵으로 보냈던 것이다. 이렇듯 투르칵 파견의 정례화와 케식 참여의 정례화는 표리일체의 현상이었다. 즉 이제현이 말하듯이 "투르칵을 징집해 케식에 들이는" 일이 정례화되었던 것이다.

다만 이 경우 충렬왕 대와 충숙왕 대에 투르칵이 수차례에 걸쳐 파견되었던 점에 대한 설명이 필요할 것이다.

우선 충렬왕 대 말에 방계인 서흥후 왕전이 투르칵이 되었던 것은 충렬왕·충선왕 부자의 대립이 심화된 결과, 충렬왕이 충선왕을 대신해 서흥후를 후계자 후보로 삼은 데 따른 것이었다. 일찍이 무라카미 쇼지(村上正二)가 몽골제국 지배층 자제에 대해 지적한 것처럼,[123] 케식 참여가 정례화되면서 고려의 왕자에게도 케식이 되는 것은 아버지의 지위를 계승하기 위한 필수 단계가 되었을 것이다. 방계인 서흥후가 왕위를 획득하고자 하는 과정에서 투르칵이 되어 케식에 들어간 것도 이에 부합한다.

그러나 같은 방계 왕족이라도 충렬왕 대에 처음으로 파견된 대방공 왕징의 경우, 세자나 왕자 혹은 이에 준하는 왕위 계승 후보로 취급되었던 것은 아니다. 이에 대해서는 『원사』 병지(兵志)에 보이는,

> 조(詔)에 이르기를, "통군사(統軍司) 및 관군(管軍) 만호(萬戶)·천호(千戶) 등은 태조의 제도를 따라 각 관에게 자제를 입조시켜 투르칵에 충원하도록 하라. (중략) 만호·천호가 혹 친자(親子)가 없거나, 혹 친자가 유약해 성인에 이르지 못한 자는 동생이나 조카로 충원하고 친자의 나이가 15세가 되기를 기다려 교체하게 하라."라고 했다.[124]

---

123 村上正二[1993b], 168쪽.

124 『元史』 권98, 兵志 1, 兵制, 中統 4년 2월. "詔曰, 統軍司及管軍萬戶·千戶等, 可遵太祖

라는 규정이 참고된다. 투르칵을 파견해야 할 자에게 아들이 없거나 너무 어린 경우 '동생이나 조카'를 대신 보내어 충당하라는 것이다. 여기서 직접적인 지시 대상은 '통군사 및 관군 만호·천호 등'이지만, 사안의 성격으로 볼 때, 15세라는 적령은 일반적인 규정으로 봐도 좋을 것이다.[125] 충렬왕이 즉위한 직후에는 투르칵이 되어야 할 세자 왕원(충선왕)이 태어난 직후였기 때문에 왕의 '당제(堂弟)'[126]라고 칭해졌던 대방공을 대신 파견했을 것이다.[127] 그리고 왕원이 성장하기를 기다려 그를 투르칵으로 파견했던 것이다.[128]

다음으로, 충숙왕 즉위 후 왕고가 충숙왕의 세자로서 투르칵이 되었던 것은 애초에 상왕인 충선왕의 의지에 따른 것이었다. 그러나 국정에 대한 부왕의 영향력에 불만을 가진 충숙왕은 곧 그를 배제하고자

之制, 令各官以子弟入朝充禿魯花. (중략) 萬戶·千戶, 或無親子, 或親子幼弱未及成人者, 以弟姪充, 候親子年及十五, 却行交換."

125 15세라는 적령은 충렬왕과 충목왕을 제외하고 투르칵이 되었던 시점의 연령을 알 수 있는 충선왕(16세), 충숙왕(15세), 충혜왕(14세), 공민왕(12세. 그가 투르칵이었던 것은 후술할 것이다)의 경우와 대체로 부합한다.

126 〈忠憲王世家〉에 따랐다. 다만 대방공은 충렬왕과 같은 항렬이지만, 친소 관계는 매우 멀다(〈그림 4-1〉 참조).

127 충렬왕에게는 貞信府主 王氏 소생인 장자 江陽公 滋가 있었지만, 몽골 공주가 正妃가 되어 충선왕이 태어났기 때문에, 滋는 그에게 세자위를 넘겨주게 되었고, 1279년(충렬왕 5, 지원 16)에는 세자를 '피해' 東深寺로 갔다(『高麗史』 권91, 江陽公 滋 傳). 이러한 사정에서 그는 투르칵이 되지 않았던 것으로 보인다. 또 王弟 順安公 琮도 있었지만, 당시에 왕위를 엿보아 충렬왕을 저주했다는 의심을 받아 실각했다(『高麗史』 권91, 順安公 琮 傳). 그 외의 왕족들 가운데 왜 대방공인가 하는 의문에 대해서는 분명하게 답하기 어렵지만, 적어도 대방공은 원에 사신으로 파견되기도 했고(『高麗史』 권27, 원종 14년 정월 癸亥), 하가해 온 몽골 공주를 영접하는 데 참여하기도 하는 등(『高麗史』 권28, 충렬왕 즉위년 10월 辛酉) 당시의 종실 가운데서도 주요한 위치에 있었던 것으로 보인다.

128 李益柱[1996a](61~62쪽); 李益柱[1996c](30쪽)는 1279년(충렬왕 5, 지원 16)의 대방공 파견에 대해, 전년에 폐지된 다루가치 등을 대신할 새로운 고려 견제수단으로서 투르칵이 강화되었다고 보았다. 그러한 의도 및 의미가 전혀 없었다고 단정할 수는 없으나, 지금까지 살폈듯 이것이 적어도 정상적인 투르칵 파견의 형식에서 일탈한 조치라고 할 수는 없다.

1321년(충숙왕 8, 지치 원년)에 왕고로부터 세자인(世子印)을 빼앗았고, 왕고 측 또한 고려왕위를 엿보며 카안에게 충숙왕을 참소하는 등 양자의 대립이 심화되어 갔다.[129] 그 결과, 충숙왕은 1328년(충숙왕 15, 치화 원년, 천력 원년)에 장자 왕정을 고려 세자로서 새롭게 투르칵으로 삼았던 것으로 보인다. 여기에서도 서흥후 왕전의 경우와 같이 왕위 계승권과 투르칵 파견의 관계가 포착된다.

또 국왕(충혜왕)의 동생이었던 왕기(공민왕)는 왕의 아들 왕흔(충목왕)과 함께 케식으로 파견된 것으로 보인다. 그러나 이때 그는 '대원자'로 칭해지고 있었다(사료 J). 왕의 아들로 취급되고 있었던 것으로, 아마 왕흔과 함께 투르칵으로서 케식에 들어갔을 것이다.[130] 『몽골비사』에는 케식에 자제를 들일 때 동생 1인을 동반하도록 하라는 규정도 보인다(제224절). 왕기와 왕흔의 사례 및 충선왕의 두 왕자가 동시에 투르칵이 되어 케식에 들어간 사례 등은 이러한 관례에 의했을 것이다.

한편 투르칵으로서는 아니지만 케식에 참여했던 것으로 보이는 사례도 몇 가지 확인된다.

1289년(충렬왕 15, 지원 26)에 중원후 왕온이 케식에 들어간 것은 아버지 대방공을 계승해, 충렬왕의 세자를 대리해서 투르칵이 된 것처럼 보일 수도 있다. 그러나 그 세자도 1년 후에는 투르칵이 되어 있었으므로, 이러한 조치가 필요했다고 생각되지는 않는다. 이와 관련해 투르칵으로서 대방공을 수종한 박원굉(사료 M 참조)의 아들 박거실(朴居實)에 대해,

129 北村秀人[1972], 101~108쪽 참조.

130 乙坂智子[1998](22~26쪽)는 왕의 동생인 王祺를 파견한 것을 이례적인 것으로 보고, 투르칵이 원 측에서 적당한 왕위 계승자를 선발하는 수단으로 변질되었다고 했는데, 적어도 형식을 일탈한 것은 아니었다. 문제는 왕기를 충혜왕의 아들로 취급한 동기가 원 측·고려 측 어느 쪽에서 어떤 양상으로 존재했는지인데, 적어도 왕기는 곡절을 겪고 결과적으로 즉위한 것으로(閔賢九[1981] 참조), 결코 예정된 왕위 계승자는 아니었다.

"정윤공(正尹公, 박거실)은 아버지를 대체해서 숙위에 종사해 천자의 아래에서 거주했다."라고 한 기사[131]가 주목된다. 투르칵으로서 파견되었을 때 획득한 케식의 자격이 부자간에 독자적으로 세습되었다고 한다면, 중원후에 대해서도 마찬가지였을 가능성이 있다.

또 충선왕은 고려왕에 복위한 후에도 케식에 머물렀고, 왕고는 심왕에 즉위한 후에도 케식에 있었던 것으로 보인다. 충선왕은 당시 이미 왕자를 투르칵으로 보냈고, 왕고는 심왕으로서 투르칵을 보내야 할 입장이었다. 그 자신이 여전히 투르칵이었다고 생각할 수는 없다. 한번 획득한 케식의 자격은 이후에도 계속 유지되었으므로,[132] 충선왕과 심왕 왕고도 스스로 보유한 케식으로서의 자격에 근거해 계속해서 이에 참여했을 뿐일 것이다. 충선왕과 충혜왕이 폐위 후에 케식에 다시 소환되었던 것도 아마 같은 형태였을 것이며, 투르칵으로서의 징집은 아니었다고 생각한다. 다만 이때는 그들의 부왕이 복위해 있었으므로 그 자제로서 다시 투르칵에 충당되었을 가능성도 전혀 없지는 않지만, 현재로서는 일단 의문으로 남겨 두고자 한다.

이상과 같이 고려 왕가는 대대로, 정례적으로 투르칵을 파견해 케식에 충당했으며, 이것이 고려 왕가가 케식에 참여하는 기본적인 형태였다. 그 투르칵에는 보통 세자를 비롯한 왕자가 충원되었는데 경우에 따라서는 방계의 왕족이 세자에 준하는 왕위 후계자 후보로서, 혹은 어린 왕자를 대리해 충원되는 일도 있었다. 투르칵으로서는 아니지만 케식에 참여한 듯한 몇몇 사례도 보이는데, 그것도 근본을 따져 보면 본인이 이전에 투르칵이 되어 케식의 자격을 획득했던 경우이거나, 그 아버지가 이전에 투르칵으로서 취득한 케식의 자격을 계승했던 경우에서 유래한 것으로 생각된다. 이상의 검토를 통해, 고려-원 관계에서 케식 제

---

131 『拙藁千百』 권2, 〈平原郡夫人元氏墓誌〉. "正尹公替父充宿衛, 住輦下."

132 이 장의 주 47 참조.

도의 의의를 주로 투르칵 파견의 의의와 관련지어 제시하고자 하는 필자의 입장에는 기본적으로 문제가 없음이 확인되었다고 할 수 있다.

그런데 양의숙은 대방공 왕징의 파견을 마지막으로 원 측에서 투르칵 파견을 요구하는 일은 없게 되었고, 이후에는 고려 측이 자발적으로 계속해서 보냈다고 보았다.[133] 그러나 왕자가 투르칵으로서 케식에 들어간 여러 사례의 파견 경위를 밝힌 관계 사료는 세자 왕원(충선왕)의 경우 "전왕은 16세에 조지(詔旨)를 받고 입시했다."라고 했으며,[134] 왕자 왕감과 왕도(충숙왕)의 경우, "사자가 두 왕자를 천자의 궁정에 입시하게 하라는 성지를 전했다."(사료 Q)라고 했고, '대원자' 왕기(공민왕)의 경우, "원 순제가 사신을 보내어 숙위로 불러들였다."(사료 J)라고 해, 대방공 왕징 이후의 왕자들도 카안의 지시를 받아 파견되었음을 보여 준다. 다만 이것은 원이 그때그때 요구했다기보다는 다분히 형식적인 절차가 되어 갔을 것이다. 애초부터 투르칵은 대대로, 정례적으로 보내도록 되어 있었던 것이다.

5. 고려-원 관계에서 케식 제도의 의의

1) 케식의 일반적 기능

기존 연구에서는 원이 고려 왕가로부터 투르칵을 징집한 사실에 대해 그것이 고려 왕가를 견제하기 위한 인질이라는 측면의 의미를 한결같이 강조해 왔다. 그러나 앞서 살펴본 바와 같이 투르칵으로 충원된 케식에는 복속집단의 자제를 제국 지배층의 일원으로서 훈도하고, 이를 카안

133 梁義淑[1993a], 158쪽; 梁義淑[1993b], 13~14쪽. 柳洪烈[1957](32쪽); 高柄翊[1974](397쪽)도 거의 같은 견해를 제시했다.

134 『高麗史』 권107, 閔漬. "前王年十六, 承詔入侍."

의 권력 기반으로 조직하는 장치로서의 기능이 있었다. 그리고 케식으로서의 근무는 카안에 대한 공적으로, 그 지위는 영예로운 특권으로 인정되어 그 구성원 개개인의 입신(立身)의 지름길로 인식되었다.

『고려사절요』 충렬왕 24년(1298, 대덕 2) 5월 조에는 다음과 같은 충선왕의 교서(教書)가 실려 있다.

> 교서를 내려 이르기를, "선왕께서 관제를 설치하고 직무를 나눈 것은 대개 인재를 얻어 국가 서정(庶政)을 함께하고자 한 것이었다. 고(孤, 충선왕)는 어린 나이에 천자의 궁정에 입시해 몸소 선대 황제(세조)의 훈도(訓導)를 받았고, 대조(大朝)의 제도를 눈으로 보아 이미 상세히 알고 있다."[135]

왕이 "어린 나이에 천자의 궁정에 입시"했다는 것은 세자 때에 투르칵으로서 케식에 들어간 것을 가리키는데, 이때 충선왕은 세조의 훈도를 받아 원의 제도를 깨우쳤다고 한다.

또 『고려사』 세가, 충렬왕 24년 8월 계유 조에는 다음과 같은 기록이 있다.

> 왕이 패로올(孛魯兀)의 객관으로 가서 의위(儀衛)를 갖추고 마침내 수녕궁(壽寧宮)으로 가서 조서를 받았다. 조서에 이르기를, "전 고려국왕 왕거(王昛)에게 효유한다. 앞서 경이 표문으로 세자 왕원에게 전위할 것

135 『高麗史節要』 권22, 충렬왕 24년 5월. "教曰, 先王設官分職, 蓋欲得人而共國庶政. 孤於幼歲入侍天庭, 躬承先帝之訓, 目覩大朝之制, 旣詳矣."
『高麗史』 권33, 충선왕 즉위년 5월 辛卯 條에도 거의 같은 문장이 있는데, 『高麗史節要』의 '共國庶政'을 '共國庶務'로, '大朝之制'를 '大都之制'로 표기했다. 문장의 뜻에 큰 차이는 생기지 않지만, 용어로는 『高麗史節要』 측이 본래의 글에 가깝다고 판단할 수 있다.

을 청했다. 이에 왕원에게 조서를 내려 〔본국에〕 가서 왕작을 계승하도록 하고, 나랏일은 이전대로 경의 훈도를 따르라고 명령했다. 지금 들건대, 〔왕원이〕 정사를 처리하기 시작한 이래로 매우 멋대로 처리하고 부적절하게 처결해 인심이 의심하고 두려워한다고 한다. 아마도 나이가 아직 젊고 경력이 적은 까닭에 짐이 친히 위임한 뜻에 부응하지 못한 듯하다. 지금 사신을 보내어 경에게 조서를 내려 이전과 같이 국정을 통할하게 하고, 또 왕원에게 조서를 내려 천자의 궁정에 입시하게 해 그로 하여금 일을 밝게 익히게 한다." 했다.[136]

전술한 바와 같이, 1298년에 즉위해 곧 폐위된 충선왕은 이후 케식으로 소환되었다. 위 사료에는 그 목적에 대해, 나이가 어리고 경험이 부족한 충선왕이 국정을 멋대로 처리하고 적절한 처결을 내리지 못해 카안이 '친히 위임한 뜻'에 부응하지 못하므로, 케식에 '입시'해 일을 학습하게 하려는 것이라고 했다. 충혜왕을 폐위시킨 후에 다시 케식에 들어가게 한 것도 그 뜻을 명확히 언급한 문서는 없지만 같은 취지의 조치였을 것이다. 필자가 확인한 바로는 고려 왕가 이외에 이러한 조치가 취해진 예를 확인할 수 없지만, 지배층 자제를 훈도한다는 케식 제도의 일면이 나타난 것이라고 할 수 있다.

고려 왕가의 입장에서 케식에 참여하는 것이 카안의 은총을 받는 계기로서 영예로운 일이라는 인식은 다음 사료들에서 찾아볼 수 있다. 앞의 사료 S에 "이후에 왕은 세자를 보내어 와서 입시하게 했는데, 빈번하게 총애를 받"았다고 했으며, 대방공 왕징에 대해 사료 D에서는 "세조

136 『高麗史』 권31, 충렬왕 24년 8월 癸酉. "王如孛魯兀館, 備儀衛, 遂幸壽寧宮, 受詔. 詔曰, 諭前高麗國王王眶. 曩以卿表請, 授位于世子謜. 是用詔謜往嗣王爵, 國事仍命聽卿訓導. 今聞, 蒞政以來, 頗涉專擅, 處決失宜, 衆心疑懼. 蓋以年未及壯, 少所經練, 故未能副朕親任之意. 今遣使詔卿, 依前統理國政, 且詔謜入侍闕庭, 使之明習于事."

황제 때 본국의 자제를 이끌고 궁중에 숙위했다. 천자께서 그 공로를 가상하게 여기시어 은혜를 베푸신 것이 일 년에 수백에 이르렀다."라고 했다. 또한 충선왕에 대해서도 사료 G에는 "세조를 섬기기에 이르러 황제의 외손자로서 세자가 되어 숙위에 들어가 높이 평가받았고"라고 했고, 1297년(충렬왕 23, 대덕 원년) 충렬왕이 원에 보낸 표문에 "신의 세자 왕원은 일찍이 능력과 기량을 갖추어 천자의 궁정에 입위(入衛)해 은총을 입어 이미 황족의 배필이 되었습니다."라고 했으며,[137] 1314년(충숙왕 원년, 연우 원년) 고려의 신료가 충선왕에게 바친 하전(賀箋)에는 "천자의 궁중에 입시해 몇 년간 특별한 은총을 받으셨다."[138]라고 했던 점도 제시할 수 있다. 이 외에도 심왕 왕고에 대해 사료 R에서는 "영종 황제의 총애를 받아 날마다 연침에 시(侍)했다."라고 했다.

『원사』 세조 본기, 지원 11년(1274, 원종 15) 5월 을미 조에는 몽골군 인원 조사에서 실수를 저지른 카단[合丹]이라는 인물을 케식에서 방출한다는 결정이 기록되어 있다. 이러한 조치가 징벌로서 기능할 수 있었던 것은 케식이 영예로운 특권적 지위였기 때문이다. 충혜왕이 평소 행실이 나쁘다는 이유로 케식에서 추방되었던 데서 보이듯, 고려 왕가에 대해서도 케식의 지위는 같은 의미를 가졌다.

또한 케식에 참여해 봉사하는 일은 카안에 대한 고려 왕족의 훈공·충근(忠勤)을 의미했다. 앞서 제시한 관계 사료를 보면, 대방공 왕징에 대해 "세조 황제 때 본국의 자제를 이끌고 궁중에 숙위했다. 천자께서 그 공로를 가상하게 여기시어"(사료 D)라고 했으며, 공민왕에 대해 "천자의 궁정에 10년여 동안 입시해, 크게 공적을 세웠다."(사료 K)라고 했다. 충선왕에 대해서도 "오랫동안 천자의 궁정에 근시(近侍)해 충근을 다했

137 『高麗史』 권31, 충렬왕 23년 10월 丙申. "臣之世子謜, 夙成幹局, 入衛闕庭, 荷恩, 已配於皇支."

138 『高麗史』 권34, 충숙왕 원년 정월 甲辰. "入侍於天居, 幾歲別承於宸睠."

다."[139]라고 하는 기록이 있다. 이는 충선왕이 복위할 때 내려진 원의 조서 가운데 한 구절로, 그가 이 시점까지 오랫동안 케식에 머물면서 카안에게 충근을 다해 왔음을 이야기한 것이다.

그런데 이익주는 충렬왕 대 중반 이후, 인질로서의 의미가 약해지는 것을 두고 투르칵의 파견이 형해화되었다고 보았다.[140] 그러나 이것은 투르칵의 본질을 고려를 견제하기 위한 억압적인 인질로만 파악한 관점에서 비롯한 해석이다. 투르칵이 케식에 들어감으로써 위에 언급한 것과 같은 여러 가지 의의가 생겨나고 그것이 고려-원 관계에서 기능했다는 사실은 간과할 수 없다. 견제·억압으로서의 효과가 적극적으로 발휘되어야 할 상황이 사라져 간 것은 사실이지만, 이것을 가지고 투르칵의 제도적인 의미가 완전히 없어진 것처럼 이해하는 것은 타당하지 않다.[141]

다만 케식에 참여하는 것이 고려 왕가의 훈공·영예라는 언설은 많은 경우 원 조정과의 교섭에서 고려 측의 발언력을 강화하기 위해 혹은 고려 왕가 및 그 특정 왕을 현창하는 정치적 문맥에서 이야기된 것이므로 가감해서 받아들일 필요도 있다. 그러나 스스로 케식에 들어가기를 희망한 왕서 같은 사례가 애초부터 있었고, 후대에는 충선왕처럼 원에서의 생활에 집착해 케식에 계속해서 머물렀던 이도 있다.

또 케식으로서 원 궁정에 체재함으로써 고려 왕족은 원의 정국과 관계하게 되었고, 그 동향은 본국의 정국과도 밀접하게 관계되었다. 최

139 『高麗史』 권33, 충선왕 복위년 10월 辛亥.

140 李益柱[1996a], 62쪽; 李益柱[1996c], 30쪽.

141 柳洪烈[1957](32~33쪽); 高柄翊[1974](397쪽); 梁義淑[1993b](13~15쪽); 張東翼[1994a](169쪽); 金渭顯[2004](388쪽)도 대체로 李益柱와 같은 의견이다. 梁義淑[1993b]와 Henthorn[1963](213쪽)은 통혼관계가 성립되어 투르칵의 필요성이 없어졌다고도 했다. 그러나 후술하듯이 투르칵 파견은 통혼관계와 모순되기는커녕 고려-원 양국의 통혼과 밀접한 관계가 있었다고 생각한다.

초의 집정(執政)에 실패하고 원에 소환된 후 왕위 계승권조차 위태로워진 충선왕은 성종 사망 후 원의 내분과 그 후의 무종 '추대'에 간여해 이를 배경으로 고려 본국에서의 탈권에 성공했다. 복위 후 충선왕은 인종을 섬겨서 후한 대우를 받았는데, 다음 황제인 영종(英宗) 대에 전 대의 집권자들을 숙청하는 과정에서 충선왕도 유배에 처해졌다. 이 과정에서 영종을 섬긴 심왕 왕고는 카안의 총애를 배경으로 고려왕위를 엿보고 책동했다. 또한 충혜왕이 케식에 들어갔을 때, 대규모의 제위 계승 분쟁(천력의 내란)이 발생했는데, 그 과정에서 충혜왕은 문종 정권의 권신 엘테무르와 밀접한 관계를 맺었고, 이것이 그가 아버지 충숙왕을 대신해 왕위에 오르는 계기가 되었다. 이상의 사건에 대해서는 다른 기회에 상론하고자 하며, 요컨대 고려 왕가 및 개별 왕족은 원, 나아가서는 고려 본국에서의 정치적 상승의 지름길로서 오히려 케식이라는 기회를 적극적으로 이용하고 있었다고 할 수 있다.

2) 공주 하가의 사유

이 책 제3장에서 상론했듯이, 사원기의 고려왕은 대대로 몽골 황족의 공주를 맞이해 황실의 부마가 되었다. 충렬왕 이후로는 부마고려국왕이 정식 왕호가 되었고, 몽골제국을 구성하는 제왕·부마 등 왕후 귀족의 분권적인 정치단위인 투하(投下), 위하(位下)의 일원으로서 위치 지어지기에 이르렀다(이 책 제1~2장 참조). 이러한 높은 정치적 지위와 결부되기 때문에 몽골제국에서 공주 하가는 최고의 은혜로운 대우로서, 큰 공로에 대한 보상으로 이루어졌다. 필자는 이 책 제1장 제2절에서 고려 왕가에 대한 공주 하가의 시작에는 '태조 칭기스와 세조 쿠빌라이에 대한 솔선귀부' 및 '충렬왕이 투르칵이 되어 세조에게 봉사한 일'이 사유가 되었음을 지적했다. 전자의 '솔선귀부'라는 것은 다른 부마 가문과도 공통되는, 일반적인 하가 사유다. 한편 후자의 내용을 이 장의 분석 결과에 근거해서 다시 설명해 보자면, 이는 충렬왕이 세자일 당시 투르칵으로서 케식에 들어가 카안에게 봉사한 사실을 가리키는 것이다. 아래에서는 케식 참여와 공주 하가의 상관관계에 대해, 이 책 제1장에서 논의한 내용을 포함해서 검토해 보겠다.

긴 시간에 걸친 저항 끝에 1260년(원종 원년, 중통 원년) 원에 귀부한 고려에 대해, 세조는 처음에는 기존의 억압적인 시책이나 요구 가운데 다수를 철회하거나 보류하는 등 유화적인 태도를 보였다. 그러나 몇 년이 지나도록 고려 정부는 강화도에 틀어박힌 채 공물 요구에도 난색을 표하는 등의 대응을 보였다. 이에 세조는 1262년 고려에 복속국의 의무로서 호구 조사, 군사 협력, 양식 공출, 역참 설치의 이행을 요구했으며, 1268년(원종 9, 지원 5)에는 투르칵을 다시 파견할 것과 그때까지 보류해 온 다루가치를 설치할 것을 추가로 주문했다. 원은 고려가 두마음을 품고 있다고 의심했던 것이다.

이러한 상황에서 1269년(원종 10, 지원 6)에 고려의 권신 임연이 국왕 폐립을 강행하자, 원은 이를 고려의 이반이라고 보고 고려를 직할 지배하는 방안까지 검토하기에 이르렀다. 마침 원에 사행 중이었던 세자 왕심(뒤의 충렬왕)은 왕조 존속의 위기를 알아채고 원에 대해 공순한 자세를 명확히 함으로써 이를 피하고자 한 것으로 보인다. 즉 임연 토벌을 위한 군사 개입과 함께 자신에게 공주를 하가해 줄 것을 주청했던 것이다. 원 또한 고려를 직접 지배하는 데 수반되는 위험 요소 및 부담, 남송과의 전쟁 및 대일본 정책 등과 얽힌 이해관계를 고려해 고려 왕가를 존속시킨 채 이를 회유하고 이용하는 것이 나은 계책이라 판단한 듯, 왕심의 요청을 받아들여 공주 하가를 일단 승인했다.

이렇게 양국 간에 통혼 문제가 부상한 배경에는 역설적이게도 고려가 귀부한 초기의 양국 관계가 불안정했다는 점이 자리 잡고 있었다. 당시의 고려는 귀부가 늦어진 국가로 인식되었고, 이는 최초의 공주 하가가 실현된 1274년(원종 15, 지원 11) 무렵에도 마찬가지였다. 고려가 태조·세조에게 솔선귀부했다고 인식된 것은 13세기 말 이후로 보인다. 당연히 당초에 '태조·세조에 대한 솔선귀부'가 공주 하가를 시작하는 사유가 될 리도 없었다.

그렇다면 충렬왕이 투르칵으로서 케식에 들어가서 카안에게 봉사한 것은 어떠한가? 필자는 이 책 제1장에서 이것을 솔선귀부에 비해 부차적인 훈공이라고 보았다. 그러나 이것을 공주 하가에 결부하는 듯한 언사의 한 예로, 『고려사』 세가에 실린 충렬왕 25년(1299, 대덕 3) 성종에게 올린 충렬왕의 표문(表文)에,

> 신은 일찍이 세자로서 입시해 제실(帝室)과 통혼할 수 있게 되었으며, 마침내 장인과 사위의 관계를 맺게 되었습니다.[142]

라고 한 점이 보인다. 또 『고려사』 세가에 실린 충선왕 즉위교서에서도 다음과 같이 언급했다.

> T. 우리 광문선덕태상왕(光文宣德太上王, 충렬왕)에 이르러, 잠저(潛邸)에 있을 때에 민을 안정시키기 위해 스스로 생각해 결심하시고 황제의 궁정에 입시해 공주의 배필이 될 수 있었다.[143]

무엇보다 충렬왕에게 처음으로 공주를 하가시킨 것을 원에 사례하는 사은표문에서,

> 황녀가 바야흐로 하가되었으니 온 나라가 모두 즐거워하고 있습니다. 무릇 보건대 누가 기뻐 뛰지 않겠습니까. 엎드려 생각하옵건대,

142 『高麗史』 권31, 충렬왕 25년 10월 是月. "臣嘗以世子入侍, 得連婚帝室, 遂爲甥舅."

143 『高麗史』 권33, 충선왕 즉위년 정월 戊申. "逮我光文宣德太上王, 在潛邸時, 爲安黎庶, 斷自睿慮, 入侍帝庭, 得配王姬."

> 신은 깊은 인연으로 다행히 좋은 시대에 태어나, 4년 동안 천자의 궁정에 입시해 만국이 다투어 찬미하는 은혜로운 대우를 받아 금세 황녀와 혼인하게 되었으니, 천고에 듣기도 드문 은총을 입었습니다. 이어 번직(藩職)을 계승할 것을 허락하시어 곧 본국에 나아가도록 하시고, 이윽고 숙옹(肅雍)의 거복(車服)을 내리시어 먼 길을 평온하게 지나게 하셨습니다.[144]

라고 표현했다. 즉 공주 하가는 충렬왕이 4년 동안 케식으로서 카안에게 봉사하면서 얻은 '은혜로운 대우'의 연장선상에 위치한 것이었다.

앞서 서술한 바와 같이, 케식에서 충성스럽게 근무하는 것은 카안에 대한 훈공이 되므로, 이것을 공주 하가의 사유로 삼는 것은 일단 가능하다고 생각할 수 있다. 그러나 문제가 없는 것은 아니다. 1269년에 있었던 최초의 하가 승인은 임시적인 조치였던 듯하니, 폐립 사건이 종결된 후 이듬해인 1270년(원종 11, 지원 7) 초에 원종은 원에 들어가서 다시 이 사안을 주청했으며, 동시에 세자도 "〔스스로〕 조정에 배종(陪從)하고, 또 공주를 맞이할 것을 원합니다."[145](이하, 사료 U)라고 주청했다. 그러나 이때는 고려 정세가 여전히 불안정하며, 정식으로 주청 사신을 보내야 한다는 등의 이유로 요청이 각하되었다. 이에 다음 해인 1271년 정월, 원종은 사신을 보내어 세자에게 공주를 하가해 줄 것을 다시 주청했고, 같은 해 10월, 원으로부터 귀국한 이창경(李昌慶)이 그에 대한 승인 사실을 전했다.[146] 한편 세자 왕심은 이해 6월에 투르칵으로 파견되었고(사료 L), 다음 달에 원 궁정에 도착했다.[147] 위의 이창경은 이때 왕심을

---

144 〈謝釐降公主表〉(『東文選』 권37, 金坵 『止浦集』 권1). "王姬方降, 國俗盡歡. 凡在瞻觀, 孰非抃躍. 伏念, 臣深緣宿劫, 生幸昌期, 四年入侍於宸庭, 萬邦爭美之恩遇, 一旦連婚於皇息, 千古罕聞之眷憐. 仍許襲藩, 旋令就國, 尋降肅雍之車服, 穩經遐遠之道途."

145 『元史』 권7, 世祖本紀, 至元 7년 2월 乙未. "世子愖奏乞随朝及尚主."

146 『高麗史』 권27, 원종 12년 정월 丙子, 10월 辛丑.

호송한 고려의 추밀원부사였다(사료 L). 즉 하가 승인은 왕심이 투르칵이 되어 케식에 들어간 전후의 시기에 이루어졌던 것으로 보인다. 그때까지는 객관적으로 보았을 때 왕심이 케식으로서 충성스럽게 근무해서 공주를 하가받기에 충분할 정도로 카안의 은총을 받을 수 있을지 여부는 다만 예상에 그친 단계였다고 할 수 있다.

물론 1269년의 통혼 결정은 전술했듯이 국왕 폐립 사건을 둘러싼 현실적인 정치상·군사상의 판단을 배경으로 하는 것이었다고 생각된다. 1271년의 승인은 고려 측의 정식 주청에 응해 이를 재확인한 것일 뿐, 케식 참여를 공주 하가에 결부하는 것은 이후에 덧붙여진 논리에 지나지 않는 것으로 보이기도 한다.

그러나 고려 측은 세자 왕심이 케식에 들어간 것을 통혼을 실현한 중요한 계기로 보고 있었던 것 같다. 대덕 5년(1301, 충렬왕 27)에 김훤(金晅)이 찬술한 김병(金賆)의 묘지명에 다음과 같은 구절이 보인다.

> 신미년(1271), 금상(今上, 충렬왕)은 동궁(東宮)에 있으면서 천자의 궁정에 입시했다. 공은 예부낭중으로서 수종해 입조했는데, 4년간 근무해 〔충렬왕을〕 보도(輔導)하는 데 많은 공을 세웠다. 왕실에서 표문을 올려 공주〔의 하가〕를 청하니, 공이 일행과 함께 도와 경사스러운 하가를 성취했다. 이것이 안평공주(安平公主)다.[148]

세자 왕심이 케식에 들어가서 카안을 근시하자, 김병 등 종신들은

---

147 『元史』 권7, 世祖本紀, 至元 7년 2월 乙酉.

148 〈匡靖大夫都僉議參理集賢殿大學士同修國史金賆墓誌〉(국립중앙박물관 소장). "辛未歲, 今上在東宮, 入侍天庭. 公爲禮部郎中, 隨從上朝, 勤勞四載, 輔導功多. 朝家表請公主, 公與一行贊成釐降之休. 是爲安平公主." 필자가 실물을 직접 확인했다. 판독에는 李蘭暎[1968], 276~277쪽; 許興植[1984b], 1084~1085쪽; 金龍善[2012], 411~413쪽을 참조했다.

원 궁정에서 공주 하가를 실현하기 위한 활동을 했다고 한다. 이미 1270년에 왕심이 공주 하가 요청과 함께 스스로 '조정에 배종'할 것을 원했던 것은(사료 U) 이 점과 관련해 주목된다. 이때까지 원에서 고려에 투르칵 파견을 요구해 왔던 것을 통해 볼 때, 이것은 넓은 의미에서 원 궁정에 봉사하는 것을 의미하는 것이 아니라, 세자가 투르칵으로서 케식에 들어가는 것을 가리키는 것으로 보인다. 사료 T에서 충렬왕이 민을 안정시키기 위해 스스로 생각해 결심하고 황제의 궁정에 '입시'해, 공주를 맞이할 수 있었다고 한 것도 케식 참여에 관한 고려 측 의도를 전하고 있는 것이라고 생각한다. 케식에 있었던 왕심이 일부 종신의 요청을 받아들여 귀국을 고려했을 때, 설인검(薛仁儉)·김서(金惰) 등은,

> 세자께서 여기에 있는 것은 사직을 지키기 위한 것입니다. 지금 이 일을 청해 귀국하면 나라가 그 폐해를 입게 됩니다. 사직을 지키는 뜻이 어디에 있겠습니까?[149]

라고 간언했다고 한다. 고려의 사직을 지키기 위해서는 세자가 원 궁정에 있지 않으면 안 된다고 한 것이다. 분명히 말하고 있지는 않으나, 앞서 서술한 상황을 염두에 둔다면 여기에 공주 하가 실현이라는 목적이 내포되어 있었을 가능성을 충분히 생각할 수 있다.

이상과 같은 고려 측 의도는 어떤 이유에 따른 것일까? 세조가 원종의 최초 하가 요청을 각하했을 때, 몽골의 관례, 즉 '달단(達旦)의 법'에서는 '실로 교친(交親)을 할' 상대라도 통혼은 '감히' 허락하지 않는 것이라는 점, 고려는 적절한 주청 절차를 밟지 않았다는 점, 또 그 전제로서

149 『高麗史節要』 권19, 원종 13년 2월. "世子在此, 將以衛社稷也. 今請此事以還, 則國受其弊, 安在其衛社稷耶." 『高麗史』 권27, 원종 13년 2월 己亥 條에도 거의 같은 문장이 있는데, 사료 원문에서 '則' 이후 부분을 "則如本國何"라고 간략하게 기록하고 있다.

국왕 폐립 사건 이래의 국내 혼란을 수습해 복속을 분명히 해야 한다는 점 등을 지적했음이 주목된다.[150] 사실상 통혼의 필요성을 인정했다고 하더라도 아직 원 측은 하가를 실시함에 그 절차와 명분을 과제로 삼고 있었던 것이라고 생각한다.

즉 고려 왕가에는 원에 대한 복속을 확실히 하는 것은 물론이고, 이외에 단순한 '교친' 이상의 관계의 '형식'을 구축하는 것이 요구되었던 것이 아닐까? 당시 고려 왕가는 솔선귀부라는 큰 공적에는 해당되지 않았으며, 개경 환도 및 다루가치 설치 등은 복속의 증표는 되더라도 훈공이라고 할 정도의 적극성은 없었다. 이키레스 창왕가(昌王家)에는 군공(軍功)을 세운 점이 공주 하가의 사유가 되었던 부마의 사례도 있는데,[151] 고려가 일익을 담당한 일본 공략은 이 당시 막 준비가 시작되던 단계였다. 그렇다면 고려 왕가가 이 시점에서 원에 행할 수 있는 공헌, 카안으로부터 은혜로운 대우를 받을 계기는 케식에서 힘써 근무한 것 이외에는 없었던 셈이 된다.

이에 원의 입장에서, 고려 왕가가 케식에 참여하는 것은 고려 왕가에 대한 공주 하가를 개시하는 데 적어도 명분상 사유가 될 수 있는, 어쩌면 유일한 '훈공'이었을 것이다. 더하여 여기에는 고려 왕가를 제국에 통합한다는 실질적인 효과도 기대되었을 것이다. 이에 원 측에서도 세자 왕심이 투르칵으로서 케식에 들어간 것을 계기로 하가를 확약할 수 있었던 것이 아닌가 한다. 당시 원 조정에서의 대세는 고려의 공순한 자세를 인정하는 추세였을 것이다. 투르칵을 케식에 들인 것도 이전부터의 요구에 따른 것에 지나지 않는다. 그러나 당초부터 후대에 이르기까

150 『高麗史』 권26, 원종 11년 2월 甲戌. "達旦法, 通媒合族, 眞實交親, 敢不許之. 然今因他事來請, 似乎欲速, 待其還國, 撫存百姓, 特遣使來請, 然後許之." 또 이 책 제1장 제3절 참조.

151 『元文類』 권25, 〈駙馬昌王世德碑〉.

지 그 일을 하가의 계기로 언급한 것을 통해 볼 때, 왕심의 케식 참여에는 통혼의 실현을 뒷받침하고 원활하게 했다는 상대적인 중요성이 있었음을 인정할 수 있을 것으로 보인다.

이미 언급한 바와 같이, 몽골 제실에는 특정 인족이 있었으며 이들과 반복해 통혼했다. 고려 왕가 또한 그 대상이 되었는데, 통혼은 "성조(聖朝)의 제왕·부마가 세습하는 예"[152]에 따른 것이고, 또 양국의 '고사(故事)'라고[153] 인식되기에 이르렀다. 한편 투르칵 또한 대대로 파견되었다. 이리하여 고려의 왕자가 투르칵으로서 카안의 케식에 들어가고, 곧이어 부마가 되어 왕위에 오르는 일련의 과정, 즉 케식 제도를 매개로 부마고려국왕이 재생산되는 구조가 생겨난 것이다.[154]

6. 소결

고려 왕가는 대대로 원 궁정에 투르칵을 보내어 케식에 참여하게 했다. 몽골제국이 여러 정치집단을 카안의 권위 아래에 통합해 가는 가운데 발휘된 케식 제도의 기능은 고려 왕가에 대해서도 적어도 명분상으로는 유감없이 발휘되었으며, 나름의 실질적 효과도 수반하고 있었던 것으로 보인다. 이에 더해 고려 왕가의 케식 참여는 양국의 안정적 통속관계를 구축하기 위해 공주 하가라는 방책이 채택되는 데 동기를 부여하는 사유로서 명분과 실질 양면에서 일정한 중요성이 있었다고 생각한다. 몽골에서 부마 가문이 케식에 참여하는 것 자체는 특수한 일이 아니었던

---

152 『高麗史』 권126, 李仁任 傳.

153 『高麗史』 권125, 柳淸臣 傳.

154 金恵苑[1989](202, 205쪽)은 고려 왕족은 원 궁정에서 '숙위'하면서 통혼 대상이 될 공주를 물색했다고 했다. 그러나 통혼 상대가 선정되기까지의 구체적 과정은 차후의 검토 대상이다.

듯하지만,[155] 부마라는 지위 자체가 케식 제도와 밀접한 관계에서 성립하고 있었던 것은 고려 왕가의 특징적 면모로 보인다. 당초의 문제로 다시 돌아가자면, 고려와 원의 정치관계에서 투르칵 파견의 의의는 기본적으로 이상과 같은 케식 제도의 의의를 가지고 설명할 수 있다.

고려사 연구에서 투르칵 문제는 주변 국가들에 대한 원의 정책 중 하나로 간주되는 경향이 있다. 그러나 이 제도가 원 국내의 일정 수준 이상 정치 지배층에도 광범하게 적용되고 있었다는 점에 새롭게 주의해야 한다. 고려왕 또한 원을 구성하는 한 분권 세력으로서의 부마였던 동시에 투르칵 제도를 통해 카안의 케식이라는 지위를 획득했던 것인데, 이 두 가지 속성 사이에는 밀접한 상관관계가 있었다. 앞으로 고려와 원 사이에 행해진 여러 가지 제도·관례를 검증해 가야 할 것인데, 그때 이들을 체계적·구조적으로 파악하기 위해서는 이러한 제도·관례 사이의 상호관계에 주의할 필요가 있다.

원의 케식 제도가 고려에 미친 영향에 대해서는 이 장에서 논한 제도적 내용 외에도 파생적인 문제가 남아 있다. 정치 면에 한정해 예를 들자면,[156] 이 장에서도 언급했듯이 우선 원 중앙 정계에서의 고려 왕족의 활동을 들 수 있다. 또 왕족과 그 수종 신료의 관계도 중요한 주제가 된다. 이러한 신료는 자신이 봉사한 왕족을 추대해 일종의 당파세력을 이루는 경향이 있었으며, 해당 인물이 왕위에 오른 후에는 그 정권을 지

155 부마가 케식이 된 사례는 필자가 확인한 한문 사료로는 "知院 駙馬 塔失帖木兒가 숙위했다."(『元史』 권178, 王約 傳)라는 사례 외에, 위구르 고창왕가에서 확인된다(『元史』 권122, 巴而朮阿而忒的斤 傳, 虞集, 〈高昌王世勳碑〉(『道園學古錄』 권24; 『道園遺稿』 권39; 『元文類』 권26; 乾隆 〈武威縣志〉(『五涼考治六德集全誌』 권1)). 몽골의 부마 가문도 천호군(千戶群)의 구성원이었으며, "諸王 帖木兒가 雲南에서 귀환했다. 숙위에 들어가니, 鈔 25,000貫을 하사했다."(『元史』 권28, 英宗本紀, 至治 3년 7월 甲辰)라고 했듯이, 제왕으로서 케식이 된 예도 있다. 이들 부마 가문에도 케식 참여의 의무가 부과되어 있었다고 봐도 좋지 않을까 한다.

156 고려-원 간 문화교류에서 케식의 영향에 대해서는 森平雅彦[2011]에서 주자학이 고려에 전래된 배경으로서의 의의를 논했다.

탱하는 중요한 구성원이 되었다.

당시의 고려왕권을 둘러싼 정치환경은 이러한 상황들과 복잡하게 결부되어 있었던 것으로 보인다. 예를 들면, 당시 빈발한 국왕 중조(重祚) 및 왕위를 둘러싼 정쟁 가운데 몇 가지 사례는 위에 언급한 것과 같이 고려 내부에 형성된 당파세력 간 대립이, 케식이라는 장을 통해 역시 권력 투쟁이 연이어졌던 원 정국과 결부되어 발생한 것이라고 생각한다.

한편 케식이 된 왕족의 수종 신료 중에서는 특히 관인 자제 가운데 선발된 투르칵이 케식으로서 카안에 봉사하고, 개별적으로 원 관직을 받은 사례도 생겨났다. 더 넓게 보면 케식에는 그 외에 다양한 고려인이 다양한 경로를 통해 참가하고 있었던 것이다. 이리하여 고려 정부의 신료 가운데 국왕을 넘어 카안의 직신(直臣) 신분을 가진 자가 나타나게 된 것은, 때로는 본국에서 국왕의 권위를 현저하게 손상시키는 일로도 이어졌던 것으로 보인다.

이러한 문제도 모두 이후의 검토과제가 될 것임을 언급해 둔다.

제2편

상호 연락의 인터페이스와 고려-원 관계

제5장

고려왕과 몽골 관부·관인 사이의 왕복 문서

머리말

고려와 원이 지리적인 거리를 뛰어넘어 밀접한 관계를 형성하도록 한 요소 가운데 하나로 의사·정보의 전달 수단을 들 수 있다. 제5장에서 제8장에 걸쳐 다루게 될 공문서, 교통, 사절 등의 논제는 모두 그를 구성하는 주요 요소다. 우선 제5장과 제6장에서는 양국이 주고받았던 공문서에 주목해 보고자 한다.

고려-원 관계를 규정하는 제도나 관례와 관련해서는 종래 여러 각도에서 분석이 이루어져 왔다. 다만 문서제도가 원-몽골제국사 연구에서 지배·통치의 관건으로 여러 관점에서 중시되었던 것에 비해 고려-원 사이의 공문서 문제는 등한시되어 왔다고 할 수 있다. 군주 간에 주고받은 문서인 몽골 황제의 쟈를릭(ǰarliγ), 즉 성지(聖旨)와 고려왕의 표문(表文)이 가장 중요하고 상징적이라는 점은 전대까지의 고려의 대외관계와 특별한 차이가 없다. 고려-원 관계의 특징으로 주목되는 것은 고려왕이 중서성(中書省)을 중심으로 한 원의 고급 관부와 활발히 문서를 주고받았다는 사실이다.

이는 어디까지나 하위 수준의 실무적인 성격을 가지는 데 지나지 않을지도 모른다. 그러나 고려왕이 다른 나라의 관부와 직접 문서를 주고받은 일 자체가 몽골 등장 이전에는 거의 확인되지 않거나 적어도 사료상에는 드러나지 않았던 새로운 현상이다. 또한 그 제도와 운용상의 특색은 양국의 복잡한 관계를 체계적으로 이해하기 위해서 간과할 수 없는 문제를 내포하고 있다. 결론을 먼저 말하자면 그것은 특히 고려에 정동행성(征東行省)이라는 원의 관부가 설립되고, 고려왕이 그 장관직인 승상(丞相)을 세습적으로 겸임했던 점과 밀접히 관련되었다.

이 장에서는 이러한 고려왕과 원 고급 관부 사이에서 주고받은 문서의 형식과 그 배경을 검토할 것이며, 아울러 그 역사적 전제를 대원 강화 이전의 대몽골 교섭으로 거슬러 올라가 확인해 두고자 한다. 따라서 아래에서는 편의상 대원 강화 이전(I)과 그 이후(II) 두 부분으로 나누어 논지를 전개하겠다.

I. 대원 강화 이전의 문서: 고려왕의 계(啓)와 몽골문 직역체 문서

1. 문제의 소재

1231년(高宗 18, 太宗 우구데이 3)부터 본격화한 몽골제국의 침략에 고려가 30년 가까이 끈질기고 강하게 저항했던 것은 주지의 사실이다.[1] 그러나 교전을 하는 한편 사태를 외교적으로 타개하려 한 것은 몽골에 대체로 강경한 자세로 일관했던 일본과 비교할 때[2] 대조적인 특징이라고 할 수

1 전투의 추이에 관한 대표적인 논고로 池內宏[1963b]; 김재홍[1963]; Henthorn[1963]; 姜晉哲[1974]; 柳在城[1988]; 尹龍爀[1991]; 尹龍爀[1994] 등 참조.

2 다만 최전선의 대응 책임자의 동향은 별도로 검토할 필요가 있다. 1271년(元宗 12,

있다. 그 과정을 정면으로 다룬 연구로 이익주(李益柱)와 강재광(姜在光)의 논고가 있으나,[3] 그 내용과 역사적 의의에 대해서는 앞으로 더욱 상세하고 다각적으로 분석해야 할 것이다.

양국 간에 주고받았던 문서도 그러한 논제의 하나로, 여기서는 그 가운데 고려가 몽골 측의 관인(官人)—군 지휘관과 서기관(書記官) 외에 편의상 몽골 제왕(諸王)도 포함한다—과 주고받은 문서에 대해 고찰하고자 한다. 이러한 문서는 몽골 황제와 주고받았던 국서(國書)에 비해 정치적인 상징성이나 중요성은 떨어지지만 최전선의 교섭 상황을 생생히 전하는 사료이며, 수량 면에서는 오히려 더 많다. 종래 주목되지 않았던 고려-몽골 교섭의 사실관계와 역사적 문맥을 검토함으로써 강화 이후의 대원 교섭에서 사용된 문서의 역사적 전제를 확인하고, 아울러 대원 강화 이전 대몽골 교섭의 성격의 한 단면을 추구해 보고자 한다.

다만 고려 측 문서와 몽골 측 문서는 남아 있는 관계 사료의 질적 차이가 크다. 그 탓에 고려 측 문서에 대해서만 그 현실을 어느 정도 체계적으로 검토할 수 있고, 몽골 측 문서는 고려 측 문헌에 일부가 인용되어 있을 뿐이다. 따라서 단편적인 정보에 근거해 그 문체와 모두(冒頭)의 어구(語句), 그 밖의 약간의 용어를 가능한 범위에서 논급하는 데 그칠 수밖에 없다는 점에 대해 미리 양해를 구한다.

2. 고려 측 문서의 발신 명의와 형식

이 시기의 고려 정부 고관이었던 이규보(李奎報, 1168~1241)의 문집 『동국

至元 8)에 元使 趙良弼이 일본에 파견되었을 때 이들을 맞이했던 大宰府 西守護所는 원에 26명의 사자를 파견했다고 한다(『元史』 권208, 日本 傳).

3 李益柱[1996b]; 姜在光[2011].

이상국집(東國李相國集)』과 조선 전기에 역대의 명문(名文)을 모아 편찬한 『동문선(東文選)』, 고려의 정사(正史)인 『고려사(高麗史)』와 『고려사절요(高麗史節要)』에는 대원 강화 이전에 고려가 몽골 관인에게 송부한 문서에 관한 기록이 다수 수록되어 있다(〈표 5-1〉 참조. 이하 관계 문서는 정리번호에 따라 '문서 01'과 같이 표기).

그 과반수는 이규보가 작성한 것이며, 또한 절반 가량이 1232년(高宗 19, 太宗 우구데이 4)이라는 특정 연도에 작성되었다. 그 외에도 몽골군이 처음 고려에 모습을 드러내어 상호 교섭이 시작되었던 1210년대와 1220년대의 문서, 1231년부터 1256년(고종 43, 憲宗 뭉케 6)까지 교전의 여러 단계에서 작성된 문서가 있다. 우선은 그 발신 명의와 문서의 형식을 확인해 보겠다.

<표 5-1> 고려에서 몽골 관인에게 발신한 문서

번호	발신 명의	수신자	연대	작성자	앞뒤의 서식/문서 형식에 관한 언급	출전
01	尙書省	哈眞(카친)	1218		「牒」	KR趙冲傳; KS高宗5/12
02	(尙書)都省	蒙古兵馬元帥	1219	李奎報	某月日右謹致書于某官幕下…惶恐惶恐	蒙古兵馬元帥幕送酒菓書(L28; T61)
03		蒙古皇太弟(옷치긴)	1219-1225	李奎報		蒙古國使齎廻上皇大弟書(L28; T61)
04		大王(옷치긴)	1221	兪升旦	右啓…謹啓	同前書(T61) ※回東夏國書에 부수됨
05	國銜行	閣下	1232	李奎報		國銜行答蒙古書(L28; T61)
06	國銜行	荅兒巨元帥(탕구트)	1232	李奎報		同前荅兒巨元帥狀(L28)
07	淮安公	荅兒巨元帥(탕구트)	1232	李奎報		淮安公荅同前元帥狀(L28)
08		蒙古國元帥(살리타이)	1232	李奎報	右啓…	送蒙古國元帥書(L28; T61; KK19/3/甲午)
09		撒里打官人(살리타이)	1232	李奎報	右啓… 「致書」	送撒里打官人書(L28; T61; KK19/4/壬戌)
10		河西元帥(탕구트)	1232	李奎報	右啓…	送河西元帥書(L28; T61)

번호	발신 명의	수신자	연대	작성자	앞뒤의 서식/문서 형식에 관한 언급	출전
11	淮安公	河西元帥(탕구트)	1232	李奎報	某啓…再拜謹啓	淮安公答河西元帥書(L28; T61)
12		某官	1232	李奎報	右啓…不宣謹啓	送某官狀(L28)
13		蒙古官人	1232	李奎報	右啓…	答蒙古官人書(L28; T61; KK19/9)
14		沙打官人(살리타이)	1232	李奎報	右啓…	答沙打官人書(L28; T61; KK19/11)
15		晉卿丞相(耶律楚材)	1232	李奎報	右啓…	送晉卿丞相書(L28; T61)
16		沙打里(살리타이)	1232	李奎報	右啓…不宣再拜謹啓	答沙打里書(L28; T61; KK19/11)
17		蒙古大官人	1232	李奎報	右啓…不宣再拜謹啓	送蒙古大官人書(L28; T61; KK19/12)
18		蒙古大官人	1232	李奎報	右啓…	答蒙古大官人書(L28; T61; KK19/12)
19		唐古官人(탕구트)	1238	李奎報		送唐古官人書(L28; T61)
20		晉卿丞相(耶律楚材)	1238	李奎報		送晉卿丞相書(L28; T61)
21		中山·稱海(粘合重山·친카이)	1240	金敞		與中山稱海兩官人書(T61)
22		唐古官人(탕구트)	1240	朴暄		答唐古官人書(T62)
23		吳悅官人	1240	李藏用		與吳悅官人書(T62)
24	王	也窟(예쿠)	1253		「致書」	KK40/8/己未
25		也窟大王(예쿠)	1253		「致書」	KK40/9/戊寅
26		也窟·阿毋侃·亏悅·王萬戶·洪福源	1253		「致書」	KK40/11/戊寅
27	王	也窟(예쿠)	1253		「書」	KK40/11/戊戌
28	王	胡花官人	1253		「書」	KK40/11/戊戌
29		車羅大(잘라이르다이)	1256		「書」	KK43/4/乙亥

주: 1) L: 『東國李相國集』(숫자는 권수); T: 『東文選』(숫자는 권수); KK: 『高麗史』 고종 세가(숫자와 간지는 연월일); KR: 『高麗史』 열전; KS: 『高麗史節要』(숫자는 연월)

2) 「 」는 편찬 사료의 地文에서 해당 문서를 칭하는 표현

1) 발신 명의

문서 01과 02는 고려에 난입했던 거란 집단을 추격해 1218년(고종 5, 太祖 칭기스 13)에 처음으로 모습을 드러냈던 몽골군의 지휘관에게 보냈던 문서다. 녹문(錄文)의 표제(表題)나 주기(註記)에 의하면 발신 명의는 '상서성(尙書省)'이다. 1181년(明宗 11)에 사망했던 이문탁(李文鐸)의 묘지명에는 '대마도관인(對馬島官人)'에게서 온 '첩(牒)'에 대해 상서성이 회신하고자 했을 때, 이문탁이 그것은 '변방 관리[邊吏]'에게는 파격적인 대응이라고 비판하여 중지했다는 사건이 기록되어 있다.[4] 당초 상서성은 필요에 따라 외국에 문서를 발신할 수 있었던 것 같다. 그러나 문서 01, 02 외의 실례는 확인되지 않는다. 고려의 관부가 외국의 관부·관인과 문서를 교환할 때는 중앙의 예빈성(禮賓省)이나 안찰사(按察使)·방어사(防禦使) 등 지방 주재관을 발신 명의로 하는, 통속관계가 없는 관부 사이에서 사용하는 첩을 쓰는 것이 일반적이었다(II에서 상술). 대마도의 관인을 상대로 했던 위의 사안에서도 알 수 있듯이 중앙의 상급 관부인 상서성이 직접 문서를 발행하는 것은 그만큼 안건이나 교섭 상대가 중요했음을 의미한다. 처음 대면하는 몽골군 지휘관에게 상서성 명의의 문서로 대응했던 것은 미지의 교섭 상대를 이례적으로 중시했음을 말해 준다. 바꿔 말하자면 신중히 경계하는 자세였다고도 할 수 있다.

문서 07, 11은 왕족인 회안공(淮安公) 왕정(王侹)이 발신자였음이 녹문의 제목에 명기되어 있다. 전자는 회안공이 몽골에 파견되어 있던 도중에 자신을 보호해 준 데 대한 예장(禮狀)이고, 후자는 몽골의 장수 탕구트[唐古]가 '영공(令公)' 앞으로 보냈던 금선(金線)을, 당시의 영공이었던 권신 최이(崔怡)가 수령하지 않고 회안공 명의로 사장(謝狀)을 보내기로

4 한국 국립중앙박물관 소장. 李東□ 撰. 찬술 연대는 기재되어 있지 않다. 필자가 실물을 확인했다. 또한 釋文에 대해서는 李蘭暎[1968], 169~171쪽; 許興植[1984b], 854~857쪽; 金龍善[2012], 238~241쪽을 참조했다.

해 작성된 문서다.[5] 이러한 경우는 모두 개인이 보낸, 사적 성격이 강한 서장(書狀)이었다고 할 수 있다.

반면 이하의 문서는 발신 명의가 당시 고려왕, 즉 고종(재위 1213~1259)임을 비교적 명료하게 알 수 있는 사례다.

우선 문서 06은 국가의 입장에서 발행한다는 의미인 '국함행(國銜行)' 문서가 '나[予]'나 왕후(王侯)의 겸칭(謙稱)인 '불곡(不穀)'이라는 1인칭으로 기록되어 있는데, 구체적으로는 왕조를 대표하는 국왕의 명의였던 것으로 보인다. 마찬가지로 '국함행'인 문서 05에서도 고려에 도망쳐 들어온 '거란(契丹)'과 '한아(漢兒)'를 '나[予]'의 '차마 어찌할 수 없는 마음(不忍之心)'으로 '경사(京師)'에 '머물러 두게' 했다고 했으므로, 역시 국왕 명의로 쓰인 것으로 보인다.

문서 17에는 "〔몽골 측이〕 거론하고 있는 나와 최(崔) 영공의 출두에 관한 문제(所論予及崔令公之出來事)"라는 언급이 있다. 이는 이 문서(1232년 12월)보다 앞서 발행되었던 문서 14(1232년 11월)에서 인용한 "국왕이 나오지 않으려거든 최 영공을 내보내라(國王不出, 交崔令公出來)."라는 몽골 측의 요구 내용에 대응하는 것으로, 여기서 '나[予]'라고 한 것은 국왕 고종임이 분명하다.

문서 21도 '나[予]'라는 1인칭을 사용해 작성되었으며, "친동생 신안공을 보내 나를 대신합니다(遣親弟新安公代我身)."라고 한 데서 신안공의 형, 즉 고종의 명의로 쓰인 것임이 판명된다. 역시 '나[予]'라는 1인칭으

5 그 경위에 대해 『高麗史』 권129, 崔忠獻 傳 附 崔怡 열전은 "이듬해(1232)에 몽골의 河西元帥(唐古)가 사신을 보내 서장을 전하며 金線 2필을 보내었다. 그 서장에는 '令公'이라고 칭했는데 아마 최이를 가리켰을 것이다. 최이가 받지 않으며 말하기를, '나는 영공이 아니다.'라고 했다. 이에 회안공에게 돌렸으나 왕정 또한 받지 않았으니, 오고 가기를 오랫동안 했다. 최이가 끝내 學士 李奎報로 하여금 왕정 명의로 答書를 지어 돌려보내게 했다."라고 했다. 『高麗史節要』 권16, 고종 19년 5월에도 거의 같은 내용의 기사가 있다.

로 쓰였고, '나의 친동생 신안공(我親弟新安公)'이라는 구절이 보이는 문서 22도 마찬가지일 것이다.

문서 13에서는 몽골의 공격에 대한 고려 사람들의 동요를 설명하면서 "나 또한 두려움이 없을 수 없습니다(予亦不能無懼)."라고 했고, 고려 각지로 파견되었던 '다루가치[達魯花赤]'의 접대 상황에 관한 힐문에 "나도 하나하나 알지는 못합니다(予亦不能一一知之)."라고 회답했다. 또한 문서 18에서는 '나[予]'라는 1인칭을 사용해 "대관인을 보내 서장을 황제 궐하에 바칩니다(遣以大官人, 奉書于皇帝闕下)."라고 했고, 문서 20에서도 '나[予]'라는 1인칭을 사용해 "이 땅의 보잘것없는 소산물을 사자를 파견해 황제 폐하께 올립니다(以土地輕薄所產, 遣使介奉進皇帝闕下)."라고 했다.

이들 '나[予]'는 왕조 통치의 책임을 지고, 왕조를 대표해서 몽골과 교섭하며, 사신을 파견하고 진헌을 행하는 주체인 국왕이다. 문서 12의 경우 명의인의 자칭 등은 보이지 않지만, 그는 몽골의 지시를 "유사에 명해 서북면병마사를 지휘하여(命有司指揮西北面兵馬)" 실시하는 주체로, 역시 국왕이다. 문서 15, 16, 19도 '나[予]'라는 1인칭으로 기록되어 있는데, 발신 명의는 국왕이었다고 이해해도 좋을 것이다.

문서 24, 27, 28은 국왕의 문서임이 전거인 『고려사』 세가의 지문(地文)에 명기되어 있다. 또한 문서 25는 글 가운데 몽골 측이 철병하면 "내년에는 몸소 신하를 이끌고 황제의 명을 맞아들이겠다(當明年, 躬率臣僚, 出迎帝命)."라고 했으므로, 역시 국왕 명의로 작성되었음을 확인할 수 있다.

이처럼 발신 명의가 녹문의 제목이나 부기(附記)에 명시되지 않은 문서 가운데 실제로는 국왕 명의의 문서였음이 확인되거나 추정되는 사례가 많으며, 반대로 국왕 명의가 아니라고 확인되거나 추정되는 것은 없다. 문서 01, 02, 07, 11과 같이 국왕 이외의 명의의 문서를 옮겨 기록한 경우 통상적으로는 발신 명의가 녹문의 표제나 주석 형태로 명시되었을 것이다. 따라서 발신 명의가 부기되지 않고, 문서 안의 내용을 통해서도 판단하기 어려운 문서 03, 04, 08~10, 14, 23, 26, 29도 국왕 명의의 문서일 가능성이 높다.

2) 문서 형식

문서 01은 '상서성첩(尙書省牒)'이라는 기록이 있으므로 문서의 형식으로 통속(統屬)관계가 없는 관청 사이에 이용하는 첩(牒)이 사용되었다고 볼 수 있다. 그러나 이는 편찬 사료인 『고려사』와 『고려사절요』의 지문에 표기된 것인만큼, 이때의 첩이란 단지 공문서를 가리키는 일반명사일 가능성도 있다. 한편 문서 02는 "右謹致書于某官幕下"라는 모두(冒頭)의 글로 보건대 적례(敵禮)관계의 문서 형식인 치서(致書)가 쓰였음을 알 수 있다.[6] 치서는 일반적으로 모두 어구가 '甲致書(于)乙'과 같이 쓰인다. 문서 01의 첩이라는 것도 실체는 치서였을 가능성이 있는데, 이 단계에서는 첩 혹은 별도의 형식을 사용했다가 후에 치서로 변경되었으리라 추측할 수도 있다. 칭기스칸의 동생 카사르의 아들인 예쿠[也屈] 대왕에 대해 국왕 명의로 발신된, 혹은 그렇게 보이는 문서 24~26(26은 수신처에 몽골 왕족 외의 관인도 포함되었음)은 문서의 주요 부분만을 발췌한 녹문으로, 그 자체로는 형식을 직접 판명할 수 없지만 전거인 『고려사』의 지문에서는 이들 문서를 송부한 것을 '치서'라고 서술했다. 그러나 고려왕에 대한 금 황제의 '조유(詔諭)'[7]나 지원(至元) 29년(1292, 忠烈王 18)에 충렬왕이 일본에 보낸 국서(모두에 "高麗國王昛謹奉書于日本國王殿下"라고 기록)[8]와 같이 치

---

6 치서에 대해서는 中村裕一[1991c], 299~330쪽; 中村裕一[1996], 153~162쪽; 中西朝美[2005] 참조. 그런데 이에 대해 일차적인 문서 형식은 어디까지나 '書'이고, 이를 발신인과 수신인의 상하관계를 드러내는 동사(致·奉 등)에 의해 사용 예에 차이를 보이는 하위 분류로 보아야 할지도 모르겠다. 다만 그렇다고 해도 본 장의 논지 전개에는 영향이 없으므로, 여기서는 편의상 치서를 하나의 문서 유형으로 파악해 둔다.

7 『高麗史』 권14, 예종 14년 2월 丁酉.

8 일본의 金澤文庫와 도쿄대학 사료편찬소에 사본이 전하며, 또한 『高麗史』 권30, 충렬왕 18년 10월 庚寅 條에 주요 부분의 錄文이 있다. 그 본문에 대해서는 竹內理三[1982], 298~300쪽; 村井章介[1997], 165~167쪽도 참조.

서와는 다른 형식의 문서를 보낸 것에 대해서도 『고려사』의 지문에서는 '치서'라고 표기한 사례가 있다.[9] 따라서 편찬 사료 지문의 표현을 가지고 문서 형식을 판단하는 데는 위험이 따른다. 『고려사』에 보이는 다른 문서 사례(27~29)는 지문에 단지 '서(書)'라고만 되어 있어 서장 일반을 가리키는 경우와 구별하기 어려우며, 이 역시 문서 형식을 보여 주는 술어라고는 단정할 수 없다.

한편 전체의 반수에 가까운 문서 04, 08~18은 '右啓' 내지 '某啓'(회안공 명의의 문서 11)로 시작하고 '謹啓', '不宣謹啓', '再拜謹啓', '不宣再拜謹啓' 등으로 끝맺는 서식이 쓰였다.[10] 이는 중국에서 계(啓)라고 부르는 문서 형식에 해당한다. 고려가 참작했던 당나라 제도에서는 계를 황태자(실제로는 황태자 이외의 왕도 포함)나 관부의 수장에 대한 상신문으로 규정하는데,[11] 일반 관인 사이의 상행문서로 사인(私人) 사이에서 정중한 뜻을 표하면서 특정 사안에 대해 인사를 하거나 일상의 안부를 묻는 경우 등의 서간문으로 널리 사용되었다.[12] 외교에서는 수나라 말기 당나라의 고조(高祖) 이연(李淵)이 자립한 초기에 돌궐의 가한(可汗)에게 보낸 사례나, 발해의 왕이 일본에 보낸 문서에서 이 형식을 사용한 사례가 알려져 있다. 특히 발해의 경우에는 정중한 뜻을 표하는 개인 간의 통신문이라는 계의 성격을 응용했던 것으로 생각되어, 일본에 대해 신례(臣禮)를 피하면서도 스스로를 낮추어 우호관계를 맺으려는 의도가 있었을 것으로 지적되고 있다.[13]

북송 사마광(司馬光)이 지은 『온공서의(溫公書儀)』 권1, 사서(私書)에는

---

9 금 황제의 '詔諭'에 대해서는 주 7의 사료, 1292년의 고려의 대일본국서에 대해서는 주 8에서 인용한 『高麗史』 기록에 관련 기재가 있다.

10 다만 관계 녹문의 과반수에는 끝맺는 말이 생략되어 있다.

11 조선 왕조에서 국왕에 대한 상신문을 '啓'라고 한 것은 그 흐름을 이은 것이다.

12 堀敏一[1998], 243~246쪽 참조.

13 堀敏一[1998], 246~250쪽; 石井正敏[2001a]; 石井正敏[2001b], 551~556쪽 참조.

사문서로서 어떤 사안에 대해 정중하게 알릴 때의 서장인 계의 일례가 다음과 같이 실려 있다.

具位姓 某
右某啓〔述事云云〕謹奉啓事陳聞
〔陳賀陳謝隨時〕伏惟
尊慈俯賜 鑑念不宣謹啓
月 日具位姓 某 啓上

또한 원 대 유응이(劉應李)가 지은 『신편사문유취한묵전서(新編事文類聚翰墨全書)』에도 관원에게 올리는 하장(賀狀)의 모두를 '具位姓某 / 右某啓'(이하의 서식에서 '/'는 행을 바꾼다는 의미다)라고 하고, '謹啓 / 年月日具位姓某啓'로 끝맺는 서식으로 제시하고 있다.[14]

〈표 5-1〉의 문서 녹문에 '右啓'라고 기록된 것은 아마 이들 문서 모두의 '具位姓 某'와 다음 행 '右某啓'의 '某'가 빠졌기 때문일 것이다. 후술할 지원 4년(1267, 元宗 8)에 계 형식으로 작성된, 고려에서 일본에 보낸 국서는 모두에 '高麗國王王 禃'이라고 하고 다음 행에 '右啓'라고 기록했다. 교전기 몽골에 보낸 문서에서 '右啓'라고 쓴 것은 모두 국왕 문

14 『新編事文類聚翰墨全書』(中國國家圖書館 所藏 明初 刻本) 甲集 권4, 諸式門, 文類, 啓箚, 啓事, 〈上官員賀啓〉.

서로 확정 또는 추정되므로, 지원 4년의 사례와 마찬가지로 '高麗國王王諱 / 右啓'로 시작했을 것으로 생각된다. 또한 『온공서의』 사서(私書)는 동등한 사이에서 인사하거나 축하·감사하는 서장인 〈여평교평장(與平交平狀)〉에 대해서도 '具位姓某 / 右某啓'로 시작하는 서식을 들고 있다.

한편 모두를 '某啓'라고 기록한 것은 회안공 명의의 문서 11뿐이다. 이는 당대의 계에서는 일반적인 표현법이며, 발해의 대일본국서에서도 '武藝啓' 등으로 기록했다.[15] 전술했던 『온공서의』 사서에서는 계절 인사장(〈時候啓狀〉)이나 첨부한 서장(〈別簡〉), 서간[手簡]에서 '某啓'라는 서식을 들고 있으며, 동등한 사이[平交]나 약간 아랫사람[稍卑]에 대한 것도 그러하다. 『신편사문유취한묵전서』 소간(小簡)에서도 동등한 사이의 간단한 서간(〈平交小簡〉)으로 '某啓 逑事云云 不宣 某頓首 某人稱號'라는 서식을 제시하고 있다.

국왕의 계와 왕족의 계의 모두가 달랐던 것은 발신 명의자의 지위 차이 혹은 국왕의 계가 왕조를 대표하는 국서인 반면[16] 회안공의 계는 사적인 문서라는 입장의 차이에서 비롯된 것일지도 모르겠다. 또는 위와 같은 서의(書儀)류에서 '具位姓某 / 右某啓' 형식과 '某啓' 형식의 용도 구분에 대응하는 것일지도 모르겠으나 정확히는 알 수 없다. 다만 '具位姓某 / 右[某]啓' 형식을 따르는 당 대의 계의 실례는 현재로서는 확인할 수 없는 것 같다.

15 『續日本記』 권10, 神龜 5년 정월 甲寅.

16 사료 용어로서의 '國書'는 군주 간에 교환된 문서만을 말하는 것은 아니다. 『高麗史』 권7, 문종 9년 7월 丁巳 條에 의하면, 거란의 東京留守에 대한 고려왕의 親書도 國書라고 불렸다.

3. 고려 측 문서의 역사적 문맥

『동문선』이나 『동국이상국집』에 실린 녹문을 통해 계라는 문서 형식이 고려 국내에서도 개인 간에 사용되고 있었음을 알 수 있다.[17] 현재로서는 '具位姓某 / 右啓' 형식의 문서를 확인할 수 없지만, 용법은 중국과 특별한 차이를 보이지 않는다. 그러나 고려 전기에는 국왕이 송·요·금 등 대륙 왕조와의 관계에서 황제 이외의 정부 관계자에게 친서(親書)를 발송한다는 행위 자체가 매우 드문 현상이었다.[18]

또한 실제 외교에서 계의 사용은 동아시아 전체를 살펴보아도 일반적인 것은 아니다. 수·당 대부터 동아시아에서는 어떤 군주가 군신관계를 맺지 않은 외국의 군주 등에게 문서를 보낼 경우, 치서를 사용하는 사례가 보인다.[19] 몽골 교전기의 고려왕도 요동에 독자 정권을 구축하고 있던 포선만노(浦鮮萬奴)에게 "高麗國王某謹廻書于東夏國王殿下"라는 구절로 시작하는 서장을 보냈다.[20] 이는 포선만노에게서 받은 서장에 대한 답신이었기 때문에 "삼가 회답 서장을 보냅니다(謹廻書)."라고 했던 것인

---

17 특히 『東文選』에서는 권45와 권46의 편목명을 啓라고 해, 9세기 崔致遠부터 14세기 李穀까지의 문장을 싣고 있다. 다만 고려 중기까지의 사례로 수미의 문언이 기록되어 啓式임이 확인되는 문서는 이하의 몇 건에 한정된다. 林椿, 〈代李湛之寄權御史敦禮書〉; 〈答朴仁碩書〉(『東文選』 권58), 林椿, 〈與皇甫若水書〉(2종); 〈答靈師書〉; 〈與趙亦樂書〉; 〈同前書〉; 〈與洪校書書〉(『東文選』 권59), 李奎報, 〈與金秀才懷英書〉(『東國李相國集』 권26, 『東文選』 권59), 李奎報, 〈軍中答安處士置民手書〉; 〈又寄安處士手書〉; 〈答全朴兩友生自京師致問手書〉; 〈軍還後寄兵馬留後朴郎中仁碩手書〉; 〈答朴雜端仁碩手簡〉; 〈寄妙嚴禪老手書〉; 〈答李允甫手書〉; 〈與全履之手書〉(『東國李相國集』 권27, 『東文選』 권60).

18 북송의 强至, 『祠部集』 권28에 실린 〈代史館王相公答高麗王王徽書〉와 〈又代參政馮諫議答高麗王書〉는 송의 고관에게 고려왕이 친서를 보냈음을 알려 주는 몇 안 되는 사례다(張東翼[2000], 217~218쪽 참조). 또한 상세한 서식은 불명이나 전술했듯이 거란의 東京留守에게 '致書'했던 사례도 있다(『高麗史』 권7, 문종 9년 7월 丁巳).

19 외교에서 致書의 용법에 대해서는 주 6에 제시한 논고 참조.

20 『東文選』 권61, 回東夏國書.

데, 사실상 치서다.

더군다나 종래의 이해에 따르면 외교에서 사용되었던 계는 그 자체가 기본적으로 상대방을 위에 두는 정중한 문서 형식으로, 적례관계에서 사용되는 치서와는 성격이 조금 다르다. 이는 발해나 당 고조 이외에도 해당되는 사례가 보인다. 남송의 고종(高宗)은 공세를 펼쳐 오던 금나라 군대의 원수(元帥)에게 당초에는 '대송황제(大宋皇帝)'라는 명칭으로 치서를 사용해 교섭에 임했으나, 열세에 놓이게 되자 '송 강왕(康王) 조구(趙構)'라는 명칭을 쓰면서 결국 계를 사용하게 되었다.[21]

전술했듯이 『온공서의』나 『신편사문유취한묵전서』에는 동격이나 아랫사람에게 보내는 계의 용법이 보이며, 고려 국내에서 사용되었던 계에서도 그러한 사례가 확인된다.[22] 그러나 고려가 몽골에 보냈던 계에는 상대방 몽골 관인을 높이는 칭호인 '합하(閤下)'를 사용하고(문서 10, 15, 17), 몽골 관인 측의 지시·명령에 대해서도 상대의 말씀을 높이는 의미의 '균지(鈞旨)'(문서 04, 13, 14, 16)를 사용하는 한편, 자국을 가리켜 '소국(小國)'(문서 10, 13, 14, 15, 16, 18), '소방(小邦)'(문서 15, 16), '폐읍(弊邑)'(문서 13, 14, 15)이라는 비칭(卑稱)을 썼다. 따라서 기본적으로는 상대를 위에 두는 형식으로 쓰였다고 보아도 크게 잘못은 아닐 것이다.[23] 전술했듯이 1218

---

21 井黑忍[2010], 38~39쪽 참조.

22 林椿, 〈與皇甫若水書〉(2종); 〈與趙亦樂書〉; 〈同前書〉(『東文選』 권59); 李奎報, 〈與金秀才懷英書〉(『東國李相國集』 권26, 『東文選』 권59); 李奎報, 〈答全朴兩友生自京師致問手書〉; 〈答李允甫手書〉; 〈與全履之手書〉(『東國李相國集』 권27, 『東文選』 권60). 두 사람은 친구[友生]에게 보낸 문서 이외에는 상대방을 '足下'라는 동등한 대상에 대한 경칭으로 불렀다.

23 상행 형식의 계 가운데 고려왕의 1인칭 표현인 '予'는 고려 국내에서의 계 문서나 기타 윗사람에 바치는 형식의 서간에서도 사용된 경우가 있어(예컨대 李奎報, 〈上晋康侯謝直翰林啓〉(『동국이상국집』 권27, 『東文選』 권46); 金坵, 〈上座主金相國謝衣鉢啓〉(『東文選』 권46); 李奎報, 〈上閔常侍湜書〉; 〈上崔相國詵書〉(『東國李相國集』 권26, 『東文選』 권60), 용어로서 모순되지 않는다고 생각된다. 또한 적례관계에서 사용하는 치서에서 '閤下', '小國' 등의 용어를 써서 상대방에게 경의를 표하는 사례도 있다(예컨대 문서 02). 그러나 대등관계나 아랫사람에 대한 문서로 작성된 계에 그러한 말을 사용한다면, 문서 형식

년(고종 5, 太組 칭기스 13) 몽골군이 처음으로 고려에 들어왔을 때 고려 정부는 그 지휘관에게 상서도성 명의의 치서를 발송했다. 그런데 그 후에는 같은 몽골의 군 지휘관에게 국왕 명의의 계를 보냈다. 고려의 관부가 대등한 관계로 문서를 썼던 상대에게 군주가 상행 형식의 문서를 쓴 것인데, 이는 양국 관계의 변화에 기인했을 것이다. 이는 1218년에는 거란 집단을 공동 토벌하는 우군으로 몽골과 접촉했던 고려가 1231년(고종 18, 태종 우구데이 3) 이후에는 몽골의 대규모 침공을 받게 됨에 따라 일어난 절충적인 조치였다. 즉 존망이 걸린 위급한 시기를 맞이했던 고려는 남송의 고종이 금에 행했던 것과 같이 국왕 스스로 겸손의 표현을 사용해 교섭에 임하는 형식을 취함으로써 사태를 타개하고자 했던 것이다. 이례적이라고도 할 수 있는 계의 사용은 그러한 고려의 위기의식이 나타난 것으로 볼 수 있다.

그런데 문서 04에서 고려왕은 칭기스칸의 막냇동생 테무게 옷치긴에 대해서도 계를 사용했던 것으로 보인다. 같은 대상에 대한 문서 03에서 어떤 서식이 쓰였는지는 알 수 없지만, 몽골과의 개전 이전부터 계를 사용했다는 것을 알 수 있다. 옷치긴은 칭기스의 근친 황족이었으므로 몽골 관인에 대해 계를 사용했던 것보다는 자연스럽다고 할 수 있는데, 동격의 왕 입장이라면 치서를 사용해도 이상하지 않았을 것이다. 그러나 당시 옷치긴은 중앙아시아 원정을 수행 중이었던 칭기스의 대리인으로서 몽골 고원을 통괄하는 최고 책임자였다. 그를 '황대제(皇大弟)'(문서 03)라고 부른 고려 측도 그 위세를 충분히 알고 있었을 것이다. 더구나 몽골고원 동부에 본령(本領)을 보유하고, 다시 동방으로 세력을 확장하는 중이었던 옷치긴은[24] 당시 과중한 공물을 거듭 요구해서 고려 정

상 상행 형식의 계와 구별할 수 없게 될 것이다.

24 옷치긴 왕가의 동방 진출에 대해서는 堀江雅明[1982], 381~386쪽; 尹銀淑[2006]; 尹銀淑[2010] 참조.

부를 곤란하게 하고 있었다.[25] 또한 1225년(고종 12, 태조 칭기스 20)에 고려의 북쪽 경계에서 불의의 죽임을 당해 양국 관계가 결렬되는 직접적인 계기가 되었던 저고여(著古與)는 옷치긴의 휘하에서 여러 번 고려에 파견되었던 인물이다. 그러한 고압적인 '황대제'와의 교섭에 임해 신중하게 겸양의 표현을 택한 국왕 문서를 사용했던 것은 고려 나름의 유연한 대응이었다고 생각된다.

그렇다면 문서 24~27의 예쿠대왕에 대한 '치서'나 '서'에 대해서도 좀 더 추론이 가능해진다. 이것이 『고려사』의 표현 그대로 '치서'였다고 하면 과거에 몽골 관인에 대해서는 계를 사용하면서 그보다 격이 높은 몽골 황족에 대해서는 거꾸로 적례 문서를 사용했다는 것이 된다. 그러나 이는 고통스러운 전황이 이어지던 당시의 상황에서는 생각하기 어려운 것이다. 역시 여기서 말하는 '치서'는 문서 형식을 직접 드러내는 술어가 아니며, 실제로는 다른 어떤 형식으로 상대를 높이는 문서가 쓰였을 공산이 크다.

옷치긴과의 전례로 유추하건대 그것은 계였을지 모른다. 명백히 계인 문서 09를 발송한 사실을 『고려사』 세가, 고종 19년(1232, 태종 우구데이 4) 4월 임술 조의 지문에는 '치서'라고 서술하기도 했다. 몽골 관인에 대한 국왕 문서(추정 포함) 가운데 문서 형식을 알 수 없는 05, 06, 19~23, 26, 28, 29도 어쩌면 모두 계였을지도 모른다. 적어도 남겨진 문면에 실린 경의를 표하는 표현 등을 보는 한에서는 그러한 추정에 모순은 없다. 다만 '서' 형식에도 '봉서(奉書)'나 '헌서(獻書)' 등 보다 정중한 서식이

---

25 堀江雅明[1985], 229~230쪽 참조. 또한 이 시기에는 옷치긴 한 사람만이 아니라 복수의 몽골 제왕·관인도 각각 고려에 공물을 요구하여 고려 측을 곤혹스럽게 했다. 다른 몽골 권력자들로부터 때때로 공물·증여물을 요구받았던 것에 대해서는 1253년(고종 40, 憲宗 뭉케 3)에 몽골 궁정을 방문했던 기독교 수도사 기욤 드 루브룩도 불만을 토로했는데(カルピニ·ルブルク[1989] 참조), 어떤 면에서는 사회 관습의 차이가 야기한 문화 마찰이었다고 할 수도 있다.

있으므로, 그러한 형식이 사용되었을 가능성도 전혀 없지는 않을 것이다. 이 부분은 사료가 부족하기 때문에 단정적인 결론을 내리는 것은 피하겠다.

그런데 고려에서 계 형식의 외교문서는 의외로 일찍부터 존재했을 가능성도 있다. 일본의 헤이안 시대 귀족 후지와라노 사네스케(藤原實資)의 일기인 『소우기(小右記)』 가운데 조토쿠(長德) 3년(997, 成宗 19) 6월 12일 자와 13일 자에 의하면 이해 '고려국의 첩 3통(高麗國牒三通)'이 일본에 전달되었고, 각각 '일본국(日本國)', '대마도사(對馬島司)', '대마도(對馬島)'를 수신처로 했다고 하는데, 이들 문서는 '고려국계첩(高麗國啓牒)'으로 총칭되기도 한다. '계첩(啓牒)'이 문서나 서장을 가리키는 일반명사라고는 생각하기 어렵다. 일본의 육국사(六國史)에 발해의 '계첩'으로 기록된 것은[26] 발해왕이 천황에게 보냈던 계와 발해의 중대성(中臺省)에서 일본 태정관(太政官)에게 보냈던 첩을 가리킨다. 따라서 후지와라노 사네스케가 말하는 고려의 '계첩'이라는 말에서도 '계'와 '첩'이 각각 문서 형식을 드러내는 술어였다고 한다면, 적어도 '일본국'을 수신처로 한 문서 등은 계였을 가능성이 높다. 이 문서는 일본 측이 송의 모략이 아닐까 의심하는 등 발신인의 정체에 수상한 점이 있지만, 실제로 고려 정부에서 문서를 보냈을 가능성은 있다. 그렇다면 외교에 계를 사용하는 선례는 이미 고려 초기에 있었으며, 그것은 국왕 명의의 것이었을지도 모른다.

이때 주목되는 것은 10세기, 발해 멸망 전후의 시기에 세자 대광현(大光顯)을 비롯한 그 유민이 고려로 다수 유입해 왔다는 사실이다. 당대에 계식 외교문서의 사용이 확인되는 것은 현재로서는 발해의 것이 유일하다. 발해에 축적되어 있던 대일본 외교의 노하우가 고려에 전해졌을 가능성도 무시할 수 없을 것이다. 997년에 고려가 일본에 상행 형식

26 『續日本後紀』 권19, 嘉祥 2년(849) 3월 戊辰; 『日本三代實錄』 권2, 貞觀 원년(859) 5월 10일 乙丑.

의 국서를 발송했다면, 그 배경으로 상상되는 것은 그 직전인 993년(성종 12)에 고려가 거란으로부터 최초의 대규모 침공을 받았던 일이다. 북쪽에서 위협을 받은 고려 정부가 당시 부진했던 대일관계를 호전시키고자 했다면 계를 사용한 것도 그렇게 부자연스러운 일은 아니다.[27] 마치 흑수말갈(黑水靺鞨)의 귀속을 둘러싸고 당과 긴장관계에 있던 발해의 무왕(武王) 대무예(大武藝)가 일본에 계를 보내 통호를 요청했던 때와 비슷한 상황이었던 것이다.

그러나 그 후 13세기 전반까지 200년 이상에 걸쳐 고려가 계식 외교문서를 사용한 사례는 확인할 수 없다. 만약 10세기에 그것이 실재했다고 하더라도 몽골 관인에 대한 계의 사용에 제도상의 연속성이 있었는지 여부는 쉽게 판단하기 어렵다.

마지막으로 확인되는 고려의 계식 외교문서는 1274년과 1281년, 원-고려군이 일본을 침략했던 갑술(甲戌)·신사(辛巳)의 역(役), 즉 일본사에서 말하는 '분에이(文永)·고안(弘安)의 역(役)'[28]에 앞서 지원 4년(1267, 원종 7)에 원과의 통호를 권고하기 위해 원종이 일본국왕에게 작성해 보낸 국서다. 원본은 사라졌으나, 일본 도다이지(東大寺)의 『조복이조원적초(調伏異朝怨敵抄)』에 당시 원 세조 쿠빌라이의 국서, 고려 사신 반부(潘阜) 등의 서장과 함께 필사본이 남아 있다.[29] 주요 부분의 내용은 『고려사』 및 『고려사절요』에도 전해지고, 2차적인 녹문은 에도시대의 일본에서 편찬되었던 역대 외교문례집 『이국출계(異國出契)』에도 수록되어 있지만, 동

27 997년의 고려 문서에 일본 측이 경계감을 드러냈던 것에 대해서 南基鶴[2000](71쪽)은 문서 내용에 고려의 대국 의식이 드러나 있었을 가능성을 지적하고 있다. 그러나 국서에 啓를 사용했다고 한다면 적어도 문서 형식 면에서는 그렇지 않았던 셈이다.

28 종래 한국사 분야에서는 1274, 1281년의 대일본 전역에 대해 특별한 고유명칭을 마련하지 않고, 일본사에서 사용하는 '文永·弘安의 役'이라는 표현을 차용하기도 했다. 이에 필자는 『高麗史』 권31, 충렬왕 20년 정월 癸酉 條에 "甲戌·辛巳兩年之役"라고 기록된 데 근거해 이 전역을 '甲戌·辛巳의 役'이라고 부르기로 한다.

29 『調伏異朝怨敵抄』의 본문은 平岡定海[1959]에 실린 영인 참조.

시대성이 높고 첫머리와 말미를 비롯한 서식이 원형 그대로이거나 혹은 그것에 보다 가깝게 남아 있다고 생각되는 『조복이조원적초』의 필사본이 높은 사료적 가치를 가진다. 이 문서는 모두에 "高麗國王王 禃 / 啓" 라고 되어 있고, 결사(結辭)에는 "拜覆 / 日本國王左右 / 至元四年九月日 啓"라고 기록되어 있는데, 틀림없는 계식 문서다.

다만 고려왕이 동일한 '왕(王)'인 일본의 군주에 대해 계를 사용한 것은 당연하다고 보기 어렵다. 오히려 포선만노에게 보낸 문서와 마찬가지로 치서를 사용하는 것이 자연스러웠을 것이다. 전술했듯이 10세기에 전례가 있고, 그것을 모방했을 뿐일지도 모르겠으나, 두 사건 사이에 250년 이상의 시간차가 있다는 점, 10세기 이후 양국 정부의 관계가 여전히 소원했다는 점, 그런 한편 고려가 체제 정비 과정에서 '해동천자(海東天子)'[30], '팔관회(八關會)적 질서'[31] 등으로 불리는 자존(自尊)의 자세를 형성해 왔다는 점 등을 고려하면 쉽게 수긍하기는 어렵다. 이 문제에 대해서는 함께 일본에 전달되었던 원의 국서 형식과의 상호관계, 원의 대일본 '초유(招諭)' 사업에 대한 고려의 태도를 아울러 고찰할 필요가 있으며, 다른 기회에 고찰하고자 한다.

4. 고려 사료로 본 몽골 관인의 문서

몽골 관인이 고려에 보낸 문서에 관해서는 사료가 극히 적다. 전문이 전해지는 문서는 1231년(고종 18, 태종 우구데이 3)에 제1차 침공군의 지휘관 살리타이[撒禮塔]가 보낸 두 통의 서장뿐이다.[32] 이는 몽골제국에서 고안

30 盧明鎬[1997]; 盧明鎬[1999] 참조.

31 奥村周司[1979] 참조.

32 『高麗史』 권23, 고종 18년 12월 壬子; 甲戌. 또한 이 문서의 試論적인 번역으로 村上

해 낸 백화풍(白話風)의 한어(漢語)를 사용해 몽골문을 직역체로 옮긴 특수한 문체, 이른바 몽골문 직역체 백화풍 한문[33]으로 기록되어 있다. 이러한 종류의 명령문은 후대, 특히 원 대에 서식의 정형화가 이루어지지만,[34] 이 문서는 그 이전 시기의 것이며, 유사한 사례를 찾아보기 힘든 독특한 문장 구성을 취하고 있다. 그 문서학적 성격에 대해서는 전문가의 연구가 이어질 것이다. 다만 적어도 이들 문서 첫머리의 "天底氣力. 天道將來底言語. 所得不秋底人, 有眼瞎了, 有手沒了, 有脚子瘸了(하늘의 힘. 하늘이 한 말. 받아들이고 따르지 않는 자는 눈이 있다면 멀 것이며, 손이 있다면 없어질 것이며, 다리가 있다면 병으로 절뚝거리게 될 것이다).", "蒙古大朝國皇帝聖旨(몽고대조국황제의 성지〔에 의해〕)" 등은 몽골 명령문 특유의 '권한 부여'나 '위협 문구' 요소에 해당한다.[35]

특히 위협 문구는 기욤 드 루브룩의 기록에 의해 전해지는, 1254년(고종 41, 헌종 뭉케 4)에 헌종 뭉케가 프랑스 국왕 루이 9세에게 보낸 국서에 있는 다음의 구절과 잘 대응한다.

> 나의 명을 들어 알고 있으면서 믿지 않고 우리에게 군대를 보내려 한

正二[1960]과 Ledyard[1963]가 있다.

33 몽골문 직역체의 성립 과정에 관한 연구성과로 船田善之[2007] 참조.

34 松川節[1995] 참조.

35 원 대의 정형화된 서식에서 冒頭句에 하늘의 권위를 내세울 수 있는 자는 다음과 같이 황제와 황족에 한정되며, 그 외에는 皇帝聖旨를 근거로 삼는다.
- 皇帝의 聖旨: "長生天氣力, 大福蔭護助裏(möngke tengri-yin küčün dür yeke sun ǰali-yin ibegen-dür)."
- 皇族의 令旨·懿旨: "長生天氣力, 皇帝福蔭裏(möngke tengri-yin küčün dür qaγan-u suu-dur)."
- 기타 명령문: "皇帝聖旨裏(qaγan-u ǰarliγ-iyar)."

또한 위협 문구는 지령 내용을 기록한 후, 문서 말미에 연월일이나 발령지를 기재하기 직전에 기록하는 것이 보통이었는데, 금지·부정 사항에 대해 예컨대 "做呵, 他每不怕那甚麼 üiledü'esü ülü'ü ayuqun müd(그렇게 하면 그들은 두려워하지 않겠는가)" 등으로 추상적으로 표현하는 경우가 많다.

다면, 이후 눈이 있어도 보지 못하고, 무언가를 잡으려 해도 손이 없어지고, 걷고자 해도 다리가 없어진다는 것을 너희들은 들어서 알게 될 것이다.[36]

또한 1247년(고종 34, 定宗 구육 2) 로마교황의 사절이 이란 땅에서 몽골의 장수 바이쥬가 교황에게 보낸 문서와 함께 입수했던, 정종 구육이 바이쥬에게 보낸 문서(라틴어 번역본이 전해짐)에도 다음과 같은 내용이 보인다.

너에게 확언하건대, 이러한 나의 명에 귀를 기울이지 않는 자는 누구든 귀가 들리지 않게 되고, 이러한 나의 명을 받아들이면서 실행하지 않는 자는 누구든 눈이 보이지 않게 되며, 강화를 받아들이고 나의 견해에 따르기로 하면서 강화를 실행하지 않는 자는 누구든 절름발이가 될 것이다.[37]

이처럼 하늘이나 황제의 권위를 주장하는 것이나 '위협 문구'는 몽골에서는 본래 일종의 상투적인 문구로, 몽골제국 초기의 상황을 기록했던 남송 팽대아(彭大雅)의 『흑달사략(黑韃事略)』에서는,

일상의 대화에서도 반드시 "영원한 하늘의 힘, 황제의 위복(威福)에 의해"라고 한다. (중략) 몽골의 군주로부터 백성에 이르기까지 그렇지 않은 자가 없다.[38]

---

36 海老澤哲雄[1987](91~95쪽)의 번역에 따랐다. 또한 海老澤哲雄[1979], 732~733쪽 및 736~737쪽; カルピニ·ルブルク[1989], 287~289쪽 참조.

37 海老澤哲雄[1987](91~92쪽)의 번역에 따랐다.

38 『黑韃事略』. "其常談必曰, 托着長生天底氣力·皇帝底威福. (중략) 自韃主至於民, 無不然."

라고 묘사했다. 또한 『몽골비사』 제137절에는 칭기스칸 휘하에 자제를 출사시켰던 인물의 이야기가 기록되어 있는데, 거기서는 자제들이 직무를 태만하게 하면 "발꿈치의 힘줄을 베소서.", "목숨을 끊어 버리소서.", "간을 잘라 버리소서.", "명치를 차버리소서."라고 하는 등, 현대인의 감각에서는 다소 격렬하게 느껴지는 맹세의 말이 열거되어 있다.[39]

그러나 이러한 표현은 문화가 다른 상대에게 적용되었을 경우 심각한 통고로 받아들여져 중대한 마찰이 빚어질 수도 있었다. 위와 같은 말을 고려 측이 어떻게 받아들였는지는 기록되어 있지 않지만, 큰 충격을 받았을 것임은 충분히 상상할 수 있다.[40]

그 밖에 몽골 관인의 문서가 전문에 가까운 형태로 기록된 예는 없다. 고려 측 문서에 부분적으로 인용되어 비로소 존재가 알려지는 것도 많기 때문에 수를 세는 것도 쉽지는 않다. 그러나 그러한 인용 부분의 문체를 보면, 예컨대 다음과 같이 역시 몽골문 직역체 백화풍 한문으로 쓰인 사례가 확인된다.

---

39 小澤重男[2007], 147~148쪽 참조.

40 비슷한 사례로, 전술했던 쿠빌라이가 일본에 보낸 국서에 쓰여 있었던 "용병을 하기에 이르면 대체 누가 좋아하겠는가(至用兵, 夫孰所好)."라는 구절이 알려져 있다. 다만 이에 대한 일본 측의 대응 방식은 사료상 명료하지는 않다. 국서를 받고서 가마쿠라 바쿠후가 西國의 御家人에게 경계 태세를 지시했던 것이나, 京都의 조정이 국서를 '무례'하다고 판단했던 것 등은 분명 이 '위협 문구'에 대한 반응이었을 가능성이 있다. 그러나 보다 상세한 경위를 알 수 없는 현재로서는 문서 전체나 정세 전반을 종합적으로 판단한 결과로 나온 반응이었을 가능성도 배제할 수 없다(이 문제에 대해서는 秦野裕介[2012](376~380쪽)의 연구가 있다). 1269년(원종 10, 지원 6)에 원 중서성이 보낸 牒에 대한 文永 7년(1270) 정월의 太政官 返牒案(『本朝文集』 권67)에서는 일본에 대한 군사 행동을 암시하는 원 측의 자세를 비난하고 있는데, 佐伯弘次[2003](71~72쪽)은 이를 쿠빌라이 국서의 '위협 문구'에 대한 반론으로 추정한다. 다만 이는 중서성 첩의 문면이 확인되지 않았던 단계에서의 견해다. 그 후 발견된 중서성 첩의 녹문(『異國出契』. 이에 대해서는 본 장 II에서 상술하겠음)을 보면, 거기에는 쿠빌라이 국서와 같은 취지의 '위협 문구'가 기록되어 있다. 답서의 문면도 일차적으로는 이에 근거한 언급으로 보는 것이 타당할 것이다. 쿠빌라이 국서의 기록을 아울러 다루고 있을 가능성도 배제할 수는 없으나, 확실하지는 않다.

문서 03. 不曾發遣女孩兒及會漢兒文字言語人, 亦不進奉諸般要底物.

(일찍이 처녀 및 한아의 문자와 언어를 아는 사람을 보내지 않았고, 또한 여러 가지 필요한 물건 등을 받들어 보내지 않았다.)

문서 08. 你國選揀人戶, 赴開州館及宣城山脚底住坐種田.

(너의 나라에서 인호를 선발해 개주관과 선성산 기슭에 가서 자리를 잡고 농사짓게 하라.)

문서 13. 你者巧言語, 說得我出去後, 却行返變了, 入海裏住去. 不中的人宋立章·許公才那兩箇來的說謊走得來, 你每信那人言語呵返了也.

(너희들은 공교로운 말로 우리를 설득해 보낸 뒤에 문득 태도를 바꿔 바다 가운데로 들어가 살고 있다. 당치도 않은 송입장과 허공재 두 사람이 와서 황당한 말을 했고, 너희들은 그들의 말을 믿고 태도를 바꾼 것이다.)

達魯火赤交死, 則死. 留下來, 如今你每拿縛者.

(다루가치를 죽이려 했기에 〔그 관계자를〕 죽인다. 〔관계자가〕 남아 있다면 이제 너희들이 포박하라.)

你本心投拜, 出來迎我者. 本心不投拜, 軍馬出來, 與我廝殺者.

(너희들이 본심으로 투항한다면 나와서 우리를 맞이하라. 본심으로 투항하지 않는다면 군마를 내어 우리와 싸우자.)

원래 이들 문서는 발신 주체가 몽골인이었을 것으로 생각된다. 실례는 확인되지 않지만 야율초재(耶律楚材, 문서 15, 20의 '진경승상(晉卿丞相)'에 해당)같이 한문화에 익숙한 자가 발신한 문서가 있었다면 통상의 아문(雅文) 한문이 사용되었을 것이다. 또한 위의 문서 08이 다른 문서에 비해 백화풍, 직역체의 요소가 희박하듯이, 백화풍이나 직역체 한문이 쓰인 정도는 문서에 따라 차이가 있었다. 고려에 발송되었던 몽골 황제의 조지(詔旨)[41]가 그렇듯이, 몽골 관인의 서장이 아문 한문으로 작성되었던

41 『高麗史』 권23, 고종 20년 4월; 권24, 고종 40년 8월 戊午.

사례도 있었을 수 있다.[42]

이상은 문체에 관한 문제였는데, 모두 형식에 대해서는 문서 22의 녹문의 주기(註記)에,

> 來書云, 福蔭裏, 統領蒙古糺漢大軍征討高麗唐古拔都魯言語. 道與高麗王云云.
>
> ([몽골 측에서] 보내온 서장에는 '복음 아래, 몽고·규군·한군 대군을 이끌고 고려를 정벌하는 탕구트 바아투르[唐古拔都魯]의 말. 고려왕에게 말한다.'라고 했다.)

라고 기록된 사례가 있다. "갑(甲)의 말. 을(乙)에 말하다."라는 표현은 몽골제국 초기의 명령문에 자주 보이는 형식인데, '福蔭裏'라는 모두 어구의 해석은 이해가 가지 않는다. '福蔭'에 대해서 언급하려면 무엇에 근거한 '福蔭'인지를 제시해야 한다.

이와 관련해 주목되는 것은 고려 측 문서에 보이는 다음과 같은 구절이다.

> 문서 21. 孟夏漸熱, 伏惟, 長生天氣力, 蒙古大朝國四海皇帝福蔭裏, 大官人閣下, 起居千福. (후략)

> 문서 22. 夏序方迴, 伏惟, 長生天氣力, 蒙古大朝國皇帝福蔭裏, 帥府大官人閣下, 茂膺千福. (후략)

문서의 모두에서 수신자에게 문안 인사를 하는 구절인데, "엎드려 생각하건대[伏惟]"에 이어서 수신자를 기록한 곳에 "長生天氣力, 蒙古大

42 『高麗史』 권24, 고종 41년 7월 戊午 條에 보이는 몽골의 사자 多可 등이 가지고 온 아문 한문 '文牒'은 발신 명의가 불분명하지만 관인 문서였을 가능성도 있다.

朝國(四海)皇帝福蔭裏(영원한 하늘의 힘 아래에, 몽고대조국 (사해)황제의 위복 아래에)"라는 구절이 삽입되어 있다. 이것은 본래 몽골 명령문에서 '권한 부여'를 의미하는 모두정형구다.[43]

아마도 1240년(고종 27, 태종 우구데이 12)의 문서 21, 22를 작성하기에 앞서 고려에 송부된 몽골 측 문서의 모두에는 본래 "長生天氣力, 蒙古大朝國(四海)皇帝福蔭裏, 某言語" 등으로 기록되어 있었을 것이다. 그리고 고려 측이 그 의미를 정확히 이해하지 못하고, "長生天氣力, 蒙古大朝國(四海)皇帝福蔭裏"를 발신자인 '某官人'을 수식하는 어구로 간주했던 것은 아닐까(그렇다면 위와 같은 후대의 정형에 가까운 모두 어구를 구비했던 몽골 명령문은 이 무렵 처음으로 고려에 대해 사용되었을 가능성을 생각할 수 있다).[44] 그러나 그 후 '보내 온 문서[來書]'의 본문에 관한 정보는 『동문선』에 수록되기까지의 과정에서 문서 원본이나 녹문의 결손, 혹은 서사의 오류 등의 이유로 '福蔭裏' 이전 부분이 탈락된 상태에서 전해지게 되었을 것이다.

또한 몽골제국의 직접 통치하에 있었다면 이러한 문서에 국호를 관칭(冠稱)할 필요는 없었을 것이므로, '蒙古大朝國皇帝'라는 호칭을 붙인 것은 외국에 보낸 문서였기 때문임을 알 수 있다. 더욱이 몽골제국에 대한 '대조(大朝)'라는 칭호의 존재에 주목해 중국 사료에서 '대조(大朝)', '대조국(大朝國)', '대조몽고국(大朝蒙古國)'으로 표기한 용례가 소개되었는데,[45] '몽고대조국(蒙古大朝國)'이라는 표현은 고려 사료에서 판명된 새로운 사실이다.[46]

---

43 몽골어 "möngke tengri-yin küčün dür yeke mongγol ulus-un qaγan-u suu-dur"의 직역이다.

44 전술했듯이 후에는 하늘의 권위를 명령의 근거로 내세우는 것은 황제·황족에 한정되게 되었다.

45 于采芑[2006].

46 '蒙古大朝國'이라는 표현은 『高麗史』 권23, 고종 18년 12월 甲戌 條에 인용된 문서에도 보인다. 또한 전술했던 1267년의 원종의 대일본 국서에는 '蒙古大朝'라고 기록되어 있다.

또한 문서 21에 보이는 '蒙古大朝國四海皇帝'라는 호칭도 주목된다. 1246년 로마교황 인노켄티우스 4세에게 보낸 정종 구육 국서의 인장 명문에는 황제의 호칭이 'yeke mongγol ulus-un dalay-in qan(몽골국의 바다의 황제)'이라고 기록되어 있다.[47] 이 'dalay-in'의 한역어가 다름 아닌 '四海'다. 문서 21은 태종 우구데이 시기의 것이므로, '四海皇帝 dalay-in qan(qaγan)'이라는 호칭이 적어도 우구데이 시기에서부터 나타냄을 확인할 수 있게 되는 것이다.[48]

전술했던 위협 문구도 그렇지만 이 역시 몽골제국에 관해 그 직접 통치하에 있었던 지역의 사료에는 보이지 않는 사실이 유라시아 극동(한국)과 극서(유럽)에 남아 있는 사료에서 멋지게 부합하는 사례다.[49]

고려에 송부된 문서에 대해서는 몽골문 정본(正本)이 존재했을 가능성도 지적되었다.[50] 고려가 몽골에 보낸 국서에서 몽골 측이 보낸 문서에 관해 "문자가 서로 다르므로 번역을 해서 이해했다."[51]라고 한 것이 하나의 근거가 된다. 다만 앞서 제시한 『흑달사략』에서는 "한인·거란·여직(女直) 여러 망국(亡國)에 보내는 문서는 한자만을 사용한다."라고 했으므로,[52] 직역체 한문으로 기록된 모든 외교문서에 대해 몽골문 정본이 있었다고 보는 것은 조금 성급한 것 같다.

---

47 Pelliot[1923], 22쪽의 도판 II 참조. 페르시아어로 쓰인 이 문서는 모두 어구만 튀르크어로 기록되었는데, 거기에도 "영원한 하늘의 힘으로, 위대한 나라 전체의 海內의 칸, 우리들의 聖旨"(海老澤哲雄[2004](62쪽)의 번역에 의함)이라고 되어 있다.

48 몽골 황제 가운데는 칭기스와 구육만이 'qaγan'이 아니라 'qan'이라고 불렸다.

49 이 외에 李承休의 『賓王錄』에 묘사된 원의 궁정 향연의 모양이 마르코 폴로의 『東方見聞錄』의 기재에 부합하는 예도 있다(이 책 제8장, 467쪽 참조).

50 宮紀子[2006b], 204~205쪽.

51 李奎報, 〈蒙古國使齎廻上皇帝表〉(『東國李相國集』 권28, 『東文選』 권39). "以文字之各殊, 憑譯解而乃識."

52 『黑韃事略』. "行於漢人·契丹·女直諸亡國者, 只用漢字."

5. 소결(1)

본 장 I에서는 대원 강화 이전 고려가 몽골 관인에게 보냈던 문서의 형식을 분석하고 나아가 그 역사적 성격을 검토했다. 아울러 고려 측 기록에서 엿볼 수 있는 몽골 측 문서의 서식에 대해서도 약간 논급했다. 사료가 절대적으로 부족한 탓에 단편적인 정보를 근거로 추측을 거듭한 부분이 많지만, 고찰 결과를 정리하면 다음과 같다.

1218년(고종 5, 태조 칭기스 13)에 몽골군이 처음으로 고려에 들어왔을 때 고려는 상서성 명의로 문서를 보냈는데, 거기서는 적례관계의 서간인 치서를 사용한 사례가 확인된다. 그러나 그 후 공납 압력을 가해 온 '황대제' 테무게 옷치긴이나 침공이 본격화됐던 1231년(고종 18, 태종 우구데이 3) 이후의 몽골 관인에 대해서는 상대를 높이는 형식인 계를 국왕 명의로 발송한 사례가 다수 보인다. 이때 주로 사용한 문서의 형식이 계였을 가능성이 있다. 이렇게 외국의 관인에게 국왕 명의로, 게다가 상행 형식의 문서를 사용한 것은 고려 역사상 아주 이례적인 사태다. 이는 왕조의 위기를 피하고자 하는 고려 정부의 고육책이지만, 삼엄한 현실에 대한 유연한 대응이었다고 평가할 수 있을 것이다. 이것은 이후 1267년(원종 8, 지원 4)에 일본에 보낸 국서에 외교문서로서, 특히 일본에 보낸 문서로서는 이례적으로 국왕 명의의 계가 사용되었던 사실의 역사적 연원 가운데 하나였다고 볼 수 있다.

한편 몽골 측에서 발송했던 문서에 대해서는 몽골 관인의 문서에 이른바 몽골문 직역체 백화풍 한문의 문장이 확인되는 점, "長生天氣力, 蒙古大朝國皇帝福蔭裏, 甲言語. 道與乙."이라는 모두 표현을 사용하는 사례가 있었던 점, 그리고 '蒙古大朝國', '四海皇帝'라는 문서 용어의 사료적 가치에 대해 언급했다.

Ⅱ. 첩과 자의 사이: 고려왕과 원 중서성 사이에 주고받은 문서

1. 문제의 소재

고려왕이 13세기 중반까지 몽골 관인과 문서를 주고받아 온 경험은 원과의 강화 이후 주로 중서성(中書省)을 중심으로 하는 원의 고급 관부와 문서를 주고받는 형식으로 새롭게 전개되었다. 이 장 I에 이어서 그 양상과 형식 및 배경을 검토해 보고자 한다.

그런데 원의 뒤를 이은 명과 그 책봉을 받은 조선·류큐 및 일본 무로마치 정권 등은 군주 사이에 교환하는 조(詔)·칙(勅)이나 표문(表文)과는 별도로 중국 측의 중서성이니 예부(禮部)를 비롯한 고급 관부와 책봉을 받은 '국왕' 사이에서 자문(咨文)이라는 문서를 주고받았고, 그러한 형식이 청 대에도 계승되었음이 알려져 있다. 자문은 당시 2품 이상 동격의 고급 관부·관인 사이에서 주고받았던 공문서의 형식인데, 명 대의 외교에서 자문이 사용된 것은 조선국왕 등 피책봉자가 중국의 정2품 관원에 상당하는 것으로 간주되었기 때문이라는 견해가 제시된 바 있다.[53] 그러나 이러한 형식은 송·요·금 및 그 이전의 외교문서에는 보이지 않는 것으로, 그 성립 과정을 다시 검토해 볼 필요가 있다. 필자는 그 역사적 전제가 다름 아닌 고려왕과 원 중서성의 왕복문서였을 수 있다고 생각한다. 이 장에서는 논지 전개의 귀결로서 자문 형식 외교문서의 성립 문제에 대해서도 언급할 것이다.

다만 문서 형식을 검토하는 과제임에도 실물 문서는커녕 불완전하

53 高橋公明[1982], 82~84쪽; 岩井茂樹[2005], 142~143쪽.

게나마 그 내용의 전모를 전하는 필사본도 존재하지 않는다. 단편적이고 간접적인 정보를 근거로 추론을 거듭할 뿐으로, 결국은 시론의 영역을 벗어날 수 없을 것이다.

2. 첩 형식 문서

1) 원의 첩 형식 문서와 고려에 대한 사용

이 장 I에서 확인한 것처럼 강화 이전의 고려와 몽골은 군주 사이에 교환하는 조서나 표문 등의 문서 외에도 군 지휘관이나 궁정 서기를 맡은 몽골 관인과 고려왕 사이 등 여러 경로를 통해 문서를 교환했다. 그러다가 1260년에 고려와 원 사이에 강화가 성립되자 쌍방의 교섭 창구는 일단 중앙정부로 일원화되었다. 이에 따라 군주 사이에 조서와 표문을 주고받는 것이 교섭의 주축이 되었으며, 원의 관부·관인이 고려 측과 단독으로 문서를 주고받는 일은 사교(私交)에 해당하는 것으로 간주되어 기본적으로 억제되었던 것 같다.[54] 약간의 예외를 제외하면 사료에서 관련 사례가 확인되지 않는 시기가 10년 정도 이어진다. 그러나 1270년(원종 11, 지원 7)에 대원 강경파인 집권무신세력이 배제되고 고려가 대원 협조 노선으로 전환하자 대일본 군사 행동 등의 현안과 얽혀 원이 고려에 지시·개입하는 일이 강화되었다. 이와 함께 고려와 원 중서성 사이에서 갑작스럽게 문서의 교환이 발생, 증가했다.

그 최초 시기인 1270년대 무렵의 사례는 『고려사』 세가와 『고려사절요』의 해당 연차의 조문 가운데서 다수 확인된다. 원 중서성에서 발송한 문서는 '첩(牒)', '문(文)', '성지(省旨)' 등으로 표기되었는데, 대부분 구

54 이 책의 제8장, 437쪽 참조.

체적인 수신자를 명시하지 않았다. 그 가운데 '문'과 '성지'에 대해서는, 사서에 남아 있는 문서의 부분적인 녹문(錄文)만을 가지고는 그것이 특정의 문서 형식을 표현하는 술어인지 직접 판단할 수 없다. 그러나 필자가 아는 한 원 대의 여러 문헌에 비추어 보건대 그렇게 보기 어려우며, 각각 단지 '문서'와 '중서성의 명령'을 의미하는 일반명사인 것으로 보인다. 한편 이에 비해 '첩'은 넓은 의미에서 공문서 일반을 의미하는 경우도 있지만, 원에서는 구체적인 문서 형식을 가리키는 술어로 쓰이기도 했으므로 주의할 필요가 있다.

첩 형식 문서가 당(唐) 대에 통속관계가 없는 관부·관인·기관·개인 사이에서 서로 주고받는 문서로 사용된 형식이며, 일본의 고대 율령국가에서도 수용되었음은 주지의 사실이다. 남송 시기의 『경원조법사류(慶元條法事類)』에서도 첩을 통속관계가 없는 관부 사이에서 서로 사용하는 문서로 규정했는데,

> 내외의 관부 가운데 서로 통섭(統攝)관계에 있지 않은 사이에서 서로 문서를 보낼 때 이 형식을 사용한다. (중략) 관(官)이 비록 통섭관계에 있어도 신(申)·장(狀)을 사용하는 예가 없는 경우 및 현(縣)이 인근의 주(州)에 보내는 유를 모두 첩상(牒上)이라고 한다. 관할 기관에 대해 보낼 때도 부(符)·첩(帖)을 사용하는 예가 없을 경우에는 "모사(某司), 혹은 모관(某官)에 첩(牒)한다."라고 하며, 모두 궐자(闕字)를 쓰지 않는다.[55]

라고 해 통속관계가 있는 관부 사이에서도 신·장·부·첩(帖)의 사용례가

55 『慶元條法事類』 권16, 文書門, 文書, 式, 文書式, 牒. "內外官府, 非相統攝者相移, 則用此式. (중략) 官雖統攝, 而無申狀例, 及縣於比州之類, 皆曰牒上. 於所轄而無符帖例者, 則曰牒某司或某官, 幷不闕字."

없는 경우에는 첩(牒)을 사용한다고 했다. 같은 규정에 대해 북송 사마광의 『온공서의』 권1, 공문(公文), 첩식(牒式)에도,

> 이는 문하성(門下省)·중서성·상서성(尚書省)이 본성(本省)의 용무에 대해, 추밀원(樞密院)이 본원(本院)의 용무에 대해 서로 문서를 보낼 경우【모두 〔조정으로부터〕 특별히 지시를 받지 않은 경우를 말함】 및 내외의 관부로서 서로 통속관계에 있지 않은 곳에서 서로 문서를 보낼 때 모두 이 형식을 사용한다. 제사(諸司)의 보첩(補牒) 또한 이와 같은데, 다만 연월일 아래에 서영사(書令史)의 이름을 쓰고 글의 말미에 고첩(故牒)이라고 한다. 통속관계에 있는 관부에서도 장(狀)을 사용하는 예가 없는 경우 및 현이 인근의 주에 대해 보내는 유를 모두 첩상이라고 한다.【시(寺)·감(監)이 어사대(御史臺)·비서성(秘書省)·전중성(殿中省)에 보낼 경우 이에 준한다.】 관할 기관에 대해 보낼 때도 부·첩(帖)을 사용하는 예가 없을 경우에는 "모사에 첩(牒)한다."라고 하며, 궐자를 쓰지 않는다.【상서성이 어사대·비서성·전중성에, 제사에서 대(臺)·성(省)에, 대·성과 시·감이 제로(諸路)·제주(諸州)에 보낼 경우 또한 이에 준한다. 문하성·중서성·추밀원이 성(省) 내의 제사·대·성·시·감 관사에 보낼 경우 글의 말미에 고첩이라고 하며, 상서성이 성 내의 제사에 보낼 때도 이에 준한다.】[56]

라고 했다. 여기서는 문하성·중서성·상서성·추밀원이 각각의 용무를

56 『溫公書儀』 권1, 公文, 牒式. "右門下·中書·尚書省以本省, 樞密院以本院事相移【竝謂非被受者】, 及內外官司, 非相管隷者相移, 竝用此式. 諸司補牒亦同, 惟於年月日下, 書書令史名, 辭末云故牒. 官雖統攝, 而無狀例, 及縣於比州之類, 皆曰牒上.【寺監於御史臺·秘書·殿中省, 准此.】於所轄而無符帖例者, 則曰牒某司, 不闕字.【尚書省於御史臺·秘書·殿中省, 及諸司於臺省, 臺省·寺監於諸路諸州, 亦准此. 其門下·中書省·樞密院於省內諸司·臺·省·寺·監官司, 辭末云故牒, 尚書省於省內諸司, 准此.】"

서로 통보할 때 첩을 사용한다고도 서술했다.[57] 상세한 제도의 내용은 분명하지 않지만 금(金) 대에도 사관(寺觀)에 보낸 상서예부(尚書禮部)의 첩이 존재했음이 석각자료에 전해지고 있다.[58]

원의 첩 형식 문서도 기본적으로 당·송 이래의 흐름을 계승한 것으로 생각된다. 『원전장(元典章)』 이부(吏部), 공규(公規), 행이(行移), 품종행이등제(品從行移等第)나 『신편사문유취한묵전서』 갑집(甲集) 권5, 제식문(諸式門), 공독제식(公牘諸式), 행이왕복체례(行移往復體例)에 보이는 지원 5년(1268, 원종 9)의 규정에는 외로(外路)의 '서로 통섭(通攝)하지 않는' 관부 사이에 사용하는 문서 형식의 하나로 첩을 들고, 발송자와 수신자의 상하관계에 따라 평행의 평첩(平牒), 하행의 금고첩(今故牒), 상행의 첩상(牒上) 그리고 상행이면서도 첩상보다 위계 차이가 큰 경우의 첩정상(牒呈上)이라는 용어를 사용해 차이를 드러내고 있다.

또 다나카 겐지(田中謙二)는 『원전장』에 실린 문서를 분석해, "중앙 직할지역 이외 이른바 외로(外路)의, 대부분 3품 관청과 교섭하는 문서에서만 보이며, 중앙 관청과 교섭하는 문서에서는 전혀 사용되지 않았다."라고 해, 3품끼리의 경우, 관장하는 사무의 성격을 달리하는 관부 사이에서 사용하거나 3품 관부에 예속된 관이 그 관부에 제출한다는 경향성을 지적하고 있다.[59]

다만 다나카 겐지가 지적한 경향은 지방 관부에 축적된 문서를 집성한 『원전장』이라는 문헌의 특성[60]에서 유래했다고 보아야 할 것이다. 간다 기이치로(神田喜一郎)는 『오문정공집(吳文正公集)』(일본 宮內廳 書陵部 소장)에 실린, 오징(吳澄)에게 수여된 파스파문자 한문 서임장을 소개한 바

---

57 牒을 포함한 송 대 문서행정체계의 상세한 내용에 대해서는 小林隆道[2009]; 平田茂樹[2012a]; 平田茂樹[2012b] 참조.

58 坂上康俊[2004], 57~58쪽 참조.

59 田中謙二[2000], 379~382쪽.

60 宮崎市定[1992a], 228~239쪽 참조.

있다.[61] 거기에 실린 총 11점의 문서 녹문 가운데, 대덕(大德) 4년(1300, 충렬왕 26) 윤8월의 응봉한림문자(應奉翰林文字) 장사좌랑(將仕佐郎) 동지제고(同知制誥) 겸국사원편수관(兼國史院編修官) 서임장, 대덕 7년(1303, 충렬왕 29) 11월의 장사랑(將仕郎) 강서등처유학부제거(江西等處儒學副提擧) 서임장, 지대(至大) 원년(1308, 충렬왕 34) 10월의 종사랑(從仕郎) 국자감승(國子監丞) 서임장은 모두 중서성의 첩(금고첩)이다. 정확히 말하면 칙명(勅命)을 하달하는 칙첩(勅牒)으로, 관부 간의 사무연락에 사용하는 첩과는 성격이 약간 다르며 정형 표현에도 차이가 있지만, 넓은 의미에서 첩의 사용이 지방 관부에 한정되지는 않았음을 알 수 있다. 참고로 일례를 한자 표기로 제시하면 다음과 같다(원문은 파스파문자 표기법에 의해 행이 왼쪽부터 오른쪽으로 적혀 있다. 인장과 서압 표시는 생략한다).

皇帝聖旨裏 中書省牒
將仕郎江西等處儒學
副提擧吳澄
牒 奉
勅 可授從仕郎國子
監丞 牒至准
勅 故牒
至大元年十月　日牒
中奉大夫中書參知政事郝
中奉大夫中書參知政事烏八都剌
資善大夫中書左丞郝
榮祿大夫遙授平章政事左丞何
銀青光祿大夫中書右丞波羅帖木兒
榮祿大夫中書右丞波羅達識
榮祿大夫中書平章政事
特進中書平章政事
光祿大夫中書平章政事
開府儀同三司中書右丞相行中書平章政事
開府儀同三司太保中書左丞相
開府儀同三司錄軍國重事中書右丞相
中書令

61 神田喜一郎[1984].

이어서 전술한 『신편사문유취한묵전서』 공독제식에 수록된 〈평첩수말식(平牒首末式)〉을 원문대로 인용해 원 대 평첩의 첫머리와 말미의 서식을 확인해 보겠다.

皇帝聖旨裏【某處 同上式】云云 爲此
合行移牒 請
照驗施行 須至牒者
牒具如前 事須牒
【某處某司 或某職某官】請
照驗 謹牒
年月 日牒
某官員銜 姓 押

두 제시문의 첫머리에 보이는 '皇帝聖旨裏'는 오징의 서임장에서도 보이는 원 대 관부문서의 모두정형구(冒頭定型句)의 하나로, 'qaγan-u ǰarliγ-iyar(황제의 성지(聖旨)에 의해)'라는 몽골어의 한어 표기다. 이어지는 '某處 同上式'은 발신주체를 표시한 것으로, 〈평첩수말식〉의 앞에 제시된 〈평관수말식(平關首末式)〉의 기재 방식과 마찬가지로 '某處某司 或職行稱某官某職'이라고 적는다는 의미다. 그리고 '爲此' 이하가 맺는말이 된다. 다만 이상은 어디까지나 기본 서식으로, 이러한 문언이 항상 그대로 적용된 것은 아니다.

여기서 원래 주제로 돌아오면, 당초 원 중서성이 고려에 보낸 문서 중에도 역시 이 첩 형식 문서가 있었음이 확인된다. 『고려사』 세가, 충렬왕 6년(1280, 지원 17) 7월 정묘 조에 다음과 같은 기사가 있다.

> 중서성의 첩에 이르기를, "쌍성(雙城)의 민호(民戶)에 대해서는 한신(韓信) 등 3호는 돌려보내는 외에, 덕광(德光) 등 6호는 쌍성에 아직 머물러 두게 했습니다. 앞서 연첩아(宴帖兒)가 처음 판결했고, 또한 차관(差官) 위문개(魏文愷)가 판결해 본국의 전호(全戶) 30, 독신의 남녀 42명을 방환해 돌려보내고, 이후 덕광 등을 나누어 돌려보내는 일에 대해서는 도성(都省)에서 허가했습니다. 위의 호계(戶計)에 대해서는 개원등로선위사(開元等路宣慰使)에게 차부(箚付)를 보내어 쌍성에 문서를 보내 지시해, 조사해서 성(省)에 보고하게 하는 외에 마땅히 첩을 보내니, 바라건대 잘 살피시어 곧 덕광 등 6호를 돌려보내십시오."라고 했다.[62]

이는 당시 원이 직할하던 고려 동북변 쌍성총관부(雙城總管府)의 민호 가운데 고려 측에 송환해야 할 주민에 관해, 1280년에 고려에 발송한 원 중서성 '첩'을 초록한 것이다. 인용문 가운데 '도성'은 중서성을 말한다. 문제가 된 호계에 대해서 중서성은 개원등로선위사에 차부를 보내, 쌍성에 지시 사항을 전달하도록 했다고 알리며, "마땅히 첩을 보내니, 바라건대 잘 살피시어 곧 덕광 등 6호를 돌려보내십시오."라고 끝맺고 있다. 이 마지막 구절은 원문에서는 "合行移牒, 請照驗, 卽將德光等六戶分付施行."이 된다. 중간에 구체적인 통달 내용 "卽將德光等六戶分付"를 삽입하고 있지만, 전술한 첩 형식 문서의 "合行移牒, 請照驗施行."에 대응하는 문언이며, '移牒'이라는 것은 이 문서가 첩 형식임을 보여 주는 말이다.

다만 이 사례에서는 첩의 구체적인 수신자가 명백하게 표시되어 있

62 『高麗史』 권29, 충렬왕 6년 7월 丁卯. "中書省牒云, 雙城民戶, 除將韓信等三戶分付訖外, 德光等六戶, 緣雙城勒留. 在前宴帖兒元斷, 幷差官魏文愷斷, 與本國全戶三十·隻身男女四十二名放歸, 而後分付德光等事, 都省准此. 除前項戶計, 箚付開元等路宣慰使, 行下雙城, 照勘呈省外, 合行移牒, 請照驗, 卽將德光等六戶分付施行."

지 않다. 그러나 적어도 이 무렵 원 중서성이 고려왕에 대해 첩 형식 문서를 사용했음은 『고려사』 세가, 충렬왕 6년의 다음과 같은 기사에서도 파악된다.

> 우승지(右承旨) 조인규(趙仁規)와 대장군(大將軍) 인후(印侯)를 원에 보내어 중서성에 상서(上書)해 말하기를, "(중략) 지금 행성(行省)의 문서를 받았는데 '이상과 같이 고려국왕에게 자문을 보낸다(右咨高麗國王).'라고 하고, 봉투에는 '국왕에게 도착해 개봉하라(到國王開坼).'라고 합니다. 삼가 생각하건대 중서성에서 보내 오는 문서는 글자가 정중하고 종이는 두터우며, 매번 첩에 이르기를, '바라건대 잘 살피십시오. 삼가 첩함(請照驗. 謹牒).'이라고 했습니다. 행성의 문서가 어떤 체례에 따른 것인지 명백하지 않습니다. 내[予]가 생각해 보건대 행성이 국왕에 대해서는 이미 의심하고 꺼릴 것이 없으니 〔그 서식은〕 자이든 관(關)이든 차부이든 상관없습니다. 만약 여러 부마(駙馬)에게 부득이하게 문서를 보내야 한다면 어떠한 체례를 써야 하는 것입니까? 옛날에 독련가국왕(禿輦哥國王)은 우리 부왕에게 곧바로 문서를 보내는 일이 없이 반드시 다루가치에게 보내 왔습니다. 엎드려 바라건대 피차 왕복하는 문서의 격식을 정해 알려 주시기 바랍니다. (중략)"라고 했다.[63]

이는 앞서 중서성에서 첩을 보내 온 지 몇 개월 후에 고려의 충렬왕이 원 중서성에 제출한 '상서'(문서에 왕의 1인칭이 '나[予]'로 되어 있다)의 일부다. 이때 고려왕에게 송부된 원 행성, 즉 정동행성의 문서 형식(다음 절

---

63 『高麗史』 권29, 충렬왕 6년 11월 己酉. "遣右承旨趙仁規·大將軍印侯如元, 上中書省書曰, (중략) 今有行省文字, 云右咨高麗國王, 封云到國王開坼. 竊審, 中書省行來文字, 字謹紙厚, 每牒云, 請照驗. 謹牒. 未詳, 行省文字, 是何體例. 予忖得, 行省於國王, 旣無疑忌, 雖咨·關·箚付可也. 若諸駙馬處, 有不得已行移文字, 當用如何體例. 昔禿輦哥國王, 於我父王, 未嘗直行文字, 必行下達魯花赤. 伏望, 定奪彼此往還文字格式回示. (후략)"

에서 상론하겠다)에 대해 왕이 의문을 표명한 것인데, 종전의 통례에 대해 "중서성에서 보내 오는 문서는 글자가 정중하고 종이는 두터우며, 매번 첩에 이르기를, '바라건대 잘 살피십시오. 삼가 첩함(請照驗. 謹牒).'이라고 했습니다."라고 한 부분이 주목된다. 고려왕에게 보낸 문서의 형식을 문제로 삼는 문맥상, 여기서 말하는 중서성의 문서는 고려왕에 대한 것이라고 풀이된다. 이를 가리켜 '牒'이라고 한 것인데, 그 문면에 항상 기록되어 있다는 문언, 즉 "請照驗, 謹牒."은 바로 전술한 첩 형식 문서의 종결 부분과 일치하니, '謹牒'이라는 문서가 첩 형식임을 알려 준다.

이상 몇 안 되는 문언으로부터 도출한 추정이지만, 적어도 1270년 이후 1280년까지 원 중서성은 고려왕에 대해 첩 형식 문서를 사용한 것이 통례였다고 생각된다.[64] 그렇다면 고려에 발송된 중서성 문서 가운데 수신자가 명확하지 않은 첩은 고려왕을 수신자로 했을 가능성이 상정된다. 형식이나 수신자 모두 명확하지 않은 다른 '첩', '성지(省旨)', '문'도 그 가운데 다수 또는 모두가 고려왕을 수신자로 한 첩 형식 문서였을지 모른다. 기록에 남겨진 첩의 문면을 통해 추론해 보는 한, 구체적으로는 평첩 또는 그와 비슷한 서식이 사용된 것으로 보인다. 다만 이러한 문면의 세부에 대해서는 시기적인 변화나 예외가 있었을 가능성을 상정할 필요도 있을 것이다.

2) 고려왕에게 첩을 사용한 배경

그러면 원의 중서성은 어째서 고려왕에게 보내는 문서에 첩 형식을 사용한 것일까? 이 문제를 밝히는 데는 당시의 원 내에서 고려왕의 정치적 위상을 살피는 것이 지름길이다.

주지하듯이 충렬왕은 1274년(원종 15, 지원 11)에 왕세자로서 세조 쿠

---

64 단, 명확한 증거는 없지만, 1270년 이전에 원 중서성이 고려왕에게 문서를 보냈던 사례가 전혀 없는지는 신중하게 판단해야 한다.

빌라이의 공주와 혼인하고, 그 직후에 즉위했다. 이로써 충렬왕은 쿠빌라이의 부마가 되어 다른 몽골 제왕·부마와 함께 제국의 최상층부를 구성하는 왕후 귀족의 일원으로서, 그와 관련된 특권과 영예를 향유하며 원의 일반 관원과의 관계에서도 우위에 서게 될 터였다. 그러나 실제로는 즉시 그렇게 된 것이 아니었으니, 원의 관원과 대등한 관계를 표시하는 방식, 즉 동서로 마주 보고 앉는 좌차(座次)로 회견했으며, 연회 석상에서 왕이 술을 따를 때도 고려에 주재하는 원의 다루가치가 기립한 채로 배례(拜禮)하지 않고 그것을 받는 등 선대와 같은 격하된 예식을 감수하고 있었다.[65] 그러한 대우의 배경을 잘 보여 주고 있는 것이 『고려사절요』의 충렬왕 원년(1275, 지원 12) 5월 기사다.

> 왕이 조사(詔使)가 온다는 소식을 듣고 서문 밖으로 나가 영접했다. 왕이 공주에게 장가든 이후 비록 조사라 할지라도 일찍이 성을 나가 영접하지 않았다. 역관[舌人] 김태(金台)가 원에 가자 중서성의 관원이 그에게 말하기를, "부마왕(駙馬王)이 조사를 영접하지 않는 것은 선례가 없다고 할 수 없다. 하지만 왕은 외국의 군주다. 조사가 이르렀을 때 영접하지 않는 것은 불가하다."라고 했다. 이때부터 비로소 조사를 영접했다.[66]

충렬왕은 처음에는 자신이 부마이므로 조사를 출영(出迎), 즉 성 밖에 나가서 맞이하지 않았다. 그러나 원은 그것이 부마가 조사를 영접하는 의례로서 허용된다는 점을 인정하면서도, 충렬왕은 '외국의 군주'이

65 이 책 제1장 제4절 참조.

66 『高麗史節要』 권19, 충렬왕 원년 5월. "王聞詔使來, 出迎西門外. 王旣尙主, 雖詔使, 未嘗出城而迎. 舌人金台如元, 省官語之曰, 駙馬王不迎詔使, 不爲無例. 然王是外國之主也. 詔書至, 不可不迎. 至是始迎之."

기 때문에 반드시 조사를 성 밖까지 나와서 맞이해야 한다고 요구했다. 즉 당시 고려왕은 충렬왕이 개인으로서 원 황실의 부마가 되었음에도 원의 내부 구성원과는 일정하게 구별되는 외국 군주로서의 입장이 우선되는 상태였던 것이다. 그런데 충렬왕이 원 측과 교섭을 거듭해 1281년(충렬왕 7, 지원 18)에 고려왕과 부마의 지위를 일체화한 부마고려국왕(駙馬高麗國王)이라는 선명(宣命)을 받은 결과, 결국 고려왕 자체가 부마로서 대우받게 되었다.[67]

1270년대에 원과 고려왕의 관계가 이상과 같았다면, 원 중서성이 고려왕에게 보낸 문서로 사용한 '첩'이라는 형식은 고려왕을 외국 군주로 대우하는 방식이었을 가능성을 생각할 수 있다. 그리고 이 해석이 타당하다면, 원의 중서성은 다른 외국 군주에게도—신중히 말하면 적어도 한문 문서를 보낼 경우에는—첩을 사용했어야 할 것이다. 마침 그러한 사례를 장동익(張東翼)이 소개한, 지원 6년(1269, 원종 10)에 원 중서성이 일본국왕(日本國王)에게 발송한 첩[68]이 증명해 준다.

이 문서는 『원사』 일본전에서,

> 고려의 김유성(金有成)에게 명해 붙잡은 자를 송환하게 하고, 중서성으로 하여금 첩을 보내게 했는데, 역시 회답이 없었다. 김유성은 그 나라의 태재부(太宰府) 수호소(守護所)에 구류되어 있은 지 오래였다.[69]

라고 한 데서 확인되는, 고려 사신이 전달한 중서성의 '첩'인데, 에도 시대의 일본에서 역대 외교문서의 녹문을 집성한 『이국출계(異國出契)』에

---

67 이 책 제1장 제4절 및 제2장 참조.

68 張東翼[2004], 202~205쪽; 張東翼[2005].

69 『元史』 권208, 日本 傳, 至元 6년 6월. "命高麗金有成, 送還執者, 俾中書省牒其國, 亦不報. 有成留其太宰府守護所者, 久之."

그 내용이 수록되어 있다. 『이국출계』의 전본(傳本)에는 내각문고(內閣文庫) 소장본과 교토대학 문학연구과(文學研究科) 도서관 소장본이 있는데, 이 문서의 경우 글자에 차이는 없다. 다만 장동익이 교토대학본에 기초해서 제시한 원문 텍스트에는 도다이지 소장 『조복이조원적초』에 실린, 지원 3년(1266, 원종 7)에 쿠빌라이가 일본국왕에게 발송한 국서(國書) 사본을 참고해 표기를 고친 부분이 있으므로 주의할 필요가 있다. 즉 『이국출계』에서는 원 황제에 관련된 '皇帝', '聖天子', '天威' 등의 어구를 줄을 바꿔 평출(平出)로 표기하고, 또 '勅'과 일본 측에 관련된 '貴國', '殿下' 등의 어구를 2칸의 공격(空隔)을 두어 표기했는데, 장동익의 녹문에서는 평출 부분을 1자 대두(擡頭)하고 공격 부분을 평출로 변경했다.[70] 물론 『이국출계』의 표기가 원문의 모습을 변경했을 공산이 크고, 오히려 그렇게 보는 것이 자연스럽지만 여기서는 일단 전거의 표기에 따라 문서의 원문 텍스트를 제시해 둔다.[71]

70 원전에는 궐자로 처리한 것이 아닌가 하는 '貴國'도 한 군데 있는데, 바로 앞 글자가 행의 끝에 있기 때문에 본래 들어가야 할 궐자를 생략하고 다음 행의 모두에 기록한 것으로 보인다. 장동익의 녹문에서도 이 부분을 평출로 처리하고 있는데, 아마 같은 이해에 근거한 것으로 보인다.

71 내각문고 소장의 『兩國書簡』에도 이 문서의 사본이 실려 있는데(榎本涉의 敎示에 의거함), 문서의 체재가 더욱 크게 변경되어 있으며, 글자에도 명백한 오류가 많다.

大蒙古國皇帝洪福裏，中書省　牒
日本國王殿下
我國家，以神武定天下，威德所及，無思不能．逮
皇帝卽位，以四海爲家，兼愛生靈，同人一視，南抵六詔五南，北至于海，西極崑崙，數萬里之外，有國有土，莫不畏威懷
　德，奉幣來朝．有爾日本，國于海隅，漢唐以來，亦嘗通中國，其與高麗寔爲密邇．
皇帝嚮者 勅高麗國王，遣其臣潘阜，持璽書，通好 貴國，稽留數月，殊不見答．
皇帝以爲將命者不達，尋遣中憲大夫兵部侍郞國信使紇德·中順大夫禮部侍郞國信副使殷弘等，重持璽書，直詣 貴國．不
　意，纔至彼疆對馬島，堅拒不納，至兵刃相加，我信使，勢不獲已，聊用相應，生致塔二郎·彌二郎二人以歸．
皇帝寬仁好生，以天下爲度，凡諸國內附者，義雖君臣，歡若父子，初不以遠近小大爲間．至于高麗，臣屬以來，唯歲致朝
　聘，官受方物，而其國官府士民，按堵如故．及其來朝，
皇帝所以眷遇樹慰者，恩至渥也．貴國隣接，想亦周悉．且兵交，使在其間，寔古今之通義．彼疆場之吏，赴敵舟中，俄害我
　信使，較之曲直，聲罪致討，義所當然，又慮，貴國有所不知，而典封疆者，以愼守固禦，爲常事耳．
皇帝猶謂，此將吏之過，二人何罪．今將塔二郎致 貴國，俾奉牒書以往．其當詳體
聖天子兼容幷包混同無外之意，忻然效順，特命重臣，期以來春，奉表闕下，盡畏天事大之禮，保如高麗國例．處之必無食
　言．若猶負固恃險，謂莫我何，杳無來，則
天威赫怒，命將出師，戰舸萬艘，径庄王城，則將有噬臍無及之悔矣．利害明甚，敢布之 殿下．唯 殿下，
　寔重圖之．謹牒．
　右牒
日本國王殿下
　至元六年六月 日 牒
　資政大夫中書左丞
　資德大夫中書右丞
　榮祿大夫平章政事
　榮祿大夫平章政事
　光祿大夫中書右丞相

이 문서는 원에 귀부할 것을 일본에 재촉하는 내용인데, '大蒙古國皇帝洪福裏(대몽고국 황제의 큰 복 아래에)'라는 모두구(冒頭句)에 이어서 '中書省牒(중서성이 첩을 발송함)'이라고 썼으며, '謹牒. 右牒日本國王殿下(삼가 첩을 보냄. 위와 같이 일본국왕 전하에 첩을 보냄)'로 맺는 평첩의 서식을 취하고 있다. '皇帝洪福裏'라는 모두구는 일반적 표현은 아닌데, 원의 부마와 관인·관부가 사용하는 명령문의 모두정형구 중 하나인 '皇帝福廕裏(몽골어로는 'qaγan-u suu-dur(황제의 위복에 근거해)')'에 대응하는 구절로 볼 수 있다. '合行移牒', '請照驗施行', '須至牒者', '牒具如前事須牒' 등의 정형적인 어구는 보이지 않지만, 이 문서가 일본국왕에게 보내는 첩 형식 문서임에는 의문의 여지가 없다. 원 중서성이 외국 군주에게 보내는 문서에 첩 형식을 사용했음이 분명하다. 게다가 그것이 고려와 일본의 사례에서 확인된바, 원에 신속(臣屬)했는지 여부에 관계없이 첩을 사용했음을 알 수 있다.

그렇다면 『원사』 권209, 안남전의 지원 7년(1270, 원종 11) 11월 "중서성에서 광병(光昺)에게 첩을 보내(中書省移牒光昺)", 지원 10년 정월 "중서성에서 광병에게 다시 첩을 보내(中書省復牒光昺)", 대덕 5년(1301, 충렬왕 27) 3월 "중서성에서 다시 첩을 보내(中書省復移牒)" 등의 기록에서 보이는 '안남국왕(安南國王)'(실제로는 陳朝 大越皇帝)에게 발송한 원 중서성의 '첩'도 같은 첩 형식 문서였다고 생각할 수 있을 것이다. 『원사』 안남전에는 원의 진남왕(鎭南王) 토곤이 지원 22년(1285, 충렬왕 11) 3월에 대월(大越)의 궁성을 일시 점령한 때의 상황을,

> 다음 날 진남왕이 그 나라에 들어갔는데 궁실이 모두 비어 있었으며, 다만 누차 내렸던 조칙과 중서성의 첩문(牒文)이 방치되어 모두 훼손되어 있었다. 그 외에 문서가 있었는데 모두 남북의 변장(邊將)이 보고한 관군의 동정과 항전의 상황에 관한 것이었다.[72]

라고 전하고 있다. 이때 원 황제의 조칙과 함께 궁정 내에 파기되어 있던 '중서성의 첩문'이라는 것은 바로 원의 중서성에서 '안남국왕'에게 보냈던 첩 형식 문서였던 것으로 보인다.

3) 외교문서로서 첩을 사용한 역사적 배경

외교에 사용된 첩 형식 문서라면 곧바로 당(唐)과 그 주변 여러 국가의 관계가 떠오른다. 이때 두 국가의 군주 사이에서 국서를 교환한 것과 더불어 관부 사이에서 첩 형식 문서가 오간 것을 선학들이 주목해 왔다.[73] 특히 나카무라 유이치(中村裕一)는 일본의 태정관(太政官)과 발해의 중대성(中臺省), 일본의 태정관·대재부(大宰府)와 신라의 집사성(執事省), 운남(雲南) 남조국(南詔國)의 중추기관인 독상(督爽)과 당의 '중서(中書)' 사이에서 첩을 주고받은 사례를 소개하고, 이러한 형식이 당 국내에서의 첩 형식 문서 운용법에서 기원했음을 지적했다.

이미 알려진 바와 같이 그러한 첩 형식 외교문서의 사용은 당 멸망 후에도 동아시아 외교에서 이어졌다. 기미년(1079, 文宗 33)에 의사 파견을 요청하기 위해 대일본국(大日本國) 대재부에 보낸 고려국 예빈성(禮賓省)의 첩(『朝野群載』 권20)이 유명하다. 고려에서 첩을 사용한 예로는 이 외에도 또 다른 기미년(1259, 고종 46)에 몽골에서 고려로 도망한 송나라 사람을 송상(宋商) 범언화(范彦華) 등에게 부탁해서 바닷길로 귀국시킬 때 고려국 예빈성이 대송국(大宋國) 경원부(慶元府)에 발송한 첩이 『개경사명속지(開慶四明續志)』 권8, 〈수자려국송환인(收刺麗國送還人)〉에 실려 있다. 또 일본과의 교섭에서 구체적으로 서식이 판명된 것으로는 태화(泰和) 6년(1206, 熙宗 2년)에 일본국 대마도에 보낸 고려국 김주방어사(金州防禦使)의

72 『元史』 권209, 安南 傳. "明日, 鎭南王入其國, 宮室盡空, 惟留屢降詔勅及中書牒文, 盡行毁抹. 外有文字, 皆其南北邊將報官軍消息及拒敵事情."

73 中村裕一[1991b]; 石井正敏[2001b], 557~559쪽; 酒寄雅志[2001].

첩(『平戶記』, 延應 2년 4월 17일)이나, 정해년(1227, 고종 14)에 일본국 총관(惣官) 대재부에 발송한 고려국 전라주도안찰사(全羅州道按察使)의 첩(『吾妻鏡』, 安貞 원년 5월 14일) 등이 있다. 또한 앞서 서술한, 일본국왕에게 원 중서성이 첩을 보냈을 때인 지원 6년(1269, 원종 10)에 일본국 태재부(太宰府, 大宰府) 수호소(守護所) 혹은 일본국 태재부를 수신자로 고려국 경상진안동도안찰사(慶尙晉安東道按察使)의 첩이 발송되었다(『異國出契』).[74]

한편 일본 측에는 송에서 보낸 '첩'에 관한 기록도 있다. 이 가운데 승력(承曆) 4년(1080, 문종 34)에 일본국 태재부에 보낸 대종국(大宗國, 大宋國) 명주(明州)의 첩(『異國牒狀事』)[75]이나 승안(承安) 2년(1172, 명종 2)에 일본국 태정대신(太政大臣)에게 보낸 대송국 명주연해제치사사(明州沿海制置使司)의 첩(『師守記』 貞治 6년 5월 9일) 등은 저록된 '甲牒乙'이라는 모두구 형식을 볼 때 첩 형식 문서였음이 확실하다.

이러한 외국 관부와의 교섭에서 일본 측도 첩 형식 문서를 사용한 것은 1079년의 고려 예빈성 첩에 대한 대재부의 회신을 반첩(返牒)이라고 한 점(『本朝續文粹』 권11)과 1269년의 원 중서성 첩에 대한 태정관(太政官)의 반첩안(返牒案) 그리고 같은 해의 고려 경상진안동도안찰사 첩에 대한 대재부 수호소의 반첩안 등(『本朝文集』 권67, 『異國出契』[76])을 통해 분명해진다. 전술했던 1172년의 송 명주연해제치사사 첩에 대해 이듬해 대

74 이 문서에 대해서는 張東翼[2004](206~207쪽) 및 張東翼[2005](65~66쪽)의 소개도 참조할 것.

75 이 첩은 송 상인 孫忠과 관련해 越前에 전달된 문서(『扶桑略記』 제30, 承曆 4년 윤8월 30일, 『帥記』 承曆 4년 윤8월 26일 등)에 해당하는데, 『善隣國寶記』가 그 수신자를 '日本國'으로 한 것은 단순한 오기가 아니라면 다음 해인 1081년에 손충에 관해 새롭게 전달된 明州의 첩(후술)과 혼동했기 때문일 것이다. 1081년의 첩에 대해서는 '本國(일본국)'으로 직접 수신자를 표시한 문서임이 일본 측에서 문제시되었던 것에 반해(『水左記』 承曆 5년 10월 29일), 전년의 첩을 둘러싸고서는 이러한 움직임이 없었던 것도 이를 방증한다.

76 『異國出契』에 실린 문서 녹문은 張東翼[2004](278~281쪽) 및 張東翼[2005](69~71쪽)에서 새롭게 소개된 것이다.

송국 명주연해제치사 왕모(王某)에게 보낸 일본국 사문(沙門) 정해(靜海), 즉 다이라노 기요모리(平清盛)의 회신도 『사수기(師守記)』, 정치 6년 5월 9일에 저록된 '甲牒乙'이라는 모두구 형식을 보면 첩 형식 문서였던 듯하다.

요(遼)에 관해서는 후루마쓰 다카지(古松崇志)가 변경의 출선기관(出先機關)이 송 측의 기관과 첩 형식 문서를 교환했음을 지적했다.[77] 다만 이는 기본적으로 『속자치통감장편(續資治通鑑長編)』 등의 편찬 사료에서 '첩', '공첩(公牒)', '문첩(文牒)' 등으로 불린 문서를 근거로 한 논증으로, 모두구와 말미의 서식 등 직접적인 증거를 제시한 것은 아니다. 물론 사료의 제약 때문이겠지만, 예컨대 요의 탁주(涿州)가 송의 웅주(雄州)에 보냈던 '첩'의 초록(抄錄) 발행에 이르는 과정을 밝히면서 추밀원에서 연경유수사(燕京留守司)에 '차자(箚子)'를 발송했고, 연경유수사가 탁주에 '지휘(指揮)'를 내렸으며, 이를 받아서 탁주가 '이첩(移牒)'한다는 일련의 수속을 기록한 것이 있다.[78] '차자'(관부 사이의 하행문서의 일종)나 '지휘'(지시·명령을 가리킴. 적어도 원 대에는 문서 형식명이 되었음)라고 하는 관련 술어 및 이들 구절을 이용해 지시 전달의 절차를 구체적으로 기록한 것은 송의 관부 문서와도 공통된 것이며, 그것으로 미루어 볼 때 '이첩' 또한 문서 형식을 명기한 것일 가능성이 높다. 송 측 관부가 외국 관부와의 교섭에서 첩 형식 문서를 사용한 것은 전술한 바 있으니, 그 상대가 되는 요 관부 측에도 첩 형식 문서를 사용했다고 보아도 좋을 것이다.

금의 경우에는 『대금조벌록(大金弔伐錄)』에 금의 원수부(元帥府)나 도부서사(都部署司)가 송의 선무사사(宣撫使司) 및 3성·추밀원에 첩 형식 문서를 보내고,[79] 송 측의 선무사사가 '대금국군전(大金國軍前)'에 첩 형식

77 古松崇志[2010].

78 『續資治通鑑長編』 권322, 元豊 5년 정월 癸卯.

79 『大金弔伐錄校補』(中華書局, 2001), 〈牒南宋宣撫司問罪〉(96~97쪽); 〈元帥府與宋三省樞

문서를 발송한 사례가 보인다.[80] 몽골군에 포위된 금 말기의 상황을 기록한 왕악(王鶚)의 『여남유사(汝南遺事)』 권2, 천흥(天興) 2년(1233, 고종 20) 8월 7일 조에 "詔尙書省, 牒宋中書省借糧."이라고 한 것도 금의 상서성이 송의 중서성에 첩 형식 문서를 보내 식량을 빌리고자 했던 것을 의미할지 모른다.

또한 요·금과 고려 사이에서 '첩'을 주고받았다는 기록은 『고려사』, 『요사(遼史)』, 『금사(金史)』에서 산견된다.[81] 이러한 첩은 단순히 공문서 내지 그 행이를 의미할 뿐일 가능성도 있지만, 위에서 밝힌 각국의 문서 사용 상황으로 보건대 이들도 첩 형식 문서였을 가능성이 높을 것이다.

이처럼 동아시아 여러 국가의 관부 사이에서 첩 형식 외교문서를 사용한 사례는 원이 등장하기 이전부터 확인되므로, 원 중서성이 외교문서로서 첩 형식 문서를 사용한 것은 일단 그러한 전통을 계승한 것으로 볼 수 있을 것이다.

그러나 거기에 큰 변화가 있었음은 주의해야 한다. 원 이전에 첩은 국가관계의 형태와 관계없이 기본적으로 관부·관인 사이의 수준에서 사용되었으나 원의 경우 관부인 중서성이 상대국의 군주에게 발송했던 것이다. 이에 가까운 사례로는 1081년에 송의 명주에서 '일본국'을 수신

密院〉(218~219쪽); 〈元帥府再與宋三省樞密院牒〉(223~225쪽); 〈都府署司回牒〉(270쪽).

80 『大金弔伐錄校補』, 〈宋宣撫司牒〉(264~265쪽).

81 예컨대 다음과 같은 기사가 있다. 『高麗史』 권6, 靖宗 원년 5월 甲辰. "契丹來遠城使檢校右散騎常侍安署牒興化鎭"; 『高麗史』 권6, 靖宗 원년 6월 是月. "寧德鎭回牒契丹來遠城"; 『高麗史』 권11, 肅宗 2년 3월 庚申. "牒遼東京兵馬都府署"; 『高麗史』 권13, 睿宗 9년 10월. "遼東京兵馬都部署司牒"; 『高麗史』 권19, 毅宗 24년 윤5월 丙申. "王孫生, 王喜欲遣使告于金, 卽命同文院移牒"; 『高麗史』 권19, 明宗 2년 12월 壬寅. "金移牒, 問王生日"; 『遼史』 권28, 天祚帝本紀, 天慶 8년 6월 丁卯. "遣奴哥等齎宋·夏·高麗書詔·表·牒至金"; 『金史』 권10, 章宗本紀, 承安 2년 10월 庚辰. "尙書省奏, '高麗國牒報, (후략)'"; 『金史』 권135, 高麗 傳, 至寧 원년 9월. "宣宗卽位, 邊吏奏, '高麗牒, (후략).'" 이러한 사례 중에는 '牒'을 주고받는 일이 관부·관인 수준에서 행해졌음을 명시하는 것도 많다.

자로 첩 형식 문서를 보내왔다는 기록[82]이 있으나 이는 예외적인 사례이고, 일차적으로는 원이라는 정권의 대외 자세와 중서성이라는 관부의 위상에 관한 문제로 고찰되어야 할 것이다.

원의 문서 제도는 1269년(원종 10, 지원 6)의 파스파문자 제정, 1270년(원종 11, 지원 7)의 '성원대문이체식(省院臺文移體式)' 제정을 중요한 획기로 해 그 전후에 확립된 것으로 보인다.[83] 첩 형식 문서의 지방에서의 사용 규정은 1268년에 확정되는데, 1270년 이전에 고려에 대한 중서성의 문서 송부 사례가 보이지 않는 것 역시 전술한 바와 같은 당시 양국 교섭 창구의 존재 양태 또는 원의 문서제도가 정비 중이었던 것 등과 관계되었을지도 모르겠다.

그런데 원 왕운(王惲)의 『중당사기(中堂事記)』, 중통(中統) 2년 5월 5일 병인 조(『秋澗先生大全文集』 권81)에 의하면, 원이 발족한 지 얼마 지나지 않았을 때 왕운은 도당(都堂), 즉 중서성 재상의 균지(鈞旨)를 받들어 '송 3성에 보내는 첩문(移宋三省牒文)'을 기초(起草)했다. 거기에 수록된 녹문은 결사(結辭) 부분이 대폭 생략되어 있지만, 모두는 '大蒙古國行中書省移宋三省'으로 되어 있다. 중서성과 동격의 지방 파출기관인 행중서성(行中書省)의 문서로서 기초되었다는 것인데, 여기서 말하는 '이(移)'가 문서 형식을 표현한 술어라고 한다면 당의 공식령(公式令)에 상서성과 여러 대성(臺省) 사이 또는 내외제사(內外諸司) 가운데 통속관계가 없는 관부 사이에서 서로 주고받는 평행문서로 규정된 '이(移)'[84]가 채용된 것이 된다. 다만 외교에 이(移)를 사용한 예는 달리 보이지 않고, 그 수신처도 송의 관부이기에 이것이 외국 군주에 대한 첩의 사용과 어떻게 연결되는지는 알 수 없다. 게다가 이 문서는 실제로는 결국 발행되지 않았다.[85] 여기서

---

82 『帥記』, 永保 원년(1081, 문종 35) 10월 25일.

83 中村淳·松川節[1993], 15~22쪽 참조. 또한 松川節[1995]도 참조.

84 中村裕一[1996], 208~209쪽; 仁井田陞[1997], 1255~1258쪽 참조.

는 일단 원 고급 관부의 외교문서 발신 초기에 나타난 과도적인 사례로서 소개해 둔다.

한편 1270년대 무렵 고려 측이 원 중서성에 보낸 문서는 『고려사』 세가와 『고려사절요』의 해당 연차 조문 가운데 다수의 사례가 보이는데, '서(書)', '문(文)' 등으로 언급되었다. 발신 주체가 종종 '왕'이라고 명기되거나 '신(臣)'을 포함한 왕의 1인칭이 문서 중에 기록되어 있는 것으로 보아, 기본적으로 국왕 명의의 문서였다고 생각된다. 그러나 문서의 첫머리와 말미를 구비한 기록이 전무해 구체적인 문서 형식은 판명되지 않는다. 다만 원 중서성이 왕에 대해 첩 형식 문서를 사용한 이상, 고려왕 측도 첩 형식 문서를 사용했을 가능성을 상정할 수 있다. 또한 후술할 후대의 상황으로 미루어 보건대 일종의 서간 형식을 사용했을 가능성도 있다.

3. 자 형식 문서

1) 원의 자 형식 문서와 그 내력

그 후, 고려왕과 원의 중서성 사이에서는 자(咨) 형식 문서가 사용되었고 이것이 중요한 위치를 점하게 되었다. 전술한 바와 같이 '자'라는 것은 명·청 대에 2품 이상의 동격 고급 관부·관인 사이에서 사용된 문서다. 원 대에도 마찬가지로 사용되었는데, 이 시대에는 특히 중앙의 중서성·추밀원·어사대 등과 더불어 그들과 동격인 지방 파출기관으로서 행

---

85 『中堂事記』에 의하면 이해 5월 8일에 교섭창구의 등급을 내려, 원 측의 經略司로부터 송의 淮東制司에 첩을 보내는 것으로 방침이 변경되었다고 한다. 『秋澗先生大全文集』 권67에 실린 〈中書省牒宋三省文〉은 표제가 부정확한 것으로, 실제로는 방침 변경 후의 경략사 첩 녹문으로 보인다.

중서성·행추밀원(行樞密院)·행어사대(行御史臺)가 다수 설치되었으므로 이들 중앙·지방 관부 사이의 사용례가 눈에 띈다. 원 대의 자에 대해서는 서식의 전체 모습이나 그에 가까운 내용을 엿볼 수 있는 사료도 여러 가지 남아 있는데, 여기서는 수미의 서식에 관한 문언이 비교적 상세한, 미야 노리코(宮紀子)가 소개한 정복심(程復心)의 『사서장도(四書章圖)』(일본 內閣文庫 소장 원각본)에 수록된, 황경(皇慶) 원년(1312, 忠宣王 4) 집현학사(集賢學士) 조맹부(趙孟頫)가 한림국사원(翰林國史院)에 발송한 자[86]에 기초해 하나의 모식을 제시해 둔다.

皇帝聖旨裏【某處某司 或某職某官】(중략)
爲此合行移咨 請
照驗施行 須至咨者
右 咨
【某處某司 或某職某官】伏請
照驗 謹咨
年 月 日

그러나 이러한 자 형식 문서의 존재는 원 대 이전에는 확인되지 않는 듯하며, 그 내력도 잘 알려지지 않았다. 따라서 문서 사료 중에 '咨' 자 내지 이것과 상통하는 '諮' 자가 정형적으로 사용된 예를 전대에서

86 宮紀子[2006c], 331쪽 및 350~352쪽.

찾아보면 다음과 같은 사례가 있다.

공문서의 예로는, 서역에서 출토된 당 대 문서 가운데 안권(案卷)으로서 남겨진 관부 내 사안 처리 과정의 기록에 '諮' 자를 쓴 사례가 있다. 거기서는 담당 요속(僚屬)이 판결문을 책정할 때, 말미에 '諮. 某白. 幾日(諮하다. 아무개가 말하다. 연월일)'이라고 적어 전달하고, 여기에 다른 관계 요속(경우에 따라서는 복수)이 '依判. 諮. 某示. 幾日.(判에 의거하라. 諮하다. 아무개가 보이다. 연월일.)'이라고 연서(連署)한 뒤, 최종 책임자가 '依判. 某示. 幾日.'이라고 승인해 판결문이 확정된다.[87] 여기서의 자(諮)는 판결문을 '상의해' 승인을 구한다는 의미가 될 것이다.

또 당의 친왕부(親王府)에서 발행한 교서(敎書)에도 '諮' 자가 보인다. 교서식(敎書式)의 복원안은 다음과 같다.[88]

教 云云
年月日
記室參軍事具官封姓名 宣
主簿具官封名白 封
教如右 請付外奉行 謹諮
年月日
依諮 【親畫】

87 內藤乾吉[1963], 제1~3절; 池田溫[1979], 365쪽, 367~368쪽, 478쪽; 中村裕一[1996], 607~612쪽; 吉川眞司[1998], 198~201쪽 등 참조.

88 仁井田陞[1997], 737~739쪽. 또한 仁井田陞[1937], 830~838쪽; 中村裕一[1991a] 참조.

여기서는 우선 왕부의 속료인 기실참군사(記室參軍事)가 왕명을 받들어 교서의 문안을 작성하고, 주부(主簿)에게 회부(回付)한다. 주부는 문안을 심사하고, 문제가 없으면 '付外奉行'할 것을 왕에게 요청하는데, 그때 '謹諮(삼가 자합니다)'라고 적어 전달한다. 그리고 왕으로부터 '依諮(자에 따르라)'라는 허가를 얻어 교서가 성립되며, 그 후 교서는 녹사사(錄事司)에 송부되어 시행된다.

또한 송 대에는 학사원(學士院), 즉 한림원(翰林院)이 중서 등 3성에 발송하는 문서를 '자보(咨報)' 혹은 '자보(諮報)'라고 했으며, 그 기원은 당대로 소급된다고 한다. 구양수(歐陽脩)의 『귀전록(歸田錄)』에,

> 백사(百司)에서 중서에 상신할 경우 모두 장(狀)을 쓰는데, 오직 학사원은 자보(咨報)를 쓴다. 그 내용은 차자와 같으며 또한 이름을 쓰지 않고 다만 당직 학사 1인이 압자(押字)할 뿐이다. 그를 가리켜 자보라고 한다. 이는 당 대 학사의 옛 규정이다.[89]

라고 되어 있다. 또 홍매(洪邁)의 『용재수필(容齋隨筆)』에는,

> 한원(翰苑)의 고사(故事)에, (중략) 공문이 3성에 이를 때에는 신(申)·장(狀)을 사용하지 않고 다만 척지(尺紙)에 그 사안을 직서한다. 그 문언에 "상서성에 자보(諮報)하니, 엎드려 재정(裁定)을 기다립니다. 월 일 압자"라고 한다. 그를 가리켜 자보라고 한다.[90]

---

89 『歸田錄』 권2. "若百司申中書, 皆用狀, 惟學士院用咨報. 其實如箚子, 亦不書名, 但當直學士一押字而已. 謂之咨報. 此唐學士舊規也."

90 『容齋隨筆』 권9, 翰苑故事. "翰苑故事, (중략) 公文至三省, 不用申狀, 只尺紙直書其事. 右語云, 諮報尙書省, 伏候裁旨. 月日押. 謂之諮報."

라고 해,[91] 그 결사의 형식을 구체적으로 표시하고 있다. 히로타 시게키(平田茂樹)에 의하면 이 자보는 3성이나 추밀원에 대한 평행문서로 쓰였으며, 학사원이 '내상(內相)'이라고 불리는 특별한 존재였던 데서 유래한다고 한다.[92]

다음으로 사문서의 예를 보면, 돈황(敦煌)에서 출토된 당 대 두우진(杜友晉)의 『길흉서의(吉凶書儀)』 사본(Pelliot 한문 문서 3442호[93])에서는 〈부인길서의(婦人吉書儀)〉 가운데 '남편의 누이에 대한 서간[與夫之妹書]' 및 '남편의 동생의 처에 대한 서간[與娣書]' 겉봉의 문언으로 '謹諮', 〈사해길서의(四海吉書儀)〉 가운데 '약간 손위에 대한 서간[與稍尊書]'·'대등한 자에 대한 서간[與平懷書]'·'약간 손아래에 대한 서간[與稍卑書]'의 결사에 '某諮'를 사용하고 있다. 또한 전술한 『온공서의』에는 권1, 가서(家書)의 〈여처서(與妻書)〉, 〈여외생여서서(與外甥女壻書)〉 등 손아래 친족에 대한 서간, 권10, 상의(喪儀)의 '손위에 제사 지낸 고기를 보낼 때의 서간[歸胙于所尊書]'에 대한 '답장[復書]'이나 손아래에 제사 지낸 고기를 보낼 때의 〈강등서(降等書)〉에서 두사(頭辭)와 결어(結語)에 '某咨'를 쓰고 있다. 이들 서의의 용법은 '삼가 문안하다', '아무개가 문안하다'라는 의미가 될 것이다. 전술한 『신편사문유취한묵전서』에 실린 서의에서도 갑집 권3, 제식문, 서기(書記), 소간(小簡)의 〈초비소간수말식(稍卑小簡首末式)〉이나 같은 책, 가서(家書)의 〈여외생여서서〉, 〈여처서〉의 두사와 결사에 '某咨'라고 했으므로, 이것이 원 대에도 마찬가지로 쓰였음을 알 수 있다.

이와 같이 원 대 이전의 문서에서 정형적인 '咨' 자 혹은 '諮' 자의 용례는 관부 내 처결 수속상의 문언, 학사원이 3성이나 추밀원에 송부

91 咨報에 관한 설명은 陸游, 『老學庵筆記』 권7 및 趙昇, 『朝野類要』 권4, 諮報 등에도 보인다.

92 平田茂樹[2012b], 333~337쪽.

93 이 책과 그 녹문에 대해서는 趙和平[1993], 167~241쪽 참조.

한 문서의 문언, 사인 사이 서간의 두사·결사와 겉봉의 문언 등에 보일 뿐으로, 그것이 원 대의 자(咨)와 그대로 직결되는지는 확인되지 않는다. 물론 이들 가운데 어느 것이 연원이 되었을 가능성까지는 배제할 수 없으나, 적어도 원의 고급 관부 사이에서 자를 사용하는 것이 남송 출신자에게는 친숙하지 않은 형식이었음을 『자치통감(資治通鑑)』의 "帝與契丹主將引兵而南, 欲留一子守河東, 咨於契丹主."라는 기사에 대한 호삼성(胡三省, 1230~1302)의 주석에,

> 일을 꾸미는 것을 '자(咨)'라고 한다. 지금 북인(北人)은 자를 중시해 행대·행성에서 내대(內臺)·내성(內省)에 문서를 보낼 경우 모두 그것을 가리켜 '자'라고 한다.[94]

라고 한 데서도 엿볼 수 있다. 현재 전하는 호삼성의 『자치통감』 주석은 남송 멸망 후에 중찬(重撰)된 것인데, 위의 주에 '지금'의 행대(행어사대), 행성(행중서성)이 등장하는 것으로 보아 원 대의 상황을 말하고 있음을 알 수 있다. 옛 남송 출신인 호삼성에게 중서성(내성)과 행중서성(행성) 사이, 어사대(내대)와 행어사대(행대) 사이 등에서 자를 주고받는 것은 어디까지나 정복자인 '북인'의 습관이었던 것이다. 당송의 제도에 관한 정서류(政書類)에 언급이 없는 점이나, 전술했듯이 당에서는 이(移), 송에서는 '첩'이 고급 관부 사이에서 상호 사용된 문서였다는 점에서 당시의 공문서에 원 대와 같은 형태의 자 형식 문서는 존재하지 않았다고 보아도 좋을 것이다.

문제는 요와 금의 제도인데, 사료의 제약으로 엄밀히 판단하기는 어렵다. 현재 상황에서는 자 형식 문서가 존재했던 흔적은 보이지 않으

---

94 『資治通鑑』 권280, 後晉紀, 高祖 天福 원년 윤11월 丙寅. "謀事爲咨. 今北人以咨爲重, 自行臺·行省移文書於內臺·內省, 率謂之咨."

나, 금은 원 대 행성의 선구 형태가 되는 중앙 고급 관부와 동격의 지방 파출기관인 행대상서성(行臺尙書省)을 설치하고 있었으므로, 그렇게 단정하기도 주저된다. 그러나 적어도 금의 고급 관부가 외국 군주를 수신자로 하는 문서에 자를 사용한 흔적은 현재로서는 확인되지 않는다. 오히려 전술한 바와 같이 그 관부가 송의 고급 관부에 첩을 발송한 사례가 있고, 또 금 초에 황자도경략처치사(皇子都經略處置使)·원수(元帥)·국상원수(國相元帥) 등 금군의 고위 사령관과 송 황제 및 금의 괴뢰정권인 초(楚)의 황제 사이에서는 '甲致書于乙'이라고 기록하는 치서 형식의 문서가 사용되었음이 확인된다.[95] 이 장 I에서도 서술했듯이 후자는 적례관계인 군주 사이의 국서로서 수·당·오대·요·송에서 사용되었는데, 당시의 금과 송·초의 역관계를 반영했는지, 전자의 황족·관인 계층이 후자의 황제와 문서를 주고받았다는 점이 주목된다. 그러나 어쨌든 과거에 사용되어 왔던 서식이 준용 내지 응용되었던 것이다.

『원전장』 권4, 조강(朝綱), 서무(庶務), 체례작고준금(體例酌古准今)의 지원 5년(1268, 원종 9) 12월 문서에는 중서성과 사천행성(四川行省) 사이에서 자를 주고받았음을 보여 주는 기술이 있고, 『원전장』 권35, 병부(兵部), 은장(隱藏), 은장군기죄명(隱藏軍器罪名)의 지원 5년 문서에도 '中書省咨'가 보인다. 즉 원에서는 최초 시기, 그러니까 1270년에 '성원대문이체식'을 제정하기 이전부터 이미 자를 사용했음을 알 수 있다.[96]

---

95 『大金弔伐錄校補』(前揭)에 수록된 사례의 일부로서 〈宋主與左副元帥書〉(165~166쪽); 〈左副元帥回書〉(238~239쪽); 〈楚主與行府書〉(441쪽); 〈行府與楚書〉(455쪽) 등이 있다. 또한 이 책에 따르면 최초에는 致書 형식과는 달리 금의 장수가 '某謹上書于大宋皇帝闕下', 송 황제가 '大宋皇帝致問某'라는 모두구의 서식을 사용한 사례도 있었다(예컨대 〈宋少主與左副元帥府報和書〉(150~151쪽); 〈回謝書〉(153쪽) 등).

96 『元典章』 권22, 戶部, 洞冶, 民戶淘辦金課의 至元 2년(1265, 원종 6) 2월 자의 문서에도 行臺에서 御史臺에 보낸 咨와, 中書省에서 行省에 보낸 咨에 관한 기술이 있다. 그러나 거기서 다룬 내용은 1275년(충렬왕 원년, 至元 12)에 남송으로부터 탈취했던 建康路(『元史』 권8, 世祖本紀, 至元 12년 2월 庚午)의 통치에 관한 것이었으므로, 문서의 연차 표시에 오류가 있는 것으로 보인다.

또한 전술한 원 왕운의 『중당사기』, 중통 2년(1261, 원종 2)의 조에는,

> 전 하동선무사(河東宣撫使) 장공(張公)은 원한을 품은 집에서 말이 있어 진퇴에 어려움이 있었는데, 이날 행성이 〔그의〕 기용을 자(諮)하고, 승상 사천택(史天澤)과 좌승(左丞) 활활(闊闊)이 서로 협의를 벗겨 주어 상주하고 재가를 받아 행중서성 참의(參議)에 임명되어, 바야흐로 이직을 면할 수 있었다. 진실로 쉬운 일은 아니었다.[97]

라고 했고, 또한,

> 행성이 자(諮)한 일 몇 건에 대해 도당이 심의해 가부를 판단했다. 사공(史公, 사천택)이 말하기를, "양성(兩省)을 나눈다고는 해도 그 실체는 하나다. 〔중대한〕 이해에 관련된 것이 아니면 함부로 조박(阻駁)해서는 안 되며, 왕사(王事)를 성취하게 해야 한다. 금후로 무릇 행성이 자하는 것은 3일 이내에 자보(咨報)하도록 하라." 했다. 이때부터 상하 모두가 물이 흐르는 것처럼 〔일을 원활하게〕 처리하게 된 계기라고 보았다. 나는 당시 찬탄하여, 보기 드문 계책이라고 했다.[98]

라고 했다(『秋澗先生大全文集』 권82). 당시 왕운은 연경행성(燕京行省)이나 중서성의 속료로 근무하고 있었는데, 전자의 기사에서는 전 하동선무사 장덕휘(張德輝)의 처우에 관해 중서성이 행성으로부터 '자'를 받았다고 하고, 후자의 기사에서는 행성이 '자'해 온 사안에 대해 중서성 간부가

---

97 『中堂事記』, 中統 2년 7월 辛酉朔. "前河東宣撫使張公, 以怨家有言, 去留維谷, 是日, 得行省諮保, 及史相·闊左丞, 互爲申理奏准, 充行中書省參議, 方得解去. 良不易也."

98 『中堂事記』, 中統 2년 7월 庚辰. "行省諮者數事, 都堂議有可否. 史公曰, 雖分兩省, 其實一也. 若非關利害者, 不宜妄有阻駁, 使王事成就, 可也. 今後凡行省所諮, 須三日內咨報. 自是上下云爲如流水之源矣. 予當時嘆賞, 以謂不多得也."

심의했을 때 사천택의 제안에 따라 행성에서 '자'한 사안에 대해서는 큰 문제가 아니면 3일 이내에 '자보'할 것을 합의했다고 한다. 『중당사기』가 '자(咨)' 또는 '자(諮)' 자를 사용해 관부·관인 사이의 사무연락을 기술한 것은 위의 중서성과 행성 사이의 사례에 한정되어 있다. 여기에 의미가 있다면 원의 고급 관부 사이에서 자를 사용한 것은 어쩌면 정권 발족 당초까지 거슬러 올라가는 것일지도 모른다.

2) 고려에 대한 자 형식 문서 사용과 그 배경

원에서 고려에 최초로 자 형식 문서를 보낸 것은 1280년(충렬왕 6, 지원 17)의 사례인 것으로 생각된다. 앞서 제시했던 『고려사』 세가, 충렬왕 6년 11월 기유 조의 기사를 다시 한번 인용해 본다.

> 우승지 조인규와 대장군 인후를 원에 보내어 중서성에 상서해 말하기를, "(중략) 지금 행성의 문서를 받았는데 '이상과 같이 고려국왕에게 자문을 보낸다(右咨高麗國王).'라고 하고, 봉투에는 '국왕에게 도착해 개봉하라(到國王開拆).'라고 합니다. 삼가 생각하건대 중서성에서 보내 오는 문서는 글자가 정중하고 종이는 두터우며, 매번 첩에 이르기를, '바라건대 잘 살피십시오. 삼가 첩함(請照驗. 謹牒).'이라고 했습니다. 행성의 문서가 어떤 체례에 따른 것인지 명백하지 않습니다. 내가 생각해 보건대 행성이 국왕에 대해서는 이미 의심하고 꺼릴 것이 없으니 〔그 서식은〕 자이든 관이든 차부이든 상관없습니다. 만약 여러 부마에게 부득이하게 문서를 보내야 한다면 어떠한 체례를 써야 하는 것입니까? 옛날에 독련가국왕은 우리 부왕에게 곧바로 문서를 보내는 일이 없이 반드시 다루가치에게 보내 왔습니다. 엎드려 바라건대 피차 왕복하는 문서의 격식을 정해 알려 주시기 바랍니다. (중략)"라고 했다.[99]

충렬왕이 중서성에 상서한 이유는 행성, 즉 제2차 일본 원정 당시 고려에서 출진하는 부대인 동로군(東路軍)의 사령부로서 그해 8월 무렵에 조직되었던 정동행중서성[100]으로부터 '右咨高麗國王'이라고 기록한 문서를 처음으로 수신했기 때문이었다. 이에 충렬왕은 고려왕에게 발송된 중서성의 문서에는 그때까지 첩이 사용되어 왔다는 점을 지적하며 고려왕과 행성 사이에서 사용할 문서 형식에 대해 확인해 줄 것을 요청했던 것이다. 그러면서 행성이 국왕에게 문서를 보내는 것 자체에 대해서는 이의를 제기하지 않았으며, 자(咨)나 3품 이하 동급 관부 사이에서 사용하는 관(關), 상급 관청이 하급 관청에게 보내는 차부 등의 형식이어도 상관없다고 하면서 만약 부마에게 문서를 발송한다면 어떠한 문서 형식을 사용해야 하는지 묻고 있다.

이때 왕이 굳이 행성에서 부마에게 보내는 문서의 형식에 대해 주의를 환기한 것은 아마도 당시 진행하고 있던 고려왕의 격식과 부마로서의 격식의 일체화를 문서 형식에서도 실현하고자 했던 것으로 생각할 수 있다. 또한 일찍이 독련가국왕은 부왕(원종)에게 문서를 직접 발송한 일이 없이 반드시 다루가치에게 보냈다고 진술했는데, 독련가국왕이란 1269년(원종 10, 지원 6) 고려에서 권신 임연(林衍)이 국왕을 폐립하는 사건이 일어났을 때, 행동경등로중서성사(行東京等路中書省事)로서 원군을 이끌고 일시 고려에 진주했던 잘라이르 족장을 가리킨다. 한편 여기서 다루가치라는 것은 1270년(원종 11, 지원 7)~1278년(충렬왕 4, 지원 15)에 왕도 개경에 주재했던 원의 고려 정부 감독관, 고려국 다루가치를 말한다. 이들

---

99 『高麗史』 권29, 충렬왕 6년 11월 己酉.

100 제2차 일본 원정의 사령부는 동로군을 지휘하는 정동행성과 강남에서 출진하는 江南軍을 지휘하는 征日本行省으로 나뉘어 있었으니(張東翼[1994a], 14~23쪽 참조), 이 시기에 고려에서 활동이 확인되는 행성은 기본적으로 정동행성으로 볼 수 있다. 또한 李康漢[2007](85~91쪽)은 이들은 각각 독립한 조직이라기보다는 정동행성이 정일본행성의 지부와 같은 존재였다고 해석했다.

이 행성과 고려왕 사이 문서 수수관계의 선례로서 언급되었다는 것은 이전까지 행성과 고려왕이 문서를 주고받은 바가 없었음을 보여 준다.

여기서 주목되는 것은 충렬왕이 행성으로부터의 문서에 대해 부마에게 보내는 문서 형식과의 정합성을 따져 물으면서 "고려왕에게 문서를 보내는 그 자체를 문제시하는 것이 아니고, 나아가 자·관·차부 등의 형식이어도 상관없다."라는 취지의 전제를 깔고 있다는 것이다. 이와 같은 문제 제기에 갑작스럽게 구체적인 문서 형식의 명칭을 든 것은, 이때 발송되어 온 행성의 문서가 실제로 그러한 계열의 관부 문서였기 때문일 것이다. 이들과 다른 계통의 형식이었다면 그에 관한 언급이 분명히 있었을 것이다. 국왕에게 문서를 보내 왔다는 중대 사안을 둘러싸고 실제의 상황과 상관없는 문서 형식을 예로 들어 말했으리라고는 생각되지 않는다. 그리고 문제의 문서에는 분명히 '右咨高麗國王'이라고 기록되어 있었는데, 이는 자문의 결구(結句)에서 사용되는 '右咨某'라는 정형 표현과 일치하므로 그 문서가 자 형식이었음을 보여 주는 구절이다. 즉 행성의 문서는 자 형식 문서였다고 생각되는 것이다.

충렬왕의 상서에 대한 원 측의 회답은 기록되어 있지 않다. 그런데 이때 정동행성은 어째서 충렬왕에게 돌연 자 형식 문서를 사용했던 것일까? 필자가 파악하기로 원의 관부가 외국 군주에게 자 형식 문서를 사용한 사례는 이 외에는 확인되지 않으며, 또한 전대에도 그러한 선례는 보이지 않는다.

따라서 당시의 대원관계에서 충렬왕의 위상에 어떠한 변화가 생겼는지를 살펴보고자 한다. 우선 충렬왕은 1274년(원종 15, 지원 11)에 쿠빌라이의 공주와 혼인하고 부마가 되었다. 그러나 전술한 것과 같이 1281년(충렬왕 7, 지원 18)에 부마고려국왕이 되기 이전, 충렬왕은 기본적으로 부마로서 대우받지 못하고 외국 군주로서의 예식을 적용받았는데, 이것이 자 형식 사용에 관계된다고는 생각하기 어렵다. 설령 부마로서의 입장이 문서 형식에만 반영되었다고 해도 부마에게 행성 등의 관부가 자문을 발송했던 사례는 들어 본 바가 없다. 그것은 부마와 함께 '제왕(諸王)'이라고 통칭된 몽골의 남성 황족에 대해서도 마찬가지다. 행성 등 정부의 관부가 남성 황족에게서 통달을 받을 때는 "삼가 영지(令旨)를 받든다(敬奉令旨)."라고 표현했다.[101] 영지를 받드는 상대에게 관부 측이 직접 상언할 때는 황태자에 대한 경우가 그러하듯이 '계(啓)'라고 칭했다.[102] 또한 안서왕(安西王)의 경우 예하의 집정기관인 왕상부(王相府)가 섬서행성(陝西行省)에 자문을 발송하고 있었으므로,[103] 일반 관인의 위에 위치한 왕 개인에 대해서 행성이 자문을 썼다고는 생각하기 어렵다. 한편 부마의 명령은 고급 관인과 같이 '균지'라고 불렀다. 부마에게 외부의 관부가 상언할 때의 문서 형식은 실례를 찾을 수 없으나, 중서성 관원이 그 재상인 도당에 상언해 균지를 받는 것을 『원전장』 소재 문서에서는 종종 "정(呈)을 올리고 도당의 균지를 받들어(呈奉都堂鈞旨)"라고 기록했으므로,[104] '정'이라고 칭했을 것으로도 생각할 수 있다. 다만 충렬왕이 '부득이하게' 부마에게 문서를 발송할 때의 규정을 문의한 것을 볼 때, 행성 등이 부마에게 직접 문서를 발송하는 사례는 그다지 상정되지 않았던 것 같다. 어찌 되었든 자문을 사용했다고는 생각하기 어렵다.

여기서 주목되는 것은 충렬왕의 또 다른 위상 변화인 1280년(충렬왕 6, 지원 17)의 정동행성 승상 취임이다. 즉 정동행성이 충렬왕에게 자문을 송부한 것은 행성과 그 고관 사이에서 주고받는 문서의 형식을 적용한

---

101 『經世大典』, 站赤의 至元 15년 6월 15일 條 기사. "承旨火魯火孫等奏, '甘州宣慰司呈, 「敬奉只必帖木兒王令旨 (후략)」'"; 大德 5년 9월 條 기사. "通政院敬奉晉王令旨"(『永樂大典』 권19419); 至元 20년 10월 條 기사. "江浙省敬奉也不干大王令旨節該"(『永樂大典』 권19425) 등이 있다.

102 田中謙二[2000], 372쪽 참조.

103 『經世大典』, 站赤의 大德 2년(1298, 충렬왕 24) 2월 자의 기사에, "中書省에서 陝西行省의 咨를 받았는데, '王相府의 咨에, 「啓하고 安西王의 令旨를 받았는데 (후략)」' (中書省準陝西省咨, 王相府咨, 啓準安西王令旨 (후략))"(『永樂大典』 권19419)라고 한다.

104 예컨대 『元典章』 권9, 吏部, 場務官, 鹽管句減資 등.

것이었다고 생각된다.

충렬왕은 그해 8월, 제2차 일본 원정 수행 과정에서 자신의 발언력을 강화하려는 노력의 일환으로 정동행성의 직임을 맡게 해 줄 것을 쿠빌라이에게 요청했다.[105] 그리고 그해 12월, 조인규와 인후가 원에서 가지고 온 책명(冊命)에 의해 왕은 자신이 '개부의동삼사(開府儀同三司) 중서좌승상(中書左丞相) 행중서성사(行中書省事)'가 되었음을 알게 되었고 그 인신(印信)을 수령했다.[106] 왕은 중서좌승상의 자격으로 일본 원정에 관한 '중서성의 일을 행'하게 되었던 것이다. 나아가 이듬해 3월에는 '정동행중서성(征東行中書省)'의 인신이 왕에게 부여되었다.[107]

정동행성의 발족 자체는 1280년 8월의 일이다.[108] 그때부터 충렬왕이 자문에 관한 의문을 제기한 그해 11월까지 정동행성에서 고려로 발신한 문서나 사신 파견의 기록을 보면, 10월 29일에 정동행성의 사자가 고려에 와서 병력·병기·양식 등을 정비했다는 사실,[109] 또 날짜는 알 수 없지만 같은 달에 정동행성이 '정동군사(征東軍事)'에 관한 '첩'을 고려에 발송한 사실이 확인된다.[110] 이 중 후자의 '첩'은 수신자는 명기되어 있지 않으나 "據此, 須合開坐移牒, 請照驗."이라고 했으므로 첩 형식 문서였던 것으로 보인다. 따라서 문제의 자문은 전자인 10월 29일에 도착했던 사자가 가지고 왔을 가능성이 높다. 이는 12일 후인 다음 달 11일에 충렬왕이 자에 대한 의문을 표명하면서, "지금 행성의 문서가 왔는데"라고 하며 자문의 수령이 가까운 과거의 일이었음을 시사한 것과도 부합한다.

---

105 『高麗史』 권29, 충렬왕 6년 8월 乙未.

106 『高麗史』 권29, 충렬왕 6년 12월 辛卯.

107 『高麗史』 권29, 충렬왕 7년 3월 乙卯.

108 『元史』 권11, 世祖本紀, 至元 17년 8월 戊戌. 또한 이때의 정동행성의 연혁에 대해서는 張東翼[1994a], 14~23쪽 참조.

109 『高麗史』 권29, 충렬왕 6년 10월 丁酉.

110 『高麗史』 권29, 충렬왕 6년 10월 是月.

한편 충렬왕의 정동행성 좌승상 취임은 원에서 이미 10월 5일에 정식으로 결정되었다.[111] 문제의 자문이 이 결정에 따라 그 무렵 작성된 것이라면 고려에서 출발한 동로군을 편성, 지휘하는 정동행성의 임무로 보건대 발행지는 중앙의 원 수도(이 경우 특히 가을과 겨울에 황제가 체재하던 大都였을 것임)가 아니라면, 고려에서 좀 더 가까운 지방이었을 것이다. 고려왕과 그 왕비가 된 몽골 공주 일행이 개경(강화도에서 출발하거나 거기에 도착한 사례 포함)[112]에서 대도·상도(上都) 사이를 오가는 데 필요했던 편도 일수는, 단순 평균으로 대도의 경우 22~44일,[113] 상도의 경우 46~50일로 계산되는데,[114] 짧은 경우 대도까지 반 개월 정도, 상도까지 약 3주에서 1개월 이내에 주파한 사례(4·5·17·18)도 있다(〈표 5-2〉 참조). 관부가 사무 연락을 위해 파견하는 사자라면 이와 동등하거나 더 짧은 일수로 급행하는 것도 가능했을 것이다. 따라서 정동행성이 문제의 자문을 10월 말까지 충분히 고려에 송달할 수 있었으리라 생각된다.

행성이 소속 고관에게 자문을 발송한다는 것은 기이하게 보일지도 모르겠다. 그러나 호광행성(湖廣行省)이 그 소속 정2품의 좌승(左丞)에게 자문을 보내고,[115] 어떤 행성이 그 우승(右丞)으로부터 자를 받았다는 사례와 같이,[116] 행성이 소속 간부와 서로 자를 교환하는 일이 실제로 있었

---

111 『元史』 권11, 世祖本紀, 至元 17년 10월 癸酉; 권208, 高麗 傳, 至元 17년 10월.

112 강화도는 개경의 남방 20킬로미터 부근에 위치하므로 거리상 하루 정도가 증가할 뿐이다.

113 이 수치는 金文京·玄幸子·佐藤晴彦[2002](355~356쪽)에서 개경~대도 사이의 여정은 편도 1개월 정도가 표준적이었다고 한 것에도 부합한다.

114 이들 평균 일수는 부정확한 상한 일수만 판명되는 사례에 대해 상한을 그 최대 일수, 하한을 0일로 계산한 논릿값이다. 물론 현실적으로 수일 이내로 주파했을 리는 없으며, 또한 기본적으로는 상한 일수보다 단기간에 이동했을 것으로 생각되므로 실제 평균 일수의 폭은 보다 좁다고 볼 수 있다.

115 『元典章』 권51, 刑部, 獲盜, 民義依例給賞. "湖廣行尙書省左丞劄附, 準本省咨該. (후략)"

116 『廟學典禮』 권2, 文廟禁約搔擾. "行省先准本省敎化右丞咨. (후략)"

<표 5-2> 『고려사』 세가에 보이는 고려왕·왕비의 원 수도 왕복에 소요된 일수

① 개경~대도(현 베이징시)

연번	연도	출발	도착	일수
1	1264	8월 12일(강화도 출발)	9월 29일(대도 도착)	48일
2	1264	10월 18일(하직)	12월 22일(강화도 도착)	64일 이내
3	1269	12월 19일(강화도 출발)	이듬해 2월 1일(대도 도착)	42일
4	1278	12월 13일(개경 출발)	12월 29일(대도 도착)	17일
5	1279	1월 22일(대도 출발)	2월 10일(개경 도착)	18일
6	1287	8월 9일(입조 명령 접수)	9월 26일(대도 체재 확인)	48일 이내
7	1289	11월 7일(개경 출발)	연내(대도 도착)	53일 이내
8	1293	10월 17일(개경 출발)	12월 20일(대도 도착)	63일
9	1296	9월 21일(개경 출발)	11월 17일(대도 도착)	56일
10	1297	3월 9일(대도 출발)	5월 5일(개경 도착)	57일
11	1302	12월 1일(개경 출발)	이듬해 1월 1일(대도 체제 확인)	30일 이내
12	1305	11월 17일(개경 출발)	연내(대도 도착)	43일 이내
13	1307	4월 중(귀국 명령 접수)	5월 14일(개경 도착)	43일 이내
14	1315	9월 중(개경 출발)	10월 3일(통주 도착)	33일 이내

② 개경~상도(현 네이멍구자치구 시린궈러맹 정란기)

연번	연도	출발	도착	일수
15	1278	4월 1일(개경 출발)	6월 9일(상도 도착)	68일
16	1278	7월 22일(상도 출발)	9월 24일(개경 도착)	63일
17	1280	8월 2일(개경 출발)	8월 22일(상도 도착)	20일
18	1280	8월 29일(귀국 명령 접수)	9월 28일(개경 도착)	29일 이내
19	1294	5월 30일(상도 출발)	8월 8일(개경 도착)	67일
20	1300	4월 13일(개경 출발)	6월 8일(상도 도착)	56일
21	1300	7월 19일(상도 출발)	윤8월 9일(개경 도착)	50일

주: 1) 출발 시기·도착 시기 모두 불분명한 사례 및 중도에 장기간 체류한 것이 분명한 사례는 제외했다.
2) ①에서는 대도가 정식으로 국도의 명칭이 된 1272년 이전에 대해서도 편의상 이 명칭을 사용했다.

다. 전술한 바와 같이 원 대 자문의 용례 가운데 관부가 외국 군주에게 보낸 사례는 따로 확인되지 않으며, 전대의 사례 가운데도 직접 연결되는 것은 없다. 그렇다면 정동행성 승상 취임과 함께 원의 통상적인 자문

활용 범위에 충렬왕이 포함되었을 가능성을 우선 상정할 수 있다. 그러나 10~11월에는 충렬왕 측이 스스로의 승상 서임을 인지하지 못했으므로, 이례적인 문서 형식이라고 주장하게 되었던 것으로 생각된다.

다만 이로써 자 형식 문서 사용이 정착되었다고 단정할 수는 없다. 1281년(충렬왕 7, 지원 18) 정월, 정동행성은 고려의 전쟁 준비에 관한 '첩'을 보내 왔다.[117] 이 '첩'은 수신처, 서식이 명시되지 않아 공문서 일반을 의미하는 것일 수도 있으나 한편으로 고려왕을 수신자로 한 첩 형식 문서였을 가능성을 고려할 필요도 있다. 혹시 그렇다면 행성은 충렬왕의 승상 취임 후에도 과거의 중서성과 같이 외국 군주로서의 고려왕(부마고려국왕호는 다음 달인 2월에 성립함)[118]에게 첩을 보내는 경우가 있었던 셈이 된다. 또 이 단계의 정동행성은 일본 원정을 위한 임시기관으로, 1281년에 일본 공격이 실패하자 1282년 정월에 일단 폐지되었다. 행성 승상의 직을 잃은 충렬왕이 곧바로 자문의 적용 범위에서 벗어나게 되었는지 여부는 불분명하지만, 적어도 1283년 정월에서 1284년 5월 사이에 정동행성이 복설되고 충렬왕이 다시 승상으로 임명되었던 무렵을[119] 포함한 시기에는 자문의 사용례는 물론 왕복문서에 관한 기록 자체가 확인되지 않는다. 그 후 1285년(충렬왕 11, 지원 22) 12월에 원 중서성은 군량 징발에 관한 '첩'을 고려에 보냈다.[120] 이 '첩'도 수신자와 서식이 명시되지 않아 공문서 일반을 의미하는 것일 수 있으나, 역시 고려왕에게 발송된 첩 형식 문서였을 가능성은 남아 있다. 그렇다면 이때는 이미 부마고려국왕호가 성립해 고려왕의 지위가 부마의 격식으로 일체화되었으므로, 부마

---

117 『高麗史』 권29, 충렬왕 7년 정월 乙丑.

118 『元史』 권11, 世祖本紀, 至元 18년 2월 辛未.

119 張東翼[1994a], 23~27쪽 참조. 또한 정동행성은 1285년 10월~1286년 정월 무렵에도 다시 설치되었지만, 이때는 중국 강남 지방에서 조직되었을 뿐, 고려는 직접 관여하지 않았다(張東翼[1994a], 27~32쪽 참조).

120 『高麗史』 권30, 충렬왕 11년 12월 丁卯.

에 대한 첩 형식 사용의 시비가 문제시될 수 있다. 하지만 어쨌거나 이들 '첩'의 정체는 현재로서는 알 수 없다.

3) 양국 간 자문 사용 상황

정동행성은 1287년(충렬왕 13, 지원 24)에 다시 설립되면서 원의 최고지방 통치기관의 하나로 모습을 재정비했고, 이후 역대 고려왕이 사원기(事元期) 내내 승상직을 세습적으로 겸임했다. 그리고 일시적인 예외를 제외하면 승상의 뒤를 잇는 평장정사(平章政事) 이하 간부직 관원은 배치되지 않은 채 기본적으로는 고려왕이 유일한 고관으로서 비고려인을 포함한 소속 관료를 보거(保擧)하며 정무를 처리했다.[121] 이 시기 이후가 되면 고려왕과 원의 중서성 사이에서 주고받은 문서에 관한 사료는 줄어든다. 주요 전거인 연대기 사료 전체의 정보량이 감소하기 때문에 이는 반드시 실태와 부합하지 않을 수도 있지만, 그러한 가운데서도 고려왕이 원 중서성 혹은 추밀원과 자 형식 문서를 주고받은 것을 보여 주는 사료가 눈에 띈다.

우선 『고려사』 세가, 충렬왕 19년(1293, 지원 30) 7월 갑술 조에서는 정동행성이 고려 정부의 최고관부인 도첨의사사(都僉議使司)에 보낸 차부가 다음과 같이 확인된다.

> 행중서성이 도첨의사사에 차부를 보냈다. "추밀원의 자문을 받았는데, 그 내용은 다음과 같았다. '고려국왕의 자문을 받았는데, 그 내용은 다음과 같았습니다. 「우리나라가 바다에서 나와 육지로 돌아왔을 때 진도(珍島)의 백성 역시 육지로 이주했기에 그 땅은 비게 되었습니다. 그 후 탐라(耽羅)에서 상신(上申)해 다시 백성을 뽑아서 들어가 농

121 상설화된 후의 정동행성의 연혁에 대해서는 北村秀人[1964]; 高柄翊[1970b]; 張東翼[1994a], 제2장 참조.

> 사를 짓게 했습니다. 지금 카단[哈丹]의 적군 때문에 육지에서 농사를 지을 수 없게 되었습니다. 만약 탐라의 인호는 도로 탐라로 들어가게 하고, 대신에 나주(羅州) 부근의 백성들을 진도로 옮겨 들어가게 해 농사짓게 한다면 생계를 이어 가는 데 좋을 것입니다.」 상주하고서 성지(聖旨)를 받들었는데, 「그렇게 하라. 사실이라면 탐라의 백성들은 원래의 땅으로 가게 하라. 그 땅은 왕의 백성이 경작하라.」라고 하시었습니다. 삼가 황지(皇旨)를 받들어 시행하십시오.'"[122]

즉 정동행성이 원 추밀원으로부터 받은 자문에 따르면, 앞서 고려 국왕의 자문을 받은바 고려 정부는 1270년에 개경으로 환도할 때 진도의 백성도 본토로 옮겼다가(원에 귀부하기를 거부한 삼별초가 1271년에 진도에서 밀려났을 때의 일일 것이다), 그 후 비어 버리게 된 그 섬에 당시 원의 직할하에 있던 탐라의 백성을 이주시켰다. 그러던 중 1290~1291년 당시 카단 침공의 영향으로 한반도 본토에서의 농사에 지장이 생기자 탐라의 백성을 원래대로 돌려보내고, 대신에 나주 부근의 백성을 진도로 이주시키고자 한다고 요청했다고 한다. 이에 추밀원은 황제에게 주청해 허가를 받았으니 그에 따라서 시행하라고 한 것이다. 여기서는 우선 고려왕의 자문이 추밀원에 발송되었고, 추밀원이 쿠빌라이의 재가를 받아 정동행성에 자문을 보냈으며, 그것을 행성이 도첨의사사에 차부로 전달하는 방식의 문서 흐름이 보인다.

또 『고려사』 세가, 충렬왕 27년(1301, 대덕 5) 4월 기축 조에는 성종 테무르 황제의 조서(詔書)에 이어서, 고려에 전달된 중서성의 자가 다음

122 『高麗史』 권30, 충렬왕 19년 7월 甲戌. "行中書省箚付都僉議使司. 准樞密院咨. 准高麗國王咨. 本國去水就陸時分, 珍島百姓, 亦移陸地, 而本地空閑. 在後耽羅申, 復摘入人民種田. 目今因哈丹賊軍, 不能於陸地種養. 若將耽羅人戶, 還入耽羅, 却將羅州附近百姓, 移入珍島種田, 資生爲便. 奏奉皇旨, 是. 眞實呵, 耽羅的, 元田地去者. 那田地, 王百姓種者, 麼. 欽依皇旨施行."

과 같이 실려 있다.

> 중서성에서 자문을 보내 말했다. "왕이 근래에 표주(表奏)한 바, 행성 관원 증치로 인해 백성이 불안해하고 있으며, 조종 이래의 풍속을 고치지 않게 해달라는 등의 일에 대해서는 이미 조서를 반포하고 관원에게 맡겨 고려로 가지고 가서 선포하게 했습니다. 게오르기스[闊里吉思] 등의 관원이 자세하게 보고했던 나라 안의 문제점 몇 가지에 대해서는 모두 항목으로 적었습니다. 앞서 도성에서 의논한바 천인(賤人)과 양인(良人)에 대한 일은 본국의 옛 풍속으로 변명하려고 하고 있으나 이에 대해서는 말할 것이 있습니다. 왕국이 천자(天子)의 전정(殿庭)에서 행하는 예를 쓰고 있다는 데 대해서는 이미 신복(臣服)한 당초에 마땅히 논의했어야 할 것이었습니다. 예전에 혹 살피지 못했으면 지금부터라도 마땅히 즉각 고쳐야 할 것입니다. 그 나머지 백성을 괴롭히는 일로서 제거해야 할 것이나 폐단으로서 고쳐야 할 것들에 대해서는 마땅히 조지(詔旨)에서 왕을 깨우치신 뜻을 본받으시어 하나하나 결정해야 하실 것입니다. 이에 파견한 사신으로 하여금 모두 통지하게 합니다. 왕은 곧바로 시행하고 상세히 자문으로 회신해 와서 그에 근거해 상주하게 해주십시오."라고 했다.[123]

이는 당시 정동행성의 간부직에 증치된 게오르기스 등 원 관인이 보고한 고려의 참월한 예제와 폐정에 대해 시정을 요구하는 내용이다. 밑줄 친 것과 같이 왕에게 지시가 내려졌으므로 이 문서 역시 고려왕에

123 『高麗史』 권32, 충렬왕 27년 4월 己丑. "中書省移咨曰. 王近表奏, 增置省官百姓不安及乞不改祖風等事, 已有頒降詔書, 委官持詣本國開讀. 所有闊里吉思等官具言國中不便數事, 錄連事目. 在前都省議得, 驅良之事, 且以本國舊俗爲辭, 此猶可說. 至如王國而用天子殿庭之禮, 旣臣之初, 卽當論者. 昔或不審, 自今宜卽更之. 其餘如民瘼之可除·事弊之應改者, 宜體詔旨諭王之意, 一一擬定. 仍令去使悉知. 王就行訖, 備細咨來, 以憑聞奏."

게 발송된 자문이었음을 알 수 있다. 또한 '자문으로 회신해 와서'라고 해석한 부분의 원문은 '咨來'인데, 이 부분은 '물어 와서'라고 해석하는 것도 불가능하지는 않다. 그러나 실행하고 나서 상담하라고 하는 것도 부자연스러우며, 또 『원전장』에 실린 문서에 자주 보이는 '咨來'의 용례를 감안하면,[124] 고려왕에게 자문으로 회신할 것을 요구한 것으로 해석해도 큰 오류는 없을 것이다.

이상은 원 중서성이나 추밀원에 자문을 발송하는 주체 그리고 중서성에서 발신한 자문의 수신자가 고려왕 명의로 나타난 사례다. 이러한 자의 사용도 고려왕이 정동행성 승상이라는 점에 근거했다고 보는 것이 자연스러울 것이다. 행성 고관 개인의 명의로 중서성과 문서를 주고받은 것으로는 『원전장』 권14에 실린 지원 30년(1293, 충렬왕 19) 11월 중서성의 자문에, "근래에 받은 강절행성(江浙行省) 평장(平章) 알라앗딘[阿老瓦丁]의 자정(咨呈)"이라고 한 사례가 보인다.[125] 여기서는 행성의 차석급 간부인 종1품 평장정사가 중서성에 대해 보다 정중한 자정 형식의 문서를 사용한 것이다.

또 『고려사』 세가, 충렬왕 28년 조에는 다음과 같이 중서성에 대한 충렬왕의 '상서(上書)'가 실려 있다.

> 이해에 요양성(遼陽省)에서 황제에게 상주해 정동행성과 요양행성을 합병해 하나의 성으로 삼고 치소를 동경(東京, 遼陽)으로 옮기자고 요청했다. 왕이 (중략) 또한 중서성에 상서해 말했다.

---

124 일례로 『元典章』 권4, 朝綱, 政紀, 〈外省不許泛濫咨稟〉에 인용된, 대덕 9년(1305, 충렬왕 31) 7월에 湖廣行省이 받은 중서성의 咨에서는 행성이 사소한 사안에 관해서도 咨를 송부해 오는 번잡함을 지적하며, 금후 "자문을 보내 알려야 할 일은 심의·결정한 후에 자를 보내 오도록 하십시오(合咨稟者, 議擬咨來)."라고 했다.

125 『元典章』 권14, 吏部, 案牘, 〈明立案驗不得口傳言語〉. "近准江浙行省平章阿老瓦丁咨呈."

"살피건대 소방(小邦)은 먼 변경의 가장 중요한 요지로서 아직 귀부하지 않은 일본국과 인접해 있습니다. 지원 18년(1281, 충렬왕 7)에 대군이 바다를 건너 정벌한 후, 지원 20년에 세조 황제의 성지를 삼가 받들었는데, 당직(當職)에게 행정동성사(行征東省事)를 맡기시고 변경을 위압하고 진수하게 하시었습니다. 이에 현재 설치되어 있는 경상도 합포(合浦) 등 땅과 전라도 두 곳의 진변만호부(鎭邊萬戶府)를 관할하고, 본국의 군관(軍官)·군인을 선발해 현재 합포·가덕(加德)·동래(東萊)·울주(蔚州)·죽림(竹林)·거제(巨濟)·각산(角山)·내예량(內禮梁) 등 지점을 장악하는 요충지와 탐라 등의 땅에 나누어 배치하며, 봉수(烽燧)를 설치하고 수군을 비밀리에 갖추어 두었으며 낮밤으로 감시하고 정찰에 전념하고 있습니다. 일본국의 적군을 방비하는 임무에 지금까지 한 번도 절차를 잃은 일이 없었으며, 일찍이 일본의 적을 잡았을 때는 성(省)·원(院)에 자문을 보내 상주해 왔습니다.

지금 알게 된바 요양행성의 관원들이 요양행성과 본국의 정동행성을 혁파하고 요양부성(遼陽府城)에 합병해 행성을 고쳐 세우고자 하여 도성에 자문을 보내었고 그렇게 결정이 되었다고 합니다. 이에 살펴보니 본국 합포 등의 변방은 요양부까지 거리가 매우 멉니다. 또한 탐라는 합포 등 땅에 비해서도 매우 멉니다. 만약 변경에서 긴급한 공무를 계품(啓稟)할 일이 생긴다면 지체되어 실수를 할까 크게 우려스러우며, 이는 이해에 깊이 관계된 것입니다.

지금 여기서 만약 계품하지 않으면 도성에서 그것이 적당한 일인지 아닌지를 알지 못하실까 우려스럽습니다. 만약 요양행성의 제안을 허락해 본성과 합병한다면 이는 정말로 불편한 일입니다.

또한 살펴보건대 본성은 원래 세조 황제의 성지를 받들어 세워진 것입니다. 만약 자문이 허락된다면 다만 당직으로 하여금 전례에 따라 정동행성의 일을 행하게 해 오로지 동방의 극변에서 아직 귀부하지 않은 일본국과의 경계를 진수하는 임무를 일임해 주십시오. 그러면 국경 관리의 사무에 실수함이 없게 될 것을 기대할 수 있을 것입니다.

<u>이에 마땅히 자문을 보내어 아룁니다.</u> 바라건대 도성에서는 잘 살피시어 결정하시고 주문해 시행해 주십시오."[126]

이 문서는 이해에 만주 일대를 관할하는 요양행성이 정동행성 병합을 획책했던 데 대한 고려 측의 반론이다. 정동행성이 쿠빌라이의 성지에 의해 설립되었으며, 대일본 방비에 실적을 쌓고 있다는 것, 그리고 한반도 남부 연해로부터 멀리 떨어진 요양을 치소로 삼을 경우 일본에 대한 변경 경비에 지장을 줄 수 있다는 점을 주장한 것이다.

이 상서에 대해서는 '왕'의 행위임이 명기되어 있는데, 문서 가운데서도 왕의 1인칭이 '당직(當職)'이라고 표현되어 있다. 문서 가운데 "만약 자문이 허락된다면(若蒙准咨)"이라고 했고, 또 결구에도 "이에 마땅히 자문을 보내어 아룁니다(合行咨稟)."라고 한 것을 보면, 실제로는 자 형식 문서였을 것으로 보인다. 『원전장』 소재 문서에서도 간혹 '咨稟'이라는 구절이 보이는데, 모두 자문을 보내 알린다는 의미로 해석할 수 있다.[127]

---

126 『高麗史』 권32, 충렬왕 28년, 是歲. "是歲, 遼陽省奏帝, 請併征東·遼陽爲一省, 移司東京. 王 (중략) 又上中書省書曰, 照得, 小邦最係邊遠重地, 隣近未附日本國. 自於至元十八年大軍過海征進之後, 至元二十年, 欽奉世祖皇帝聖旨, 委付當職行征東省事, 威鎭邊面. 管領見設慶尙道合浦等處幷全羅道兩處鎭邊萬戶府, 摘撥本國軍官·軍人, 見於合浦·加德·東萊·蔚州·竹林·巨濟·角山·內禮梁等所把隘口去處及耽羅等處分俵, 置立烽燧, 暗藏船兵, 日夜看望, 巡綽專一. 隄備日本國賊軍勾當, 到今不曾有失節次, 曾獲日本賊人, 移咨省院聞奏了. 當今知得, 遼陽行省官員, 欲要將遼陽行省幷本國征東行省革罷, 却要遼陽府在城合併, 改立行省, 移咨都省, 定奪去訖. 爲此叅詳, 本國合浦等處邊面, 相去遼陽府, 地理極遠. 耽羅又比合浦等處, 至甚窵遠. 倘有邊面啓稟緊急公事, 往迴遲滯, 切恐失悞, 深繫利害. 今來若不啓稟, 慮恐都省未知便否. 倘若依准遼陽行省所擬, 合併本省, 寔爲未便. 更兼照得, 本省卽係元奉世祖皇帝聖旨立到. 若蒙准咨, 止令當職依舊行征東省事, 專委威鎭東方極邊未附日本國邊面勾當. 似望不致失悞邊關事務. 據此, 合行咨稟. 伏望, 都省照詳定奪, 聞奏施行."

127 일례로 위의 주 126 참조. '咨稟'이라는 것은 일반적으로 말씀을 올린다는 뜻으로도

적어도 문서에서 '당직', 즉 충렬왕은 일본인을 붙잡았을 때는 '중서성·추밀원'에 '자문을 보내(移咨)' 보고해 왔다고 했다.

'당직'이라는 왕의 1인칭은 후대의 조선국왕이 명의 관부에 자문을 보낼 때도 사용되었다.[128] 이 경우 명으로부터 책봉을 받은 조선국왕위라는 번직(藩職)을 가리키는 것으로 보인다. 한편 사원기 고려왕의 경우, 원에서 책봉을 받은 고려국왕위 외에 정동행성 승상이라는 관직을 가리킬 가능성도 고려된다. 이것은 위 자문의 수신과 발신이 고려국왕, 정동행성 승상 가운데 어떤 명의로 이루어졌는지에 관련된다. 그런데 '당직'이라는 왕의 자칭이 고려의 관계 사료에서 나온 또 다른 사례는 역시 원 중서성과의 문서 교환에 관한, 『고려사』 세가, 충렬왕 26년 11월 조에 나타난 것 하나뿐이다.

> (전략) 〔왕이〕 또한 중서성에 문서를 보내 말했다. (중략) 또 말했다.
>
> "살피건대 본국의 옛 관례에 원래 천인과 양인은 그 종류가 각각 달라 만약 양인으로서 노비와 혼인한 자가 있으면 그 소생의 아이는 모두 노비로 삼고, 만약 본주가 양인으로 풀어 주어도 그 소생의 아이는 도로 천인으로 삼습니다. 일찍이 지원 8년(1271, 원종 12) 우리나라에 주재하는 다루가치 아문(衙門)에서 본국 관습의 체례를 고치고자 했으나 정(呈)했다가 지원 9년 정월 8일에 성연(省掾) 주(周)가 담당해 발행한 중서성의 차부를 받들었는데 그 대략은 '도성에서 검토한 바 마땅히 고려왕의 말에 따라 본래의 풍속에 따라 시행해야 하겠다.' 했습니다. 이에 우리나라의 천인과 양인에 관한 공사(公事)는 오직 본

이해할 수 있지만, 충렬왕의 이 문서에서는 그러한 의미를 표현할 때 '啓稟'을 사용하고 있다. 또한 『元典章』 권17, 戶部, 承繼, 〈妻姪承繼以籍爲定〉 및 『元典章』 권25, 戶部, 減差, 〈納綿戶雜泛〉에도 '啓稟'의 용례가 보이는데, 이 경우의 '啓'는 황태후나 황태자에게 말씀을 올린다는 의미의 술어다.

128 예컨대 『太祖實錄』 권10, 태조 5년 11월 丁丑; 『太宗實錄』 권18, 태종 9년 11월 戊寅 등.

국 풍속과 구례에 따라 처결하면서 지금에 이르기까지 전례를 고치지 않았습니다.

지금 정동행성의 관원이 본국 관습의 체례를 고치고자 했기에 금년 6월 스스로 상도에 가서 표문을 올려 주문했습니다. 대덕 4년 7월 8일에 도성에서 당직 휘하의 관원을 불러 알려 주기를, '상주한 사안 가운데 하나에 대해, 「노비에 관한 공사는 본국의 체례에 따라 시행하라.」는 성지였다.'라 했고, 이를 삼가 받들었습니다. 이어서 도성의 자문을 받았는데 그 대략에, '「왕과 게오르기스 등은 의견이 일치하지 않고 각각 다른 것 같습니다. 별도로 결정하기로 하는데, 그 외에 어떻게 하는 것이 좋겠습니까.」라고 상주했더니, 성지를 받들었는데, 「겨울에 왕은 사람을 파견해 오라. 너도 잘 헤아리면 어떻겠는가. 〔이렇게 하여〕 체례를 정할 때 해결하도록 하자. 이 사안 외에 왕이 상주하게 한 의견은 그가 말한 대로 하라.」라고 하시었습니다. 이를 삼가 받들었습니다. 계(啓)하니 바라건대 잘 살피십시오.' 했습니다.

이를 받고, 살피건대 지금 받은 자문은 뜻밖에도 앞서 도성에서 알려 준 것과 조금 다른 점이 있습니다. 이에 이제 관원을 차정해 다시 표문을 가지고 가서 진정(進呈)하게 합니다. 엎드려 바라건대 도성에서는 잘 주문해 주시어 본성의 옛 본속에 의거해 시행하도록 하게 해 주시기 바랍니다. 만약 허락을 받지 못해 반드시 옛 체례를 고쳐야만 하게 된다면 전년에 이미 혼인해 낳은 자녀는 예전처럼 살게 하는 외에, 지금 이후로 모든 노비는 양인을 맞아다가 혼인해 부부가 되지 못하게 한다면 〔그 소생의 자녀가 노비인지 양인인지에 대한〕 다툼이 없게 될 것입니다. 이에 마땅히 계품(啓稟)합니다. 도성에서는 잘 살피시어 조처를 결정하시고 명문(明文)으로 회답해 주시기 바랍니다."[129]

129 『高麗史』 권31, 충렬왕 26년 11월 是月. "(전략) 又移書中書省曰. (중략) 又曰. 照得, 本國舊例, 自來驅良, 種類各別, 若有良人嫁娶奴婢者, 其所生兒女, 俱作奴婢, 若有本主放

원 중서성에 대한 충렬왕의 이 '서(書)'는 형식은 명확하지 않은데(자문일 가능성도 충분히 있다) 전술한 증치정동행성관 게오르기스가 제시한 고려 노비제도 개혁안에 반대를 표명하는 내용이다. 즉 종전부터 원이 고려의 구례를 보장해 왔음에도, '지금 받은 자문(見准咨文)'은 그때까지의 결정과 다르다는 것이다. 이 '자문'은 대덕 4년 7월 8일에 고려의 노비제도를 유지하라는 명령이 황제인 성종 테무르의 의지로 내려진 후에 '이어서 받은 도성의 자문(續准都省咨文)'을 가리킨다. 그 통고 내용은 노비 문제에 관한 충렬왕 측과 게오르기스 측의 의견이 달라 중서성에서 재검토를 주청한 데 대해, 고려왕에게는 사람을 보내 오라고 하고, 중서성 측에는 잘 상의해서 규칙을 정하라는 지시를 황제가 내렸다는 것이었다. 충렬왕이 화자가 되는 문장으로, 자문의 수신자가 실질적으로 충렬왕이었음은 틀림없는데, 그가 관할하는 곳에 대해 '본국(本國)'이라는 표현과 '성(省)'이라는 표현이 모두 나타나고 있으므로, '당직'이 고려국왕과 정동행성 승상 가운데 어느 쪽의 입장을 가리킨 것인지는 역시 명확하지 않다.

그러나 당시의 고려왕에게 그러한 구별은 그다지 의미가 없었을지도 모른다. 예컨대 충선왕이 즉위하면서 '개부의동삼사 정동행중서성좌승상 부마 상주국(上柱國) 고려국왕'에 제수된 것과 같이[130] 양자는 위에

許爲良, 兒女却還爲賤. 昨於至元八年, 有本國達魯花赤衙門欲改本俗體例, 呈奉到至元九年正月初八日省掾周承行中書省劄付該, 都省相度, 合從高麗王, 依本俗施行. 以此本國驅良公事, 止依本俗舊例理斷, 到今不曾改例. 今有征東省官欲改本俗體例, 爲此已於今年六月, 親赴上都上表聞奏. 於大德四年七月初八日, 都省就喚當職元引官員省會, 奏過事內一件, 奴婢的勾當, 依本國體例行者, 聖旨了也. 欽此. 續准都省咨文該, 王與闊里吉思那的每, 言語不歸一, 各別的一般. 除是別定奪, 怎生呵, 是. 奏呵, 奉聖旨, 冬間王差將人來者. 你也好生商量, 怎生. 定體的那其間, 了也者. 除這的外, 王教奏的言語, 依着他的言語者. 欽此. 啓請照驗事. 准此. 照得, 見准咨文, 却與先次都省省會, 稍有不同. 爲此, 今差官再行齎表進呈前去. 伏望, 都省善爲聞奏, 乞令依舊省俗施行. 如蒙不准, 必須變改舊例, 除已前年分已成婚聘所生兒女者止令依舊住坐外, 自今以後, 諸奴婢不交嫁娶招占良人爲夫婦, 似不爭競. 然此, 合行啓稟. 都省照詳定擬, 希明文廻示."

서 받은 작(爵)·직(職)으로서 표리일체를 이루는 고려 군주의 속성이었다. 재위 도중에 최초의 정동행성 승상이 되었던 충렬왕을 제외하면, 충선왕 이후의 군주는 즉위 때부터 "국왕위와 승상직에 한 번에 임명(國王·丞相, 一時受命)"[131]되었으며, 이를 다른 산계(散階) 등과 함께 병기한 것이 군주의 정식 칭호가 되었다.[132] 조선 시대의 족보에 녹문이 전하는, 1290년대의 〈정인경공신교서(鄭仁卿功臣敎書)〉나 1292년의 〈김여우공신교서(金汝盂功臣敎書)〉라는 국내 문서에서도 발행자인 충렬왕 자신이 '특진상주국(特進上柱國) 개부의동삼사 정동행중서성우승상 부마고려국왕'이라고 기록되었다.[133] 충선왕은 중국에서 인출된 보녕사판(普寧寺版) 대장경에 붙인, 황경 원년(1312, 충선왕 4) 9월의 식어(識語)에서도, '추충규의협모좌운공신(推忠揆義協謨佐運功臣) 개부의동삼사 태위(太尉) 상주국 부마도위(駙馬都尉) 심왕(瀋王) 정동행중서성우승상 고려국왕 왕장(王璋)'이라고 자칭했다.[134] 그리고 이와 같은 속성이 일상화됨으로써, 고려 군주는 이윽고 "무릇 한 나라의 정령(政令)과 한 성(省)의 권한을 모두 독점하는(凡一國之命, 一省之權, 総而專之)" 존재로서 '국왕승상(國王丞相)'[135]이라고 통칭되기

130 『高麗史』 권31, 충선왕 즉위년 정월 甲辰.

131 『高麗史』 권110, 李齊賢 傳.

132 예외적 상황으로, 『高麗史』 권33, 충선왕 복위년 5월 戊寅 條에 의하면, 1298년(충렬왕 24, 대덕 2) 이래 퇴위해 있었던 충선왕은 복위 전, 새 황제 무종 카이샨을 추대한 공적으로 심양왕에 책봉되었을 때(실제로는 1307년 6월의 일. 北村秀人[1972], 95~97쪽 참조), 이미 정동행성 좌승상의 지위에 있었다. 다만 이는 1307년 3월 이후 원의 새 정권의 지지를 배경으로 힘을 강화한 충선왕이 부왕인 충렬왕으로부터 실권을 빼앗는 과정에서 발생한 일시적 현상이었던 것으로 보인다. 당시 형식상 여전히 왕위에 있었던 충렬왕이 그해 8월에 정동행성 좌승상이 되었고(『高麗史』 권32, 충렬왕 33년 8월 辛亥), 충선왕도 이듬해 고려왕위에 복위할 때, 새롭게 행성 승상에 임명되었다(『高麗史』 권33, 충선왕 복위년 10월 辛亥).

133 盧明鎬 외[2000b], 도판 6쪽 및 7쪽 참조.

134 辻森要脩[1929], 12쪽; 辻森要脩[1930], 11쪽 참조.

135 『稼亭集』 권9, 〈送揭理問序〉; 『稼亭集』 권9, 〈送白雲賓還都序〉에도 '國王丞相'이라는 칭호가 나타난다.

에 이르렀다. 즉 사실상 '당직'에는 항상 정동행성 승상과 고려국왕이라는 두 가지 함의가 있었다고도 볼 수 있다.[136]

전술한 것처럼 자문의 수신자 및 발신자에 고려왕의 칭호를 붙인, 또는 그렇게 보이는 사례는 확인된다. 고려의 군주 개인을 주어나 목적어로 하는 형식으로 주고받았음을 언급한 다른 자문도 그러했을 가능성이 높다고 생각된다. 그때 산계 등을 병기하는지 여부는 별도로 하고 왕호와 정동행성 승상의 직명에 관해서만 따져 본다면, 왕호만을 칭한 사례와 두 가지를 병칭한 사례가 있었을 수 있다. 한편 왕호를 제외하고 행성 승상직만을 칭한 사례는 자문에 대해서는 물론 다른 사례에서도 확인되지 않으며, 기본적으로는 있을 수 없었으리라 생각된다. 일체화되었다고는 해도 어디까지나 고려국왕임을 전제로 행성 승상을 겸임했던 것이므로 전자가 가장 기본적인 속성이었을 것이다.

이와 같이 정동행성 상설화 이후 고려왕은 원의 중서성이나 필요에 따라서는 다른 고급 관부와의 사이에서 정동행성 승상으로서의 자격에 입각해 자문을 주고받았다고 생각된다. 『고려사』에는 수신자가 명시되지 않은 중서성의 자문도 보이는데,[137] 예외도 있었지만 후술하는 사신 파견 기사와 같이 『고려사』나 『고려사절요』에서는 정동행성이 주어나 목적어가 되는 경우 그 사실을 명기해 고려국이나 고려왕과 구별하는 것이 일반적이었으므로, 이들도 고려왕 개인에게 발송된 자문이었을 가능성이 높다. 뒤에서 보겠지만 정동행성이라는 관부 명의로 주고받았

136 고려왕이 처했던 상황이 고려국과 정동행성 중 어느 입장에 대응한 것인지, 때때로 혼동하기 쉽게 된 것도 그 때문은 아니었을까? 『高麗史』 권32, 충렬왕 27년 5월 庚寅條에 의하면 이때 충렬왕은 고려국의 이해를 대표해 원의 탐라 직할화에 반대하는 상표문을 제출했다. 그런데 원은 이를 정동행성의 의향으로 처리해 중서성의 자문으로 회답했다. 또한 앞서 제시한 노비제도 개변 문제에 관한 충렬왕의 上書에서 당초 '本國舊例'라고 불렀던 고려 전통의 관습을 다른 곳에서는 '舊省俗'이라고 불렀다.

137 『高麗史』 권37, 충목왕 4년 정월 乙未.

던 자문도 있었는데, 애초에 양국이 자문을 주고받은 사례가 사료상으로 확인되는 건수 자체가 그다지 많지 않으므로 실제 건수와 수신자 표기의 경향 등이 어떠했는지는 짐작하기 어려운 면이 있다. 그러나 후술할 필자의 추측대로 명이 원 대의 관례를 참조해 고급 관부에서 고려왕에게 보내는 문서로 자문을 채용했다고 한다면, 원 대에 고려왕 개인을 수신과 발신 명의로 해서 발행되었던 자는 상당한 수와 비율을 점했을 것으로 생각할 수도 있을 것이다.

한편 고려 정부의 관부에 관해서는 그 정점에 있었던 도첨의사사가 1293년(충렬왕 19, 지원 30)에 원의 종2품 상당으로 승격되었는데,[138] 그 후에도 정동행성으로부터 차부를 받았으므로[139] 원의 중서성급 관부와 자문을 교환하지는 않았을 것이다.

4) 자 형식 문서의 예외

『고려사』와 『고려사절요』에는 1287년 이후에도 원 중서성에서 고려에 보낸 문서가 자문이라고 기록되지 않은 사례가 몇 군데 보인다. 그 가운데 『고려사』 세가, 충렬왕 27년(1301, 대덕 5) 8월 병신 조와 『고려사절요』 충렬왕 27년 8월 조에는 중서성에서 '이문(移文)'해 충렬왕과 충선왕 부자의 이간을 획책한 김천석(金天錫) 등을 처벌할 것을 전했다고 한다. 그러나 이 사건에 대해서 『고려사』 민훤(閔萱) 열전에서는 중서성에서 보낸 문서가 정동행성에 대한 자문이었음을 전하고 있다. 필자는 『고려사』나 『고려사절요』에서 정동행성이 주어나 목적어가 되는 경우, 그 사실을 명기하는 것이 일반적이라고 전술했는데, 이 사례는 예외에 해당한다. 『고려사』 세가, 충렬왕 29년 12월 경술 조에 보이는, 고려의 군량을 행성 관원의 봉급으로 충당하고자 한다는 정동행성의 요청에 대한

---

138 『高麗史』 권30, 충렬왕 19년 3월 乙酉.

139 『高麗史』 권30, 충렬왕 19년 7월 甲戌.

중서성의 '이문'도 사건의 성격으로 보아 실제로는 고려왕 내지 정동행성에 자문을 보낸 사실을 뜻하는 것일 공산이 크다.

한편 고려왕의 정치행위가 언제나 정동행성 승상으로서의 입장에 구속되어 있었던 것은 아니며, 고려 정부를 대표하는 국왕으로서의 입장을 명확하게 구별하는 사례도 있다. 예컨대 지원 29년(1292, 충렬왕 18) 10월 자로 일본국왕에게 보낸, '甲謹奉書乙' 형식의 모두구로 시작하는 충렬왕의 국서에서는[140] 원의 부마, 고위 관원의 문서에서 사용되는 모두정형구의 하나인 '皇帝福蔭裏'를 사용했다. 이 문서는 발신자를 '특진 상주국 개부의동삼사 부마고려국왕'이라고 기록했는데, 그 가운데 행성 승상직에 대한 언급은 없다. 또 『고려사』 세가나 『고려사절요』에 비교적 자세하게 기록된 충렬왕 대 후반(원 성종 대)의 하정사와 하성절사 파견 기사를 보면, 동일 목적의 사신을 파견하면서 그 파견 주체를 기록하지 않은 사자와 정동행성 명의의 사자가 별도로 파견된 사례가 간혹 보이는데,[141] 전자는 고려 정부를 대표하는 사자였던 것으로 보인다. 그 후에 활약한 이곡(李穀)의 『가정집(稼亭集)』 권10에 실린 〈태후하정표(太后賀正表)〉와 〈하정표(賀正表)〉에도 각각 '고려국이 행하다(國行)', '행성 대행(代行)이 행하다(權省行)'라는 주기가 있다. 후자는 정동행성 승상이 부재할 때 대행자 명의로 작성된 것이다. 이로써 고려 정부의 하표와 정동행성의 하표를 따로 작성했음이 확인된다.

고려왕이 원 중서성에 대해 자문 이외의 서식을 사용한 경우는 혹 국왕으로서의 입장을 정동행성 승상으로서의 입장과 명확하게 구별하

140 이 문서에 대해서는 이 장의 주 8 참조.

141 『高麗史』 권31, 충렬왕 21년 7월 己亥; 8월 甲辰; 12월 壬寅; 22년 7월 乙未; 8월 己亥; 23년 7월 丙戌; 8월 辛卯; 12월 戊午; 윤12월; 24년 12월 丙辰; 戊午; 26년 11월 丙寅; 12월 甲戌; 권32, 충렬왕 27년 11월 戊午; 29년 7월 辛巳; 8월 己丑; 32년 7월 己卯; 8월 己亥 및 『高麗史節要』 권21, 충렬왕 21년 7월; 8월; 12월; 권22, 충렬왕 24년 8월; 12월; 26년 11월; 12월; 29년 7월; 8월; 권23, 충렬왕 32년 7월; 8월.

기 위해서였을지도 모르겠다. 예컨대 최해의『졸고천백(拙稿千百)』권2에 실린, 태정(泰定) 2년(1325, 忠肅王 12)에 발신한 〈국왕여중서성청쇄유민서(國王與中書省請刷流民書)〉을 보면 왕 개인[予]이 화자가 되어, 소국(小國)·본국(本國)·소방(小邦) 등으로 언급된 고려국의 이해를 주장해, 중서성에 고려 출신 유민(流民)을 송환해 줄 것을 요구하는 내용을 담고 있다. 이 문서는 모두구는 불명하지만, 결구(結句)에는 '不宣'이라고 했다. 이는 계·치서 등의 서간문에 사용되는 정형문구의 하나로, 자문이나 첩 등 관부 문서에 사용하는 것은 용례에 어긋난다. 고려왕은 원 중서성에 대해 일종의 서간문의 형식을 사용한 경우도 있었던 것이다.[142]

한편 구체적인 내용이나 수신처는 명시되지 않았지만,『고려사』세가, 충렬왕 15년(1286, 지원 26) 8월 임술 조에는 중서성이 고려에 '첩'을 보내 청사옹(靑砂甕) 등을 요구한 사례, 충숙왕 12년(1325, 태정 2) 12월 계미 조에는 중서성이 고려에 '이첩(移牒)'해 태조 칭기스 이래의 유공자에 대해 보고할 것을 요구한 사례가 기록되어 있다. 이들 '첩'은 단지 공문서 일반이나 그 송부를 의미할 뿐일지도 모르겠으나, 첩 형식 문서였을 가능성도 배제할 수 없다. 그 경우 중서성이 정동행성에 첩을 발신했으리라고는 생각하기 어려우므로, 수신자는 고려왕이나 고려 정부의 관부·관인 등이었으리라 생각된다. 고려왕이 수신자였다면 부마에 대한 첩 형식 사용이 타당한가 하는 문제가 생기게 되는데, 다만 이들 문서의 실체는 분명하지 않다.

---

142 崔瀣의『拙藁千百』권2에 실린 〈又謝不立行省書〉와 〈與翰林院爲太尉王請謚書〉도 고려왕이 각각 원의 중서성과 한림원에 보낸 문서였을 공산이 크다고 생각되는데, 역시 결사에 '不宣'을 사용하고 있다(모두구는 불명).

4. 소결(2) - 자 형식 외교문서 성립 시론

이 장 II의 검토 결과를 정리하면 다음과 같다.

원 중서성에서 고려왕에게 발송한 문서의 형식으로는 적어도 1270년 무렵부터 1280년까지는 기본적으로 첩이 사용되었다고 생각된다. 1280년에 일본 원정을 위해 충렬왕이 정동행성 승상이 됨에 따라, 행성에서 처음으로 고려왕에게 자문을 사용했다. 그 후 1287년 고려에 원의 최고지방통치기관인 정동행성이 상설화되자, 그 승상직을 세습적으로 겸임하는 고려왕에게 원 중서성이 자문을 사용하게 된 것으로 보인다. 한편 고려왕이 중서성에 발송한 문서는 1280년 이전의 사례에서는 서식을 확인할 수 없으나, 첩 혹은 일종의 서간 형식을 사용했을 가능성이 상정된다. 고려왕이 자문을 수신하게 되면서, 고려왕도 자신의 명의로 중서성에 자문을 보내게 되었는데,[143] 경우에 따라서는 서간 형식의 문서를 사용한 사례도 있었던 것 같다. 또한 1280년 이후에도 원 중서성이 고려왕에게 보내는 문서로 계속해서 첩을 사용했을 가능성도 완전히 배제할 수는 없는데, 실태는 불분명하다.

이 장에서는 사료적 제약으로 고려왕과 원 중서성이 주고받았던 문서의 형식을 전면적이고 명료하게 지적할 수는 없었다. 그러나 사료에서 간취되는 한에서 중심적인 형식이 첩에서 자로 바뀌었다는 추세는 쉽게 이해할 수 있을 것이다. 그 배경에는 고려왕이 정동행성 승상의 지위를 세습적으로 겸하고 왕작과 승상직이 일체화되어, '국왕승상'이라는 호칭이 생겨나게 된 당시의 정치 상황이 있었는데, 필자는 이것이 후세에 큰 영향을 준 것은 아닐까 추측한다. 즉 명 대 이후 자 형식 외교문서의 성립과 정착을 말하는 것이다.

143 또한 중서성 이외에 추밀원과도 자를 주고받았음은 본문에서 언급했다.

고려왕에게 명에서 최초로 자를 발송한 것은 공민왕이 명에 대한 사대를 표명한 후, 정식 책봉을 받기 전인 홍무(洪武) 3년(1370, 恭愍王 19) 정월 10일 자 중서성 자문(『吏文』 권2)으로, 도사(道士) 서사호(徐師昊)를 파견해 고려의 산천에 제사를 지낼 것임을 통지하는 내용이었다. 그리고 이것은 현존 사료상 명 최초의 자 형식 외교문서인 것 같다. 고려왕에게는 직후인 홍무 3년 10월 9일 및 홍무 4년(1371, 공민왕 20) 2월 23일 자로도 중서성의 자가 발송되었다(『吏文』 권2).

여기에 이어지는 사례로는 안남국왕(安南國王)·점성국왕(占城國王)에게 발송된 중서성의 자문이 있다. 즉 『명태조실록(明太祖實錄)』, 홍무 4년 7월 신미 조에 의하면, 이때 점성국왕이 사신을 보내 와 조공을 바치면서 안남국이 침범해 왔음을 알리자, 홍무제는 중서성에 명해 자문을 보내게 했으며 거기서는 안남국왕에게 자문을 보내 곧 군사행동을 중지하게 할 것임을 알렸다.

일본이나 유구(琉球)에 대한 자문의 첫 사례는 이보다 늦다. 그러나 자 형식 외교문서가 홍무 연간 초기부터 존재했음이 확인되므로, 당초부터 널리 외국 군주에게 사용되었음을 알 수 있다. 그 확립 계기로서는 명이 홍무 2년(1369, 공민왕 18)까지 주변 국가들에 대해 대대적으로 초유(招諭)를 행했다는 사실이나 『대명집례(大明集禮)』가 편찬되어 외교 의례의 골격이 완성되었던 점 등도 생각할 수 있다.

그러나 책봉을 받은 외국의 군주에게 자문을 사용한다는, 종래에는 존재하지 않았던 방식을 채용한 이유는 『명실록』, 『명사(明史)』 등의 사서(史書), 『대명집례』, 『황명제서(皇明制書)』, 『대명회전(大明會典)』 등의 정서(政書) 또는 홍무제 자신이나 송렴(宋濂) 등 그의 자문역들의 저술을 살펴보아도 명확하지 않다. 필자가 다 살피지 못한 사료가 있을지는 모르겠지만, 현재로서는 이 문제에 대해 일단 두 가지 이해 방식을 제시할 수 있을 것이다. 하나는 명의 위정자가 종래 존재하지 않았던 자문의 용법을 독자적인 논리로 만들어 내었다는 것, 다른 하나는 원 대의 선례를 근거로 했다는 것이다. 그리고 전자에 대해 현재로서는 확실한 근거 사료가 확인되지 않으므로,[144] 일단 필자는 고려왕과 원 중서성 사이에서 자문을 사용했던 전례가 참고되었을 가능성을 지적하고 싶다.

일반적으로 명 초창기의 국가 제도는 원의 제도를 대폭 답습했음이 지적되고 있다.[145] 특히 외교문서에 대해서는 원 대의 백화풍 어휘를 사용한 직역체 한문의 사용 관습까지도 뿌리 깊게 남아 있었음이 지적되고 있다.[146] 그러한 명이 외교문서 형식을 책정할 때, 주변 국가들 가운데서도 특히 원과의 관계가 긴밀했던 고려의 사례에 주의를 기울였을 가능성이 높다고 생각된다. 고려왕과 원 중서성 사이에서 자 형식 문서를 사용한 것은 본래 고려왕이 정동행성 승상을 겸임한다는 특수한 상황에서 성립한 것이므로 정확하게는 외교문서라고 할 수 없다. 또한 얼마만큼의 사례가 있었는지는 확실하지 않지만 전술한 것과 같이 원 중서성은 외국 군주에게 보내는 한문 문서로 첩을 사용했다. 그러나 명 건국 직후에 편찬된 『원사』에서 고려를 외국전의 필두로 삼은 명의 위정자가 13세기 말 이래 장기간에 걸친 원 중서성과 고려왕 사이의 자문 사용 전례에 착목해, 이것을 중국 측의 고급 관부와 책봉을 받은 외국 군주 사이에서 사용하는 문서 형식의 전형으로 간주 또는 오해하고 다른 외국과의 외교에도 일반화했을 가능성은 간과할 수 없지 않을까? 필자는 이렇게 해서 자 형식 외교문서가 성립·정착한 것이 아닐까 추측한다.

이러한 자의 용법 변화는 14세기 후반 고려에서도 다른 형태로 일

---

144 檀上寛[2009](11~18쪽)은 명에서 외국 蕃王이 2품 상당의 관품으로 인정되었던 사실의 원리에 대해 자세히 논했는데, 저자도 지적했듯이 王·公·侯·伯 등의 작위에 대응 관품을 설정한 것 자체는 원 이전부터 중국 역대 왕조의 전통이 있었으며, 명에 이르러 중국의 관부와 책봉국 군주의 상호 문서로서 자문이 널리 사용되게 된 이유는 역시 명확하지 않다.

145 山根幸夫[1965]; 宮崎市定[1992b]; 檀上寛[1997].

146 宮紀子[2006b], 211~228쪽.

어났을 가능성이 있다. 나카무라 히데타카(中村榮孝)가 소개했던, 정동행성이 일본국에 보낸 자문이 그것을 시사한다.[147] 1366년(공민왕 15, 至正 26)에 일본에 건너간 고려 사신이 지참했고, 교토 다이고지(醍醐寺)의 보은원문서(報恩院文書)에 사본이 전해지는 이 문서는 일본에 왜구를 금압(禁壓)할 것을 요구하는 내용이었는데, 관부인 정동행성이 일본이라는 '국(國)'에 보내면서 자문을 사용했다는 점이 주목된다. 이는 일본의 군주가 정동행성의 장관인 고려왕과 동격이라는 인식에 근거한 조치였다고 생각되는데, 관부·관인끼리의 관계에 근거한 자문의 일반적 용법에서는 벗어난 것이다.[148]

1370년에 명 중서성에서 처음으로 자문을 받았을 때, 고려 측이 문서 형식을 문제시했던 흔적은 사료에서 확인되지 않는다. 다음 해에는 곧바로 고려 측에서도 자문을 발송했으며,[149] 그 후에도 공민왕은 거의 매년 명의 중서성과 자문을 교환했다.[150] 물론 명이 요구한 방식을 받아들인 것일 뿐인지는 모르겠지만, 고려에서 자문에 대한 인식이 변화해 이를 군주나 국가가 그와 동등한 격을 갖는 외국 관부와의 사이에서 사용할 수 있는 문서라고 받아들이게 되었을 가능성도 고려된다.[151]

---

147 中村榮孝[1965b].

148 고려는 1375년(禑王 원년) 羅興儒를 일본에 파견했을 때도(『高麗史』 권133, 우왕 원년 2월) '咨'를 발송했다(『高麗史』 권133, 우왕 3년 6월). 그 발신 명의와 수신 명의는 불분명한데 본래 咨의 사용 대상이 되지 않았던 일본에 대해 이를 사용했다는 점은 마찬가지다.

149 『高麗史』 권43, 공민왕 20년 11월 乙亥.

150 『吏文』 권2에 실린 홍무 5년(1372, 공민왕 21) 4월 및 홍무 7년(1374, 공민왕 23) 5월 8일 자 중서성의 자문; 홍무 7년 2월 28일 및 같은 해 9월 2일 자 고려국왕의 자문; 『高麗史』 권43, 공민왕 21년 3월 甲寅; 5월 癸亥; 권44, 공민왕 22년 7월 壬子; 11월 是月; 23년 4월 戊申; 6월 壬子.

151 후대 琉球 中山王이 '조선국'에 자문을 발송했을 때, 조선 측에서는 관부에 보내는 문서 같다는 이유로 이를 기피하고 회신으로는 '甲致書乙'이라고 적는 書契를 사용했다(『世宗實錄』 권54, 世宗 13년 11월 丙子). 국왕이 명의 관부와 자문을 주고받았던 당시의 조선 정부가 군주·왕조 사이에서는 자문 사용을 기피했던 점이 주목된다.

제6장

대원울루스와 고려 불교

한국 송광사 소장
원 대 티벳문 법지를 중심으로

1. 문제의 소재

대한민국 전라남도 순천시 송광면에 소재한 조계산 송광사(松廣寺)는 신라 말에 혜린선사(慧璘禪師)가 창건한 송광산 길상사(吉祥寺)에서 시작되었다고 전해지는 고찰이다. 고려 시대인 13세기 초, 한국 선종(禪宗)의 창시자인 보조(普照) 지눌(知訥)이 입산하면서 조계산 수선사(修禪社)로 개창했으며, 뒤에 산의 옛 명칭과 관련지어 송광사라고 칭하게 되었다. 또한 지눌 이래로 15대에 걸쳐 주법(主法) 승려가 고려 불교계 최고위인 국사(國師)의 칭호를 받은 것으로도 명성이 높으며, 현재까지도 한국 선종의 근본 도량으로서 중요시되고 있다.

이 송광사에 한 통의 티벳문 문서가 전승되어, 현재 송광사 성보박물관에서 소장하고 있다. 『대승선종조계산송광사지(大乘禪宗曹溪山松廣寺誌)』에서는 이 문서를 사진과 함께 '위구르문자'로 소개했다. 지질은 장지(壯紙) 즉 두꺼운 한지이며, 두루마리[軸] 형태, 크기는 1척 6촌 8푼, 2척 5촌, 연대는 약 600여 년 전이라는 등의 정보와 함께 "원감국사가 원에 들어갔을 때, 세조로부터 배수한 것인가?[圓鑑國師入元時自世祖拜受者?]"라는 메모를 부기했다.[1] 원감국사는 송광사 제6세 충지(冲止, 1226~1293)

1 綺山錫珍[1965], 194쪽.

로, 당시 고려에 정치적 영향을 미치던 대원울루스의 세조 쿠빌라이에게 초빙된 경력을 가진 인물이다. 이후 이 문서는 1972년 전라남도 유형문화재 제30호로 지정되었는데, 이때는 '八思巴文字'로 등록되었다. 이어 전라남도의 『문화재목록-도지정문화재편』에는 그 사진을 게재하면서 크기는 가로 61cm에 세로 48cm, 재료는 비단, 시대는 고려 중기로 기록했고, 문서의 성격은 원 대 티벳 밀교와 관계된 것이거나 혹은 원감국사가 몽골에서 귀국할 때 그 신분을 보증한 여행증이었을 것으로 해설했다.[2] 또 『민족문화대백과사전』 제12권의 「송광사」 항목에도 '파스파문자'로 그 사진을 실었다.[3]

이처럼 이 문서에 대해서는 오랫동안 문자의 정체도 정확히 알려져 있지 않았는데, 1990년대 말에 상황이 변화했다. 1998년 9월, 허일범(許一範)이 문서를 조사했고,[4] 그 후 이를 '초서체 티벳 문자'라 하여 그 일부에 대한 번역을 시도하고 송광사에 전하는 바에 근거해 충지가 원에 들어갔을 때 지급된 통행증이라고 했다.[5] 또 1999년 1월에는 전라남도 보성군 대원사(大原寺)에 체재하고 있던 티벳 승려 쵸펠이 부분적으로 해독을 시도했고,[6] 이를 받아 송광사 측에서는 이를 '티벳 고문자'로 작성된 문서로서 충지가 원에 들어갔을 때의 통행증이라고 소개했다.[7] 또한 서울대학교 김호동 교수는 1999년의 저서에서 본인이 티벳 라싸의 노르부링카 이궁(離宮)에서 실물을 본 원 대 티벳문 문서의 서체가 이 문서의 그것과 흡사함을 지적하면서, 이 문서는 당시 대원울루스 불교계의 정점이었던 티벳 불교 사꺄파(sa skya pa) 교단이 송광사에 수여한 '특

2 文化藝術課[1998], 52쪽.
3 민족문화대백과사전편찬부[1991], 894쪽.
4 송광사 성보박물관 古鏡 관장(뒤의 주 10 참조)의 교시에 따름.
5 許一範[2000a], 144쪽; 許一範[2000b], 54쪽.
6 주 4와 동일.
7 韓盛旭[2000], 24쪽.

혜문서'가 아닐까라고 추측했다.[8] 이상의 세 명은 이 문서가 티벳문으로 작성된 점을 정확하게 파악했으며, 또 그 성격에 대한 김호동의 지적은 시사하는 바가 크다. 그러나 '통행증'설 및 '특혜문서'설은 물론, 애초에 대원울루스의 공문서라는 점 및 거의 통설화한 충지와의 관계에 대한 논의도 문서를 전면적으로 해독해 도출한 결론은 아니었다. 더욱이 문서 자체의 기본 정보에 대해서도 논저마다 차이를 보이고 있다.

필자는 2000년 3월 4일에 송광사를 방문해 본 문서의 실물을 열람했는데, 이때 허가를 얻어 촬영한 문서의 사진을 바탕으로 대원울루스의 티벳문 발령문 전문가인 고마자와대학(駒澤大學)의 나카무라 준(中村淳) 교수와 공동 연구를 진행했다. 나카무라는 문서를 해독하고 필자가 문서의 발급 경위를 조사했다. 같은 해 9월 20일, 와세다대학에서 개최된 원전장강독회(元典章講讀會) 특별예회(特別例會)에서 중간보고를 하고, 2001년 2월 25일~3월 1일에는 두 명이 송광사를 방문해 문서 실물과 관련 자료를 직접 조사하는 기회를 얻었다. 이상의 작업 결과, 나카무라와 필자는 이 문서가 대원울루스 국가 발령문의 한 종류인 법지(法旨)라는 결론을 내리기에 이르렀다.

법지라는 것은 대원울루스 불교계의 최고위로서, 초대 팍파(파스파) 이래 티벳 불교 사캬파의 고승이 임명되었던 제사(帝師) 혹은 국사(國師)의 발령문이다. 율령과 같은 법체계를 갖고 있지 않은 대원울루스에서는 여러 층위의 권력 담당자가 그때그때 발포한 발령문이 의거해야 할 법원(法源)으로서 매우 중시되었다. 그 가운데서도, 몽골어로 자를릭(ǰarliγ), 한어(漢語)로는 성지(聖旨)라고 불리는 황제의 발령문이 절대적인 권위를 가지고 있었다. 황제 이외의 남성 황족, 후비·공주, 부마 및 고급 관인, 그리고 제사·국사의 발령문은 한어로 각각 영지(令旨), 의지(懿旨),

8 金浩東[1999], 38~42쪽.

균지(鈞旨), 법지(法旨)라고 불렸으며, 몽골어로는 모두 우게(üge)라고 칭해졌다.

이 송광사 원 대 티벳문 법지 문서(이하, '송광사 법지'로 약칭)는 몽골시대사의 1차 사료로서 세계적으로도 중요한 문화재다. 특히 한국에서 발견된 점이 그 독자적인 가치를 높이고 있으며, 당시의 고려와 대원울루스 관계를 고찰하는 데도 주목해야 할 사료다.

나카무라와 필자의 연구는 2001년 8월 25일에 한국의 동국대학교에서 개최된 '송광사 원 대 티벳문서 구명(究明) 국제학술회의'에서 구두 발표를 거쳤고, 2002년에 일본의 『내륙아시아연구(內陸アジア史研究)』 제17호와 한국의 『보조사상』 제17집에 논문으로 게재되었다.[9] 이 연구 성과를 통해, 한국의 문화재청에서는 국가등록문화재였던 이 문서를 2003년에 보물 제1376호로 승격 지정했다.

이 장은 이 송광사 법지에 관해 나카무라와 필자가 진행해 온 연구의 성과 가운데, 필자가 분석을 담당한 내용을 한 편으로 정리한 것이다. 구체적으로는 나카무라가 진행한 문서 해독을 토대로 법지의 발령 연도와 발급 경위를 고찰하고, 아울러 그 시대적 배경으로서 황제를 정점으로 하는 대원울루스의 종교적 권위가 고려에 파급된 문제에 대해 논할 것이다.[10]

9 中村淳·森平雅彦[2002]; 森平雅彦[2002]; 나카무라 준[2002]; 모리히라 마사히코[2002].

10 이 문서에 관한 조사연구는 송광사 성보박물관의 古鏡 관장, 한성욱 학술연구실장(직함은 모두 2001년 당시)을 비롯한 송광사 관계자 여러분의 전면적인 협력으로 실현되었다. 깊은 감사를 표한다.

2. 송광사 법지의 내용에 대해

우선 본 주제에 들어가기에 앞서 제2절에서는 송광사 법지의 형태와 텍스트 및 문서로서의 성격에 대해, 나카무라 준의 연구 성과[11]에 근거해 간략하게 소개하고자 한다. 보다 상세한 실물 정보와 본 문서가 법지라는 점에 대한 논증은 주 11의 논고를 참조하기 바란다.

이 문서(〈그림 6-1〉)는 가로가 상·하변 모두 51.0cm, 세로가 우변 76.5cm, 좌변 77.0cm이며, 두께 0.2mm의 종이 4장을 겹쳐 연결한 것으로, 배접한 상태다. 원문서의 본지(本紙) 자체는 크고 작은 6개 지편으로 나뉘어 있으며, 두께는 0.12mm다. 각 지편 모두 상하좌우가 불완전한 부정형으로 배접한 종이와의 경계가 분명하지 않은 부분도 있는 등, 상태는 매우 좋지 않다. 이 가운데 문자열이 확인되는 것은 5개의 지편(A~E)인데, 최하부의 지편 E에는 주인(朱印) 최하단부가 남아 있다. 문서의 하부에 정방형의 붉은색 궤선이 보이는데,[12] 이것은 원문서를 표장(表裝)한 뒤에 본래의 인면(印面) 잔존부에 가필해 쓴 것이다.

본 문서는 티벳문으로 기록되어 있는데, 사진에서 보이듯 그 서체는 아래쪽으로 수염처럼 길게 뻗은 필획이 특징적이다.[13] 이를 장각행서(長脚行書, tshugs ring)라고 하는데, 현존하는 티벳어 사료에는 1267년 당시 원 국사였던 팍파의 법지에서 처음으로 등장했고, 그에 의해 공문서용 서체로서 고안되었다는 견해도 있다.

본 문서의 텍스트는 〈그림 6-2〉와 같다. 다만 본 문서는 찢어져 나

---

11 中村淳·森平雅彦[2002] 제I·II장; 나카무라 준[2002] 제II·III장.

12 (옮긴이 주) 지편 D와 지편 E 사이에 보이는 방형의 궤선을 가리킨다. 해당 문서 이미지는 원서에서도 흑백으로 실려있어, 궤선의 색상이 확인되지는 않는다.

13 구체적으로는 有足字('dogs can)의 ya와 ra의 다리, 重層字(mthug po)의 ha 아래 방향으로의 흐름, 모음기호인 u(zhabs kyu), 基字 가운데 ka, ga, nyi, ta, da, na, zha, sha, ha의 아래 방향으로의 흐름을 이렇게 쓴다.

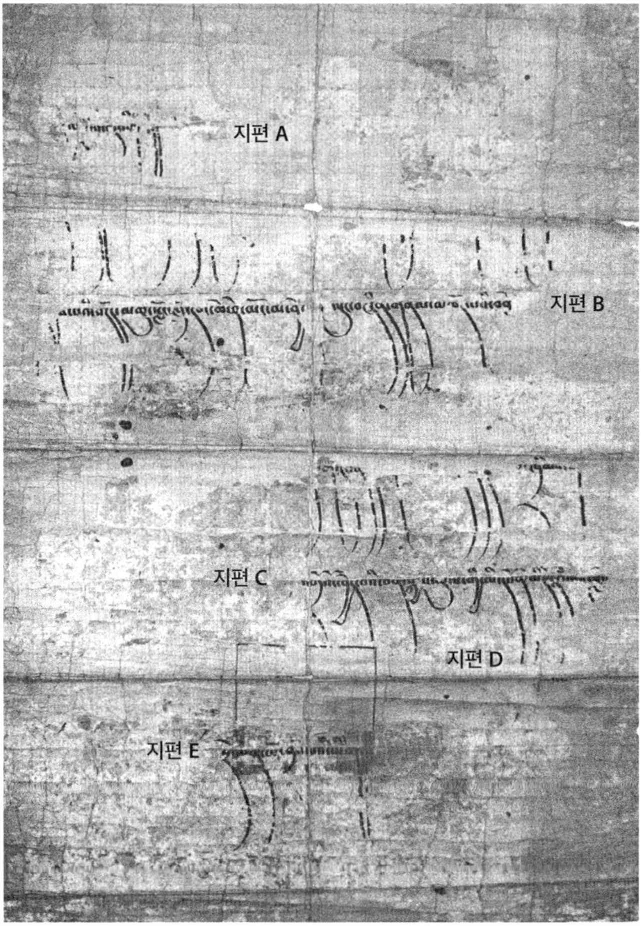

<그림 6-1> 송광사 원 대 티벳문 법지

전거: 中村·森平[2002] 게재 사진에 가필(加筆).

간 지편을 현재 모양과 같이 배접한 것으로, 이미 많은 결손 부분이 있었던 것으로 보이며 그대로는 법지로서의 서식 전체 모습을 살필 수 없다. 이에 우선, 비교를 위해 전문이 남아 있는 원 대 티벳문 법지 가운데, 양의 해(1319, 忠肅王 6, 延祐 6) 11월 8일 자로 롭뻰 린첸 괸닥빠에게 보낸 제8대 제사 꾼가 로되 걜챈 빨상뽀의 법지(〈그림 6-3〉) 텍스트를 나카

A01 [@@// r]*gy*al po'*i* lung gi*s//*
황제 의 말씀에 의해,

B01 |←—— 문자 하단의 長脚部 삐침이 12개 확인됨 ——→|
02 [snyad][b]*tag*s pa'i 'dod mchu slong khro dbang che she mong ma byed:
구실을 붙인 호소를 일으키고 위해를 힘을 하지 말고
lung bzhin gnam mchod pa'i ban*de*
말씀 대로 하늘을 기도하는 僧
03 (e의 모음기호가 B02의 khro 아래에 보일 뿐임)

C01 *dmag* dp[o]n[:] *d*[ma]*g* [mi: mkhar] *d*[po]*n*
軍官, 軍人, 城官,
d[a ra kha] *ch*[e]: khrims *g*[cod: sdud dang]
다루가치(達魯花赤), 斷事官, 徵收 그리고
02 'gro 'ong byed pa'i ban skya: sa yul gyi mi dpon:
往來 하는 僧俗, 지방 의 관원,
mi sde rnams la zlo *ba*[//]
俗衆 들에게 고지할 (것).

D01 m...

E01 |←—— 문자 하단의 長脚 部 삐침이 3개 확인됨 ——→|
02 sde chen por bris pa'i yige//
大寺에서 쓴 문서.

주: 'A'~'E'는 지편. 아라비아 숫자는 행수. 이탤릭체는 잔획으로 판독한 문자. '[ ]' 는 다른 법지를 참조해 보충한 문자. '...' 는 판독 불능. '@'는 구름무늬 기호 nyi zha. '//'는 세로 두 줄 gnyis shad. ':'는 세로로 찍힌 두 개의 점.

<그림 6-2> 송광사 원 대 티벳문 법지 텍스트

무라 준으로부터 제공받은 판독문과 번역문에 따라 예로 들어 보겠다(〈그림 6-4〉).

우선 제1행에는 '모두(冒頭) 정형식'으로 '황제의 말씀에 의해'라는 문구가 들어간다. 이것은 대원울루스의 발령문에서 권위의 소재를 보여 주는 '권한 부여' 문구다.

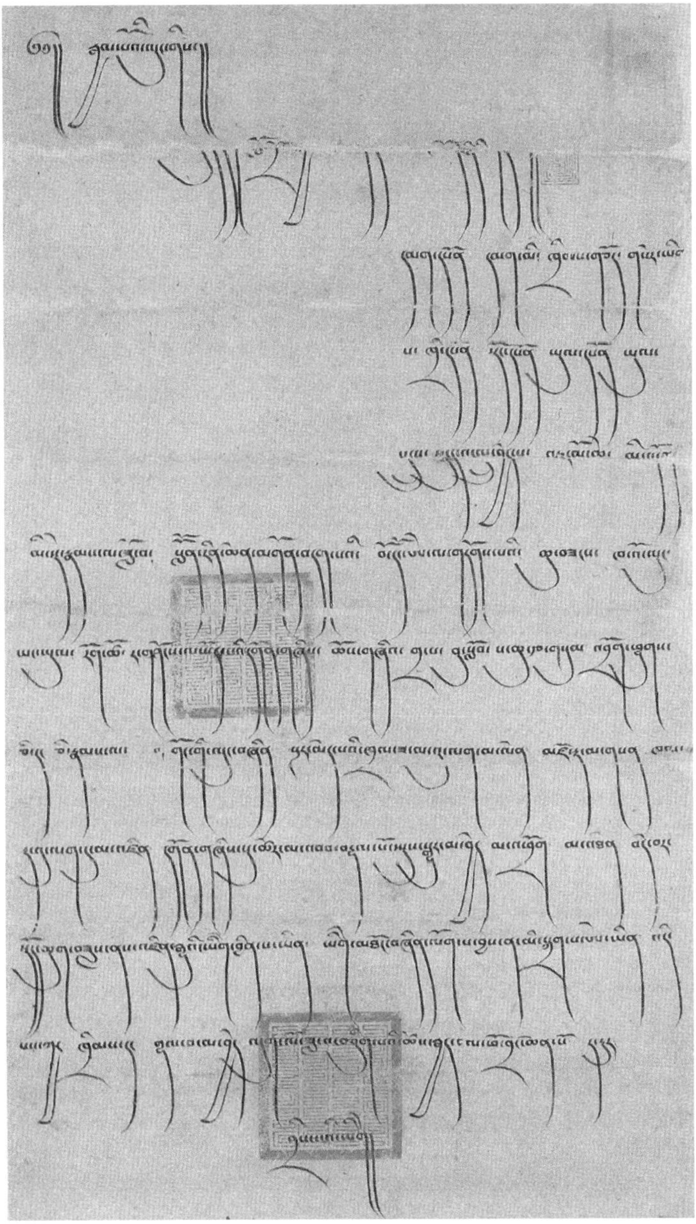

<그림 6-3> 양의 해 11월 8일 자 롭쀤 린첸 괸닥빠에게 보낸 제8대 제사 뀐가 로되 걜챈 뺄상뽀의 티벳문 법지

전거: 西藏自治區檔案館[1995], 圖版 10.

01 @@// rgyal po'i lung gis//
황제의 말씀에 의해,

02 kun dga' blo gros rgyal mtshan dpal bzang po ti shhi'i gtam//
꾄가 로되 갤챈 빨상뽀 제사(帝師)의 말씀.

03 dmag dpon dmag mi: khrims gcod/ gser yig
군관(軍官), 군인, 단사관(断事官), 금자(金字)

04 pa/ khri dpon stong dpon yul dpon yul
사신(使臣), 만호장(萬戸長), 천호장(千戸長), 지방관, 지방

05 srungs/ sdud 'grul byed pa/ 'ja mo che/ mi dpon
수비인(守備人), 징수·왕래하는 자, 잠치, 관원,

06 mi sde rnams la zlo ba// slob dpon rin chen mgon bdag pa'i/ bo don ye la gtogs pa'i/ chu bzangs/ kha 'o lung
속중(俗衆)들에게 고지(告知)할 것. 롭뾘 린첸 괸닥빠가(관할하는), 보뒨예에 속하는 추상, 카오룽

07 yang yul: rog tsho/ ra gshongs la yod pa'i dgon gzhis: chos gzhi'/ gra pa/ bu slob/ sa chu gtsa gsum: 'brog phyugs
양월, 록초, 라숑에 있는 사령(寺領), 장원(荘園), 승려, 제자(弟子), 땅·물·풀 세 가지, 가축

08 ci dang ci rnams la/ *gong gi lung bzhin sngar med pa'i khral za ma 'u lag ma len: mdzo rta ma gsan: khal
등등 (그것들)에 대해서는 황제의 명령대로, 이전에 없었던 세금, 양식, 역마(驛馬)를 취하지 말고, 소와 말을 (마음대로) 사육하지 말고, 짐 싣는

09 rta 'u lag du ma 'dzin: dgon gzhis su tshar ma 'bab brdal po spus sgyur ma byed: ma 'phrog: ma 'then: bde bar
말을 역마로 취하지 말고, 사령(寺領)에 묵지 말고, 장사를 하지 말고, 약탈하지 말고, 노역을 부과하지 말고, 평온하게

10 sdod chug bzlas nas 'dzin rgyu'i yige byin pa yin: yige mthong bzhin log pa byas na mi skrag pa e yin: 'di
살 것을 고지(告知)하여, 보관해야 할 문서를 하사한다. 문서에 보이는 바에 반(反)하면 두렵지 않겠는가. 해당되는

11 pas kyang: khrims dang: ghal ba ma byed: lug lo zla ba bcu cig pa'i tshes rgyad ? la pho brang chen po: ta tur:
사람도 법에 반하는 일을 하지 말 것. 양의 해 11월 8일에 대궁성(大宮城) 대도(大都)에서

12 bris pa'i yige//
쓴 문서

<그림 6-4> 양의 해 11월 8일 자 롭뾘 린첸 괸닥빠에게 보낸 제8대 제사 꾄가 로되 갤챈 빨상뽀의 티벳문 법지 텍스트(中村 淳 제공)[14]

14 (옮긴이 주) 원서에 제공된 법지의 일본어 번역을 한국어로 번역하면서, 일본어 번역에서 불분명하거나 오류가 있는 부분을 수정했다. 이 과정에서 국내 몽골-티벳 관

이어서 제2행은 '발령자 이름과 문서형 선언'이다. 여기에서는 '뀐가 로되 걜챈 빽상뽀 제사의 말씀'이라고 기록해 발령한 제사의 이름과 이하의 내용이 그의 명령, 즉 법지라는 점을 명시하고 있다. 문자열은 행의 우측으로 붙여서 기록되어 있다.

제3~6행의 '군관, 군인 (…) 속중들에게 고지할 것' 부분은 법지를 받는 발령 대상자와 관련한 관할 기관 혹은 관할자인 '통지 대상자'를 열거한 것이다. 발령 대상자는 법지에 의해 인정된 여러 특권을 이 '통지 대상자'에게 주장, 행사할 수 있다. 제3~5행에서는 행두(行頭)를 문서의 중앙부까지 내려서 기록했는데, 이 세 개 행에 포함되지 않는 경우, 제6행 이하는 행두를 제1행과 같은 위치로 되돌려 기록했다. 한편, 이 '통지 대상자'는 원래 발령 대상자가 소재한 지역의 실정을 반영하고, 발령 내용에 직접 관계되는 존재인 것으로 보이지만, 단순히 정형화한 표현에 지나지 않을 가능성도 있으므로 주의가 필요하다.

'통지 대상자'에 이어 '발령 내용'이 기록되어 있는데, 여기에는 정통성의 표시, 배경 설명, 발령 대상자에 대한 지령, 발령 대상자 이름, 위협 문구 등의 내용이 기록되어 있다. 여기서는 제6행의 '롭뾘 린첸 뀐닥빠가'에서 제11행의 '해당되는 사람도 법에 반하는 일을 하지 말 것'까지가 이에 해당한다.

마지막은 '결구(結句) 정형식'으로 발령 연월일과 발령지가 기록되어 있다. 여기에는 제11행에서 마지막 제12행에 걸쳐 '양의 해 11월 8일에 대궁성 대도에서 쓴 문서'라고 기록했는데, 마지막 행에서는 문자열을 중앙으로 맞추고 있다. 또 이 마지막 행에 맞추어 붉은 인장이 찍혀 있다.

계 연구자인 최소영 선생님의 도움을 받았다. 관련해서 최소영[2021], 「몽골제국 시기 티베트 승려에 대한 보시와 그 운송 문제 고찰」, 『중앙아시아연구』 26-2를 참고할 수 있다. 이 외에 제3장과 제6장에 등장하는 티벳 인명의 독음과 관련해서도 최소영 선생님께 많은 도움을 받았음을 밝혀 둔다.

이상과 같은 법지의 서식을 염두에 두면서 송광사 법지를 보면, 우선 A01의 '황제의 말씀에 의해'가 '모두 정형식'에 해당한다. 한편 본래 이에 이어져야 할 '통지 대상자'의 기록은 행두가 중앙부에 두어진 C01~02의 '군관, 군인 (…) 속중들에게 고지할 (것)'에 대응한다. 이 가운데 '단사관(斷事官)', '징수 그리고 왕래하는 승속(僧俗)', '지방의 관원' 등은 대원울루스의 발령문 가운데서도 법지의 '통지 대상자'에 보이는 특징적인 문언이다. B02의 '구실을 붙인 호소를 일으키고 (…) 하늘을 기도하는 승'은 '발령 내용'의 일부인 것으로 보인다. 즉, '통지 대상자'와 '발령 내용'의 기재 순서가 전도되어 있는 것인데, 이는 원문서를 현재 상태대로 배접할 때, 이미 찢겨 나간 지편의 배열 순서를 잘못 판단했기 때문인 것으로 생각된다. 한편 E02의 중앙부에 기록된 '대사(大寺)에서 쓴 문서'는 '결구의 정형' 가운데 발령지 표시에 해당한다. 그리고 그 위치에서 확인되는 인장에는 매행 4자×4행의 파스파문자 한문으로 "大元帝師/ 統領諸國/ 僧尼中興/ 釋敎之印 tay-'u̯ăn di-šï/ t'uṅ-liṅ ǰü-gue̯/ sïṅ-ñi ǰuṅ-hêṅ/ ši-gäw ǰi yin"(/는 행 바꿈)이라고 기록된 제사인(帝師印)의 제1·3·4행 마지막 글자 師·興·印이 판독 가능한 상태로 남아 있다. 이로부터 이 법지가 제사가 발행한 문서임을 확인할 수 있고, 그 발령 연차는 팍파가 초대 제사에 임명된 1270년(元宗 11, 至元 7)을 상한으로 한다는 점을 알 수 있다.

다만 송광사 법지에는 '발령자 이름과 문서형 선언', '발령연월일'이 결락되어 있고, '발령 내용'도 일부가 남아 있을 뿐이다. 그러나 거기에는 구실을 붙여 호소를 일으키는 일, 위해를 가하는 일, 힘을 미치게 하는 일을 금지한 문언이 확인된다. 이러한 문언은 중국과 티벳에서 지금까지 알려진 법지의 실례 가운데, 사원이나 사원 재산을 보호할 것을 선언하는 문서에만 보이며, 같은 취지의 법지는 모두 23건의 실례 가운데 16건에 달한다. 이러한 점에서 본 문서는 종래 이야기되어 온 것과 같은 역전(驛傳) 이용증 등은 아니며, 제사가 사원 보호를 위해 발령한 특허장이었을 것으로 생각된다.

3. 송광사 법지의 발령 연도와 발급 경위에 대해

이상과 같이 나카무라 준의 연구를 통해 송광사 법지는 대원울루스 제사가 사원 보호를 위해 발령한 것임이 대략 밝혀졌다. 그러나 법지의 서식 가운데 발령자 이름, 발령 대상자 이름, 발령 연월일 기재 부분이 문서의 손상으로 모두 결락되어 어떤 제사가 언제, 어느 곳의 누구에게 발령한 법지인지를 밝히는 것은 쉽지 않다.

이 가운데 발령 대상자에 대해서는 사원 보호를 목적으로 한 다른 대원울루스 발령문 사례로부터 추측하건대, 하나 혹은 복수의 사원 및 그 관계자가 거론되어 있었을 것으로 생각된다.[15] 한반도의 송광사에 이 문서가 전해져 왔다는 정황 증거에 의거한다면, 대원울루스의 영향 아래에 두어졌던 당시의 고려 사원, 아마도 송광사 혹은 그 관계자가 발령 대상자에 포함되어 있었을 가능성이 상대적으로 높다.

한편 전술한 바와 같이, 1270년(원종 11, 지원 7)을 상한으로 하는 발령 연도에 대해서는 아직 결론을 도출하기에는 거리가 있지만, 이 문서의 기재 사항 및 기타 사료를 참고로 해 가능성을 제시할 수는 있다. 연대만이라도 구체적으로 알 수 있다면 역대 제사의 재위 기간[16]에 비추어 발령한 제사를 특정하는 것은 어렵지 않다. 또 이 문서와 관련한 사료를 분명히 할 수 있다면, 발급 경위를 구체적으로 고증하는 것도 가능하다. 이에 이 절에서는 앞으로의 검토를 위한 자료로서 이들 연대 비정과 발급 경위에 대한 고찰과 관련한 사료 정보를 제시하고, 해석의 가능성 및

15 예를 들어 법지에서의 기재 사례에 대해서는 中村淳[2005] 참조.

16 稲葉正就[1964] 참조.

문제점을 함께 정리해 두고자 한다.

1) 문서의 기재 사항을 통한 검토

이 문서에 남아 있는 기재 사항 가운데, 연대 비정의 실마리가 될 가능성을 가진 것은 법지의 '통지 대상자'라고 생각한다. 여기에서는 '군관, 군인, 성관(城官), 다루가치, 단사관, 징수 그리고 왕래하는 승속, 지방의 관원, 속중'이라는 내용이 판독 혹은 추정되었다. 이 가운데 고려와 관계되는 시기에 한정되는 것이 있다면 그를 통해 법지의 발행 시기를 특정할 수도 있다. 그러나 '군관', '군인', '성관', '지방의 관원' 등은 얼핏 보기에는 대원울루스 소속에 한정되는 것인지, 고려의 그들도 포함하는지가 판단되지 않으므로, 지금으로서는 시기적·지역적으로 특수한 의미를 살피는 것은 불가능하다. 법지에 특유한 '통지 대상자'인 '징수 그리고 왕래하는 승속', '속중'은 아직 그 실체가 분명하지 않으며, 몽골의 직명인 '단사관'도 구체적으로 어떤 범주의 단사관인지 알려져 있지 않다.[17] 따라서 현 단계에서는 이들을 연대 비정을 위한 단서로 활용하기는 어렵다.

한편, '다루가치'는 직전에 기록된 '성관'의 '성(mkhar)'이 '다루가치'에도 걸린다고 생각되므로, 구체적으로는 '성읍의 다루가치'를 의미하며, 보호 대상이 되는 사원 소재지를 관할하는 다루가치를 가리키는 것으로 추정된다.[18] 이 법지가 발행된 1270년 이후 시기에 고려에 있으면

17 다만 당시의 고려에서 斷事官은 반드시 특수한 존재는 아니었으며, 사법과 군사를 비롯한 정치상의 여러 중요 안건을 결재하기 위해 대원울루스 중앙에서 수시로 파견되어 왔다. 그러한 사례는 『高麗史』 세가에만도 14건이 확인된다. 또 고려 국내에서도 1280년(忠烈王 6, 至元 17)에 일시적으로 王京斷事官이 두어졌으며(『高麗史』 권29, 충렬왕 6년 12월 辛卯), 적어도 1290년(충렬왕 16, 至元 27) 이후에는 대원울루스 제실의 부마인 고려왕 아래에 高麗王府 斷事官이 설치되었다(이 책 제2장 제2절 참조).

18 中村淳·森平雅彦[2002], 7~8쪽; 나카무라 준[2002], 35쪽 참조.

서 고려 통치에 관여한 다루가치로는[19] 우선 고려 정부에 대한 감독관으로서 1270~1278년(忠烈王 4, 지원 15)에 왕도 개경에 주재한 '고려국 다루가치'를 들 수 있다.[20] 또 고려 국외가 임지였다는 문제는 있으나, 대원울루스가 직할하던 제주도에 배치되어 송광사가 소재한 전라도 지방까지 실질적인 영향을 미쳤던 다루가치(1275 혹은 1273?~1294)도 고려해야 한다. 대원울루스에 마지막까지 저항한 삼별초가 1273년(원종 14, 지원 10)에 제주도에서 진압되자, 대원울루스는 이곳에 탐라국초토사(耽羅國招討司)를 두었다가 이를 1275년(충렬왕 원년, 지원 12) 혹은 1276년경에 탐라군민도다루가치총관부(耽羅國軍民都達魯花赤總管府)로 바꾸고, 이어 1284년(충렬왕 10, 지원 21)에는 탐라국안무사(耽羅國安撫司)로 개편해 1294년(충렬왕 20, 지원 31)까지 직접 통치를 이어 갔다.[21] 다루가치는 이 관부의 장관으로서 제주도의 행정을 관장했는데, 전라도에서 '전렵(田獵)'을 행한 자를 단속하기도 하고,[22] 역시 전라도의 해남·나주 지역에서 잠치[站赤, ǰamči], 즉

---

19 1270년 이전에는 撒禮塔에 의한 제1차 고려 침공 때 1231년(高宗 18, 太宗 우구데이 3)~1232년(고종 19, 태종 우구데이 4)에 王都 개경과 北界 여러 城에 다루가치를 둔 외에(池內宏[1963b], 11~15쪽; 周采赫[2009], 제1·2장 참조), 고려가 쿠빌라이에게 귀부했을 때, 1260년(元宗 원년, 中統 원년)에 일시적으로 다루가치를 두고 있다(『高麗史』 권25, 원종 원년 2월 乙丑, 8월 壬子). 한편 『高麗史』 권103, 金就礪 傳 附 金文衍 傳에는 "鎭邊萬戶府 達魯花赤"; 權近, 『陽村集』 권39, 〈故高麗門下侍中柳公神道碑幷序〉에는 "全羅道鎭邊萬戶 達魯花赤" 등도 보이는데, 이들은 제2차 일본 공격(1281) 후에 한반도 남변에 설치되었던 진변만호부의 다루가치로, 여기서 말하는 '성읍의 다루가치'와는 성격이 다르다.

20 池內宏[1963d] 참조.

21 제주도의 원 관부·임직의 연혁에 대해서는 池內宏[1963c]; 高昌錫[1984]; 金九鎭[1989] 제IV장; 高昌錫[1998]; 大葉昇一[1999]; 金日宇[2000] 제IV장 참조. 관련한 연도는 통설을 우선적으로 표시했는데, 다루가치 파견 개시에 대해서는 『高麗史』 권27, 원종 14년 윤6월 丙辰 條에, 그리고 軍民都達魯花赤總管府 설치에 대해서는 『新增東國輿地勝覽』 권38, 전라도, 제주목, 고적, 達魯花赤府 軍民按撫使府에 통설이 채용하지 않은 이설도 있다(후자에 대해서는 원의 塔羅赤에 의한 목축 개시 후에 설치되었다고 하는데, 이 목축 개시는 『高麗史』 권28, 충렬왕 2년 8월 丁亥 條에서 확인된다). 현 상황에서는 이들의 가능성도 완전히 부정하기는 어렵다고 판단해 괄호로 부기했다.

22 『元史』 권11, 世祖本紀, 至元 18년 4월 壬戌.

역전 부설을 계획하기도 하는 등,[23] 그 활동은 송광사 주변에 미치고 있었다.

그러므로 본 법지가 1270년 이후에 발행된 사실, 그리고 '통지 대상자' 가운데 '다루가치'가 있다는 사실을 염두에 두면서 발령 연대에 대해 생각할 수 있는 견해를 정리하면, 우선,

① '다루가치'가 고려국 다루가치만을 가리키는 경우→1270~1278년

이라는 견해를 제시할 수 있다. 다음으로 개연성은 다소 낮지만,

② '다루가치'가 고려국 다루가치뿐 아니라 제주도의 다루가치도 포함하는 경우→1270~1294년

이라는 견해도 제시할 수 있다. 그러나 여기에서 문제가 되는 것은 전술한 바와 같이 법지 일반에 보이는 '통지 대상자' 기재가 반드시 사실 그대로를 반영하지 않는, 정형화한 서식에 지나지 않을 가능성이다. 그 여부는 아직 판단할 수 없지만, 경우에 따라서는 '통지 대상자'에 근거해 이 법지의 연대를 논의하는 것 자체가 무의미해질 수 있다. 이에 현 단계에서는 대략적인 파악이지만,

③ '통지 대상자'의 기재가 실질적인 의미를 갖지 않을 경우 → 1270년 이후의 대원울루스 전 시기

라는 견해도 ①, ②와 같은 비중으로 고려해 두어야 할 것이다.

---

23 『高麗史』 권28, 충렬왕 4년 7월 甲申.

2) 기존에 알려진 문헌에 보이는 참고 사료

송광사 문서는 한반도 방면에 법지가 발행된 사실을 시사하는, 현재로서는 유일하고 예외적인 사료다. 이에 그 연대 비정에 직접 결부되는 실마리를 다른 문헌에서 찾아내는 것은 쉽지 않다.

그런데, 대원울루스에서는 중국의 오대산(五臺山) 대수녕선사(大壽寧禪寺)나 하남(河南) 대각선사(大覺禪寺)의 경우와 같이 동일한 사원에 제사 말고도 황제, 남성 황족, 후비 등이 잇따라 발령문을 발급해 보호 특권을 부여한 사례가 있다.[24] 특히 대수녕선사의 경우, 1298년(충렬왕 24, 大德 2)에 성종 테무르가 성지를 발급해 사원 재산 등을 보호했는데, 3년 후인 1301년(충렬왕 27, 대덕 5)에는 이전 성지의 결정을 추인한다는 형태로 닥빠 외세(grags pa 'od zer) 제사가 법지를 발급해,[25] 성지와 법지 사이에 분명한 관련성이 확인되고 있다. 한편 고려에서도 제사 이외의 몽골 권력이 사원이나 승려에 보호 특권을 부여한 사례가 확인되고 있다. 향후 연구 상황에 따라 이와 같은 자료들과 송광사 법지 간에 어떤 관련성이 발견되고, 이것이 이 법지의 발령 연대를 특정하는 실마리가 될 수 있을지도 모른다. 이에 여기서는 참고를 위해 그러한 사례들을 소개하도록 하겠다.

---

24 예를 들면 대수녕선사에는 성종 테무르 聖旨(1298), 황태후 코코친(바이람 에게치) 懿旨(1298), 황후 부르칸 懿旨(1301), 제사 닥빠 외세(grags pa 'od zer) 法旨(1301)가 수여되었다(『常山貞石志』 권24; 蔡美彪[1955], 43·44·47·49쪽 참조). 그리고 대각선사에는 성종 테무르 聖旨(1295), 제사 닥빠 외세 法旨(1301), 晉王 예순 테무르 令旨(1309, 1314), 황태후 다기 懿旨(1309), 황태자 아유르바르와다 令旨(1309), 인종 아유르바르와다 聖旨(1312)가 수여되었다(『金石萃編補正』 권4; 蔡美彪[1955], 36·48·55·57·58·62·70쪽 참조).

25 『常山貞石志』 권24; 蔡美彪[1955], 43쪽 및 49쪽 참조. 성지의 연대에 대해서는 12지 기년과는 달리 '大德壹年'(1297)이라고도 기록되어 있는데, 1년의 차이가 발생한다. 여기에서는 蔡美彪의 판단에 따라 12지 기년을 취한다.

(가) 1272~1275년: 충지의 송광사 소속 토지에 대한 면세 요청

김훈(金曛)이 지어, 연우 원년(1314, 충숙왕 원년)에 비석으로 세워진 〈조계산수선사제육세원감국사비명병서(曹溪山修禪社第六世圓鑑國師碑銘幷序)〉[26]에 따르면, 충지(冲止)는 속성이 위씨(魏氏)이며 정안(定安) 도초현(道草縣) 즉 현재의 전라남도 장흥군 사람으로, 호는 복암(宓庵)이었다고 한다. 19세에 과거에 수석으로 급제했는데, 이후 원오국사(圓悟國師) 천영(天英)에게서 수계(受戒)했다. 41세에 김해현(金海縣) 감로사(甘露社)에 처음으로 주지(住持)했고, 기사년(1269, 원종 10, 지원 6)에 삼중대사(三重大師)가 되었다. 이어서 평양(平陽, 현재의 전라남도 순천시)의 정혜사(定慧社)로 옮겼다가 〈청전지표(請田之表)〉를 황제 쿠빌라이에게 상주했다. 이후 황제의 초청으로 원에 가서 그다음 해인 병자년(1276, 충렬왕 2, 지원 13)에 대선사(大禪師)가 되었고, 병술년(1286, 충렬왕 12, 지원 23)에는 왕명으로 수선사, 즉 송광사의 제6세가 되었다. 계사년(1293, 충렬왕 19, 지원 30)에 사거했고 원감국사(圓鑑國師)라는 시호를 받았다.

전술한 바와 같이, 송광사에서는 이 문서를 충지 관련 유물로 전하고 있으며 이는 거의 통설화한 듯하다. 이러한 구전 자체는 충지와 쿠빌라이의 인연에 이끌린 억측이자 견강부회라는 의심도 배제할 수 없다. 다만 비문에 기록된, 〈청전지표〉를 올렸다는 사실 자체는 이 문서의 성격이 사원의 재산 등을 보호하는 '특허장'이었다고 추정되는 점과 관련되므로, 충분히 주의해야 한다. 비문에서는 주청을 하기 전에 충지가 정혜사로 옮겼고, 주청 후에 쿠빌라이의 초청에 응해 원에 들어갔다고 기록되어 있는데, 충지의 문집인 『원감록(圓鑑錄)』의 기재를 통해 그가 정

26 사찰 영역 내에 현존하는 비문은 숭정기원후 74년(1701, 조선 숙종 27)에 중수된 것으로, 글의 내용은 대폭 요약되었지만 다행히 송광사 전래 고기록을 집성한 『曹溪山松廣寺史庫』에 옛 비의 錄文이 실려 있다(한국학문헌연구소[1977], 669~677쪽. 판독과 해석은 李智冠[1997], 303~332쪽 참조).

혜사로 옮긴 연대는 1272년(원종 13, 지원 9)임을,[27] 비문의 기재를 통해 그가 원에 들어간 연대는 1275년(충렬왕 원년, 지원 12)임을 알 수 있다. 즉 주청은 1272년에서 1275년 사이에 이루어진 것이다.[28]

이 〈청전지표〉는 『동문선(東文選)』 권40에 〈상대원황제표(上大元皇帝表)〉라는 제목으로 수록되어 있으며, 주청을 허락받은 것에 대한 사은표가 『동문선』 권37에 〈상대원황제사사복토전표(上大元皇帝謝賜復土田表)〉라는 제목으로 수록되어 있다. 두 표문은 충지의 문집인 『원감록』에도 수록되어 있는데, 여기에는 〈상대원황제표〉라는 제목에 '조계산수선사복전표(曹溪山修禪社復田表)'라는 주석이 달려 있다. 또 〈상대원황제사사복토전표〉는 송광사에 전래된 옛 기록을 집성한 『조계산송광사사고(曹溪山松廣寺史庫)』에도 수록되어 있다.[29]

우선 〈상대원황제표〉의 주요 부분의 내용은 아래와 같다.

> 이 수선정사(修禪精舍)는 보조성사(普照聖師)가 창건했습니다. 소방(小邦)의 선불장(選佛場)이고 선(禪)의 법류(法流)를 계승한 자는 수천 명이 됩니다. 〔또〕 대국(大國)의 주군을 위해 기도하는 장소이고 범석(梵席)은 한 번도 빈 적이 없습니다. 그러나 후미진 벽지(僻地)에 있어 성시(城市)에서 떨어져 있고, 봄에 씨를 뿌려 가을에 수확하는 것은 대개 부족하므로 오찬이나 조죽(朝粥)도 마련하기 어려웠습니다.
>
> 〔그런데〕 (a) 전에 〔고려〕국왕이 가까운 고을의 전토(田土)를 하사해 영원히 절의 운영 경비에 충당하게 했습니다. (b) 지금 조정의 사신은 〔과거에 이 땅이 속해 있던〕 별궁(別宮)의 판적(版籍)을 조사해 군량(軍

27 충지의 문집 『圓鑑錄』에 "至元九年壬申三月, 初入定惠(=定慧), 作偈示同梵"이라는 題의 偈文이 실려 있다.

28 朴榮濟[1994], 519쪽의 주 25 참조.

29 韓國學文獻學研究所[1977], 461~462쪽.

> 糧)을 준비하려고 합니다. 정세는 물을 잃은 붕어의 부르짖음 같고, 하늘에 들리는 두루미 울음처럼 절박합니다. (c) 만일 황제 폐하께서 포용하는 도량을 펼치고 만물을 키우는 은혜를 골고루 퍼지게 하시어, 우리나라 다루가치 및 군량을 관할하는 사신에게 조서(詔書)를 내려 칙령(勅命)으로 특별히 저희 총림(叢林)을 지키시고 영원히 저희에게 전토를 내리시어 참현(參玄)을 위한 선수(禪藪)로 진작(鎭作)하시고 계속해서 봉복(奉福)을 위한 도량으로 만들어 주신다면, 신이 어찌 훈공(薰功)에 더욱 힘쓰고 충간한 마음을 더욱 드리지 않겠습니까. 오운(五雲)의 그림자 가운데 언제까지나 조정의 마음을 기억하고 한 줄의 향 가운데 끊임없이 화봉(華封)의 삼축(三祝)을 기울이겠습니다.[30]

다음으로 〈상대원황제사사복토전표〉의 주요 부분의 내용은 아래와 같다.

> 이 사찰은 오세(五世)의 총림이고 육화(六和)의 연수(淵藪)로 대대로 선(禪)의 진수(眞髓)를 넓혀 항상 중석(衆席)을 비게 하지 않았으나, 원래 먹을 것이 부족해서 식사 마련도 잘 하지 못함을 항상 고민하고 있었습니다. (d) 얼마 전에 선왕(先王)이 불쌍히 여기어 공전(公田)을 나누어 내려 주었습니다. 이때부터 목숨을 유지해 마음 편하게 도를 넓힐 수 있게 되었던 것입니다. [그런데] (e) 사신이 처음 와서 군수(軍需)를 점출(點出)하게 되었을 때, 관적(官籍)의 옛 기록을 알아보고 전례에 따라

30 『東文選』 권40, 〈上大元皇帝表〉. "惟此修禪精舍, 創從普照聖師. 是小邦選佛之場, 禪流不滅於數千指. 抑大國祝君之地, 梵席無虛於二六時. 然以僻在林泉, 遠離城市, 春種秋收之蓋闕, 午餐晨粥之難支. 昔邦君錫近邑之土田, 永充齋費. 今天使尋別宮之版籍, 將備兵粮. 勢同失水之鮒呼, 情迫聞天之鶴唳. 儻蒙皇帝陛下廓包容之度, 迴覆育之私, 詔下我國達魯花赤及管勾兵粮使佐, 勅令別護我叢林, 永錫我田壤, 鎭作參玄之禪藪, 絡爲奉福之道場, 則臣敢不益勵熏功, 倍輸忠懇. 五雲影裏, 長懸魏闕之心, 一炷香中常罄華封之祝."

전세(田稅)를 징수했습니다. 중승(衆僧)은 많고 먹을 것은 적으므로 사태는 절박했습니다. 그러나 외국은 천자의 궁궐에서 멀리 떨어져 있기 때문에, 아랫사람들의 사정은 천청(天聽)까지 들리기 어렵지 않을까 걱정했습니다만, (f) 황제 폐하께서 널리 포용하는 도량을 펼쳐 먼 곳까지 빛을 비추시어, 신이 축성(祝聖)을 위해 거듭한 공로를 생각하고 신이 불법(佛法)을 넓힌 미미한 공적을 고려하시어, 너그러운 마음으로 새로 조서를 내려 본래의 땅을 회복하게 해 주실 줄 어찌 생각했겠습니까. 이 은혜는 이미 심상한 데서 벗어났으니, 고마움을 어찌 잠깐인들 잊겠습니까. 신이 어찌 더욱 정성을 다해 우러르면서 더욱 중승을 독려해 수행하지 않겠습니까. 포류(蒲柳)의 여생(餘生)을 가지고 〔황제 폐하의〕 춘령(椿櫺) 같은 장수를 연장시킬 것을 서약하겠습니다.[31]

두 표문을 통해 분명해진 경위는 다음과 같다. 지눌이 개창한 송광사는 일찍이 고려국왕으로부터 가까운 고을의, 원래 '별궁'에 속해 있던 '공전'으로부터 전토를 분급받아, 그 수입을 경비로 충당하고 있었다(a, d). 그런데 대원울루스 사신이 와 거기서 전세를 징수해 군수에 충당하려고 했다(b, e). 이에 사원 측은 충지가 기초한 표문을 황제에게 바치고, 고려에 주재한 다루가치와 군량을 담당한 사신에게 조서를 내려 다시 전토를 하사해 줄 것, 즉 전세를 징수하지 말아 줄 것을 요청했고 그것을 허락받았다(c, f). 대원울루스 사신이 고려에서 군수를 조달한 것은

31 『東文選』 권37, 〈上大元皇帝謝賜復土田表〉. "玆寺也, 五世叢林, 六和淵藪, 代弘禪髓, 恒令衆席以無虛, 素乏土毛, 常患食輪之不轉. 頃蒙先后之憫, 此載割公田而錫焉. 自玆支命, 以聊生, 謂可安身而弘道. 及値使華之初届, 點出軍須, 迺尋官籍之舊傳, 例收田稅. 衆多食寡, 事迫勢窮. 然外國邈隔於辰居, 恐下情難聞於天聽, 豈意皇帝陛下, 廓包荒之量, 迴燭遠之明, 知臣祝聖之積勞, 念臣弘法之微効, 優垂新綍, 俾復舊田. 恩旣出於尋常, 感何忘於頃刻. 臣敢不倍輸誠而戴仰, 益勵衆以熏修. 誓將蒲柳之殘年, 恭推椿櫺之遐筭."

시기적으로 일본 원정을 위한 것이었으리라 생각한다.

이 사안과 관련해서는 무엇보다 그 당사자가 이 법지를 전승해 온 송광사라는 점이 주목된다. 또 충지의 주청이 이루어진 1272~1275년은 이 법지의 발령 연대에 관한 앞의 ①, ②, ③의 견해 모두에 적합하다. 황제의 명령이 통지될 대상자로서 '우리나라 다루가치'(고려국 다루가치)가 제시된 것은 이 법지의 통지 대상자로 '다루가치'가 제시되었던 것과도 통한다.

(나) 1273년: 군사들의 사원 침탈을 금지하는 조서

『고려사』 세가, 원종 14년(1273, 지원 10) 2월 을유 조에 다음과 같은 기사가 있다.

> 황주(黃州)와 봉주(鳳州) 경략사(經略使)가 사람을 보내어 원의 조서를 가지고 왔는데, 승도(僧徒)에게 나가서 맞이하게 했다. 그 조서에서 이르기를, "군사가 승사(僧舍)를 소요하고 경전과 불상을 훼손하는 것을 금지해 그들로 하여금 안심하고 불도를 수행하게 하라."고 했다.[32]

위 기사는 당시 한반도에 주둔하고 있던 대원울루스의 둔전군 지휘관이 사원을 보호하라는 성지를 고려에 전달했음을 전한다. 위 사료만으로는 성지의 구체적인 발령 대상자가 분명하지 않으며, 불특정 다수의 사원에 관해 보호를 지시한 내용이었을 가능성도 있다. 연대는 앞 ①, ②, ③의 견해 모두에 적합하다. 다만 송광사 법지가 여러 종류의 통지 대상자를 열거한 것과 달리, 인용된 성지의 문면에서는 군사의 행패에 대한 금령이 간략하게 서술되었을 뿐이다. 하지만 이러한 종류의 성

---

32 『高麗史』 권27, 원종 14년 2월 乙酉. "黃鳳州經略使差人齎元詔來, 令僧徒出迎. 其詔云, 禁軍士搔擾僧舍損毁經像, 使之安心作法."

지 내용이 전적(典籍)에 기록되는 과정에서 문서의 내용이 대폭으로 생략되는 경우도 종종 있으므로, 위의 성지에 당초에는 보다 광범한 내용이 기재되어 있었을 가능성도 배제할 수 없을 것이다.

(다) 1294년: 사문을 보호한다는 조서

『고려사』 세가, 충렬왕 20년(1294, 지원 31) 7월 을해 조에는 다음과 같은 기사가 있다.

> 원에서 그제스파바가스[吃折思八八哈思]를 파견해 사문(沙門)을 보호한다는 조서를 보내 왔다. 백관이 포홀(袍笏)을 갖추고 승도(僧徒)를 거느리고 문 밖에 나가 맞이했다. (후략)[33]

위 기사는 불교 승려를 보호한다는 내용의 성지가 고려에 전해졌음을 보여 준다. 성지의 구체적 내용에 대한 기술은 없다. 보호 대상이 되는 불승의 범위는 분명하지 않은데, 불승 일반에 관한 지시였을 가능성도 있다.[34] 통지 대상자와 보호 내용의 상세한 사항도 알 수 없다. 이 사안의 연대는 앞의 ①의 견해와는 맞지 않다. 이 사안 직전인 충렬왕 20년 5월에는 제주도를 고려에 반환하기로 결정했고[35] 제주도 다루가치도 이미 폐지되었을 터이므로,[36] ②의 견해가 성립할 수 있을지도 미묘하다.

---

33 『高麗史』 권31, 충렬왕 20년 7월 乙亥. "元遣吃折思八八哈思, 齎護沙門詔來. 百官具袍笏, 率僧徒出迎于門外. (후략)"

34 같은 至元 31년의 5월 16일 자로, 대원울루스 중서성은 불교 승려·네스토리우스 敎士·道士에 대한 보호를 지시하는 성지를 欽奉하고 있는데(『元典章』 권33, 禮部, 釋道, 僧道休差發例), 이 건과 관련성이 있을지도 모르겠다.

35 『高麗史』 권31, 충렬왕 20년 5월 甲寅.

36 다만 제주도의 다루가치가 실제로 철수한 것은 적어도 같은 해 11월까지 늦추어진 것으로 보인다(『高麗史』 권31, 충렬왕 20년 11월 乙卯).

그런데 위 사료의 후략 부분에는 이 성지를 고려에 전달한 그제스 파바가스가 제사 문하에서 티벳불교 승려가 된 고려인이었음을 기록하고 있다. 이 점이 이 건에 제사가 간여했음을 직접적으로 시사하는 것은 아니지만, 흥미로운 사실이다.

㈑ 기타

이 외에도 개별 고려 사원이 몽골 권력의 보호를 받은 사례가 몇 가지 확인된다. 관계 사료는 다음 절에서 제시할 것인데, 우선 고령의 반룡사(盤龍寺)는 1281년(충렬왕 7, 지원 18)의 제2차 일본 원정 즈음에, 정동행성 휘하 군대의 행패를 금지한다는 정동행성의 방문(榜文)을 받았다.[37] 또 개경 부근에 있었던 것으로 보이는 흥천사(興天寺)는 1311년(忠宣王 2, 至大 4)에 진왕(晉王) 예순 테무르(뒤의 태정제)의 원찰로서 보호받았다.[38] 강화도 선원사(禪源寺)의 경우, 원 황제에 의해 전토를 보장받았다고 전해진다.[39] 다만 이들은 이 문서의 발현지인 송광사로부터 상당히 떨어진 별개의 사원에서의 일이다. 또 황제 이외의 황족 및 정치 기관이 사원 보호와 관련해 법지를 발행했다는 사례는 필자가 아는 한 확인할 수 없다.

이상의 여러 사례들은 모두 제사와의 관련성이 명확하지 않으므로 현시점에서는 이 법지의 발령 계기로 추단할 수 없다. 이를 전제로 하면서 굳이 상대적인 가능성을 논하자면, 송광사와 직접 관계되고 내용상의 정합성도 비교적 높은 ㈎가 그 가운데서는 유력하다고 할 수 있을 것이다. 그러나 이 문서의 수취자가 송광사였음을 확신할 수 없으므로 신중하게 평가해야 한다. ㈏와 ㈐도 사료에 생략이 많아 상세한 내용을 알 수 없지만, 오히려 그 때문에 가능성은 남아 있다. ㈑는 이후 이 문서의

37 『新增東國輿地勝覽』 권29, 慶尙道, 高靈縣, 佛宇, 盤龍寺.

38 『高麗史』 권34, 충선왕 3년 9월 壬午.

39 『東文選』 권111, 〈復禪源寺疏〉.

수취자가 송광사가 아니었을 가능성이 높아질 경우라면 중요성을 가지게 될 것이다. 다만 이들 사례의 연대는 어디까지나 황제나 황족·정치기관 등이 사원·불승을 보호하겠다는 의지를 표명한 시점이다. 전술한 대수녕선사 사례가 그러한 것처럼, 이와 관련해 법지가 발행되었다고 하더라도 연대가 동일했다고 단정할 수는 없다. 또 이 법지가 이미 알려져 있는 사료에서는 전혀 알 수 없는 계기로 발급되었을 가능성도 여전히 남아 있다. 현 단계에서 이 법지의 발령 연도와 발급 경위를 특정하는 것은 곤란하다.

4. 송광사 법지의 발급을 둘러싼 시대적 배경

앞 절에서 검토한 바와 같이, 송광사 법지의 발령 연대 및 그 경위를 구체적으로 특정하는 것은 현재로서는 어렵다. 따라서 이 문서를 더 자세히 이해하고 이를 역사 자료로 활용하기 위해서는 더 많은 관련 정보를 수집하고 다각적으로 검토할 필요가 있다. 이에 이 절에서는 그 일환으로 이 문서가 발급되었던 시대 배경인 대원울루스와 고려 불교의 관계를 검토하고, 이 문서의 출현을 통해 제기된 논점을 정리해 두고자 한다.

다행히 대원울루스와 고려 불교의 관계에 대해서는 비교적 많은 선행 연구를 통해 기본적 사실이 많이 밝혀져 있다. 그중에서도 티벳불교의 고려 전래에 대한 논고[40]가 눈에 띄는데, 전체상을 논한 것으로는 선구적인 연구로 안계현(安啓賢)의 업적이 있고[41] 강호선(姜好鮮)이 이를 종합해 서술했다.[41] 당시의 어느 고려 승려의 사적을 논한 박영제(朴榮濟)의

40 全宗釋[1987]; 李龍範[1989]; 秦弘燮[1997]; 許一範[2000a]; 許一範[2000b].

41 安啓賢[1960].

논고도 고려 불교와 대원울루스의 관계를 많이 다루고 있어 유익하다.[43] 또 이탈리아의 토니노 푸지오니가 대원울루스까지 활동의 장을 넓혔던 고려 승려의 족적을 더듬어 간 것도 주목된다.[44] 다만 이들 연구는 개별적 사실의 나열로 흐르는 경향도 있어 대원울루스와 고려 불교의 관계가 구조적으로 설명되었다고는 할 수 없는 부분이 있다. 그중에서도 대원울루스의 국가적 종교 질서 아래에서 고려 불교의 위치라는 기본적 구도를 더 깊이 검토할 여지가 있다. 이에 이 절에서는 특히 이 문제에 초점을 맞추어 지금까지 얻은 지견을 필자 나름대로 새롭게 정리해 보고자 한다.

1) 대원관계에 따른 고려 불교의 변용

우선 사원기 이전의 고려 불교에 대해 개관해 보겠다. 고려에서는 건국 이래 불교가 국가를 보호하고 이익을 가져다 준다는 국가비보(國家裨補) 개념에 근거해 불교를 깊이 신봉하며 후하게 보호했다. 그 공덕 사상은 풍수지리설과도 연결되어 전국의 사찰과 탑은 그 지덕(地德)에 의해 국가를 비보한다고 여겼다.[45] 그러한 고려 불교는 왕권과 밀접하게 연결된 국가불교로서의 성격이 강해, 국가 주도하에 국가를 보호하고 복을 빌며 재화(災禍)를 막기 위해 연등회와 팔관회라는 2대 국가 의례를 비롯해 여러 가지 법회(法會)를 개최했다.[46] 특히 팔관회에서는 여진인·탐라인 및 송의 상객(商客), 그리고 일본에서 온 통교자들이 국왕에게 조하(朝賀)를 올리는 장면이 연출되었는데, 오쿠무라 슈지(奧村周司)는 이를 고려

42 姜好鮮[2000].

43 朴榮濟[1994].

44 푸지오니[1999].

45 崔柄憲[1975]; 徐閏吉[1975]; 徐閏吉[1976]; 韓基汶[1998a], 110~117쪽 참조.

46 고려 전기의 국가적 불교의례에 대한 연구는 다수인데, 근년의 업적으로는 洪潤植[1994]가 개략적인 내용을 담고 있다.

왕을 중심으로 하는 독자의 국제질서관을 표현한 것으로 평가했다.[47] 또 『인왕반야경(仁王般若經)』이 '호국안민(護國安民)'의 '최승법문(最勝法文)'으로 존중되어[48] 왕이 외출할 때에는 이 경전을 내세우고 앞장섰다는 기록도 있다.[49]

불교계는 왕권에 의해 관리, 통제되고 있었다. 수계(受戒)를 행하는 계단(戒壇)을 관에서 설치했고,[50] 국가에서 승려 등용시험인 승과(僧科)를 실시했다. 승과 급제자에게는 승계(僧階)를 주어 승려의 서열을 국가적 위계제로 정비했다.[51] 또한 국가는 사원의 주지를 임명했고,[52] 이 외에도 고승 가운데서 국사(國師)와 왕사(王師)를 선발했다. 국사와 왕사는 불교계 최고권위로서 국가·국왕이 불교를 존숭함을 상징하는 존재였다.[53] 또 중앙 정부에는 승록사(僧錄司)가 설치되어 불교 관계 행정 사무를 담당했다.[54]

1231년(고종 18, 태종 우구데이 3)부터 몽골군의 대규모 침공이 시작되자, 고려 불교는 호국불교로서의 성격을 크게 발휘해 반몽골항쟁의 정신적 지주 역할을 하게 되었다. 가야산 해인사에 현존하는 대장경판이 몽골군의 격퇴를 기원하며 만들어졌다는 사실은 유명한데, 인왕회(仁王會)를 비롯해서 군사를 몰아내기 위한 기원 법회도 매우 빈번하게 열렸다.[55]

---

47 奧村周司[1979].

48 『高麗史』 권26, 원종 5년 7월 己亥.

49 『宋史』 권487, 高麗 傳.

50 許興植[1986a], 320~323쪽; 韓基汶[1998b], 353~372쪽 참조.

51 고려의 僧科와 僧階에 대해서는 李載昌[1975], 430~438쪽; 鄭茂煥[1980], 52~64쪽; 吉熙星[1983]; 許興植[1986a], 323~331쪽; 許興植[1986b]; 李逢春[1994], 93~103쪽 참조.

52 許興植[1986a], 336~342쪽; 韓基汶[1998a], 136~161쪽 참조.

53 許興植[1986c]; 朴胤珍[2006] 참조.

54 고려의 불교행정 체계에 대해서는 李載昌[1975], 438~443쪽; 鄭茂煥[1980], 64~73쪽; 張東翼[1981]; 安啓賢[1983]; 許興植[1986a], 342~354쪽; 李逢春[1994], 85~93쪽; 安田[2002] 참조.

55 尹龍爀[1990] 참조.

이상과 같은 고려 불교의 국가불교적 성격은 고려가 대원울루스에 귀부한 후에도 기본적으로 변화하지 않았고, 고려왕권이 불교계를 관리, 통제하는 체제도 이전대로 유지되었다. 대원울루스가 고려 불교에 '간섭'한 것으로는 국사를 국존(國尊)으로 고치는 등[56] 황제에 대해 참월한 내용을 개변한 일,[57] 담선법회(談禪法會)가 반몽골적 행사로 문제가 되었던 일[58] 등을 사례로 들 수 있다. 다만 후자는 고려 관인의 내부 고발이 단서가 되었던 사건으로, 최종적으로 대원울루스 측은 이 법회를 굳이 금지하지 않았다.[59] 오히려 사료상으로는 강압적인 직접 '간섭'이 의외로 눈에 띄지 않는다는 인상을 받는다. 이에 대해 강호선은 세조 쿠빌라이가 고려에 대해 '불개토풍(不改土風)', 즉 정치·사회상의 구체제 유지를 보장한 것이 배경이 되었다고 추정했는데,[60] 필자도 기본적으로 수긍한다. 다만 약간 보정하자면, 세조의 이 칙허는 어디까지나 원칙론으로, 모든 기존 제도가 용인되었던 것은 아님은 전술한 바와 같다. 존속을 인정받은 기존 제도의 범위가 명확하게 고정되어 있었던 것은 아니었는데, 예를 들면 노비제도의 경우 14세기 초까지 대원울루스 측에서 몇 차례 개혁 논의가 제기되어 그때마다 고려의 제도를 유지하는 것으로 재확인되었다.[61] 하지만 고려 불교에 관해서는 적어도 결과적으로 기존 체

56 元貞 원년(1295, 충렬왕 21) 비석으로 세워진 閔漬 撰, 〈高麗國華山曹溪宗麟角寺迦智山下普覺國尊碑幷序〉(텍스트는 朝鮮總督府[1919], 467~473쪽; 許興植[1984b], 1067~1077쪽; 李智冠[1997], 189~282쪽 참조).

57 팔관회도 1275년(충렬왕 원년, 至元 12)에 대원울루스에 대해 참월한 여러 형식들이 고쳐졌다(『高麗史』 권69, 禮志, 嘉禮雜儀, 仲冬八關會儀, 충렬왕 원년 11월 庚辰). 14세기 전반에 활약한 李穀이 지은 〈八關齋疏〉에는 "더욱 上國의 懷撫를 받아"라고 대원울루스를 찬양하는 문구가 기록되어 있다(李穀, 『稼亭集』 권10).

58 『高麗史』 권28, 충렬왕 4년 3월 戊戌.

59 『高麗史』 권29, 충렬왕 6년 3월 戊辰. 다만 姜好鮮[2000](13쪽)에서는 그 후 실제로는 담선법회가 열리는 일이 없었다고 추측했다.

60 姜好鮮[2000], 11~12쪽.

61 北村秀人[1964], 15~19쪽; 太田彌一郎[1993]; 金炯秀[1996] 참조.

제가 대폭 용인되었다고 봐도 틀리지 않을 것이다.

그러나 고려가 대원울루스의 정치적 영향하에 들어감에 따라 고려 불교의 양상에는 한 가지 변화가 생겨났다. 고려 불교가 대원울루스 국가의 질서·체제와는 무관하게 존재하며 단지 구래의 모습대로 방치되었을 뿐이라면, 고려 불교는 고려왕권을 떠받치는 존재로 남아 있었을 것이다. 그러나 몽골제국에서 여러 종교의 교단은 황제를 위해 하늘에 복을 기원함으로써 그 존재를 공인받았으며 그러한 봉사의 대가로 세역 면제 등 국가적 보호를 받고 존숭되었다. 몽골의 황제를 비롯한 여러 권력 담당자들이 성지·영지·의지·균지·법지 등의 발령문 형태로 종교 교단에 수여한 '보호특허장'에는 종교인 보호에 관한 황제(역대 황제가 구체적으로 열거되는 경우도 많음)의 성지가 자주 인용된다. 예를 들어 "쥐 해(1324, 충숙왕 11, 泰定 원년) 3월 13일 자 리오체빠(ri bo che pa) 사찰의 승려들에게 내린 태정제 예순 테무르의 파스파문자 몽골문 성지"[62]에 인용된, 태조 칭기스부터 영종 시데발라에 이르는 역대 황제의 성지 내용은 다음과 같다.

> 불승들, 네스토리우스 교사(敎士)들, 도사(道士)들, 무슬림 식자(識者)들은 모든 공납(貢納)과 가축세를 보지 않고(내지 않고), 하늘에 기도해 〔우리에게〕 축복을 내리게 하라(doyid ėrke'üd senšiṅüd dašmad aliba alba qubčiri ülü üjen dėṅri-yi ǰalbariǰu hirü'er ögün atuqayi).[63]

고려 불교에도 그 종교 행위를 통해 황제에게 봉사하도록 요구되었고, 그 대가로서 몽골 권력으로부터 보호 및 존숭을 받는 형태가 이루어져 있었던 것으로 보인다. 예를 들면 『신증동국여지승람』 고령현(高靈縣)

---

62 西藏自治區檔案館[1995](No.2)에 실린 사진에 따름.

63 여기에서의 파스파문자 몽골문의 알파벳 轉寫는 Louis Ligeti의 방식에 준거한다.

의 반룡사(盤龍寺)에 다음과 같은 기사가 있다.

> 원 세조 때의 방문(榜文)에 이르기를, "황제의 성지에 따라 행중서성(行中書省)에서 살피건대, 군마가 모두 합포(合浦)에 도착해 이미 배에 올라 출정했는데, 뒤에 남아서 주둔하는 정군(正軍)과 쿠데치[闊端赤, 마부, 종자] 등이 의안(義安) 일대와 단성촌채(丹城村寨)에서 가축을 놓아기르고 있다. 각처의 사원(寺院)을 짓밟으며 소란을 일으켜 성수(聖壽)를 축원하는 좋은 일에 방해를 끼칠까 진실로 우려된다. 〔이에〕 방을 붙여 유시해 금지한다. 만일 공법(公法)을 두려워 하지 않는 자가 사원 안을 짓밟고 소란을 일으켜 불안하게 하는 일이 있으면 소재의 관사에 명해 잡아들여서 법에 의해 단죄하게 하라. 마땅히 방으로 보인다. 이 방을 반룡사에 발부하니, 걸어 두어 여러 사람에게 유시해 각각 두루 알게 하라." 했다.[64]

한반도 남안의 합포(현재의 경상남도 창원시)를 출격기지로 한 일본 원정군에 관한 언급이 보이는 데서, 여기에 등장하는 행중서성은 1281년 제2차 일본 원정 당시의 군사령부인 정동행성을 가리킨다고 판단된다. 즉 이 기사는 정동행성이 고령의 반룡사에 수여한 방문의 내용으로, 합포에서 출격하지 않고 잔류해 의안(합포 인근 고을, 현재의 창원시) 등 주변 지역에서 활동하는 휘하의 부대가 각 지역의 사원에서 행패를 부리는 것을 금지한 것이다. 정동행성이 해당 조치를 취한 것은 바로 그러한 고려 사원이 황제의 '성수를 축원하는 좋은 일'을 하는 시설로 인식되었기 때

64 『新增東國輿地勝覽』 권29, 慶尙道 高靈縣 佛宇 盤龍寺. "有元世祖時榜文云, 皇帝聖旨裏, 行中書省照得, 軍馬俱到合浦, 已上船征進外, 有落後屯住正軍·闊端赤人等, 於義安上下丹城村寨牧放頭匹. 誠恐屯守各處寺院, 踏踐騷擾, 有礙祝延聖壽善事. 擬合出榜省諭禁約. 若有不畏公法之人, 於寺院內踏踐騷擾, 以致不安, 仰所在官司捉拿前來, 依條斷罪施行. 合行榜示者. 右榜付盤龍寺. 張掛省諭諸人, 各令通知."

문이다.

또 전술한 바와 같이 송광사 제6세인 충지는 1272~1275년의 어느 시기에 송광사 소속 전토를 보호, 즉 면세 조치해 줄 것을 세조 쿠빌라이에게 호소하는 표문을 기초했는데, 여기에서 그는 송광사가 황제를 위해 기원하는 땅(大國祝君之地)으로서 복을 받드는 도량(奉福之道場)이라고 서술했다. 주청을 허락받은 데 대한 사은표에서는 축성의 공로를 쌓은 일(祝聖之積勞)을 이야기하고, 황제의 장수를 공경히 기원할 것(恭推椿欞之遐筭)을 맹서하면서 송광사를 황제의 원찰로 삼아 달라(賜爲願刹)고 요청하고 있다.

나아가 개경의 묘련사(妙蓮寺)에 대해 이제현(李齊賢)의 『익재난고(益齋亂藁)』에 실린 〈묘련사중흥비(妙蓮寺重興碑)〉에는,

> 우리 충렬왕과 제국대장공주(齊國大長公主)가 함께 불교를 신앙해, "부처의 도(道)에 들어가는 데는 『법화경(法華經)』이 가장 심오하며, 경전의 뜻을 창달한 것은 『천태소(天台疏)』에 모두 갖추어져 있다. 좋은 땅을 가려 정사(精舍)를 세우고, 경전을 읽어서 도를 찾고, 소를 강론해 그 뜻을 연구함으로써, 이를 통해 천자를 위해 복을 빌고 조종(祖宗)에 복을 구하고자 한 것이다."라고 했다. 지원 20년(1283, 충렬왕 9) 가을에 불당을 착공해 이듬해 여름에 낙성했다.[65]

라는 기사가 있다. 묘련사는 충렬왕과, 쿠빌라이의 딸로서 충렬왕비였던 제국대장공주에 의해 대원울루스 황제를 위해 복을 비는 것을 명목의 하나로 해 창건되었다고 한다.

---

65 『益齋亂藁』 권6, 〈妙蓮寺重興碑〉. "我忠烈王與齊國大長公主, 專信佛氏謂, 入佛之道, 法華經最邃, 暢經之義, 天台疏悉備. 卜勝地立精舍, 繙經以求其道, 講疏以研其義, 將以祝釐於天子, 邀福於宗祏者也. 堂構于至元二十年之秋, 明年之夏而落成."

금강산 장안사(長安寺)의 경우, 이곡(李穀)이 지은 〈금강산장안사중흥비(金剛山長安寺重興碑)〉의 한 구절에,

> 성천자(聖天子, 토곤 테무르)께서 즉위하신 지 7년 만에 황후 기씨(奇氏)는 원비(元妃)로서 황자(皇子)를 출산하시었고, 곧이어 중궁(宮中)의 의(儀)를 갖추어 흥성궁(興聖宮)에 거처하시었다. 내시에게 말하기를, "내가 인연에 따른 은혜를 입어 이에 이르렀다. 이제 황제와 태자를 위해 하늘에 장수를 기원하고자 하는데, 불교에 의탁하지 않으면 무엇으로 하겠는가? 무릇 그 복리(福利)라고 하는 것을 들지 않는 곳이 없으나 금강산 장안사가 가장 뛰어나다고 들었다. 복을 빌어 상(上)에 보답하려면, 이곳만 한 데가 없다."라고 하시었다. 지정(至正) 3년(1343, 忠惠王 후4)에 이르러, 내탕(內帑)의 저폐(楮幣) 1천 정(錠)을 내어 중수하게 하고, 길이 절의 상주(常住) 비용으로 삼게 했다. 다음 해에 또 그렇게 했고, 또 그다음 해에도 그렇게 했다. 그 승도 500명을 모아서 옷과 바릿대를 시주하고 법회를 열어 낙성식을 거행했다.[66]

라고 해, 순제(順帝)의 고려인 황후 기씨의 후원으로 황제·황자의 장수를 기원한다는 목적으로 중흥되었음을 알 수 있다.

승려 식영암(息影庵)이 지은 〈복선원사소(復禪源寺疏)〉에는 고려가 대원울루스의 영향을 받던 당시의 강화도 선원사에 대해 다음과 같이 전하고 있다.

---

66 『稼亭集』 권6, 〈金剛山長安寺重興碑〉. "聖天子龍飛之七年, 皇后奇氏以元妃生皇子, 既而備壼儀居于興聖之宮. 顧謂內侍曰, 予以宿因蒙恩至此. 今欲爲皇帝·太子祈天永命, 非託佛乘, 其何以哉. 凡其所謂福利者, 靡所不擧, 及聞金剛山長安寺最爲殊勝. 祝釐報上, 莫玆地若也. 越至正三年, 出內帑楮幣一千定, 俾資重興, 永爲常住用. 明年又如之, 又明年如之. 集其徒五百, 施衣鉢作法會, 以落其成."

> 선제(先帝)께서 이 절을 보살펴서 토지를 그대로 하사해 동방 석토(釋士)의 유량(游場)으로 삼으셨다. 이에 선원(禪源)이라는 칭호가 후대에까지 전해져서 원황(元皇)의 원찰(願刹)이 된 것은 세조의 말씀[制音]에서 시작되었다.[67]

'선제'는 대원울루스의 황제로 봐도 무방한데, 선원사가 그 보호를 받아 전토를 보장받았음을 알 수 있다. 문제는 쿠빌라이의 '말씀'에 따라 선원사를 원찰로 한 '원황'의 해석이다. 민족문화추진회가 편찬한 현대 한국어역 『동문선』에서는 특별히 근거를 제시하지 않고 이를 고려 원종으로 번역했는데,[68] 당시의 고려 군주가 황제라고 칭해졌다고는 생각할 수 없으며, 적어도 같은 〈복선원사소〉에서는 원종의 아버지인 고종을 '고왕(高王)'이라고 기록했으므로 매우 의문스럽다. 또 대원울루스의 황제가 고려왕을 위해 원찰을 지정했다는 이야기도 쉽게 수긍하기 어렵다. 시대적인 상황으로 볼 때, '원황'은 역시 대원울루스 황제를 가리킨다고 봐야 할 것이다. 필자의 이해에 오류가 없다면, 이 기사도 고려의 사원이 대원울루스 황제로부터 보호를 받는 대신 종교적 봉사를 요구받았던 예증이 될 것이다.

고려 사찰에는 때때로 대원울루스에서 황제의 명령을 받든 사신이 와서 황제를 위해 복을 빌기도 했다. 예를 들면 『고려사』 세가, 충숙왕 후4년(1335, 後至元 원년) 8월 기미 조에,

> 〔왕이〕 해주(海州)에 행행(行幸)했다. 처음에 왕은 해주에 가서 사냥하고자 했는데, 조정의 논의를 꺼려 실행하지 못했다. 어향사(御香使) 김

67 『東文選』 권111, 〈復禪源寺䟽〉. "先帝乃完玆奈苑, 留與土田, 爲東方釋士之游場. 斯以禪源稱號歷下代, 元皇之願刹, 始於世祖制音."

68 民族文化推進會[1996], 469쪽.

신(金信)은 본국인으로, 〔왕에게〕 영합해 성지를 구두로 전해 "해주의 신광사(神光寺)에서 축수하라."고 했다. 이에 이를 핑계로 갔다.[69]

라고 했다. 또 『익재난고』의 〈묘련사석지조기(妙蓮寺石池竈記)〉에는 다음과 같은 기록이 있다.

삼장순암법사(三藏順菴法師)가 천자의 조서를 받들어 풍악(楓岳, 금강산)의 불사(佛祠)에서 축리(祝釐)했다.[70]

순암은 후술할 의선(義旋)으로, 원 대도(大都)의 칙건사원(勅建寺院)인 대천원연성사(大天源延聖寺)에 주지한 인물이다. 황제 이외 황족의 경우도 『고려사』 세가, 충선왕 3년(1311, 지대 4) 9월 임오 조에,

원에서 환자(宦者)인 원사(院使) 이신(李信)을 보내어 왔는데, 흥천사(興天寺)를 보호하기 위해서였다. 진왕(晉王)이 이 사찰을 원찰로 삼았으므로 〔황제에게〕 상주해 그를 보낸 것이다.[71]

라고 해, 당시의 진왕 예순 테무르(뒤의 태정제)의 의향으로 원사 이신이 고려에 파견되어 흥천사를 원찰로 삼아 보호했음을 알 수 있다.

『원사』 무종 본기, 대덕 11년(1307, 충렬왕 33) 6월 갑인 조에는,

내군(內郡)·강남(江南)·고려·사천(四川)·운남(雲南)의 여러 사찰 승려들

---

69 『高麗史』 권35, 충숙왕 후4년 8월 己未. "幸海州. 初王欲游獵海州, 憚朝議未果. 御香使金信, 本國人, 希旨口宣聖旨云, 祝壽于海州神光寺. 乃托以行."

70 『益齋亂藁』 권6, 〈妙蓮寺石池竈記〉. "三藏順菴法師, 奉天子之詔, 祝釐于楓岳之佛祠."

71 『高麗史』 권34, 충선왕 3년 9월 壬午. "元遣宦者院使李信來, 以護興天寺也. 晉王以是寺爲願刹, 故奏遣之."

> 에게 칙령을 내려 장경(藏經)을 암송하고 삼궁(三宮, 무종 황제 카이샨, 황태자 아유르바르와다(뒤의 仁宗), 황태후 다기)을 위해 복을 빌도록 했다.[72]

라는 기사도 보인다. 대원울루스 측에서 보자면, 고려의 불교는 황제를 비롯한 대원울루스 제실에 봉사하는 곳이었다는 점에서 다른 지배 지역에서의 그것과 아무런 차이도 없었던 것이다. 그 대가로 몽골 권력은 위에서 열거한 것처럼 고려 불교를 보호하고 존숭했으며, 앞 절에도 관련 사료를 소개했듯이 때로는 황제 스스로 성지를 내어 이를 권장하기도 했던 것이다.[73]

이러한 가운데, 고려의 승려 중에는 황제에게 초빙되거나 황제의 명을 받아 대도의 사원에 주지한 자도 있었다. 우선 앞에 나온 충지의 경우 세조에게 초빙되어 대원울루스에 가서 황제의 후한 대우를 받았는데, 그 양상은 앞서 언급한 그의 탑비(塔碑)에 다음과 같이 기록되어 있다.

> 상국(上國, 대원울루스)에서는 사(師)의 풍모를 듣고 사의 덕(德)을 아름답게 여겨 궁사(宮使)를 보내어 사를 맞이하게 하고 〔사를〕 위해 생각해 음식을 잇달아 공급했으며, 〔고려〕 조정도 열심히 요청했다. 〔이에〕 부득이 길을 떠나 역마를 타고 중국에 이르렀다. 황제가 친히 맞이했으며 빈주(賓主)의 예로 대우했고 사부(師傅)의 은혜로 예찬했다. 온 나라가 덕을 우러렀으며 만민이 인(仁)에 귀의했다. 금란가사(金襴袈裟)·백수장삼(碧繡長衫)·백불일쌍(白佛一雙)을 하사했다. 모두 법구(法具)다. 관기(官記) 강용(康用)이 호종해 산으로 돌아왔다.[74]

---

72 『元史』 권22, 武宗本紀, 大德 11년 6월 甲寅. "勅內郡·江南·高麗·四川·雲南諸寺僧誦藏經, 爲三宮祈福."

73 『高麗史』 권27, 원종 14년 2월 乙酉; 권31, 충렬왕 20년 7월 乙亥.

74 〈曹溪山修禪社第六世圓鑑國師碑銘幷序〉. "上國聞師之風, 嘉師之德, 遣宮使迓使, 與計續食, 官家敦逼. 不得已上道行, 乘馹至中夏. 皇帝親自迎, 迓對以賓主之禮, 禮褒以師傅

또 충렬왕 대의 고관으로 유명한 조인규의 아들 의선(義旋)에 대해서는 『익재난고』의 〈묘련사중흥비〉에,

> 순암(順菴) 선공(旋公, 의선)은 원혜(圓慧)의 적사(嫡嗣)로서 무외(無畏)의 유자(猶子)다. 천자가 삼장(三藏)이라는 호(號)를 하사하시고 명해 연도(燕都) 대연성사(大延聖寺)에 주지하게 하시었다.[75]

라고 해, 황제로부터 삼장법사(三藏法師)라는 법호를 받고 황제의 명으로 대도의 '대연성사', 즉 대천원연성사에 주지했음을 알 수 있다.

나아가 이곡(李穀)이 지은 〈대숭은복원사고려제일대사원공비(大崇恩福元寺高麗第一代師圓公碑)〉에는,

> 공의 휘는 해원(海圓)이고, 속성(俗姓)은 조씨(趙氏)이며 함열군(咸悅郡) 사람이다. (중략) 갑오년(1294, 충렬왕 20, 지원 31) 봄에 승과에 급제해 불주사(佛住寺)에 머물렀다. 대덕 을사년(1305, 충렬왕 31, 대덕 9)에 안서왕(安西王)이 고려 승려의 계행(戒行)이 매우 높다는 소문을 듣고 성종에게 청해 사자를 보내어 그를 초빙했다. 공이 그 명령에 응해 입조하고, 이어서 안서왕을 좇아 삭방(朔方)으로 갔다. (중략) 정미년(1307, 충렬왕 33, 대덕 11) 겨울에 무종의 뜻을 받들어 도제(徒弟)들을 거느리고 국고의 지급을 받았으며, 〔황제가〕 봄·가을로 정기 순행할 때에는 〔공에게〕 호종하게 했다. 인종이 제위를 계승해서는 이 사찰(대숭은복원사)에 거처할 것을 명령했다. 은총과 지우는 더욱 풍부해지고, 불도의 명성은 더욱 드러났다. 천력(天曆) 연간(1328~1330) 초에 이르러서는 저폐(楮幣) 25,000

之恩. 擧國迎德, 萬民歸仁. 受金襴袈裟·碧繡長衫·白佛一雙. 皆道具也. 官記康用護行還山."

75 『益齋亂藁』 권6, 〈妙蓮寺重興碑〉. "順菴旋公, 圓慧之嫡嗣, 無畏之猶子. 天子錫號三藏, 命住燕都之大延聖寺."

을 하사받았으니, 대개 공을 남달리 총애했기 때문이다.[76]

라고 되어 있다. 고려 승려인 해원은 성종 테무르 대에 당시의 안서왕 아난다의 초빙에 응해 원에 갔는데, 뒤에 무종을 호종했고 나아가 인종의 명령으로 대도 대숭은복원사(大崇恩福元寺)에 들어갔다고 한다. 이상의 사례에 보이는 대천원연성사와 대숭은복원사는 몽골 황족의 초상을 봉안한 신어전(神御殿)이 세워진, 황제의 권위에 직결된 '칙건사원'이었음이 주목된다.[77]

고려 말에 활약한 나옹(懶翁)에 대해서도 그 탑비에,[78]

을미년(1355, 恭愍王 4, 지정 15) 가을, 성지를 받들어 대도 광제사(廣濟寺)에 주지했다. 병신년(1356, 공민왕 5, 지정 16) 10월 보름, 개당법회(開堂法會)를 열었다. 황제가 원사 에센 테무르[也先帖木兒]를 보내어 금란가사와 폐백(幣帛)을 하사했고, 황태자가 금란가사와 상아불자(象牙佛子)를 보내어 하사했다.[79]

---

76 『稼亭集』 권6, 〈大崇恩福元寺高麗第一代師圓公碑〉. "公諱海圓, 俗姓趙氏, 咸悅郡人. (중략) 甲午春, 登選佛科, 住佛住寺. 大德乙巳, 安西王聞高麗僧戒行甚高, 請于成宗, 遣使招致之. 公應其命入覲, 仍從安西王于朔方. (중략) 丁未冬, 奉武宗之旨, 率徒弟食公廩, 春秋時巡, 則令扈駕. 仁廟繼極, 命居是寺. 恩遇益豊, 道譽益著. 迨天曆初, 賜楮幣二萬五千. 蓋所以寵異之也."

77 원 대 大都의 勅建寺院에 대해서는 大藪正哉[1983]; 陳高華[1992]; 中村淳[1999b] 참조.

78 宣光 7년(1377, 禑王 3)에 이색이 지은, 〈高麗國王師大曹溪宗師禪敎都摠攝勸修本智重興祖風福國祐世普濟尊者益禪覺塔銘幷序〉(텍스트는 朝鮮總督府[1919], 498~502쪽; 許興植[1984b], 1195~1200쪽; 李智冠[1997], 347~370쪽 참조). 이 碑銘은 찬자의 문집인 『牧隱集』 文藁 권14, 〈普濟尊者諡禪覺塔銘幷序〉에도 수록되어 있다.

79 『牧隱集』 文藁 권14, 〈普濟尊者諡禪覺塔銘幷序〉. "乙未秋, 奉聖旨住大都廣濟寺. 丙申十月望日, 設開堂法會. 帝遣院使也先帖木兒, 賜金襴袈裟·幣帛, 皇太子以金襴袈裟·象牙拂子來錫."

라고 해, 황제의 성지를 받들어 대도의 광제사에 주지했으며, 순제 토곤 테무르 및 그 황태자 아유르시리다라와 관계를 맺었음을 알 수 있다.

2) 대원울루스 황제의 왕권과 고려 정부의 불교 의례

전술한 바와 같이 대원울루스에서는 종교가 황제의 권위와 직결되어 있었다. 그중에서도 제사를 중심으로 하는 티벳불교의 사상과 의례가 왕권의 정통성을 떠받치는 역할을 수행했으며, 세조 쿠빌라이는 불전(佛典)에 나타나는 이상적 제왕인 전륜성왕(轉輪聖王)의 최고격, 금륜성왕(金輪聖王)으로서 위치되었음이 밝혀졌다.[80] 또 쿠빌라이를 비롯한 대원울루스의 황제가 때때로 부처의 응신(應身)으로 관념화되었던 점도 지적된다.[81] 그러한 황제에게 불교를 통해 봉사하는 것은 사원과 승려에게만 한정된 책무는 아니었다. 아래에서 살펴볼 것처럼 대원울루스의 관리는 정단(正旦)·성절(聖節)·본명일(本命日)에 불사(佛寺)나 도관(道觀)에 가서 황제를 위해 복을 비는 의무를 지고 있었다. 그리고 고려왕과 그 관인도 이러한 관례에 따른 측면이 있었던 것으로 보인다. 우선 다음의 사료를 보자.

• 『고려사』 세가, 충렬왕 2년

보제사(普濟寺)에서 법석(法席)을 열어 황제를 위해 축리했다. 갑일(甲日)마다 이를 행했다. 당시 이를 을해법석(乙亥法席)이라고 했다.[82]

• 『고려사』 세가, 충렬왕 27년

왕이 백관을 이끌고 묘련사에 행행했다. 황제의 성갑일(聖甲日)을 축수

---

80 中村淳[1997], 135~137쪽; 石濱裕美子[2001].

81 石濱裕美子[2001], 33~34쪽; 西尾賢隆[2006a], 251쪽.

82 『高麗史』 권28, 충렬왕 2년 정월 乙亥. "設法席于普濟寺, 爲帝祝釐. 每値聖甲日行之. 時謂之乙亥法席."

하기 위해서였다.[83]

이 두 사료를 통해, 고려왕이 갑일마다 불교 사찰에 가서 황제를 위해 복을 빌었음을 알 수 있다. 갑일이란 순일(旬日), 즉 60갑자의 제1일을 의미하는 용어이기도 하지만, 여기에서는 '황제의 성갑일'이라고 되어 있듯이 황제와 관련된 날이다. 그리고 이 법석이 개최일의 간지에 따라 '을해법석'이라고 칭해졌다는 데서 특정 간지의 날을 가리키는 것임을 알 수 있다. 위에 제시한 두 사료의 기년(紀年)에 해당하는 황제는 세조와 성종인데, 두 황제의 생년(生年) 간지, 즉 본명(本命)이 각기 을해와 을축으로,[84] 법석의 날짜에 부합한다는 점이 주목된다. 성절 외의 관련성은 특별히 언급되지 않았으므로 갑일이란 황제의 생년과 같은 갑자의 날짜, 즉 본명일을 가리키는 것이라고 볼 수 있다.

황제의 본명일에 불사와 도관에 참배해 복을 비는 일이 대원울루스 관리에게 임무로 부과되었음은 다음의 『통제조격(通制條格)』 기사에서 확인된다.

> 지원 31년(1294, 충렬왕 20) 7월, 중서성. 어사대의 정(呈)에 "구례(舊例)에는 성주(聖主)의 본명일에 소재의 관리가 승려와 도사의 강수인(綱首人) 등을 거느리고 사찰과 도관에 가서 행향(行香)하고 성수(聖壽)를 축연(祝延)합니다. 마땅히 두루 지시를 보내 예에 따라 시행하도록 해야 하겠습니다."라고 했다. 도성에서 정을 인준했다.[85]

---

83 『高麗史』 권32, 충렬왕 27년 정월 乙丑. "王率行省官及群臣, 幸妙蓮寺. 爲帝聖甲日祝壽也."

84 세조에 대해서는 『元史』 권4, 世祖本紀에 "以乙亥歲八月乙卯生"이라고 되어 있다. 성종에 대해서는 『元史』 권18, 成宗本紀에 "至元二年九月庚子生"이라고 되어 있는데, 至元 2년은 을축년이다.

85 『通制條格』 권8, 儀制, 祝壽. "至元三十一年七月, 中書省. 御史台呈, 舊例, 欽遇聖主本命日, 所在官吏, 率領僧道綱首人等就寺觀, 行香祝延聖壽. 擬合遍行, 依例施行. 都省准

고려왕이 상국 황제의 본명일에 이러한 기복을 시행한 사례는 대원울루스 이전에는 확인되지 않으므로, 왕은 대원울루스의 관례에 따라 이를 행했으리라 생각한다. 『고려사』 세가, 충정왕 2년(1350, 지정 10) 7월 경신 조에 "왕은 성갑(聖甲)이라 해 민천사(旻天寺)에 가서 행향했다."[86]라고 한 기록도 아마 같은 행위였을 것이다. 당시의 황제였던 순제의 생년은 1320년(충숙왕 7, 연우 7)으로,[87] 그해의 간지가 곧 경신이었다.

또 『고려사』 세가, 충렬왕 27년(1301, 대덕 5) 정월 병진 조에는,

> 왕이 백관을 거느리고 묘련사에 가서 황제를 위해 축리했다. 제 로(諸路)·행성 이하 관리가 모두 정월 삭망에 행향하고 축리하는 것은 바로 원의 예다.[88]

라고 했다. 제 로·행성 이하 관리로 하여금 정월 초하루와 보름에 행향하며 황제를 위해 축수하게 한 대원울루스의 예에 따라, 고려왕도 백관을 거느리고 묘련사에 가서 이를 행했다는 것이다. 이 가운데 정월 보름에 행향한 일은 지금으로서는 그 실례를 보여 주는 사료가 확인되지 않지만,[89] 대원울루스의 지방 관원이 정단에 불사와 도관에 가서 황제를

呈."

86 『高麗史』 권37, 충정왕 2년 7월 庚申. "王以聖甲, 幸旻天寺, 行香."

87 『元史』 권38, 順帝本紀에 "明宗이 북방에 巡狩했을 때, 그 땅을 지나다가 罕祿魯氏를 맞이해, 延祐 7년 4월 丙寅에 북방에서 황제를 출산했다."라고 되어 있다.

88 『高麗史』 권32, 충렬왕 27년 정월 丙辰. "王率百官, 幸妙蓮寺, 爲皇帝祝釐. 諸路行省以下官, 皆以正月朔望行香祝釐, 蓋元朝之禮也."

89 安啓賢[1960](153~155쪽)은 대원울루스에서 2월 8일~15일에 거행된 白傘蓋 불사의 준비 시작일(정월 15일)에 맞추어서 일어난 것으로 추정했다. 그러나 백산개 불사는 대도에서 제사를 중심으로 행해진 불사이며(中村淳[1993], 70~72쪽; 石濱裕美子[2001], 28~33쪽 참조), 이와 관련해 '諸路行省以下官'이 정월 망일에 '行香'했다는 사실은 확인되지 않는다. 한편 대원울루스의 관원은 의무적으로 매월 삭망에 행향해야 했지만, 이는 불교 사찰이 아닌 文廟에서 행해진 의식이었다. 예컨대 『通制條格』 권5, 學令, 廟學, 至元 6년 4월 條 참조.

위해 축수하는 관례에 대해서는 『원전장』에 그를 뒷받침하는 기사가 있다.[90] 다만 이러한 의례가 고려에서 어느 정도까지 정례적으로 행해졌는지는 분명하지 않다.

한편, 대원울루스의 관원은 황제의 성절에도 불사와 도관에 가서 축수하게 되어 있었지만,[91] 필자가 아는 한 고려에서 이러한 관례가 실시되었음을 보여 주는 사료는 발견되지 않는다. 단 구체적인 경위는 불분명하지만, 고려왕이 불사에 가서 황제를 위해 기복한 사례는 이 외에도 4건 정도가 확인된다.[92] 또, 충선왕은 퇴위 후인 1314년(충숙왕 원년, 연우 원년)에 자신의 덕을 스스로 기록하고 이에 관해 신하들에게 전문(箋文)을 올리게 한 가운데 전년에 개경의 궁정에서 개최한 만승회에 대해 언급하며, 이것이 '황령(皇齡)의 영구함'을 기원한 것이었다고 서술했다.[93]

1275년(충렬왕 원년, 지원 12)에는 부도관세음보살상(浮屠觀世音菩薩像)을 12개 그리면서 궁중에서 법석을 열어 황제를 위해 축수했다고 하는데,[94] 이 법석도 아마 국왕이 행했을 것이다. 그 개최일은 을해일이었는데, 이것도 당시 황제였던 세조의 본명일과의 관련성이 추측된다.

---

90 『元典章』 권28, 禮部, 禮制, 朝賀, 禮儀社直에, "(전략) 外路·府·州·〈錄事〉司·縣은 聖節·正旦에 拜賀해 禮를 행한다. (중략) 拜賀해 예를 행하기에 이르러서는 반드시 佛寺·道觀에 나아가 승려와 도사를 이끌고 祝壽하고 (후략)((전략) 外路府州司縣, 遇聖節正旦, 拜賀行禮. (중략) 逮及拜賀行禮, 必就寺觀中, 將僧道祝壽 (후략))"라고 되어 있다.

91 위의 주에 인용한 사료 참조. 그리고 『元典章』 권28, 禮部, 禮制, 朝賀, 慶賀에는 "聖節에 拈香하는 것은 期日 1개월 전에 내외 문무백관은 스스로 佛寺·道觀에 가서 祝延聖壽萬安道場을 개설하고, 기일이 끝나면 해산한다."라고도 되어 있다.

92 『高麗史』 권28, 충렬왕 원년 4월 己酉; 권32, 충렬왕 30년 정월 丁丑; 31년 8월 己丑; 권33, 충선왕 복위년 9월 庚午.

93 『高麗史』 권34, 충숙왕 원년 정월 甲辰. 이 사료에 대해서는 安啓賢[1960](152쪽)이 담선법회에 대해 서술한 것으로 해석했으나, 安智源[2005](112쪽)이 지적했듯이 1313년에 개최된 만승회를 가리키는 것으로 봐야 한다.

94 『高麗史』 권28, 충렬왕 원년 11월 乙亥.

이상에서 확인한 바와 같이 고려왕은 사원에 가서, 혹은 궁정에서 불사를 열어 대원울루스 황제를 위해 복을 빌었다.[95] 고려왕이 다른 나라의 황제를 위해 불교의례를 통해 기복한다는 행위는, 이 이전 11·12세기에는 문종이 송 황제의 절일에 축수재(祝壽齋)를 동림사(東林寺)와 대운사(大雲寺)에서 행한 사례[96]와 예종이 송에 사신을 보내어 중국의 여러 사찰에서 축수재를 열 것을 상주한 사례[97]가 보이는 정도다. 시대에 따른 사료 잔존 분량에 차이는 있지만, 대원울루스 황제에 대한 사례는 눈에 띄는 특징이라고 평가해도 좋을 것이다.

『고려사』 세가, 충렬왕 28년(1302, 대덕 6) 6월 을해 조에는,

> 첨의참리(僉議叅理) 민지(閔漬), 지밀직사사(知密直司事) 김태현(金台鉉)에게 명해 급제자 20명을 모아 하성절표(賀聖節表), 승상에게 올리는 국서[上丞相國書], 성수를 축원하는 불소[祝聖壽佛䟽]를 시험하게 했다. 백인수(白仁壽)·복기(卜祺)·권운(權惲)·김지(金芝) 등이 잇따라 합격했다. 모두 문한서령(文翰署令)을 제수했다.[98]

라는 기사도 있다. 여기에 보이는 '성수를 축원하는 불소'란 황제의 장수를 기원하는 불사에서의 소(䟽), 즉 기도문을 가리키는 것으로 보인다. 문한관을 선발할 때, 그 작성 능력을 '하성절표', '승상에게 올리는 국서' 등 대원울루스의 황제·승상에게 발송할 공문 작성 능력과 함께 평가했

95 이미 제시한 대원울루스 측의 관계 규정에서는 道觀에 대해서도 언급되어 있으나, 고려의 도교가 양국 관계에서 어떤 위치에 있었는지 지금으로서는 알 수 없다.

96 『高麗史』 권9, 문종 32년 4월 甲子.

97 『高麗史』 권14, 예종 11년 6월 乙丑.

98 『高麗史』 권32, 충렬왕 28년 6월 乙亥. "命僉議叅理閔漬·知密直司事金台鉉, 聚及第者二十, 試以賀聖節表·上丞相國書·祝聖壽佛䟽. 白仁壽·卜祺·權惲·金芝等, 連中之. 皆授文翰署令."

던 것이다. 불교의례를 통해 대원울루스 황제에게 봉사하는 것이 당시 고려에서 얼마나 중요한 사안이었는지를 엿볼 수 있다. 더구나 이러한 봉사는 고려가 대원울루스에 귀부한 직후부터 요구되었던 듯한데, 대원울루스의 관료 왕운(王惲)의 『중당사기(中堂事記)』(『秋澗先生大全文集』 권80)에,

> 상(上)이 평장(平章) 왕문통(王文統)에게 명해 고려에 답하는 수조(手詔)를 기초하게 했다. 그 글 가운데, "경전을 외워 부처를 공양해 나라를 위해 기복(祈福)하니 실로 가상하다."라는 구절이 있었다.[99]

라는 기록이 있다. 여기에서 말하는 '나라'는 대원울루스를 가리키는 것으로 볼 수 있다.

이상과 같이 고려 불교계와 이를 통치한 국왕 이하 고려 정부는 대원울루스 측의 이념에서는 모두 황제의 종교적 권위 아래에 포괄된 존재였다. 또 각종 불교의례 등을 통해 적어도 형식상으로는 황제를 정점으로 하는 대원울루스의 국가적 종교 질서 아래에 편입되어 있었다고 생각된다. 물론 이것은 어디까지나 대원울루스 측 관점에서 파악한 상황이다. 고려 측의 표면상 언사 및 행동 가운데 대원울루스 측에서 설정한 이념 및 제도·관례와 합치하는 부분이 있다 해도, 그것이 고려 측의 내면적 실태를 그대로 드러낸다고 할 수는 없다.[99] 이 문제에 대해서는 이후의 과제로 남겨두기로 하고, 여기에서는 우선 양국 간에 이상과 같

---

99 『中堂事記』 中統 2년 3월 15일 丙子. "上命平章王文統, 草答高麗手詔. 其辭有誦經供佛爲國祈福良可嘉之語."

100 불교와 직접 관련된 것은 아니지만, 대원울루스를 향한 고려의 자세에 대해 명분과 실태의 차이를 드러내는 사료의 사례로서, 족보에 실린 錄文인, 至元 29년(1292, 충렬왕 18)의 〈金汝孟功臣敎書〉를 들 수 있다(盧明鎬 외[2000b](도판 7쪽)에 실린 사진에 따름). 교서의 발령자인 충렬왕은 冒頭에서 '皇帝福蔭(廕)裏'라고 기록해, 대원울루스의 부마로서 관료(정동행성 승상)인 스스로의 지위에 맞는 대원울루스 공문서 용어를 사용하는 한편, 스스로를 '朕', 자신의 말을 '詔'라고 기록해 명백한 僭擬를 행하고 있

은 '형식'이 존재했다는 사실을 주목하고자 한다.

3) 송광사 법지의 출현이 제기하는 것

이상과 같은 대원울루스와 고려 불교의 관계를 고려했을 때 다음으로 문제가 되는 것은, 대원울루스에서는 제국 불교계의 최고위로서 제사 혹은 국사(이하 제사로 총칭)가 임명되었고,[101] 불교계는 제사가 총괄하는—다만 장관은 아님—선정원(宣政院, 1264년 창설 때에는 총제원(總制院), 1288년에 개편)에 의해 통할되었다는 점이다.[102] 그 아래에 지방에는 석교총통소(釋敎總統所)·승록사(僧錄司)·승정소(僧正所)·도강사(都綱司) 등의 관부와 승관(僧官)이 있었고,[103] 특히 강남에는 선정원의 출장기관인 행선정원(行宣政院)이 설치되었다.[104]

이념·의례 등 형식적인 차원에서 한 걸음 나아가, 위와 같은 대원울루스의 불교계 통할 체제가 고려에까지 직접 미치고 있었는가 하는 문제에 대해서는 기존에 알려진 사료에서 그러한 형적을 살필 수 없으므로, 종래의 연구에서는 애초에 논의의 대상으로도 삼지 않거나 혹은 부정했다.[105] 그러나 이번에 송광사 법지가 출현함으로써, 적어도 제사

다. 이러한 참칭은 본래 1274년 충렬왕이 즉위한 이후 대원울루스 측의 지적을 받아 단계적으로 폐지되었던 것이다.

101 대원울루스의 帝師에 대해서는 우선 稲葉正就[1964]; 中村淳[1993]; 中村淳[1997], 135~137쪽; 印鏡[2000], 30~40쪽; 西尾賢隆[2006b]; 中村淳[2010] 등 참조.

102 野上俊静[1950]; 藤島[1967]; 藤島[1975] 참조.

103 高雄義堅[1944], 305~312쪽 참조.

104 野上俊静[1950], 789~792쪽; 西尾賢隆[2006a] 참조.

105 예를 들면, 姜好鮮[2000], 11~12쪽. 다만 고려의 불교 관계 관부의 인사에 대원울루스가 모종의 형태로 개입한 사례는 있다. 즉 『高麗史』 권125, 辛裔 열전에, "신예는 일찍이 원의 명령을 받고 楡岾都監을 주관했다."라고 되어 있다. 이 유점도감은 금강산 楡岾寺의 사원 재산을 관리하는 관사였던 것으로 보인다(安啓賢[1960], 156쪽 참조). 참고로, 1309년(충선왕 원년, 至大 2) 대원울루스가 백두산에서 벌채한 사원 건설용 목재를 수송하는 선박을 고려에서 공출하게 했을 때, 선정원은 사신을 보내어 선박 건조를 감독하게 했다(『高麗史』 권33, 충선왕 원년 3월 甲辰; 4월 甲子). 또 1313년(충선왕 5,

가 고려의 사원과 직접적인 관계를 가졌음이 거의 분명해졌다. 앞으로의 문제는 제사가 고려 불교계 및 고려 국내에서 그 통치자인 고려왕과 구체적으로 어떻게 관계되었는가다.

여기에서 송광사 법지에 보이는 사원 보호 조치가 제사와 고려 불교계 전체의 관계를 직접 보여 준다고 속단해서는 안 된다. 본래 문서에 기록되어 있었을 발령 대상자, 즉 문서 수취인에 관한 기재가 결락되었기 때문에 지금으로서는 보호 대상이 되는 사원 등의 범위에 대해 여러 가능성을 상정해 두어야 하기 때문이다. 우선 당연하게도 실물 문서를 받은 특정한 한 사원(송광사가 유력)에 대한 것이었을 가능성이 있다. 혹은 이 문서를 받은 사원을 포함해서 복수의 사원에 대한 내용이었을 수도 있다. 그러한 경우, 그들이 지역적·종파적으로 특정 사원군이었을 가능성을 고려할 수 있을 것이다. 물론 더 넓게 보아 고려의 모든 사원이 대상으로 포함되었을 가능성도 있다.

여기서 중국 본토의 사원에 관한 '보호특허장' 사례로서, 연우 원년(1314, 충숙왕 원년)에 비석으로 세워진 〈소림사몽한합벽성지비(少林寺蒙漢合璧聖旨碑)〉를 제시해 보겠다. 나카무라 준에 따르면,[106] 두 번째 〈닭의 해(1261, 원종 2, 중통 2) 6월 1일 자로 소림 장로(長老) 등에게 내려진 세조 쿠빌라이의 성지〉에서 발령 대상자인 소림 장로 복유(福裕) 등 5명의 승려가 한지(漢地), 즉 화북(華北) 불승들의 위에 위치하고, 그 상위에 당시 국사였던 팍파가 위치한다는 구도가 제시된다. 또 세 번째 〈용의 해(1268, 원종 9, 지원 5) 1월 25일 자로 숙(肅) 장로에게 내려진 세조 쿠빌라이의 성지〉에는 역시 발령 대상자인 화북 조동종(曹洞宗)의 중심인물 정숙(淨肅)

皇慶 2), 귀국하는 충숙왕과 그 아버지 충선왕 일행을 호송하기 위해 황제·황태후·중서성·徽政院·中政院이 각각 수행원을 내었을 때, 선정원도 티벳 불승 등 16명을 보냈다(『高麗史』 권34, 충숙왕 즉위년 4월 丙戌). 그러나 이러한 일들은 선정원이 고려 불교계의 통치에 관여한 것을 보여 주는 것은 아니다.

106 中村淳[1999a], 86~89쪽.

이 하남부로(河南府路)의 불승들을 관할하고, 그 위에 팍파가 위치한다는 구도가 제시된다. 송광사 법지도 발령 대상자를 구체적으로 알 수 있었다면, 대원울루스가 고려 불교계를 지역적·종파적으로 어떻게 파악하고자 했는지 알 수 있었을지도 모른다.

다만 발령 대상자가 고려 불교계 일부였다고 해도, 고려의 사원에 법지가 발급되고 보호 조치가 내려진 사실 자체는 필요에 따라 고려에까지 제사의 권위와 명령이 미치는 것으로 인식되었던 양상이라고 봐도 좋을 것이다. 충선왕이 티벳 승려로부터 수계한 사례[107]가 상징하듯이 티벳불교는 당시 비교적 이른 단계부터 여러 형태로 고려에 파급되고 있었다.[108] 동시에 그 최고 지도자인 제사의 권위가 전해지고 있었으리라는 점도 어느 정도는 상상할 수 있는데, 그 구체적인 표징도 있다. 즉 『고려사절요』 충렬왕 2년(1276, 지원 13) 3월 조에 다음과 같은 구절이 있다.

> 토번(吐蕃) 승려가 원에서 와서 스스로 말하기를, "제사가 나를 보내어 공주와 국왕을 위해 기복하게 했다."라고 했다. 재추는 기치(旗幟)와 천개(天蓋)를 갖추고 성 밖으로 나가 맞이했다.[109]

이 '토번 승려'는 뒤에 제사의 사신을 사칭했음이 밝혀졌는데, 어찌 되었든 고려 측에서는 제사의 명을 받았다고 칭하는 티벳 승려를 재추가 기치와 천개를 갖추어 성 밖까지 나가 맞이했던 것이다. 이것은 국왕이 스스로 성 밖까지 나가 칙사를 맞이한 것[109]보다는 낮은 대우이지만

107 『高麗史』 권33, 충선왕 즉위년 5월 乙卯; 6월 丙辰.

108 安啓賢[1960], 157~159쪽; 全宗釋[1987]; 李龍範[1989]; 秦弘燮[1997]; 姜好鮮[2000], 17~20쪽; 許一範[2000a]; 許一範[2000b] 참조.

109 『高麗史節要』 권19, 충렬왕 2년 3월. "吐蕃僧自元來自言, 帝師遣我, 爲公主·國王祈福. 宰樞備旗蓋, 出迎于城外."

상당한 예우임은 분명하다. 당시 충렬왕은 불완전한 형태이기는 했으나 일단 세조의 부마로서 대원울루스에서 높은 정치적 지위를 확보하고 있었고,[111] 이러한 입장에 있지 않았던 원종 대에는 내방한 티벳 승려 4명을 왕 스스로 성 밖으로 나가 맞이하면서[112] 칙사와 동등하게 대우하기도 했다. 이 티벳 승려 4명과 제사의 관계는 불분명하지만, 그들을 후하게 대우한 배경에 대원울루스에서 제사를 정점으로 하는 티벳불교의 국가적 권위가 있었음은 쉽게 이해할 수 있다.

또 『원사』 태정제 본기, 태정 원년(1324, 충숙왕 11) 8월 신미 조에는,

> 제사 팍파[八思巴]의 상(像)을 11개 그려서 각 행성에 반포하고, 그 소상(塑像)을 만들어 이에 제사하게 했다.[113]

라는 기사가 있다. 즉 제사 팍파의 초상화 11개를 각지의 행성에 보내고 이에 따라 소상을 만들어 제사하게 했다고 한다. 당시의 행성 수는 고려에 두어진 정동행성(앞에 나온 군사령부로서의 그것과는 다른, 고려왕이 장관직을 세습적으로 계승한 지방행정기구)을 포함해 정확히 11개다. 즉 정동행성에도 팍파의 소상을 만들어 이에 제사할 것을 지시했다고 생각된다.

이처럼 송광사 법지는 고려에까지 제사의 권위가 미치는 가운데 반급되었다고 판단된다. 지시가 존중되고 지켜지지 않았다면 법지를 발급하는 의미는 없으므로, 당연히 발령하는 측의 입장에서는 제사의 권위

---

110 『高麗史節要』 권19, 충렬왕 원년 5월.

111 대원울루스에서 고려왕의 부마로서의 지위에 대해서는 이 책 제1~2장 참조. 특히 충렬왕 대 초기(1274~1281)에 부마로서의 처우가 불완전한 형태였음에 대해서는 이 책 제1장 제4절 참조.

112 『高麗史』 권27, 원종 12년 8월 丁巳.

113 『元史』 권29, 泰定帝本紀, 泰定 원년 8월 辛未. "繪帝師八思巴像十一, 頒各行省, 俾塑祀之."

와 명령이 고려에서 관철될 것이라고 전제했을 것이다.

다만 이는 어디까지나 넓은 의미에서 제사가 고려에서 존숭되었고 그 명령이 존중되고 지켜져야 할 것으로 상정되어 있었음을 의미할 뿐이다. 이것이 곧바로 제사와 고려 불교계의 관계를 설명할 수 있는 것은 아니다. 적어도 지금으로서는 사원 보호를 선언하는 법지가 존재한다는 것만으로는 제사가 고려 불교계(혹은 그 일부)의 위에 서서 통할자로서 위치하고 있었다는 등의 이야기는 성립하지 않는다. 왜냐하면 불사에 발령문을 내려 보호 특권을 부여한다는 행위는 황제나 그 밖의 남성 황족, 혹은 후비 등도 널리 행했던 정치행위로서, 제사만의 고유 특권이라고 할 수 없기 때문이다. 그 가운데는 전술한 것처럼 동일한 사원에 제사 이외에도 신분이나 입장이 다른 복수의 인물이 동일한 '보호특허장'을 잇따라 수여한 사례도 있다.[114] 그러므로 그러한 행위 자체는 해당 사원에 대한 통할 권한의 유무와는 직접적인 관련이 없었을 가능성도 현 단계에서는 부정할 수는 없다.

또 만약 고려 불교계(혹은 그 일부)가 모종의 형태로 제사의 통할하에 있었다고 해도, 고려 국내에서 종래대로 불교계를 통치하고 있었던 고려왕 측의 권한까지도 그러했다고 단정할 수는 없다. 대원울루스에서는 승려의 인사권과 같은 핵심적인 통치 권한조차 제사와 그 관계 관부가 항상 일원적으로 장악하고 있지는 못했을 가능성이 남아 있기 때문이다. 예를 들면 강남행어사대(江南行御史臺)와 남성 황족이 사원의 주지를 임명한 사례가 존재한다.[115] 이들 개인과 관부가 제사의 승인하에 주

114 이 장의 주 24 참조.

115 江南行御史臺가 승려 인사에 관여한 사례에 대해서는 西尾賢隆[2006a], 245~246쪽 참조. 남성 황족이 임명한 주지는 延祐 원년(1314, 충숙왕 원년)에 碑로 세워진 程鉅夫 撰, 〈大元贈大司空開府儀同三司追封晉國公少林開山光宗正法大禪師裕公之碑〉 碑陰의 〈大元少林開山光宗正法禪師宗派圖〉(텍스트는 鷲尾順敬[1932], 54~59쪽; 탁본 38~40쪽 참조)에 "令旨延慶寺住持宗主雄辯普濟大師慧悟"라는 사례가 보인다.

지를 임명했는지, 혹은 제사와는 관계없이 이를 행했는지, 현시점에서는 분명하지 않다.

송광사 법지의 출현이 제사의 권위와 명령이 고려에 미쳤던 사실을 뒷받침하고, 제사와 고려 불교계의 관계라는 새로운 논점을 제기하는 것은 틀림없다. 다만 그 구체적인 내용을 논하는 데 여러 문제가 있다는 점은 앞서 살펴본 바와 같으며, 이에 대해서는 이후의 검토를 기다리고자 한다.

5. 소결

송광사 법지는 대원울루스의 제사가 사원을 보호하기 위해 발령한 특허장으로 추정된다. 발령 연대와 발령 대상자를 기재한 부분은 결락되어 있는데, 제사가 존재했던 1270년 이후의 원 대에 발령되었고, 그것이 등장한 곳으로 추정하건대 고려의 사원(정황상 송광사가 유력), 혹은 그 관계자가 발령 대상자에 포함되어 있었을 공산이 크다. 이 문서가 몽골제국사 연구에서 귀중한 1차 사료임은 물론이며, 그것이 한국에서 발견되었다는 사실은 몽골시대사에 대한 연구가 협의의 몽골사, 중국사, 한국사, 티벳사라는 울타리를 넘어서 진행되어야 할 것임을 상징한다. 이러한 점은 이 문서에 독자적인 가치를 부여한다.

고려사 연구의 입장에서 말하자면, 대원울루스의 제사와 고려 불교계의 관계라는 종래 인지되지 않았던 국면이 새롭게 부상한 의의는 크다. 다만 이 문서의 내용에는 불분명한 점이 많으므로, 여기에 근거해 논의를 전개할 때는 지극히 신중한 자세가 필요하다. 지금으로서는 이미 알고 있는 주변 사료를 재검토함과 함께 대원울루스 발령문의 성격을 더 깊이 이해해야 하겠지만, 또 다른 새로운 자료가 나타나지 않는 한 극복하기 어려운 한계가 있음도 사실이다.

그러나 적어도 대원울루스와 고려의 국가 사이 관계, 또 해당 시기 고려 불교의 역사적 성격을 고찰하는 데 대원울루스의 국가적 종교 질서 파급이라는 문제와 그 안에서 고려 불교가 점했던 위치를 파악하는 것은 여전히 중요하며, 그러한 면에서 제사와의 관계를 무시할 수 없다는 점은 지적할 수 있으리라 생각한다. 바로 이것이야말로 현 단계에서 송광사 법지 출현이 갖는 기본적인 의의라고 할 수 있다.

제7장

고려에 설치된 원의 잠치

경로 비정을 중심으로

1. 문제의 소재

이 장에서는 고려와 원 사이의 국가 관계를 규정한 제도 내지 관례의 하나로서 원의 개입으로 고려에 설치되었던 잠치[站赤, ǰamči], 즉 역전(驛傳)을 다루고자 한다.

잠치란 몽골제국이 그 광대한 영역에 널리 설치한 역전망이다. 이것은 신속한 정보 전달과 이동의 수단으로서 몽골제국의 지배·통치의 근간을 이룬 시스템 가운데 하나였다.[1] 몽골은 일반적으로 주변 복속국에도 잠치 부설을 요구했는데,[2] 이는 원 초대 황제 쿠빌라이 등극 전후 몽골에 '귀부'했던 고려도 예외가 아니었다. 그 사실 자체는 지금까지도 잠치 제도 전반이나 고려의 역제(驛制), 또는 고려-원 관계를 다룬 연구에서 간혹 언급되어 왔다.[3] 그러나 이러한 연구들은 잠치를 전문적으로

---

1 본래 잠치라는 것은 站(jam)의 인원을 가리키는데, 이 장에서는 편의상 사료 용어를 그대로 사용하는 경우를 제외하면 역전 시스템을 '잠치', 개개의 宿驛을 '참'으로 표기하겠다.

2 Henthorn[1963], 194쪽; 高柄翊[1974], 394~395쪽 및 400쪽; Allsen[1983], 261~262쪽 및 264~265쪽; 張東翼[1994b], 265쪽; 乙坂智子[1997]; 乙坂智子[1998], 2~5쪽; 松田孝一[2000], 142쪽; 黨寶海[2006], 333~334쪽 참조.

3 白壽彝[1937], 182쪽; 潘念慈[1959], 59쪽; 內藤雋輔[1961a]; Henthorn[1963], 210쪽; 高柄翊[1974], 400쪽; Allsen[1983], 261쪽; 姜英哲[1984], 92~100쪽; 張東翼

연구한 것은 아니었으며, 경로나 운영 방식 등의 구체적인 내용에 대해 기초적인 사실 관계조차 충분히 다루지 못했다.

이 장에서는 이 문제에 관한 본격적 연구의 첫걸음으로, 고려에 잠치 부설이 본격화되기까지의 경위를 개관하면서 동시에 잠치 경로를 사료상 가능한 범위에서 고찰하고, 이에 드러난 여러 특징이 고려·원 관계의 어떠한 성격에 기인하는 것인지 필자의 의견을 밝히고자 한다. 다만 이들 잠치의 운영 방식은 나중에 별도로 검토하고자 한다.

2. 잠치 부설 문제의 발생

필자가 아는 한 몽골이 고려에 잠치 부설을 요구한 것과 관련된 최초의 사료는 『동문선(東文選)』에 실린, 박훤(朴暄)이 기초한 〈답당고관인서(答唐古官人書)〉다. 몽골은 1231년(高宗 18, 太宗 우구데이 3)부터 본격적으로 고려 침략을 개시했는데, '당고관인(唐古官人)'이란 그 가운데 1235년(고종 22, 태종 우구데이 7)~1239년(고종 26, 태종 우구데이 11)에 침공을 지휘했던 탕구트 바투르[唐古拔都魯]를 가리킨다. 이 문서를 발신한 정확한 날짜는 명확하지 않은데, 문서 내용 가운데 가장 늦은 시기로 언급되는 것이 기해년(1239) 12월의 일이므로 그 이후에 작성되었음을 알 수 있다. 1239년 4월, 고려와 몽골 사이에 휴전이 성립되자 탕구트는 일단 고려국 바깥으로 군사를 철수시켰고, 다음 해인 1240년(고종 27, 태종 우구데이 12) 6월에 고려 정부에서 그에게 사신을 파견했으므로,[4] 아마도 그 무렵에 고려 측에

[1994a], 126쪽 및 142~143쪽; 張東翼[1994b], 265쪽; 李益柱[1996a], 46쪽; 50쪽; 62쪽; 李益柱[1996c], 12~13쪽; 15쪽; 19쪽 및 30~31쪽; 乙坂智子[1997], 31~33쪽 및 40쪽; 乙坂智子[1998], 2~3쪽; 松田孝一[2000], 138쪽; 黨寶海[2006], 334~335쪽.

4 『高麗史』 권23, 고종 26년 4월; 27년 6월.

서 작성한 문서였을 것이다.

이 문서는 탕구트에게 보내는 '답서(答書)'인데, 문서 중 그에 앞서 탕구트 측이 고려에 제시한 요구 내용을,

> 압록강에 이르기까지 백성들로 하여금 그 땅에 거주하면서 경작하게 해서 사신이 왕래할 때 술과 음식 및 갈아탈 마필을 공급하게 하라.[5]

라고 인용했다. 잠치라는 말 자체는 등장하지 않으나, 내용상 분명히 이때 몽골군이 고려 측에 압록강까지 잠치 부설을 요구했음을 알 수 있다. 직접적으로는 언급되지 않았으나, 고려에 파견된 몽골의 사신이 이용하는 잠치라는 점에서 왕도(王都), 당시로서는 강화도, 혹은 개경을 기점으로 했다고 볼 수 있다. 이 요구에 대해 고려 측은 위의 답장에서, 국내 사정이 피폐하므로 지시를 곧바로 실행하기는 어려우며, 당장은 가능한 경우 단 몇 사람이라도 인원을 배치하거나 관인을 파견하는 등의 방법으로 사신을 영송하겠다고 회답했다. 그 후 잠치가 어디까지 설치되었는지는 불명확한데, 7년 후에는 몽골군의 침공이 재개되었으므로 아마도 잠치 부설이 크게 진전되거나 완료되지는 못한 채 뒤로 미루어졌을 것이다.

그 뒤로 잠치 부설 요구가 명확하게 드러나는 것은 1259년(고종 46, 憲宗 뭉케 9) 고려가 몽골에 최종적으로 귀부할 뜻을 표명했을 때였다.[6] 당

---

5 『東文選』 권62, 〈答唐古官人書〉. "至鴨江, 令民戶住着耕種, 當使佐往來之際, 供對酒饌·傳騎馬疋."

6 1253년(고종 40, 憲宗 뭉케 3)에 몽골은 고려에 조서를 내려 '六事'를 가지고 힐책했다(『高麗史』 권24, 고종 40년 8월 戊午). 종래 필자(森平雅彦[1998a])를 포함한 일본 및 한국의 많은 연구에서는 잠치 부설 등 몽골이 복속국에 부과했던 통상적인 요구를 사료 용어에 근거해 '六事'라고 총칭해 왔는데, 위 사료의 '六事'에 대해서도 그렇게 이해하는 견해가 있다(高柄翊[1974], 396쪽; 乙坂智子[1998], 45쪽의 주 4). 그렇다면 거기에 잠치 부설 요구가 포함된 것으로 볼 수 있다. 다만 몽골의 통상적인 요구란 君長의

시 고려 방면의 경략을 담당하고 있었던 예수데르[也速達]는 고려 정부에 다음과 같이 통고했다.

> 태손(太孫, 뒤의 충렬왕)이 시레문[尸羅問, 예수데르의 사자]을 전송했다. 시레문이 예수데르의 첩을 내놓았는데, "황제가 계신 곳으로부터 왕래하는 선사(宣使) 및 이곳의 사신들의 교통로에 잠치가 부족합니다. 서경(西京) 이남은 당신 나라가 잠치를 배치하고 필요한 인호(人戶)와 역마(驛馬) 등 일체 필요한 물자를 이전의 사례에 따라 설치하고 조금도 빠뜨림이 없게 하십시오. 서경 이북에 필요한 역참도 또한 마땅히 정비해 안치해야 할 것입니다."라고 했다.[7]

잠치 경로는 서경을 기점으로 하여 우선 '서경 이남'에 부설해 인원이나 마필 등을 갖추라고 요구했다. '이전의 사례에 따라'라고 한 것은 '이전에 몽골이 고려에 잠치 부설을 요구했던 때의 지시에 따라'라는 의미일 것이다. 일단은 전술했던 탕구트의 요구가 그러한 선례에 해당할 가능성을 생각할 수 있으나, 사료에는 분명히 드러나지 않은 다른 사건이 있었을 가능성도 완전히 배제할 수는 없다.[8] 이 잠치는 몽골 황제나 예수데르가 고려에 사신을 파견할 때 사용하는 것이므로, '서경 이남'은

親朝, 質子 제출, 版籍 제출, 잠치 부설, 다루가치(daruyači) 설치, 군사 협력, 물자 공출과 奉獻 등 적어도 일곱 항목에 이르며, 그 가운데 어느 것이 요구되는지는 그때그때 경우에 따라 달랐다. 몽골의 통상적인 요구에 관해서 사료에 '六事'라고 등장하는 것은 그 시점에서의 요구 사항의 가짓수를 말하는 것일 뿐, 그 단어 자체가 몽골의 통상적인 요구를 총칭하는 술어라고 볼 수는 없다(이 책 제9장 제2절 2) 참조). 위의 『高麗史』 고종 세가의 '육사'에 대해서는 내용이 불명확한 이상, 잠치 부설 요구를 포함했을 가능성도 전혀 없지는 않으나 확실하다고는 할 수 없다.

7 『高麗史』 권25, 元宗 즉위년 8월 乙酉. "太孫餞尸羅問. 尸羅問出也速達牒曰, 帝所往來宣使及本處使佐, 沿路站赤闕少. 西京以南, 汝國列置站赤, 人戶·鋪馬, 一切所須諸物, 照依已前設置, 無得少闕. 西京以北合用站驛, 亦宜准備安置."

8 주 6 참조

고려 왕도에 이르기까지의 범위로 보인다. 또한 '서경 이북'에도 부설하라고 하고 있는데, 이보다 몇 년 뒤 몽골의 잠치 부설 요구에 대해 고려 측이 "이미 북쪽 국경에까지 부설했다."고 반론을 제기한 것이나, 앞선 탕구트의 요구 내용 등을 보건대 고려 북쪽 경계, 즉 압록강에 이르기까지가 그 범위였을 것으로 생각된다.

위의 요구가 있었을 무렵, 몽골에서는 황제 뭉케가 급사하고 이듬해 1260년(元宗 원년, 中統 원년)에 동생 쿠빌라이가 즉위했다. 그러자 쿠빌라이는 1262년(원종 3, 중통 3)에 '새로 귀부한 국가(新附之國)'의 의무로서 '우(郵)'를 설치할 것을 다시 고려에 요구해 왔다.[9] 그러나 이듬해 이에 대해 고려 측이 '우를 설치하는 일(置郵事)'에 대해서는 '이미 북쪽 경계까지 부설했다(曾設至北境).'고 반론했고,[10] 원 측도 '치역(置驛)'을 면제한다는 형식으로 요구를 취소했다.[11] 이를 보면 잠치는 어느 정도 부설되었던 것 같다. 그러나 이 단계의 잠치는 결코 충분하지 않아서, 1268년(원종 9, 至元 5)에 전해진 쿠빌라이의 조서에서 "엉성하게 세웠다."라고 평가하기도 했다.[12] 이는 귀부한 직후 여전히 고려 정부에 원에 대한 강경론이 뿌리 깊게 남아 있어 양국 관계가 그다지 안정적이지 않았던 점과도 관련이 있을 것이다. 그러나 1270년(원종 11, 지원 7)에 대원 강경파가 제압되고 왕도가 강화도에서 개경으로 돌아오면서 고려 정부가 원에 협력하는 방향으로 노선을 바꾸는 가운데, 잠치도 본격적으로 부설되었다.[13]

---

9 『高麗史』 권25, 원종 3년 12월 乙卯; 『元高麗紀事』 中統 3년 10월 29일.

10 『高麗史』 권25, 원종 4년 4월 甲寅.

11 『元史』 권208, 高麗 傳, 中統 4년 11월.

12 『高麗史』 권26, 원종 9년 3월 壬申.

13 고려 정부는 1272년(元宗 13, 至元 9)에 '程驛蘇復別監'을 각 도에 파견했는데(『高麗史』 권82, 兵志, 站驛, 원종 13년 정월), 이것을 李益柱는 원의 잠치 부설 요구에 대한 대응이라고 보았다(李益柱[1996a], 50쪽; 李益柱[1996c], 19쪽). 다만 程驛蘇復別監의 임무는 그 명칭에서 피폐해진 고려 재래의 驛制를 복구하는 것이었다고도 생각된다. 그 경우

3. 자비령 이북 고려 서북부의 경로

자비령(慈悲嶺), 혹은 절령(岊嶺)은 현재의 황해북도 중서부를 동서로 가로지르는 고개다. 자비령 이북의 고려 서북부는 당시의 광역 구획으로는 서해도(西海道) 일부와 서북면(西北面) 일대, 즉 현재의 황해도 북변과 평안도 일대에 해당한다. 이 지역은 1269년(원종 10, 지원 6)에 서북면병마사영(西北面兵馬使營)의 기관(記官) 최탄(崔坦) 등이 서북면 여러 고을의 관리를 살해하고 원에 투항하는 사건을 일으키자 이듬해에 원 직속으로 편입되어, 서경을 치소로 하는 동녕부(東寧府)가 설치되었다. 그 후 1276년(忠烈王 2, 지원 13)에는 동녕로(東寧路)로 승격되었고, 1287년(충렬왕 13, 지원 24)에 요양행성(遼陽行省)이 설치되자 그 관할에 소속되었으며, 1290년(충렬왕 16, 지원 27)에 고려에 반환되기까지 약 20년에 걸쳐 원 지방단위의 하나로 존재했다.

『영락대전(永樂大典)』 권19422에 인용된 원의 정서(政書), 『경세대전(經世大典)』 잠치의 기사에, 원 각 성(省)의 잠치 부설 상황을 제시한 부분이 있다. 거기에 동녕로 관할의 참(站)이 다음과 같이 기록되어 있다.

> A. 東寧路所轄馬站一十處, 馬四百六十二匹. 洞仙站, 馬四十四匹. 牛陽站, 馬五十三匹. 林原站, 馬七十三匹. 安定站, 馬三十九匹. 雲興站, 馬四十九匹. 宣州站, 馬三十九匹. 靈州站, 馬四十一匹.

후술하듯이 잠치는 고려 기존의 驛傳을 단순히 轉用한 것일 뿐만은 아니었다고 생각되므로, 이 別監과 잠치의 관계는 그렇게 자명하다고는 할 수 없다. 다만 후술하듯이 잠치 경로 자체는 재래의 驛路와 밀접한 관계가 있었다고 생각되며, 또한 程驛蘇復別監의 파견과 동 시기에 본격화된 일본 원정 준비와 관련해 잠치의 부설이 진척되었다고 볼 수 있다. 따라서 이 별감이 잠치의 부설에 관여했을 가능성까지는 부정할 수 없다.

동녕로의 잠치는 총 10곳이었는데, 개별 참의 이름은 7개소밖에 제시되지 않았다. 마필 수도 로(路) 전체에 462필이라고 했는데, 각 참의 마필 합계는 338필밖에 되지 않는다. 따라서 이들 참이 동녕로에 설치된 참의 일부일 뿐임은 명백하다. 그러나 각 참마다 『고려사』 지리지(地理志)에 실린 주·부·군·현의 명칭 및 『고려사』 병지(兵志), 참역(站驛)에 실린 22역도(驛道)의 역명 일람 기사(이하 역명 기사라고 칭함)와 대조해, 다음과 같이 위치를 비정할 수 있다. 역 이름에 [ ]를 붙인 지명은 해당 역이 속한 주·부·군·현을 의미한다.[14]

동선참(洞仙站)

동선역(洞仙驛)[黃州, 현재의 황해북도 황주군]. 이 역은 조선 초에 봉산군(鳳山郡, 현재의 황해북도 봉산군)의 북쪽 15리[15]의 땅으로 옮겨졌는데,[16] 고려 시대의 소재지에 대해서는 고려 말의 이색(李穡)이 자비령에 있는 나한당(羅漢堂)의 입지를 "고개의 북측에 위치하고, 동선참을 내려다본다."[17]라고 기록한 것이 참고가 된다. 이 '동선참'이라는 것은 잠치의 참으로 보이지만, 이 문장은 고려가 원의 직접적인 정치적 영향에서 벗어나고 있었던 1356년(恭愍王 5, 至正 16) 이후에 쓰인 것으로 보이므로,[18] 원의 개입으

---

14 고려의 역은 주·부·군·현 내에 설치된 단순한 교통 시설이 아니라 주·부·군·현에 속하는 형태를 취하면서도 그것과는 구별되는 별개의 지방 단위였다(江原正昭[1969], 52~58쪽 및 65~77쪽; 呂恩暎[1982], 21~30쪽; 姜英哲[1984], 84~85쪽; 姜英哲[1987], 207~215쪽; 劉善浩[1990], 292~296쪽 참조).

15 이 장에서는 특별히 언급하지 않는 한 거리 단위의 리는 한국리(1리 = 약 0.4킬로미터)를 가리킨다.

16 『新增東國輿地勝覽』(이하 『勝覽』) 권41, 黃海道, 鳳山郡, 驛院, 洞仙驛 및 권41, 黃海道, 瑞興都護府, 山川, 慈悲嶺.

17 『牧隱集』 文藁 권3, 〈慈悲嶺羅漢堂記〉. "據嶺北, 俯洞仙站."

18 〈慈悲嶺羅漢堂記〉에서 이색은 젊은 날에 원에 가면서 자비령의 나한당 아래를 통과했다고 회상하고 있다. 당시 그는 1348(忠穆王 4, 至正 8)~1350년(忠定王 2, 至正 10)에 원의 국자감생(國子監生)이 되어 일시 귀국한 후 1350~1351년(충정왕 3, 至正 11)에 국자감에 복학, 1353(恭愍王 2, 至正 13)~1354년(공민왕 3, 至正 14)에는 과거 응시를 위해

로 부설되었던 잠치가 그 무렵까지 잔존했는지는 의문이 남는다. 고려 말의 사료에서는 재래의 역이 참으로도 표기되고 있으므로, 오히려 여기에서는 동선역을 가리키는 것으로 보인다. 그러나 어찌 되었든 동선역 및 그 위치에 설치되어 있었을 동선참은 자비령의 북쪽 기슭 부근에 있었던 것이 된다.

생양참(生陽站)

생양역(生陽驛)[西京]. 역의 위치는 『신증동국여지승람(新增東國輿地勝覽)』(이하 『승람(勝覽)』으로 약칭)에 "군(郡)의 서쪽 2리에 있다."라고 되어 있다.[19]

임원참(林原站)

임원역(林原驛)[西京]. 역의 위치는 『승람』에 "부(府)의 북쪽 20리에 있다." 라고 되어 있다.[20]

안정참(安定站)

안정역(安定驛)[西京]. 역의 위치는 『승람』에 "현(縣) 내에 있다."라고 되어 있다.[21] 순안현(順安縣, 현재의 평양시 순안구역)은 고려 시대에는 순화현(順和縣)이라고 불렸으며, 서경의 서쪽 교외에 있었는데, 1396년(조선 太祖 5)에 안정역으로 위치를 옮겼다.[22]

원에 갔고, 1355(공민왕 4, 至正 15)~1356년(공민왕 5, 至正 16)에도 고려 사신단의 일원으로서 원에 가서 현지에서 任官했다(모리히라 마사히코[2012] III 참조).

19 『勝覽』 권52, 平安道, 中和郡, 驛院, 生陽驛. "在郡西二里."

20 『勝覽』 권51, 平安道, 平壤府, 古蹟, 林原驛. "在府北二十里."

21 『勝覽』 권52, 平安道, 順安縣, 驛院, 安定驛. "在縣內."

22 『勝覽』 권52, 平安道, 順安縣의 建置沿革 및 古蹟, 古順和縣.

운흥참(雲興站)

운흥역(雲興驛)[郭州, 현재의 평안북도 곽산군]. 역의 위치는 『승람』에 "군의 북쪽 17리에 있다."라고 되어 있다.[23]

선주참(宣州站)

선주(宣州). 이 주(州)는 조선 시대에 선천군(宣川郡)이라고 고쳐졌는데, 『승람』에 "군의 북쪽 62리에 있다. 즉 옛 선주성(宣州城)이다."라고 되어 있으며,[24] 이미 1360년(공민왕 9, 지정 20)의 기록에 '고선주(古宣州)'가 등장한다.[25] 즉 선주는 처음 동림성(東林城, 현재의 평안북도 동림군)에 있었다가 이해까지 현재의 위치인 평안북도 선천군으로 옮겼다는 것이다. 쓰다 소키치(津田左右吉)는 몽골의 침공으로 해도(海島)로 피했던 선주가 1261년(원종 2, 중통 2)에 본토로 돌아갔을 때 이전했을 것으로 추측했는데,[26] 단정하기는 어렵다. 선주참의 위치에 대해서는 이전과 이후 두 곳의 선주를 후보로 제시하는 것이 무난하겠다.

영주참(靈州站)

영주(靈州). 이 주는 조선 초에 폐지되었는데, 『승람』에 "의주(義州)의 남쪽 55리에 있다."라고 한다.[27] 현재의 평안북도 비현군으로 비정된다.[28]

사료 A의 7개 참은 이상과 같이 위치를 비정할 수 있다. 7개 참은

23 『勝覽』 권53, 平安道, 郭山郡, 驛院, 雲興驛. "在郡北十七里."

24 『勝覽』 권53, 平安道, 宣川郡, 古蹟, 東林城. "在郡北六十二里. 卽古宣州城."

25 『高麗史』 권39, 공민왕 9년 2월 癸酉.

26 津田左右吉[1964b], 347~348쪽.

27 『勝覽』 권53, 平安道, 義州牧, 古蹟, 古靈州. "在州南五十五里."

28 池內宏[1919], 55~62쪽; 津田左右吉[1964a], 264~265쪽; 池內宏[1979], 170~171쪽; 최희림[1982], 33~35쪽.

지리적으로 남쪽에서 북쪽으로 올라가는 순서로 기재되어 있으며, 그 경로는 동녕로의 관할 지역을 남북으로 종단하는 범위에 미치는 것을 확인할 수 있다.

같은 잠치 경로에 관한 기록은『영락대전』권19426에 인용된 원 대 대도(大都, 현재의 베이징시)의 지방지인『석진지(析津志)』대도동서관마보참(大都東西館馬步站), 천하참명(天下站名)에도 보인다. 원 각지의 잠치 경로를 제시하는 이 기사에서는 심주(瀋州, 현재의 遼寧省 瀋陽市), 동경(東京, 현재의 遼寧省 遼陽市)을 거쳐 압록강 하류 부근의 역창참(驛昌站, 현재의 遼陽城 丹東市)에 이르는 경로를 제시한 후, 그 앞으로 이어지는 경로를 다음과 같이 기록하고 있다.

> B. 誼州【六十】靈州【九十五】宣州【九十】雲興【百二十】安信【九十】都獲【九十】肅州【八十五】安定【六十五】東寧【六十】生陽洞仙【其東海, 其北接合懶府.】

사료 중에 기록된 수치는 참 사이의 거리다. 총 11개 참 가운데 영주, 선주, 운흥, 안정, 생양, 동선 등 6개 참은 사료 A와 일치하며,[29] 참 이름은 사료 A와는 반대로 북쪽에서 남쪽으로의 순서로 배열되어 있음을 알 수 있다. 그 외의 5개 참의 위치는 다음과 같이 비정할 수 있다.

동녕참(東寧站)

동녕로의 치소였던 서경에 위치했던 참일 것이다.

---

29 동선참에 대해 "그 동쪽은 바다, 그 북쪽은 합라부(合懶府, 현재의 함경남도 함흥시)에 접한다."라고 부언되어 있는데, 일견 명백한 오류로 보인다.

숙주참(肅州站)

숙주(肅州, 현재의 평안남도 숙천군).

안신참(安信站)

안신역(安信驛)[嘉州, 현재의 평안북도 운전군]. 『승람』에 "옛 터가 군의 북쪽 20리에 있다."라고 되어 있다.[30]

도획참(都獲站)

안북대도호부(安北大都護府, 현재의 평안남도 안주시). 도획참은 안신참과 숙주참 사이에 위치했는데, 필자가 아는 한 해당 지역에 '도획(都獲)'이라는 지명은 보이지 않는다. 그러나 고려 시대 안신역과 숙주의 중간에는 안북대도호부가 있었다. 이곳은 서경과 압록강 하류 방면을 잇는 간선로상에 있었고 청천강을 끼고 있는 요충지로, 적어도 참을 두기에 부적절하지는 않다. 게다가 『원사』 지리지, 요양등처행중서성(遼陽等處行中書省), 동녕로에 보이는 '도호부'는 안북대도호부에 해당한다고 지적된다.[31] 여기서 원에서는 안북대도호부가 단지 도호부라고 불렸음을 알 수 있다. 그렇다면 자형(字形)의 유사함에서 '도호(都護)'가 '도획(都獲)'으로 잘못 기록되었을 가능성도 충분히 고려할 수 있다. 도획참은 안북대도호부에 설치되었고, 본래는 '도호참(都護站)'으로 표기되었을 가능성이 높다.

의주참(誼州站)

의주(義州, 현재의 평안북도 의주군). 의주참은 영주참과 압록강 북측의 역창참 사이에 위치하므로, 압록강 하류 부근에 있었음이 분명하다. 이 지명은 『원사』 세조 본기에도,

30 『勝覽』 권52, 平安道 嘉山郡, 古跡, 安信驛. "古基, 在郡北二十里."

31 箭内亙[1913a], 344~345쪽; 津田左右吉[1964b], 357~358쪽.

동경·의(誼)·정(靜)·인(麟)·위원(威遠)·파사(婆娑) 등의 땅에 크게 비가 내려 강물이 넘치고 민전(民田)이 잠겼다.[32]

라고 등장한다. '정(靜)·인(麟)·위원(威遠)'은 압록강 하류 연안부에 있었던 고려 서북면의 주진(州鎮)인 정주(靜州)·인주(麟州)·위원진(威遠鎮)으로, 원이 자비령 이북의 땅을 직할할 당시, 위의 기사에 보이는 파사부(婆娑府, 현재의 遼寧省 丹東市 振安區 九連城鎮) 관할이었다.[33] 이들 여러 고을이나 동경과 함께 수해를 입었다고 나타나는 '의(誼)'는 사료 B의 '의주(誼州)'와 동일하며, '정(靜)' 및 '인(麟)'과 마찬가지로 '주(州)' 자가 생략되어 있었을 것이다.

이에 주목되는 것은 중화서국(中華書局) 『원사』 표점본(300쪽 및 305쪽)에서 이 '의(誼)'를 의주(義州)에 비정한 것이다. 고려·조선 시대 내내 의주는 압록강 하류에서 한반도와 요동 지방을 잇는 교통의 요충이었다. 원~고려 사이를 왕래하는 이들도 이곳을 통과했음이 기록에 보인다.[34] 압록강의 맞은편으로는 역창참에 이르고, 남방으로는 영주에 이르게 되므로, 사료 B에 나오는 의주의 위치 관계와도 부합한다. 게다가 당시 역창참~영주 사이의 땅에 '주(州)'가 붙는 지명은 앞서 등장한 정주와 인

32 『元史』 권14, 世祖本紀, 至元 24년 9월 辛卯. "東京·誼·靜·麟·威遠·婆娑等處, 大霖雨, 降水溢, 沒民田."

33 『元史』 권59, 地理志, 遼陽等處行中書省, 東寧路에 "〔至元〕 13년(1276, 충렬왕 2), 東寧路摠管府로 승격시키고 錄事司를 설치했다. 靜州·義州·麟州·威遠鎮을 분리해 婆娑府에 소속시켰다(十三年, 升東寧路摠管府, 設錄事司. 割靜州·義州·麟州·威遠鎮, 隷婆娑府)."라고 한다. 다만 義州가 婆娑府에 이관된 것은 1270년(원종 11, 至元 7)이었으므로(후술), 전반의 동녕로 승격 기사의 紀年은 후반에는 연계되지 않음을 알 수 있다. 아마도 靜州·麟州·威遠鎮도 의주와 함께 파사부에 이관되었을 것이다.

34 1278년(충렬왕 4, 至元 15) 충렬왕 入元 경로는 西京-義州-崖頭站-懿州-北京鍋窩館-開平府(『高麗史』 권28, 충렬왕 4년 4월 庚午, 己卯, 5월 甲午, 丁酉, 己酉, 6월 辛酉)이며, 또한 1353년(공민왕 2, 至正 13) 이색의 入元 경로는 西京-安北大都護府-義州-遼陽路-彰義站-北京(大寧路)-通州(李穡, 『牧隱集』 詩藁 권2)였다.

주를 제외하면 의주(義州)밖에 보이지 않는다. 당시 화북(華北)의 한어(漢語)에서도, 그리고 아마 한국어에서도 '誼'와 '義'는 같은 음이었다고 생각되며,[35] 또한 의미상으로도 통용되는 경우가 있으므로, '誼州'는 '義州'의 다른 표기였을 가능성이 높다.

앞서 등장했던 이색은 1353년(공민왕 2, 지정 13)에 원에 들어갈 때 남긴 일련의 기행시(紀行詩) 가운데 그 도상에서 '의주참(義州站) 동북방(東上房)'에 숙박했다고 기록했는데(『牧隱集』 詩藁 권2), 고려 서북변 방면의 여정에 해당한다는 점에서 이 '의주참(義州站)'은 역시 의주 땅에 관계된 것으로 보인다.

원래 참(站)은 몽골어 잠(ǰam)을 음사한 것으로, 조선 시대에 이르는 과정에서 한국어의 어휘로 정착되었는데, 본래는 몽골에서 고려에 전해진 말이다. 원 대 중국의 문헌에서는 이미 역과 참이 혼용되었고, 고려 측 문헌에서도 원에 귀부한 후 실체를 판별하기 어려운 '참'의 용례가 등장한다. 적어도 14세기 중엽 이후에는 분명히 재래의 역을 '참'으로 기록했던 사례가 확인된다.[36]

그러나 한편으로 고려에서는 개별 역·참의 이름을 표기할 때 재래의 '역'과 잠치의 '참'을 나누어 사용하는 경향을 보이는 경우도 있다. 즉 이색이 젊은 시절 원에 들어갈 때[37] 남긴 기행시에서는 원의 참을 '창의

---

35 義와 誼의 발음이 원 대 화북 한어음으로 공통되는 것은 당시의 화북 한어음을 기록했다고 하는 『中原音韻』 참조. 한편 동시대의 정확한 한국어음은 알 수 없는데, 16세기의 문헌이지만 『訓蒙字會』에서는 義를 의라고 하고, 두 글자가 등장하는 『小學諺解』에서는 모두 의라고 했다.

36 가장 이른, 그리고 확실한 사례로서는 忠肅王의 嬖臣 申青에 대한 耆老府院君 權溥 등의 탄핵문이 있다(『高麗史』 권124, 申青 傳). 거기서는 '伐里驛吏'인 신청이 '逃役'해 '大職'을 '冒受'하고, 또한 '遠近'의 '親屬'을 '站役'에서 면제해 주었음을 비난했다. 驛吏와 그 일족은 엄격한 신분 제도에 따라 세습적으로 驛役을 부담했으므로(江原正昭[1969], 38~47쪽 및 65~72쪽; 呂恩暎[1982], 25~30쪽; 姜英哲[1987], 221~226쪽; 劉善浩[1990], 298~304쪽 참조), 역리였던 신청의 친족이 널리 '遠近'에 걸쳐 부담하고 있었던 '站役'이라는 것은 고려 재래의 驛役이었을 가능성이 높다.

참(彰義站)', '개주참(開州站)', '동팔참(東八站)'으로 표기한 반면, 고려의 역을 '양책역(良冊驛, 良策驛)', '장림역(長林驛)', '신안역(神安驛)', '신안역(新安驛)'으로 표기했다.[38] 또한 이승휴(李承休)도 1273년(원종 14, 지원 10) 원에 갈 때 남긴 시문록(詩文錄) 가운데 원의 참을 '악두참(渥頭站)'(崖頭站의 오기)으로 표기한 반면, 고려의 역을 '흥의역(興義驛)'이라고 표기했다.[39]

다만 이색의 시에는 원의 애두참(崖頭站)을 '애두역(崖頭驛)'으로 표기한 곳도 있는 것으로 보아,[40] 참과 역을 철저히 구분해서 사용하지는 않았던 듯하다. 따라서 단순히 '참'이라는 표기만을 근거로 해서 '의주참'을 잠치의 참이라고 단정할 수는 없다. 그러나 이 경우 '참' 이름으로 의주라는 주의 이름이 사용되었다는 점이 중요하다. 주 14에서 서술했듯이 고려의 기존 역은 주·부·군·현 내의 단순한 교통 시설이 아니라 그것과는 구별되는 별개의 지방 단위였다. 그 때문인지 인근의 주·부·군·현과 같은 명칭을 그대로 사용한 역 이름은 드물며,[41] 적어도 '의주역(義州驛)'이라는 역 이름은 현재로서는 이 사료 외에는 다른 기록에서 확인되지 않는다. 의주의 부속 역은 회원역(會元驛)이다.[42] 따라서 필자는 '의주참(義州站)'은 문자 그대로 의주에 설치되었던 잠치의 참이고, 의주참(誼州站)이 바로 그것이었으리라 생각한다.

---

37 주 18 참조.

38 『牧隱集』 詩藁 권2 및 권3. 〈崖頭驛有醴泉權政丞詩…〉

39 李承休, 『動安居士文集』 〈動安居士行錄〉 권4, 賓王錄.

40 『牧隱集』 詩藁 권3.

41 『高麗史』 권82, 兵志, 站驛 소재의 驛名 기사에 기록된 525개 역 가운데 주·부·군·현과 같은 이름의 역은 臨江, 洞陰, 朔寧, 幸州, 南京, 横川, 燕山, 安康, 梁州, 機長(機張)뿐이다.

42 『高麗史』 권131, 曹頔 열전에 보이는 '義興郡驛吏'는 '의흥군에 속하는 역의 吏'를 의미할 가능성이 있으므로(의흥군의 屬驛으로서는 牛谷驛만이 확인됨), '義州站'에 대해서도 재래의 역이 '참'으로 표기된 것으로 보아서 '義州의 屬驛'을 의미한다는 의견이 있을지도 모르겠다. 그러나 이색이 원에 갈 때의 시에서는 다른 '참' 및 '역'의 명칭을 모두 고유명으로 표시하고 있으므로 '義州站'도 역시 고유명으로 보는 것이 자연스럽겠다.

이상 사료 B의 참 가운데 사료 A에 보이지 않는 다섯 참에 대해 비정을 시도해 보았다. 그들의 지리적 위치 관계는 사료 B에서의 참의 배열순과 부합한다.

그러나 문제가 남는다. 사료 A에서는 동녕로의 참의 개수를 총 10개라고 했는데, 사료 A와 B에 등장하는 개별 참의 이름은 총 12개에 달한다는 점이다. 단, 이 가운데 사료 B에만 보이는 의주참은 동녕로 역내의 참의 개수에서 제외된다. 이 참이 위치했던 것으로 보이는 의주는 동녕부 발족 직후인 1270년(원종 11, 지원 7) 연말에 파사부로 이속되었으므로,[43] 이 참이 동녕로의 존속 기간 중에 설치되었다고 해도 파사부, 혹은 그를 관할하는 요양로(遼陽路)의 관할이 되었을 터이기 때문이다.[44] 그러나 여전히 참의 개수에 한 개의 차이가 난다. 이어서 이 문제를 검토해 보고자 한다(표 7-1).

우선 사료 A와 B 기재 내용의 연대 차이를 지적해 두고자 한다. 『경세대전』은 1331년에 완성되었는데, 여기에 실린 사료 A는 1276~1290년에 설치되었던 동녕로에 관한 내용이다. 한편 『석진지』는 원 말인 14세기 후반에 완성되었다.[45] 거기에 실려 있는 사료 B를 포함한 '천하참명(天下站名)' 기사에는 기년이 없으며, 얼핏 보기에 다른 문헌에서 단순히 옮겨 적은 것으로도 보이지 않으므로 『석진지』의 편자가 편찬 당시의 상황을 기록했을 가능성이 있다. 그 내용 중에서 주목되는 것은 사료 A를 싣고 있는 『경세대전』 잠치의 각 성(省) 참 이름의 기사에는 기재되지 않은 아무가라는 몽골 왕명을 붙인 '아무가대왕부참(阿木哥大王府站)'이 보인다는 점이다. 이 아무가대왕은 무종 카이샨, 인종 아유르바르와다

43 『元史』 권7, 世祖本紀, 至元 7년 윤11월 己巳.

44 시기에 따라 다르지만, 원의 참은 지방에서는 路 또는 주·부·현에 의해 관리되었다(羽田亨[1957], 59~68쪽; 黨寶海[2006], 88~91쪽 참조). 다만 사료 A를 싣고 있는 『經世大典』 站赤의 각 省의 참 이름을 기록한 기사에 誼州站은 기재되지 않았다.

45 『析津志輯佚』(北京古籍出版社, 1983), 2~4쪽 참조.

<표 7-1> 사료 A·B의 참(站) 명칭 비교

사료 A	사료 B	고려의 행정단위명
	誼州	義州
靈州	靈州	靈州
宣州	宣州	宣州
雲興	雲興	雲興驛
	安信	安信驛
	都獲	安北大都護府
	肅州	肅州
安定	安定	安定驛
林原		林原驛
	東寧	西京
生陽	生陽	生陽驛
洞仙	洞仙	洞仙驛

의 서형(庶兄), 위왕(魏王) 아무가를 가리키는 것으로 보이므로,[46] 그의 활동 상황을 검토하면 '천하참명'의 기사 연대를 대략 추정할 수 있다.

아무가의 아버지 다르마발라는 1264년(원종 5, 지원 원년)에 출생했다고 하고,[47] 1281년(충렬왕 7, 지원 18)에 둘째 아들인 카이샨을 낳았다고 하므로,[48] 연령상 상식적으로 생각하면 장자인 아무가는 카이샨보다 몇 년 먼저 출생했을 것이다. 그렇다면 동녕로가 폐지된 1290년 당시, 아무가는 겨우 10대 전반의 소년에 지나지 않았던 셈이 된다. 그리고 이 무렵에는 아버지 다르마발라가 살아 있었으므로,[49] 어린 아무가가 이미 '대왕(大王)'으로서 스스로의 정무 기관인 '왕부(王府)'를 가지고 있었을 것으로 생각하기는 어렵다. 적어도 『원사』에서는 그는 1302년(충렬왕 28, 大德

46 Hambis[1945], 133쪽; Hambis[1954], 17쪽 참조.

47 『元史』 권115, 順宗 傳.

48 『元史』 권22, 武宗本紀, 총서.

49 다르마발라의 사망 연도는 1292년이다(『元史』 권115, 順宗 傳).

6)에 '친왕(親王)'으로 처음 등장한다.[50] 아무가는 14세기 초에 2명의 이모제(異母弟)가 제위에 오르자 '위왕'으로서 원 정계에서 일정한 존재감을 보이는데, 그가 '대왕'으로서 '왕부'를 가지게 된 것은 아마도 그 무렵이 아니었을까? 그 사실 여부가 어찌 되었든, 『석진지』 천하참명에 '아무가대왕부참'이 기재되었다는 것은 늦어도 1290년까지의 상황을 드러내는 사료 A에 비해 사료 B가 그 이후의 상황을 반영한 것임을 의미한다고 생각된다.

이에 주목되는 것은 사료 B의 참 이름 가운데 의주참을 제외하면 그 총 숫자는 사료 A가 기록한 전체 참의 개수 10개와 일치하지만, 사료 B에는 사료 A에 기재된 임원참이 보이지 않는다는 점이다. 사료 B에서 임원참이 누락되었다면, 사료 A의 단계에서 총 10개 참이 있었던 동녕로 역내의 참이 사료 B의 단계까지 11개 참으로 증설되었거나, 사료 A가 제시한 참의 총 개수가 11의 오류라는 것이 된다.

그러나 그렇게 생각하기는 어렵다. 우선 앞서 서술했듯, 임원참이 설치되었던 임원역으로부터 동녕참이 설치되었던 것으로 보이는 서경까지는 겨우 20리(약 8킬로미터)에 지나지 않는다. 이에 비해 고려 서북부의 다른 참 사이의 간격을 지도상에 검증해 보면, 30킬로미터를 넘는 경우도 있지만, 대부분은 20~30킬로미터의 범위 안에 설치되었던 것으로 보인다. 원의 참은 60중국리(약 33킬로미터)마다 설치되는 것이 표준적이었다고 하므로,[51] 원래 고려 서북부에서는 상대적으로 짧은 간격에 참을 두는 경향이 있었던 것이다. 그러나 그와 비교해도 임원참~동녕참 사이의 거리가 짧은 것은 두드러지며, 이렇게까지 가까운 곳에 참이 설치

50 『元史』 권20, 成宗本紀, 大德 6년 11월 戊午.

51 『永樂大典』 권19416에 인용된 『丹墀獨對』 잠치에 실린 佛家奴의 策에는 잠치의 大要를 서술하면서 "15리마다 하나씩 郵亭(急遞鋪, 문서 송달의 중계 거점)을 설치하고, 60리마다 하나씩 候館(站)을 설치한다."라고 했다.

<그림 7-1> 자비령 이북 고려 서북부의 잠치 경로

되었다고는 생각하기 어렵다. 또한 임원참은 안정참과 동녕참의 사이에 위치하는데, 사료 B에서는 안정참과 동녕참 사이의 거리를 기록하고 있어,[52] 적어도 표기상으로는 두 참이 인접한 것으로 다루고 있다. 따라서 사료 B의 단계에서는 임원참이 실제로 존재하지 않았을 가능성이 높다.

그렇다면 사료 A에서는 임원참을 포함해 총 10개 참이 되므로, 의주참을 뺀 사료 B의 10개 참 가운데 한 개 참은 사료 A 단계에서는 존재하지 않았던 것이 된다. 그것은 사료 A에 기재되지 않은 안신참, 도획참, 숙주참, 동녕참 가운데 당연히 임원참과 병존했다고 생각하기 어려운 동녕참이다. 즉 사료 A의 단계에서는 안정참과 생양참 사이에 임원참이 설치되어 있었으나, 사료 B의 단계까지 동녕참으로 이전되었을 것이다.[53]

1290년에 동녕로가 고려에 반환될 때, 파사부 관할의 의주도 아울러 반환되었던 것으로 추정된다.[54] 이에 의해 이들 지역의 여러 참이 고려 서북 영내에 남겨져, 결과적으로 사료 B가 보여 주는 것처럼 의주 - 영주 - 선주 - 운홍 - 안신 - 도획(도호) - 숙주 - 안정 - 동녕 - 생양 - 동선이라는 잠치 경로가 존재했던 것으로 보인다(그림 7-1). 또한 이 경로는 개경과 의주를 잇는 군사·외교상 중요한 재래의 간선역로와도 일치한다.

---

52 다만 사료 B가 제시하는 고려에서의 참의 里程數를 그대로 신용하기는 어렵다. 예컨대 숙주참~안정참은 85중국리(약 47킬로미터)라고 하는데, 『勝覽』에는 肅川都護府(고려의 肅州)가 京都(漢城府, 현재의 서울시)로부터 696리, 順安縣(고려의 安定驛)이 경도에서 640리라고 기록되어, 두 읍 사이의 거리는 696-640=56리(약 22킬로미터)가 된다(지도상으로 추계된 거리에도 합치). 도로를 다소 변경했다고 해도 두 배나 차이가 나는 것은 너무 크다. 다른 사례에서도 정도의 차이는 있으나 같은 상황이 확인된다.

53 東寧站은 그 참의 이름으로 보아 동녕로 존속 기간 중에 성립되었을 것으로 상상되는데, 동녕로의 고려 반환 후에도 옛 이름을 따르는 참을 두었을 가능성도 있다.

54 津田左右吉[1964b], 364쪽 참조.

4. 자비령 이남 고려 중·남부의 경로

고려에 부설되었던 잠치에 대해 언급한 사료로서 이전부터 알려진 것으로 『원사』 세조 본기에 실려 있는 다음의 두 조문이 있다.

> C. 고려국이 처음으로 설치한 역참의 백성이 식량난을 겪는다 하여 1년치 식량을 공급하도록 명하고, 사신이 왕래할 때 음식을 요구하지 못하도록 했다.[55]

> D. 고려국왕 왕춘(王賰, 충렬왕)이 "본국은 40개 역을 설치했는데 백성과 가축이 피폐합니다."라고 했으므로, 칙을 내려 20개 참으로 합병하고, 말값 800정(錠)을 지급했다.[56]

두 기사는 기년이 각각 지원 17년(1280, 충렬왕 6)과 지원 18년(1281, 충렬왕 7)으로 1년밖에 차이가 나지 않는다. 사료 C의 '고려국이 처음으로 설치한 역참'은 바로 사료 D의 '40개 역'으로 보인다. 그런데 고려에서는 늦어도 12세기 초까지 500군데 이상의 역이 22개 역도로 체계화되어 있었으므로, 기존의 역을 언급한 기사로 본다면 '역'의 수가 너무 적다. 원래 재래의 역이라면 13세기 말의 이 단계에서 설치, 운영되고 있었다고는 할 수 없을 것이다. 그렇다고 서북부 일대, 즉 동녕로뿐만 아니라 동북변의 쌍성총관부(雙城總管府)와 제주도의 탐라군민도다루가치총관부(耽羅國軍民都達魯花赤總管府)까지가 원에 직할되어 고려의 판도가 대폭 축소되었던 이 시기에[57] 40개에 달하는 역이 돌연 증설되었다고도 생각하

55 『元史』 권11, 世祖本紀, 至元 17년 7월 戊申.

56 『元史』 권11, 世祖本紀, 至元 18년 6월 壬辰.

57 이 책 제9장 제3절 2) 참조.

기 어렵다. 한편으로 이들 '역참'의 유지, 운영에는 원의 의사가 강하게 작용해, 구제물자의 지급, 이용 금칙 등부터 '참'의 통폐합에 이르기까지 원이 지시를 내리고 있다. 그렇다면 두 기사는 종래의 해석처럼 원의 의향에 의해 고려에 신설되었던 잠치의 참에 대해 언급한 것일 것이다. 1279년(충렬왕 5, 지원 16), 원이 고려에 사신을 파견해 '참역'을 '점시(點視)' 하게 한 것도[58] 이 잠치에 대한 사찰이었다고 생각된다. 즉 서북부가 원에 직할되어 있던 1280년 전후, 이미 고려국 내에도 잠치가 존재하고 있었던 것이다. 이것은 같은 시기에 쿠빌라이의 명에 의해 잠치 이용의 감리관(監理官)인 토트카순[脫脫禾孫]이 개경·충청도·전라도·경상도에 배치되었던 것에서도 엿볼 수 있다.[59]

이 시기 고려는 원의 제2차 일본 원정(1281)을 도와 그 준비와 실시를 담당하고 있었는데, 『고려사』 병지, 참역에 실린 충선왕의 교(敎)에 언급된, 일본 원정에 즈음해서 부설된 '참'이라는 것은 바로 위의 신설된 참을 가리킬 것이다.

> E. 〔충렬왕〕 34년(1308, 至大 원년) 8월, 충선왕이 즉위했다. 11월에 하교하기를, "서해도(西海道) 절령에 이르는 일곱 참, 회원(會源)·탐라로 향하는 연로(沿路)의 참호(站戶)는, 지난번 동방을 정벌할 때 각 도의 인호 및 유망민들로 하여금 연한을 정해 들어와서 거주하도록 한 것인데, 지금까지도 그대로 둔 채 교체하지 않았다. 혹은 사망자가 발생하면 원래 소속했던 고을로 하여금 그 수를 채우게 하고 마필도 또한 그와 같이 했으니, 원망이 매우 심하다. 유사(有司)로 하여금 마땅히 파견할

---

58 『高麗史』 권29, 충렬왕 5년 10월 己卯.

59 『高麗史』 권29, 충렬왕 6년(1280, 至元 17) 12월 辛卯 條에, "황제는 (중략) 趙仁規를 宣武將軍 王京斷事官 兼 脫脫禾孫으로 삼고 金牌와 印信을 하사했다."라고 하고, 또한 충렬왕 7년(1281, 至元 18) 8월 庚午 條에 "황제가 勅을 내려 塔納을 慶尙道, 塔剌赤을 全羅道, 也先不花를 忠淸道에 모두 脫脫禾孫으로 삼았다."라고 한다.

수 있는 자를 골라 뽑아 참역(站役)에 충당하고 각 고을의 인호들은 모두 고향으로 돌아가는 것을 허락한다."[60]

여기에 보이는 '참'은, 각 도의 인호나 유이민을 연한을 정해 충당해서 조직했고, 그 후에도 각 읍에 인호를 보충시키는 것으로 되어 있으며, 또한 새롭게 적임자를 선발해 역무에 충당하도록 명하고 있다. 신분 고정적인 역리(驛吏), 역호(驛戶)로 구성된 재래의 역과는 상당히 다르다. 혹시 이것이 기존의 역에 관한 기사라면, 예컨대 고려 말 조준(趙浚)이 당시의 역 운영 상황을 "근래 역호가 조폐해 포마(鋪馬)·전체(傳遞)·지로(知路)·지로(指路)의 역(役)을 주(州)·군(郡)이 그 수고를 대신 감당하고 있어 그 때문에 유망하기에 이르고 있습니다."[61]라고 했듯이 본래의 역리·역호와는 별도로 인원을 동원하는 이유가 어떠한 형태로든 제시되어야 할 것이다. 그러나 위의 '참'은 역리·역호의 관여 여부는 어찌 되었든, 그것과는 다른 차원에서 인원 운용 문제를 논하고 있다. 역시 재래의 역과는 일정하게 구별되는 조직이었다고 생각되는데, 이것을 잠치의 참으로 볼 수 있다면 후술하듯이 그 추정 경로는 전술했던 토트카순의 배치 지역이 개경·충청도·전라도·경상도였다는 점과 부합한다. 1270년(원종 11, 시원 7)에 고려 정부가 강화도에서 개경으로 환도하자, 원의 지시로 일본 원정 준비가 본격적으로 개시되었다. 이 무렵까지 고려에 잠치는 '엉성하게 세워진' 정도였는데, 일본 원정을 계기로 여기에 관계하는 인원·물자의 이동, 통신·연락을 위해 잠치가 본격적으로 정비되었을 것이다.

---

60 『高麗史』 권82, 兵志, 站驛. "三十四年八月, 忠宣王卽位. 十一月下敎曰, 西海道岊嶺至七站, 及會源·耽羅指沿路站戶, 頃在東征時, 以各道人戶幷流移人物, 限年入居, 至今因循未遞. 或有物故, 令本邑充其數, 馬匹亦如之, 怨咨尤甚. 令有司擇選當差者, 以充站役, 其各邑人戶, 並許還本."

61 『高麗史』 권118, 趙浚. "近來驛戶凋廢, 凡鋪馬·傳遞·知路·指路之役, 州郡代受其苦, 以至流亡."

그렇다면 사료 E에 '서해도의 절령에 이르는 일곱 참' 및 '회원·탐라로 향하는 연로의 참'으로 등장하는 그 경로에 대해 검토해 보자. 이는 충선왕의 시점에서 왕도 개경을 기점으로 표현한 것으로 생각되므로, 개경에서 자비령에 이르는 잠치와 개경에서 회원 및 탐라에 이르는 잠치라는 의미일 것이다.

우선 '서해도의 절령에 이르는 일곱 참'에 대해 검토해 보겠다(그림 7-2). 이것이 자비령, 즉 절령을 넘어 고려 서북부의 잠치 경로 남단의 동선참에 접속하는 경로임은 쉽게 추정할 수 있다. 구체적인 참의 이름은 불분명하나, 그 후보로서 이색의 입원 기행시 가운데 보이는 '흥의참(興義站)'[62] 및 『고려사』 충렬왕 세가, 6년(1280, 지원 17) 3월 임인 조에 보이는 '절령참(岊嶺站)'이 있다. 『고려사』 병지, 참역 소재의 역명 기사와 대조해 보면 전자는 흥의역(興義驛)[牛峯縣, 현재의 황해북도 금천군]에 대응하고, 그 역의 위치는 『승람』에 "현의 서남쪽 30리에 있다."라고 한다.[63] 또한 후자는 절령역(岊嶺驛)[鳳州, 현재의 황해북도 봉산군]에 대응하고, 그 위치는 『승람』에 "옛 터가 부의 서쪽 40리에 있다."라고 한다.[64] 다만 위의 두 '참'의 실체는 분명하지는 않아, 고려 기존의 역을 가리키고 있을 가능성도 배제할 수 없다. 그러나 전술했듯이 고려 기존의 '역'과 잠치의 '참'이 변별되는 사례도 있다는 점을 고려하면 잠치의 참이라고 볼 수도 있다. 적어도 절령역과 흥의역은 개경에서 자비령에 이르는 기존의 간선 역로인 금교도(金郊道)~절령도(岊嶺道) 상에 있다. 자비령 이북의 잠치가 기존 역로를 이용했던 점을 고려해도, 그에 접속하는 잠치를 개경에서 자비령까지 부설할 때 위의 역로를 이용하는 것은 극히 자연스럽다.

이어서 '회원·탐라로 향하는 연로의 참'을 검토해 보겠다. 개별 참

62 『牧隱集』 詩稿 권3, 〈興義站猪灘〉.

63 『勝覽』 권42, 黃海道, 牛峯縣, 驛院, 興義驛. "在縣西南三十里."

64 『勝覽』 권41, 黃海道, 瑞興都護府, 故跡, 岊嶺驛. "舊址在府西四十里."

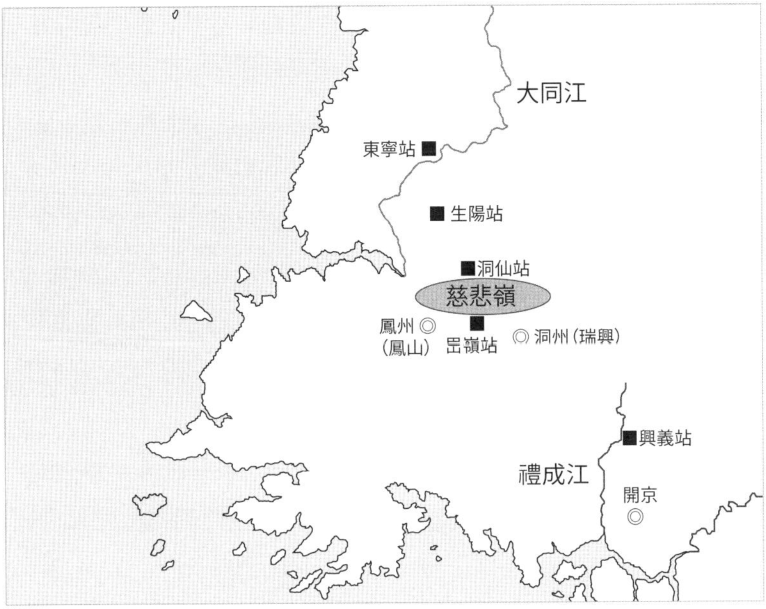

<그림 7-2> 개경~자비령 사이의 잠치 관련 지역

의 이름은 알 수 없으나, 탐라는 제주도를 가리키고, 이곳은 1273년(원종 14, 지원 10)~1294년(충렬왕 20, 지원 31)에는 원의 직할하에 있었다. 또한 회원이라는 지명은 이 글자 그대로는 확인되지 않으나, 일본 원정과의 관련성에서 원정군의 출격지였던 한반도 남동 해안의 합포현(合浦縣, 현재의 경상남도 창원시)이 1282년(충렬왕 8, 지원 19)에 개칭되었던 회원현(會原縣)을 가리키는 것으로 생각된다.[65] 잠치의 도달지는 한반도의 남동단과 남서쪽 변두리로 멀리 떨어진 곳으로, 개경에서 남하하는 잠치 경로는 적어도 두 갈래로 나뉘어 있었던 것으로 보인다.

이 가운데 개경에서 제주도에 이르는 잠치는 그 경로를 대략적으

65 『高麗史』 권57, 地理志, 慶尚道, 合浦縣.

로라도 비정하기 어렵지만, 상식적으로는 한반도 남서부로 연장되어 있었다고 생각된다. 전라도에 토트카순이 설치되었던 것도 그를 뒷받침한다. 다만 제주도는 멀리 떨어진 섬이기에 바다를 건너야 하므로 반도 안에서 잠치가 어디까지 이르렀는가, 연락항이 어디에 있었는가가 문제가 된다. 『고려사』 지리지, 탐라현을 보면, 제주도로 향하는 출항지로서 나주목(羅州牧, 현재의 나주시), 해남현(海南縣, 현재의 해남군), 탐진현(耽津縣, 현재의 강진군)이 제시되어 있다. 모두 현재의 전라남도 연해에 위치한 고을인데, 필자가 보기에 이 가운데 최북단에 위치한 나주 내지 그 주변까지는 역참이 도달했을 가능성이 높다(그림 7-3).

이는 제1차 일본 원정으로부터 4년 후인 1278년(충렬왕 4, 지원 15) 고려가 원 직할하의 제주도에 장관으로 부임했던 다루가치가 해남·나주 지역에서 '멋대로[擅]' 잠치를 부설했다고 비난했던 일[66]을 통해 알 수 있다. 원래 이 지역에는 기존의 역이 있었으므로, 원의 다루가치가 부설한 '잠치'라는 것은 그와는 별개의, 문자 그대로 원의 제도에서 유래하는 잠치였던 것으로 보인다. 이에 우선 다루가치의 행위에서 나주 이남, 해남까지의 지역에는 고려 정부가 인지하는 정규의 잠치가 존재하지 않았을까 하는 의문이 떠오른다. 그리고 다루가치가 한반도 서남단의 떨어진 지역에 한정되어 고립된 잠치를 일부러 부설했으리라고는 생각하기 어려우므로, 여기에 접속하는 잠치가 적어도 나주 이북 지역에는 존재했을 것으로 추측된다. 아마도 다루가치는 나주 이남의 지역도 제주도와의 왕래에 이용하고자, 독단으로 잠치를 부설한 것으로 생각된다.

원래 쿠빌라이는 1269년(원종 10, 지원 6) 무렵부터 일본·남송 경략을 위해 해상의 요충으로서 제주도에 주목하고 있었다.[67] 게다가 이듬해 고려가 강화도에서 개경으로 환도하자 대원강경파인 삼별초(三別抄)가

---

66 『高麗史』 권28, 충렬왕 4년 7월 壬辰.

67 『元史』 권208, 耽羅 傳, 至元 6년 7월; 『元高麗記事』 耽羅, 至元 6년 7월.

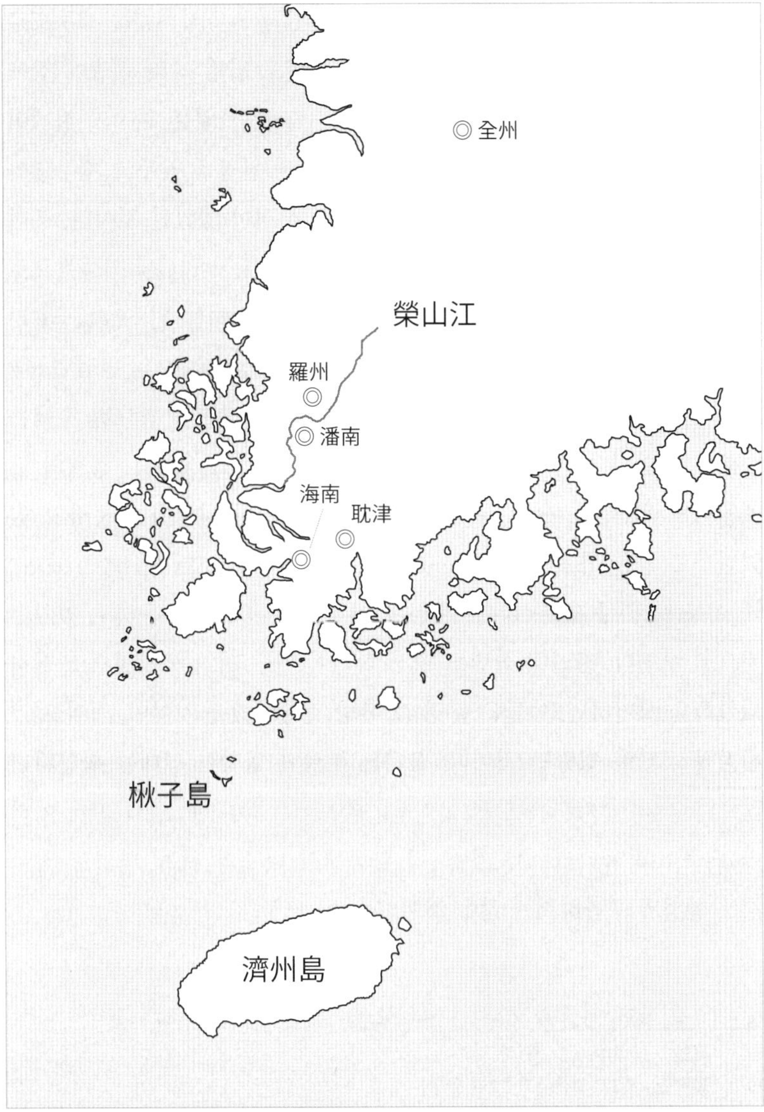

<그림 7-3> 고려 남서부의 잠치 관련 지역

원·고려 정부에 저항하기 시작했고, 1272년(원종 13, 지원 9)에는 제주도로 거점을 옮겼다.[68] 삼별초의 활동은 원의 한반도 남방 해역 진출에 장애가 되었으며, 제주도를 평정하고 확보하는 과제는 일본 원정의 전제이자 전초전이라는 의미를 가지게 되었다. 일본 원정을 앞두고 제주도까지 잠치를 연장한 배경에는 이러한 군사적 사정이 있었던 것이다. 흥미로운 것은 제1차 일본 원정 전해인 1273년(원종 14, 지원 10)에 최종적으로 삼별초가 평정되었을 때, 나주 지역이 제주도로 향하는 원·고려군의 거점이었다는 사실이다. 즉 삼별초 공략군은 나주 남교(南郊)의 반남현(潘南縣, 현재의 전라남도 나주시)에서 제주도로 출격했고, 작전이 종료된 후에는 나주로 귀환했다.[69] 또한 그 이듬해인 1274년(원종 15, 지원 11) 정월의 단계에서도 원군(元軍)으로 보이는 '둔주군(屯住軍)'이 나주에 주둔하고 있었다.[70] 그들은 아우룩[奧魯, a'uruγ], 즉 후방부대 및 코테치[闊端赤, köteči], 즉 마부(馬夫)·종자(從者)라고 불리며 이전부터 그곳에 주둔하고 있었던 것으로 보인다. 전년에 삼별초 평정 작전이 나주 지역을 기점으로 실시되었음을 상기하면, 이들은 분명 그 후방 진영이었을 것이며, 적어도 그 시점까지 남아 있었던 것이다. 잠치를 부설한 정확한 연대는 확인되지 않으나(전술한 제주도 다루가치의 잠치 부설 문제로부터 추정하면 1278년 이전), 이러한 제주도를 둘러싼 원·고려군의 활동에서 나주의 위치, 역할도 잠치 경로 설정과 무관하지는 않을 것이다.[71]

---

68 『元史』 권208, 耽羅 傳, 至元 9년; 『元高麗記事』 耽羅, 至元 9년 11월 15일.

69 『高麗史』 권104, 金方慶 傳.

70 『高麗史』 권27, 원종 15년 2월 甲子.

71 나주의 '둔주군'이 확인되는 것과 같은 사료에 全州와 金州의 '둔주군'도 등장한다. 이 가운데 전자는 위치로 보아 일본 원정과 직접 관계된 부대는 아닐 것으로 생각되며, 나주의 경우와 같이 삼별초 공략전과 관계가 있을 것으로 추측된다. 이에 나주의 '둔주군'과 잠치 경로와의 관계에 관한 필자의 이해가 타당하다면, 잠치 경로가 전주 역시 통과했을 가능성이 있다. 고려에서는 개경에서 南京 – 天安(현재의 충청남도 천안시) – 公州(현재의 충청남도 공주시) – 전주를 거쳐 나주에 이르는 간선역로가 존재했다고 하므로(鄭枖根[2001], 40~41쪽; 43쪽; 69쪽의 부도3 참조), 교통로로서도 알맞다.

이어서 개경에서 합포에 이르는 잠치에 대해 검토해 보자. 합포는 일본 원정군의 출격지로, 일본 원정 때 부설되었던 잠치가 이 방면으로 이어졌을 것임은 물론이다. 그 경로는 원정에 관한 사람과 물자의 이동을 통해 추정이 가능하다. 필자는 적어도 상주(尙州, 현재의 경상북도 상주시) 방면에서 낙동강을 따라 합포까지 남하하는 경로가 선택되었으리라 생각한다(그림 7-4). 그 이유로는 첫째, 1281년(충렬왕 7, 지원 18)에 제2차 일본 원정군을 합포에서 배웅했던 충렬왕이 개경으로 귀환할 때 상주의 승장사(勝長寺)에 들렀다는 기록이 있다.[72] 고려 시대 한반도 중부 지역과 경상도를 잇는 주요 역로의 하나로 계립령(鷄立嶺)을 넘는 경로가 있었는데, 상주는 그 요충지로서 특히 경상도 지방과 중앙 정부의 통신·연락면에서 중요한 위치를 점하고 있었다.[73] 둘째, 제2차 일본 원정에 앞서 1277년(충렬왕 3, 지원 14) 각 도에서 제작했던, 원정군용으로 보이는 화살이 경산부(京山府, 현재의 경상북도 성주군)에 집적되어 있었다.[74] 셋째, 제2차 일본 원정군이 출격했을 때, 그 사령부인 정동행성에서 합포 근방에 잔

72 『勝覽』 권28, 慶尙道, 尙州牧, 佛宇, 勝長寺에 실린 金尙直의 〈重創記〉에, 충렬왕은 일본 원정에 즈음해 김해부(현재의 경상남도 김해시)에 행차해 원정군을 출발시키고서 還駕할 때 상주의 승장사에 머물렀다고 한다. 한편 『高麗史』 권29, 충렬왕 7년 4월 丙寅·庚辰·癸未 條의 기사에서 제2차 일본 원정 때 충렬왕이 김해부 근방의 합포까지 가서 열병했던 것을 알 수 있으므로, 〈重創記〉는 이때의 일을 전하는 것임을 알 수 있다. 다만 이때 왕은 상주에 이르기 전에는 慶州(현재의 경상북도 경주시)를 경유하는 우회로를 취했던 것 같다(『高麗史』 권29, 충렬왕 7년 6월 癸未).

73 韓基汶[1999], 688~691쪽; 鄭枖根[2001], 42~43쪽; 69쪽의 부도3 참조. 安軸, 『謹齋集』 권2, 〈尙州客館重營記〉에 "州(상주)는 八達의 분기점에 소재해 驛傳을 이용해 사신으로 가는 자가 끊이는 날이 없다." 했고, 또한 李齊賢의 『益齋亂藁』 권5, 〈送謹齋安大夫赴尙州牧序〉에 "동남의 주군으로는 慶州가 크고 尙州가 그에 다음간다. 그 道의 이름을 慶尙이라고 한 것은 이 때문이다. 그러나 使命을 받든 자는 반드시 우선 상주로 길을 잡고 이후에 경주에 이른다. 그런 까닭에 風化가 流行하는 것이 상주를 거쳐 남쪽으로 전파되었고, 경주를 거쳐 북쪽으로 전파되는 것은 없었다." 했다.

74 『高麗史』 권81, 兵志, 五軍, 충렬왕 3년 2월. 이 기사에서는 화살의 집적지로서 碩州(옛 鹽州. 현재의 황해남도 연안군)도 들고 있으나 이 지역에는 1271년(원종 12, 至元 8) 이래 원의 屯田經略司의 군대가 주둔해 있었다(池內宏[1931b], 113~114쪽 참조).

<그림 7-4> 고려 남동부의 잠치 관련 지역

류했던 휘하 부대의 행패로부터 보호한다는 취지의 방문(榜文)을 고령(高靈, 현재의 경상북도 고령군)의 반룡사(盤龍寺)에 발급했다.[75] 이들 사실은 일본 원정에 즈음해 사람과 물자의 주요 이동 경로가 상주에서 합포에 이르는 낙동강 연안 지역에서 전개되었음을 알려준다.

이 추정 경로에 대해서는 상주를 넘어 낙동강을 따라 남하해 김해(金海 또는 金州, 현재의 경상남도 김해시)에 이르는 기존 주요 역로[76]와의 관련성도 의문이 생긴다. 상주 이북 경로를 사료에 근거해 제시하기는 곤란한데, 마찬가지로 기존 역로와의 관련성을 상정한다면 개경에서 남경(현재의 서울시) – 광주(廣州, 현재의 경기도 광주시) – 이천(利川, 현재의 경기도 이천시) – 충주(忠州, 현재의 충청북도 충주시)의 각 방면을 거쳐 계립령을 넘어 상주 방면으로 들어서는 경로[77]가 가능할 것으로 생각된다.

이상과 같이 고려 중·남부에서는 개경을 기점으로 볼 경우 자비령에 이르는 잠치, 나주 방면을 거쳐 제주도에 이르는 잠치, 상주 방면을 거쳐 합포에 이르는 잠치가 존재했던 것으로 추측된다. 전술했듯이 기존의 역로와의 대응 관계를 추정한다면 남부의 두 방면에 이르는 잠치 경로는 남경 부근에서 분기했을 가능성이 높다. 그 개념도를 표시하면 〈그림 7-5〉와 같다. 사료의 제약으로 어디까지나 대략적인 추정에 그칠 수밖에 없으나, 이는 전술했던 토트카순의 설치 지역과도 합치한다. 또한 사료 D에 보이는 당초 40개, 후에 20개라는 잠치의 개수를 여기에 상정해도 참의 배치 간격 등이 결정적으로 부자연스러운 것으로 보이지는 않으며(본장 말미의 보론 참조), 현재로서는 다른 지선(支線)을 상정할 필요는 별로 없다고 판단된다.

75 『勝覽』 권29, 慶尙道, 高靈縣, 佛宇, 盤龍寺. 또한 이 사료에 관련해서는 이 책 제6장 제4절 참조.

76 鄭枖根[2001], 42~44쪽; 69쪽의 부도3 참조.

77 韓其汶[1999], 688~691쪽; 鄭枖根[2001], 41~44쪽; 69쪽의 부도3 참조.

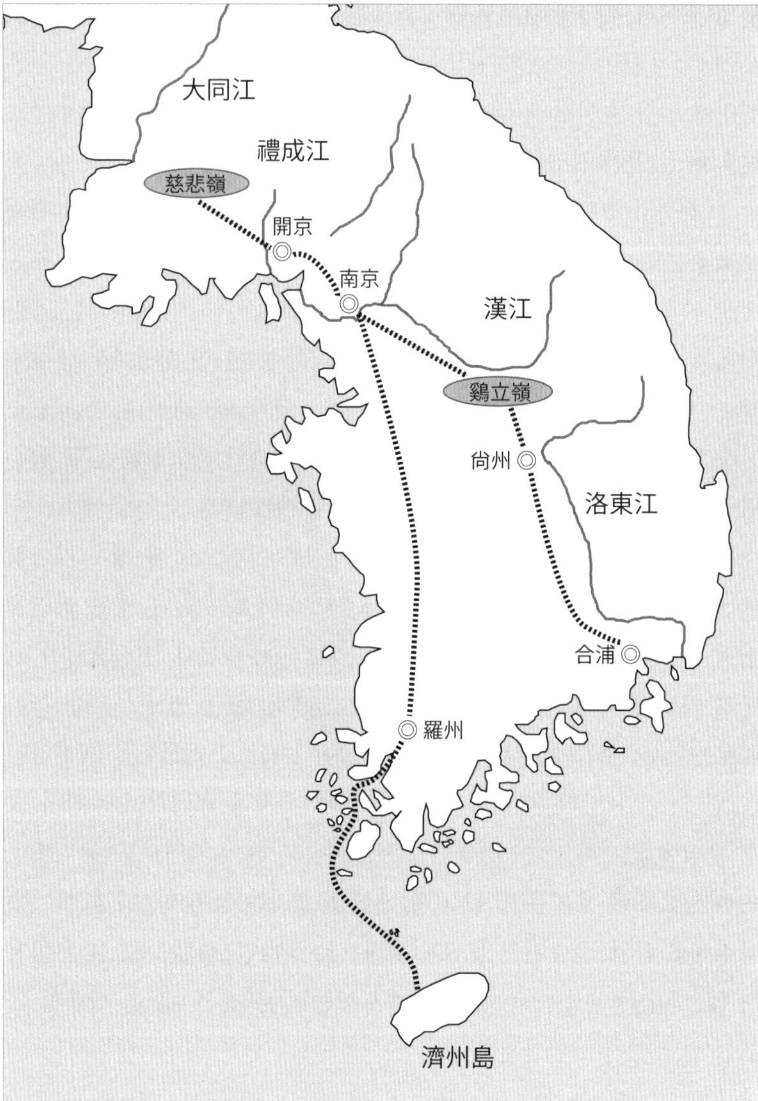

<그림 7-5> 자비령 이남 고려 중·남부의 잠치 경로

5. 서경~쌍성 사이의 경로

1287년(충렬왕 13, 지원 14), 몽골고원 동부에 근거를 둔 옷치긴 왕가의 나얀은 세조 쿠빌라이에게 반기를 들었고, 칭기스 동생들의 후예로서 역시 몽골고원 동부에 본거를 두고 있었던 카사르, 카치운 두 왕가도 이에 호응했다. 쿠빌라이 측의 신속한 대응으로 나얀 본인은 조기에 진압되었으나, 그 후에도 카치운 왕가의 카단과 그의 아들 라우디가 요동 지방에서 한반도에 걸쳐 수년 동안 군사 활동을 이어 갔다. 이 사변에 대응하기 위해 원의 요양행성 개원로의 쌍성(雙城, 원래는 고려의 和州. 현재의 함경남도 금야군[78])과 고려의 서경(西京, 현재의 평양시)을 잇는, 한반도 북부를 동서로 횡단하는 잠치 경로를 세우는 것에 관한 문서가 『영락대전』 권 19423에 수록된 원의 정서(政書) 『육조정류(六條政類)』에 〈쌍성등처입참(雙城等處立站)〉이라는 제목으로 실려 있다.

> 지원 27년(1290, 충렬왕 16) 11월 3일. 요양행성의 자(咨).
>
> "개원로 다루가치 팔아독만(八兒禿滿)의 신(申)을 받았는데, 그 내용은 다음과 같았습니다.
>
> '살피건대 개원로에서 관할하는, 당초 설립했던 여직(女直)의 잠치를 적군(賊軍)이 모두 살육하고 포로로 끌고 가버려서 놀라서 흩어진, 원래 관할하던 모든 인호들이 합라(合懶)·쌍성 등으로 가서 살고 있습니다. 만약 긴급한 군정(軍情)이나 마땅히 보고하고 지시를 받아야 할 크고 작은 공사(公事)가 있다면 고려국의 잠치를 경유해서 가서 보고하고 있으나, 왕복하는 길이 멀어 공사를 지체시킵니다. 고려국왕 및

---

78 和州를 중심으로 한 고려 동북변의 여러 고을은 1258년(고종 45, 헌종 뭉케 8)에 몽골제국의 직할령으로 편입되어 그 지역에 雙城摠管府가 설치되었다. 고려는 이 지역을 1356년(공민왕 5, 至正 16)에 수복했다.

합라·쌍성 등의 민호 가운데서 인호를 헤아려서 징발해 쌍성과 서경 두 곳 중간의 300리 안에 세 개의 참을 세워 사객(使客)을 다니게 하면, 긴급한 공사를 조속히 처리할 수 있고 관과 민 양쪽이 편안할 수 있지 않을까 합니다. 감히 스스로 결정할 수 없으니, 바라건대 잘 살펴 주십시오.'

요양행성에서 살피건대 카단 적(賊)이 경내로 들어와 현재는 와강(瓦江, 송화강?) 지역에서 난을 일으키고 있습니다. 그 팔아독만은 험애지를 지키면서 동쪽으로는 고려와 이웃하고 있습니다. 신(申)한 바를 인준해, 쌍성과 서경의 중간에 세 개의 참을 세우고 곧바로 고려국에서 인호와 마필을 가려 뽑아 사객을 다니게 해 군정의 급한 사무를 접수하게 하고자 합니다. 청하건대 자문으로 회답을 보내 주시기 바랍니다."

도성(都省)에서 제안을 허가해 요양행성에 자문을 보내 즉각 정동행성에 문서를 보내어 〔잠치를〕 설치하게 했다. 또한 통정원(通政院)에 차부(箚付)를 보내어 살펴 시행하게 했다.[79]

개원로의 관할 범위는 송화강(松花江) 수계 유역을 중심으로 동쪽으로는 동해에 미치고, 남쪽으로는 쌍성에 이르러 고려와 경계를 접했다. 그런데 카단군의 침공으로 개원로의 잠치가 붕괴되었으므로 당시 개원

79 『永樂大典』 권19423, 『六條政類』, 〈雙城等處立站〉. "至元二十七年十一月初三日. 遼陽行省咨, 開元路達魯花赤八兒禿滿申, 照得, 本路所轄元設女直站赤, 有賊軍盡行討虜了當, 所有驚散本管人戶, 前來合懶·雙城等處住坐. 若有緊急軍情·合稟奉大小公事, 沿高麗國站赤, 前去計稟, 往復途路遠窵, 遲悞公事. 合無於高麗國王并合懶·雙城等民戶內, 斟酌撥戶, 於雙城·西京兩其中三百里地內, 設立三站, 走遞使客, 似為緊急公事, 早得幹辦, 官民兩便. 未敢自擅, 乞照驗事. 本省參詳, 哈丹賊軍入境, 見於瓦江地面作耗. 其八兒禿滿守把隘口, 東隣高麗. 若准所申, 於雙城·西京中間, 安立三站, 就令高麗國摘撥人戶·馬疋走遞, 以接軍情急務. 請希咨廻示. 都省准擬, 移咨遼陽行省, 就便行移征東行省, 安置施行. 及劄付通政院, 照驗施行."

로의 상위 기관으로서 그 서남방의 요양로에 치소를 두었던 것으로 보이는 요양행성과의 연락에 장애가 발생했다. 따라서 1290년 말 무렵, 중서성은 개원로의 다루가치 팔아독만의 요청을 받아들여 고려를 경유해 동쪽으로 우회하는 경로를 만들기 위해 쌍성~서경 사이 300중국리(약 165킬로미터)의 구역 안에 세 곳의 참을 두기로 결정했다(동녕부는 이해 초에 고려로 반환되었음). 서경에서 기존에 설치되었던 잠치를 이용해 압록강 하류 유역으로 북상해서 전란의 영향이 적은 요동 지방 남부를 거쳐 요양행성에 도달하는 구상이었다고 생각된다.

팔아독만이 요양행성에 신(申)을 올렸던 단계에서는 고려 외에 개원로 관하의 쌍성·합라 지방에서도 민호를 징발하기로 했으나, 이를 중서성에 전달한 요양행성의 말에서는 고려의 부담에 대해서만 언급했다. 이에 대한 중서성의 회답에서는 중앙의 잠치 담당관부인 통정원에도 관여할 것을 요청했는데, 그 부설을 직접 담당하는 기관으로는 정동행성이 지정되었던 것 같다. 이 정동행성은 일본 원정군 사령부로서의 행성과는 달리 원의 최고 지방통치기관인 행성의 하나로서 1287년 이후 고려에 설치되었던 것이다. 그러나 역대 고려왕이 장관이 되고, 그 운영은 사실상 고려 측이 기관을 운영했다. 즉 위의 잠치는 정동행성의 이름으로 고려가 실질적으로 담당해 부설했다고 생각된다.

세 참의 구체적인 설치 위치는 불분명하다. 고려 역사상 쌍성(화주) 방면에서 서경 방면으로 군대가 이동한 사례가 두 건 있었는데,[80] 모두 맹주(孟州, 현재의 평안남도 맹산군) 방면을 경유해 대동강 유역으로 나오는

80 집권 무신 鄭仲夫 등에 대해 西京留守 趙位寵이 거병했을 때(1174~1176년), 정부군의 杜景升은 宜州(현재의 강원도 元山市)로부터 孟州로 진격해, 군사를 나누어 撫州(현재의 평안북도 寧邊郡)을 취하고, 대동강에서 趙位寵 군과 교전했다(『高麗史』 권100, 杜景升 傳). 또한 몽골의 哈眞·扎剌이 고려에 난입했던 거란군을 공략했을 때(1218~1219년) 和州·孟州·順州(현재의 평안남도 장창군)·德州(현재의 평안남도 덕천군)를 취하고 江東城(현재의 평양시 강동군)에 '直指'했다(『高麗史』 권103, 趙沖 傳).

<그림 7-6> 서경~쌍성 간 잠치 관련 지역

경로를 취했던 모양이다(그림 7-6). 이들 경로에 대해서는 고려 재래 역로와도 관계가 있었을 것으로 추정되는데,[81] 거리상으로도 300중국리라는 잠치의 거리와도 대략 부합하므로, 잠치도 같은 경로를 따랐을 가능성도 생각된다.

다만 이 잠치는 전쟁이라는 긴급 사태에 대응하기 위한 것으로, 전란이 종식되면 당초의 존재 의의를 상실하게 된다. 실제로 그 후 사료에는 흔적이 파악되지 않는다. 폐지되었다는 기록 자체는 없으나, 1292년에 카단군이 진압된 후 적어도 교통로로서의 중요성은 낮아졌을 것으로 생각된다.

81 鄭枖根[2001], 44쪽; 69쪽의 부도3.

그런데 위의 잠치 부설 이전에는 개원로의 사자가 '고려국의 잠치'를 이용했다고 기록되어 있을 뿐, 구체적으로 어떤 경로를 취했는지 알 수 없다. 적어도 고려에는 개원로에 인접한 강릉도(江陵道), 즉 과거의 동북면(東北面)이자 현재의 강원도 동부 지역 방면에서 왕래했을 것이나, 현재로서는 고려 국내에서 이 방면까지 잠치가 설치되어 있었던 흔적은 보이지 않는다. 아마도 '고려국의 잠치'라는 것은 그 왕래 경로 일부로 고려 국내의 잠치를 이용했던 것을 말한 것이거나, 또는 여기에 고려 재래의 역을 포함해서 그들이 이용했던 교통 체계 전체를 가리켜 했던 말일 것이다.

6. 제주도~압록강구 사이의 수참 경로

『원사』 세조 본기, 지원 30년(1293, 충렬왕 19) 조에는,

> F. 조를 내려 연해(沿海)에 수역(水驛)을 설치하게 했다. 탐라로부터 압록강 입구에 이르기까지 총 11곳으로 하고 홍군상(洪君祥)으로 하여금 주관하게 했다.[82]

라는 기사가 있다. 이 '수역'은 당시의 황제 쿠빌라이의 명으로 원의 고관인 홍군상의 감독하에 부설되었다고 하므로, 수상 교통의 잠치로서 제주도에서 압록강 입구에 이르는 한반도 서해안 전역에 걸쳐 11개의 수참(水站)이 설치되었던 것으로 보인다. 이에 관한 기사는 『원사』 지리지에도,

---

82 『元史』 권17, 世祖本紀, 至元 30년 2월 辛亥. "詔沿海置水驛. 自耽羅至鴨淥江口, 凡十一所, 令洪君祥董之."

G. 〔지원〕 30년, 연해에 수역을 설치했다. 탐라에서 압록강 및 양촌해구(楊村海口)에 이르기까지 총 13곳이었다.[83]

라고 했다. 여기에는 '양촌해구'라는 도착지가 추가로 등장하며, 참의 개수도 두 곳 많다.[84] 13이라는 참의 개수는 뒤에 제시할 다른 사료에도 등장하는데, 앞의 11이라는 참의 개수에 오류가 없다면 제주도에서 압록강구까지의 11개 참에 더해 '양촌해구'에 이르기까지도 별도로 두 개의 참이 설치되었음을 뜻할 것이다.

수참 설립의 계기에 대해서는 다음의 『고려사절요』, 충렬왕 17년(1291, 지원 28) 기사가 참고된다.

황제(=쿠빌라이)가 일찍이 요동수정도(遼東水程圖)를 보고는 수역을 설치하고자 해 정가신(鄭可臣)에게 말하기를, "너희 나라는 생산하는 것이 없고 오로지 쌀과 포(布)뿐이다. 육지로 수송하려면 길이 멀고 물품이 무거워 수송하는 바가 경비도 감당하지 못한다. 이제 너에게 강남행성(江南行省) 좌승(左丞)을 제수해 해운을 주관하게 하고자 하는데, 해마다 가히 수천 곡(斛)의 쌀과 수천 필의 포에 이를 수 있을 것인즉, 어찌 국가 경비의 1만분의 1 정도만을 보충하는 데 그치겠는가. 고려인들이 도성에 거처하는 자금을 충족할 수 있을 것이다." 했다. 정가신

---

83 『元史』 권63, 地理志, 征東等處行中書省. "三十年, 沿海立水驛. 自耽羅至鴨淥江并楊村海口, 凡十三所."

84 張東翼[1994a](142~143쪽)은 王圻, 『續文獻通考』 권234, 四裔考, 東夷, 高麗의 "至元三十年, 沿海立水驛, 自耽羅至鴨綠江幷揚州海口三十所"라는 기사를 인용해 '水驛'은 중국 長江 北岸의 揚州에 도달했다고 했다. 그러나 『續文獻通考』는 명 말의 편찬물로, 위의 기사가 명 초에 성립된 『元史』 地理志의 기사에 의거하고 있음은 문장 구성과 전후의 내용에서 명확해진다. 위의 기사에 '揚州'라고 한 부분은 본래 '楊村'으로, 또한 '三十'이라고 한 참의 개수는 '十三'으로 되어야 할 것이다. 『元史』 地理志의 기사를 인용해 참의 개수를 '三十'이라고 한 논고도 있으나, 어떠한 판본에 근거했는지, 단순한 오기인지는 불명확하다. 이 책에서는 일단 百衲本의 기재에 따른다.

이 대답하기를, "고려는 산천과 수풀이 10분의 7을 차지해 농사짓고 길쌈하는 수고로움으로 겨우 먹고사는 비용을 지탱하고 있을 뿐입니다. 하물며 이 사람들은 바닷길에 익숙하지도 않습니다. 신의 어리석은 생각으로는 혹 불편이 생길까 두렵습니다." 했다. 황제는 그렇다고 여겼다.[85]

위 기사의 기년은 이 사건과 직접 관계되는 것은 아니다. 이 기사 바로 앞에 기록된 사건, 당시 원에 있었던 세자 왕원(王謜), 즉 후의 충선왕에게 쿠빌라이가 세자위를 정식으로 수여한 사안에 관계된다. 왕원이 원에 들어간 것은 전년인 1290년으로, 그는 일시적으로 귀국하기는 했으나 1298년에 즉위하기까지 원에 머물렀다.[86] 위의 사건은 이때 세자의 시종 신료였던 정가신에게 쿠빌라이가 자문을 했다는 것인데, 쿠빌라이는 1294년(충렬왕 20, 지원 31)에 몸이 불편해 정월 초하루의 조하(朝賀)를 중지하고 정월 중에 사망했으므로,[87] 사실상 1290~1293년 사이, 즉 수참 부설 명령을 내리기 직전이나 거의 동시기에 일어난 일이었다(기사 가운데 '일찍이'라는 표현이 이 기사의 기년을 기준으로 할 경우, 하한은 1291년이 된다). 쿠빌라이가 보았던 '요동수정도'에는 요동 방면의 항로가 그려져 있었을 것으로 생각되는데, 여기에 '수역(수참)'을 두는 목적은 쌀과 포를 수송해 원의 국용을 보충하고, 아울러 원의 국도에 살고 있는 고려인에게 경비를 공급하기 위한 것이었다고 한다. 물자의 최종 도달지는 원의 국도였는데, 이 경우 해도(海道)와 연결되는 장소이므로 내륙의 상도(上都)가 아

---

85 『高麗史節要』 권21, 충렬왕 17년 9월. "帝嘗觀遼東水程圖, 欲置水驛, 語可臣曰, 汝國無所產, 唯米與布耳. 若陸輸之, 則道遠物重, 所輸不償所費. 今欲授汝江南行省左丞, 使之主海運, 歲可致若干千斛匹, 豈唯補國用之萬一. 可以足東人寓都之資. 可臣對曰, 高麗, 山川林藪, 居十之七, 耕織之勞, 僅支口體之奉. 況其人不習海道. 以臣管見, 恐或不便. 帝然之." 『高麗史』 권105, 鄭可臣 열전에도 거의 같은 글이 실려 있다.

86 이 책 제4장, 205쪽 참조.

87 『元史』 권17, 世祖本紀, 至元 31년.

니라 대도일 것이다. 또한 쿠빌라이가 수참의 부설 이유로 고려에서 생산되는 쌀과 포를 육상으로 수송하기 불편하다는 점을 들고 있는 것, 그리고 정가신이 쿠빌라이의 구상에 반대해 고려의 물자는 겨우 국내 수요를 충당할 정도라고 하고, 또한 고려인은 해도에 익숙하지 않다고 한 점에서, 해도를 통해 고려의 물자를 반출하려는 계획이었음을 알 수 있다. 이상의 내용을 종합하면 수참 경로는 해도를 통해 한반도 연안과 대도 방면을 잇는 형태로 구상되었던 것으로 추측된다.

다만 약간 석연치 않은 것은 이와 관련해 정가신을 '강남행성'의 좌승에 임명해 '해운'을 맡게 한 이유다. 여기서 '해운'이라는 것은 남송 정복 후 원이 중국 남방의 세량(稅糧)을 대도로 해상 수송하기 위해 설치한 제도인데,[88] 혹 쿠빌라이는 고려와 대도를 잇는 수참을 이용한 해상 수송을 '해운'과 일체로 운용하는 구상을 품었던 것은 아닐까?[89] 이 무렵 고려에는 진휼 등을 목적으로 강남의 미곡이 해마다 수송되고 있었으며,[90] 그 수송에는 해운을 담당하는 해도운량만호부(海道運糧萬戶府)의 관계자가 관여하고 있었던 것 같다.[91] 이것이 수참 구상에 영향을 주었을 가능성도 있는데, 어쨌든 시기와 내용에서 볼 때 이상의 쿠빌라이의 발안은 1293년의 수참 부설 명령과 직접 관계되었다고 보아도 좋을 것이

---

88 원의 해운 제도에 대해서는 우선 有高巖[1917]; 藤野彪[1954]; 星斌夫[1959]; 松田孝一[2000] 참조. 아울러 '江南行省'이란 그 관할 구역에 해운의 적출항을 포함하는 江浙行省을 가리킨다.

89 이 직전인 1289년(충렬왕 15, 至元 26) 원에서 남해 무역의 창구인 泉州(현재의 福建省 泉州市)로부터 해운의 적출항에 가까운 杭州(현재의 浙江省 杭州市)까지의 바닷길에 외국 진헌품의 수송을 명목으로 水站을 설치하라고 지시한 것이(『經世大典』 站赤, 至元 26년 2월 16일의 尙書省 奏(『永樂大全』 권19418); 『元史』 권15, 世祖本紀, 至元 26년 2월 丙寅), 혹은 한반도 연안의 수참 설치와 관련되었을지 모르겠다. 이러한 조치에 의해 남중국해 연안에서 한반도까지의 장대한 해안선을 원의 공적 수운망이 커버하게 되었다.

90 『高麗史』 권30, 충렬왕 17년 6월 甲申; 18년 윤6월 辛卯; 19년 6월 己丑; 『高麗史節要』 권21, 충렬왕 17년 6월; 18년 윤6월; 19년 6월.

91 陳高華[2005], 363~364쪽 참조.

다. 쿠빌라이는 정가신의 반대를 수긍했다고 쓰여 있으나, 후술하듯이 수참은 실제로 부설되었으므로 최종 판단은 아니었다.

개별 수참에 대해서는 구체적인 실태를 잘 알 수 없다. 제주도~압록강구 사이에 설치된 11개 참에 관해서는 전라도~제주도 사이를 왕래할 때 중계지가 되는 추자도(楸子島)에 관해, 『승람』에 "수참의 옛 터가 있다."라고 기록되어 있는 것,[92] 그리고 황해도 서방 연해의 요충인 백령도(白翎島)에 대해 17세기 초의 수군 기지 복설론 가운데 언급된 '옛 역

92 『勝覽』 권38, 全羅道, 濟州牧, 山川, 楸子島. "有水站古址." 이에 관해서는 內藤雋輔[1961a], 145~146쪽; 內藤雋輔[1961d], 415쪽 참조. 추자도는 전라남도 지역에서 제주도로 도항할 때의 중계지였으므로, 이 섬의 '水站'이 압록강 하구~제주도 경로상의 참이었다고 한다면 동시에 앞서 검토한 개경~제주도 경로상의 참이었을 수도 있다. 그런데 內藤는 20세기 초의 『增補文獻備考』 권35, 輿地考, 關防, 海路의 '西海亭館'과 '漕路'에 제주도 서북안의 明月浦가 원에 入貢할 때에 이용되었던 항구였다고 기록한 것을 근거로 제주도에서의 水站의 기점을 이곳으로 비정한다. 그러나 위의 『增補文獻備考』 '西海亭館'에서는 원에 입공하는 데 이용된 항구로 동시에 제주도 남부의 西歸浦도 들고 있으므로, 이것만으로는 明月浦를 수참으로 연결 짓기에 근거가 부족하다. 또한 '漕路'에서는 '濟州志'를 참조해 "원에 입조할 때 명월포에서 배를 출발해 7일 밤낮을 가면 西岸에 상륙한다."고 기록했다. 여기에 보이는 '西岸'을 內藤가 어떻게 해석했는지는 명확하지 않으나, 어쨌든 이상을 한반도 서해안에서의 수참의 航程을 설명하는 기사로 해석한 것이다. 그러나 '漕路'에서 참조한 '濟州志'의 기재란 17세기 중반 李元鎭의 『耽羅志』 濟州, 山川, 明月浦나, 1899년(光武 3) 『濟州郡邑志』 濟州, 山川, 明月浦의 "원에 입조할 때 여기서 바람을 기다린다. 무릇 7일 밤낮에 大洋을 건넌다."는 기사에 대응하는 것으로 생각된다. 즉 본래 원으로 향하는 대양 횡단 항로를 설명한 것으로, 한반도 연안을 따라가는 수참에 관한 정보는 아니라고 보아야 한다. 『高麗圖經』에 보이는, 1123년(仁宗 원년)의 宋 使船은 큰 문제없이 상당히 순조롭게 항해했는데, 흑산도에서 예성강까지 한반도 서해안의 총 航程의 절반을 이동하는 데 11일이 걸렸다. 보다 먼 거리인 제주도에서 한반도 서해안을 종단하는 데 필요한 표준 일수가 7일에 그친다고는 생각하기 어렵다. 한편 『高麗圖經』의 항해 기록이나 『宋史』 권487, 高麗 傳의 기재에 의하면 한반도 남서부와 대륙 對岸 사이에는 大洋의 횡단에 5일 전후가 필요할 뿐이라고 해 위에 기록된 날수에 부합한다. 『增補文獻備考』의 '西岸'이라는 것은 잘못 전해진 것이 아니라면 어떤 형태로든 명월포에서 대양을 직행해 도달하는 대륙 측의 연안을 가리키는 것일 것이다(예컨대 서방의 대안을 가리키는 것일 수도 있다). 그리고 명월포는 제주도 북부의 주요항 중 하나임에 틀림없으나, 한반도 본토로의 연락항으로는 그 밖에도 朝天浦나 涯月浦 등도 있었으므로, 수참 경로 기점의 후보로서 현시점에서 확정할 수는 없다.

터[古驛基]'[93] 등이 그 하나일지 모르겠으나, 분명하지는 않다. 또한 아울러 문제가 되는 것은 그들 11개 참과는 별도의 두 참의 소재다. '양촌해구'라고 기록된 수참 경로의 도달지 비정이 포인트가 되는데, 이에 관해서 필자는 현재로서는 다음과 같이 생각한다(그림 7-7).

우선 제주도를 기점으로 하는 수참이 한반도의 남해안·동해안 측으로 겨우 두 참 정도만 이어졌을 가능성은, 필요성이라는 측면에서 생각하기 어렵다. 따라서 서해안 11개 참 이외의 참을 한반도 내에 추가로 상정하기는 어렵다. 그렇다면 문제의 두 참은 고려국 외부에 있었던 것인데, 한반도 서해안의 수참 경로가 나아가 고려국 외부로 연장되었을 것이라는 점은 쿠빌라이의 구상을 통해서도 예상되며, 그것은 최종적으로 대도 방면에 이르렀을 것이다. 그 경우 항로를 구체적으로 제시하는 사료는 없으나, 황해를 넘어 한반도에서 산동반도 방면에 이르는 항로가 고려 시대에 존재했던 것은 잘 알려져 있다.[94] 원 대의 항로로서는 강남에서 북상해 산동반도를 돌아 발해만으로 들어갈 때 요동반도·한반도 방면으로 전환하는 갈림길이 있었다는 점도 지적된다.[95] 한편 대도는 백하(白河)를 통해 발해만으로 연결되며, 그 하구(河口)에는 외항(外港)인 직고(直沽, 현재의 河北城 天津市)가 있었다. 해운으로 강남에서 운송된 물자도 직고를 거쳐 백하를 거슬러 올라 대도 근교의 통주(通州, 현재의 北京市 通州區)에 도착했다. 한반도~대도 사이에 수참을 부설한다면 이러한 항로가 이용되었을 것이다. 즉 대략적으로는 한반도 서해안에서 황해·발해만을 거쳐 직고 방면에 이르는 경로가 떠오른다. 고려 말에 성립된 원대 '한어(漢語)' 학습서 『노걸대(老乞大)』의 한 구절에는 고려 상인이 직고에서 '왕경(王京)' 즉 개경까지 뱃길로 여행하는 에피소드가 등장하는데,

---

93 『增補文獻備考』 권34, 輿地考, 關防, 海防. 이 사료의 존재에 대해서는 藤田明良의 교시에 의함. 또한 관련해서 藤田明良[2010] 참조.

94 內藤雋輔[1961d], 410~418쪽; 王文楚[1981], 352~353쪽 참조.

95 陳高華[2005], 365쪽.

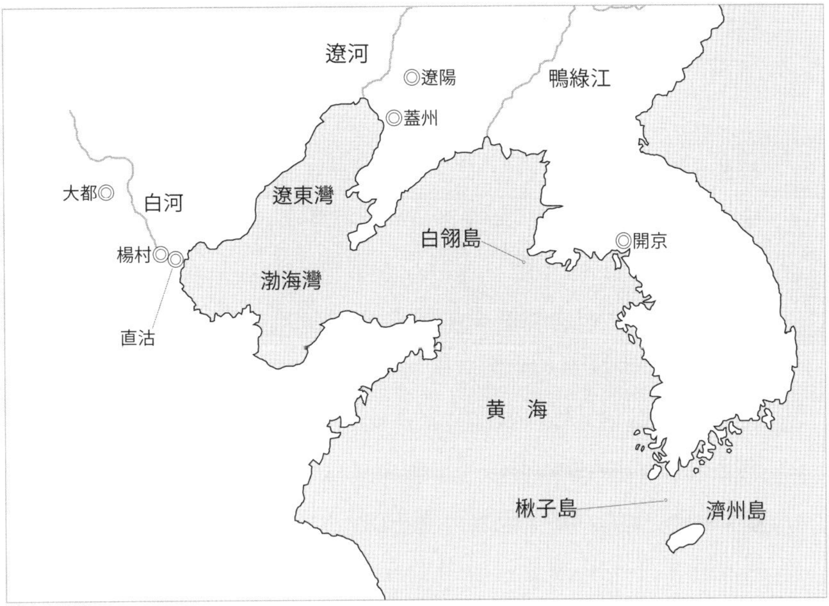

<그림 7-7> 제주도~압록강구·양촌해구 간 수참 관련 지역

그러한 항로가 실재했을 가능성이 높다.[96]

쿠빌라이의 구상이 이상과 같은 형태로 실현되었다면, 주목되는 것은 직고에서 백하를 30킬로미터 정도 거슬러 올라간 무정(武靖, 현재의 河北城 天津市 武清區)에 현재까지 '양촌(楊村)'이라는 지명이 남아 있다는 점이다.[97] 원 대 이곳은 대도 주변에서의 내수면 수운의 요충이며,[98] 강남

96 『老乞大』에 대해서는 고려 시대의 원형을 그대로 남긴 판본이 1998년에 대구에서 발견되었고(『元代漢語本《老乞大》』, 경북대학교출판부, 2000), 거기에 기록된 '漢語'의 성격이나 회화 내용의 사료적 가치가 재평가되고 있다. 여러 판본은 直沽~開京 사이의 항해를 공통적으로 언급하고 있다.

97 근대 이전의 楊村에 관해서는 乾隆『武靖縣志』縣境全圖 및 같은 책의 권3, 河渠, 白河, 『讀史方輿紀要』 권11, 直隸, 順天府, 通州, 武靖縣 등 참조.

98 『元史』 권64, 河渠志, 白河, 大德 2년 5월 자의 中書省 箚付.

으로부터의 해운도 그곳에 도달했다.[99] 그러므로 필자는 우선 '양촌해구'의 '양촌'을 이곳에 비정하고자 한다.

다음으로 '양촌'에 붙은 '해구'에 대해서인데, 각종 한어사전, 지명사전에 의하면 '해구'라는 것은 일반적으로 항만이나 하구를 의미하며, 또한 고유 지명으로서 '해구'는 중국 각지에 존재한다. 다만 지금까지 확인 가능한 고유 지명의 해구 가운데 문제의 '해구'에 비정할 만한 것은 없었다. 여기서는 어떤 하구 혹은 항만을 가리키는 것으로 보고자 한다. 원 대의 한어 문헌에도 그러한 용례는 많다. 그러므로 우선 '양촌'에 붙는 단어로 읽어서, '양촌의 항구'를 가리킬 가능성이 있다. 사료에는 '양촌의 부두(楊村馬頭)'라는 말도 보이므로,[100] 양촌에 선착장이 있었음은 분명하다. 다만 그렇다고 해도 해항(海港)인 직고보다 상류에 있는 양촌의 선착장까지가 '해구'라고 불릴 수 있었는지 의문도 남는다. 고유 지명으로서의 해구는 내륙부에 위치하는 경우도 있는데, 그 유래 및 원 대 양촌의 지리적 환경이 명확하지 않은 상황에서는 성급한 결론은 피해야 할 것이다.

또는 문제의 '해구'가 양촌과는 별개의 지점을 가리키는 것이라면, 그 표기를 『원사』 편자가 고쳐 쓴 것이 아닌 한 양촌과 병기하면 바로 이해가 가거나, 한반도~대도 사이의 항로를 설명하는 데 자명하거나, 원의 위정자에게 있어서 자명한 해구였다고 생각된다. 그러한 조건에 부합하는 해구로서는 현재로서 직고나 그 부근의 수역(水域)을 들 수 있다. 대도에서 바다로 이어지는 창구인 직고는 원의 위정자가 해구라고 불러 왔다고 보기에 자연스러우며, 실제로 '직고연해구(直沽沿海口)'에 주

---

99 『元史』 권93, 食貨志, 海運; 『元史』 권166, 羅璧 傳; 『大元海運記』 권下, 排年海運手脚價鈔.

100 『元史』 권93, 食貨志, 海運; 『大元海運記』 권下, 排年海運手脚價鈔; 『經世大典』 站赤, 至元 30년 12월 자 기사(『永樂大典』 권19419).

둔했던 군대가 '진수해구둔저친군도지휘사사(鎭守海口屯儲親軍都指揮使司)'라는 명칭을 가진 예도 있다.[101]

'해구'를 어떻게 해석해도 한반도 서해안에서 백하 연안의 양촌에 이른다는 경로의 상정에는 변함이 없다.[102] 그 사이의 해상 항로에 대해서는 전대의 사례를 통해 추정하건대 압록강 방면에서 요동반도 남방 연해를 항행하는 경로, 그리고 한반도 중부 연안에서 황해를 직접 횡단하는 경로 등이 생각되는데,[103] 수참의 실제 항로는 사료의 제약으로 전혀 알 수 없다. 문제의 두 참은 한반도 바깥, 양촌에 이르기까지의 항로상에 있었다고 생각되지만, 그 이상의 상세한 사실은 알 수 없다.[104]

이상과 같은 13개 수참은 그 후 곧바로 필요성을 상실했던 것 같다. 『원사』 왕약(王約) 열전에는 왕약이 충렬왕 대 말에 고려로 파견되어 고려의 정치 혼란을 수습했을 때의 일을 다음과 같이 기록했다.

> 옛 신료 홍자번(洪子藩)에 명해 재상으로 삼고, 그로 하여금 폐정(弊政)을 고치게 했다. 교통로로서 불필요한 수역 13곳을 폐지하고, 탐라에서 그 지역 토산물이 아닌 것을 공납하는 일을 면제했다. 고려 백성이 크게 기뻐했다.[105]

---

101 『元史』 권23, 武宗本紀, 至大 2년 4월 癸亥.

102 그 水站의 부설에 관련해서 이를 감독했던 洪君祥이 고려인이고, 또한 대도 주변의 운하 개설에 관여한 경력을 가지고 있는 점도 주목된다(『元史』 권154, 洪福源 傳 附 洪君祥 傳).

103 內藤雋輔[1961d], 369~418쪽 참조.

104 설명의 순서가 뒤바뀌게 되지만, 필자는 이 장 제3절 이후 제시한 여러 사료에서 잠치 경로의 도달지라고 기록한 岊嶺, 耽羅, 會源, 雙城, 西京, 鴨綠江口, 楊村海口라는 지명들이 반드시 참의 설치 장소를 구체적으로 가리키는 것이라고 한정할 수는 없다고 보고 있다. 물론 그곳에 참이 설치되었을 가능성은 있으나, 불확정 요소가 많으며(특히 岊嶺, 耽羅, 鴨綠江口 등은 지리적 범위가 넓어 구체성을 결여한다), 이 책에서 대략적인 경로를 파악하는 데 지장을 주지 않으므로 지금까지 일부러 언급하지 않았다.

105 『元史』 권178, 王約. "命故臣洪子藩爲相, 俾更弊政. 罷非道水驛十三, 免耽羅貢非土產物, 東民大喜."

왕약이 고려에 파견되었던 것은 1303년(충렬왕 29, 대덕 7)이었으므로,[106] 13개의 수참은 10년 정도 만에 폐지되었던 것이다.

7. 소결

이 장에서는 고려에서의 잠치 경로를 복원하고자 했다. 많은 부분을 추측으로 채웠고 대략의 내용을 파악하는 데 그치기도 했으나 전체 개념도를 그림으로 표현하면 〈그림 7-8〉과 같을 것이다. 각 경로는 모두 1290년대까지 정비가 완료되었는데, 수참은 10여 년 만에 폐지되었으므로 전체 경로가 함께 존재했던 기간은 겨우 1291년부터 1303년 사이 13년 정도다. 다만 서경에서 쌍성 구간의 잠치는 카단의 난에 즈음해 일시적으로 이용되었을 뿐, 1290년대 초에는 폐지되었으리라 생각되기도 한다. 일부 구체적으로 확인되거나 또는 추측되는 것처럼 육로에는 기존의 역로를 이용하는 형식으로 부설되었을 가능성이 높다. 기존 교통로를 이용한 것은 원 본토에서도 마찬가지인데, 다만 이는 고려에서의 잠치가 기존 역제를 단순히 전용한 데 그쳤음을 의미하는 것은 아니다. 고려 서북부에서 확인되듯이 참은 기존의 역뿐만 아니라 역과는 별개의 지방 단위인 주·부 등에도 설치되었다. 물론 기존 역 기구와 그 지역에 설정되었던 참과의 관계는 규명해야 하겠으나, 잠치 운영 방식에 관한 구체적인 사안은 이후의 과제로 남겨 두고자 한다.

마지막으로 이상 경로 배치의 특색이 고려-원 관계의 어떠한 측면을 반영한 것일까에 관한 필자의 견해를 밝히고자 한다.

먼저 의주참~개경 경로가 원 정부와 고려 정부를 잇는 간선으로서

106 『高麗史』 권32, 충렬왕 29년 11월 辛酉.

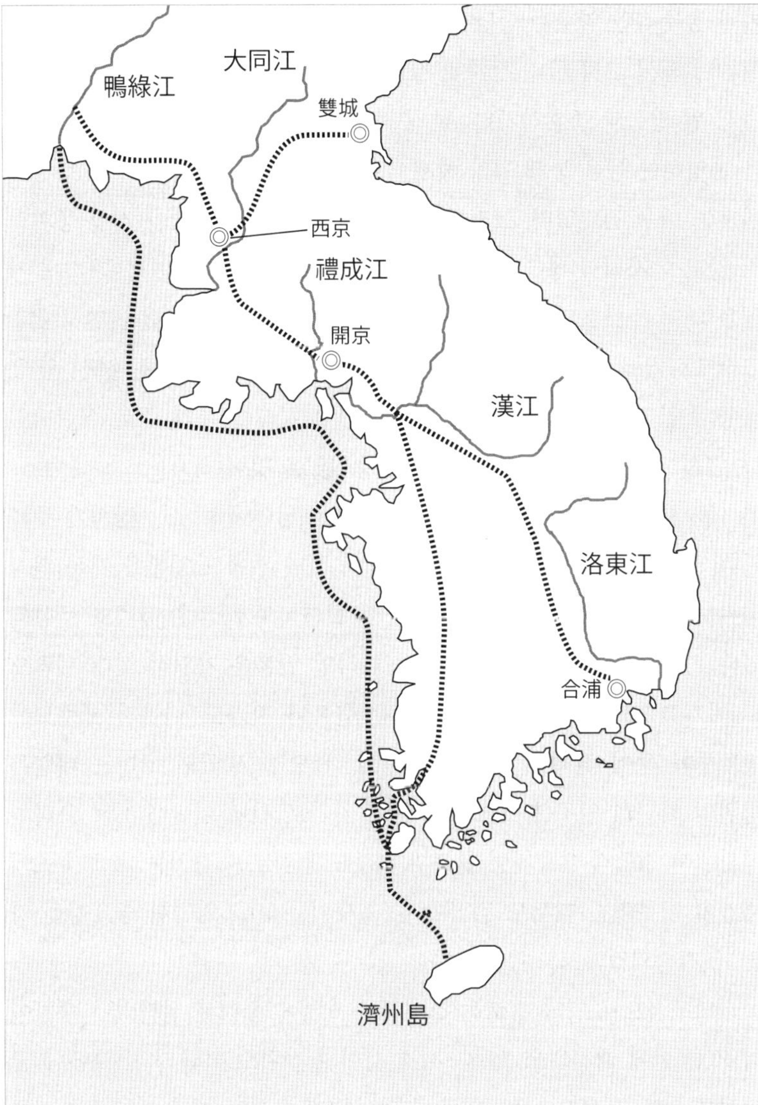

<그림 7-8> 고려의 잠치 경로

가장 중추적인 역할을 담당했다고 추측된다. 당시 원은 왕위 계승 문제를 비롯해서 고려 국내 정치에 깊숙이 간섭, 개입했으며, 한편으로 고려 측도 원 황실과 통혼하거나, 원 궁정에 케식으로 참여하거나, 정동행성을 운영하는 등을 통해 원의 체제 내부에서 지위를 굳혀 가는 등 쌍방의 관계는 매우 긴밀했다. 그러나 결과적으로 원은 고려 땅을 직접 통치하지 않고 독자적인 왕조 국가로서 고려의 존속을 인정하면서, 거기에 지령을 내려 스스로의 정치 목적을 달성하는 간접 지배 방침을 견지했다. 그러므로 양국의 밀접한 관계는 구체적으로는 매우 빈번한 사신 왕래, 국왕의 입조, 투르칵 파견 등 상당한 인적 왕래를 통해 주로 실현되었다. 그리고 그때 위의 잠치 경로가 이용되었을 것이다.

둘째, 일본 원정 때 부설되었던 한반도 남안에 이르는 잠치가 주목된다. 주지하듯이 쿠빌라이는 두 차례의 실패 후에도 일본을 재차 정벌하려는 집념을 보였는데, 이 계획은 쿠빌라이의 죽음을 계기로 무산되었다. 그러나 '아직 귀부하지 않은' 나라인 일본은 자연히 적대 세력으로 여겨졌으므로, 제2차 원정 후에는 합포나 전라도, 나아가 제주도에 만호부를 두어 경계를 유지했으며, 그 '관령'을 맡았던 고려는 대일본 방위의 최전선 임무를 스스로의 존재 가치로 원에 어필했다.[107] 그러한 상황에서 전략적 요충지인 합포와 제주도에 이르는 잠치는 14세기 초에 재건이 이루어진 데서도 짐작할 수 있듯이(사료 E), 일정한 중요성을 가진 채 지속되었다고도 추측된다.

대조적으로 기타 경로는 경제적 필요성에 응해 부설되었던 수참이 약 10년 만에 폐지되고, 쌍성~서경 사이의 잠치도 카단의 난 때에 응급처치를 위해 부설되는 등 그 존재 의의는 일시적인 것에 그쳤다고 생각된다.

---

107 예컨대 『高麗史』 권32, 충렬왕 28년 是歲 참조. 또한 이 문제에 대해서는 이 책 종장에서 상론했다.

이상을 종합하면 고려에 부설된 잠치 경로의 특색은 원의 관할하에 있으면서 그 직접 통치를 받지 않은 한 왕국임과 동시에 한편으로는 원 제국의 동쪽 변방 진수를 담당한다는 당시 고려의 존재 양태를 주로 반영했다고 할 수 있다.

보론

정요근은 2007년에 발표한 논문에서[108] 필자가 2004년에 발표한, 이 장의 바탕이 되는 논문을[109] 비판했다. 고려 교통사의 전문가인 정요근이 이 논문을 본격적으로 검토해 준 데 대해 깊은 감사를 표하며, 그의 비판에 대해 필자의 견해를 제시할 필요가 있다고 생각해 여기에 보론을 붙이고자 한다.

정요근이 필자의 논문에 대해 비판한 내용 가운데 핵심을 정리하면 다음과 같다.

① 필자는 원의 개입에 의해 잠치가 고려 재래의 역전과는 전혀 별개의 조직으로 설치되었다고 했으나, 필자가 상정한 잠치 경로는 고려 재래의 역로와 겹치며, 이러한 설치 방식은 불합리하다.

② 필자가 논했던 자비령 이남의 잠치 경로에는 당초 40, 후에 20개의 참이 설치되었다고 하는데, 거리에 비해 참의 개수가 부자연스럽게 적다. 이 40 내지 20개 참은 개경에서 서북변의 압록강 하류 유역에 이르는 경로 및 동북변의 쌍성총관부를 거쳐 요동 지방으로 향하는 경로상에 설치된 것으로 보아야 하며, 필자가

108 鄭枖根[2007].

109 森平雅彦[2004].

합포·제주도 방면으로 도달하는 잠치 경로를 상정한 것은 불합리하다.

③ 필자가 한반도 서해안의 수참 경로가 나아가 대도 방면으로 이어졌다고 상정한 것은 무리다. '양촌해구'는 고려 국내나 압록강 하구 부근의 요동 지방에 비정해야 한다.

우선 ①에 대해서는, 필자의 문장이 잘못된 데서 기인한 것이겠으나 오해다. 필자는 잠치가 고려 재래의 역전과 전면적으로 별개의 인적 조직으로서 설치되었다고는 하지 않았다. 애초부터 잠치의 운영 기구가 어떻게 조직되었는가에 대해서는 구체적인 판단을 보류했다. 다만 기존의 역과는 전혀 다른 장소에 설치되었던 참이 있으므로, 모든 참이 기존의 역을 단순히 전용했을 뿐은 아니라고 주장했다.

역으로 말하자면 필자는 설치 지점이 기존의 역과 겹치는 참의 경우 기존 역의 인원·설비를 어떠한 형태로 이용했을 가능성을 배제하지 않는다. 이는 고려 기존의 역 일부가 적어도 명목상, 또는 어떠한 조처를 추가하고서(예컨대 사료 E에 보이듯이 요원과 마필을 신규 보충하는 등) 동시에 잠치의 참으로서도 기능하게 되었을 가능성을 상정한다. 동일 장소의 역전 기구가 고려의 역과 원의 참이라는 두 가지 면모를 동시에 아울러 가지는 것은 기능상 특별히 부자연스럽지 않을 것이다.

이어서 ②에 대해, 자비령~개경~합포·제주도의 구간에 40개 내지 20개의 참을 설치할 경우에도 참의 간격이 결정적으로 부자연스러운 것은 아니라는 것에 대해 첫 논문에서는 지면 관계로 논증을 제시하지 못했다. 따라서 여기서 참 사이의 거리를 어떻게 파악할 것인가에 대해 구체적으로 논하고자 한다. 다만 참의 구체적인 배치 장소를 알 수 없으므로, 한반도 본토에서 제주도에 이르는 해상 경로 부분은 일단 제외하고 단순히 육로의 이정을 참의 개수로 나눈 수를 가지고 검토한다.

필자는 자비령 이남의 잠치 경로는 자비령에서 개경을 거쳐 남경

(南京, 현재의 서울시) 부근에서 두 갈래로 분기해, 각각 합포와 나주에 이르렀던 것으로 추정한다(〈그림 7-5〉 참조). 『승람』에는 이들 관계 읍에 대해, '경(京)', 즉 조선 시대의 국도 한성부(漢城府)를 기점으로 하는 이정을 기록하고 있으며, 또한 조선 전기의 시점에서 독립된 읍이 되지 못했던 합포나 자연 지형인 자비령 등의 도달지에 대해서도 교통로상 그 직전에 위치하는 읍치에서의 이정이 각각 기록되어 있다. 이들 데이터에 근거해 잠치 경로의 이정을 산출해 보자. 이 경우, 개경(조선 시대에는 開城府)에서 자비령까지의 경로는 한성에서 자비령까지의 경로 안에 포함되며, 또한 한성 부근에서 나주 방면, 합포 방면으로의 경로가 분기하는 것으로 보이므로 전체의 행정은 대략 다음과 같이 셋으로 나뉠 것이다.

한성~자비령 = 한성~서흥(瑞興)〔395리〕 + 서흥~자비령〔60리〕
= 455리[110]
한성~나주 = 742리[111]
한성~합포 = 한성~창원(昌原)〔844리〕 + 창원~합포〔45리〕 = 889리[112]

따라서 자비령 이남에서의 잠치의 총거리는 이상의 이정의 총합, 즉 455 + 742 + 889 = 2,086리로 산출된다. 그리고 여기에 당초 40개의 참이 설치되었다면 참의 평균 간격은 52리 정도(약 21킬로미터), 중국리로 약 38리가 된다.

이것이 1281년에 20개 참으로 삭감되었다면 평균 참 간격은 약 75중국리(약 42킬로미터)가 된다. 다만 1308년 사료 E에는 개경~자비령 사이의 참 개수가 7개로 나온다. 이것이 20참 삭감 시의 상태 그대로였다

110 『勝覽』 권41, 黃海道, 瑞興都護府의 冒頭註 및 古蹟, 岊嶺驛.
111 『勝覽』 권35, 全羅道, 羅州牧의 冒頭註.
112 『勝覽』 권32, 慶尙道, 昌原都護府의 冒頭註 및 山川, 合浦.

고 가정하면, 한성~개성부 사이의 이정은 166리이므로,[113] 개경~자비령 사이의 이정은 455 - 166 = 289리이고, 이 구간의 평균 참 간격은 41리 남짓(약 17킬로미터)이 된다. 한편 개경 이남의 총이정 166 + 742 + 889 = 1,797리에 13개 참이 설치되어, 참의 평균 간격은 약 138리 남짓, 즉 당시의 중국리로 약 100리(약 55킬로미터)가 된다.

40참 설치 당시의 평균 참 간격은 육상에서 60중국리(약 33킬로미터)마다 설치한다는 원의 규정보다도 좁은데, 참의 설치 지점이 어느 정도 특정되는 자비령 이북에서의 설치 간격에는 이 정도였던 사례가 확인된다. 20참 삭감 이후의 평균 간격은 반대로 규정보다 길어졌는데, 개경~자비령 사이에 7참이 두어졌다고 한다면 이 구간에서는 반대로 규정보다도 훨씬 짧았고, 그만큼 개경 이남에서의 참 간격은 대폭 길어진다.

다만 60중국리라는 참의 설치 간격은 어디까지나 제도상의 기준에 지나지 않는다. 『석진지』 〈천하참명〉을 통해 볼 때, 고려 이외의 지역에서 참의 설치 간격은 중국에서도 100중국리를 넘는 사례가 종종 있으며, 반대로 30중국리(약 17킬로미터) 정도에 불과한 사례도 소수이나마 보이므로, 위의 참 간격이 결정적으로 부자연스럽다고까지는 할 수 없다.

다만 개경~자비령 사이에는 7참, 개경 이남에는 13참이라고 하면, 개경의 남북에서 참 간격에 큰 차이가 발생하므로, 이 점은 부자연스럽기는 하다. 그러나 이 경우 개경 이북 구간은 고려·원 두 정부 사이에서 사자가 매우 빈번하게 왕래하는 가장 중요한 간선이었다는 점에서, 이용의 빈도 차이로 설명할 수도 있다. 또한 1308년 당시 참의 배치 수가 1281년 20참 삭감 때 그대로였다고 하는 보증도 없다.[114]

---

113 『勝覽』 권4, 開城府 上의 冒頭註.

114 원은 1296년(충렬왕 22, 元貞 2)에도 고려에 사신을 파견해 '館驛'의 '整理'와 '點視'를 실행했다(『高麗史』 권31, 충렬왕 22년 3월 己卯, 5월 癸巳). 구체적인 내용은 불분명하지만 잠치에 관한 조치였을 가능성이 높다.

한편 정요근의 논문에서는 이 40개 내지 20개의 참이 개경에서 압록강 하류에 이르는 경로와 개경에서 동북변의 쌍성총관부를 거쳐 요동 지방에 이르는 경로에 설치되었다고 보았다. 그러나 1281년 당시 이들 지역의 많은 부분은 서북방에서는 동녕로, 동북방에서는 개원로의 일부로서 원의 직할하에 있었다. 이 경우 상당수의 참이 고려 정부의 관할 바깥에 설치된 셈이다. 물자 보급이나 인원 충당을 고려할 때 이는 매우 부자연스럽다.[115] 특히 동녕로와 쌍성총관부는 고려에서 원에 투항한 세력이 지배하고 있어, 고려 정부와는 영역이나 영민(領民)을 둘러싸고 마찰을 빚기도 했다. 이러한 지역에 고려의 역호 집단이 매우 한정된 지점뿐인 경우는 상당수 설정되었으며, 이들을 고려 정부에서 쉽사리 원격으로 관리할 수 있는 상황이었다고 생각하기는 어렵다. 무엇보다 이 경우 로 또는 주·부·현이 스스로의 관할 구역 내에 설치된 잠치의 유지 관리를 담당한다는 원의 제도[116]와도 크게 어긋난다.

1274년(원종 15, 지원 11), 충렬왕은 왕비인 쿠빌라이의 황녀를 동녕부에서 맞이하면서 동녕부 치하의 서경에서는 은과 저(紵)로 시종 신료들의 식량과 사료를 사서 지급해야 했다.[117] 또한 1278년(충렬왕 4, 지원 15)에 원에 갈 때도 사전에 동녕로에 사람을 보내 은과 포(布)를 대가로 쌀을 조달했다.[118] 당시 고려 측이 동녕로 지역을 통행할 때 현지에서 충분한 지원을 받을 수 있는 상황이 아니었던 것 같다. 현지의 잠치를 고려가 직접 관리했다면 이러한 상황이 벌어졌을까?

115 정요근의 논문에서는 1290년에 쌍성총관부와 서경을 잇는 잠치를 부설하라는 명령이 고려에 하달되었던 예를 들고 있는데(정요근[2007], 175쪽), 이 장 제5절에서 서술했듯이 당시에는 이미 동녕로가 고려에 반환된 시점이었다. 잠치의 부설지로 상정된 대동강 중상류 유역은 대체로 그 관할 구역 내에 해당하므로, 고려가 자국 영역 내에 설치했던 잠치의 예로 보아야 한다.

116 주 44 참조.

117 『高麗史』 권28, 충렬왕 즉위년 10월 丙寅.

118 『高麗史』 권28, 충렬왕 4년 4월 乙丑.

다만 이러한 사례는 고려가 관리하는 참의 필요 물자를 현지에서 조달하고자 했던 것으로 해석할 수도 있다. 그러나 1279년(충렬왕 5, 지원 16), 충렬왕은 원에 입조할 때에 이용할 독자의 소리(掃里)를 원 영내에도 설치하게 해 달라고 요청했고, 그 가운데 두 군데가 압록강 이남에 설치되었다. 그리고 그곳을 운영하기 위해 여러 가지 경비와 물자를 고려에서 징발했다.[119] 자비령 이북 지역을 통행하면서 국왕 전용의 소리가 필요했다면, 역시 당시 이 지역의 잠치를 고려 정부가 직접 관리했다고는 생각하기 어렵다. 사정은 동북방의 개원로에서도 마찬가지일 것이다. 제2차 일본 공격에 즈음해 고려가 부담해야 했던 원군의 이동 경비도 자비령에서 합포까지의 구간분에 한정되었던 데서,[120] 당시 고려 정부는 자비령 이남의 교통을 책임지고 있었음을 알 수 있다.

이상과 같이 사료 C·D에 보이는 40개 내지 20개 참의 위치 비정에 관한 정요근 논문의 견해는 따르기 어렵다. 이들 참은 자비령 이남의 고려 영내에 설정되어 있었을 것이며, 원에서 토트카순 등 잠치 감리관을 설치하고 파견한 것도 그를 시사한다고 보아야 한다. 그리고 그 목적으로는 시기상으로나 또 사료 E의 기재를 볼 때 일본 경략 및 그에 수반하는 한반도 남방 해역에의 진출 추진과 관련된다고 상정할 수 있다.

마지막으로 ③에 대해 검토해 보겠다. 정요근의 논문에서는 사료 G에 "自耽羅至鴨綠江幷楊村海口, 凡十三所"라고 기록된 수참 경로의 '양촌해구'에 대해 직고 부근의 양촌(楊村)이 아니라 고려 국내 혹은 압록강 하구 부근의 요양행성 관내에 비정해야 한다고 한다.

그러나 사료 F가 말하듯이 제주도를 기점으로 하는 11개 참에 해당하는 수참 경로가 압록강까지 한반도 서해안 전역을 커버하는 이상, 이것과는 별도로 2개 참 정도 경로의 도착지인 '양촌해구'를 여전히 한반

119 이 책 제2장 제4절 참조.

120 『高麗史』 권29, 충렬왕 7년 정월 乙丑.

도 서해안의 고려 국내에 비정하기란 불가능하다. 이 경로를 굳이 한반도 안에 비정하고자 한다면 이를 서해안 경로와는 겹치지 않는 남해안, 혹은 동해안 방면에서 구해야 한다. 그러나 그 일대에서 수참을 설치할 만한 곳 가운데 '양촌'이라는 지명은 보이지 않으며, 또한 그러한 수참을 부설할 필요성을 만족스럽게 설명하기도 불가능하다. 서해안 이외의 두 참은 역시 고려국 외부에서 찾을 수밖에 없다.

또한 정요근 논문에서는 수참의 설치 이유로 당시 고려에서 요동 지방으로 진휼곡을 수송했던 일을 중시한다. 이 가운데 해상 수송의 도달지를 구체적으로 알 수 있는 사례로는 요동반도 북안의 요동만 안쪽 깊숙이 위치하는 개주(蓋州, 현재의 遼寧省 營口市 蓋州市)를 향해 항해한 사례가 있다.[121] 제1차 일본 원정 직전의 일이지만, 반대로 요양에서 고려로 진휼미를 공급했을 때에도 '거칠고 먼' 해로로 수송했다고 하므로,[122] 이와 유사한 경로를 역으로 취했을 공산이 크다. 이러한 실정을 염두에 두고 고려국 외부에 두 개의 수참을 부설했다면 고려에서 상당히 떨어진 발해만 연안에 도달하는 경로상에 위치했다는 점에서 직고로 향하는 경우와 큰 차이가 없다. 요동반도 일대에 별도로 수참이 설치되었고, 그것이 압록강 부근에서 고려에서 부설한 수참과 연접되었다고 한다면 정요근의 견해도 가능할 것이나, 지금으로서는 이를 지지, 시사할 만한 사료는 없다.

그렇다면 요동에서 '양촌'이라는 지명이 검출되고, 그것이 물자의 상륙 지점, 혹은 수운의 중계지에 부합하는 경우가 있다면 몰라도, 그렇지 않은 현재 단계에서는 직고 부근의 양촌을 항로의 종점으로 상정하는 것이 그다지 무리는 아니다. 다만 주 104에서 서술했듯이 수참 경로의 도달점이 수참의 설치 지점이라고 할 수는 없다.

---

121 『高麗史』 권30, 충렬왕 15년 3월 辛卯.

122 『高麗史』 권27, 원종 15년 4월 己酉.

본론에서 밝혔듯이 관계 사료에서 언급하는 쿠빌라이의 당초 수참 설치 동기가 고려의 물자를 대도 방면으로 수송하는 데 있었음도 중시해야 한다. 강남의 물자를 대도로 수송하는 원의 '해운'에서는 화물이 수로망 등을 통해 장강 하구 부근의 적출항에 집적되고, 출항 후에는 직고까지의 연해를 항행한다. 마찬가지로 한반도 연안에서의 물자 집적이나 선박의 이동에는 연안의 수참을 이용하고, 최북단의 압록강 하류에서 요동반도 연안을 경유해 발해만을 향하거나, 또는 압록강 남쪽의 어느 지점에서—예컨대 고려 시대의 전통적인 화북도항로 기점으로는 옹진반도 등을 들 수 있다— 황해를 횡단했다고 생각할 수 있다. 이러한 항로가 요동 지방에 물자를 수송하는 데도 이용될 수 있었음은 물론이다.

그런데 수참이 원 영내에 있었다면 이를 고려가 운영하는 것은 부자연스럽다는 지적이 제기될 수도 있다. 그러나 그런 걱정은 하지 않아도 좋다. 수참의 설치 책임자가 고려 정부였다고 한다면 그 운영에 종사했을 가능성도 의심되지만, 이들 수참은 원의 고관인 홍군상의 감독하에 설치되었다. 고려 영내의 수참은 고려 정부가 관리했을 것이나, 국외의 부분까지도 그러했을 것으로 볼 필연성은 없다. 다만 혹 겨우 두 군데라면 소리와 같은 형태로 예외적으로 고려에서 인원을 파견해 운영했을 가능성도 있다.

필자의 논증도 아직 충분하다고는 할 수 없으나, 사료가 부족한 데서 기인한 어쩔 수 없는 것이며, 애초부터 개연성의 비교라는 차원에서 의논한 것이다. 이상을 통해 지금으로서는 필자의 당초 생각을 근본적으로 다시 볼 필요는 없다고 판단한다.

제8장

『빈왕록』에 보이는 지원 10년의 고려 사절

1. 문제의 소재

사원기(事元期) 고려와 원은 매우 긴밀한 관계를 맺고 있었다. 원 간섭기라고도 칭해지듯이, 원은 왕위 계승을 비롯해 국내 정치 문제에 자주 개입하고, 일본 원정 원조나 공물 제공 등 여러 부담을 요구하기도 했다. 그러나 그러한 가운데서도 고려는 일관되게 독자의 왕조를 유지하고 있었다. 1287년(忠烈王 13, 至元 24) 이후에는 고려에 원 최고지방통치기관의 하나로 정동행성(征東行省)이 설치되었는데, 역대 고려왕이 그 장관직을 겸임하고 소속 관료 스스로 보거(保擧)하는 권한을 가지고 있었다. 따라서 일시적인 예외를 제외하면, 큰 권한을 가진 원 관인이 감시나 통치 협력 등의 명목으로 고려에 상주하는 일은 거의 없었다.

이러한 상황에서 양국이 빈번하게 사절을 주고받은 것은 둘 사이의 긴밀한 연결을 안정적으로 가능하게 했다. 사절 왕래는 『고려사』 등 관련 사료에도 분명하게 드러난다. 정동행성 외에도, 이 책에서도 이미 다룬 통혼 관계와 투르칵[禿魯花], 케식 제도 등은 개별적인 상호 교섭의 전제가 되는 양국 관계의 기본 틀을 잡는 제도·관례로서 중요한 의미를 갖는다. 그러나 이러한 제도·관례들이 규정하는 양국 관계를 그때그때 현실 상황과 개개의 사안에 대응해 실제로 움직여 가는 회로로서, 사절 교섭의 실태를 해명하는 것도 고려-원 관계의 근간에 다가가는 중요한 과제의 하나다.

지금까지도 이러한 교섭 활동의 성과를 다룬 연구가 있기는 하지만, 그 프로세스, 즉 왕복의 여정, 체류지에서의 영접과 생활, 상대국 주요 인사와의 대면과 같은 쌍방 사절의 구체적인 족적을 전문적으로 연구·검토한 사례는 거의 없었다. 무엇보다 이러한 문제를 구명하는 데는 사료의 제약이 큰데, 그러므로 오히려 일반론을 서둘러 도출할 것이 아니라 개별 사례를 정밀하게 분석한 연구를 가능한 한 집적할 필요가 있다. 사례 연구의 소재가 전혀 없는 것은 아니다. 1273년(元宗 14, 지원 10)에 고려 사절단의 서장관으로서 원의 수도 연경(燕京), 즉 현재의 베이징을 방문한 이승휴(李承休, 1224~1300)가 당시에 지은 시와 기초한 표(表)·계(啓)를 견문기와 함께 정리한 『빈왕록(賓王錄)』도 그 하나인데, 이는 그의 문집 『동안거사문집(動安居士文集)』에 수록되어 있다. 이 문헌은 해방 전부터 알려져서 고려-원 관계사 연구에서 의의를 가진다는 점이 지적되어 왔으나, 의외로 이를 이용한 연구는 아직 많지 않은 듯하다.

이 장에서는 『빈왕록』을 소개하고, 이를 소재로 1273년 원에 파견된 고려 사신의 족적을 가능한 한 상세하게 더듬어 볼 것이다. 사소한 사례이기는 하지만, 고려·원 사이 사절 교섭의 구체적 현장을 엿보면서 주목할 점을 지적하고, 아울러 거기에 나타난 양국 관계의 여러 문제를 예비적으로 고찰해 보고자 한다. 그 가운데 중요한 논점은 고려·원 관계에서 종래 지적되어 온 중국 전통의 화이질서를 답습한 측면에 대한 것, 그리고 그러한 이해 방식에서 재검토해야 할 문제에 대한 것이다.

이러한 작업을 통해 『빈왕록』의 사료적 가치가 재인식되기를 바란다.

2. 이승휴와 『동안거사문집』 및 『빈왕록』

『고려사』 권106, 이승휴 열전의 기록을 통해 보충하면서 이야기하자면, 이승휴는 경산부(京山府) 가리현(嘉利縣, 현재의 경상북도 고령군) 사람으로 자(字)는 휴휴(休休), 호(號)는 동안거사(動安居士)다. 일찍 아버지를 잃고 임자년(1252, 高宗 39, 憲宗 뭉케 2)에 과거에 급제했는데,[1] 두타산(頭陀山) 귀동(龜洞, 현재의 강원도 삼척시)에서 10년 남짓 어머니를 모시다가, 안집사(安集使) 이심(李深)의 권유로 상경해 이장용(李藏用)과 유경(柳璥)의 추천을 받아 경흥도호부(慶興都護府, 현재의 강원도 강릉시)의 서기(書記)가 되었으며, 나아가 도병마녹사(都兵馬錄事)가 되었다. 당시는 이른바 무신집권기였다. 약 30년간의 대몽골전쟁 막바지인 1260년(원종 원년, 中統 원년)에 고려가 쿠빌라이와 강화하고 수교하면서, 무신정권은 1270년(원종 11, 지원 7)에 원의 압력 아래에서 종언을 맞았다. 그러자 무신정권의 군사 기반이었던 삼별초가 원·고려 정부에 반기를 들고 봉기했는데, 이승휴가 적에게 사로잡혔다가 탈출해 원종이 있는 곳으로 달려가니 왕이 크게 기뻐했다고 한다. 그 후 무고를 당해 실직했다가 1273년에 원에 파견된 사신단의 서장관으로 발탁되었고, 귀국 후에는 잡직서령(雜職署令) 겸 도병마녹사(都兵馬錄事)가 되었다(『빈왕록』 3a). 다음 해에 원종이 사거하자 고애사(告哀使)의 서장관이 되어, 질자(質子)로서 원 궁정에 있던 세자 왕심(王諶), 즉 충렬왕을 받들고 귀국했다. 이후 합문지후(閤門祗候), 감찰어사(監察御史), 우정언(右正言), 우사간(右司諫)을 역임했고, 지방관으로 좌천되었다가 전중시어사(殿中侍御史)에 이르렀으나, 1280년(충렬왕 6, 지원 17)에 시무에 대해 상언했다가 왕의 노여움을 사 파면되었다.[2] 이후 두타산 귀동으로 물러나 중국과 한국 군주의 계보를 읊은 『제왕운기(帝王韻紀)』와 『내전록(內

---

1 『動安居士文集』〈動安居士行錄〉 권1, 病課詩幷序.

2 『高麗史』 권29, 충렬왕 6년 3월 乙卯; 『高麗史節要』 권20, 충렬왕 6년 3월.

典錄)』 등을 저술했다. 1298년(충렬왕 24, 大德 2)에 충선왕이 즉위하자, 이승휴는 사림원시독(詞林院侍讀) 좌간의대부(左諫議大夫)로 재등용되고 사관 수찬관(史館修撰官) 지제고(知制誥)에 임명되었다. 나아가 판비서시사(判秘書寺事), 동첨자정원사(同僉資政院事)에 임명되었으나 십수일 만에 사직하고, 밀직부사(密直副使) 감찰대부(監察大夫) 사림학사승지(詞林學士承旨)로 치사한 뒤, 1300년(충렬왕 26, 대덕 4)에 77세로 사망했다.

이승휴의 문집 『동안거사문집』은 『동안거사잡저(動安居士雜著)』 1부와 『동안거사행록(動安居士行錄)』 4권으로 구성된다. 모두(冒頭)에 실린, 목은(牧隱) 이색(李穡)이 지정(至正) 19년(1359, 恭愍王 8) 동지 후 3일에 지었다고 하는 〈동안거사이공문집서(動安居士李公文集序)〉에 따르면, 이 책은 이승휴의 자손인 '전 밀직사사(密直司使) 겸 감찰대부(監察大夫) 이공(李公)'이 편찬했고, 그 '질서(姪壻) 병부시랑(兵部侍郞) 안군(安君)'이 이색에게 서문을 청해 출판했다고 한다. 이 서문이 작성된 다음 해, 경주(慶州)에서 『제왕운기』를 재판(再版)했는데, 그 중간(重刊) 발문(跋文)에 따르면 이승휴의 '계남(季男) 전 밀직사(密直使) 이공'의 의지로 '질서'인 '안렴사(按廉使) 중산대부(中散大夫) 병부시랑 신(臣) 안극인(安克仁)'이 간행했다고 해, 『동안거사문집』과 동일한 관계자가 나타난다. 이에 『동안거사문집』의 편자는 이승휴의 막내아들로 공민왕 대 초에 밀직사 겸 감찰대부에 있었던 이연종(李衍宗)[3]이며, 서문을 이색에게 의뢰한 인물은 안극인임을 알 수 있다. 이상의 경위를 통해 이 책은 1360년(공민왕 9, 지정 20) 『제왕운기』 재판에 맞추어 같은 때에 경주에서 개판(開板)되었다고 추정된다.[4]

근대 이후에 전래된 판본으로는 조선 중기의 문신 임연재(臨淵齋) 배삼익(裵三益, 1534~1588)의 구장본(舊藏本)이라는 것이 유일하게 일제 강점

3 『高麗史』 권106, 李承休 傳 附 李衍宗 傳.

4 〈帝王韻紀·動安居士集 解說〉(『帝王韻紀·動安居士文集(朝鮮古典刊行會叢刊 第1)』, 朝鮮古典刊行會, 1939) 참조.

기에 경상도 안동에서 확인되었다. 이것은 위에 언급한 고려 간본(刊本)으로 보이며, 1939년 조선고전간행회에서 『제왕운기』와 함께 영인했다.[5] 영인의 간기(刊記)에 따르면, 원본은 2책으로 목판, 판광(半框)이 세로 19.5센티미터, 가로 15.0센티미터, 네 둘레를 하나의 선으로 둘렀으며[四周單邊], 계선은 없고, 위아래로 하향(下向)의 어미(魚尾)가 있고, 한 쪽에 10행, 매행 18자다.

『빈왕록』은 『동안거사행록』 권4의 전체, 합계 20장에 해당한다.[6] 각 시문에 대해 행두(行頭)를 2자 내리고 상주(詳註)를 더했다. 유일한 전래본에는 제3장 이하의 판심 하부 일대가 파손되어 있는데, 이 때문에 판독할 수 없는 자구도 적지 않다.

이승휴는 『빈왕록』 편찬 경위에 대해, 언사(言事)로 파직되고 무료한 나날을 보내고 있던 지원 17년(1280, 충렬왕 6) 6월에 광 안에서 1273년 원에 파견되었을 당시 '사표(謝表)의 유초(遺草)'와 '도중(途中)의 일기'를 발견하고, 지난날의 기억에 감개무량해 한 편의 책으로 만들어서 『빈왕록』이라고 명명했다고 기록했다(3b. 이하 『빈왕록』의 인용 부분은 쪽수만 표기한다). 시무에 관해 올린 상언이 이유가 되어 그가 파직되었던 것은 같은 1280년(충렬왕 6, 지원 17) 3월의 일로,[7] 그 후 곧 『빈왕록』의 소재가 되는 원고를 '발견'한 것인데, 그 편수 작업은 지원 27년(1290, 충렬왕 16) 10월에 종료되었다고 한다(19b~20a). 한편 이승휴 자신은 이 저작을 세간에 공개할 생각은 없었으며, 단지 자손에게 보여 주기 위해 편찬한다고 했다(4a).

---

5 한국에서 간행된 『高麗名賢集』 1(성균관대학교 대동문화연구원, 1973); 『帝王韻紀·動安居士文集』(아세아문화사, 1977); 『標點影印韓國文集叢刊』 2(민족문화추진회, 1990); 『韓國歷代文集叢書』 31(경인문화사, 1993)에도 영인이 실려 있다.

6 林基中 編, 『燕行錄全集』 전100책(동국대학교출판부, 2001)은 『賓王錄』을 그 제1책의 첫 번째에 실었다.

7 주 2의 사료 참조.

3. 사신 파견 경위와 사절단 편성

고려와 강화한 후, 쿠빌라이는 고려에서 곧 철병함과 동시에 중앙 정부 이외에는 고려에 사신을 파견하지 않겠다고 약속했다.[8] 13세기 초 몽골이 고려와 처음으로 접촉했을 때는 제왕(諸王)이나 장수들이 각기 사신을 보내 공물을 요구하기도 하는 등 고려 측을 곤혹스럽게 했는데, 그와 같은 사태를 피하기 위한 조치였을 것이다. 또 1261년(원종 2, 중통 2)에 원은 그 '성부(省府)'가 '고려국상(高麗國相)'이 보낸 서장(書狀)에 답신하는 것을 금지하기도 했다.[9] 그 이전부터 고려는 야율초재(耶律楚材) 등 몽골 측 궁정 관인에게 서장을 보낸 일이 있었는데,[10] 이때 '경외지교(境外之交)'는 '인신(人臣)'에게 마땅하지 않다고 한 것이다. 이렇게 해서 강화 후 최초 10년 정도는 국왕이 스스로 원에 입조한 경우를 제외하고는 오로지 쿠빌라이 측의 조(詔)와 고려왕 측의 표(表)를 사전을 통해 주고받는 형태를 기축으로 교섭이 진행되었던 듯하다.[11]

그러나 1270년(원종 11, 지원 7) 무신정권이 붕괴한 후, '왕정복고'한 고려 정부가 원에 대해 협조적인 자세를 취하면서 양국은 정치적 일체성을 높여 갔다. 그러자 이에 수반해, 고려 정부가 원의 관부, 주로 중서

---

8 『高麗史』 권25, 원종 원년 4월 辛酉; 8월 壬子; 『元高麗紀事』 中統 원년 4월 2일; 6월.

9 王惲, 『中堂事記』 中統 2년 3월 15일 丙子(『秋澗先生大全文集』 권80).

10 李奎報, 〈送晉卿丞相序〉 2건(『東國李相國文集』 권28, 『東文選』 권61); 金敞, 〈與中山·稱海兩官人書〉(『東文選』 권61); 金坵, 〈與張學士書〉(『東文選』 권62, 『止浦集』 권3). 晉卿은 耶律楚材의 字. 태종 우구데이 대의 筆頭書記 친카이[稱海]와 함께 기록된 中山은 야율초재와 함께 서기였던 粘合重山일 것이다. 1260년 무렵에 작성된 이 서장에는, 張學士의 업적을 기려 叔孫通이 漢의 朝儀를 정리해 유교를 일으켰던 것에 비유했는데, 상세한 정황은 명확하지 않다.

11 다만 분명한 예외가 있으니, 1268년(원종 9, 지원 5)에 원 승상 安童은 고려에 書를 보내어 약을 구했고(『高麗史』 권26, 원종 9년 11월 丁卯), 같은 시기에 고려도 원 한림학사승지 王鶚에게 書를 보내어 군사를 준비하고 배를 만들라는 명령이 불가함을 호소했다(金坵, 〈又與王學士書〉(『東文選』 권62, 『止浦集』 권3)).

성(中書省)이나 관인과 여러 정책의 입안, 실시를 둘러싸고 직접 절충하는 일이 많아졌다. 황제와의 사이에서도 위와 같은 이유 외에 여러 물품을 주고받는 일 등과 관련해 더 빈번하게, 수시로 사신을 파견했다. 지금까지 이러한 종류의 실무적 교섭 내용이 고려-원 관계사 연구에 많은 논점을 제공해 왔다. 그러나 다른 한편으로 하정사(賀正使)와 하성절사(賀聖節使), 그 외의 진하사(進賀使) 등 의례적 성격이 강한 빙사(聘使)도 정례적으로 파견되고 있었음은 중국왕조와의 전통적 사대관계를 답습한 형식으로 간단하게 언급되었을 뿐, 그다지 주목받지 못했다. 그러나 이러한 사신 파견 역시 오히려 그 의례성 때문에라도 평상시의 양국 관계가 상징적으로 나타나는 장으로서 주목할 필요가 있다. 미리 이야기하자면, 이 장에서 다룰 사례는 바로 이러한 종류의 빙사에 속한다. 원에 파견한 사신의 양상이 두 가지 경향으로 나뉘었음은 후술하듯이 당시의 고려인도 인식하고 있었다.

1273년(원종 14, 지원 10), 한반도에서는 제주도에 웅거하고 있던 삼별초를 제압하기 위한 전쟁이 5월에 끝났고 그 사후 처리가 이루어졌는데, 『빈왕록』은 그 첫머리에서 그해에 고려가 이승휴를 포함한 사절단을 원에 파견한 경위를 다음과 같이 기술했다.

> A. 지원 10년 계유 봄 3월, 상국에서 황후와 황태자를 책립하고 천하에 포고했다. 주상께서 사랑하는 아들인 순안후(順安侯) 모(某)에게 명해 하진사(賀進使)로 삼았다. 수행하는 관속은 지추밀원사(知樞密院事) 어사대부(御史大夫) 상장군(上將軍) 송송례(宋松禮), 상서좌승(尙書左丞) 이분성(李汾成), 정용장군(精勇將軍) 정인경(鄭仁卿), 내시(內侍) 호부원외(戶部員外) 염승익(廉承益), 내시 보승별장(保勝別將) 김의광(金義光), 역어행수(譯語行首) 낭장(郞將) 김부윤(金富允), 지유(指諭) 별장 조감(趙瑊), 정용(精勇) 산원(散員) 지선(池瑄)이며, 반행사(伴行使)는 상조(上朝)의 천호(千戶) 중랑장(中郞將) 김보성(金甫成)으로, 모두 조정에서 선출했다. 내상(內廂)과 급사(給事)

에 이르기까지 정밀하게 선발해서 위임하지 않은 자가 없었다.[12]

1273년 3월, 쿠빌라이는 정처 차부이와 그 소생 친킴을 각기 황후와 황태자로 책립했다.[13] 이는 원래 몽골에는 없었던 중국적인 황후·황태자 책립 제도를 처음으로 도입한 것으로, 중국을 중요한 정권 기반의 하나로 삼은 쿠빌라이가 즉위 이래 추진해 온 연호 및 국호 제정, 중국적 관료기구 정비를 비롯한 이른바 '한화(漢化)' 정책의 일환이었다(다만 한화란 어디까지나 원 국가 제도의 한 측면으로, 겉모습에 지나지 않는 측면도 있다). 『빈왕록』이 기록한 황후와 황태자의 책립 연월은 원에서 책립이 이루어진 시점으로, 고려 측이 원 사신을 통해 그 통지를 접한 것은 실제로는 그보다 2개월 후인 5월이었다.[14] 이를 들은 고려 정부는 원에 진하사를 파견한 것이다.

사료 A에는 사절단의 주요 면면이 열거되어 있다. 정사(正使) 순안후는 이름이 종(琮 혹은 悰)으로 원종의 아들, 충렬왕의 이모제(異母弟)다.[15] 열거된 이름 가운데 유일한 재상인 송송례는 무신정권을 타도하는 데 공적을 세운 인물로,[16] 그가 부사(副使)였던 것으로 보인다.[17]

정사와 부사 이외에는, 우선 이분성(뒤의 李槢)과 염승익이 각기 원종

---

12 『賓王錄』〈序〉. "至元十年癸酉春三月, 上國冊立皇后·皇大子, 而普告天下. 上命愛子順安侯某, 爲賀進使. 其從行官屬, 則知樞密院事·御史大夫·上將軍宋公松禮, 尙書左丞李汾成, 精勇將軍鄭仁卿, 內侍·戶部員外廉承益, 內侍·保勝別將金義光, 譯語行首·郞將金富允, 指諭別將趙瑊, 精勇散員池瑄, 伴行使, 上朝千戶·中郞將金甫成, 皆朝廷之選也. 至於內廂·給事, 莫不精掄而委之."

13 『元史』 권8, 世祖本紀, 至元 10년 3월 丙寅; 辛未.

14 『高麗史』 권27, 원종 14년 5월 壬申. 『高麗史節要』는 같은 기사를 4월로 잘못 기록했다(권19).

15 『高麗史』 권91, 宗室傳, 順安公 琮 傳.

16 『高麗史』 권106, 洪奎 傳.

17 이 진하사의 파견과 복명에 관한 正史의 기사(주 37과 44의 사료) 및 『高麗史節要』 권19, 원종 14년 윤6월)에는 順安侯와 그의 이름만 언급되었으며, 후술하듯이 원에서도 정사에 버금가는 대우를 받았다.

과 충렬왕의 폐신(嬖臣)으로 알려져 있다.[18] 김부윤은 당시 역어(譯語)였던 것으로 보이며, 정인경과 지선도 원과의 교섭에서 활약한 역어 출신이다.[19] 김의광은 관노(官奴) 출신으로 원래는 집권무신 최이(崔怡)의 측근이었다.[20] 조감은 어떤 인물인지 분명하지 않은데, 충렬왕 대에도 몇 차례 사신으로 원에 파견된 바 있다.[21] 정3품의 상서좌승인 이분성을 제외하면 이들의 직함은 정6품의 호부원외랑과 무관직에 지나지 않지만, 장군까지 오른 후의 경력이 판명되지 않는 조감을 별도로 하면 이들도 뒤에 재상직이나 3품 이상의 서경유수(西京留守) 등에 올랐다.[22] 이처럼 역어·천예 신분 출신자와 국왕의 폐신이 정치에 진출한 것은 사원기의 특징으로 알려져 있는데, 실은 정3품 상서(尙書)인 이(李) 아무개, 정4품 시랑(侍郎)인 정(鄭) 아무개, 종4품 소경(少卿)인 염(廉) 아무개 등의 고위 문관들도 진하사신단의 일원이었다(5a). 특히 앞의 두 사람은 원 궁중 향연에서 사절단 가운데 재상 다음 석차를 받은 지위였다(12b). 그럼에도 이승휴가 사료 A에서 이들에 대한 언급은 하지 않고 직위가 보다 낮은 이분성 이하의 인물들을 '정밀하게 선발'했다고 주목한 데서, 적어도 『빈왕록』 편찬 당시 그들의 존재감이 상당히 컸음을 짐작할 수 있다.

이승휴 자신은 서장관으로서 진하사 일행에 합류했다. 그 선출 경위에 대해 『빈왕록』은,

---

18 『高麗史』 권123, 李汾禧 傳 附 李槢 傳 및 廉承益 傳.

19 정인경에 대해서는 『高麗史』 권107, 鄭仁卿 열전 및 〈鄭仁卿墓誌銘〉(한국 국립중앙박물관 소장. 판독문에 관한 참고문헌은 이 책 제1장 주 35 참조)에 따름. 지선에 대해서는 『賓王錄』 19a에 '譯語別將池瑄'이라고 기록되어 있다.

20 『高麗史』 권123, 李之氐 열전에 김의광의 이력에 대한 기사가 있다.

21 『高麗史』 권28, 충렬왕 4년 9월 辛丑; 권29, 충렬왕 9년 3월 己未; 권30, 충렬왕 16년 8월 癸酉.

22 염승익, 정인경, 김의광, 조감에 대해서는 주 18~21에 실린 관계 사료, 김부윤에 대해서는 『高麗史』 권107, 金富允 傳 참조. 池瑄에 대해서는 『高麗史』 권30, 충렬왕 18년 3월 癸卯 條에 西京留守 임명 기사가 있다.

그 서장관은 양부(兩府)에서 점망(點望)했는데, 주상께서 번번이 칙(勅)을 내려 다시 추천하라고 한 것이 세 차례였다. 여러 재상들이 도당집사(都堂執事) 민훤(閔萱)에게 상주하게 해, "참외(參外)의 문유(文儒)로 재주와 명망이 있는 자는 이미 다 추천했습니다. 다만 전 식목녹사(式目錄事) 이승휴만은 신상에 관직을 갖고 있지 않으므로 감히 점망하지 않았습니다."라고 했다. 주상께서 말씀하시기를, "오직 재주를 가지고 천거하라. 관직의 있고 없음이 무슨 상관이 있는가?"라고 했다. 이에 여러 재상들이 흔쾌히 명을 받들어 곧 다시 상주해 재가를 받아, 국함(國銜)의 표·전(牋)·장(狀) 등과 반전(盤纏)·집물(什物)을 나에게 위임했다.[23]

라고 기록하고 있다(1b). 서장관은 양부, 즉 중서문하(中書門下)와 추밀원(樞密院)의 '점망'을 통해 후보자가 선발되고 국왕이 결정했다고 한다. '망(望)'이란 천망(薦望)을 일컫는데, '점망' 용례는 『고려사』에 몇 건 있을 뿐, 구체적인 내용까지는 알 수 없다. 그러나 아마도 선발 담당자들이 후보자 명단에 권점(圈點)을 찍고 그 득점의 많고 적음에 따라 채용 여부를 결정하는, 조선 시대에 흔히 보이는 인사 방식에 준해 이해해도 큰 문제가 없을 것으로 생각된다. 즉 양부, 정확히는 양부의 재상인 재신과 추밀의 회의에서 서장관 후보자 명단에 점을 찍고, 그 많고 적음을 가지고 왕에게 추천해 재가를 받는 식이었을 것이다. 이러한 방식이 어느 정도 레벨의 인선까지, 어디까지 일반적으로 행해졌는지는 자세히 알 수 없지만, 사절단 편성 작업에 관한 사료가 매우 제한된 가운데[24] 귀중한

23 『賓王錄』[序]. "其書狀官, 則兩府點望, 而上輒勅改望者至三. 諸相令都堂執事閔萱奏曰, 參外文儒之有才望者, 皆已擧盡. 唯前式目錄事李承休, 以身無官守, 不敢望爾. 上曰, 但以才擧. 何關職散. 於是諸相欣然承命, 卽便奏下, 以國銜表牋狀等·盤纏·什物委予."

24 崔瀣, 『拙藁千百』 권2, 〈送鄭仲孚書狀官序〉에 보이는 元統 2년(1334, 忠肅王 후3)에 원에 파견된 하성절사에는 왕이 스스로 정사 등의 인원을 선발하고 서장관은 정사에

기록이다.

『빈왕록』에도 기록되어 있듯이, 서장관은 사절이 제출하는 서장(書狀)을 관리하고 작성하는 일을 담당하는 중요한 사무 인원으로(후술할 사료 B도 참조), 사원기 말(14세기 중반)의 한시(漢詩)에서는 사절단 내에서 그의 서열이 '정사와 부사 다음'이라고 읊기도 했다.[25] 고려의 전통적 대중국교섭에서는 한시문으로 대표되는 중화 문물예악에 대한 관계자의 소양이 당사국 쌍방으로부터 중시되었는데, 1273년 대원교섭에서도 고려 정부가 서장관으로 '재주와 명망' 있는 '문유'를 구했던 점이 주목된다.

한편 사료 A의 '내상'은 사절의 호위,[26] '급사'는 심부름꾼일 것이다. 사절단의 최하층에는 '타군(打軍)'이라는 자가 있었던 듯한데(3a, 16b), 조선 전기의 『이문집람(吏文輯覽)』에서는 그 단어를 '軍伍之人'이라고 설명했다. 여기에서는 내상 및 기타 부서를 포함한 수행 군졸일 것이다. 이외에 『빈왕록』에 명기된 진하사의 직장(職掌) 구성으로는 앞서 나온 역어가 보일 뿐이다. 한편 사원기 이전에 중국에 보낸 사신과 관련해서는 '판관(判官)', '녹사(錄事)',[27] '공목관(孔目官)',[28] '공목리(孔目吏)',[29] '도압아(都

게 추천하게 했다고 한다. 또 李穡은 원의 會試(과거 2차 시험)를 보는 데 맞추어 謝恩使의 서장관에 임명되고 있다(주 28 사료 참조).

25 李穡, 『牧隱集』 詩藁 권2, "歲壬子, 陪李丞相[凌幹]·李密直[公秀], 進賀天壽聖節, 今以會試之故, 得爲書狀, 奉謝恩表, 馳馹赴都, 東八站上, 因懷二公, 吟成短章."

26 內廂에 대해서는 『高麗史』 권68, 禮志, 兵馬使及軍官拜坐儀; 권102, 金之岱 열전; 권103, 金就礪 열전의 기재를 통해 군대 조직이며 김취려·조충 등 원수 및 병마사 휘하에 있었음을 알 수 있다. 일본 원정의 지휘관으로 저명한 김방경 휘하의 장사가 내상이라고 불렸으며 매일 그 문을 경호했다는 것을 통해 볼 때(『高麗史』 권104, 金方慶 傳), 이들은 최상급 군사령관의 경호대였을 것이다. 判官·綠事 등의 막료 기구를 가리킨다는 견해도 있는데(吳宗祿[1991], 220쪽), 전술한 『高麗史』 禮志, 兵馬使及軍官拜坐儀에는 판관·녹사와는 구별해 '都領·指諭' 및 '十將'을 수행한 '左右' 2隊의 內廂이 보인다. 또 고려 말 우왕 대가 되면 지방에서 내상의 존재가 확인되는데, 이는 당시 지방 방위를 지휘한 都巡問使의 군영이었다(吳宗祿[1986], 30쪽 참조).

27 『高麗史』 권2, 광종 23년(972), 是歲.

28 『高麗史』 권11, 숙종 6년(1101) 2월 壬辰 등.

29 『高麗史』 권3, 성종 11년(992) 6월 甲子; 『高麗史節要』 권2, 성종 11년 6월.

押衙)'[30] 등의 명칭도 확인된다.

진하사의 전체 규모에 대해서는 이승휴 등이 연경 체재 중 호천사(昊天寺)에서 유람했을 때, 사람 수를 '200인 정도'라고 기록하고 있어 참고가 된다(15a). 이 기록에는 '我二行'이라고 표현되어 있는데, 여기에는 당일에 앞서 행해진 황태자 친킴 알현에 동행한 세자 왕심의 일행이 포함되었을 가능성이 있다.[31] 당시 질자로서 원에 가 있었던 세자 왕심의 일행은 전체 121명 내지 129명에 이르렀을[32] 것이다. 다만 쌍방의 대표자인 세자와 순안후 자신은 사원 관광에 참여하지 않은 듯하며,[33] 따라서 두 왕자를 수종한 수행원도 상당수 고려해야 한다. 즉, 사원 관광에 참여한 진하사 측 수행원은 최소 70~80명 이상이 될 것이므로, 사절단 전체 규모는 적어도 100명은 넘는다고 봐야 할 것이다. 물론 사원 관광에 참가한 자 대부분이 진하사 일행이어서, 사절단의 전체 규모가 200명을 넘었을 가능성도 충분하다.

---

30 〈李軾墓誌銘〉. 국립중앙박물관 소장. 필자가 실물을 확인했음. 찬자 불명. 찬술년도는 기재되어 있지 않은데, 墓主는 1155년(의종 9) 사망했고 다음 해에 매장되었다. 판독 작업에서는 李蘭暎[1968], 140~141쪽; 許興植[1984a], 734~736쪽; 金龍善[2012], 149~150쪽도 참조.

31 호천사 관광을 함께한 자로, '尙書 宋份', '郎將 尹福均'의 이름을 들고 있는데, 세자의 수행원일 가능성도 있으므로 진하사의 면면을 설명할 때는 다루지 않았다. 특히 '尙書 宋份'은 세자를 수행한 尙書右丞 宋玢일 가능성이 있는데(이 책의 제3장 주 32의 사료 참조), 상서우승이 상서로 약칭되었다는 확증을 찾을 수 없으므로 결론은 보류한다. 만약 이러한 가정이 성립한다면, 앞에 언급한 진하사 일행 가운데 '尙書'인 李某도 '尙書左丞' 이분성일 가능성이 커진다.

32 세자 諶의 수행원에 대해, 『高麗史』 권27, 원종 12년 6월 己亥 條에는 '衣冠胤胄' 20명 및 '衙內職員' 100명이라고 기록되어 있다. 한편, 『元高麗記事』 至元 8년 6월 條와 『元史』 권208, 高麗 傳, 至元 8년 6월 條는 '衣冠胤胄'를 28명으로 기록하고 있다.

33 연경에서의 유람에 왕자가 동행했다면, 예를 들어 "侯邸(=순안후)를 수행해 여강 석교를 유람했다."(9a)라고 되어 있듯이 이승휴 등 일반 관료가 이에 陪從하는 형태로 나타났을 것이다. 그러나 여기서는 단순히 "호천사로 놀러갔다."라고 기록되어 있을 뿐이다. 이때 이승휴 등 '200여 인'이 절의 9층 목탑에 올라가고자 했으나 3층에서 막혀 버렸다고 할 정도이므로, 가벼운 유람이었을 것이다.

14세기 전반에 활약한 고려 문인인 졸옹(拙翁) 최해(崔瀣)는 서장관 정중부(鄭仲孚)를 송별하는 글의 서문에서, 이전 시기 중국에 파견한 사행의 양상과 사원기 이후의 변화에 대해 다음과 같이 서술하고 있다.

> B. 매번 사신을 파견할 때에는 반드시 그 관속들을 스스로 신중하게 가려 뽑았는데, 그 일행은 혹 300~500명이 되기도 하고 적을 때라 하더라도 100명 이하로는 내려가지 않았다. 사신 일행이 처음 중국 땅에 도착하면 조관(朝官)을 보내어 국경에서 맞이했다. 지나는 주(州)와 부(府)에서는 그때마다 천자(天子)의 명으로 예를 갖추어 식사를 제공했고, 교정(郊亭)에 이르면 다시 영접해 위로했다. 객관(客館)에 도착하면 안부를 물었고, 대회일(大晦日)에는 물품을 풍성하게 제공했다. 참내(參內)해서부터 하직에 이르기까지, 내전(內殿)에서 잔치를 열어 주고 예빈원(禮賓院)에서 식사를 마련해 주었다.
>
> 어찰(御札)을 내려 특별히 다향(茶香)·주과(酒果)·의복(衣服)·기완(器玩)·안마(鞍馬) 등의 예물을 끊임없이 넉넉히 하사했는데, 그때마다 모두 표(表)나 장(狀)을 지어 배신(陪臣)을 칭하며 사은(謝恩)했다. 또 사적인 만남에서는 재상들이 계(啓)나 차(箚)를 많이 주고받았다. 그러므로 서기의 직임은 사리에 달통한 사람이 아니면 제대로 수행하기 어렵다고 일컬어져 왔다. 중고(中古)의 국상(國相)인 박인량(朴寅亮)·김부식(金富軾) 등은 모두 일찍이 이 직임을 거쳐 중국으로부터 칭송을 받았던 인물들이다.
>
> 황원(皇元)에 신복(臣服)한 이래, 장인과 사위의 좋은 관계로 한집안처럼 대우했으니, 정실(情實)을 돈독히 하고 예는 생략하고 문장은 간소하게 해, 상주할 것이 있으면 한 사람의 사신이 역전(驛傳)을 이용해 곧장 황제가 계신 곳에 이르게 되어, 한 해 동안 사신이 파견되지 않는 달이 없다. 그리하여 더 이상 사신으로 갈 사람을 가려 뽑지 않게 되었다. 그 은혜는 매우 두터운 것이다.

다만 연절(年節)에는 정례적으로 표문을 올려 하례를 드리고 또 공물을 바치므로, 국경(國卿)으로 정사와 부사를 담당하게 해 대충이나마 옛 관례를 따른다. 서기라는 명칭 역시 겨우 남아 있지만, 그 문장을 짓는 능력에 대해서는 문제 삼지 않는다. 이 때문에 근년에는 요행만을 바라는 염치없는 자들이 왕왕 이익을 탐내어 앞다투어 그 자리를 차지하려 한다. 이에 행인과 장교들조차도 이를 명망이 있는 자로 대우하지 않기에 이르렀다.

아, 서기의 직임이 비록 지금 쓸모없는 자리가 되었다 하나 그 이름만은 아직 남아 있다. 어찌 이러한 자들이 첩의 집처럼 취급하고 저러한 무리들이 경시할 바이겠는가?[34]

즉, 원과의 교섭에서는 실질성이 중요해지면서, 종래 고려 사신이 중국왕조 측과 행해 왔던 번잡한 의례가 생략되고 한 명의 사신만으로도 역전을 통해 직접 황제에게 도달할 수 있는 등 사신이 거의 매달 파견되었기 때문에 사절의 인선에 신경을 쓰지 않게 되었다는 것이다. 다만 의례적인 하정사에 대해서는 전례대로 고관을 정사와 부사로 삼고 서장관의 직임도 남아 있었으나, 후자에게 더는 문재(文才)를 요구하지 않아 그 위상이 낮아졌다고 한다.

이에 비해 이승휴가 참가한 진하사에서는 정사와 부사에 왕족과 재

---

34 『拙藁千百』 권2, 〈送鄭仲孚書狀官序〉. "每遣人使, 必自愼簡官屬, 其帶行或至三五百人, 少亦不下於一百. 使始至中國, 遣朝官接之境上. 所經州府, 輒以天子之命致禮餼, 至郊亭又迎勞. 到館撫問, 除日支豐腆. 自參至辭, 錫讌內殿, 設食禮賓, 御札特賜茶香·酒杲·衣襲·器玩·鞍馬·禮物, 便蕃不絶, 而隨事皆以表若狀稱陪臣伸謝. 而其私覿, 宰執又多啓箚往復. 故書記之任, 非通才號難能. 中古國相, 若朴寅亮·金富軾輩, 皆嘗經此任, 而爲中國所稱道者. 自臣附皇元以來, 以舅甥之好, 視同一家, 事敦情實, 禮省節文, 苟有奏稟, 一个乘傳, 直達帝所, 歲無虛月. 故使不復擇人, 恩至渥也. 獨於年節, 例以表賀, 而有貢獻, 故國卿充其使副, 而粗如舊貫焉. 書記之名亦苟存, 其而翰墨無所責也. 是以邇年僥倖無恥者, 往往冒利而爭爲之. 故行人將校, 至不以淸望待之. 噫, 書記之任, 雖無時用, 而其名猶在. 豈若人所妄處, 而若輩所輕視哉."

상을 배정하고, 서장관에도 '재주와 명망'있는 '문유'를 선발했으며, 전체 규모 100~200명 이상의 사절단을 편성했다. 최해의 관점에서 보면, 이러한 사절은 고려가 구래 중국에 파견해 온 유형의 빙사에 속한다고 할 수 있다. 다만 고려 전기에는 왕족이 사절로서 외국으로 가는 일은 매우 이례적이었다. 사절의 격은 오히려 올라갔던 것인데, 이러한 사신이 종종 파견되었던 것은 몽골과의 교섭에서 보이는 특색이다.

고려의 중랑장이기도 했던 원 천호 김보성이 원 측의 반행사(伴行使)로서 진하사행에 동행했던 듯한데, 고려 사신과 그가 함께 '조정에 의해 선출'되었다고 표현된 점이 주목된다. 당시의 고려인이 기록한 '조정'은 종종 '상국', 즉 원을 가리키지만, 진하사의 정사와 서장관은 고려가 선발했으며, 그 외 내상 및 급사에 이르는 여러 인원을 원이 선정했다고 생각하기는 어렵다. 여기서 말하는 '조정'은 고려 정부를 가리키는 것으로 보아야 하며, 그렇다면 원 측의 반행사도 고려 측에서 선정한 것이 된다. 고려를 방문한 원 사신의 귀국길에 진하사를 동행하게 한 것이라면 고려 사신 측을 '반행'이라고 표현해야 할 것이므로, 그러한 것은 아니다. 이것은 김보성의 특수한 사정과 관계된 것으로 보이는데, 원의 고려인 장수 홍차구(洪茶丘)와 반목한 충렬왕이 홍차구와 가까운 이분희·이습 형제를 살해한 1278년(충렬왕 4, 지원 15)의 사건과 관련해 다음과 같은 기사가 보인다.

> 쉬루게[速魯哥]가 김방경(金方慶)과 허공(許珙)을 데리고 돌아가려고 했다. 공주가 사람을 시켜 말하기를, "왕이 입조한 후라 조정이 텅 비었으므로, 김방경과 허공은 황제의 명령이 있다면 함께 가도 되나, 없다면 그럴 수 없다." 했다. 쉬루게는 이들을 돌려보내려고 했지만 김보성은 듣지 않았다.
>
> 김보성은 본래 북계(北界) 사람이다. 그 아버지가 반역하고 요양으로 들어간 이후 홍차구의 심복이 되었다. 이분희·이습과의 관계가 매

우 두터웠는데, 이들이 죽었다는 이야기를 듣고 쉬루게를 따라왔다. 무릇 우리를 비난하는 일은 모두 그가 모의한 것이었다.[35]

홍차구는 몽골의 고려 침략 과정에서 포로와 유민으로 요양·심양 지방에 입거한 고려인 집단을 통할하기도 했는데, 김보성은 부친이 요양에 도망해 들어간 이래 홍차구의 심복이 된 고려인이었다. 고려 정부는 흔히 원의 고려인 관인에게 자국의 관직을 제공했으므로, 그러한 이유에서 김보성도 중랑장이 되었을 것이다. 고려 정부의 관인이 원 무관직에 임명되는 것은 제2차 일본 원정 때부터다. 1273년 당시 홍차구는 관할하던 고려인 부대를 이끌고 고려 본국에 주둔하고 있었는데, 일본 원정을 준비하면서 삼별초 진압도 담당했다.[36] 아마 김보성도 이를 따라와서 고려 국내에 있다가 고려 정부의 지명을 받아 원 측을 대표해 반행사의 직임을 맡았던 것으로 보인다.

4. 왕복 경로

진하사 일행은 1273년(원종 14, 지원 10) 윤6월 9일에 왕도 개경을 출발했다(2a).[37] 가는 길의 여정은 다음과 같다(4a~7b. 관련되는 곳의 위치에 대해서는 〈그림 8-1〉 참조).

---

35 『高麗史節要』 권20, 충렬왕 4년 12월. "速魯哥, 以金方慶·許珙還. 公主使人言曰, 王既入朝, 國家空虛, 方慶·珙, 有帝命則可與去, 否則不可. 速魯哥欲還之, 金甫成不聽. 甫成, 本北界人也. 自其父叛入遼陽, 爲茶丘腹心. 與汾禧·槢甚厚, 聞其死, 從速魯哥以來. 凡所以詰我者, 皆其謀也." 또 『高麗史』 권123, 李汾禧 열전은 위와 같은 내용을 다소 축약한 형태로 기재하고 있다.

36 池內宏[1931b], 제6장 참조.

37 『高麗史』 권27, 원종 세가에도 같은 날인 원종 14년 윤6월 己未 條에 "순안후 종·동지추밀원사 송송례를 원에 보내어 책봉을 경하했다."고 되어 있다.

• 윤6월 11일, 패강(浿江) 통과: 현재의 황해북도 평산군-김천군 경계를 흐르는 예성강의 일부[38]

• 윤6월 12일, 금암(金岩) 통과: 평주(平州, 현재의 황해북도 평산군)의 속역(屬驛)[39]

• 윤6월 ?일, 분수령 통과: 통원보진(通遠堡鎭, 현재의 遼寧省 丹東市 鳳城市. 원 대의 龍鳳站)과 연산관진(連山關鎭, 현재의 遼寧省 本溪市 本溪縣. 원 대의 連山站) 사이에 위치해 요하(遼河) 수계와 압록강 수계를 나누는 고개일 것[40]

• 윤6월 29일, 동경(東京) 도착: 현재의 랴오양시

• 7월 9일, 심주(瀋州) 도착: 현재의 선양시

• 7월 16일, 악두참(渥頭站) 도착: 애두참(崖頭站)의 오기일 듯. 요하 부근에 있으며, 동쪽 120중국리(약 66킬로미터)에 창의참(彰義站, 현재의 瀋陽市 于洪區 彰驛站鎭)이 있다고 하는데,[41] 정확한 위치는 알 수 없음[42]

• 7월 29일, 신산현(神山縣) 도착: 요·금 대의 옛 현명(縣名)으로, 금·

---

38 『高麗史』 권58, 地理志, 西海道 平州; 『新增東國輿地勝覽』 권41, 黃海道, 平山都護府, 山川, 猪灘. 대동강과 압록강을 가리키는 浿江과는 다른 것이다.

39 『高麗史』 권82, 兵志, 站驛, 金郊道.

40 개경~요양 간의 교통로상에 있는 고유지명화한 '分水嶺'으로, 연행록 등 조선 시대 문헌에는 이 고개에 관한 언급이 빈번하게 보인다(예를 들어 崔溥, 『漂海錄』; 許震童, 『東湘集』 권7, 朝天錄, 赴北京道里館站 등). 극히 일부 사례에서는 連山關에서 요양으로 향하는 도상에 高嶺(大高嶺·會寧嶺·天磨嶺·摩天嶺이라고도 함)을 넘어 甜水站(현 요양성 遼陽市 遼陽縣 甜水鄕)에 이르는 부근의 고개를 '分水嶺'이라고 하기도 하지만(李詹, 『雙梅堂先生篋藏集』 권2, 觀光錄; 崔演, 『艮齋集』 권9, 西征錄; 任相元, 『恬軒集』 권15 등), 이는 예외적이다. 다만 이승휴가 보통명사로서 다른 고개를 언급한 것일 가능성도 완전히 배제할 수는 없다. 고려 시대의 기록에는 이 외에 金坵가 1240년(고종 27, 태종 우구데이 4)에 몽골에 갔을 때의 작품이라고 하는 시에도 '分水嶺途中'(『東文選』 권20, 『止浦集』 권1)이 있는데, 위치를 비정할 수 있는 정보는 없다.

41 『析津志輯佚』(中華書局, 1983) 大都東西館馬步站, 天下站名, 123쪽.

42 애두참의 위치 문제에 대해서는 모리히라 마사히코[2012], 167~169쪽 참조.

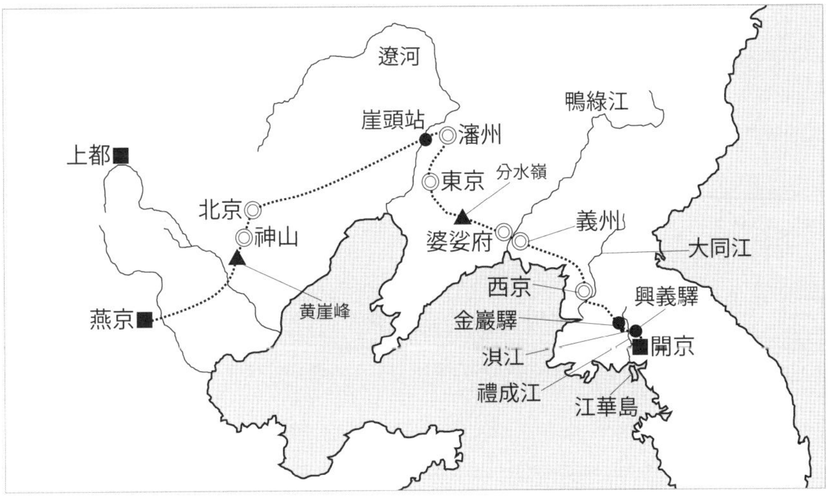

<그림 8-1> 1273년 고려 진하사의 행정 관계도
주: 점선은 잠치(站赤) 경로

원 대의 혜주(惠州).[43] 현재의 허베이성 청더시(承德市) 핑취안현(平泉市縣)

- 7월 30일, 병풍산(屛風山)을 지나 황애봉(黃崖峰)을 오름
- 8월 4일, 연경 도착[44]

개경~연경 사이를 편도로 이동하는 데 필요한 평균 기간은 1개월 정도다.[45] 『고려사』 세가에 보이는 고려왕과 왕비가 된 몽골 공주의 입조 사례는 대체로 이를 지지하지만, 그 가운데는 반 개월 정도로 이동한

43 『金史』 권24, 地理志, 北京路, 大定府; 『元史』 권59, 지리지, 遼陽等處行中書省, 大寧路; 『元一統志』(趙萬里校輯, 中華書局, 1966) 권2, 遼陽等處行中書省, 大寧路.

44 『元史』 권8, 世祖本紀에는 至元 10년 7월 戊申(29일)에 이 진하사의 來朝 기사를 싣고 있다. 오류가 아니라면 이날에 고려 사신의 내방이 원 궁정에 미리 알려졌던 것일지도 모르겠다.

45 金文京·玄幸子·佐藤晴彦[2002], 355~356쪽 참조.

사례도 있다.[46] 이에 비해 이승휴 등은 대략 2개월이 걸렸다. 이는 장마의 영향으로, 일행은 홍수 때문에 동경에서 8일, 심주에서 여러 날 동안 발이 묶여 있기도 했다(2b, 4b).

사원기에 개경은 원의 잠치[站赤, ǰamči], 즉 역전으로 연경과 연결되었다. 참(站), 즉 숙역(宿驛)의 배치에는 시기적인 변화도 일부 있었던 듯하지만, 일단 원 대 연경의 지방지 『석진지(析津志)』의 기재[47]와 이 책 제7장 제3절·제4절에서의 고찰에 근거해 이 구간의 잠치 부설 상황을 제시하자면, 다음과 같다(〈그림 8-1〉에는 점선으로 경로를 대략 표시).

> 개경~자비령 사이의 참—동선(洞仙) - 생양(生陽) - 동녕(東寧) - 안정(安定) - 숙주(肅州) - 도획(都獲) - 안신(安信) - 운흥(雲興) - 선주(宣州) - 영주(靈州) - 의주(誼州) - 역창참(驛昌站) - 탕참(湯站) - 개주(開州) - 사열(斜烈) - 용봉(龍鳳) - 연산(連山) - 첨수(甜水) - 두관(頭館) - **동경(東京)** - **심주(瀋州)** - 창의(彰義) - **애두(崖頭)** - 역창(驛昌) - 의주웅산(懿州熊山) - 역안(驛安) - 유수부락(柳樹部落) - 녹교(鹿窖) - 교자참(橋子站) - 서부락(西部落) - 차도(叉道) - 북경(北京) - 부유(富峪) - **신산(神山)** - 관하(寬河) - 부민(富民) - 난양(灤陽) - 준화(遵化) - 계주(薊州) - 하점(夏店) - 통주(通州) - 대도(大都)

이승휴의 여정에서 동경·심주·애두참·신산현은 각기 굵게 표시한 참의 설치 지점에 대응한다. 패강과 금암역은 위의 잠치 경로에 중복되는 것으로 보이는 개경~자비령 간의 간선역로상에 소재한다. 비정이

---

46 이 책 제5장에 실린 〈표 5-2〉 참조.

47 『析津志輯佚』(前揭) 大都東西館馬步站, 天下站名, 122~124쪽. 『經世大典』 站赤의 각 省站名記事(『永樂大典』 권19422)와는 약간 차이가 있으나, 경로 자체는 크게 다르지 않아 보인다.

옳다면, 분수령도 압록강을 건너 동경에 이르는 잠치 경로상에 있다. 또한 황애봉은 신산에서 하루 이틀에 도달할 수 있는 위치라는 점에서, 현재의 허베이성 청더시 콴청현(寬城縣) 안에 있으며 위의 잠치 경로와도 중복되는 황애봉, 즉 만탑황애(萬塔黃崖)를 가리키는 것으로 생각된다.[48] 요·금 대로 거슬러 올라간다는 그 지역의 사찰에 대해서는 『원일통지(元一統志)』 권2, 요양등처행중서성(遼陽等處行中書省), 대녕로(大寧路), 고적(古蹟)에도 "황애사(黃崖寺)는 혜주 서남쪽 130리에 있다."라고 되어 있다. 이승휴는 황애봉에서 '석가열반와상(釋迦涅槃臥像)'이 있는 '현공각(懸空閣)'을 멀리서 바라보고 산이 너무 험해 감히 오르지 않았다고 서술했다(7a). 급하고 험준한 산골짜기에 석굴이 뚫리고, 낭떠러지에 탑이 늘어서 있는 현재 황애사의 풍경[49]과도 통했을 것이다.

매우 대략적으로 어림한 것이지만, 경유지를 통해 볼 때, 이승휴 등은 위의 잠치 경로와 대체로 동일한 길을 따라간 것으로 추측된다.[50] 압록강 이남, 고려 왕도까지 잠치가 본격적으로 정비된 것은 고려 정부가 원에 협조적 태세로 전환한 1270년(원종 11, 지원 7) 이후로 보이는데, 이미 그때까지는 대략적으로 부설된 상황이었다.[51] 1273년 당시에 압록강 이북, 요양·심양 지방을 경유해 연경에 이르는 잠치 부설 상황은 『빈왕록』의 기재를 통해 나타나는 애두참 외에는 분명하지 않다. 그러나 한반도에만 참을 따로 설치했다고는 생각하기 어려우므로, 이에 접속하는 잠치 경로가 이미 성립되어 있었다고 보는 것이 자연스럽다. 다만 1273년의 진하사가 그 시스템을 어떻게 이용했는지는 잘 알 수 없으며, 또

---

48 구체적인 위치에 대해서는 民國 17년(1928) 全國陸軍測繪總局作製五萬分一地形圖〈寬城〉(『中國大陸五萬分の一地圖集成Ⅲ』, 科學出版社, 1988) 참조.

49 寬城縣志編纂委員會[1990], 373쪽 참조. 필자는 2012년 5월 21일에 현지를 답사했다.

50 다만 東京에서 瀋州까지는 '斜路'를 통했다고 한다(4b). 곧은 지름길인지도 모르겠다.

51 이 책 제7장 제2절 참조.

행로 각지의 관리들이 그들을 접대했는지 여부 등도 분명하지 않다.

돌아오는 길의 상세한 경로는 가는 길만큼도 알 수 없는데, 같은 해 9월 8일에 연경을 출발해, 9월 25일에 압록강, 10월 2일에 흥의역(興義驛, 현재의 황해북도 금천군)에 도달해, 그다음 날 개경에 도착했다(17a~19a). 1개월이 안 되어 답파한 것으로, 일단은 평균적인 이동 기간이었다고 평가할 수 있다.

5. 연경에서의 영접

8월 4일에 연경에 도착한 후 9월 8일 귀국길에 오르기까지 약 1개월 동안, 이승휴 등 진하사 일행의 활동 일정은 다음과 같다(이하에 언급하는 연경에서의 관련 지역에 대해서는 〈그림 8-2〉 참조).

- 도착하고 6일 후, 대도성 만수산(萬壽山) 편전에서 황후를 대면
- 중추(中秋) 1일 후, 정 시랑(鄭侍郎)의 기재(忌齋) 때문에 천복사(薦福寺) 관광
- 8월 21일, 순안후를 따라 여강(瀘江) 석교(石橋), 즉 노구교(盧溝橋) 관광
- 8월 25일, 만수산 광한궁(廣寒宮) 옥전(玉殿)에서 황제 쿠빌라이를 대면
- 8월 27일, 대도성 장조전(長朝殿), 즉 대명전(大明殿) 낙성식에 참석.
- 8월 28일, 장조전에서 성절 하례에 참석
- 8월 29일, 대도성 서교(西郊), 고량하(高梁河) 부근의 장막에서 황태자 친킴을 대면. 이후 호천사(昊天寺) 관광
- 9월 2일, 중서성에서 접대를 받음
- 9월 7일, 귀국 명령이 내려옴

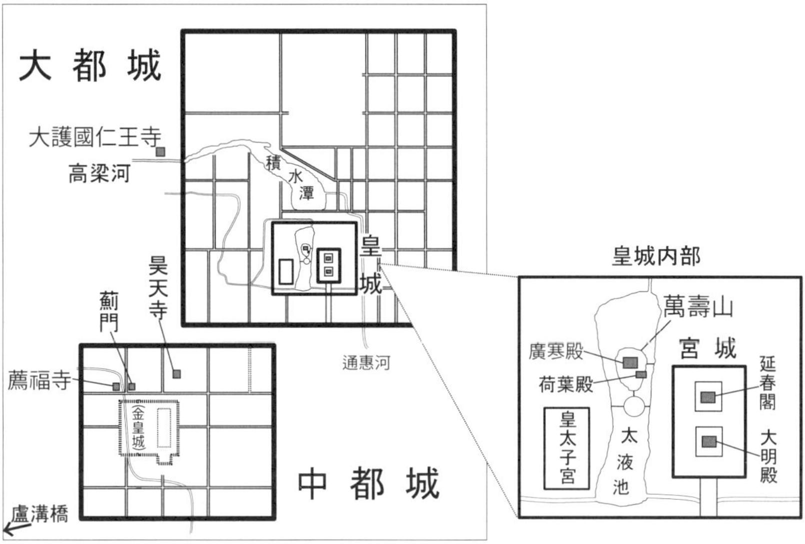

<그림 8-2> 연경의 『빈왕록』 관련 지역 위치도

전거: 于杰·于光度[1989]; 杉山正明[2004d]; 福田美穂[2004] 등을 참고해 작성함. 중도성(中都城) 지구는 금 대의 상황을 기초로 해 표시함.

위에서 확인되듯 공적인 행사는 8월 말에 집중되어 있다. 원 황제는 계절마다 이동해, 여름을 내륙의 상도(上都) 개평부(開平府), 겨울을 연경에서 지냈는데, 1273년에는 쿠빌라이가 (음력) 8월 24일에 상도에서 연경에 돌아왔기 때문이다(10a).[52] 진하사는 당초 상도를 목표로 한 듯하지만, 큰비의 영향으로 일정이 지연될 것을 우려해 "이미 개평부까지는 도달할 수 없었으므로 그대로 대도성으로 향했다."라고 했다(10b~11a).

연경 체재 중 이승휴 일행의 행적에 대해서는 사원과 노구교(9a) 관

52 『元史』 권8, 世祖本紀에는 至元 10년 9월 丙午(27일)에 '車駕至自上都'라고 해, 8월 말의 고려 사신과 쿠빌라이의 접촉에 관한 『賓王錄』의 기재는 모두 부정되는 듯 보이기도 한다. 그러나 『賓王錄』 기술 전체의 구체성과 정합성을 통해 볼 때, 여행기 전체를 허망한 설로 폄하할 정도의 큰 날조나 오류의 흔적은 찾기 어렵다. 『元史』의 기재가 무엇을 의미하든지, 8월 말에 쿠빌라이가 연경에 있었던 것은 틀림이 없다.

광 등도 흥미롭지만, 여기서는 국가 간 관계라는 당면한 관심에 따라, 영접 상황, 궁정 및 기타 장소에서의 의례, 고려 사신이 제출한 서장이라는 세 가지 항목을 살펴보고자 한다.

8월 4일, "드디어 연경 중도성에 들어가려고" 했던 이승휴 등은 성 밖 5리 떨어진 땅에서 원 중서성이 보낸 '선사(宣使)'와 '총관(總管)'의 마중을 받고 중도성 안 '누 총관(婁總管)'의 사저로 안내받았다. 그곳을 숙소로 지정받았으며, 한림학사(翰林學士) 후우현(侯友賢, 자는 현충)이 '관반(館伴)', 즉 접대 담당을 맡았다고 한다(7b).

원 초창기의 연경은 금 대 이래의 중도성이 도시 기능을 유지하고 있었으며 관인의 저택과 관청이 배치되는 등 '수도'로서의 역할을 담당했다.[53] 이미 1266년(원종 7, 지원 3)부터 그 북교(北郊)에 대도성 건설이 시작되었고 1273년에는 주요 궁전부의 공사가 일단락되었으며(후술), 곧이어 기능도 이전되었다. 진하사가 들어간 곳은 중도성으로, 숙소인 누 총관의 저택도 중도성 안에 있었다. 전술한 바와 같이 이승휴가 다른 곳에서 "대도성으로 향했다."라고 기록한 것은 상징적인 의미였을 것이다. 일행이 접대를 받은 중서성도 1267년(원종 8, 지원 4) 대도성에 새 청사가 세워졌으나,[54] '중도(中都)의 봉성(鳳省)'(16a)에 있었던 듯하다. 이승휴가 방문한 천복사(9a)와 호천사(15a)도 중도성 안의 사원이며, 노구교는 중도성 서남쪽 교외에 있다. 연경에서의 이승휴의 활동은 몽골 황제·황족과 대면했을 때를 제외하고는 모두 중도성 지구에서 전개되었던 것 같다.

중서성에서 마중하러 파견한 '선사'와 '총관'의 이름은 기록되어 있지 않다. 선사란 사신 일반을 가리키는 의미로 사용되는 경우도 있으나,

53 渡邊健哉[1999] 참조. 원 초의 대도성·중도성을 둘러싼 여러 문제에 대해서는 渡邊健哉로부터 많은 교시를 얻었다.

54 『析津志輯佚』(前揭) 朝堂公宇, 8쪽.

『빈왕록』에서는 한결같이 심부름을 주 업무로 하는 이원(吏員)을 가리키는 듯한데, 여기서는 중서성의 선사일 것이다.[55] 연경에 머무는 동안 진하사를 안내하는 역할로 '임(任) 선사'와 '강(姜) 선사'가 빈번하게 나오므로 그 중 한 명이거나 둘 다일 가능성이 높다. 한편, 총관은 원의 여러 관부에 널리 보이는 직명인데, 경칭(敬稱)으로 사용되는 경우도 있지만 적어도 중서성 직속의 요속은 아니며, 여기서의 의미나 소속은 분명하지 않다. 다만 진하사의 영접에 관여한 '총관'이라는 점으로부터 사저를 숙소로 제공한 누 총관이었을 가능성이 높다.

뒤에 진하사가 쿠빌라이에게 표문을 바쳤을 때 원의 영사(令史)가 그 문장을 평가한 일을 "본조(本朝)에서 〔원에〕 들어가 선사가 된 강수형(姜守衡)이라는 자"가 연락해 왔다고 했다(2b). 아마도 이 강수형이 위에서 언급한 '강 선사'이며, 『고려사』에 빈번하게 나오는 강수형(康守衡)이 바로 그일 것이다(고려 시대 姜과 康의 정확한 발음은 알 수 없지만 적어도 중기 이후로는 동음). 강수형은 초명은 화상(和尙)으로 진주 출신 고려인이며, 어렸을 때 몽골군에 포로가 되었다가 원에 출사해 원 초 고려와의 교섭에서 활약한 인물이다.[56] 『고려사』 조인규(趙仁規) 열전에는 양국 교섭 현장에서 강수형의 특별한 역할이 다음과 같이 기록되어 있다.

> 처음에 나라 사람들이 몽골어를 배우기는 했으나 응대를 능숙히 해내는 사람이 없었으므로 우리 사신들이 경사(京師)에 가면 반드시 대녕총관(大寧摠管) 강수형을 시켜 〔사신들을〕 인도하고 들어가서 아뢰게 했다. 조인규가 일찍이 금으로 채색한 자기를 바쳤더니 세조가 묻기를, "금으로 채색한 것은 〔자기를〕 단단하게 하려고 한 것인가?"라고 했다. 〔조인규가〕 대답하기를, "단지 채색을 한 것일 뿐입니다."라고

55 중서성의 宣使에 대해서는 張帆[1997], 160~162쪽 참조.

56 『高麗史』 권25, 원종 원년 2월 乙丑.

> 했다. "그 금을 다시 쓸 수 있는가?"라고 하니 대답하기를, "자기는 깨지기 쉽습니다. 금도 그에 따라 훼손되어 버리니 어찌 다시 쓸 수 있겠습니까?"라고 했다. 세조가 그 대답을 좋게 여겨 이후로는 자기는 금으로 채색하지 말고 바치지도 말라고 명령했다. 또 말하기를, "고려인이 이처럼 국어(國語)를 이해한다면, 어찌 반드시 강수형으로 하여금 그를 통역하게 하겠는가?"라고 했다.[57]

조인규는 충렬왕 대 전반 원과의 교섭에서 역어로서 활약한 관료인데, 그가 등장할 때까지 고려 사신은 원 황제에게 상주할 때 몽골어 통역으로 강수형의 도움을 필요로 했다고 한다. 위 기사에서 강수형은 대녕로(치소인 대녕, 즉 北京. 현재의 內蒙古自治區 赤峰市 寧城縣)의 '총관', 즉 장관이라고 표시되어 있는데, 『고려사』 충렬왕 세가, 4년 5월 정해 조에는 '북경'(대녕로)의 동지(同知), 즉 차관으로 기록되어 있다. 이 사실을 통해 위 기사는 1278년 이후의 기록임을 알 수 있는데, 내용 자체는 그 이전의 사건일 가능성도 있다. 1273년의 진하사 가운데 역어의 몽골어 능력에 대해 이승휴는 아무 언급도 하지 않았고, 조인규가 관여했는지 여부도 분명하지 않은데,[58] 혹은 이때도 강수형이 통역으로서 역할을 했는지 모르겠다.

관반(館伴)인 후우현은 본인의 말에 따르면, 5살에 육경에 통달해 한

57 『高麗史』 권105, 趙仁奎 傳. "初國人雖學蒙古語, 未有善敷對者, 我使如京, 必令大寧摠管康守衡引入奏. 仁規嘗獻畵金磁器, 世祖問曰, 畵金欲其固耶. 對曰, 但施彩耳. 曰, 其金可復用耶. 對曰, 磁器易破. 金亦隨毁, 寧可復用. 世祖善其對, 命自今磁器毋畵金勿進獻. 又曰, 高麗人解國語如此, 何必使守衡譯之."

58 조인규는 원종 대에 처음으로 몽골어를 습득한 듯한데, 기록상 그가 최초로 대원교섭의 현장에 관여한 것은 기사년(1269, 원종 10, 지원 6)에 당시 잠저에 있던 충렬왕을 수행해 원에 들어갔을 때다(『稼亭集』 권3, 〈趙貞肅公祠堂記〉, 〈趙仁規墓誌銘〉(『平壤趙氏世譜』 平壤趙氏大同譜所, 1929)). 1273년 당시 그가 이미 역어로서의 경력을 쌓기 시작했음은 틀림없다.

림원에 소속되어 '천하의 신동'으로 칭해졌고, 추천을 받아 '한림학사'를 제수받은 인물로, 당시에는 28세였던 듯하다(8a~8b). 이승휴와는 한시를 주고받는 등, 나름의 문재(文才)를 갖추고 있었던 것으로 보인다. 원은 그러한 유교 지식인을 고려 사신의 관반으로 충당했던 것이다. 이 인물은 필자가 살펴본 바로는 다른 문헌에는 보이지 않는데, 혹 『원사』 권67, 예악지(禮樂志), 제조의시말(制朝儀始末)에 보이는 후우현(侯祐賢)과 동일인이 아닐까 생각된다.

이 기사에 따르면, 1269년(원종 10, 지원 6) 원에서는 황제의 명에 따라 전대의 의례를 아는 자를 찾아 조의(朝儀)를 학습하게 했다. 당초 조병온(趙秉溫)과 사강(史杠)이 그 임무를 담당했는데, 태보(太保) 유병충(劉秉忠)의 제안으로 유생인 주탁(周鐸)·유윤중(劉允中)·상문(尙文)·악침(岳忱)·관사의(關思義)·후우현(侯祐賢)·소완(蕭琬)·서여가(徐汝嘉) 등이 추가로 임명되어 금의 옛 신하들 및 국자좨주(國子祭酒) 허형(許衡), 태상경(太常卿) 서세륭(徐世隆)의 아래서 고전을 고찰하고 시의와 실정을 참작해 제도를 정했다. 그리하여 1271년(원종 12, 지원 8) 2월에 조의를 담당하는 시의사(侍儀司)가 설립되었을 때, 그 우시의부사(右侍儀副使)로 후우현이 임명되었다.

즉 후우현(侯祐賢)은 후우현(侯友賢)과 같은 유생이며, 원 초에 중국의 전통에 기초한 조의를 제정하는 일에 관계했고 그 운용을 담당하는 시의사의 직임을 맡았던 인물이었다. 한편 후우현은 황후 알현과 장조전 낙성식의 조하례에서 고려 사신 인도를 담당했으며, 그 의제(儀制)에 대해 일정한 지식을 갖고 있었던 것으로 보이는데, 시의사가 관장한 사안에는 '외국진헌(外國進獻)' 의례도 포함되어 있다.[59] 양자가 동일인이었을 가능성이 높다고 볼 수 있지 않을까?

원 초창기의 연경행성(燕京行省)과 중서성에서 하급 관료로 근무했

59 『元史』 권7, 世祖本紀, 至元 8년 3월 甲戌.

던 왕운(王惲)에 따르면, 1261년(원종 2, 중통 2)에 고려의 세자가 입조했을 때는 비칙치[必闍赤, bičigeči], 즉 서기인 장대본(張大本)이 관반으로 선발되었는데, 그의 '문채(文采)', 즉 문재가 선임 이유 가운데 하나였던 것 같다.[60] 한문화(漢文化)에 익숙한 왕운이 한인(漢人)으로 보이는 장대본을 묘사하며 사용한 '문재'라는 말은 한문 능력을 가리킬 것이다. 원에서는 한문화의 소양을 기준으로 고려 사신의 관반을 선정하는 일이 있었던 것으로 보이며, 후우현의 경우도 아마 마찬가지였을 것이다.

이는 고려 사신과의 의사소통을 위해 같은 한자문화권 인재를 충당했을 뿐일지도 모른다. 그러나 원 초에 집중적으로 실시된 이른바 '한화' 정책이 고려와의 관계에도 적용되어, 강화 이후 곧 왕을 책봉한다거나 역서(曆書)를 반포하는 등 전통적인 화이질서의 형식을 채용했던 점은 가볍게 볼 수 없다. 고려 등 주변 여러 나라의 존재 자체가 원의 '한화'를 촉진한 면도 있을 듯하다. 적어도 원의 한인 관료는 이들 여러 나라가 원이라는 국가를 보는 시선을 이유로 중국식 의제(儀制) 도입을 요구했다.[61] 중화 문물을 중시하고, 반면에 몽골을 이적시했던 많은 고려 지배층은 이러한 동향을 일단 환영했던 것 같다.[62] 위와 같은 관반 인선도 어쩌면 원이 고려에 자신들의 '한화'를 어필한 것일 수도 있다.

---

60 『中堂事記』 中統 2년 6월 10일 庚子(『秋澗先生大全文集』 권82).

61 예를 들면, 徐世隆은 "지금 사해가 一家를 이루어 만국이 회동하니, 조정의 禮가 엄숙하지 않을 수 없습니다. 마땅히 백관조회의 의례를 정해야 할 것입니다."라고 상주했고(『元史』 권160, 徐世隆 傳, 蘇天爵, 『國朝名臣事略』 권12, 太常徐公), 王磐은 조하의 질서가 없어 "외국의 비웃음을 살 것을 우려해 朝儀를 정비할 것을 주청했다."(陶宗儀, 『輟耕錄』 권1, 朝儀) 魏初도 궁중 향연의 모습을 비판해, "밖으로는 고려·안남이 있어 사신이 入貢해 중국의 의례를 보니," 군신 간 '尊卑의 禮'를 바로잡을 것을 상소했다(『元史』 권164, 魏初 傳. 또 魏初, 『靑崖集』 권4, 奏議 참조). 王惲은 조의가 "만국에 威儀를 보이고 백관을 肅正하게 하는 것"이라고 했다(王惲, 『烏台筆補』 〈爲百官賀正未見私先相賀狀〉(『秋澗先生大全文集』 권85)).

62 그러한 심정과 자세가 드러난 한 사례로, 주 10에 제시한 金坵의 〈與張學士書〉에는 이제 원은 '군사를 그만두고 文敎를 일으킬 때'인데, 장 학사의 공적은 漢의 조의를 정해 유교를 일으킨 叔孫通을 초월한다는 찬사가 보인다.

이상에서 후우현의 개인적 특성을 검토했는데, 나아가 외국 사신과 관련한 한림원의 역할도 빼놓을 수 없다. 원의 한림원에 대해서는 이미 국사(國史)를 찬수하고, 제고(制誥)를 관장하며, 황제의 고문에 응하고, 역대의 어용(御容)이나 악빈후토(岳濱后土)·문묘(文廟) 등에 제사를 지내며, 석전례(釋尊禮)를 거행하고, 축문(祝文)이나 악장(樂章)을 짓고, 황제에게 정치의 도리를 강연하며, 선비를 천거하고, 나아가서는 저작물을 심사하는 등의 역할을 수행했음이 지적되었다.[63] 그러나 한림원이 일시적이나마 외국 사신 응접을 담당하기도 했다는 점은 거의 주목되지 않았다. 『원사』 세조 본기, 지원 22년 조에,

> 예부(禮部)에 명해 회동관(會同館)을 관할하게 했다. 처음에 외국 사신이 이르면 항상 한림원이 이를 주관하게 했는데, 이때에 이르러 개정했다.[64]

라고 되어 있듯이, 1285년까지는 한림원에서 외국 사신 응접을 주관했다. 그렇다면 이를 바꿔 회동관을 예부에서 관할하게 한다는 것은 무슨 뜻인가? 회동관은 '제번(諸番)·번이(蕃夷)·동관(峒官)' 등 주변 지역에서 조공해 오는 자의 '접반(接伴)과 인견(引見)'을 담당하는 공관(公館)이었다.[65] 1272년(원종 13, 지원 9)에 처음으로 설립되었다고 하는데,[66] 그 전년에 한림응거(翰林應擧) 염복(閻復)이 회동관부사(會同館副使) 겸 접반사(接伴使)에 선발되어 충원되기도 했다.[67] 이 사례에서도 엿볼 수 있듯이 회

---

63 山本隆義[1955], 83~85쪽; 張帆[1988], 75~77쪽; 宮紀子[2006a], 340~344쪽 참조.

64 『元史』 권13, 世祖本紀, 至元 22년 정월 丙申. "命禮部領會同館. 初外國使至, 常令翰林院主之, 至是改正."

65 『元史』 권85, 百官志, 禮部, 會同館.

66 『元史』 권7, 世祖本紀, 至元 9년 10월 癸卯; 권85, 百官志, 禮部, 會同館에 至元 13년 설치라고 되어 있는 것은 中華書局 표점본의 교감(2154쪽)과 같이 오류일 것이다.

67 『元史』 권160, 閻復 傳.

동관은 당초 한림원과 밀접한 관계 아래 운영되었던 것으로 보이는데, 1273년(원종 14, 지원 10) 9월에는 한림학사승지(翰林學士承旨) 코르코손[和禮霍孫]에게 회동관의 업무를 겸하게 해, 조정의 자문과 항신(降臣)의 주청을 담당하게 했다.[68] 1281년(충렬왕 7, 지원 18)에도 한림학사승지 사르만[撒里蠻]에게 이어서 회동관을 겸령(兼領)하게 했다.[69] 회동관 설립 당시 및 그 이전의 상황은 불분명하지만, 적어도 한림학사승지가 회동관을 겸무한 이후에는 사실상 한림원이 외국 사신 응접을 관리했던 것으로 보이며, 1280년(충렬왕 6, 지원 17) 한림학사승지 코르코손 등이 구람(俱藍)·마바르[馬八]·도파(闍婆)·교지(交趾) 등 여러 나라에서 사신을 보내 와 표문을 올린 데 대해 답하는 조서를 주청한 것도[70] 이와 관계될 것이다. 그러므로 1285년에는 회동관을 예부에 이관함으로써 한림원을 외국 사신 응접 임무로부터 제외한 것으로 해석된다. 이승휴 일행이 원에 간 것은 한림학사승지 코르코손의 회동관 겸무가 결정되기 직전의 일로, 영접을 준비하고 안내역으로 선사를 파견했던 것으로 보이는 중서성이 응접을 담당한 것 같기도 하다. 그러나 관반으로서 한림학사 후우현이 선발된 것이 위와 같은 한림원의 직책과 관련되었을 가능성을 고려하는 것이 좋겠다.

이 절의 마지막으로, 연경에서의 숙소에 대해 살펴보겠다. 1270년(원종 11, 지원 7) 무렵, 앞에 언급한 원의 왕운은, 경사에는 멀리서 온 조공 사신를 위한 관사(館舍)가 없어 민간의 부유한 집에서 급히 맞이하기 때문에 원의 융성한 모습을 보여 주지 못한다고 하며, '사방관(四方館)'을 설립하자고 제언했다.[71] 1272년(원종 13, 지원 9)의 회동관 설치는 이에

68 『元史』 권8, 世祖本紀, 至元 10년 9월 壬寅.

69 『元史』 권11, 世祖本紀, 至元 18년 10월 壬子.

70 『元史』 권11, 世祖本紀, 至元 17년 11월 己亥.

71 『烏台筆補』 〈請立四方館狀〉(『秋澗先生大全文集』 권89). 이 狀文 중에 交趾國(陳朝 大越) 사신인 黎仲陀와 拱垣이 '近日' 내조했다고 기록되어 있는데, 이들이 원에 간 것은

응답한 형상이었다. 항복한 남송의 사절이 1276년(충렬왕 2, 지원 13) 연경에 들어왔을 때는 중도성 안 회동관에서 숙박했다.[72] 그러나 1273년 이승휴 등은 여전히 개인의 사저에 숙박했다. 당시는 아직 회동관이 사신을 맞이할 정도로 정비되지 않았기 때문인지도 모르겠지만, 후술하듯이 이 진하사가 다른 외국 사신과는 다른 격식으로 대접받았던 점을 고려해 보면, 오히려 더 우대를 한 것일 가능성도 있다. 특히 이때 고려 왕족이 궁중 향연에서 몽골 황족에 준하는 대우를 받았던 일이 주목되는데, 실제로도 다음 해인 1274년(원종 15, 지원 11)에 충렬왕이 처음으로 쿠빌라이의 부마가 되었고, 1281년(충렬왕 7, 지원 18)에는 부마고려국왕이라는 칭호가 성립되어 고려왕은 몽골 왕후의 일원으로서의 지위를 굳건히 해 갔다(이 책 제1장 참조). 이후의 고려 사신이 일반 외국 사신처럼 회동관에 머물렀는지, 그와는 다른 숙소에 머물렀는지는 1273년의 숙소 설정 의미, 나아가 원 내 고려의 위상과도 관련되는 문제이지만, 지금으로서는 사료를 가지고 분명히 밝힐 수 없다.

6. 궁정 및 기타 장소에서의 의례

1) 황후와의 대면(7b~8a)

연경에 도착하고 5일 후, 황후가 마류(馬瑠) 봉어(奉御)를 보내어 황제가 연경에 돌아오기 전에 자신이 먼저 접견하겠다는 뜻을 전해 왔다. 황후는 황제와 따로 행동했음을 알 수 있는데, 그녀가 황제를 대신해 유수(留守)하는 중에 외국 사신을 대면하겠다고 한 것은 다른 중국왕조에서는

黎崱, 『安南史略』 권14, 歷代遣使, 陳氏遣使의 至元 庚午년(1270, 원종 11, 지원 7) 條에서 확인된다.

72 嚴光大, 『祈請使行程記』 德祐 丙子(1276) 윤3월 10일(劉一清, 『錢塘遺事』 권9).

통상 생각하기 어려운 일이다. 그러나 플라노 카르피니의 지오반니 수도사가 정종 구육에게로 향했을 때, 황후가 거주하는 오르두(幕營)를 통과했는데, 황후는 황제보다 먼저 그들과 접촉하는 것을 꺼렸다고도 하므로,[73] 황후의 행위가 몽골적인 것이라고 단정할 수는 없을 것이다. 혹은 황후를 책립한 데 대한 경하(慶賀)를 황후 본인이 직접 받기 위해 특별히 나선 것인지도 모르겠다.

다음 날, 진하사 일행은 대도 황성 안의 태액지(太液池)에 있는 만수산(萬壽山, 다른 이름으로 萬歲山, 瓊華島)으로 향했다. 금 대의 이궁(離宮)을 개수한 만수산에는 산 정상부의 광한전(廣寒殿)을 비롯한 건축물군이 늘어서 있었는데, 일행은 그 동쪽 편전, 아마도 하엽전(荷葉殿)에서 황후에게 진하했다고 한다. 곧 마 봉어와 임(任) 선사가 일행을 데리고 문밖에 이르자 관반 후 학사가 중정(中庭)으로 안내했다. 서장관, 즉 이승휴가 전문(牋文)을 받들고 앞에 서고, 정사인 순안후와 관속이 뒤에 열을 지어 섰다. 그리고 원외랑 염승익의 호령에 맞추어 '무도(舞蹈)'했다고 한다. 혹시 염승익이 배례(拜禮)의 호령을 행한, 후술하는 여러 사례와 마찬가지로 고려의 방식으로 배례했을 수도 있다. 예가 끝나자 전에 오르도록 허락받아 연회를 받고 정오에 끝나자 관사로 돌아갔다.

2) 황제에게 진하(10a)

8월 24일에 쿠빌라이가 연경에 돌아오자, 다음 날 '만수산 광한궁의 옥전(玉殿)'[74]에서 고려 사신의 진하를 받았다. 일행은 강·임 두 선사에게 인도되어 황후와 황태자 책립을 진하하는 표문을 올렸는데, 그 예식은 황후와 대면했을 때와 같았다고 한다. 여기에는 질자로 원에 와 있었던

---

73 カルピニ·ルブルク[1989], 75쪽.

74 玉殿에 대해서는 『元史』 권6, 世祖本紀, 至元 4년 9월 壬辰 條에 "廣寒殿 안에 옥전을 지었다."라고 되어 있다.

'영전(令殿)', 즉 세자 왕심도 동석했다. 예가 끝나자, 전에 오르도록 허락 받고 연회를 받았는데, 거기에서의 석차는 다음에 서술할 장조전(長朝殿) 낙성식에서의 잔치와 거의 동일했다고 한다. 지면이 파손되어 읽기가 어려우나, 연회는 인각(寅刻)에 시작해 신각(申刻)에 끝난 듯하다.

3) 장조전 낙성식(11a~13a)

전술한 바와 같이 당시는 대도성을 건설하던 중으로, 1274년(원종 15, 지원 11) 정월에 '궁궐'이 낙성되었고,[75] 1273년 8월 27일에는 장조전이 낙성되어 이승휴 등 진하사 일행도 그 낙성식에 참석했다. 장조전은 궁성의 정전인 대명전(大明殿)의 별칭으로 보인다.[76] 『원사』 세조 본기에는 한 달 반 후인 지원 10년 10월 경신일에 처음으로 '정전·침전·향각(香閣)·주무(周廡)·양익실(兩翼室)'을 건설했다고 하는데, 대명전 본채에 더해 부속 시설을 포함한 관련 공사 전체가 일단락되었다는 이야기일 것이다. 이승휴는 낙성식의 조하례 모습에 대해 다음과 같이 전하고 있다.

> 당번정산(幢幡旌傘)과 일체의 의장(儀仗)이 창공에 펄럭여 해를 가리며 사람들의 눈을 현란하게 했다. 여러 대왕과 여러 대관인 이하 백관에 이르기까지 여명(黎明)에 모여서 조복(朝服)을 갖추어 입지 않은 자가

75 『元史』 권8, 世祖本紀, 至元 11년 정월 삭.

76 陳高華[1984], 86쪽; 陳學霖[2001], 81쪽; 福田美穗[2004], 53쪽 참조. 장조전이 대명전이라는 것과 관련해서 陳高華와 陳學霖은 근거를 제시하지 않았고, 福田는 장조전에서의 황제의 연회에 고려왕족이 열을 지어 자리했다는 『高麗史』의 기사와 글자의 뜻을 통해 추정하는 데 그치고 있다. 그러나 『빈왕록』의 기록은 또 하나의 방증이 된다. 즉, ① 장조전의 위치는 '만수산 동쪽'(11b)이며, 궁성 안으로 판단된다. ② 『元史』 권67, 예악지에 실린 儀注에 대명전에서 거행하도록 규정된 하성절례가 장조전에서 거행되었다(14a). ③ 그 낙성식에는 諸王·百官부터 외국 사신까지 참여하고 있어, 대명전이 대규모의 중요한 의례가 열리는 장소라는 점과 부합한다. ④ 1만 명을 수용할 수 있는 大殿이라는 점도(13a) 『동방견문록』에 6,000명을 수용 가능하다고 수식된 대명전의 규모(マルコ ポーロ[1970], 201쪽)와 부합한다.

없이 중정(中庭)에 운집했다. 합문사(閤門使)가 있어 각기 그 서열대로 인도해 배위(拜位)로 나아갔다. (중략) 곧 〔우리 일행을〕 인도해 서게 하고 관반 후 학사와 강 선사로 하여금 우리 영전(세자 왕심)과 후저(侯邸, 순안후) 및 관속들을 인도해 반열 안 아래쪽에 열 지어 세우게 했다. 다른 여러 나라에서 내조(來朝)한 사신들은 그 복속한 순서에 따라 가장 뒷줄의 말미에 서게 했다. 곧 황제가 편전에서 나와 전상으로 나아가, 황후와 함께 보좌에 앉아 하례를 받았다. 그 예수(禮數)는 우리 본조와 대동소이했다. 다른 것은 합문이 외치기를, 국궁(鞠躬), 배(拜), 흥(興), 배, 흥하면, 반수(班首)가 조금 앞【3보】으로 나왔다가 자리로 돌아가 배, 흥, 배, 흥, 평신(平身)하고, 홀을 꽂고 국궁하고, 3무도하고, 왼쪽 무릎을 꿇고, 3고두하고, 산호(山呼), 산호, 재산〔호〕■■■이다. 예가 다 끝나면 모두 서서 움직이지 않고, 합〔문〕 ■■■■■■ 후저에게 전해 말하기를, "경의 본국 예를 행하시오." ■■■■■■ 〔원외〕랑 염승익이 호령해 이를 행했다.[77] (■는 판독이 불가능한 글자)

이승휴는 이상의 식 절차가 하루 뒤 행해진 성절 조하례와 동일하다고 했다(14a). 이에 『원사』 권67, 예악지를 통해 1271년(원종 12, 지원 8) 기본적인 완성을 이룬 원의 조의를 살펴보면, 하성절 의례인 천수성절수조의(天壽聖節受朝儀)는 원정수조의(元正受朝儀)와 같다고 하면서, 후자의 의주(儀注)를 싣고 있다. 장조전 낙성식의 조하례는 그 절차에 준해 생각

77 『賓王錄』 8월 24일. "其幢幡旌傘, 一切儀仗, 飜空蔽日, 眩奪人目. 自諸大王·諸大官人以至百寮, 黎明而會, 莫不朝衣穿執, 而雲委于中庭. 有閤門使, 各以其序, 引進拜位. (중략) 既引立, 已令館伴侯學士·姜宣使, 引我令殿幷侯邸及官屬, 列立於班心之下. 其餘諸國來朝之使, 從其所服, 而俾立於最後行尾. 俄而皇帝出自便殿, 就于殿上, 與皇后升寶座, 而受賀. 其禮數, 與我本朝大同小異. 所謂異者, 閤門喝, 鞠躬, 拜, 興, 拜, 興, 班首稍前【三步】, 復位, 拜, 興, 拜, 興, 平身, 搢笏, 鞠躬, 三舞蹈, 跪左膝, 三扣頭, 山呼, 山呼, 再山■■■也. 既禮畢, 皆立不動, 其閤■■■■■■傳於侯邸曰, 行卿本國禮■■■■■■郎廉承益通喝而行焉."

해 볼 수 있다. 실제 원정수조의의 내용에 외국 사신의 배례 절차에 대한 설명은 없지만, 첫머리에 행하는 전전반(殿前班), 즉 경호대의 배례 절차에는 이승휴가 장조전 낙성식 조하례에 대해 고려와는 다르다고 기록한 내용과 일치하는 부분이 있으며,[78] 백관의 배례 절차에도 위에 언급한 "반수(班首)가 조금 앞【3보】으로 나왔다가 자리로 돌아가 배, 흥, 배, 흥"이라는 구절은 없지만 유사한 부분이 있다.[79] 간접적이지만 이렇게 부합하는 부분들도 쌍방의 의례 내용이 상통한다는 방증이 될 것이다.

원정수조의에서는 전전반의 기거(起居)에 이어서 후비·제왕·부마의 조하가 종료된 뒤에, 백관·승도(僧道)·기로(耆老)·외국번객(外國蕃客)이 조정으로 들어가서 차례로 하례하게 되어 있다. 이승휴는 전정의 반열에서 다른 외국 사신을 목도했으므로, 이때 세자를 포함한 고려 사신 일행은 백관 이하의 집단과 함께 참석했음을 알 수 있다. 바꾸어 말하자면, 제실 친족의 반열에는 들어 있지 않았던 것이다. 배정받은 위치와 관련해 백관·승도·기로와의 차이는 알 수 없지만 적어도 반열의 가장 끝에 있었던 다른 외국 사신에 비한다면 격상된 대우였다고 생각된다.

조하례에 이어 향연이 개최되었는데, 이승휴는 그 모습을 다음과 같이 기록했다.

> 여러 시신(侍臣)들은 융복(戎服)으로 갈아입고 전에 올랐는데, 칙을 내려 우리 일행은 갈아입지 말도록 했다. 그 하사한 좌석 서열은 서편 제1열은 황태자, 한 자리를 건너 대왕(大王) 6명, 두 자리를 건너 우리 영전. 뒷줄은 대왕 7명, 두 자리를 건너 우리 후저. 그 뒷줄은 안톤[安

78 해당 부분은 다음과 같다. "(전략) 通贊贊曰鞠躬, 曰拜, 曰興, 曰拜, 曰興, 曰都点檢稍前, 宣贊報曰聖躬萬福, 通贊曰復位, 曰拜, 曰興, 曰拜, 曰興, 曰平身, 曰搢笏, 曰鞠躬, 曰三舞踏, 曰跪左膝三叩頭, 曰山呼, 曰山呼, 曰再山呼 (후략)."

79 해당 부분은 다음과 같다. "(전략) 通贊贊曰鞠躬, 曰拜, 曰興, 曰拜, 曰興, 曰平身, 曰搢笏, 曰鞠躬, 曰三舞踏, 曰跪左膝三叩頭, 曰山呼, 曰山呼, 曰再山呼 (후략)."

董] 승상을 비롯한 10명 정도의 인원, 두 자리를 건너 우리 일행의 재신(宰臣), 다음으로 여러 관인들. 그 뒷줄의 가운데에는 우리 일행의 상서와 시랑. 그 뒷줄의 가운데에는 우리 일행의 참상(參上)·참외(參外). 그 뒤의 각 열에 대해서는 상세한 것을 알지 못한다. 가장 마지막 열의 말석은 여러 나라의 사절들. 동편은 여러 궁(宮)과 공주 20명 정도가 각기 시녀 2~3명을 거느리고 열을 띄어서 앉았다. 또 좌석이 없는 자, 즉 선사·봉어·수재(秀才)·영사(令史) 무리가 앞에 열을 지어 선다. 그렇게 하고도 전 안은 넓어서 남는 공간이 있었다. 후 학사는 "이 전은 1만 명을 수용할 수 있는데, 지금 이 연회에 참가한 것은 겨우 7천 명뿐입니다."라고 했다. 황태자가 일어서서 헌수(獻壽)하니, 당상·당하에서 피리와 쇠북을 섞어 연주해 비단으로 수를 놓은 음악[繒山繡樂]과 같았는데, 기악이 다투어 나오고 춤과 노래가 끊이지 않아 장엄하고 융성했다. 앞 열의 여섯 대왕이 잇따라 헌수했다. 신시(申時) 초에 끝났다.[80]

원정수조의에 준해 고찰하면, 조하례가 종료된 후의 향연은 참가자가 지위에 따라 통일된 색상과 디자인의 연회복을 착용하는 몽골 특유의 지순연[質孫宴, ǰisün]이었을 것이다. 그렇다면 연회에 자리한 자들이 착용한 '융복'이란 이 지순연복을 가리키는 것일 것이다. 일반적으로 융복은 군복인데, 이승휴의 눈에 지순연복이 그렇게 비친 것일까? 혹은

80 『賓王錄』. 8월 24일. "諸侍臣改以戎服上殿, 而勅我一行不改者. 其賜座位序, 則西偏第一行, 皇大子, 隔一位, 大王六, 隔二位, 我令殿. 後行, 大王七, 隔二位, 我侯邸, 後行, 安董丞相爲首十許員, 隔二位, 我行宰臣, 次諸官人等. 後行之腰, 我行尙書·侍郎. 後行之腰, 我行參上·參外官. 後後行行, 未得詳. 最後行末坐, 諸國使佐. 東偏, 則諸宮·公主二十許, 各率侍女二三, 疏行而坐. 更無坐者, 其宣使·奉御·秀才·令史輩, 列立於前. 而殿內恢恢乎, 有餘地. 侯學士曰, 此殿可容一萬人, 今此侍宴, 僅七千人耳. 皇大子起獻壽, 而堂上·堂下, 笙鏞間奏, 繒山繡岳, 伎樂爭呈, 舞者歌者, 純如繹如, 而師師焉, 濟濟焉. 前行六大王, 相次獻壽. 申初而罷."

융(戎)=오랑캐의 옷, 즉 몽골 의복을 이야기한 것일지도 모르겠다. 어느 쪽이든, 고려 사신은 지순연복 착용을 면제받았다.

황태자·대왕의 헌수, 주악과 기예, 참석자의 규모 등도 흥미롭지만, 이승휴가 특히 주목한 것은 좌석 배치였다. 서측(황제의 우측)에 황태자 이하의 남성, 동측(황제의 좌측)에 여성이 자리하고, 지위에 따라 열을 단계적으로 나누었다고 하는 『빈왕록』의 기술은 마르코 폴로의 『동방견문록』이 원 궁중 향연에 대해 묘사한 내용과도 일치한다.[81] 또 『빈왕록』의 기재를 통해서는 같은 열 안에서도 한 자리 혹은 두 자리 간격을 두고 착석하는 경우가 있었음을 알 수 있다.

여기에서는 고려 왕족의 석차에 주목하고자 한다. 두 명의 고려 왕자는 황태자 이하의 몽골대왕과 함께 각기 제1열, 제2열에 자리했다. 같은 열에서 그들의 뒤에 앉은 사람은 기록되어 있지 않으므로(고려 재신의 경우는 원 관인이 뒤에 있었다고 기록) 각 열의 말석이었을 것이다. 착석 순위는 세자가 제8위, 순안후가 제16위가 된다. 전술한 바와 같이 조하례에서

---

81 マルコ ポーロ[1970](220~221쪽)에 다음과 같이 기록되어 있다. "카안이 조회에 임해 군신에게 연회를 베풀 때의 의식은 다음과 같은 순서다. 카안의 식탁은 일반인의 그것에 비해 훨씬 높이 설치되어 있다. 그는 북측에 바르게 자리해 남면한다. 카안의 옆에는 좌측에 제1황후의 좌석이 있다. 우측은 한 단 낮은데, 착석자의 머리가 정확히 카안의 발에 닿는 평면에 황자·황손·황족·제왕이 열 지어 앉는다. 황태자의 자리는 이보다 약간 높이 설치되어 있다. 이하 重臣들은 다시 한 단 아래의 테이블에 나아간다. 황자, 황손, 황족 제왕의 부인들 자리도 마찬가지로 이와 대응해 좌측 한 단 아래에 설치되어 있고 아래 여러 重臣·무장들의 부인석은 다시 아래 단에 위치한다. 이러한 석차는 카안에 의해 지정된 것이므로 각자가 스스로의 좌석을 잘 알고 있다. 다만 향연에 참여한 사람들 전체가 이렇게 식탁에 나아간 것은 아니다. 대부분의 무신 및 고관은 큰 방의 융단 위에 앉아서 식사했으며 특정한 식탁은 주어지지 않았다. 식탁이 이렇게 배치되어 있으므로 카안은 앉은 채로 함께 식사하는 모든 사람들을 볼 수 있었다. 함께 식사를 하는 사람의 수는 매우 많았으며, 넓은 방 밖에서도 4만 명 이상의 사람들이 함께 식사를 했다. 그러한 것도 많은 사람들이, 예를 들어 외국에서 진기한 물품을 가지고 온 사람들이나 혹은 원래의 관직 외에 다시 다른 관직을 얻고자 하는 사람들이 제각기 훌륭한 헌상품을 지참하고 오기 때문이다. 이러한 사람들은 카안이 朝會에 임해 향연을 베푸는 날을 목표로 하여 온다."

고려의 왕자들은 다른 외국 사신보다는 상위, 제실 친족보다는 하위의 대우를 받았다. 그러나 지순연에서는 다른 외국 사신이 여전히 가장 말석에 배치된 것에 비해, 좌석 간격의 설정에 일종의 구별 의식이 엿보인다고는 하지만 그들은 몽골 황족과 동렬에 배치되었던 것이다.

이 책 제1장에서 논했듯이, 1274년(원종 15, 지원 11)에 고려 왕가에 대한 몽골 공주의 하가(下嫁)가 시작된 후, 1281년(충렬왕 7, 지원 18)에 고려왕과 부마라는 두 지위를 일체화한 부마고려국왕이라는 칭호가 성립함에 따라 당초 원에서 '외국 군주'에 지나지 않았던 고려왕은 몽골 왕후의 일원으로서의 지위, 즉 고려왕 위하(位下)를 획득하기에 이르렀다. 그리고 그러한 변화의 증거로서 이후 원 궁정에서의 연회 자리에서 충렬왕이 몽골제왕·부마와 동렬에 앉은 사례를 들 수 있다. 그러나 이미 혼약이 성립되어 있었으나 실제 통혼이 이루어지지는 않았던 1273년에도 고려의 왕자가 연회 자리에서 몽골 왕후에 준해 취급되었던 것이다.[82] 이승휴에 따르면, 만수산에서 황제에게 진하할 때에도 그러했고, 일체의 제도가 장조전 낙성식과 동일했다고 하는 하성절 의례에서도 그러했을 가능성이 높다. 이상은 궁중 향연에 한해서의 일이지만, 1274~1281년에 발생한 고려왕 지위 변화는 완전히 새로운 사태는 아니었을지도 모르겠다.

그러나 획기로서의 그러한 애매함은 1281년 이후, 이번에는 역방향으로 나타나고 있기도 하다. 예를 들면, 『고려사』 충혜왕 세가, 즉위년(1330, 至順 원년) 4월 갑오 조에는 몽골 공주를 맞이한 직후의 세자 왕

---

82 이 이전에도 양국 강화 당시에는 入元 중이던 세자가 '藩王의 禮'로 대우받았고(『高麗史』 권25, 원종 원년 3월 丁亥), 원이 무신 임씨 정권에 압력을 행사해 이를 붕괴시켰을 때는 정식 혼약 전임에도 불구하고 원종이 '駙馬大王의 父'라 해 원 사신이 윗자리를 권한 사례가 있다(『高麗史』 권26, 원종 10년 11월 癸亥). 다만 이들의 경우 고려 왕가에 대한 우대의 배경으로 양국 간 긴박한 정치적 긴장이 존재했다는 점이 1273년의 상황과는 크게 다르다.

정(王禎), 즉 충혜왕이 원 궁정의 연회 자리에 나아갔을 때, 제왕·부마의 '서좌(序座)'에 나아가도록 명을 받은 일이 기록되어 있다. 이것이 혼인에 따라 왕정에 대한 대우가 달라진 것으로 볼 수 있다면, 역으로 본인이 공주를 맞이하기 이전에는 부마고려국왕의 후계자라고 해도 반드시 몽골 왕후의 일원으로서 대우받지는 못했던 것이 된다. 또 1295년(충렬왕 21, 元貞 원년), 고려의 하성절사 김지숙(金之淑)은 원 궁정에서 고려 사신에 앞서 헌상품을 진열한 교지국(交趾國), 즉 베트남 쩐조(陳朝)의 사절과 진하 순서를 다투었는데, 성종 테무르는 김지숙의 주장을 인정해 그에게 '제후왕'과 동렬의 자리를 하사했다고 한다.[83] 이것은 고려 사신이 결과적으로 몽골 왕후의 격식에 해당하는 것으로 대우받았음을 보여 주는 사례이지만, 동시에 애초에는 그것이 실현되지 않았다는, 그러니까 베트남 사신보다 낮은 대우를 받았다는 사실도 보여 준다. 이 외에 비슷한 시기에 강남을 방문한 고려왕의 교역선에 대해 원 유사(有司)가 '해외불신지국(海外不臣之國)'으로 보고 3/10의 추분(抽分), 즉 관세를 과징하려 한 일이 있었다.[84] 이때 강절행성(江浙行省) 우승(右丞) 사요(史燿)는 1/30의 박세전(舶稅錢), 즉 상세만을 징수할 것을 주장하며 제실의 '부거(副車)', 즉 부마인 고려왕의 입장을 옹호했지만, 현장에서의 판단으로는 '불신(不臣)'의 '외국'과 동렬로 취급될 수 있는 상황이었던 것이다.

1274~1281년에 고려왕이 몽골 왕후에 준하는 지위를 굳건히 다진 것은 큰 틀에서 틀림없다. 그러나 위에서 살핀 것과 같은 '동요'가 있었다는 점을 포함해서 그 획기성을 평가할 필요가 있을 것이다.

83 『高麗史』 권108, 金之淑 傳; 『高麗史節要』 권21, 충렬왕 21년 7월.

84 姚燧, 『牧庵集』 권16, 〈榮祿大夫福建等處行中書省平章政事大司農史公神道碑〉. 단, 원 市舶則法에서 抽分은 고급상품[細貨]의 경우 1/10, 일반상품[麤貨]의 경우 1/15으로 규정되어 있는데, 여기에서는 그보다 높은 세율이다.

4) 성절 진하(13b~14a)

8월 28일, 장조전에서 성절 하례가 거행되었다. 전술했듯이 그 예식은 장조전 낙성식과 동일했다고 한다. 고려 본국에서는 봉표사로 상장군 김철(金哲), 서장관으로 겸직사관(兼直史館) 이인정(李仁挺)이 내조했다고 하는데, 이때의 정사 이름은 『고려사』 원종 세가, 14년 7월 경자 조에는 '김신(金侁)', 『원사』 세조 본기, 지원 10년 8월 정축 조에는 '김선(金詵)'이라고 기록되어 있다. 뒤의 둘이 동음이자 표기로 보이는 것에 비해, 『빈왕록』의 글자는 크게 다르다.

5) 황태자와의 대면(14b~15a)

8월 29일, 진하사 일행은 황태자 친킴을 알현했다. 이승휴에 따르면,

> 황태자는 연일 시연(侍宴)하느라 밖으로 나오지 못했는데, 이달 29일에 이르러 대도성 서쪽의 진국사(鎭國寺) 북쪽 고량하(高梁河)의 들에서 모막(氈幕)에 앉아 하례를 받았다.[85]

라고 한다. 이 기록만을 보면 고려 사신과 황태자의 대면이 이미 정해진 행사였던 것으로 보이기도 한다. 적어도 왕족이 정사인 경우 등에 그러했던 것일까? 혹은 황후와의 대면과 마찬가지로 태자 책립에 대한 경하를 황태자 본인이 직접 받기 위해 특별히 행사를 마련한 것일 수도 있다.

진국사, 혹은 서진국사(西鎭國寺)란 원 불교계의 최고 권위로서 티벳 불승이 임명되었던 제사(帝師)가 초대 팍파 이래로 연경에 거처로 삼은 대호국인왕사(大護國仁王寺)로, 1270~1274년에 대도 서교(西郊)의 고량하

---

85 『賓王錄』 8월 28일. "皇大子, 以連日侍宴, 不得出外, 至是月二十九日, 乃於大都城西鎭國寺北高梁之墟, 坐氈幕受賀."

옆에 건립되었다.[86] 1273년 8월 말, 건설 중이던 이 사찰의 북쪽에는 친킴의 막영(幕營)이 설치되어 있었던 것이다.

당시는 대도 황성 내의 황태자궁, 뒤의 융복궁(隆福宮)이 완성되어 있지 않았다. 그런데 스기야마 마사아키(杉山正明)는 대도성 건설 이전에 쿠빌라이는 중도성 안 및 만수산 궁전에 거주하지 않고 휘하의 몽골 유목민을 거느리고 태액지 주변을 동영지로 삼았다고 추정하고, 태액지를 둘러싼 대도성을 구축하고 나서도 원 황제는 막영 생활을 계속하며 성 안에는 거의 있지 않았다고 지적했다.[87] 그렇다면 친킴이 대도성 서교에 막영을 두었던 것은 황태자궁이 완성될 때까지의 임시 거처로서가 아니라 그것이 원래의 생활 형태였기 때문은 아니었을까? 친킴은 연회가 계속되어 밖으로 나오지 못했다는 이승휴의 표현도 당시의 궁전이 의례 공간이며 평소의 거처가 아니었다고 하는 스기야마 마사아키의 지적을 방증한다.

친킴과의 대면은 아래와 같이 행해졌다. 강 선사와 임 선사가 인솔해 일행이 막영에 도착하자, 곧이어 세자 왕심도 도착했다. 강 선사가 막 안으로 들어갔다가 황태자의 지시를 전해 세자를 먼저 들여보냈다. 곧이어 강 선사가 다시 나타나서 본국의 예에 따라 배례하라고 전했다. 이에 일행은 공복(公服)을 입고 막 외에 정렬해서, 원외랑 엄승익의 호령으로 배례했다. 배례가 끝나자 임 선사가 순안후를 막 안으로 인도해 들어가게 했다. 세자·순안후·송송례가 막 안에 앉았고, 다른 관속은 막 바깥에 앉아서 연회를 받았다.

6) 중서성에서의 연회(15a~15b)

9월 1일, 중서성에서 강 선사를 통해 지시가 내려와(지면 파손으로 내용이 불

---

86 大護國仁王寺에 대해서는 中村淳[1993] 참조.

87 杉山正明[2004d], 142~146쪽.

분명하다), 다음 날 일행은 중서성으로 갔다. 공복을 착용했던 듯하다. 이들을 맞이한 것은 단사관(斷事官) 새■(賽■), 성랑(省郎) ■라(■羅), 대학사(大學士) 후(侯), 선사(宣使) 고(高) 등으로, 동편에 서서 순안후에게 인사하고 순안후를 서편에 앉게 했으며, 또 요속을 그 뒷줄에 앉게 하고 자신들은 동편에 앉았다. 좌석이 정리되자 새(賽) 단사관이 승상들은 기무 때문에 결석했으므로 자신들이 연회를 주관하겠다고 했다. 여러 가지 기악이 차례로 전개되었으며, 삼작(三爵) 뒤에 융성한 식사가 세 차례에 걸쳐 나왔고, 해 질 무렵 종료되었다.

1261년(원종 2, 중통 2) 고려 세자가 2년 후 상도가 되는 개평부에 입조했을 때는 쿠빌라이의 명령에 따라 도착한 다음 날에 중서성이 연회를 열었다.[88] 중서성의 연회도 적어도 왕족을 정사로 하는 경우에는 정례적으로 행해진 것일까? 이와 관련해, 1261년의 사례에서는 우승상 사천택(史天澤), 좌승상 홀로불화(忽魯不花), 평장(平章) 왕문통(王文統) 이하의 고관이 죽 늘어앉아 고려 사신 측에 필담으로 병권의 소재, 남송과의 관계 등 정치 문제부터 『고문상서(古文尙書)』의 존재 여부까지, 고려의 국내 사정에 대해 다양한 질문을 했다.

7. 고려 사신이 제출한 예장

정사인 순안후는 원의 주요 인물과의 회견에서 그때마다 서장(書狀)을 보내어 사의나 경하를 표했다. 쿠빌라이를 최초로 알현한 다음 날에는 사은표(謝恩表)를 바쳤다(10a~11a). 장조전 낙성식 때에는 다음 날이 성절이었으므로 표문을 바치지 못한 듯하고, 그다음 날에 표문을 바쳤다

88 『中堂事記』 中統 2년 6월 11일 辛丑(『秋澗先生大全文集』 권82).

(13a~13b). 또 성절 당일에는 사표(私表)를 바쳐 경하했고(14a~14b), 귀국 전에도 의복을 하사한 것에 대해 사은표를 바쳤다(17a~17b). 황후에게는 접견 시에 전문을 바쳤고(본 장 6절 1)에서 서술), 중서성에서는 연회 다음 날에 계(啓)를 보내어 사례했다(15b~16a). 황후에게 바친 전문은 내용을 알 수 없지만, 적어도 나머지는 이승휴가 기초했다. 사절에 의한 이러한 종류의 예장(禮狀)을 빠짐없이 바친 것은 사료 B에 기록된, 예전에 중국에 파견된 사신의 관례를 답습한 것이라고 할 수 있다.

이 가운데 최초의 사은표는 선휘원사(宣徽院使) 보라달(甫羅達)에 의해 쿠빌라이에게 '전역(傳譯)'되었다. 이에 대해 황제는 "내용은 매우 자세하게 알았는데, 한문의 격식은 어떠한가?"라고 하문했고, 영사(令史)가 "문장의 격식은 잘 갖추어졌습니다."라고 답했다고 한다. 이 일은 강수형을 통해 '성사(盛事)'로서 진하사 측에 알려졌고, 이후 이승휴에게는 표문의 초고 열람을 요구하는 '화인(華人)'이 찾아왔다고 한다(이상, 2b). 이후의 표문에 대해서도 후우현은 중서성 '낭리(郎吏)'가 칭찬했다며 축하했다. 이에 대해 재상 송송례는 "문장으로 중화국을 감동시킨다는 것은 그대를 일컫는 것이오."라고 이승휴를 칭찬했고, 귀국 후에는 국왕이 초고를 친히 보기에 이르렀다(이상, 2b~3a).

고려 관인이 한시문 재능을 발휘해 중국 측에 체면을 세웠다는 일화는 송을 중심으로 요나 금과의 교섭에서도 간간이 보인다. 중화의 문화적 가치관을 바탕으로 그 문물을 체득하는 것이 중요했던 중국과의 교섭에서, 사절에게는 왕조의 위신·체면과도 관련되는 '문화 사절'로서의 측면이 있기 때문에,[89] 전술한 바와 같이 종래 고려에서 파견된 서장관에게 한문 재능이 요구되었던 것이다. 이에 대한 고려의 강한 관심은 1273년 원과의 교섭에서도 마찬가지로 드러나, 국왕과 재상에 이르

89 이 문제에 대해서는 古畑徹[1995] 참조.

기까지 주목하고 있었다. 이에 비해 원 측에서 고려 사신의 문재 평가에 직접 관계한 것은 영사나 중서성 낭관이었다. 그들은 후우현이나 표문의 초고를 열람한 이처럼 한인이었거나 적어도 한문화인이었을 것인데, 속료·이원(吏員) 급에 지나지 않는다. 또 쿠빌라이의 질문은 내용이 몽골어로 전달된 표문에 대해 한문 원문의 체재를 간단히 확인한 것일 뿐, 그 문예적 수준을 스스로 구체적으로 평가한 것도, 이에 깊은 관심을 보인 것도 아닌 듯하다. 적어도 송 황제가 고려 표문의 '아름다움[雅麗]'을 칭찬하고,[90] 또 그 사절과 시를 창화(唱和)한 사례[91]와는 분위기가 다르다.

다만 고려 사절의 문재가 상대국 주요 인물의 칭찬 대상이 되는 것은 원 이전에도 특별한 사례였다. 우연한 상황일지도 모르는 위의 한 사례를 가지고 당시 원 수뇌부가 중국의 고전 문예에 전혀 무관심했다고는 단정할 수 없다. 오히려 비교적 최근의 연구에서는 한문화를 원이 보호하고 장려했음이 주목된다.[92] 다만 몽골어를 중심으로 다양한 언어가 사용되고 실무가 중시되었던 원의 정계에서 유려한 한문을 구사하는 능력이 중시되는 경우와 그 정도가 보다 한정적·상대적이었음은 부정할 수 없을 것이다. 사료 B가 이야기하듯, 적어도 고려의 대원교섭에는 실무의 비중이 증가함에 따라 번거로운 절차[繁文縟禮]가 생략되었고, 결국은 빙사(聘使)의 서장관까지도 반드시 문재를 요구받지는 않게 되었다고 한다.

원의 '한화'를 높이 평가하는 고려 지식인에게 원은 중화의 계승자, 적어도 그러해야 할 왕조였을 것이다. 이승휴는 『제왕운기』에서 원 황제를 중국 제왕(帝王)의 정계(正系)에 위치시켰다. 고려왕에 대한 책봉, 반

90 『高麗史』 권97, 金富佾 傳.

91 『高麗史』 권95, 李子淵 傳 附 李資諒 傳.

92 그것을 수합해 정리한 성과로, 宮紀子[2006a]를 제시해 둔다.

력, 조의(朝儀), 과거라고 하는 중국 전통의 여러 제도를 도입함에 따라 고려 지식인의 욕구는 형식상으로는 이루어졌다. 고려가 정례적으로 파견한 여러 빙사도 그들의 눈에 전통적인 사대관계에 근거한 사신 파견 관례를 계승한 것으로 비추어졌다고 볼 수도 있다. 그러나 중화의 문화적 가치관을 바탕으로 본래 이를 정신적으로 밑받침하고 있던 '문화 사절'로서의 색채는 곧 후퇴했을 가능성이 있다.

8. 소결

9월 7일, 진하사 일행에게는 성지를 받든 중서성으로부터 의복이 하사되었던 듯한데, 이와 함께 귀국 명령이 내려졌다. 명령을 전한 2명의 낭사(郎舍)에게 연회를 열어 위로했고, 이후 후 학사, 강 선사, 임 선사, 누 총관과 작은 연회를 열었다. 다음 날 순안후는 의복을 하사한 것에 대한 사은표를 후 학사에게 맡기고 숙소를 나섰다. 명령이 있은 후 곧 출발한 것을 볼 때, 일정은 미리 정해져 있었을 것이다. 계문(薊門, 원문에는 소문(蘇門)인데, 그러한 문의 명칭이나 지명은 확인되지 않는다)의 동교(東郊)에 세자 왕심이 송별하는 자리를 준비해 두었고,[93] 후 학사, 강 선사, 임 선사, 누 총관 등과 함께 송별의 잔치를 열고, 이어서 일행은 귀국길에 올랐다(이상, 16a~18a).

---

93 薊門은 연경의 유명한 고적인데, 중도성 안에 있어 교외의 송별 장소로는 다소 부자연스럽다. 중도성 혹은 대도성의 성문을 상징적으로 칭한 것인지도 모르겠다. 연경의 동쪽에 위치한 薊州, 특히 그 치소가 두어진 漁陽縣(현재의 河北省 天津市 薊縣)을 계문이라고 부르기도 했다(모리히라 마사히코[2012], 189~190쪽 참조). 그러나 이승휴가 말한 계문이 그곳이라고 한다면, 세자와 원의 접대 담당자들은 고려 사신 일행을 전송하기 위해 연경에서 90킬로미터 가까이 떨어진 곳까지 나왔던 것이 되는데, 이것도 부자연스럽다.

이 장에서는 이승휴의『빈왕록』에 근거해 1273년에 파견되었던 고려 사신단의 족적을 더듬어 보았다. 잡다한 논의로 흘렀지만,『빈왕록』의 여정 기록을 정리해 사절 교섭의 구체적 상황을 밝히고 문제의 소재를 지적하겠다는 소기의 목적은 우선 달성했다고 생각한다. 특히 궁정 의례에서 고려 왕족의 배치를 둘러싼 문제는 양국 관계의 성격을 고찰하는 데 중요한 지표가 될 것이다. 또 부차적으로 원 초의 연경, 몽골 궁정의 상황에 대해서도 흥미로운 정보를 얻을 수 있었다.

이승휴가 구성원으로 참여한 진하사는 고려 측에서는 종래 중국에 파견해 온 형태의 빙사였다고 생각된다. 기록한 자가 '문유'였다는 점에서 편향적 관찰이라는 것, 그럼에도 몽골 국가 특유의 상황이 두드러진다는 것을 고려할 필요도 있다. 그러나 진하사는 원래 중국풍의 황후·황태자 책립을 경하하는 사절이라는 점, 원 측이 고려 사신의 관반으로 유교 지식인을 충당하고 막 건설된 중국식 궁전을 노출시키며 중국식 의제로 응대한 점 등, 당시 열심히 추진하고 있던 원의 '한화' 정책과 조응하는 부분이, 적어도 '한화'를 추진하는 층에서 본다면 컸을 수도 있다. 이러한 사신 파견은 이후에도 사원기 내내 행해졌다. 그러나 1270년대 이후 양국의 관계가 깊어지고 번잡한 의례를 생략한 실무적인 사신 파견이 증가하면서 이러한 빙사에도 중화의 문화적 가치관에 입각한 '문화 사절'로서의 성격이 후퇴해 간 듯하다. 따라서 고려-원 관계에서 지적되는 중국의 전통적 화이질서 답습이라는 측면은 어느 정도 형해화되었을 가능성에 주의하고자 한다. 1273년의 진하사는 대원 사절 교섭의 그러한 전환기에 파견된 것으로서 여전히 이전의 양상에 가까웠지만, 어디까지나 한 사례일 뿐이다. 세부적인 내용의 일반성과 특수성을 어떻게 판단할 것인가가 문제가 된다.

한편 실무적인 교섭 과정은 어땠을까? 그 분야를 담당했던 중요한 인물들 가운데, 중국 고전에 대한 교양을 가진 지식인 관료와는 다른, 몽골어 및 한어 회화를 잘하는 역어 관계자, 그리고 왕비가 된 몽골 공주를 수행해 고려에 들어온 비한인 케린구[怯怜口, ger-ün kö'ü] 출신자들이 많이 포함되어 있었음이 특히 주목된다. 또 고려 사신이 상도 및 황제의 행재(行在)에 입조할 때의 절차, 나아가 고려 측에서 원 사신을 영접하는 방식도 검토할 필요가 있지만, 이들은 모두 이후의 과제로 삼고자 한다.

제3편

제국에서의 왕국의 존립

제9장

사원기 고려의 재래 왕조 체제 보전 문제

1. 문제의 소재

고려와 원의 국가 간 관계에서는 원의 몽골 유목국가적인, 혹은 적어도 그 이전의 중국왕조와의 관계에는 보이지 않는 특징적인 제도·관례가 운용되었던 점이 주목된다. 예컨대 역대 고려왕이 몽골 황족의 공주와 혼인해서 원 황실의 부마(güregen)가 되어, 제국의 최고지배층인 왕후 귀족집단의 일원이 되었던 것,[1] 역대 고려왕이 그 자제를 투르칵[禿魯花, turγaγ], 즉 질자(質子)로서 몽골 황제의 숙위(宿衛, kešig)로 입시(入侍)하게 했던 것,[2] 고려 땅에 원의 최고지방통치기관의 하나로서 정동행성(征東行省)이 설치되고, 역대 고려왕이 그 장관을 겸임했던 것,[3] 원의 요구에 따라 고려에 잠치[站赤, ǰamči], 즉 역전(驛傳)이 설치되었던 것,[4] 원 황제를 정점으로 하는 원의 종교적 권위가 고려의 지배층이나 불교계에도 파급되었던 것,[5] 원 지배층의 요구에 응해 고려에서 동녀(童女)나 환관(宦官)을

1 이 책 제1장, 제2장, 제3장 참조.

2 이 책 제4장 참조.

3 北村秀人[1964]; 高柄翊[1970b]; 張東翼[1994a], 제2장 참조

4 이 책 제7장 참조.

5 이 책 제6장 참조.

보냈던 것[6] 등을 들 수 있다. 이들은 주로 고려와 원이 정치적으로 일체화한 측면, 바꿔 말하면 고려가 원의 국가체제에 통합되었던 측면을 표현하는 요소다.

한편 위와는 다른 측면으로, 양국 관계가 "종래의 중국의 전통적인 화이관(華夷觀)의 범주에서 크게 벗어난 것은 아니었다."는 점을 강조하는 입장이 있다.[7] 양국 관계의 기축으로서 고려가 독자의 왕조 체제를 유지했음을 중시하고, 이를 고려가 중국왕조에 전통적으로 행해 왔던 사대외교(事大外交), 즉 형식적인 군신관계는 맺지만 실제적인 독립은 잃지 않는 관계의 연장선상에서 이해하는 관점이다.

실제로 14세기 전반기에 "현재 천하에 〔독자의〕 군주와 신하가 있고, 영민(領民)과 사직(社稷)이 있는 것은 오직 삼한(三韓)뿐"이라는 인식이 고려·원 양국 사이에서 공유되었던 것,[8] 또한 이란 지역의 훌레구 울루스에서 정동행성이 "독립된 일 왕국(王國)인 고려[Koulī]와 고구려[Koukūlī] 주(州)의 성(省)"[9]이라고 기술되었던 것에서도, 동시대에도 고려가 원과는 일정하게 구별되는 독자의 왕국으로서 존속했다고 인식되었음은 틀림없다.

그러나 이 재래 왕조 체제의 보전이라는 문제를 전통적인 화이질

---

6 張東翼[1994a], 178~184쪽; 鄭求先[2002]; 喜蕾[2003]; 金渭顯[2004], 375~385쪽 참조.

7 朴宗基[1994], 19쪽.

8 본문에 제시한 사료의 구절은 李穀, 『稼亭集』 권8, 〈代言官請罷取童女書〉에서 인용. 이 외에 원의 武宗 카이샨이 내린 制書에도 "지금 천하에서 領民과 사직을 가지고 왕으로 군림하고 있는 것은 三韓뿐이다."(『元文類』 권11, 〈高麗國王封曾祖父母父母制〉; 『高麗史』 권33, 忠宣王 2년 7월 乙未)라고 한 일도 있다.

9 라시드 앗 딘의 『集史』 쿠빌라이 칸紀 제2부 "키타이 지방의 아미르들, 재상들, 비틱치들에 대한 설명, 그들의 등급에 대한 설명, 그들에게 적용되는 법령과 규정들, 그 종족이 〔사용하는〕 명칭들"
(옮긴이 주) 페르시아어 번역은 김호동, 『칸의 후예들』(사계절, 2005), 414쪽에 따른 것이다.

서, 사대관계의 구조 속에 단순히 끼워 넣어 이해하고, 이를 중심으로 양국 관계의 전체적 구조를 설명하는 것은 다소 무리라고 생각된다. 위에 언급한 바와 같이 양국 사이에는 그때까지의 중국과의 관계에서는 보이지 않는 몽골 정권의 특징적인 제도·관례가 적용되어 왔고, 원은 고려의 통치에 직접적인 간섭을 반복했다. 위와 같은 발상에 근거한다면 이러한 사실은 예외적인 것, 이질적이고 이중적인 일로 정리될 뿐, 양국 관계를 그 자체의 존재 양태에 따라서 종합적, 그리고 정합적으로 설명할 수 없게 된다. 예외의 비중이 크다면, 아예 이를 화이질서의 논리로 설명하는 것이 유효한지 자체를 문제로 삼아야 할 것이다. 고려 독자의 왕조 체제가 어떠한 구조에서 보전되었는지 그 내실을 고찰할 필요가 있다.

이 장에서는 우선 이 문제에 관한 유일한 본격적 연구로서 한국의 학계에서는 고려-원 관계사의 통설적 지위를 점하고 있는 이익주(李益柱)의 '세조구제(世祖舊制)'론[10]을 분석해, 그 내용을 살펴보고자 한다. 그에 근거해 고려 재래의 왕조 체제를 보장하는 의사 결정의 형식을 재검토하고, 동시에 그 아래에서의 왕조 존립 양상을 왕위(王位)와 소령(所領)을 둘러싼 상황을 통해 재검토할 것이다. 그리고 마지막으로 관제, 예제, 형옥 등 개별의 항목마다 기존 관습이 어떻게 보전되었는지를 개관할 것이다.

---

10 李益柱[1996a]; 李益柱[1996c]. 후자는 이익주의 박사논문인 전자의 한 장을 학술지에 게재한 것이다. 이하 이 장에서는 '세조구제'론을 후자에 기반해 소개·검토할 것이다.

2. '세조구제'론 검토

1) '세조구제'론의 내용

이익주가 제시한 '세조구제'론에 기반한 고려-원 관계의 구도는 대략 다음과 같다.

① 1231년(高宗 18, 太宗 우구데이 3)부터 본격적으로 개시된 침략 전쟁에 즈음해, 몽골은 고려에 공물(貢物)과 '6사(六事)'를 기본으로 하는 외교 관계를 요구해 왔다. '6사'란 정복지에 요구하는 일반적 사항으로, 인질 제출[納質], 군사 협력[助軍], 식량 공출[輸糧], 역전 설치[設驛], 호적 제출[供戶數籍], 다루가치 설치[置達魯花赤] 등의 내용으로 구성된다. 그러나 고려 정부가 강화도로 천도해 저항을 이어 가는 과정에서, 강화 조건으로 요구한 내용은 공납(貢納)과 국왕의 친조(親朝), 인질 제출, 출륙환도(出陸還都) 등으로 변화했다. 또한 국왕 친조의 요구는 왕태자(王太子)의 친조로 변했다.

② 1259년(고종 46, 憲宗 뭉케 9)~1260년(元宗 원년, 中統 원년), 고려와 세조 쿠빌라이 정권(원) 사이에 화의(和議)가 진행되고 그것이 성립되자, 원은 양국 관계를 안정화하고자 온건한 자세를 보였으며, 한법(漢法)에 근거한 전통적 사대 외교의 형식이 재현되었다. 즉 원은 당초 파견했던 다루가치와 고려에 배치되어 있던 군대를 철수하고, 스스로 몽골에 투항했던 고려인을 송환하기로 약속함과 동시에, '불개토풍(不改土風)', 즉 고려 재래의 관습을 고치지 않는다는 원칙을 제시했다. 또 개경 환도에도 유예를 두었다. 공물을 둘러싼 마찰이 남아 있었고, '6사' 요구도 일단 유보되었을 뿐이지만, 국왕 원종의 친조는 1264년(원종 5, 至元 원년)에 실현되었다.

③ 그러나 1268년(원종 9, 지원 5)에 이르자 원의 정권이 안정되어 대

외적으로 적극적 자세가 강화되면서, 고려에 대한 태도는 강경하게 변했다. 즉 출륙환도와 '6사' 요구가 다시 불붙었다. 1269년(원종 10, 지원 6)에 권신 임연(林衍)이 국왕 원종을 폐립한 사건의 결과, 원의 군대와 다루가치가 고려에 진주했다. 강화 당시의 합의는 부정되었고, 왕조 체제는 유지되면서도 '6사'의 의무에 따라 다루가치의 내정간섭을 받고, 각종의 물적·인적 부담을 지게 되었다.

④ 1274년(원종 15, 지원 11)에 충렬왕은 쿠빌라이의 공주와 혼인해 황실의 부마가 되었다. 또한 원은 일본이나 남송을 경략하는 데 고려의 협력을 필요로 했다. 이로써 고려의 지위는 상대적으로 높아졌다. 고려의 요구가 받아들여져, 공납은 원의 일방적인 수탈에서 고려가 정기적으로 납부하는 형식으로 변화했고, 그 부담은 그다지 크지 않았다.

⑤ 1277년(忠烈王 3, 지원 14)~1278년(충렬왕 4, 지원 15)의 김방경(金方慶) 무고 사건에 즈음해, 충렬왕은 원과의 직접 교섭을 통해 자국의 중신(重臣)에게 씌워진 모반 혐의를 풀고, 역으로 '부원배'를 견제하며 고려에서 원군과 다루가치를 철수시키는 데 성공했다. 그 후 '6사'는 고려 지배책으로서의 의미를 상실했다. 즉 호적 제출은 면제되었고, 군사 협력과 식량 공출은 강화되었으나 일방적인 요구에서 고려의 자발성을 명분으로 한 것으로 변화했으며, 인질 제출과 역전 설치는 부담이 줄었다. 그리하여 원의 관리나 군대가 상주하지 않고, '불개토풍'의 원칙에 따라 고려 독자의 왕조 체제를 유지하며 원에 사대의 형식을 행하는 것이 양국 관계의 기본이 되었다. 이것이 후에 '세조 황제 시대에 성립한 체제'로서 '세조구제'라고 불렸다.

⑥ 한편 원은 고려 통제책으로서 책봉 권한을 실질화하고, 그 국제(國制)를 제후국의 제도로 강등했다. 그러나 고려와 같이 사대관

계를 체결한 외국의 사례는 이전까지 없었다. 그러므로 일반적인 대외관계와 고려의 지위를 정합적으로 만들기 위해 1287년(충렬왕 13, 지원 24) 고려에 원의 최고지방기관의 하나로서 정동행성을 설치하고 고려왕이 장관을 겸하게 했다. 이후 양국 간의 행정적 관계는 행성의 예에 의거하게 되었다.

이상을 요약하면, 원종 대 후반부터 다시 강화되어 관철되었다는 '6사' 요구에 당초 원의 기본적인 고려 통제책이라는 의미를 부여하고, 이것이 1278년 전후의 전환점을 거쳐 후에 '세조구제'라고 칭해지는 체제로 전환되었다는 것이다. 그리고 '세조구제'란 왕위가 원에 의해 통제되기는 하지만, 불개토풍의 원칙에 근거해 고려 독자의 왕조 체제를 보전하면서 원과 사대관계의 형식을 행하는 체제라고 한다.

이와 같은 이익주의 설명은 고려-원 관계의 변천을 그 시작점부터 꼼꼼히 추적해 양국 관계의 기본 구조를 해명한 것으로 평가받으며 많은 관련 연구에 인용되어 통설로서의 지위를 얻었다. 실제로 종래의 연구가 개별 제도를 분석하는 데 그쳤던 것에 비해 여러 방면에 두루 주목한 체계적인 이해라고 할 수 있다. 이러한 문제의식과 분석 자세는 앞으로도 계승되어야 한다. 다만 이익주의 견해에도 문제가 없다고는 할 수 없다.

2) '6사'에 대해

우선 이익주가 '세조구제' 성립 이전 고려-원 관계의 기본적 구조로 위치 지은 '6사'에 대해 검토하겠다. 이 개념은 한국에서는 고병익(高柄翊)이 처음 제시했다.[11] 한편 일본에서는 이와는 별개로 오토사카 도모코(乙

11 高柄翊[1970a], 178~183쪽; 高柄翊[1974], 390~401쪽.

坂智子)가 몽골 대외정책의 구조로서 '6사'에 주목했고,[12] 마츠다 고이치(松田孝一)도 몽골이 복속 세력에 했던 요구를 여섯 항목으로 이해했다.[13] 고병익이나 이익주의 논의를 따라, 필자도 또한 '6사'를 몽골의 복속국 통제책을 지칭하는 술어로 기술한 바 있다.[14]

'6사'라는 단어 자체는 1267년(원종 8, 지원 4)에 원에서 안남(安南), 당시의 쩐조[陳朝] 베트남에 제시한 요구에 대해 다음과 같이 등장한다.

> 얼마 지나지 않아 다시 조(詔)를 내려 6사로써 유시했다. 첫째는 군장(君長)이 친조할 것, 둘째는 자제(子弟)를 인질로 들일 것, 셋째는 인구를 편적(編籍)할 것, 넷째는 군역(軍役)을 공출할 것, 다섯째는 부세를 납입할 것, 여섯째는 다루가치를 계속 두어 이를 통치하게 할 것이었다.[15]

또 이와 거의 같은 여섯 항목의 요구가 이듬해에 고려에 내린 쿠빌라이의 조서에서도 보이는데,

> 몽골이 북경로 총관(北京路摠管) 겸 대정부윤(大定府尹) 우야손탈(于也孫脫)과 예부낭중(禮部郎中) 맹갑(孟甲) 등을 보내 와서 조서를 내려 이르기를, "(중략) 우리 태조 칭기스 황제의 제도로서 무릇 내속(內屬)한 나라는 인질을 제출하고 군사 협력을 하며 식량을 납입하고 역전을 설치하며 호적을 공출하고 다루가치를 설치하는 것을 이미 명백히 유시한 바 있다. (후략)"[16]

---

12 乙坂智子[1997].

13 松田孝一[1996], 154쪽.

14 森平雅彦[1998a], 8쪽 및 12쪽.

15 『元史』 권209, 安南 傳. 至元 4년 9월. "未幾, 復下詔諭以六事. 一君長親朝, 二子弟入質, 三編民數, 四出軍役, 五輸納稅賦, 六仍置達魯花赤統治之."

라고 한 것이 확인된다. 이들 사료에서 몽골제국은 복속국에 여섯 항목의 요구를 제시한 것이 통례이며, 그 총체를 지칭하는 술어가 '6사'라고 이해되어 왔다.

그러나 두 기사에 명확히 드러나 있듯이 고려에 대한 요구 내용과 안남에 대한 요구 내용 사이에는 확연한 차이가 있다. 즉 인질 제출, 호구 정보 제출, 물자 공출, 군사 협력, 다루가치 설치는 공통되지만, 군주의 출두는 안남에만, 역전 설치는 고려에만 요구했다.

다만 군주의 '친조'를 고려에도 요구했음은 고려 고종 대 전쟁 시기의 교섭 내용을 보면 명확하다.[17] 1268년의 요구에 이것이 포함되지 않았던 것은 이미 그 4년 전인 1264년(원종 5, 지원 원년)에 국왕 원종이 입조를 단행했기 때문이다.[18] 뒤에 안남에도 역전을 부설할 것을 요구했음도 『원사』 세조 본기, 지원 12년(1275) 기사에서 다음과 같이 확인된다.

> 안남국의 사자가 돌아갔다. 칙을 내려 옛 제도에 따라 호적을 등록하고 다루가치를 설치하며 군대를 징발하고 역전을 설립하며 조세(租稅)와 세공(歲貢)을 납입하는 등의 일을 그에게 유시했다.[19]

역전의 설치는 다루가치 설치, 군사 협력, 물자 공출, 호구 편적과 마찬가지로 이미 확립된 제도로서의 요구 사항에 포함된 것이었다.

---

16 『高麗史』 권26, 元宗 9년 3월 壬申. "蒙古遣北京路摠管兼大定府尹于也孫脫·禮部郎中孟甲等來, 詔曰, (중략) 惟我太祖成吉思皇帝制度, 凡內屬之國, 納質, 助軍, 輸糧, 設驛, 供戶數籍, 置達魯花赤, 已嘗明諭之矣. (후략)"

17 『高麗史』 권23, 高宗 26년 4월; 8월; 고종 27년 9월; 『高麗史』 권24, 고종 38년 10월 乙巳; 『元高麗記事』 태종 11년 5월 1일; 기유년 8월 15일 등.

18 『高麗史』 권26, 원종 5년 9월 庚子; 『元史』 권5, 世祖本紀, 至元 원년 10월 壬寅; 『元高麗記事』 中統 5년 8월 11일.

19 『元史』 권8, 世祖本紀, 至元 12년 정월 壬辰. "安南國使者還. 敕以舊制籍戶·設達魯花赤·簽軍·立站·輸租及歲貢等事諭之."

즉 토머스 올슨(Thomas Allsen)과 마쓰이 다이(松井太)도 사료에 입각해 열거했듯이,[20] 몽골이 정복지의 정권에 정례로서 요구한 사항은 적어도 군장 출두, 질자 제출, 다루가치 설치, 호적 제출, 군사 협력, 물자 공출, 역전 부설 등 7항목에 걸쳐 있었다.

이 가운데 물자 공출의 의무는, 예를 들면 상기한 바와 같이 간단하게 식량으로 하는 케이스가 있는가 하면, 앞서 제시했던 1275년 안남에 한 요구에서는 '조(租)', 즉 조세와 '세공'이라는 연례적인 공물(貢物)로 구분했다. 또한 원 성립 전의 몽골제국에 관한 기록인 주베이니의 『세계 정복자의 역사(Tārīkh-i Jahān-gushā)』에 따르면 '정세(正稅)', '식량과 마초[糧秣]'에 더해 '임시경비'가 있었다.[21] 서아시아에서는 화폐나 직물을 공납하게 한 사례도 전해지고 있다.[22] 대상 지역에 따라 종목과 품목, 그에 따라 수취를 정기적으로 할 것인지 부정기적으로 할 것인지의 차이 등 징수 형태에 몇 가지 차이가 있었던 듯하므로, 경우에 따라서는 그것들이 다른 종류의 요구 사항으로 나뉘어 인식되고 제시되었을 가능성도 있다. 여기서는 일단 '몽골이 요구하는 물자 공출에 응하는 관계'라는 큰 구조에서 이해하고자 한다.

선행 연구에서도 고려와 안남에 대한 원의 요구 내용이 각각 달랐음은 인식되었으나, '6사'를 요구 전체를 총칭하는 술어로 써 왔다. 그러나 이는 어느 시점에서 안남과 고려에 대한 요구 항목의 가짓수가 우연히 일치했던 데 따른 오해일 뿐, 6이라는 수에 제도로서의 의미는 없다.[23] 또한 적어도 7건에 이르는 요구 항목도 어디까지나 기본 원칙이었

---

20 Allsen[1983], 261쪽; Allsen[1987], 114쪽; 松井太[2002], 87~88쪽.

21 번역은 松井太[2002](88쪽)에 따른 것이다. 또한 Boyle[1958], 33~34쪽 참조.

22 海老澤哲雄[1977], 46~47쪽 참조.

23 1240년(고종 27, 太宗 우구데이 12)의 우구데이의 조서에서는 '遷出海島'(海島에서 본토로 돌아올 것), '點數民戶'(戶數를 보고할 것), '出禿魯花'(질자를 제출할 것), '捉拿有過之人'(몽골에 대해 죄가 있는 자를 체포할 것) 등의 요구를 '四事'라고 불렀는데(『元高麗記

고, 실제로 그 가운데 무엇을 어느 시점에 요구하는가는 몽골 측이 사안에 따라 판단해 어느 정도 유연하게 운용했다.[24] 그런데 선행 연구에서는 실제 요구 항목 수와의 차이를 정합적으로 만들고자 하여, 예컨대 오토사카 도모코는 군주의 친조와 질자의 제출을 일괄해 파악했고, 필자는 과거 발표했던 논문에서 식량과 군대의 제공을 묶어 군사 협력으로 보았다. 그러나 이들이 별개의 요구 항목임은 앞서 든 관계 사료에 비추어 명백하다. 필자는 여기에서 필자의 이전 논문의 오류를 정정하고자 한다.

그런데 앞서 제시했던 『고려사』 세가에 실린 쿠빌라이의 조서에서는 이러한 요구를 '태조 칭기스 황제의 제도'라고 했다. 그러나 역전이나 호적의 정비는 제2대 황제 우구데이 대에 실시되었으므로 위와 같은 요구 체계가 칭기스 시대부터 완비되었다고 보기는 어렵다.[25] 다만 쿠빌라이가 이러한 요구에 대해 "먼 곳이든 가까운 곳이 새로 귀부한 여러 나라든 우리 조종이 이미 정한 규범을 따라야 한다."라고 했듯이,[26] 적어도 원 초에는 이러한 요구가 몽골제국 초기로 소급되는 정례라는 인식이 정착되어 있었을 것이다.

그런데 이익주는 이상과 같은 몽골의 복속국에 대한 정례 요구가 1278년 이후 고려 통제책으로서의 중요성을 점차 상실했다고 보았다. 과연 적절한 견해라고 할 수 있을까?

이익주는 고려에 관련된 '6사'에 포함시키지 않았으나, 우선 군장의

事』 태종 12년 5월), 네 항목의 요구라는 의미일 뿐이다. 여기에는 정례의 요구 이외에 고려의 개별 사정에 따른 사항도 포함되어 있다. 또한 1253년(고종 40, 憲宗 뭉케 3)에 몽골이 고려를 문책했던 '六事'(『高麗史』 권24, 고종 40년 8월 戊午)는 내용에 관한 언급이 사료 가운데 없으므로, 그 구체적인 내용을 특정할 수 없다.

24 이에 대해서는 金浩東[2007](93~95쪽)도 지적하고 있다.

25 Allsen[1983], 261쪽; Allsen[1987], 115쪽 참조.

26 『高麗史』 권25, 원종 3년 12월 乙卯.

출두부터 검토해 보자. 이는 귀부할 때에 공순(恭順)의 뜻을 확인하는 일시적인 통과 의례로도 보이지만, 한 번 실시하고 그 후에는 관여하지 않는다고 한다면 항시적인 지배-피지배 관계의 구축 수단으로서는 너무나 형식적이라는 느낌도 있다. 다른 요구가 모두 계속적인 지배에 관한 내용이라는 점에서 보면, 몽골 측의 필요에 따라 수시로 출두에 응하는 관계를 요구했을지도 모른다. 적어도 고려는 전술했듯이 원종이 1264년에 처음 친조를 행했는데, 그 후에도 원종·충렬왕·충숙왕 등이 원의 요구에 응해 자주 입조했다.[27]

질자(투르칵)의 제출에 대해서는, 이 책 제4장에서 상론했듯이 원종부터 충혜왕에 이르기까지 역대 국왕이 이를 계속했다. 이익주는 충렬왕 대 초기 이후 인질로서의 의미는 옅어지고, 원에 숙위하기만 하는 형식이 되어 제도가 형해화했다고 보았는데,[28] 이는 투르칵 제도에 대한 오해다.

몽골의 투르칵이란 복속의 담보로 억류될 뿐인 단순한 인질과는 다르다. 징집된 투르칵은 황제의 친위인 케식, 즉 숙위로 편입되어 황제에게 봉사하는데, 케식은 복속국의 자제만이 아니라 오히려 몽골 지배층의 자제를 중핵으로 삼아 구성된다. 그들은 황제의 신변을 경호함과 동시에 그 생활과 정무 활동에 관한 각종 용무, 당시 용어로는 케식집사[怯薛執事]에 종사한다. 이러한 활동을 통해 케식은 몽골제국 지배층의 일원

27 원의 지시에 의해 親朝한 고려왕의 사례를 『高麗史』 세가에서 추출해 보면, 원종이 1264년(원종 5, 至元 원년), 1270년(원종 11, 至元 7), 충렬왕이 1278년(忠烈王 4, 至元 15), 1280년(충렬왕 6, 至元 17), 1287년(충렬왕 13, 至元 24), 1302년(충렬왕 26, 大德 6), 1305년(충렬왕 29, 大德 9), 충숙왕이 1321년(忠肅王 8, 至治 원년), 1336년(충숙왕 후5, 後至元 2) 등이 있다. 그 밖에 고려 측의 의지로 왕이 친조한 사례 및 왕이 퇴위와 동시에 소환된 사례도 있다. 또한 원의 지시에 의한 친조 경험이 판명되지 않는 왕의 경우, 충선왕은 재위 기간 대부분을 원 궁정에서 보낸 상태였던 점, 충혜왕·충목왕·충정왕은 재위 기간이 짧았던 점, 공민왕은 재위 5년째부터 반원정책으로 전환했던 점에 주의할 필요가 있다.

28 李益柱[1996c], 30쪽.

으로서 황제로부터 직접 훈도를 받고, 나아가서는 국가 기구의 일익을 담당해 갈 것으로 기대되었다. 그러한 까닭에 원 대에 케식은 입신의 지름길로 인식되었고, 또한 그 지위는 황제의 은총을 받는 영예로운 특권으로 자리 잡았다. 한편 황제 측에서 보면, 그것은 외부 세력을 체제 안으로 신속하게 흡수·통합하기 위한 편리한 방법이며 몽골제국의 폭발적인 세력 확장의 한 요인이 되었다고도 할 수 있다.

요컨대 투르칵이 케식으로 들어간 것은 제도의 본질적인 부분에 해당한다. 고려는 충렬왕 대 이후, 위와 같은 투르칵·케식의 특성을 몽골 판도하에서 자국의 지위를 향상시키는 데 크게 활용했던 것으로 보인다. 따라서 고려에서 정례적으로 투르칵을 파견하고 그들이 케식에 참여한 것은 소기의 목적에 따른 제도의 운용이자 몽골의 체제에 대한 고려 측의 적응 과정의 일이지 제도의 형해화를 의미하는 것은 아니다.

다음으로 다루가치는 귀부 직후인 1260년(원종 원년, 중통 원년)에 일시적으로 설치된 후, 1269년(원종 10, 지원 6)의 국왕 폐립 사건을 계기로 1270년(원종 11, 지원 7)에 다시 설치되어 1278년까지 주재했다고 알려져 있다.[29] 이 점은 이익주가 이야기하는 것과 같이[30] 1278년에 국면이 뚜렷하게 전환되었다. 이후 고려 국내에 다루가치라는 명목으로 원의 국정감시관이 두어진 일은 없었다.

호적의 제출에 대해서는 1269년에 실시된 호구 조사[計點民戶]가 관련이 있다고 보는 견해가 있고,[31] 이익주도 같은 의견이다.[32] 그러나 관계 사료에서는 이 시책에 대해 원의 요구에 대응한 것이라고 명시한 바 없으며, 전쟁으로 사회가 피폐해진 데 따른 재정재건책[更定貢賦]으로 서

29 池內宏[1963d] 참조.

30 李益柱[1996c], 26~28쪽.

31 朴種進[2000], 204~207쪽.

32 李益柱[1996c], 28쪽. 또한 이익주는 2000년에 간행된 박종진의 저서의 근간이 된 박사논문(1993)을 통해 그의 논의를 참조하고 있다.

술했을 뿐이다.[33] 원래 호적 제출 요구에서 중요한 점은 단지 호구 조사를 행하는 것뿐만이 아니라, 그 수치를 원에 보고하는 데 있다. 말할 것도 없이 정복지에 대한 징세·징용을 위한 기초 자료로 활용하려는 것이었다. 그런데 선행 연구에서도 인정하고 있듯이 1269년의 호구 조사 결과가 원에 보고되었던 흔적은 없다. 그렇다면 이를 굳이 호적 제출 요구와 관련지을 필요성은 현재로서는 없지 않을까?

1278년(충렬왕 4, 지원 15)에는 충렬왕이 세조에게 '상국의 법에 의거해 호구 조사를 행할 것을 청'했는데, 이에 대해 세조는 "호구 조사를 행하려거든 스스로 이를 실시하라."고 회답했다.[34] 충렬왕이 주청한 이유는 이 직전에 원에서 '백성을 안집할(安集百姓)' 방책을 검토하라고 요구하면서 권세가의 처간(處干), 즉 전호(佃戶)를 철폐할 것을 논의했을 때, 원의 고려인 관료 강수형(康守衡)이 '반드시 호구 조사의 일을 상주'하라는 의견을 제시했던 것과[35] 아마도 관계가 있을 것이다. 원 측의 걱정은 이에 앞서 고려에 주둔하던 동정원수(東征元帥) 흔두[忻都]가 "고려의 재상은 민호를 많이 은닉해 부역을 면해 주고 있다."고 제소했던 데[36] 기인한 것 같다.

'상국의 법에 의거해'라는 말에 대해서는 '원의 편호(編戶) 방식을 채용해'라는 말이라고도 볼 수 있으나, 단지 호적의 형식 변경을 말할 뿐이라면 '백성을 안집할' 방책으로서의 의미는 갖지 못한다. 아마도 고려로서는 '원의 정례에 따라' 호구 정보를 제시하는 것으로, 우려를 샀던 국내의 '백성을 안집하는' 상황에 대해 원의 감독 내지 확인을 받을 의향이었을 것이다. 그러나 그 구체적 내용에 대해서는 "원 정부의 손으

33 『高麗史』 권79, 食貨志, 戶口, 충렬왕 18년 10월.
34 『高麗史』 권28, 충렬왕 4년 7월 戊戌.
35 『高麗史』 권28, 충렬왕 4년 7월 乙酉.
36 『高麗史』 권28, 충렬왕 4년 6월 丁丑.

로 고려의 호구 조사를 행한다."는 것과, "고려 측에서 호적정보를 제출한다."는 두 가지 해석이 가능하다.

이에 대해 세조는 "왕이 스스로 실시하라."고 회답했는데, 그 의미를 적절하고 정확하게 이해하려면, 이때 충렬왕이 고려에 적임자인 다루가치를 배치해 줄 것과 왜에 대한 방위를 위해 원군을 주둔시킬 것을 아울러 주청하자 세조가 각각 "그대가 스스로 적절히 이를 다스리라." "그대가 스스로 자국 사람을 써서 진수하라."라고 회답했던 일[37]을 주목해야 한다. 모두 고려의 내정은 원의 관여를 구하지 말고 고려왕이 책임지고 처리하라는 취지다. 호구 조사에 대한 회답도 마찬가지로 생각해도 좋다면, 호구 조사 요청에 대한 회답이었을 경우, "고려왕 자신이 조사하라."는 의미가 되고, 그 결과는 원에 보고되었을 가능성이 있다. 한편 호적 제출 신청에 대한 회답이었다면, "고려의 호구 정보를 원 측에서 파악할 필요는 없으며, 고려왕이 관리하도록 하라."는 의미가 되어, 이익주의 이해대로[38] 호적 제출이 면제된 것이다.

여기에서 주목되는 것은 1300년(충렬왕 26, 大德 4) 원의 게오르기스[闊里吉思]의 언동이다. 1299년(충렬왕 25, 대덕 3)에 정동행성 평장정사(平章政事)로서 고려에 파견된 게오르기스는 고려의 국제 개혁을 시도했는데, 그때 그는 고려의 호적을 입수하고자 했으나 실패했다고 한다. 즉 이때 그는 원 정부에 "첨의사(僉議司)의 관이 민호의 판적(版籍), 주현의 경계(境界)에 대해 보고하는 일을 따르지 않는다."라고 불만을 토로했다.[39] 그러나 고려에서는 1269년의 '계점민호(計點民戶)'가 14세기 초까지 징세의 기초 정보가 되었으므로,[40] 1269년 및 그 이후의 호구 정보가 원에 알려

---

37 『高麗史』 권28, 충렬왕 4년 7월 戊戌.

38 李益柱[1996c], 28쪽.

39 『元高麗記事』 大德 4년 3월.

40 朴鍾進[2000], 204~214쪽 참조.

졌다면 게오르기스는 이를 고려 통치에 이용할 수 있었을 것이다. 그러나 이때 그가 고려 정부에 호적 정보를 요구하고, 고려 정부가 이를 거부하여 업무에 지장이 생겼다는 것은, 그때까지 원 측에 호적을 제출하지 않았음을 의미한다. 이로부터 1269년의 호구 조사 결과는 원에 보고되지 않았고, 또한 1278년 고려의 호적 제출 신청에 대해서는 세조가 이를 면제했던 것으로 추정된다.

이렇듯 원이 호적에 의거해 고려의 민호를 파악한 일은 없었던 것으로 보이며, 또한 이미 알려져 있듯이 조직적으로 징세한 일도 없었다. 이는 고려-원 관계의 중요한 특징이다. 1278년이라는 해는 세조가 호적 제출의 면제를 명시했다는 점에서 의의가 깊지만, 사실상 원래부터 줄곧 면제되어 왔던 것이다. 이익주는 호적 제출로 고려가 징세권을 빼앗겼던 것처럼 서술하고 있는데,[41] 그렇다면 왕조의 통치권을 상실했음을 의미할 것이다. 그러나 몽골에 종속한 다른 왕조도 그러하듯이, 몽골이 징세를 실시한다고 해서 곧바로 기존 정권의 통치권이 부정되었던 것은 아니다.[42] 원이 고려에서 징세했을 경우에도, 주민 측에서 보면 고려 정부에 의한 징세와 아울러 이중으로 착취당하는 상황이었을 것이다.

군사 협력에 대해서는 이익주가 지적한 것과 같이[43] 일본 침략 때의 협력뿐만 아니라 그 후에도 나얀·카단의 난, 홍건(紅巾)의 난 등 원의 내란에 출병하거나 혹은 출병을 준비한 경우가 있었다. 또한 일본이 원의 적대세력으로 존재하는 가운데 고려가 정동행성의 운영을 통해 제국 동방 변경의 방위를 담당하는 체제가 성립되었던 것도[44] 군사 공헌의

41 李益柱[1996c], 28쪽.

42 주 61~65에 제시한 여러 자료가 보여 주는 사례 참조.

43 李益柱[1996c], 29~30쪽.

44 예컨대 1302년에 제기된 정동행성 폐지안에 대한 충렬왕의 반론에서는 "다만 當職으로 하여금 전과 같이 정동행성의 임무를 맡게 하여, 동방의 극변에서 아직 귀복하지 않은 일본국과의 경계를 위압·진수하는 임무를 일임하게 해 주십시오."라고 했

일환이었다고 할 수 있다. 다만 이익주는 군사 협력이 당초에는 원 측의 일방적인 요구에 따른 것이었으나, 충렬왕이 부마가 되고부터는 황실 인척으로서의 자발성을 전제로 한 형식으로 변화했다고 보았다. 그러나 몽골의 입장에서 황제 지배하의 여러 세력은 당연히 스스로 군사 공헌의 책무를 담당해야 했으며, 당초 고려처럼 소극적으로 나온다면 견책의 대상이 되었을 것이다. 따라서 고려가 외견상 자발적으로 군사 협력에 임했던 것을 제도의 변질이었다고 할 수 있을지는 의문이다.

각종 물자의 진헌, 공출도 마찬가지로 이행해야 했다. 이 가운데 고려가 군량이나 진휼미의 공출에 응했던 것은 이익주가 지적한 바와 같다.[45] 한편 공납에 관해서 이익주는 충렬왕 대 초기에 면제되었던 사례와 고려 측에서 자주적으로 납부하고자 했던 사례를 들어 공납이 경감되었다고 지적했는데,[46] 이는 어디까지나 일부의 사례다. 원 측에서 필요한 물자를 수시로 요구하거나 또는 사신을 파견해 직접 수색하기도 하는 행위는 이익주 자신도 정리하고 있듯이[47] 사원기 내내 확인된다. 그리고 각 사례에서 부담의 크고 작음도 후대로 올수록 관계 사료가 공납의 사실만 기록하고 있을 뿐, 고려 측이 이를 어떻게 받아들였는가에 대해서는 거의 서술하고 있지 않으므로 신중히 평가할 필요가 있다. 예컨대 충렬왕 대 후반 이후의 공녀(貢女) 요구에 대해 『고려사』 세가에 빈번하게 등장하는 관계 기사는 그 부담감을 많이 언급하지 않는다. 그러나 그것이 당사자와 그 가정에 심각한 고통을 주었음은 1335년(忠肅王 후4, 後至元 원년) 작성된 공녀 폐지 건의서의 내용을 통해 충분히 엿볼 수 있다.[48]

다(『高麗史』 권32, 충렬왕 28년 是歲). 이 문제에 대한 상세한 내용은 이 책 종장 참조.

45 李益柱[1996c], 29쪽.

46 李益柱[1996c], 25쪽.

47 李益柱[1996a], 270~274쪽.

48 『稼亭集』 권8, 〈代言官請罷取童女書〉; 『高麗史節要』 권25, 충숙왕 후4년 윤12월.

그런데 1309년(忠宣王 원년, 至大 2) 원에서 반포한 〈고려국왕봉증조부모부모제(高麗國王封曾祖父母父母制)〉에는 고려왕이 원 제실과 인척 관계를 맺음에 따라, '그 방물을 시공(時貢)함을 파(罷)'한다고 언급했다.[49] 이 '시공', 즉 정기 공납이란 『원사』 세조 본기의 지원 8년(1271, 원종 12)부터 18년(1281, 충렬왕 7)까지 각 해 정월 기사에 고려의 하정사(賀正使)가 가지고 왔다는 '세폐(歲幣)' 또는 '세공(歲貢)'에 해당하는 것으로 보인다. 이는 신년 하례 자체와는 별도로 '겸'해 헌납했던 연례의 공물이었던 것 같은데, 1282년(충렬왕 8, 지원 19) 이후에는 기록이 사라진다. 한편 1295년에 하성절사 김지숙(金之淑)이 원 조정에서 헌상품을 진열했다는 기록이나,[50] 1326년(충숙왕 13, 泰定 3), 1328년(충숙왕 15, 致和 원년·天曆 원년), 1332년(忠惠王 2, 至順 3)의 고려 하정사 입조 기록에 각각 '봉방물(奉方物)', '헌방물(獻方物)', '공방물(貢方物)'했다는 데서도 알 수 있듯이,[51] 각종의 진하 자리에서 진헌은 계속되었다. 세폐라는 형식의 공납은 아마도 1281년을 마지막으로 면제되었으나, 그 외 다양한 명목의 진헌이나 공출은 정기적으로, 혹은 수시로 행해졌던 것이다.[52]

마지막으로 잠치, 즉 역전 부설에 대해서다. 이익주가 이야기하는 고려의 부담감 경감이라는 문제는[53] 애당초 제도의 취지와는 관계가 없다. 원 측의 요구는 고려 국내의 잠치[54]를 유지하는 것이었기 때문이다.

---

49 『元文類』 권11; 『高麗史』 권33, 충선왕 2년 7월 乙未.

50 『高麗史』 권108, 金之淑 傳. 또한 사행의 해는 『高麗史節要』 권21, 충렬왕 21년 7월에 의해 판명된다.

51 『元史』 권30, 泰定帝本紀, 泰定 3년 정월 丙午; 致和 원년 정월 乙丑; 『元史』 권36, 文宗本紀, 至順 3년 정월 辛未.

52 이익주는 이른바 '六事'의 '輸糧'으로 표현된 '몽골의 전통에 근거한 수탈'과, '책봉' 관계의 형식에서의 '조공'을 구별해야 한다고 주장했다(이익주[2011], 66쪽의 주 54). 그러나 두 가지 모두 '몽골이 요구한 물자 공출에 응하는 관계'라는 범주에 포함되는 현상으로, 필자가 보기에 본질적인 차이는 없다.

53 李益柱[1996c], 30~31쪽.

54 이 책 제7장 참조.

그 요구에 따라 고려의 잠치는 원종 대에 개설되어 충렬왕 대까지 정비되었다.

이상과 같이 복속국에 대한 원의 정례 요구에 관한 이익주의 설명에는 여러 가지 의문을 제기할 수 있다. 이 문제에 관해 이익주가 강조하는 1278년 전후의 변화는 다루가치 폐지에서는 확인되지만, 호적 제출과 그에 근거한 징세는 처음부터 실시되지 않았고, 그 밖의 요구는 물자 공출에서 일부 내용이 변화하기는 했지만 기본적으로 관철되었다고 할 수 있다. 여러 가지 요구를 한데 운용되는 묶음으로 본다면 그 일각이 무너진 것만 가지고도 체제의 변질이라고 할 수 있을지 모르겠으나, 이들은 상황에 따라 개별적으로 운용되었다. 후술하듯 호적 제출 면제를 세조가 명시적으로 언급했던 것은 그것이 이후로도 보장되기 위해서 중요한 의의를 갖는다. 그러나 다루가치의 철수를 제외하면, 각종 요구의 실시 상황 그 자체에 근본적인 변화가 있었다고는 하기 어렵다.

3) '세조구제'에 대해

몽골이 복속국에 했던 정례 요구에 관한 이익주의 이해에 문제가 있는 이상, 당연히 이러한 이해를 전제로 한 '세조구제'의 논의도 영향을 받는다. 애당초 '세조구제'라는 사료에 근거한 용어를 매우 제한적으로 이해하는 이익주의 견해에는 의문이 있다.

『경세대전(經世大典)』, 『원전장(元典章)』 및 기타 원의 법제 사료를 보면 명확해지듯이, '구제(舊制)'라는 용어는 결코 특수한 술어가 아니라 개개의 정치 사안에 관한 과거의 규정이나 판례를 가리키는 일반적인 용어다. 거기에는 '세조구제'나 이에 상당하는 문언도 자주 보이는데, 예컨대 『헌대통기속집(憲臺通紀續集)』에는 다음과 같은 성지(聖旨)의 한 구절이 보인다.

> 하나. 삼가 생각하건대 세조 황제께서 즉위하신 이래 치도(治道)를 추

구하는 데 정성을 쏟으셨으며, 나라에 불편을 끼치거나 백성에 해를 끼치는 사안에 대해서는 누구나 상서(上書)할 수 있도록 허락하시었다. 사안에 대해 말한 것 가운데 채납할 만한 일에 대해서는 헤아려서 상을 내려 주시었고, 채납할 수 없는 말이라도 전혀 죄를 주지 않고 그것을 간책(簡冊)에 실었다. 언로(言路)를 열고자 하셨던 것이 지극했다고 할 수 있다. 지금 이후로 감찰어사(監察御史)와 염방사(廉訪司)의 관원은 모두 세조 황제의 구제에 따라 소견을 모두 말하도록 할 것이며, 그 직무를 헛되이 하지 말도록 하라.[55]

즉 "세조의 치세에는 국가나 백성을 위한 건의라면 그것이 채용할 가치가 없는 내용이어도 논자를 책하지 않았다. 그러므로 감찰 담당관은 앞으로 그러한 '세조 황제의 구제'에 의거해 확실히 소견을 개진하라."는 내용이다.

또 『경세대전』 잠치(『영락대전』 권19421)의 한 구절에는 다음과 같이 실려 있다.

〔연우(延祐) 7년(1320, 충숙왕 7) 4월〕 29일, 참의(參議) 속속(速速)이 상주하기를, "어제 성지를 받들었는데, 통정원(通政院)과 병부(兵部)에서 관할하는 잠치의 연유(緣由)와 연혁(沿革)을 써서 올리라고 하시었기에, 이제 삼가 진정(進呈)합니다."라고 했다. 상께서 어람하시고는 말씀하시기를, "세조 황제 때에는 달달(達達)과 한인(漢人)의 참을 통정원이 관할했다. 이제 구제(舊制)에 따라 모두 통정원에 귀속시키도록 하라."라고

55 『憲臺通紀續集』 後至元 6년 8월 1일(『永樂大典』 권2609). "一. 欽惟, 世祖皇帝, 臨御以來, 勵精求治, 事有不便於國害及於民者, 許諸人上書. 言事可採者, 量加旌賞, 言不可採者, 幷無罪責, 載諸簡冊. 其於激引言路, 可謂極矣. 今後監察御使·廉防司官, 幷依世祖皇帝舊制, 極言所見, 毋曠厥職."

하시었다.[56]

즉 통정원과 병부에서 관할하는 잠치의 연혁을 상주한 바, 당시 영종 시데발라는 세조 시대에 달달과 한인의 참은 통정원이 관리했으므로, 이러한 세조의 '구제'에 따라서 이들 참을 모두 통정원 관하에 두라고 지시했다고 한다.

이익주가 고려-원 관계의 구조를 고려의 재래 체제의 유지가 허용된 전통적인 사대관계로 설명할 때 그가 펼친 논고 중 '세조구제'의 사례로 제시한 사료에도[57] 그의 논지와 어긋나는 점이 있다. 우선 『고려사』 권32, 세가, 충렬왕 28년 시세(是歲) 조(이익주는 그해 12월 조라고 언급)의 경우 다음과 같다.

> 이해에 요양성(遼陽省)에서 황제에게 상주해 정동행성과 요양행성(遼陽行省)을 합병해 하나의 성으로 삼고 치소를 동경(東京, 遼陽)으로 옮기자고 요청했다. 왕이 (중략) 또한 중서성(中書省)에 상서해 말했다.
>
> "살피건대 소방(小邦)은 먼 변경의 가장 중요한 요지로서 아직 귀부하지 않은 일본국과 인접해 있습니다. 지원 18년(1281, 충렬왕 7)에 대군이 바다를 건너 정벌한 후, 지원 20년에 세조 황제의 성지를 삼가 받들었는데, 당직(當職)에게 행정동성사(行征東省事)를 맡기시며 변경을 위압하고 진수하게 하시었습니다. 이에 현재 설치되어 있는 경상도 합포(合浦) 등 땅과 전라도의 두 곳의 진변만호부(鎭邊萬戶府)를 관할하고, 본국의 군관(軍官)·군인을 선발해 현재 합포·가덕(加德)·동래(東萊)·울

56 『經世大典』站赤(『永樂大全』권19421). "二十九日, 參議速速奏, 昨奉旨, 令寫進通政院·兵部所管站赤緣由沿革來上, 今謹進呈. 上覽畢曰, 世祖皇帝時, 達達·漢人站, 係通政院管領. 今可依舊制, 悉歸之通政院."

57 李益柱[1996c], 3쪽.

주(蔚州)·죽림(竹林)·거제(巨濟)·각산(角山)·내예량(內禮梁) 등 지점을 장악하는 요충지와 탐라 등의 땅에 나누어 배치하며, 봉수(烽燧)를 설치하고 수군을 비밀리에 갖추어 두었으며, 낮밤으로 감시하며 정찰에 전념하고 있습니다. 일본국의 적군을 방비하는 임무에 지금까지 한 번도 절차를 잃은 일이 없었으며, 일찍이 일본의 적을 잡았을 때에는 성(省)·원(院)에 자문을 보내 상주해 왔습니다.

지금 알게 된바 요양행성의 관원들이 요양행성과 본국의 정동행성을 혁파하고 요양부성(遼陽府城)에 합병해 행성을 고쳐 세우고자 도성에 자문을 보내었고 그렇게 결정이 되었다고 합니다. 이에 살펴보니 본국 합포 등의 변방은 요양부까지 거리가 매우 멉니다. 탐라 또한 합포 등 땅에 비해서도 매우 멉니다. 만약 변경에서 긴급한 공무를 계품(啓稟)할 일이 생긴다면 지체되어 실수를 할까 크게 우려스러우며, 이는 이해에 깊이 관계된 것입니다.

지금 여기서 만약 계품하지 않으면 도성에서 그것이 적당한 일인지 아닌지를 알지 못하실까 우려스럽습니다. 만약 요양행성의 제안을 허락해 본성과 합병한다면 이는 정말로 불편한 일입니다.

또한 살펴보건대 본성은 원래 세조 황제의 성지를 받들어 세워진 것입니다. 만약 자문(咨文)이 허락된다면 다만 당직으로 하여금 전례에 따라 정동행성의 일을 행하게 해 오로지 동방의 극변에서 아직 귀부하지 않은 일본국과의 경계를 진수하는 임무를 일임해 주십시오. 그러면 국경 관리의 사무에 실수함이 없게 될 것을 기대할 수 있을 것입니다.

이에 마땅히 자문을 보내어 아뢰니다. 바라건대 도성에서는 잘 살피시어 결정하시고 주문해 시행해 주십시오."[58]

58 『高麗史』 권32, 충렬왕 28년, "是歲, 遼陽省奏帝, 請併征東·遼陽爲一省, 移司東京. 王 (중략) 又上中書省書曰, 照得, 小邦最係邊遠重地, 隣近未附日本國. 自於至元十八年大

원의 요양행성이 정동행성 병합을 획책했을 때, 그 부당함을 주장한 충렬왕의 상서인데, 이익주는 여기에 보이는 두 군데(밑줄 친 부분)의 '세조 황제의 성지' 혹은 특히 후자를 자신이 말하는 '세조구제'에 해당하는 것으로 보는 것 같다. 그러나 전자는 명확히 지원 20년(1283, 충렬왕 9)에 충렬왕을 정동행성의 직무에 임명한 개별적이고 구체적인 성지를 가리킨다. 또 후자에 대해서 전후의 문맥을 그대로 읽어 보면, 정동행성의 설립을 명했던 세조의 성지로 보는 것이 자연스럽다. 이것이 이익주가 말하는 대로 '세조구제'를 가리킨다면 정동행성의 설립 근거로서는 간접적인 것이 되어 논리의 비약이 되며, 적어도 단지 성지라는 것만으로는 원 측에 구체적인 함의가 전해질 수 없다.

다음으로 『고려사』 공민왕 세가, 5년(1356, 至正 16) 10월 조에는 공민왕이 원 측에 보낸 문서가 실려 있는데, 거기에 다음과 같은 구절이 있다.

> 세조 황제께서 일본을 원정하셨을 때에 세운 만호(萬戶)는 중군(中軍)·우군(右軍)·좌군(左軍)뿐이었습니다. 그 후 순군(巡軍)·합포(合浦)·전라(全羅)·탐라(耽羅)·서경(西京) 등 만호부를 증치했는데, 관령하는 군인은 전혀 없으면서 다만 금부(金符)를 차고 선명(宣命)을 과시하면서 평민들

軍過海征進之後, 至元二十年, 欽奉世祖皇帝聖旨, 委付當職行征東省事, 威鎭邊面. 管領見設慶尙道合浦等處幷全羅道兩處鎭邊萬戶府, 摘撥本國軍官·軍人, 見於合浦·加德·東萊·蔚州·竹林·巨濟·角山·內禮梁等所把隘口去處及耽羅等處分俵, 置立烽燧, 暗藏船兵, 日夜看望, 巡綽專一. 隄備日本國賊軍勾當, 到今不曾有失節次, 曾獲日本賊人, 移咨省院聞奏了. 當今知得, 遼陽行省官員, 欲要將遼陽行省幷本國征東行省革罷, 却要遼陽府在城合併, 改立行省, 移咨都省, 定奪去訖. 爲此叅詳, 本國合浦等處邊面, 相去遼陽府, 地理極遠. 耽羅又比合浦等處, 至甚窵遠. 倘有邊面啓稟緊急公事, 往迴遲滯, 切恐失悞, 深繫利害. 今來若不啓稟, 慮恐都省未知便否. 倘若依准遼陽行省所擬, 合併本省, 寔爲未便. 更兼照得, 本省卽係元奉世祖皇帝聖旨立到. 若蒙准咨, 止令當職依舊行征東省事, 專委威鎭東方極邊未附日本國邊面勾當. 似望不致失悞邊關事務. 據此, 合行咨稟. 伏望, 都省照詳定奪, 聞奏施行."

> 을 불러모으고서는 〔만호부 소속의〕 호계(戶計)라고 헛되이 부르면서 주·현으로 하여금 감히 차발(差發)하지 못하게 하고 있으니 매우 적절치 못합니다. 만약 삼가 세조 황제 구제에 따른다면 세 만호가 일본을 진수하는 외에 그 나머지 증치된 다섯 만호부 및 도진무사(都鎭撫司)는 바라건대 모두 혁파해 주십시오.[59]

즉 원의 제도에 근거해 설립된 만호부 가운데 중군·우군·좌군 세 만호만을 남기고 순군·합포·전라·탐라·서경 등의 다섯 만호부 및 정동행성의 군정국(軍政局)인 도진무사의 폐지를 허가해 달라는 것이다. 여기서 논거가 된 '세조 황제의 구제'도 이익주의 설과 같이 해석한다면 문맥과는 맞지 않는다. 여기에서는 기사 가운데도 명기된 고려에서의 만호부 배치에 관한 선례, 즉 당초에 세조가 일본 원정 당시 중군·우군·좌군 3개 만호만을 설치했다는 조치를 가리킨다.

율령과 같은 체계적인 성문법을 갖추지 않았던 원에서는 정책 판단의 기준으로서 선례를 중시하는 판례주의를 취했다. 거기에서는 황제가 성지, 몽골어로 자를릭(ǰarliγ)으로 내린 그때그때의 결정이 결정적인 법원(法源)이 된다. 황제의 결정뿐만 아니라 역대 다양한 수준에서의 규정·판례를 참조하면서 정책이 심의·입안되었다.[60] '세조구제'란 그러한 개개의 정책판단 과정에서 참조된 세조 대의 규정·판례를 널리 가리키는 용어다.

위의 사료에도 보이듯이 고려와 원 사이의 현안도 축적된 판례에

59 『高麗史』 권39, 공민왕 5년 10월 戊午. "世皇東征日本時, 所置萬戶, 中軍·右軍·左軍耳. 其後增置巡軍·合浦·全羅·耽羅·西京等萬戶府, 並無所領軍, 徒佩金符, 以夸宣命, 召誘平民, 妄稱戶計, 勒令州縣不敢差發, 深爲未便. 如蒙欽依世祖皇帝舊制, 除三萬戶鎭守日本外, 其餘增置五萬戶府及都鎭撫司, 乞皆革罷."

60 仁井田[1980], 529~539쪽; 宮崎市定[1992a], 137~159쪽; 植松正[1993], 410쪽; 杉山正明[1996b], 194~196쪽; 杉山正明[2004a], 372쪽 참조.

근거해 교섭, 검토가 이루어졌는데, 조금 더 사례를 들어 보고자 한다.

『고려사』 권33, 충선왕 복위년(1308, 지대 원년) 11월 조에 실린 충선왕의 교서 가운데 다음과 같은 구절이 있다.

> 하나. 앞서 지원 12년에 삼가 세조 황제께서 아독인(阿禿因)을 보내셔서 성지를 전해 주시었고, 또한 지원 28년 내가 정가신(鄭可臣)·유청신(柳淸臣) 등과 자단전(紫檀殿)에 갔을 때 친히 세조 황제의 성지를 받들었는데 이르시기를, "동성(同姓)끼리 통혼할 수 없는 것은 천하에 두루 통하는 이치다. 하물며 너희 나라는 문자를 알고 부자(夫子)의 도를 행한다고 하면서 동성을 〔통혼 상대로〕 찾는 것은 적절치 못하다."라고 하시었다. 이때 이수구(李守丘)가 있어서 〔이상의 내용을〕 유청신에게 전달해 말했고, 또한 〔유청신이〕 정가신에게 통역해 전했다. 〔그러나〕 본국에서는 그대로 둔 채 아직도 혁파하지 않고 있다. 지금 이후로 만약 종친 가운데 동성을 취하는 자가 있으면 성지를 위배한 것으로 논하겠으니, 마땅히 역대의 재상의 딸을 취해 아내로 삼을 것이며, 재상의 아들은 종실의 딸을 아내로 삼도록 허락해야 하겠다. 만약 집안이 대대로 한미하다면 이 규정에 한정되지 않는다. (후략)[61]

즉 고려왕실 안에서 전통적으로 행해 온 족내혼의 관습을 금지하고, 통혼 상대를 역대 재상의 가문에서 선발하도록, 즉 족외혼을 지시한 것이다. 여기서는 지원 12년(1275, 충렬왕 원년) 세조의 성지 및 지원 28년(1291, 충렬왕 17) 세조의 성지에서 고려의 족내혼을 문제시한 점을 이러한

---

61 『高麗史』 권33, 충선왕 복위년 11월 辛未. "一. 先於至元十二年, 欽蒙世祖皇帝遣阿禿因來傳聖旨, 又於至元二十八年, 予與鄭可臣·柳淸臣等, 詣紫檀殿裏, 親奉世祖皇帝聖旨云, 同姓不得通婚, 天下之通理. 況爾國識會文字, 行夫子之道, 不應要同姓. 時有李守丘, 傳說柳淸臣, 又傳譯鄭可臣. 本國因循, 未還遽革耳. 自今若宗親娶同姓者, 以違背聖旨論, 宜娶累世宰相之女爲室, 宰相之男, 可聽娶宗世之女. 若家世卑微, 不在此限."

결정의 근거로 삼고 있다.

또 이제현의 『익재난고(益齋亂藁)』 권6에 수록된 또 다른 문서에는 다음과 같이 언급했다.

> 지난 무인년(1218, 고종 5, 太祖 칭기스 13)에 거란의 악당인 금산왕자(金山王子)라는 자가 중원의 백성을 약탈하고 동쪽으로 섬으로 들어가 방자하게 날뛰었습니다. 태조 성무황제(聖武皇帝, 칭기스칸)께서 카친[哈眞]·차라[扎剌] 두 원수를 파견해 그를 토벌하게 하시었는데, 마침 하늘에서 큰 눈이 내려 식량 공급로가 통하지 않게 되었습니다. 충헌왕(忠憲王, 고종)이 조충(趙冲)과 김취려(金就礪)에게 명해 군량을 공급하고 무기를 원조하며 발광하는 도적을 섬멸하게 했는데 빠르기가 파죽지세와 같았습니다. 이에 두 원수와 조충 등이 맹세해 형제가 되어 만세토록 잊지 않기로 했습니다. 또 기미년(1259, 고종 46, 헌종 뭉케 9)에 세조 황제께서 강남(江南)에서 군사를 돌릴 때 충경왕(忠敬王, 원종)은 천명(天命)이 돌아간 곳과 인심(人心)이 복종한 곳이 어디인지를 알아 6,000여 리를 건너와서 변량(汴梁)의 땅에서 맞아서 뵈었습니다. (중략)
>
> 충렬왕 또한 몸소 조근(朝覲)을 해 조금도 나태한 적이 없었습니다. 그런 까닭에 공주를 하가(下嫁)시켜 대대로 부마로 삼으셨으며, 옛 풍속을 고치지 않음으로써 종사(宗社)를 보존하게 하시었으니, 이는 오직 세조 황제의 조지(詔旨)에 힘입은 것입니다. 천하의 각 지역에 행성(行省)을 세울 때에 소방(小邦)에만 세우지 않았고, 후에 일본을 동정(東征)할 때에 비록 〔행성의〕 명목과 액수는 있었으나 〔원의〕 일반적인 인사 행정에 구애되지 않았습니다. 대덕 연간에는 게오르기스를 이목관(耳目官)으로 삼으시어 그가 진언한 데 따라서 도성(都省)에서 헤아려 상주하기를, "본국은 앞서 세조 황제의 성지를 받아 옛 본속(本俗)을 고치지 않고 다만 관명(官名)만을 바꾸었으니, 지금 전부 고치는 것은 마땅하지 않습니다."라고 했습니다. 성종 황제께서 그 상주를 옳다

> 고 여기시고 즉각 게오르기스로 하여금 돌아오게 하시었습니다. 인종 황제는 쥐의 해(1312, 충선왕 4, 皇慶 원년) 4월에 성지를 내리시기를, "고려의 땅에 〔원 정부가 직영하는〕 행성을 세우는 일에 대해서는 누구를 막론하고 제주(題奏)하지 말라."고 하시었습니다. 열성(列聖)께서 돌봐 주신 깊은 뜻을 볼 수 있습니다.
>
> 지금 듣건대 조정에서는 소방에 행성을 두어 여러 로(路)와 같이 하고자 한다고 합니다. 만약 그것이 사실이라면 세조 황제의 조지는 어찌하며, 열성조께서 돌보아 주시던 뜻은 어찌하겠습니까.[62]

이 문서의 내용은 원이 종래의 정동행성을 개편해 고려에 새로운 행성을 세우고 직할하려는 움직임에 대한 고려 측 반론이다. 그 근거로는 '세조 황제의 조지'에 따라 구래의 관습을 고치지 않고 종묘·사직을 보전하는 것이 보장되었으며, 그러므로 정동행성의 인사도 원의 통상적인 인사에 따르지 않는다는 것, 대덕 연간에 게오르기스가 고려 국제(國制)를 개변하려 했을 때에도 세조의 성지에 근거해 도성, 즉 중서성에서 중지를 제안한 것을 성종이 승인했다는 것, 그리고 1312년에는 고려에 다른 지역과 마찬가지의 행성을 설립할 것을 제안해서는 안 된다고 인종이 성지를 내렸다는 것 등, 역대 황제의 성지를 열거했다.

62 『益齋亂藁』 권6, 〈在大都上中書都堂書〉. "往者歲在戊寅, 有遼氏粤孼號金山王子者, 驅掠中原之民, 東入島嶼, 陸梁自肆. 太祖聖武皇帝, 遣哈眞·扎剌兩元帥討之, 會天大雪, 餽餉不通. 忠憲王命趙冲·金就礪, 供資糧助器仗, 擒戮狂賊, 疾如破竹. 於是, 兩元帥與趙冲等, 誓爲兄弟萬世無忘. 又於己未年, 世祖皇帝班師江南, 忠敬王知天命之有歸人心之攸服, 跋涉六千餘里, 迎拜于汴梁之地. (중략) 忠烈王亦躬修朝覲, 未嘗少懈. 故得釐降公主, 世爲附馬, 而不更舊俗, 以保其宗社, 繄世祖皇帝詔旨是賴. 當其立天下各處行省, 獨於小邦不置, 後因東征日本, 雖有名額, 不拘常選. 大德中, 敎闊里吉思爲耳目官, 因其陳言, 都省商量上奏, 本國曾蒙世祖皇帝聖旨, 休改舊本俗, 但換官名, 今全都改換, 不宜也者. 成宗皇帝可其奏, 卽令闊里吉思回來. 仁宗皇帝, 於鼠兒年四月, 降聖旨, 高麗田地立省的, 不揀是誰, 休題奏者. 欽此. 可見列聖存恤之深意. 今聞, 朝廷欲於小邦立行省比諸路. 若其果然, 其如世祖皇帝詔旨何, 其如列聖存恤之意何."

이렇게 고려에서도 어떤 정책의 타당성을 주장, 혹은 검토할 때에 참조되는 원의 어느 황제의 성지란 특정 시점에서 특정 사안에 관련해 내려졌던 개별적이고 구체적인 '말씀'을 가리키며, 그 의사 결정이나 그에 근거한 조치를 후에 해당 황제의 '구제'라고 불렀던 것이다. 이에 대해 이익주는 사료 중의 '세조구제'나 '세조 황제 조지' 등의 용어를 충렬왕 대 초기에 결정되었던 고려-원 관계의 구조를 일관해서 가리키는 술어로 한정해 이해한 것이다. 물론 이익주가 다루었던 문제에 관한 '세조구제'도 있다. 그러나 위와 같이 다양한 사안에 관해 일반적으로 쓰였던 용어이므로, 세조가 어떠한 사안에 대해 언제 결정한 규정·판례인가를 개별적으로 확인해야 한다.[63]

또한 이익주가 자신의 설의 일환으로 지적한 원이 고려왕위의 책봉권을 강화했다는 견해도, 1278년에 상황이 전환되었다는 설명에는 의문이 생기는데, 이에 관해서는 후술하겠다. 아울러 고려와 같이 사대 형식을 행하는 왕조가 달리 없었기 때문에 정동행성을 원의 지방행정체계의 일각에 위치지었다는 설명도 의문이다. 우선 사실 관계를 보면 고려는 정동행성이 설치되고 나서도 하나의 왕조로서 원과 통교했다.[64] 행성이 설치되었다고 한들 왕조로서의 성격이 가려질 수 있었겠는가? 원래 고려가 전통적인 사대외교를 행하는 예외적 존재라고 해서, 그것이 반드시 문제시되었으리라고 볼 필요는 없다. 책봉에 근거한 종속 관계는 어디까지나 중국왕조의 대외 통교 형식의 하나로, 전부 아니면 전무(全無)

63 『高麗史節要』 권25, 충숙왕 후4년 8월 條에 인용된 원의 조서에서, 고려왕에 대해 "오직 세조 황제의 성훈을 준수해 삼가 舊章에 따라 국가를 잘 다스리라(一遵世祖皇帝聖訓, 祗率舊章, 整治邦家)."라고 했듯이, 세조의 '말씀'이 세조 대의 체제 전반을 가리키는 것으로 언급된 경우도 있다. 그러나 이는 이익주가 말한 한정적인 내용을 넘어선, 보다 포괄적인 범주가 된다.

64 정동행성과는 별개로 고려왕국으로서 원에 진하사를 파견했다는 점 등은(北村秀人 [1964], 11쪽; 이 책 제5장 319~320쪽 참조) 그 단적인 증거다.

가 되었던 것은 아니기 때문이다.[65] 고려가 원에 사대하는 별개의 왕국이었다는 위치를 부정하면, 고려와 같은 체제 보장을 본보기로 삼아 일본이나 안남에 귀부를 촉구했던 원의 입장에도 모순이 생긴다.

결국 이익주가 '세조구제'라는 용어를 통해 제기했던 것은 고려 재래의 왕조 체제를 보전하는 구조의 문제였다. 그러나 선례주의를 취한 원에서는 불변의 제도가 처음부터 고정되어 있었던 것이 아니라 상황의 추이에 따라 어떠한 선례를 어떠한 형태로 참조·평가하는가에 따라 판단이 유동적으로 변할 수 있었다. 고려의 재래 왕조 체제가 보전된 구조를 정책 결정의 형식적 측면에서 이해하기 위해서는 이처럼 시의에 따라 판례가 축적되어 가는 과정 자체를 우선 파악해야 한다.

3. 재래 체제 보전의 형식적 구조

1) 고려왕위와 그 통치 권한

『고려사』 원종 세가, 원년(1260, 중통 원년) 3월 정해 조에는 그 전 해에 몽골 궁정에 파견된 고려의 태자 왕전(王倎), 즉 이후의 원종이 헌종 뭉케가 급사한 상황에서 남송과의 전선에 있다가 제위를 탈취하기 위해 북상하던 쿠빌라이와 변량(汴梁)의 교외에서 대면했을 때, 쿠빌라이가 이를 크게 환영했다는 일화가 전해진다. 그러나 김호동이 지적했듯이 고려 태자와 쿠빌라이의 만남은 단지 우연인 듯하며, 적어도 그 시점에서는 "왕전이 고려의 신속(臣屬) 상대로 쿠빌라이를 선택했다."라는 정도의 중요성은 없었던 것으로 보인다.[66] 또한 쿠빌라이 측의 '환영'도 진실 여부가 의심스럽다. 같은 기사에서 쿠빌라이가 왕전을 잘 대접하지 않았

---

65 堀敏一[1993], 참조.

66 金浩東[2007], 83~87쪽 참조.

음이 기록되어 있는 데에서, 당초부터 "고려 세자가 와서 귀부한 것은 하늘의 뜻이다."라는 식의 특별한 의미를 부여했던 것은 아님을 알 수 있다. 이러한 기사는 후대, 아마도 고려와 원의 관계가 심화된 13세기 말 이후의 언설에 근거했을 가능성이 높다.[67]

이렇게 시작된 고려-원 관계였지만, 조양필(趙良弼)이나 염희헌(廉希憲) 등 참모들이 태자를 적극적으로 회유해 고려의 귀부를 확보해야 한다고 진언한 결과, 쿠빌라이는 태자를 우대함과 동시에 때마침 사거한 고종을 대신해 그를 새로운 국왕으로 지명해 귀국시켰던 것이다.[68]

여기서 몽골 정권이 정복지의 왕조를 존속시킨 것이 결코 특수한 현상은 아니라는 점에 주의해야 한다. 예컨대 조지아 왕국,[69] 룸 셀주크조,[70] 키리키아 아르메니아 왕국,[71] 루시 제국(諸國)[72] 등을 들 수 있으며, 스스로 나와서 귀부했지만 위구르 왕국[73]도 독자의 왕조 체제를 유지했던 정권이다. 고려도 그러한 왕조 중 하나였다고 할 수 있다. 다만 고려에 관해서는 관계를 구축하는 데 중국 전통의 형식과 작법(作法)이 채용되었다는 점이 중요하다. 즉 책봉,[74] 왕인(王印) 수여,[75] 원호(元號)의 제정

67 13세기 말 이후, 역사적 사실과는 달리 고려가 몽골에 솔선귀부했다는 인식이 일반화된다(이 책 제1장 제2절 참조).

68 『高麗史』 권25, 원종 원년 3월 丁亥.

69 北川誠[1975]; 北川誠[1976]; 北川誠[1977]; 北川誠[1978]; 北川誠[1979]; 北川誠[1997] 참조.

70 井谷鋼造[1980]; 井谷鋼造[1985]; 井谷鋼造[2002] 참조.

71 海老澤哲雄[1977] 참조.

72 加藤一郎[1981]; 加藤一郎[1985]; 加藤一郎[1988]; 加藤一郎[1989]; 加藤一郎[1993]; 栗生澤[2007] 참조.

73 佐口透[1943a]; 佐口透[1943b]; 安部健夫[1955]; 梅村坦[1977]; Allsen[1983]; 松井太[2002] 참조.

74 沈載錫[2002] 제5장 참조.

75 왕인에 관해서 沈載錫[2002](238~239쪽)은 책봉 때의 인신 사여는 원제의 특징이라고 했다. 그러나 고려왕이 거란이나 금으로부터 책봉을 받았던 때에도 印綬·金印을 하사받았음은 『高麗史』의 기록으로부터 확인된다(권6, 靖宗 9년(1043) 11월 丁亥; 권17, 仁宗 20년(1142) 5월 戊午 등). 또한 몽골에도 탐가(tamga)라는 재래의 인장 제도가 있

과 역서(曆書) 반포와 같은 행위가 그것이다.

이 가운데 책서(冊書)에 의해 왕을 임명하는 일은 그 자체가 고려왕위 보장의 판례가 된다. 다만 왕위가 보장되어도 소령(所領)이 보장되지 않으면 왕국으로서의 실체는 손상된다.[76] 물론 왕위의 보장이 통치 권한의 보장도 함의할 수 있는데, 때로는 원 측에서 그것을 명시한 경우도 있다. 즉 1260년에 원종이 즉위를 위해 귀국할 때에는 "구래의 경역(境域)을 회복하고, 그 땅을 안정시켜 그 집안을 보전할 것"이라고 보장했고,[77] 다음 해 원종에게 내린 세조의 수조(手詔)에서는 "동방 제국(諸國)을 통치하는 것을 전과 같이 하라."고 했다.[78] 나아가 충렬왕 즉위 때에 내린 조서에서는 "지금 세자에 명해 국왕의 역할을 승습하게 하고, 무릇 소속에 있어서 모두 절제를 듣도록 하라."고 했다.[79] 충선왕 이후에는 즉위 때 원에서 내린 조서 등의 내용이 불분명한 사례가 많지만, 충목왕의 경우, 국정을 '정치(整治)'하고 "그 백성 각각으로 하여금 생업을 지키게 하라(俾爾有衆各保生業)."는 조서가 내려졌듯이,[80] 비슷한 취지의 언질을 반복했을 가능성은 있다.

고려에 대한 이러한 방침은 원이 일본을 초유할 때도 명시되었다.

었는데, 원종에게 처음으로 왕인이 하사되었던 때 책봉과 세트로 등장한 것이나(『元史』 권4, 世祖本紀, 中統 원년(1260, 원종 원년) 6월 是月), 그 직후에 몽골 제왕에 대해서도 중국의 古制에 따른 왕인 수여가 개시된 점에서(王惲, 『秋間先生大全文集』 권80, 「中堂事記」 中統 2년 5월 9일 庚午), 당초부터 중국의 옛 방식을 계승하는 인장이었을 가능성이 높다. 상세한 형태는 알 수 없으나 충렬왕 대에 양국 왕실 사이의 통혼에 수반된 부마고려국왕이라는 칭호가 등장하면서부터는 金印獸鈕가 수여되었다(『元史』 권108, 諸王表. 또한 이 책 제1장 참조).

76 실제 몽골 왕후 사이의 항쟁에 얽혀 本領을 잃었던 이후의 위구르 왕국이나 陳朝 大越의 망명왕족을 봉했던 安南國王과 같이, 원의 지배하에는 실제적 왕국을 갖지 않는 국왕도 존재했다.

77 『高麗史』 권25, 원종 원년 4월 丙午.

78 『秋間先生大全文集』 권82, 「中堂事記」 中統 2년 8월 10일 庚子.

79 『高麗史』 권28, 충렬왕 즉위년 8월 己巳.

80 『高麗史』 권37, 충목왕 즉위년 4월 丙戌.

즉 『이국출계(異國出契)』에 수록된, 지원 6년(1269, 원종 10)에 일본국왕에게 보낸 원 중서성 첩의 한 구절에는,

> 고려에 있어서는 신속한 이래 다만 매년 조빙을 행하고 〔원의〕 정부에서는 방물(方物)을 받을 뿐, 그 나라 관부와 토지, 백성은 전과 같이 보장하고 있습니다. (중략) 성천자(聖天子)의 모두를 포용하며 내외의 구별이 없이 하나로 보시는 뜻을 상세히 본받아 기꺼이 귀순하십시오. 특별히 중신(重臣)에게 명해 내년 봄을 기한으로 해서 표문을 받들고 궐하(闕下)에 와서, 하늘을 두려워하며 사대하는 예를 다한다면 고려국의 예와 같이 〔나라를〕 보전할 것입니다.[81]

라고 했다. 즉 일본이 원에 귀순하면 고려와 마찬가지로 정부 기구와 영지(領地), 영민(領民)을 보전하게 해 줄 것임을 약속한 것이다.

원 이전에는 중국왕조가 고려왕을 책봉한다고 해도 그것은 형식상의 일이었다. 고려가 스스로 선택한 왕을 중국 측이 추인할 뿐, 중국 측의 의향이 왕위 계승을 좌우하지는 않았다. 그러나 이익주가 지적한 대로 원이 왕위 승인권을 실질적으로 행사했으며, 반복해서 국왕을 폐립(廢立)했다는 것이 중요하다. 충렬·충선, 충숙·충혜 각 왕이 중조(重祚)를 경험했고, 또한 서흥후(瑞興侯) 왕전(王琠)이나 심왕(瀋王) 왕고(王暠)와 같이 방계의 왕족이 원 측 세력의 지지를 바탕으로 고려왕위를 엿보았음은 주지의 사실이다. 그러나 이러한 상황의 맹아는 이익주가 말한 1278년의 '세조구제' 성립에 수반한 것이 아니라, 이미 그 이전 단계에서 배태되었다고 보아야 한다.

---

81 『異國出契』. "至于高麗, 臣屬以來, 唯歲致朝聘, 官受方物, 而其國官府土民, 按堵如故. (중략) 其當詳體聖天子兼容幷包混同無畏之意, 欣然效順. 特命重臣, 其以來春, 奉表闕下, 盡畏天事大之禮, 保如高麗國例."

즉 원의 왕위 승인권의 실질성은 한편으로는 고려의 왕위 계승 후보자의 신병을 원 측이 확보함으로써 담보되었다. 구체적으로는 주로 케식이나 투르칵이라는 형식으로 왕위 계승권을 가진 왕자나 전왕(퇴위 후의 국왕)이 원 궁정에 입시함으로써,[82] 원의 승인 없이는 차기 국왕이 즉위할 수 없는 상황이 발생했다. 그러한 상황은 1271년(원종 12, 지원 8)에 당시 왕세자였던 충렬왕이 투르칵으로서 케식에 들어갔던 시점부터 생겨났고, 또한 결과적으로는 원종도 즉위할 때 몽골에 입조한 상황이었다.

물론 원의 왕위 계승 개입을 받아들일지 말지는 최종적으로는 고려 측 위정자의 선택에 달려 있었다. 그러므로 새 국왕으로 지명되어 귀국하던 원종이 서경(西京)에 잠시 체류했을 때 세조는 자신이 지명한 새 왕이 고려에서 받아들여지지 않을까 의심했다.[83] 그러나 원이 지명한 국왕을 부정한다면 몽골의 정치적·군사적 위협에 맞닥뜨릴 위험이 있었다. 실제 1269년(원종 10, 지원 6)에 권신 임연이 원종을 폐립한 사건은 원의 권위에 대한 도전으로 받아들여져, 결국 그 시도는 몽골의 군사적·외교적 압력하에 좌절되었고 고려는 한때 존망의 위기에 처했다.[84]

이처럼 원의 의향이 고려의 왕위 계승에 직접 관여할 수 있었던 환경과 그 선례는 이미 원종 대까지 거슬러 올라갈 수 있다. 다만 비정상적인 국왕 교체가 이어졌던 것은 단지 고려의 위정자가 원의 간섭에 저항할 수 없었음을 의미하는 것은 아니다. 오히려 많은 경우, 스스로 정권 교체를 목표로 하거나, 또는 해당 국왕의 교체를 용인하는 고려 국내 세력의 주체적인 의지와 움직임이 병행 내지 선행했음에 주목할 필요가 있다.

---

82 이 책 제4장 참조.

83 『高麗史』 권25, 원종 원년 4월 丙午.

84 이 책 제1장 제3절 참조.

왕위 계승 등의 계기가 있을 때 그 왕위와 통치 권한을 보장하는 데 더해, 고려의 재래 왕조 체제 보전에 중요한 의미를 가졌던 것이 이익주도 주목한 세조의 '불개토풍'에 관한 조서다. 구래의 관습을 보전한다는 칙허(勅許)는 고려에 대한 세조의 특별한 배려로서 기억되며 다양한 장면에서 언급되었다. 예컨대 원에 공녀 폐지를 요청하는 가운데, "조서를 내려 장려하고 깨우쳐 말씀하시기를, '의관(衣冠)과 전례(典禮)는 조종(祖宗) 이래의 관습을 잃지 말라.'고 하셨습니다."라는 언급,[85] 공민왕이 국내의 원 황실 외척을 숙청한 일을 정당화하는 가운데, "세조께서 구래의 관습을 변경하지 말 것을 허락하셨습니다."라고 한 언급,[86] 또 고려를 직접 통치하고자 하는 입성책동(立省策動)에 대한 원 정부 내의 반대론에서, "본국의 예악과 형정(刑政)에 대해서는 본래의 관습을 따르도록 하며, 다시는 조정의 전장(典章)으로 규제하지 않았다."라고 한 언급[87] 등이 그것이다.

그리고 이 칙허는 단지 개별의 제도나 관습만이 아니라 "세조께서 크게 포상을 더하고 곧 성훈(聖訓)을 내리시어 〔고려의〕 국속(國俗)을 고치지 않고 예전과 같이 관령하도록 하셨다."라든가[88] "옛 풍속을 고치지 않음으로써 종사를 보존하게 했으니, 이는 오직 세조 황제의 조지에 힘입은 것입니다."[89] 등과 같이 널리 고려 재래의 왕조 체제를 보장하는 것으로 받아들여졌다. 그러므로 위에 언급한 입성책동에 대해서는 '국속을 변경하는 행위'라는 비판이 가해졌던 것이다.[90]

---

85 『稼亭集』 권8, 〈代言官請罷取童女書〉. "仍賜詔書獎諭曰, 衣冠典禮, 無墜祖風." "衣冠典禮, 無墜祖風."

86 『高麗史』 권131, 奇轍 傳. "世祖許其不改舊俗."

87 『高麗史』 권125, 柳淸臣 傳. "其在本國禮樂刑政, 聽從本俗, 不復以朝廷典章拘制."

88 『高麗史』 권36, 충혜왕 즉위년 윤7월 戊子. "世祖大加褒賞, 卽降聖訓, 不改國俗, 依舊管領."

89 『益齋亂藁』 권6, 〈在大都上中書都堂書〉. "不更舊俗, 以保其宗社, 繄世祖皇帝詔旨是賴."

이러한 세조의 칙허에 대해서는 종래 1260년(원종 원년, 중통 원년) 고려가 귀부한 직후에 내려진 조서에 보이는 "의관은 본국의 풍속에 따라 상하 모두 바꾸지 말라."[91]는 구절이 그에 해당하는 것으로 생각되어 왔다. 그러나 『익재난고』의 〈동최송파증원낭중서(同崔松坡贈元郎中書)〉에는 세조가 고려에 대해 "누차 조지를 내려 구속을 바꾸지 말라고 했다."[92]고 하므로, 세조가 여러 차례 같은 취지의 칙허를 내렸음을 알 수 있다. 이에 사실관계를 확인해 보면, 우선 1270년(원종 11, 지원 7), 고려 주재의 다루가치가 노비법을 개정하고자 했을 때 세조는 "본국의 구속에 따르도록 하라."는 조를 내렸다고 한다.[93] 또 1274년(원종 15, 지원 11) 충렬왕이 즉위함에 세조는,

> 경이 이미 작(爵)을 이어 왕이 되었다. 가서 왕위에 오르거든 무릇 너희 조종의 정제(定制)에 혹여 잃는 것이 없도록 하며 구례(舊例)에 의거해 행하라.[94]

라는 칙을 내렸다. 또한 1278년(충렬왕 4, 지원 15)에 충렬왕이 원의 복제(服制)를 고려 본국에 도입했다고 보고한 데 대해, 세조는 "그대 나라의 예를 어찌해 갑자기 폐지했단 말인가."라고 회답했다고 한다.[95]

이러한 성지에는 의관이나 노비의 제도에 한해 언급한 경우도 있

---

90 『高麗史』 권36, 충혜왕 즉위년 윤7월 戊子; 『益齋亂藁』 권6, 〈在大都上中書都堂書〉.

91 『元高麗紀事』 中統 원년 6월; 『高麗史』 권25, 원종 원년 8월 壬子. "衣冠從本國之俗, 上下皆不更易."

92 『益齋亂藁』 권6, 〈同崔松坡贈元郎中書〉. "屢頒詔旨, 毋改舊俗."

93 『高麗史』 권108, 金之淑 傳. 그 연도는 『高麗史節要』 권22, 충렬왕 26년 10월에 의해 판명된다.

94 『高麗史』 권106, 李承休 傳. "卿既襲爵爲王. 往就國, 凡爾祖宗定制, 或毋墜失, 依舊行之."

95 『高麗史』 권28, 충렬왕 4년 7월 甲申. "汝國之禮, 何遽廢哉."

으며, 그것이 반드시 재래 체제 전반을 유지하라고 한 것이라고는 할 수 없다. 그러나 후대의 논자가 해석에 따라 이를 일반화하는 것은 가능하다. 특히 의관의 제도는 왕조 질서에 직결되는 문제로, 귀부한 직후에 고려 의관의 옛 풍속을 보장한 것 등은 처음부터 재래 체제 전반의 보장을 함의했을 가능성도 있다. 즉 그 직후에 안남에 반포한 세조의 조유(詔諭)에는 다음과 같이 기록되어 있다.

> (상전략) 본국의 관료, 사인(士人)과 서민(庶民)에 유시하다. 무릇 의관, 전례 등 풍속 전반은 일체 본국의 구례에 의거하며, 바꾸지 말라. 하물며 고려국은 요사이 사자를 보내어 와서 청했으니 이미 조를 내려 모두 이 예에 의거하게 했다.[96]

즉 의관, 전례 등의 풍속 전반은 모두 본국의 구례에 의거할 것을 보증하고 있는데, 그 부분에서 고려에도 마찬가지의 조를 내렸다고 서술하고 있다. 그러나 고려에 대한 옛 풍속을 전면 보장한다고 명언한 사료는 이 시점까지 확인되지 않으므로, 의관에 관해 언급한 위의 옛 풍속 보장을 가리켜 이렇게 서술한 것은 아닐까 생각된다.

이상과 같이 세조가 고려의 재래 체제를 보전한다고 언급한 칙허는 1260년 이외에 적어도 세 건의 판례를 들 수 있다. 참조한 판례를 구체적으로 특정하는 언급이 없는 한, 개개의 의논이 판례 전체를 의식하고 있었는지 일부만을 염두에 두고 있었는지는 판별하기 어렵다. 한 건의 판례만을 상정한다면 문면만으로는 1260년보다 오히려 1274년의 판례 내용이 더 포괄적이다. 또한 위에 제시한 이외에도 판례가 있었을 가

---

96 『安南志略』 권2, 大元詔制, 〈中統元年十二月初三日世祖聖德神功文武皇帝旨諭安南國王陳日煚詔〉. "(전략) 諭本國官僚士庶. 凡衣冠典禮風俗百事, 一依本國舊例, 不須更改. 況高麗國, 比遣使來請, 已經下詔, 悉依此例."

능성 역시 배제할 수 없다. 더구나 세조 대 이후의 기록 가운데 발령자가 세조임을 표시하지 않고 불개토풍의 조가 언급된 경우, 세조 이외의 황제에 의한 결정을 염두에 두었거나, 혹은 그것을 포함하고 있을 가능성도 있다. 앞서 제시한 『익재난고』 〈재대도상중서도당서(在大都上中書都堂書)〉의 기사는 복수의 황제가 불개토풍을 지시했다는 사례가 구체적으로 열거된 좋은 예다. 원 법제의 특질을 고려할 경우, 불개토풍 조의 성격은 일단 이러한 판례의 집적으로 이해할 필요가 있다.

그러나 이렇게 보전된 고려의 재래 왕조 체제도 반드시 온전한 것은 아니었다. 앞서 살폈듯이 1269년의 국왕 폐립 사건 때에는 고려 국가를 없애버리는 방안도 고려되었다. 또한 그 후에도 입성책동이 여러 차례 전개되었다. 이는 고려왕이 운영하는 정동행성을 원이 직할해 고려를 원 정부의 손으로 직접 통치하고자 하는 것으로, 1308년(충선왕 복위년, 지대 원년) 혹은 1309년 무렵, 1323년(충숙왕 10, 지치 3), 1330년(충숙왕 17, 지순 원년), 1343년(충혜왕 후4, 지정 3)에 일어났다.[97] 1336년(충숙왕 후5, 후지원 2)에도 한인 노강충(盧康忠) 등이 고려의 폐절을 상주했다.[98] 이러한 기도는 불개토풍의 조서나 종래와 같은 정동행성 운영 방식이 세조의 의사에 의한 것이라는 점, 혹은 풍토와 문화가 다른 고려를 직접 통치하는 데 드는 경제적·기술적인 부담 등이 반대 논거로 제시되어, 결과적으로 모두 좌절되었다. 그러나 선례를 중시한다고는 해도, 아니 오히려 그렇기 때문에야말로, 별도의 선례나 기준을 참조하는 것으로 방침이 변할 가능성이 잠재해 있었다.

또한 고려의 정무집행기관으로서 기존의 정부 기구가 항상 단독으로 존재했던 것이 아니라, 원 측의 관인이 상주하는 사례가 있었던 점도 간과할 수 없다. 우선 고려국 다루가치와 일본 원정과 관련한 군관(軍官)

97 北村秀人[1965]; 高柄翊[1970b] 제9절; 金惠苑[1994] 참조.

98 『高麗史』 권35, 충숙왕 후5년 10월 壬辰.

이다.[99] 1260년에 고려가 원에 귀복했을 때 다루가치가 파견되었는데, 쿠빌라이의 지시로 곧바로 귀환했다. 그러나 1270년(원종 11, 지원 7)에 재차 파견되어, 고려 정부에 대한 감독관으로서 왕도에 주재하게 되었다. 또한 다루가치의 재파견과 같은 시기에 원의 둔전군(屯田軍)이 주둔했는데, 그 경략사(經略使)인 힌두[忻都]는 홍차구(洪茶丘) 등과 함께 동정원수부(東征元帥府)를 구성하고, 1274년(원종 15, 지원 11)의 제1차 일본 공격을 지휘했다. 공격 실패 후, 홍차구는 원의 내란(시리기의 난) 진압 작전으로 옮겨 투입되었으나, 힌두는 고려에 남아 개경 근교에 사령부를 두었다. 그들의 진주는 직접적으로는 일본 공략을 목적으로 한 것으로, 고려 국정에 개입하는 것을 명목으로 한 것은 아니었다. 하지만 힌두는 1277(충렬왕 3, 지원 14)~1278년(충렬왕 4, 지원 15)에 있었던 김방경 무고 사건의 취조에 개입했고, 또 전술했듯이 고려의 전호(佃戶) 문제에 대해 원 본국에 통보하기도 했다. 홍차구도 김방경 무고 사건에 즈음해서는 자원해서 고려에 돌아와 용의자에 대해 지나치게 가혹한 취조를 행했다. 그러나 이 사건이 고려 정부에 유리한 방식으로 결론지어짐과 동시에 그때까지 고려에 주둔하고 있던 원군과 다루가치는 1278년에 철수하게 되었다. 이처럼 고려국 다루가치와 원의 군관에 의한 국정 간섭은 비교적 단기간에 그쳤다.

그러나 그 후에도 충렬왕 대 종반에는 정동행성의 간부로 원의 관원이 증치(增置)된 일이 있었으며, 그 기간은 적어도 1298(충렬왕 24, 대덕 2)~1299년, 1299~1301년(충렬왕 27, 대덕 5), 1304(충렬왕 30, 대덕 8)~1305년, 1307(충렬왕 33, 대덕 11)~1308년(충렬왕 34, 지대 원년)에 이른 것으로 보인다.[100] 원은 고려 국정에 대한 감독과 지원을 명목으로 이러한 조치를

99 이 문제에 관한 이하의 서술은 池內宏[1931b], 89~178쪽; 池內[1963d]에 근거한다.

100 張東翼[1994a] 제2장 참조. 다만 이 장에서는 임명된 행성관이 고려에 부임하지 않았던 사례나, 고려에서의 근무를 확인할 수 없는 시기는 제외하고 있다.

취했지만, 1299~1300년에 평장정사(平章政事)로 부임했던 게오르기스는 관제·노비제 등의 대규모 국제 개변을 시도해 고려 측과 마찰을 일으켰다.

당초 일본 원정군의 사령부였던 정동행성은 1287년(충렬왕 13, 지원 24) 재설치된 이후 고려 통치기관으로 기능했는데, 고려 정부의 최고기관인 도첨의사사(都僉議使司)에 하행 문서인 차부(箚付)를 사용해 원 중앙의 지시를 전달한 일이 있었다.[101] 이처럼 정동행성은 양국 사이의 현안을 다룰 때 필요한 경우 고려 정부를 상위의 입장에서 지휘·감독할 수 있었다고 생각된다. 그러나 위와 같은 예외적인 시기를 제외하면 고려 왕이 유일한 고관(高官)으로서 통괄하고 있었으므로 고려 정부의 통치에 장애가 될 요소는 적었으리라 생각된다. 다만 원의 기구가 고려 정부와 병존하는 상황은 적어도 제도나 형식 면에서는 국내 통치에 있어 기존 정부가 절대적이지 않은 상황이 되었음을 의미한다. 또한 실제로 행성 소속 관료의 정치적 자세와 행동이 고려 재래의 체제와 마찰을 일으킨 장면도 있었다. 이에 대해서는 후술할 것이다.

이와 같이 재래의 왕조 체제는 유지되었으나, 일시적이라고는 해도 원의 관원이 상주했고, 또한 정동행성이 고려 정부의 통치를 제약할 수 있는 상황이 발생했다. 재래의 통치기구는 더 이상 유일하고 절대적인 존재가 아니라, 적어도 잠재적으로는 상대화되었던 것이다.

2) 판도와 영민

왕조의 존립 요건으로는 군주의 지위와 그 통치 권한 외에도 통치의 대상인 판도와 영민(領民)이 필요하다. 전술했듯이 이들은 큰 틀에서 보장되었으나, 예전 상태 그대로 보전되었던 것은 아니다.

---

101 『高麗史』 권30, 충렬왕 19년 7월 甲戌.

우선 고려 판도의 일부가 원의 직속하에 편입되었다.[102] 1269년(원종 10, 지원 6) 권신 임연에 의한 국왕 폐립 사건 때 서북면병마사(西北面兵馬使)의 영리(營吏)였던 최탄(崔坦)은 자비령(慈悲嶺) 북쪽 고려 서북지역을 들어 원에 투항했다. 폐립 사건에 대한 대항 조치로서 당시 고려의 영토를 분할할 계획까지 검토하던 원은[103] 이를 받아들여 다음 해에 동녕부(東寧府)를 설립했다. 이 지역은 그 후 1290년(충렬왕 16, 지원 27)에 반환되기까지 원의 직속령이었다. 또한 원은 1273년(원종 14, 지원 10)에 제주도에서 삼별초(三別抄)의 반원 항쟁을 진압한 뒤, 한반도 남방 해상의 전략 요지인 제주도를 직할했다. 제주도 통치를 위해 원이 설치했던 관부는 초토사(招討司, 1273), 군민도다루가치총관부(軍民都達魯花赤總管府, 1275, 혹은 1276 무렵), 안무사(按撫司, 1284)로 변천했다가, 1294년(충렬왕 20, 지원 31)에 이르러 고려에 반환되었다. 한편 고려가 원에 귀부하기 직전인 1258년(고종 45, 헌종 뭉케 8), 화주(和州, 현재의 함경남도 금야군)를 비롯한 고려 동북변의 여러 고을이 몽골에 내속해 쌍성총관부(雙城總管府)가 설치되었다. 이는 1356년(恭愍王 5, 지정 16)에 공민왕이 수복하기까지 사원기 내내 존속되었다.

영민을 둘러싸고는 피로인, 유망민의 쇄환(刷還)이 문제였다.[104] 몽골과의 전쟁 과정에서 많은 고려인이 포로로 연행되었고, 또 혼란을 피해 국외로 빠져나갔다. 이에 대해 원은 1260년(원종 원년, 중통 원년)에 기미년(1259, 고종 46, 헌종 뭉케 9) 이후의 피로인과 유망민은 송환할 것을 약속했고,[105] 충렬왕 대를 중심으로 송환 사업이 반복되었는데, 그 양상은

---

102 이 문제에 관한 이하의 서술에 있어서는 다음의 논고 참조. 池内宏[1963c]; 高昌錫[1984]; 金九鎭[1989]; 方東仁[1990]; 方東仁[1997a]; 方東仁[1997b]; 高昌錫[1998]; 大葉昇一[1999]; 金日宇[2000] 제IV장; 李貞信[2004]; 金順子[2006] 제1절. 또한 제주도에 관해서는 특히 이 책 제6장, 339~340쪽 및 주 20도 참조할 것.

103 『元高麗記事』 至元 6년 11월 2일.

104 梁元錫[1956]; 金順子[1994]; 金順子[2006] 제2절 참조.

〈표 9-1〉과 같다.

표에서 확인되듯이 대상지역은 북방 인근의 요양(遼陽), 심양(瀋陽), 쌍성, 동녕을 중심으로, 개원(開元, 현재의 吉林城 방면)과 북경(北京, 현재의 內蒙古自治區 赤峰市 寧城縣을 중심으로 한 지역) 등, 나아가 북방과 서방에 이르고 있다. 그러나 『졸고천백(拙藁千百)』에 실린 〈국왕여중서성청쇄유민서(國王與中書省請刷流民書)〉의 한 구절에,

> 누차 조정에서 특별히 사신을 파견해 요양성과 정동성의 위관(委官)들과 함께 유망민을 쇄환했으나 매번 토관(土官)들이 붙들고 놓아 주지 않아 쇄환이 철저하지 못했습니다. 또한 내가(충숙왕) 지치 원년(1321, 충숙왕 8)에 입조(入朝)한 이후로 5년 동안 나라 사람들이 국경의 방비를 허술히 해 요양·심양·개원 등지로 도망해 들어간 사람들이 그 수를 알 수 없을 정도입니다.[106]

라고 하고, 『고려사』 세가, 충혜왕 원년(1331, 후지원 6) 4월 조에 수록된 유민 쇄환에 관한 주청의 한 구절에,

> 본국에서는 이에 누차 관원을 차정해 요양·심양 등지로 가게 해 〔유민을〕 선별하고자 했으나 현지의 관사에서는 군호(軍戶)라고 하거나 혹은 농민이라고 거짓으로 둘러대면서 가로막고 방해해 쇄환하지 못한 것이 오래되었습니다. 또한 근년에는 본국 주·현에서 역을 부담하는 인민과 관(官)·사(私)의 노비들이 요양·심양·쌍성·여진(女眞) 등지

105 『元高麗記事』 中統 원년 4월 2일; 『高麗史』 권25, 원종 원년 4월 辛酉.

106 『拙稿千百』 권2, 〈國王與中書省請刷流民書〉. "累蒙朝廷特遣使臣, 與遼陽省及征東委官, 會刷歸之, 而每緣土官占吝, 刷之不悉. 又予至治元年入朝以後, 五載之間, 國人失於防閑, 逃入遼·瀋·開元地面, 不知其數."

<표 9-1> 피로인·유망민 쇄환 사업

1260년(원종 1) 3월	왕 만호(王萬戶), 남녀 60여 명을 돌려보냄.
동년 4월	예수데르[也速達], 김보정(金寶鼎)·김대재(金大材) 등 100명을 방환. 전년 봄 이후 포로가 되거나 도망 온 인민을 방환하라는 세조의 조서.
동년 5월	원, 포로 및 도망한 민 440여 호(戶)를 돌려보냄.
1270년(원종 11) 11월	서경(西京) 및 원 군대에 도망해 의탁한 민을 송환할 것을 주청.
1271년(원종 12) 6월	대장군 곽여필(郭汝弼) 등을 서경에 보내어 도망한 인민을 찾음.
동년 11월	중서성에 상서해, 죄를 짓고 도망한 인구의 반환을 요청.
1274년(원종 15) 8월	소경(少卿) 조유(趙愉)를 동녕부에 파견해 죄를 짓고 도망한 자들을 송환.
1276년(충렬왕 2) 11월	중랑장 강지소(康之邵)를 원에 보내어 인물 추쇄. 소득 없이 귀환.
1278년(충렬왕 4) 2월	대부소윤(大府少尹) 조유(趙瑜) 등을 동녕부에 보내어 인물 추쇄.
동년 7월	경오년(1270) 이래 북경(北京)·동경(東京)·동녕으로 도망가거나 포로가 된 민의 추쇄 요청.
동년 9월	낭장 조함(趙瑊) 등을 동녕부에 보내어 인물 추쇄.
동년 10월	소윤 조유 등을 동녕부에 보내어 곡주(谷州)·수안(遂安)·은율(殷栗)의 민 추쇄.
1279년(충렬왕 5) 2월	소윤 조유 등을 동녕부에 보내어 기미년(1259) 이래 서해의 민으로 망명한 자 추쇄.
1280년(충렬왕 6) 정월	친종장군(親從將軍) 박연(朴延) 등을 동녕부에 보내어 공장[夫匠] 추쇄.
동년 7월	쌍성 지역 민호 반환과 관련한 중서성의 첩.
1282년(충렬왕 8) 9월	친종장군 정인경(鄭仁卿)을 요심(遼瀋)에, 중랑장 정복균(鄭福均)을 동녕부에 파견해 인물 추쇄.
1283년(충렬왕 9) 3월	대장군 정인경 등을 요양(遼陽)·북경에 보내어 유민 추쇄.
동년 9월	정랑(正郎) 위문개(魏文愷) 등을 개원로(開元路)에 보내어 인물 추쇄.
1284년(충렬왕 10) 1월	함평선위사(咸平宣慰使)가 쌍성에 도망해 온 본국 인구 추쇄.
1285년(충렬왕 11) 3월	원 단사관(断事官)·요동선위사가 동진(東眞) 북면에 사신을 보내어 죄를 짓고 도망한 본국 민을 찾아 데리고 옴.
동년 5월	기미년 이래 도망쳐 들어간 고려인을 송환한다는 황제의 명령.
1286년(충렬왕 12) 8월	부지밀직사사 김흔(金忻)을 동진에 보내어 유민 추쇄.
1291년(충렬왕 17) 8월	장군 김위량(金位良)을 동경·심주(瀋州) 등에 보내어 인물 추쇄.
1292년(충렬왕 18) 1월	원경(元卿)을 요양로에 보내어 기미년 이래 포로가 된 민 추쇄.
1294년(충렬왕 20) 5월	기미년 이후 포로가 되거나 유망해 온 민을 요양행성과 분간해 돌려보낼 것이라는 황제의 명령.
1297년(충렬왕 23) 2월	요심 지역의 기미년 이래 피로민·유민을 쇄환할 것을 황제가 허락.
동년 4월	원에서 요양로에 사신을 보내어 피로민·유민을 추쇄해 350호를 돌려보냄.
1304년(충렬왕 30) 8월	지밀직사사 고세(高世)를 심양(瀋陽)에 보내어 인물 추쇄.
1311년(충선왕 3) 10월	첨의평리 조련(趙璉)을 심양에 보내어 인물 추쇄.
1325년(충숙왕 12)	기미년 2월 이후 도망하거나 포로가 된 민을 추쇄해 반환할 것을 원 중서성에 요청.
충숙왕 대	여진·홍긍(洪肯)·삼살(三撒)·독로올(禿魯兀)·해양(海陽) 등지에 도망간 이민(吏民)이 많음. 조돈(趙暾)이 해양에서 60여 호, 이후 다시 100여 호를 추쇄해 돌아옴.
1331(충혜왕 1)년 4월	쌍성·여진·요양·심양에 도망간 민의 쇄환을 주청.
1339(충숙왕 후8)년 9월	의주(義州)·정주(静州)의 민이 압록강을 건너가므로, 사신을 보내어 안무.

전거: 『高麗史』 세가; 권 111 趙暾 傳; 『高麗史節要』; 『拙藁千百』 권2, 〈國王與中書省請刷流民書〉.

로 도망가서 부역을 피해 흩어져 살고 있습니다. 비록 사람을 보내어 추쇄하고자 해도 관할하는 관사와 두목인(頭目人)들이 멋대로 끼고서 방해하며 내놓지 않고 있으니 매우 불편합니다.[107]

라고 하듯이 현지 관헌(官憲)과 유력자의 은닉, 방해, 그리고 피역한 양민이나 공사노비의 새로운 유망이라는 악순환이 반복되어, 좀처럼 생각대로 진전되지 않았던 모양이다.

또한 원 정부에서 금령을 내렸음에도 원 측 세력이 고려 주민을 포로로 끌고 가는 일도 한동안 이어졌다. 1260년에는 필 천호(畢千戶)와 김 천호(金千戶)가 방환된 고려인 190명 남짓을 끌고 갔다.[108] 1271년(원종 12, 지원 8) 진도의 삼별초가 진정되었을 때에도 많은 섬주민이 원군에 포로로 끌려갔다.[109] 1278년(충렬왕 4, 지원 15)에는 요양 사람이 고려 국내에 잠행해 백성을 끌고 가려던 것이 발각되었다.[110] 같은 해에 고려에 주둔하던 원군이 철수할 때에도 양민을 끌고 가는 일이 있을까 우려했으며,[111] 이와 동시에 고려인 여성과 혼인한 병사 가족의 귀속 문제도 의논되었다. 우선 원 측에서는 처가의 족당(族黨)이라고 사칭해 고려인을 대동하지 못하게 했으며,[112] 고려 측에서는 부모가 허락한 처 외의 인원을 대동하는 것을 아울러 금지했다.[113] 이에 대해 원은 다음 해 병사의 처자가 모두 억류되어 있다는 데 우려를 표했고, 고려 측은 혼서(婚書) 유무를

107 『高麗史』 권36, 충혜왕 원년(1331, 後至元 6) 4월 庚寅. "本國以此累次差官, 前去遼陽·瀋陽等處, 欲行分揀, 所在官司, 濫稱軍戶, 或稱農氓, 沮遏不刷者久矣. 而又比年間, 本國州縣當役人民, 幷官寺私奴婢人口, 逃往遼陽·瀋陽·雙城·女眞等處, 影避差役, 散漫住坐. 雖或差人前去, 將欲推刷, 所轄官司, 幷頭目人, 擅自挾帶, 當欄不與, 甚爲未便."

108 『高麗史』 권25, 원종 원년 9월 甲午.

109 『高麗史』 권25, 원종 12년 6월 戊申; 8월 是月; 원종 13년 정월 庚申.

110 『高麗史』 권28, 충렬왕 4년 7월 壬辰.

111 『高麗史』 권28, 충렬왕 4년 7월 戊戌; 辛丑.

112 『高麗史』 권28, 충렬왕 4년 7월 辛丑; 9월 辛卯.

113 『高麗史』 권28, 충렬왕 4년 7월 丁未.

확인한 후 취한 조치라고 반론했는데,[114] 원은 이미 자식이 있는 처는 남편을 따르도록 할 것을 지시했다.[115]

이상은 고려로부터 인구가 유출된 사례인데, 역으로 원 측의 인구가 고려에 유입되는 현상도 보인다. 1272년(원종 13, 지원 9) 원의 제왕 쿠라추[忽剌出]는 도망쳐서 고려 경계 내에 있는 자신의 민호를 추쇄하고자 했는데, 원 정부는 고려의 민을 동요시킬 것을 우려해 이를 제지했다.[116] 1275년(충렬왕 원년, 지원 12)에는 고려에 제주도루인물추쇄색(濟州逃漏人物推刷色)이 설치되었는데,[117] 원 직할령인 제주도에서 고려 국내로 유망한 인호를 추쇄하기 위한 것으로 보이며, 원에 의한 제주도민 쇄환도 1276년(충렬왕 2, 지원 13)과 1293년(충렬왕 19, 지원 30)에 실시된 적이 있었다.[118] 또 1276년(충렬왕 2, 지원 13)에는 동녕부의 천호 한신(韓愼)이 방문해 인물을 추쇄했고,[119] 1286년(충렬왕 12, 지원 23)에는 쌍성의 유민을 추쇄하라는 황제의 명령이 내려졌다.[120] 1296년(충렬왕 22, 元貞 2)에도 테무르[帖木兒]가 파견되어 쌍성의 인물을 수색했고,[121] 1302년(충렬왕 28, 대덕 6)에는 바이두보라[伯都孛羅]가 파견되어 요심의 인물을 선별했다.[122] 1347년(충목왕 3, 지정 7)에도 고려 정부가 교주도도순문사(交州道都巡問使)에게 쌍성의 인구를 '검괄(檢括)'하게 했는데,[123] 아마도 교주도 지역(대략 현재의 강원도 서부)에 쌍성의 민이 다수 유입되었기 때문일 것이다. 1287년(충렬왕 13, 지원 24)에 몽골 옷치긴 왕가의 당주 나얀이 쿠빌라이에 반기를 들었을 때,

---

114 『高麗史』 권29, 충렬왕 5년 정월 丙寅.
115 『高麗史』 권29, 충렬왕 5년 정월 戊辰.
116 『元史』 권7, 世祖本紀, 至元 9년 12월 辛丑.
117 『高麗史』 권77, 百官志, 諸司都監各色, 濟州道漏人物推刷色.
118 『高麗史』 권28, 충렬왕 2년 7월 丁酉; 『高麗史』 권30, 충렬왕 19년 6월 乙卯.
119 『高麗史』 권28, 충렬왕 2년 8월 己丑.
120 『高麗史』 권30, 충렬왕 12년 7월 甲戌.
121 『高麗史』 권31, 충렬왕 22년 7월 丙申.
122 『高麗史』 권32, 충렬왕 28년 8월 乙酉.
123 『高麗史』 권37, 충목왕 3년 정월 壬申.

고려는 나얀의 부하인 유초(庾超)라는 인물을 체포해 참수했는데, 그는 나얀의 명으로 도망병을 수색하기 위해 고려에 들렀던 자였다.[124] 또한 『원전장(元典章)』 권57, 형부(刑部), 제금(諸禁), 금수략(禁誘略), 과방인구(過房人口)에 수록된 연우 3년(1316, 충숙왕 3)의 기사에는 양자(養子)로 들인다는 명목으로 끌려갔던 중원과 강남의 자녀가 고려에서도 불법으로 매매되고 있음이 기록되어 있다.

이들은 원 정부의 입장에서 볼 때 본래 고려에 거주해서는 안 되는 인물들에 관한 문제였는데, 원 정부 내지 그 일부 세력이 의도적으로 그 인호를 고려 국내에 옮겨 둔 경우도 있었다. 그 첫 번째 사례는 유배지로 이용된 것으로, 〈표 9-2〉와 같은 사례가 확인된다.

표에서 보이듯이 당초에는 일반적인 죄수를 한반도 안의 원 직할지에 유배하기 시작했던 것 같은데, 후에는 몽골의 제왕이나 고관이 고려 소관의 섬 지역에 유배되었다. 그 가운데에는 원의 정쟁, 내홍과 관련된 사례가 보이므로, 고려의 관리 책임도 그만큼 무거워졌을 것으로 상상된다.

고려 국내에는 이 외에도 원의 권익이 분포되어 있었다. 1279년(충렬왕 5, 지원 16) 원은 말 150필을 고려에 보내어 여러 섬에 방목하게 했다.[125] 또 1293년(충렬왕 19, 지원 30)까지 진도에는 원이 직할하던 제주도민이 옮겨 살고 있었다.[126] 제주도에는 1276년(충렬왕 2, 지원 13) 무렵부터 원 황실 직속의 목장이 개설되어 원에서 이주한 카치[哈赤], 즉 목자(牧子) 집단이 목축에 종사했는데, 그들은 1294년(충렬왕 20, 지원 31)에 제주도의 행정권이 고려에 반환된 후에도 사원기 내내 그곳에서 활동했다.[127] 원의,

---

124 『高麗史』 권30, 충렬왕 13년 5월 壬寅.

125 『高麗史』 권29, 충렬왕 5년 10월 己亥; 『高麗史節要』 권20, 충렬왕 5년 10월.

126 『高麗史』 권30, 충렬왕 19년 7월 甲戌.

127 高昌錫[1985] 참조.

<표 9-2> 원에서 고려로 유배된 사례

연대	유배자	유배지	비고	출전
1275	도적 100여 인	탐라	당시 탐라는 원 직할	『고려사』 충렬왕 원년 4월 壬子
1277	도적 40인	덕주(德州)	당시 덕주는 원 직할	『고려사』 충렬왕 3년 3월 丁巳
	죄인 33인	탐라	당시 탐라는 원 직할	『고려사』 충렬왕 3년 5월 戊戌
	죄인 40인			『고려사』 충렬왕 3년 8월 庚辰
1278	죄인 13인	영암군(靈岩郡) 피면도(披緜島)		『고려사』 충렬왕 4년 8월 辛巳
	죄인 24인	보성군(寶城郡) 내로도(乃老島)		
1280	황자(皇子) 아야치 [愛牙赤]	대청도(大青島)		『고려사』 충렬왕 6년 8월 丙子
1283	시라지[室剌只]			『고려사』 충렬왕 9년 9월 庚申
1288	대왕 코케데이 [闊闊歹]			『고려사』 충렬왕 14년 6월 丁巳
1289	대왕 시리기[石列紇]	인물도(人物島)		『고려사』 충렬왕 15년 9월 庚辰
	대왕 예리 부카 [野里不花]	고란도(高鸞島)		
	대왕 사리지[撒里只]	여음도(與音島)		
1292	아르도[阿里禿] 대왕	잉분도(芿盆島)	카단의 당여	『고려사』 충렬왕 18년 3월 戊午
	적당 타예쉬[塔也速]	백령도(白翎島)	카단의 당여?	『고려사』 충렬왕 18년 4월 癸亥
	적당 토기추[闍吉出]	대청도		
	적당 티이쉬[帖亦速]	오야도(烏也島)		
	카단[哈丹] 휘하의 대왕	영흥도(靈興島)·조야도(祖月島)	카단의 당여	『고려사』 충렬왕 18년 4월 庚午
1310	영왕(寧王)	不明	모반죄	『고려사』 충선왕 2년 9월 己卯
1311	평장 미리 부카 [迷里不花]	오안도(烏安島)	승상 삼보노(三寶奴)의 당여	『고려사』 충선왕 3년 2월 辛未
1317	위왕(魏王) 아무가[阿木哥]	탐라→대청도		『고려사』 충숙왕 4년 윤정월 壬申
1322	휘정원사 나원(羅源)	탐라		『원사』 至治 2년 정월 癸未
1324	볼라드[孛剌] 태자	대청도		『고려사』 충숙왕 11년 정월 丙辰
1330	태자 토곤 테무르 [妥懽帖睦爾]		뒤의 순제	『고려사』 충혜왕 세가, 충숙왕 17년 7월 丁巳
1340	부랄기[孛蘭奚] 대왕	탐라		『고려사』 충혜왕 후원년 2월 丙戌

아마도 천문을 담당하는 태사원(太史院), 혹은 태사부(太師府)의 오류로 보이는 '태사부(太史府)'도 고려에 '전(田)·민(民)'을 보유하고 있었던 것 같으니, 1349년(충정왕 원년, 지정 9)에 그에 대한 조사를 시행한 바 있다.[128]

또 특히 주목되는 것은 원이 '황경초(皇慶初)'(1312, 충선왕 4)에 원에 귀부한 '삭방번왕(朔方蕃王) 바르미스[八驢迷思]', 즉 아마도 원과 대립해 왔던 중앙아시아의 몽골 왕후와 그 부민(部民)을 고려에 이주시키려는 계획을 논의한 적도 있다는 사실이다. 이 계획은 원의 고려인 환관 방신우(方臣祐)의 반대로 실현되지 않았는데, 그는 "좁은 고려의 땅에 생활 습관이 다른 목민(牧民)을 동거시키면 고려의 백성과 갈등을 일으킬 것"이라는 이유로 반대했다.[129] 고려의 땅에 몽골 왕후와 그 부민이 거주하는 것 자체가 고려의 판도에 대한 침해로서 문제시되었던 것은 아니다.

몽골 왕후를 비롯한 분권적인 정치 세력의 집합체인 원에서는 각 세력의 다양한 권익이 각각 일원적·배타적인 공간 속에 모여 있었던 것이 아니라, 각지에 규모가 다양한 단위로 분산되어 그것들이 모자이크 모양으로 혼재하는 양상을 보였다. 고려 왕가의 소리(掃里, sa'uri), 즉 숙역(宿驛)이나 토지를 비롯한 권익도 원 국내에 점재해 있었다.[130] 역으로 고려 본국도 정도의 차이는 있어도 그러한 원 본국과 같은 정치적·사회적 환경 속에 편입되어 있는 부분이 있었던 것은 아닐까?

이상과 같이 고려의 재래 왕조 체제는 세조 이래의 칙허를 준수한다는 형식하에 유지되었다. 무엇보다 개별 정책 심의에서는 다양한 관점에서 그 장점과 단점이 검토되었을 것인데, 그 결과 재래 왕조 체제의 유지라는 선례를 답습하는 방식이 선택된 것이다. 다만 원의 정치 질서

---

128 『高麗史』 권37, 충정왕 원년 9월 甲戌.

129 『益齋亂藁』 권7, 〈光祿大夫平章政事上洛府院君方公祠堂碑〉. "高麗地侠多山, 無所田牧. 北俗居之, 必不樂, 徒令東民驚動, 或不能按堵耳."

130 이 책 제2장 제4~6절 참조.

와 사회 환경이 서서히 침투하는 상황에서 고려의 체제가 유지되었다. 그 때문에 고려가 그때까지 경험해 왔던 중국왕조와의 종속 관계와는 달리, 그 자기완결적이고 배타적인 지배 공간에 동요가 발생한 측면도 있었던 것이다.

4. '불개토풍'의 내실

고려 재래 왕조 체제가 보장되었다고는 하지만 실제로는 원과의 관계 속에서 영향을 받으며 많은 변화를 겪었다. '영향'이라고 한 마디로 표현하기는 했지만, 원 측의 의사가 작용한 사례와 고려가 원의 제도와 관습 등을 자주적으로 참작한 사례가 있고, 어느 쪽 사례에 속하는지 사료상 명확하지 않은 경우도 많다. 또 일견 원의 영향에 기인한 것임이 명료하지 않은 변화 가운데 실은 그 영향이 포함되어 있을 가능성도 있다. 이 문제는 앞으로 보다 치밀하게 분석할 필요가 있는데, 여기서는 고려 재래 왕조 체제 보전 문제에 대한 원 측의 자세라는 당면한 관심에 따라, 일단 원 측의 의사가 직접적 내지 간접적으로 작용한 상황을 현시점에서 확인되는 사항을 중심으로 개관해 보고자 한다.

1) 관제

원의 의향에 따라 가장 크게 변화한 것이 관제를 비롯한 고려의 국제다. 고려 재래의 국제는 내용의 상당수가 군주를 천자, 황제에 준하는 것으로 구성되어 있었으며, 그것은 중국왕조에서 보자면 참람한 일이었다. 다만 송·요·금 등은 이를 드러내고 문제시하지 않았는데, 원의 경우는 달라서 1275년(충렬왕 원년, 지원 12)에 "이미 태자(太子)를 세자(世子)로 칭하고, 성지(聖旨)를 선지(宣旨)로 고쳤는데, 관호(官號)가 조정과 같은 것도 마찬가지로 처리하고, 또 재상의 수를 삭감하라."라고 통고했다.[131] 이 시점에서 이미 태자나 성지 등의 용어는 개칭되었으나 추가로 전면적인 조정을 요구했던 것으로, 곧바로 관제가 개정되었다.[132] 그 대체적인 면모는 『고려사』 백관지를 일람하면 명확해지는데, 예컨대 중서(中書)·문하(門下)·상서(尙書)의 3성[133]은 통합되어 첨의부(僉議府)가 되고, 추밀원(樞密院)은 밀직사(密直司)로, 어사대(御史臺)는 감찰사(監察司) 등으로 일신되었다. 또한 이듬해인 1276년(충렬왕 2, 지원 13)에는 다루가치의 지적에 따라 선지, 짐(朕), 사(赦), 주(奏) 등의 용어를 고쳤다.[134] 천자, 황제의 격식을 갖추어 당송풍의 3성 6부 체제를 조형(祖型)으로 한 고려의 전통적 국제가 이후 중국 책봉하 제후국으로서의 격식으로 바뀐 것이다. 이는 최고의결기관인 의정부(議政府) 아래에 육조(六曹)가 배치되는 조선왕조 국제로 변천해 가는 최초의 전기였다.

다만 이것으로써 관제나 참의(僭擬)의 문제가 해소되었던 것은 아니었다. 1298년(충렬왕 24, 대덕 2)에 즉위한 충선왕은 "앞서 관제를 개정했으나 원제(元制)와 같음에도 불구하고 고치지 않은 것, 다른데도 고친 것, 개정한 칭호가 옛 모습과 어울리지 않는 것이 있으므로, 개정·통폐합할" 것을 지시했다.[135] 그런데 이때의 관제 개편으로 사도(司徒)·사공(司空)·시중(侍中) 등 중국풍의 관호가 부활했다.[136] 또한 그 기도 자체가 원측의 반발을 불러와, 충선왕이 연내에 실각하는 하나의 원인이 되었던 것 같다. 다음 해 원은 "선조(先朝)가 정한 관부와 선명(宣命)을 받은 인원(人員)은 변경하지 말고, 함부로 바꾼 것은 개정하라."고 하여,[137] 옛 상태

131 『高麗史』 권28, 충렬왕 원년 10월 庚戌.

132 『高麗史』 권28, 충렬왕 원년 10월 壬戌; 11월 癸酉.

133 단 중서성과 문하성에 대해서는 중서문하성이라는 하나의 기관이었다고 보는 설도 있다.

134 『高麗史』 권28, 충렬왕 2년 3월 甲申.

135 『高麗史』 권33, 충선왕 즉위년 5월 辛卯.

136 『元高麗記事』 大德 3년 정월 10일.

137 『高麗史』 권31, 충렬왕 25년 4월 辛亥.

로 돌려놓을 것을 지시했다. 충선왕의 개혁은 어디까지나 원제와의 정합화를 목적으로 했으나,[138] 자국의 관제임에도 원의 승인을 받지 않은 채 독자적으로 변경한 것은 혼자만의 판단으로 행한 것이라는 비판을 받을 위험성을 품고 있었던 것이다.

1301년(충렬왕 27, 대덕 5) 정동행성 평장정사인 게오르기스가 고려의 "왕경 내외 여러 관사, 주·현 총 358곳에 설치된 크고 작은 관원 4,355원(員)"의 존재가 백성의 부담이 되고 있음을 지적하면서, 재차 관제의 개정을 시사했다.[139] 이때 원 측이 "고려의 조종 구법을 변경하는 것에 대해서는 선조에서도 관호 개정을 행해 왔으므로 문제가 없다."고 판단한 것이 주목된다. 불개토풍의 조서보다도 선조, 즉 세조 대에 관호 개정을 행했던 사실이 따라야 할 선례가 된다는 것이다. 선례주의에 의한 고려 재래 체제가 보전되지 못할 가능성도 있었음을 보여 준다. 다음 달 고려는 내외의 관(官)을 통폐합해 원과 명칭이 같은 관서의 이름을 개정했다.[140] 다만 완전히 철저하게 행한 것은 아니어서, 예컨대 경상도의 양주(梁州, 현재의 경상남도 양산시)는 이때 밀성(密城, 현재의 경상남도 밀양시)과 통합되었던 듯한데 1304년(충렬왕 30, 대덕 8)에 복구되었다.[141]

1308년(충렬왕 34, 지대 원년)에 복위한 충선왕은 재차 관제를 개혁했다.[142] 그러나 이때에도 원의 홍중희(洪重喜)가 "멋대로 관호를 고쳤다."고 비난해, 1309년(충선왕 원년, 지대 2) 이유 없이 실직하거나 강등당한 인원을 복직시키거나 또는 관부를 신설해 근무하게 했고, 한번 고쳤던 근시(近侍)·다방(茶房)·삼관(三官)·오군(五軍)도 복구하는 조치를 취했다.[143] 당

138 李益柱[1994] 참조.
139 『高麗史』 권32, 충렬왕 27년 4월 己丑.
140 『高麗史』 권32, 충렬왕 27년 5월 丙午.
141 『高麗史』 권57, 地理志, 慶尙道, 梁州.
142 『高麗史』 권33, 충선왕 복위년 11월 辛未.
143 『高麗史』 권33, 충선왕 원년 3월 丁未.

시 왕은 무종 카이샨을 옹립한 공로자의 한 사람으로서 권위와 명망이 높았고, 황태제 아유르바르와다(뒤의 인종)와 그 모후인 다기 태후로부터도 총애를 받고 있었음에도, 관제 개혁이 독단적인 전횡이라는 비판은 피할 수 없었다. 그 후 1310년(충선왕 2, 지대 3)에도 여러 관사와 주군의 명칭을 다시 개정했는데,[144] 이 조치와 원의 관계는 불분명하지 않다.

관료 임명에 대해서는 세조가 고려 인사에 개입해 달라는 요청을 받았을 때, "관인에 법제가 있고, 나라에 군주가 있으니, 짐이 무엇하러 간여하겠는가."라고 하며 이를 거부했다는 일화가 있다.[145] 그러나 한편으로는 그 세조가 공적이 있었던 고려 사신에게 높은 관직을 내려 주라고 고려 측에 지시한 예도 있다.[146]

또 최고관부인 첨의부는 1279년(충렬왕 5, 지원 16) 고려 측 요청에 따라 원으로부터 정4품의 동인(銅印)을 수여받아[147] 원의 품계 체계 내에 위치하게 되었다. 이어서 1281년(충렬왕 7, 지원 18)에는 종3품으로 격상되었고,[148] 1293년(충렬왕 19, 지원 30)에는 칙명에 따라 도첨의사사로 개칭되고 종2품의 격을 부여받아 양대은인(兩臺銀印)을 수여받았다.[149] 이러한 조치는 고려의 기구가 원 정부의 인증을 받았음을 의미하는데, 동시에 양국 정부의 일체화로 이어질 가능성을 내포했다. 사실 1304년(충렬왕

144 『高麗史』 권33, 충선왕 2년 8월 丙辰; 『高麗史節要』 권23, 충선왕 2년 8월.

145 李齊賢, 『櫟翁稗說』 前集 1에 실린 中官 李大順의 일화. 또한 『高麗史』 권120, 尹紹宗 열전이나 권122, 李大順 열전에도 거의 같은 글이 실려 있다.

146 『高麗史』 권27, 원종 13년 4월 庚寅.

147 『高麗史』 권29, 충렬왕 5년 5월 是月.

148 『高麗史』 권29, 충렬왕 7년 9월 癸未.

149 『高麗史』 권30, 충렬왕 19년 3월 乙酉. 이에 관련해서 주목되는 것은 1308년(충렬왕 34, 至大 원년)의 文散階 개정이다. 矢木[2008b]에 의하면 이때 관료 신분에 있어서 卿·大夫·士의 계층 구분이 1품씩 올라가, 경이 2품 이상, 대부가 4품 이상, 上士가 6품 이상이 되었으며, 그러한 구조가 조선조에 계승되었다고 한다. 이 개정 이유에 대해서 矢木은 원제와의 조정이라는 점을 들고 있는데, 그때 고려의 최고관부인 都僉議使司가 원의 종2품에 위치 지어졌다는 점도 고려할 필요가 있다.

30, 대덕 8)에는 유청신(柳淸臣)·박경량(朴景亮) 등이 원의 2품 관부에 상당하는 도첨의사사의 관직을 황제의 명의로 서임해야 한다고 제안했는데, "고려의 정령이 원 궁정으로부터 나오는 사태를 불러일으킨다."는 반대로 인해 각하되었다.[150]

이밖에 1279년(충렬왕 5, 지원 16)에는 원의 중서성이 관청 간 문서 수수의 서식과 양식을 전달했다.[151] 그러나 현재 확인 가능한 당시 고려 국내의, 성황신(城隍神)에 대한 것을 포함하여 관청 간 문서는 모두 이두(吏讀)를 활용한 한국어로 기록된 고려의 독특한 첩(貼)이라는 형식으로,[152] 원의 제도가 대폭 도입되었다고 볼 수는 없다.[153] 다만 고려왕이 정동행성 승상을 겸임한 데 따라 왕과 원의 중서성이나 추밀원 사이에서는 자문(咨文), 즉 2품 이상의 관부·관인 사이의 문서를 주고받았다.[154]

2) 왕실

전술했듯이 사원기에는 원 측의 의향에 따라 국왕이 빈번하게 교체되어 중조(重祚)가 거듭 발생했다. 그 가운데서도 1343년(충혜왕 후4, 지정 3) 충혜왕 폐위 당시에는 원의 사신이 폭력을 행사할 정도였다.[155] 또한 방계 왕족들이 종종 승계 운동을 전개했다. 이러한 비정상적인 사태는 불가

---

150 『高麗史』 권108, 金怡 傳.

151 『高麗史』 권84, 刑法志, 公牒相通式, 外官.

152 至元 18년 자 〈淳昌城隍大王封爵貼〉, 〈淳昌城隍大王神尊號貼〉(1297년 무렵); 至正 17년 자 全羅道按廉使에게 보낸 僧錄司貼. 또한 원에서 충혜왕에게 하가되었던 德寧公主의 발령문이 이두로 기록되었던 점도 고려 재래 관습의 뿌리깊음을 보여 준다. 이상의 문서 사료의 사진, 녹문, 내용에 대해서는 盧明鎬 외[2000a], 404~410쪽; 盧明鎬 외[2000b] 도판 90쪽 참조.

153 다만 사원기인지 그 이후인지 정확한 도입 시기는 알 수 없으나 고려 말기에는 원제의 영향을 받은 箚付에 의한 임명 문서가 사용되었던 것 같다(가와니시 유야[2009] 참조).

154 이 책 제5장 II 참조.

155 『高麗史』 권36, 충혜왕 후4년 11월 甲申.

토풍이라는 명분으로 반론을 제기할 수도 있었을 것이다. 실제로 사원기가 끝난 후 원에서 충선왕의 서자인 덕흥군(德興君)에게 왕위를 승계하게 했을 때에는, 당시 공민왕 조정의 신료였던 안우경(安遇慶)이 불개토풍의 조지에 어긋난다고 하면서 이에 반론을 제기했다.[156] 그러나 사원기에는 그러한 언설이 별로 보이지 않는다.

전술했듯이 1275년(충렬왕 원년, 지원 12)에는 세조가 성지를 내려, 고려 왕실이 전통적으로 행해 온 족내혼 풍습을 비판했다.[157] 1291년(충렬왕 17, 지원 28년)에도 같은 내용의 성지가 있었는데, 이러한 지적에 대해 당시의 충렬왕 정권은 별다른 대응을 하지 않았고, 1308년(충렬왕 34, 지대 원년)에 이르러 충선왕이 위와 같은 성지에 근거해 종친의 족내혼을 금지했다.[158] 또 이어서 외종형제 간 통혼에 대한 금령도 내렸는데,[159] 어떤 관련성을 갖는 조치였는지도 모르겠다.

3) 민정

전술했듯이 원은 고려에서 호구 조사나 이에 근거한 체계적인 징세 및 징용을 행하지는 않았다.[160] 이러한 가운데 『고려사』 권30, 세가, 충렬왕 12년(1286, 지원 23) 4월 갑진 조와 『고려사절요』 권21, 충렬왕 12년 4월의 기사에서 이해에 원에서 사신을 파견해 '상인세전(商人稅錢)', 이마도 상세(商稅)를 징수한 사례가 한 건 확인된다. 다만 그 후 계속해서 실시되지는 않았던 것 같다.[161]

---

156 『高麗史』 권113, 安遇慶 傳.

157 『高麗史』 권28, 충렬왕 원년 10월 庚戌.

158 『高麗史』 권33, 충선왕 복위년 11월 辛未.

159 『高麗史節要』 권23, 충렬왕 34년 윤11월.

160 『高麗史』 권32, 충렬왕 27년 4월 己丑 條에도 "본국은 〔원에 신속해〕 수십 년이 지났지만, 아직 〔원의〕 賦役을 부담한 일이 없다."고 한다.

161 『高麗史』 및 『高麗史節要』의 편찬 방침으로는 제례 행사와 같이 첫 번째 사례와 국왕이 직접 행한 경우만을 기록하고 그 밖에는 생략한 사례도 있다. 그러나 '上國' 사

민정(民政)에 관해 원은 고려 정부에 민생의 개선을 주로 간접적으로 지시했는데, 이념적으로는 고려의 백성도 다 같은 원 황제의 '적자(赤子)'이므로,[162] 때로는 직접적으로 간섭하기도 했다. 예컨대 1274년(원종 15, 지원 11)에는 군량 확보를 목적으로 한 '권과농상(勸課農桑)' 조서가 내려지고, 원의 장관 홍차구에게 농사의 '점검 조사[提點]'를 명했다.[163] 이때 고려 정부는 자신의 관장 사항이라고 하며 반대했고,[164] 이에 따라 실시되지 않았던 것으로 보인다. 1283년(충렬왕 9, 지원 20)에는 원 중서성이 고려 각 도에 권농사(勸農使)를 파견했던 것 같다.[165] 또한 1272년(원종 13, 지원 9)과 1291년(충렬왕 17, 지원 28), 1292년(충렬왕 18, 지원 29)에는 고려가 식량난을 겪자 원에서 진휼미를 공급하기도 했다.[166]

다만 원의 개입은 기존 관습의 개혁으로 이어지지는 않았고, 몇 차례 시도했던 노비제도의 개혁도 고려 측의 반발로 모두 좌절되었다.[167]

4) 군비

전술했듯이 제1차 일본 원정 전후에 고려에 진주했던 원군은 1278년(충렬왕 4, 지원 15) 철수했다. 다만 이는 고려에 군대가 주둔하는 것을 전면적으로 금지했던 것은 아닌 듯하다. 1281년(충렬왕 7, 지원 18)—일설에는 1282년(충렬왕 8, 지원 19)—원은 대일본 방위를 위해 김주(金州, 현재의 경상

절의 내방에 대해서는 『高麗史節要』 범례에 "건수가 많아도 반드시 기록한다(雖頻必書)."라고 했듯이 위의 원칙에 적용되지 않는다. 물론 정보의 누락도 있을 수 있으나, 1286년 이 외에 상세 징수 사례가 다수 확인되었음에도 이를 의도적으로 생략했을 가능성은 낮다.

162 『高麗史』 권29, 충렬왕 6년 3월 壬寅; 『高麗史』 권37, 충목왕 즉위년 4월 丙戌.

163 『高麗史』 권27, 원종 15년 5월 庚子; 『元史』 권154, 洪福源 附 洪俊奇 傳.

164 『高麗史』 권28, 충렬왕 즉위년 12월 乙巳.

165 『高麗史』 권29, 충렬왕 9년 10월 癸未.

166 『元史』 권7, 世祖本紀, 至元 9년 6월 甲午; 『高麗史』 권30, 충렬왕 17년 6월 甲申; 충렬왕 18년 윤6월 辛卯.

167 北村秀人[1964], 16~19쪽; 太田彌一郎[1993]; 金炯秀[1996] 참조.

남도 김해시)에 군사 500명을 배치했고,[168] 같은 해 합포(현재의 경상남도 창원시)에도 병사 300기(騎)를 주둔시켰으며,[169] 다음 해에도 일본에 대한 방위를 이유로 합포와 왕경에 각각 병사 340명과 60명을 파견했다.[170] 이 가운데 합포의 군사에 대해서는 1287년(충렬왕 13, 지원 24) 소환 명령이 내려졌음이 확인되고,[171] 김주와 왕경의 주둔군도 어느 시기엔가 철수했던 것으로 보인다. 그러나 1278년 이후에도 필요에 따라 원군이 고려 국내에 배치되었음이 이들 사례를 통해 확인된다.

고려와 원의 관계가 깊어지기 이전, 원은 종종 고려인의 무기 소지를 제한했다. 1271년(원종 12, 지원 8) 원 중서성은 고려인이 원의 병기나 말을 무역하는 것을 금지했고,[172] 또 고려 주재 부다루가치 초천익(焦天翼)은 사가(私家)에서 병기를 소지하는 것을 금지했으며, 진도의 삼별초 공략에 사용한 병기는 거두어서 원의 둔전군에 제출할 것을 지시했다.[173] 1275년(충렬왕 원년, 지원 12)에는 다루가치 흑적(黑的)이 활과 화살을 소지하는 것을 금지했고,[174] 다음 해에도 군사가 아닌 자가 활과 화살이나 병기를 소지하는 것을 금지했다.[175] 1276년(충렬왕 2, 지원 13)에는 "정화궁주(貞和宮主)가 쿠틀룩켈미쉬 공주를 저주하고, 왕족인 제안공(齊安公) 왕숙(王淑)과 김방경 등 43명이 불궤를 도모하고 있다."라고 무고하

---

168 『元史』 권11, 世祖本紀에서는 至元 18년 정월 壬子; 『元高麗記事』에서는 至元 19년 정월 15일에 실려 있다. 또한 『元史』 권208, 高麗 傳에서는 후자의 설에 의해 연대를 싣고 있다.

169 『高麗史』 권29, 충렬왕 7년 6월 丙戌.

170 『高麗史』 권29, 충렬왕 8년 4월 戊戌.

171 『高麗史』 권30, 충렬왕 13년 3월 庚申.

172 『高麗史』 권27, 원종 12년 3월 丁丑.

173 『高麗史』 권27, 원종 12년 10월 甲辰.

174 『高麗史』 권28, 충렬왕 원년 5월 壬辰.

175 『高麗史』 권28, 충렬왕 2년 11월 丙辰. 또한 이들 다루가치에 의한 무기 소지 금지에 대해 池內宏[1963d](115쪽)는 漢人에 대해 취해진 조치를 고려에도 적용한 것에 지나지 않는다고 파악했다.

는 익명의 투서가 있었다.[176] 원 정부는 이를 믿었던 듯, 다음 해 다루가치에게 지시해 고려인의 활과 화살 소지를 금지했다.[177] 이에 의해 수렵호[打捕戶]에 이르기까지 활과 화살을 몰수했으므로, 제2차 일본 원정 때에는 역으로 그것이 부족해 문제가 생겼다.[178] 고려와 원의 관계가 본격적인 안정기에 들어섰던 1281년(충렬왕 7, 지원 18)에조차 고려가 일본에 대한 방비를 위해 연해안의 성을 정비하고자 했으나 원은 허가하지 않았다.[179] 이러한 군비 제한에 대해 고려 측이 적극적으로 저항한 흔적은 확인되지 않는다. 다만 비슷한 지시가 반복된 것을 보면, 오히려 이들이 일시적 조치였음을 알 수 있다.

그 후 한동안 원이 고려의 군비를 제한한 일은 없었지만, 1337년(충숙왕 後6, 후지원 3)에 이르러 원은 한인·남인·고려인이 무기를 소지하는 것, 그리고 아마도 원의 관원 이외 사람이 말을 소지하는 것을 금했던 것 같다.[180] 직접적인 계기는 불명확하지만 고려를 적극적으로 염두에 둔 조처는 아니고, 당시 원의 대민 지배에 전반적으로 일었던 동요를 계기로 한 조처였을 것이다.[181] 이에 대해 고려에서는 백관의 근무에 지장이 생기므로, 정동행성을 통해 '세조 황제의 불개토풍 조지'에 근거해 병기의 보유와 백관의 기마(騎馬)를 허가해 줄 것을 주청했고,[182] 원 측도

---

176 『高麗史』 권28, 충렬왕 2년 12월 丙子.

177 『高麗史』 권28, 충렬왕 3년 정월 甲寅.

178 『高麗史』 권29, 충렬왕 6년 11월 己酉.

179 『元史』 권11, 世祖本紀, 至元 18년 11월 己巳.

180 『元史』 권39, 順帝本紀, 後至元 3년 4월 癸酉; 『高麗史節要』 권25, 충숙왕 後6년 5월; 『高麗史』 권35, 충숙왕 後6년 5월 庚戌.

181 『元史』 권39, 順帝本紀에 의하면 이해는 전반기에만도 정월에 廣州에서 朱光卿이 반란을 일으켜 大金國을 칭했고, 2월에는 汝寧에서 棒胡가, 廣西에서는 傜族이 반란을 일으켰다. 4월에는 合州에서 韓法師가 南朝 趙王을 자칭했고, 惠州에서는 위의 주광경에 호응한 반란이 일어났으며, 5월에는 西番(티벳)에서 반란이 일어난 상황이었다. 또한 이러한 사회 불안의 배경으로서 각지의 자연재해와 기근도 심각했다고 한다.

182 『高麗史』 권35, 충숙왕 後6년 5월 庚戌; 戊午; 『高麗史節要』 권25, 충숙왕 後6년 5월; 『稼亭集』 권10, 〈謝復弓兵馬匹表〉.

이를 승인했다.[183]

5) 예제

충렬왕 즉위 후, 고려는 원의 지시에 따라 관제를 개편한 동시에, 의제(儀制) 면에서도 참람한 부분을 개정했다. 『고려사』 권69, 예지, 가례잡의(嘉禮雜儀), 중동팔관회의(仲冬八關會儀)에 의하면 1275년(충렬왕 원년, 지원 12) 팔관회에서 금별산액(金鼈山額)의 '성수만년(聖壽萬年)'을 '경력천추(慶曆千秋)'로 고치고, '일인유경(一人有慶)', '팔표내정(八表來庭)', '천하태평(天下泰平)' 등의 구절도 개정했다. 또한 '만세(萬世)'는 '천세(千歲)'로 바꾸고, 연로(輦路)를 황토로 정비하는 것도 금지했다. 팔관회는 호국불교의 관념을 배경으로 하면서 고려왕이 왕실 선조와 천령(天靈)·산천신(山川神) 등을 제사하는 국가적 제의로, 외국인의 조하 의례가 행해지는 등 고려 왕권의 위엄과 덕망을 선양하는 장이었다.[184] 그러므로 천자·황제의 격식을 구비한 고려의 군주에 어울리는 예식이 행해졌는데, 이것이 일변해 14세기 전반의 팔관재소(八關齋疏)에는 '상국'의 덕을 칭송하는 문구가 등장하게 되었다.[185]

1278년(충렬왕 4, 지원 15)에는 고려의 관인인 위득유(韋得儒), 노진의(盧進義)가 원의 장수 홍차구에게 고려의 국가적 불회(佛會)인 담선법회(談禪法會)가 상국을 저주하는 행사라고 무고했다.[186] 위득유 등의 고발은 고려의 중신 김방경에 대한 사적인 원한이 발단이 되었는데,[187] 국왕은 곧

---

183 『元史』 권39, 順帝本紀, 後至元 3년 8월 癸未; 『高麗史』 권35, 충숙왕 후6년 12월 癸酉. 또한 원에서는 1339년(충숙왕 후8, 後至元 5)에도 한인·남인·고려인을 대상으로 무기 소지 금지령이 내려졌는데(『元史』 권40, 順帝本紀, 後至元 5년 4월 己酉), 고려 정부의 대응은 확인되지 않는다. 어쩌면 고려 본국은 대상이 아니었을 수도 있다.

184 奥村周司[1979] 참조.

185 『稼亭集』 권10, 〈八關齋疏〉.

186 『高麗史』 권28, 충렬왕 4년 3월 戊戌.

187 『高麗史』 권108, 金方慶 傳.

바로 상서해 변명했고,[188] 1280년(충렬왕 6, 지원 17)에 이르러 원은 재개를 허가했다.[189] 다만 강호선(姜好鮮)은 실제로 그 이후 담선법회가 개최되지 않았을 것이라는 견해를 제시했다.[190]

그 후에도 1299년(충렬왕 25, 대덕 3)에는 충렬왕이 멋대로 황조 제계(帝系)를 서사(書寫)한 일, '사구사(赦九死)의 장유(獎諭)', 즉 공로자에게 사죄(死罪)를 9번 사면하는 특권을 인정하는 것으로, 몽골 황제가 칙허하는 포상을 행했던 일, 스스로 역일(曆日)을 제작했던 일 등에 대해 원 측에서 문제를 제기했다.[191] 1301년(충렬왕 27, 대덕 5)에는 국왕의 대회에서 행하는 '삼거정편(三擧淨鞭)', '산호만세(山呼萬歲)'가 천자의 의제와 같다고 원에서 지적했고,[192] 왕의 복색을 지황(芝黃)에서 자포(赭袍)로, 또 황산(黃傘)을 홍산(紅傘)으로 바꾸고, 또 무도경필(舞蹈警蹕)하는 예를 제외하는 조치를 취했다.[193] 그러나 1304년(충렬왕 30, 대덕 8) 연등회(燃燈會) 때 국왕이 봉은사(奉恩寺)에 행차하자, 원 사신 타차르[塔察兒]와 왕약(王約) 등이 왕의 복식과 일산(日傘)에 대해 "조정에서 아직 명확히 금지하지 않았다."라고 언질해 재차 황포와 황산을 사용했다.[194] 또한 1307년(충렬왕 33, 대덕 11)에는 수원천성절(壽元天聖節)이라는 칭호가 참람하다고 해 탄일(誕日)로 개정했다.[195]

복제에서는 호복·변발의 도입이 문제가 되었다. 1272년(원종 13, 지원 9), 일본 원정 준비를 명목으로 원에서 숙위 도중 일시 귀국한 세자는 호

188 『高麗史』 권28, 충렬왕 4년 6월 戊寅.

189 『高麗史』 권29, 충렬왕 6년 3월 戊辰.

190 姜好鮮[2000], 13쪽.

191 『元高麗記事』 大德 3년 정월 10일.

192 『高麗史』 권32, 충렬왕 27년 4월 己丑.

193 『高麗史』 권72, 輿服志, 儀衛, 法駕衛仗, 충렬왕 27년 5월; 『高麗史』 권72, 輿服志, 冠服, 視朝之服, 충렬왕 27년 5월.

194 『高麗史』 권32, 충렬왕 30년 2월 丙申.

195 『高麗史』 권67, 禮志, 嘉禮, 王太子節日受宮官賀並會儀, 충렬왕 33년 6월 丙午.

복·변발의 모습으로 나타나 국인을 개탄하게 했다.[196] 당시는 국왕 원종도 몽골풍의 변발을 기피하고 있었다.[197] 충렬왕이 습위할 때에도 이승휴(李承休)는 '본국의 의관과 전례 시말[本國衣冠典禮始末]'을 상언했고, 또한 세조도 "무릇 너희 나라의 조종의 정제(定制)는 언제나 실추됨이 없게 하고, 구례에 따라 행하라."고 명했다.[198] 그러나 왕은 즉위하자 신료에게도 몽골풍의 두발형인 개체(開剃)·겁구아(怯仇兒)를 요구했고[199] 많은 신료가 이에 따랐다.[200] 의복에 대해서도 충렬왕 즉위 초기에는 원종 혼짐(魂寢)의 속료와 국자감원(國子監員) 등에 옛 복식을 착용할 것을 특별히 지시하기도 했지만,[201] 1278년(충렬왕 4, 지원 15)에 이르러서는 '상국의관(上國衣冠)'을 착용할 것을 경내에 명했다.[202] 그런데 이해에 왕이 그 경과를 쿠빌라이에게 보고하자, 세조는 역으로 고려 구래의 '예(禮)'를 준수하도록 유시했다.[203]

이와 같이 원은 호복을 강요하지 않았다. 그러나 1315년(충숙왕 2, 연우 2)에 귀천(貴賤)의 복색에 대해 조서를 내렸듯이[204] 신분 질서에 관한 색의 차이에는 원제를 준수할 것을 요구했던 것 같으며, 이 점은 전술했듯이 왕의 복식에 관해서도 확인된다. 다만 고려인이 개인으로서 호복을 착용하는 것까지 금지했던 것은 아니어서, 1351년(忠定王 3, 지정 11)에 즉위한 공민왕도 당초에는 호복·변발의 모습을 하고 있었다.[205]

---

196 『高麗史』 권27, 원종 13년 2월 己亥.
197 『高麗史』 권28, 충렬왕 즉위년 12월 丁巳.
198 『高麗史』 권106, 李承休 傳.
199 『高麗史』 권28, 충렬왕 즉위년 10월 辛酉.
200 『高麗史』 권28, 충렬왕 즉위년 12월 丁巳.
201 『高麗史』 권28, 충렬왕 즉위년 12월 庚申.
202 『高麗史』 권28, 충렬왕 4년 2월 丙子.
203 『高麗史』 권28, 충렬왕 4년 7월 甲申.
204 『高麗史』 권34, 충숙왕 2년 정월 戊午.
205 『高麗史』 권106, 李承休 傳 附 李衍宗 傳.

6) 형옥

사법에서 원의 간섭에 대해서는 우선 정부 상층부에 관한 중대 사건을 처결하는 데 원의 승인을 얻어야 한다고 했던 점이 주목된다. 1269년(원종 10, 지원 6) 권신 임연이 국왕을 폐립했을 때 원은 국왕의 자질에 문제가 있다면 원에 보고해 지시를 받아야 한다는 점을 지적했다.[206] 또한 1278년(충렬왕 4, 지원 15)에는 충렬왕이 그와 대립하는 원의 홍차구와 친한 이분희(李汾禧)와 이습(李槢) 등을 숙청했는데,[207] 이에 대해 세조는 고관에게 죄를 줄 경우에는 원에 주청한 후에 처단하도록 요구했다.[208] 1298년(충렬왕 24, 대덕 2)에 충선왕이 폐위된 이유의 하나로도 관원에 대해 엄한 형벌을 적용했다는 점이 언급되었는데, 원은 관원의 죄는 자세한 내용을 상주해서 보고해야지, 곧바로 살육해서는 안 된다고 지시했다.[209]

또한 다루가치나 원에서 증파된 정동행성관이 주재했던 시기에는 그들이 고려의 사법에 관여한 일이 있었다.[210] 그 외의 시기에도 고려 지배층의 내분이나 원 권세가의 연고자가 관련된 사건에 관해 원이 사신을 파견해 취조한 일도 있었다.[211]

한편 법 운용을 둘러싸고 점차 원법과 고려법의 병용에서 오는 혼란이 발생했다. 14세기 전반에 활약한 이곡(李穀)은 다음과 같은 상황을 지적했다.

206 『高麗史』 권26, 원종 10년 8월 戊戌.

207 『高麗史』 권28, 충렬왕 4년 10월 甲寅; 機微.

208 『高麗史』 권29, 충렬왕 5년 정월 戊辰.

209 『高麗史』 권31, 충렬왕 25년 4월 辛亥.

210 池內宏[1963d], 14~16쪽; 北村秀人[1964], 15~16쪽 참조.

211 예컨대 1303년의 石胄 음모 사건(『高麗史』 권32, 충렬왕 29년 7월 乙丑; 『高麗史』 권125, 吳潛 傳 附 石胄 傳), 1347년의 奇三萬 옥사 사건(『高麗史』 권37, 충목왕 3년 10월 甲午), 1352년의 趙日新 주살 사건(『高麗史』 권38, 공민왕 원년 12월 癸卯) 등을 들 수 있다.

근래에는 정령(政令)이 여러 군데서 나오니 사람들은 법을 봉행하지 못하고 있으며, 혹은 형벌을 적용할 때 원의 법을 기준으로 하면 유사는 공손히 손을 맞잡고서 감히 아무 말도 하지 못하고, 혹은 말하기를, "세조 황제께서 훈유하시어 국속을 바꾸지 말라고 하시었다."라고도 하고, 혹은 말하기를, "무릇 하늘 아래에 왕토(王土)가 아닌 곳이 없다."라고도 한다. 지금 위로는 〔원의〕 법규[212]를 어기지 않고, 아래로는 〔고려의〕 옛 헌장(憲章)을 잃지 않으면서 형법을 조화시키고 사람들이 구차하게 피하는 일이 없게 하고자 한다.[213]

형벌을 적용할 때 집정자가 원법을 적용하면 담당 기관도 반론을 제기하지 못하고, 임기응변식으로 법이 운용되고 있다는 것이다. 또 이곡은 다음과 같이 언급한다.

행성(行省)의 관리로서 통제(通制)의 적용을 주장하는 자는 "무릇 하늘 아래에 왕토가 아닌 곳이 없다."라고 하고, 우리나라의 신료로서 옛 법을 그대로 유지하려는 자는 "세조 황제께서 훈유하시어 토풍을 바꾸지 말라고 하셨다."라고 한다.[214]

---

212 이 사료의 인용 부분 앞에는 원의 대표적인 관찬 법전서인 『大元通制』와 『至正條格』에 대해 언급하므로, 이 부분의 원문 '條格'은 후자를 가리킬 가능성도 생각할 수 있으나 단정할 수는 없다. 원의 법제에서 '條格'이란 협의로는 행정법에 해당해, 형법인 '斷例'와 구별되는데(安部健夫[1972b], 280~290쪽 참조), 양자의 구분에는 애매한 점도 있다(金文京[2007], 111쪽 참조). 적어도 이곡이 말하는 '條格'은 문맥상 형법에 관한 내용을 포함하는 점이 명백하며, 『지정조격』(韓國學中央研究院[2007])의 편목 가운데도 '斷例'가 포함되어 있는 점 역시 이러한 일반적인 이해와 상통한다. 여기서는 일단 형법을 포함한 원의 행정법규의 범칭으로서, 광의로 해석한다. 가령 구체적인 법전 명칭이었다고 해도 이 장의 논지에는 영향을 주지 않는다.

213 『稼亭集』 권1, 〈策問〉. "比來政出多門, 人不奉法, 或於用刑之際, 繩之以元朝之法, 則有司拱手, 而不敢言, 或曰世皇有訓, 毋變國俗, 或曰普天之下, 莫非王土. 今欲上不違條格, 下不失舊章, 使刑法歸一, 而人不苟免."

214 『稼亭集』 권9, 〈送揭理問序〉. "省吏之執通制者, 則曰, 普天之下, 莫非王土, 國臣之持舊

정동행성의 관리 가운데는 고려도 원의 왕토라는 입장에서 '통제(通制)', 즉 일반법을[215] 중시하는 자가 있었던 데 비해, 고려 정부의 신료 가운데는 불개토풍의 조를 들어 고려의 '옛 법'을 준수하자고 주장하는 자가 있다는 것이다. 원법을 중시하는 것은 단지 원 중앙 정부나 정동행성의 장관인 고려왕의 지시라고는 할 수 없다. 행성의 관리로는 원의 인사가 임용되기도 했는데, 그들에게 원의 지방기관인 행성의 직무를 원법에 따라 수행하는 것은 자연스러운 일이었을 터이며,[216] 고려 정부의 관원이나 그 출신으로서 정동행성에 임용된 자가 원의 영향하에서 그러한 지향을 보였을 수도 있다.[217]

다만 이곡이 원법과 고려법의 상극을 논하면서 주안을 둔 점은 그 가운데 어느 쪽을 우선할 것인가가 아니라 양자를 어떻게 '조화[歸一]'시킬 것인가였다. 원법의 영향은 사원기 이후에도 조선 초기까지 남아 있었는데, 14세기 전반부터 관인생활을 하다가 1380년(禑王 6)에 사망한 윤해(尹侅)가 '통제(通制)·조격(條格)' 즉 원의 법규와 '본국판지(本國判旨)' 즉 고려의 법규·판례 쌍방에 깊이 '유의(留意)'했다고 칭해진 것에서도[218]

法者曰, 世皇有訓, 不改土風."

215 이 사료의 인용 부분 앞에는 원의 법전서로서 『至元新格』과 『至治通制(大元通制)』에 대해 서술하므로, 여기서의 '通制'는 후자를 가리킬 가능성도 생각할 수 있다. 그러나 단정할 수는 없으므로, 일단 광의의 일반명사로서 해석한다. 가령 구체적인 법전 명칭이었다고 해도 이 장의 논지에는 영향을 주지 않는다.

216 『稼亭集』 권9, 〈送揭理問序〉에는 그러한 원 출신 행성 관원의 발언이 "어찌해 中朝의 법을 고려에서는 시행하지 않는가."라고 기록했다.

217 고려 관인에 있어서 원법과 고려법의 상극에 대해서는 金炯秀[2001]가 논했다.

218 李穡, 『牧隱集』 文藁 권18, 〈坡平尹氏墓誌銘幷序〉. 여기서 말하는 '通制·條格'은 오늘날 그 잔권이 『通制條格』이라고 불리는 『大元通制』의 '조격' 편을 가리키는 것은 아닐 것이다. 『高麗史』 권84, 형법지, 職制에 인용된 1388년(창왕 즉위년) 9월의 典法司의 상소에서는 "前元은 천하를 다스림에 條格·通制를 제정하고 율을 내외에 포고했다."라고 역의 어순으로 언급했다. 이들은 원의 대표적인 관찬 법전서로서 한반도에서는 적어도 15세기까지 이용된 『대원통제』와 『지정조격』을 가리키는 것이거나, 혹은 그들이 상징하는 원의 법규를 총칭하는 것으로 생각된다. 앞서 든 이곡의 문장과 같이 '통제'에 대해서는 일반법을 의미하는 일반명사, '조격'에 대해서는 원의 행정

이곡이 모색했던 과제가 여전히 현안이었음을 알 수 있다.

5. 소결

이 장에서는 원과의 관계 속에서 고려의 재래 왕조 체제가 보전된 정책 결정의 형식적 구조를, 고려가 원에 귀복한 당시 왕국과 그 구습의 보전에 관한 칙허를 세조로부터 얻고, 그 후 다양한 사안이 발생하는 가운데 결과적으로 선례를 답습하는 판례를 축적한 과정으로 이해했다. 물론 개별 국면에서는 다양한 문제가 고려되었을 것이며, 세조의 의사가 모든 방면을 규정한 총체적인 것은 아니었다고 생각되는데, 어쨌든 선례를 답습하는 데서 생겨난 이점을 보다 중시하는 경향이었다고 할 수 있다.

그러나 양국 간의 종속관계는 그 이전에 고려가 경험했던 책봉관계와는 크게 달라, 원 지배의 실질성과 직접성이 뚜렷하다. 고려의 내정에 대해 직접적인 간섭이 반복되었고, 고려는 다양한 물자의 제공과 군사 협력에 응해야 했다. 그리고 보장되었던 구습도 실제로는 원의 의향이 관여하는 가운데 참의(僭擬) 문제를 비롯해 다양한 측면에서 변경되었다. 다만 원 측이 문제점을 발견하고 변경을 요구하는 시점은 사안에 따라 다양했으며, 이에 대한 고려 측의 승낙 여부 반응과 그 시점도 다양했다. 고려 측이 자주적으로 규제한 것을 원 측에서 필요하지 않다고 판단한 경우도 있었다. 불개토풍 원칙의 적용·비적용 범위는 처음부터 윤곽이 명확하지 않았고, 양국의 그때그때의 인식과 판단이 교착하는 가

법규의 범칭으로서의 용법도 생각되는데, 이와 같이 위상이 다른 용어를 병기해 원의 법체계를 총칭하지는 않았을 것이다. 또한 같은 이유에서 둘 중 어느 한쪽만이 구체적인 법전 명칭이었을 것으로도 보기 어렵다.

운데 결정되었다. 그리고 원의 정치 질서와 사회 환경이 고려에도 서서히 침투해 옴으로써 소령(所領) 지배의 형태도 부분적으로 달라졌다.

다만 몽골이 일반적으로 복속국에 요구한 사항을 살펴보면, 다루가치가 오래 상주하지 않고 호구 조사와 그에 근거한 직접적인 과세가 면제되는 등 고려에 대해서는 보다 간접적인 지배 형태가 취해졌다. 그런 점에서 전통적인 책봉체제에 가까운 상황을 창출하고 있었다고 생각할 수도 있다. 그러나 유라시아 전체를 염두에 두면 이것이 반드시 특수한 사례라고는 한정지을 수 없다. 룸 셀주크나 키리키아 아르메니아에서는 호구 조사나 그에 근거한 직접적인 징세가 면제된 경우가 있다(또는 그 가능성이 있다).[219] 또 키리키아 아르메니아나 조지아에 다루가치가 상주했다는 사실은 각 왕조에 대한 몽골의 지배를 논한 연구[220] 가운데서도 특별히 보고되지 않는다. 룸 셀주크나 헤라트의 쿠르트조도 후에는 훌레구 울루스에서 행정관을 파견한 적도 있지만, 그렇게 되기까지 30년 전후의 세월을 필요로 했다.[221] 원래 고려도 정동행성관이라는 형태로 원의 행정관이 파견되었던 사례를 비롯해서, 다루가치 철수 후에도 원 관인의 직접적 간섭으로부터 완전히 자유로웠던 것은 아니다. 징세, 호구 조사, 다루가치의 설치 등도 적용·비적용과 그 시점은 사례에 따라 개별적으로 판단되는 성격의 것이었다고 생각된다.[222]

---

219 海老澤哲雄[1977], 50~51쪽; 53~54쪽; 井谷鋼造[1980], 122쪽 참조. 또한 1246년, 1247년 무렵 아르메니아에 대해 인정되었다고 하는 면세에 대해서 海老澤哲雄는 관계 사료의 신빙성에 의문을 제기했는데, 그 이유로 서아시아의 다른 몽골 지배지에서 호구 조사에 근거한 과세가 실시되었던 것이 1250년대였다는 점과 몽골 측이 수세를 간단히 포기했을 것이라고는 생각하기 어렵다는 점을 들었다. 그러나 고려가 그러했듯이 직접적인 징세가 아니라고 해도 간접적인 공납을 통해 수탈하는 것은 가능하며, 현재 과세를 행하지 않은 시점에서 장래에 이르는 면세를 약속하는 것도 일종의 특혜 수여로서 반드시 부자연스럽지는 않다.

220 北川誠一[1975]; 北川誠一[1976]; 海老澤哲雄[1977]; 北川誠一[1977]; 北川誠一[1978]; 北川誠一[1979]; 北川誠一[1997].

221 井谷鋼造[1980]; 井谷鋼造[1985]; 本田實信[1991]; 井谷鋼造[2002] 참조.

결국 원의 입장에서 고려 재래 왕조 체제의 보전이라는 것은 중국 전통의 화이질서나 책봉체제 그 자체에 연원을 둔 그 재현이라기보다, 상대국에 대해 일정의 실질적 영향력을 가진 채 비교적 고도의 자율성을 인정한다는 몽골의 일반적인 정복지 지배 방식 가운데 한 형태가 책봉, 인장 사여, 역서 반포 등 일부 형식에서 중국풍의 외피를 가지고 표현되었다고 보는 것이 실태에 가깝지 않을까?

다만 부언하자면 이것은 기본적으로 본질론으로서, 또는 적어도 몽골 최고지배층에서 본 상황의 형상이며, 원의 한문화인이나 고려 지배층의 눈에 어떻게 비쳤는지는 별개의 문제다. 이 책 제8장에서도 지적했듯이, 고려의 지배층은 원을 중화의 정통으로 위치 지으려는 경향을 보였고, 원 측에서도 한문화인을 중심으로 전통적인 중국의 문물로써 정권을 장식하고자 했던 측면이 확인된다. 그러한 요소가 자명하고 절대적인 것으로 두드러지지는 않았지만, 고려-원 관계에서 여전히 일정한 중요성을 가지고 있었다고 생각된다.

그렇다고는 해도 본질상의 문제와 인식상의 문제는 일단 엄밀히 구별되어야 한다.[223]

---

222 고려에 과세가 행해지지 않았던 이유로는 일단 다음과 같은 가능성을 생각할 수 있다. ① 정기·부정기 공납이 충분한 경제적 부담으로 인정되었다. ② 고려왕이 몽골 제실의 부마가 됨으로써 그 領民이 몽골 왕후의 직속 私隷民(海老澤哲雄[1966] 참조)에 준하게 되어, 과세 대상에서 제외되었다. ③ 군사 협력(대일방위)으로써 경제적 부담을 대체했다. ③에 관해서는 14세기 전반 루시諸國에 대한 주치 울루스의 징세 방식이 간접화—징세관을 폐지하고 루시諸侯에 위임—하는 배경에 신흥세력인 리투아니아에 대한 통제책으로서 루시(특히 모스크바)를 이용하려는 목적이 있었다는 栗生澤[2007](79~80쪽)의 견해도 참고가 된다.

223 이익주는 고려-원 관계에서 책봉·조공관계의 요소를 중시해야 함을 다시 강조했다(李益柱[2009]; 李益柱[2011]). 한국사상 국제관계를 통시적으로 볼 때 그것이 외교 형식 면에서 많은 공통점을 가지며, 고려-원 관계도 거기에 포함될 수 있다는 점에 대해서는 필자도 동의한다. 그러나 이익주가 말했듯이 책봉·조공이라는 큰 틀의 공통 형식 아래서 실제로 전개된 여러 관계의 내실이 시대에 따라 다종다양하다면, 특정 시기의 개별 두 국가 사이의 관계의 구조를 구체적이고 포괄적으로 설명하는 틀로서 책봉·조공관계에는 큰 한계가 있다고 할 수 있다.

종장

원에서의 고려의 기능적 위치

'제국 동방 변경 수호자'로서

1. 문제의 소재

고려와 원의 국가 간 관계에 관한 본격적인 분석의 일환으로, 일찍부터 원 최고 지방기관의 하나로서 고려에 설치된 정동행성(征東行省)을 중심으로 논의가 이루어져 왔다.[1] 이에 비해 최근에는 재래의 왕조 체제가 보존되었다는 사실을 중시하는 '세조구제(世祖舊制)'론[2]이 한국학계에서 유력시되고 있다. 또 한편에서는 몽골 황실과의 통혼관계에 근거해 '부마국체제(駙馬國體制)'라는 표현을 사용하는 논자도 있다.[3]

이러한 논점이 모두 고려-원 관계를 이해하는 데 중요한 사항이라는 점에는 이론이 없다. 다만 이들은 양국 관계를 규정하는 다양한 요소들 중에서 일부만을 부각한 견해라고 할 수 있다. 물론 각 요소의 중요도 차이를 논할 수는 있을 것이다. 그러나 아무리 중요하다고 해도 뇌와 심장만을 가지고 인체의 전체 구조를 설명할 수 없는 것처럼, 일부 요소로 전체를 대표하게 하고 나머지를 사상(捨象)시켜서는 안 될 것이다. 적

1 北村秀人[1964]; 北村秀人[1965]; 高柄翊[1970b]; 高柄翊[1974]; 張東翼[1994a]; 張東翼[1994b].

2 李益柱[1996a]; 李益柱[1996c].

3 閔賢九[1974]; 閔賢九[2004].

어도 개개의 요소에 관한 사실 관계를 하나씩 상세하게 해명하지 않고 핵심과 비핵심을 자의적으로 가리는 것으로는 생산적인 논쟁을 기대하기 어렵다.

그러한 문제의식에서, 필자는 이 책에서 고려-원 관계를 체계적으로 파악하기 위한 기초 작업으로, 우선 중심인물인 군주에 초점을 맞추어 고려-원 관계에서 고려왕 혹은 고려 왕가의 위상과 관련된 제도 및 관례상의 여러 문제를 개별적으로 상세하게 규명하는 작업을 진행했다. 물론 양국 간의 여러 관계는 정치 면에 한정하더라도 더 많은 내용을 포괄하지만, 전근대 왕조 국가 간의 정치적 관계에서 군주를 둘러싼 여러 관계가 그 근간을 이룬다는 점은 기본적으로 동의를 얻을 수 있을 것이다. 고려 역사에서 대원 관계의 의의를 해명하고자 하는 필자로서는 좀 더 고려 측의 입장에서 분석하는 것이 보다 바람직할 것이다. 그러나 분명한 것은, 고려-원 관계는 원에 대한 고려의 정치적 종속이라는 '형식'을 전제로 전개되었다는 점이다. 이에 우선 가장 기본적인 구조로서 원 측이 설정한 정치 시스템 속에서 고려왕 및 고려 왕가가 어떤 위치에 있었는지를 파악해 두고자 했다.

이런 관점에서 지금까지 이 책에서는 이미 높은 수준의 연구가 축적된 정동행성의 조직과 기능은 일단 차치하고, 크게 다음과 같은 주제들을 다루었다.

① 양국 왕실 간의 통혼관계(제1장, 제3장)
② 몽골 왕후(王侯)로서 고려왕의 지위(제1장, 제2장)
③ 투르칵(turγaγ, 質子) · 케식(kešig, 宿衛) 제도의 운용과 그 의의(제4장)
④ 양국 간에 사용된 공문서의 형식(제5장, 제6장)
⑤ 국왕 문서와 정동행성의 관계(제5장)
⑥ 황제를 정점으로 하는 원의 종교적 권위의 파급(제6장)
⑦ 잠치(ǰamči, 驛傳)의 부설 및 사절의 이동 등 교통의 양상(제7장, 제8장)

⑧ 사절 교섭의 양상(제8장)

⑨ 원이 설정한 화이질서에 대한 평가(제8장, 제9장)

⑩ 재래 왕조 체제의 보전 문제(제9장)

각 주제를 더욱 깊이 있게 검토해야 함은 물론이고 또 이 외에도 논해야 할 다른 주제가 있을지도 모르겠지만, 기초적인 사항을 파악하기 위한 논의는 어느 정도 이루어졌다고 생각한다.

요컨대 이들은 원의 입장에서 고려를 원 황제의 권위와 권력 아래에 통합하기 위한 회로 및 장치들이며, 그 집적물이 바로 고려-원 관계의 기본 골격이다. 다만 이러한 제도와 관례를 개별적으로 살펴보면, 많은 사항들이 몽골의 다른 여러 종속 세력 및 지배 영역에 대해서도 널리 적용되었다. 유일하게 독자적인 왕국에 설정된 행성(行省)이라는 점에서 특수한 존재로 보이는 정동행성조차도, 후술하듯이 시각에 따라서는 절대적인 의미에서 특수하다고 할 수 없을지도 모른다. 이런 항목을 나열하는 것만으로는 고려-원 관계의 고유한 성격을 규명했다고 할 수 없다.

물론 원의 세력 판도 안에서 고려의 존재가 다른 몽골 종속 세력에 비해 대단히 특수하지는 않다는 결론 자체는 그것이 역사적 사실인 한 반드시 기피해야 할 일이 아니다. 오히려 근년 몽골제국사 연구에서는 동아시아, 중앙아시아, 서아시아, 러시아 평원 등 각 지역, 각 시기의 몽골 정권을 관통하는 공통성과 보편성이 주목되고, 그것이 몽골제국이 가지는 세계사적 획기성이라는 주장과도 연결되어 있다. 일면에서 이런 측면을 고려-원 관계에서 확인하는 작업이 필자의 연구에서도 큰 비중을 차지한다고 할 수 있다.

그러나 그것은 어디까지나 표면적인 차원에서의 논의다. 개개의 제도와 관례를 기능론적으로 파악한다면, 거기에는 복수의 사항을 관통하는 공통 논리라고 할 만한 것이 존재하며, 그것이야말로 고려-원 관계가 갖는 특수성의 일단을 나타내는 것이라고 생각된다. 그것이 바로 이 장의 부제에 제시한, 원제국에서 '동방 변경 수호자'로서의 고려의 역할이며, 그것은 특히 현실에 존재하는, 혹은 잠재적인 적대 세력으로서의 일본의 존재를 염두에 두고 표현되는 경우가 많다. 이것은 본래 고려가 원으로부터 수동적으로 부여받은 책무였지만, 한편으로는 고려가 원의 정치적 영향 아래에서 지위를 보전하고 나아가 그를 안정적으로 유지하고 향상시키기 위해 능동적으로 쟁취한 입장이기도 하므로, 양국 관계에서 매우 중요한 의미를 갖고 있었다고 생각된다. 아래에서 그 양상을 구체적으로 살펴봄으로써 이 책을 총괄하고자 한다.

2. 갑술(1274)·신사(1281)의 역과 고려

사원기(事元期)에 고려·원과 일본 사이에 정치적·군사적 긴장 관계가 발생한 원인은 말할 것도 없이 1274년(元宗 15, 至元 11)과 1281년(忠烈王 7, 지원 18) 두 차례에 걸쳐 실시된 고려·원 양국의 일본 침략이다. 일본사에서 분에이(文永)·고안(弘安)의 역(役)이라고 불리는 이 전역(戰役)을, 한국사의 입장에서 필자는 사료에 근거해 '갑술·신사의 역'이라는 용어를 사용해 가리키고자 한다.[4] 먼저 원의 일본 경략에 대한 고려 정부의 대응을 확인해 보자.

1260년(원종 원년, 中統 원년) 고려와 원 사이에 화의가 성립되고 얼마 지나지 않아, 원은 고려에 국왕의 친조(親朝), 물자 공출, 군사 협력, 호적(戶籍) 제출, 질자(質子) 제출, 역전(驛傳) 설치, 다루가치 설치, 강화도에서 개경으로의 환도 등을 요구했다. 이 가운데 환도는 해도(海島)에서 버

4 이 책 제5장, 주 28 참조.

티고 있었던 고려 정부에만 해당되는 문제이지만, 다른 7개 항목은 정복지에 대한 몽골의 정례적인 요구였다.[5] 그중 하나로 군사 협력이 언급되었는데, 몽골의 정복 활동에서 정복지의 인적·물적 자원을 다음 정복 전쟁에 전용(轉用)하는 것은 상투적인 수단이었다. 그러나 당시 고려 정부는 대몽골전쟁을 주도해 온 무신집권 세력이 여전히 남아 있었던 까닭에 원의 요구에 따르지 않았다. 이러한 가운데 시작된 원의 일본 '초유(招諭)'에 대해서도 고려 정부는 당초 매우 비협조적이었다.

1266년(원종 7, 지원 3), 일본 '초유' 의지를 밝힌 세조 쿠빌라이의 명에 따라 원의 사신 흑적(黑的)이 고려에 들어왔다. 쿠빌라이는 고려 정부에 원 사신이 바다를 건너 일본으로 가는 길을 앞장서서 안내할 것을 명령했다. 이에 고려는 원 사신을 한반도 남동 해안의 거제도로 유도했다. 분명 거제도는 대마도까지 최단 거리에 있기는 하지만, 당시까지 고려가 일반적으로 일본과 통교할 때 이용한 창구는 김해[金州]였다. 더욱이 이때 고려의 재상 이장용(李藏用)은 흑적에게 항해의 위험성과 대일교섭의 무익함을 설명해 결국 항해를 단념시켰다.[6] 그리고 쿠빌라이에게는 풍파가 험하고 일본에서 사신의 안전을 보장할 수 없다는 점, 그리고 일본과는 애당초 통호(通好)한 적이 없었다는 점을 들어,[7] 사신 파견을 중지한 일을 정당화하고자 했다.

그러나 애초에 쿠빌라이는 고려 측의 저항을 예측하고, 위와 같은 사안을 명령 불이행의 구실로 삼지 말라고 미리 경고했었다.[8] 그럼에도 고려 정부는 앵무새처럼 같은 내용으로 회답한 것이다. 또한 고려 정부는 대일 통교 관계의 증거를 은멸하기 위해 김해에 설치되어 있던 왜인

5 이러한 요구사항을 종래의 연구에서는 '六事'라고 불러 왔는데, 이러한 호칭의 문제점에 대해서는 이 책 제9장 제2절 2)항 참조.

6 『高麗史』 권102, 李藏用 傳.

7 『高麗史』 권26, 원종 8년 정월.

8 『高麗史』 권26, 원종 7년 11월 癸丑.

접대용 관사를 몰래 파괴했다.[9] 고려 정부가 흑적을 거제도로 유도했던 것도 아마 일본과의 관계를 원 사신이 자세히 알지 못하게 하기 위해서였을 것이다. 고려 정부는 이런 공작을 하면서 일본과의 통호 관계는 없다고 주장했던 것이다.

당연하게도 쿠빌라이는 이에 격한 노여움을 표명했다. 그리하여 고려 정부에서 직접 국서를 일본에 가져갈 것을 요구했다. 결국 1267년(원종 8, 지원 4) 말에 고려의 기거사인(起居舍人) 반부(潘阜)가 일본으로 건너가게 되었다. 그러나 이 과정에서 고려 측 관계자의 대응 역시 매우 흥미롭다. 원문서의 서식을 상당 정도 정확하게 반영하고 있다고 생각되는 도다이지(東大寺)의 『조복이조원적초(調伏異朝怨敵抄)』[10]에 실린 필사본에 의거해 이때 고려 측에서 일본에 발행한 문서를, 마찬가지로 같은 책에 실린 쿠빌라이의 국서와 비교하면서 살펴보겠다.

우선 쿠빌라이의 국서와 함께 일본에 전해진 원종의 국서는 정중한 뜻을 나타내는 서간 형식인 계(啓)를 사용했다. 그 안에서 '대왕(大王)', '귀국(貴國)', '일본(日本)' 등 일본에 관한 용어와 '몽고대조(蒙古大朝)', '황제(皇帝)', '조(詔)'와 같은 원에 관한 용어는 경의를 표현하기 위해 모두 줄을 바꾸어 평출(平出)로 표기함으로써 일본과 원 양측을 동격으로 대하는 자세를 보였다. 쿠빌라이의 국서에는 '대몽고황제(大蒙古皇帝)', '조종(祖宗)'과 같은 용어를 최상의 경의 표현인 대두(擡頭), 즉 줄을 바꾼 후 일반적인 서술 부분보다 한두 글자 높여서 배치하는 방식으로 표기했다. 원래라면 고려는 이를 준거로 삼아야 했을 것이다. 또 '초유'에 협조하라는 원의 요구에 대해서 고려는 '부득이하게[不獲已]' 따른다고 하며, 일본 측에 '한 명의 사신[一介之使]'을 파견해 일단 상황을 알아보는 것이

9 『調伏異朝怨敵抄』所收 〈潘阜·李仁挺書狀〉. 『調伏異朝怨敵抄』의 원문에 대해서는 平岡定海[1959]에 실린 影印 참조.

10 이 책의 텍스트에 대해서는 앞 주 참조.

어떨지 권고했다. 이것을 두고 곧 원에 대한 비례(非禮)라고까지 할 수 있을지는 모르겠지만, '초유'에 대해 고려 측이 소극적임을 시사하면서 원 측의 의향을 경시하는 듯한 언사로 일본 측이 사태를 심각하게 받아들이지 않게 하려는 배려가 느껴진다.

그러나 고려 사신 반부 등이 다자이후(大宰府)의 장관(당시 실질적인 다자이후 책임자는 어가인(御家人)인 쇼니 무토우지(小貳 武藤氏))에게 보낸 서장(書狀)은 이보다 과격했다. 여기에서 반부 등은 김해의 왜인 접대용 관사를 은폐하고, 일본에 사신을 파견하는 것을 지연시킨 것 등 고려가 원의 기도를 의도적으로 방해해 온 사실을 폭로했다. 이뿐만 아니라 문서 내의 표기 형식에서 일본에 관한 용어에는 평출로 표기한 데 반해 원에 관한 용어에는 궐자(闕字), 즉 해당 글자의 앞에 한 칸의 공간을 두는 방식에 그쳐, 원을 일본보다 격하해 표현하기도 했다.

이처럼 고려는 원에 들킨다면 스스로를 위험에 빠트릴지도 모를 정도의 '호의'를 일본 측에 보이며 협조를 요청했는데, 그런 배려는 고려 측의 '짝사랑'으로 끝나지 않았을 가능성이 있다. 원의 '초유'에 대해 교토의 조정과 가마쿠라 바쿠후[鎌倉幕府]가 강하게 반발한 것은 잘 알려진 사실이다. 그런데 그 후 1269년(원종 10, 지원 6), 전년에 원 사신이 연행한 대마도의 주민을 고려가 송환했을 때, 원 중서성과 고려 경상도 안찰사의 첩(牒)이 동시에 전달되었다. 이때 일본 조정에서는 원의 중서성에 대해서는 강경한 회신을 기초(起草)했으나, 고려에 대해서는 '전호(前好)'와 '맹약(盟約)'을 언급하면서 우호적인 회답을 작성했다(다만 결국 발신되지는 않았음).[11] 또 사신들이 왕래하는 창구인 다자이후에서는 1271년(원종 12, 지원 8) 원 사신 조양필(趙良弼)이 일본에 왔을 때, 독자적으로 회답 사신을 준비해 교섭을 진행하고자 한 흔적도 보인다.[12]

---

11 『本朝文集』 권67 〈贈蒙古國中書省牒〉 및 〈贈高麗王牒〉.

12 『元史』 권208, 日本 傳, 至元 9년 2월.

다자이후의 실질적인 책임자인 쇼니 무토우지는 12세기 말부터 13세기 초 사이에 그곳에 취임한 직후부터 고려와 왜구 금압 및 통상을 둘러싸고 교섭해 온 경험이 있었다.[13] 원의 '초유' 직전인 1263년(원종 4, 중통 4)에도 왜구 금압 교섭을 진행했고,[14] 또 무토우지와 관련된 것으로 보이는 무역선인 대재부소경전백상선(大宰府少卿殿白商船)이 고려에 표류했을 때에는 보호를 받았다.[15] 대한해협을 건너는 이전 시대부터의 연결망이 개전(開戰) 전야까지 유지되었고, 이것을 통해 충돌을 회피하고자 했을 가능성이 있다. 1272년(원종 13, 지원 9)에도 왜선이 김해에 입항했는데,[16] 이것은 13세기 중반까지 이어져 온 고려-일본 간 무역의 일환이었다고 생각된다. 그러나 이 일을 은폐하고자 한 경상도 안무사 조자일(曹子一)은 원의 장수 홍차구(洪茶丘)에 의해 처형되었고,[17] 이제 정세는 긴장이 고조되고 있었다.

1269년에 집권 무신 임연(林衍)이 원에서 공인한 고려국왕인 원종을 폐위시킨 사건은 각종 요구를 이행하지 않는 고려에 대해 불신감을 키워 가던 원에 절호의 정치 개입 구실을 주었다. 1270년(원종 11, 지원 7) 원의 외교적·군사적인 압박 속에서 궁정 쿠데타로 무신집권 세력은 타도되고, 한 세기 만에 '왕정복고(王政復古)'가 실현되었다. 그러나 폐립 사건 무렵에 원 측에서는 고려를 폐절(廢絶)한다는 강경한 선택지까지도 고려했으므로, 고려 정부로서는 자국의 안전 보장을 위해 원과의 관계를 신속하고 대대적으로 개선해야 할 상황에 직면했다. 이에 몽골 공주의 하가(下嫁)를 요청하고 투르칵[禿魯花]을 파견하며, 저항을 계속하던 삼별초에 대한 진압전을 차례로 진행했는데, 그 일환으로 일본 경략에

---

13 川添昭二[1975]; 川添昭二[1996]; 李領[1999] 제2장; 近藤剛[2008] 참조.

14 『高麗史』 권25, 원종 4년 4월 甲寅.

15 『高麗史』 권25, 원종 4년 6월 是月.

16 『高麗史』 권27, 원종 13년 7월 甲子; 『高麗史節要』 권19, 원종 13년 7월.

17 『高麗史』 권27, 원종 13년 10월 己亥; 『高麗史節要』 권19, 원종 13년 7월.

도 일단 협조적인 자세를 보이는 쪽으로 태세를 전환했다. 다만 이 단계에서는 고려에 진주한 원군에 대한 물자 지급 부담을 경감해 줄 것을 요청하는 등 어느 정도 소극성을 남겨 두었다.

그러한 가운데, 당시 왕세자로서 원에 질자로 가 있었던 충렬왕이,

> 저 일본은 아직 성화(聖化)를 입지 않았으므로 조사(詔使)를 보내고 이어서 군용(軍容)을 뽐내게 되었으니, 전함과 군량은 지금 바로 필요한 바입니다. 만일 이 일을 신에게 맡겨 주신다면 심신(心身)을 다해 왕사(王師)를 조금이라도 돕고자 합니다.[18]

라고 말한 것은, 원에 대한 협조에 적극적이었던 충렬왕이 일본 경략에도 적극적이었음을 보여 주는 듯도 하다. 그러나 『고려사』와 『고려사절요』에 따르면, 이것은 함께 원에 머물던 시종 신료들의 향수병을 의식해 일시 귀국하기 위한 구실로 말한 것이라고 한다.[19]

일본 경략에 대한 고려 정부의 협조적 자세는 갑술의 역 이후 신사의 역까지 사이에 한층 더 적극적인 방향으로 전환된다. 그것은 1278년(충렬왕 4, 지원 15) 충렬왕의 다음과 같은 발언을 기점으로 한다.

> 일본은 일개 섬 오랑캐[島夷]에 지나지 않는데도 지세(地勢)가 험준한데 기대어 귀복하지 않고 감히 왕사에 저항하고 있습니다. 신이 스스로 생각건대 〔일본은 원의〕 은덕(恩德)에 보답하지 않을 것입니다. 원하건대, 다시 전함을 만들고 병량을 저축해 〔일본의〕 죄를 주창하며 토벌하면 반드시 성공할 것입니다.[20]

---

18 『高麗史』 권27, 원종 13년 2월 己亥. "彼日本, 未蒙聖化, 故發詔使, 繼耀軍容, 戰艦兵糧, 方在所須. 儻以此事委臣, 庶幾勉盡心力, 小助王師."

19 『高麗史』 권27, 원종 13년 2월 己亥; 『高麗史節要』 권19, 원종 13년 2월.

갑술의 역 이후에 원은 곧 고려에 재공격 준비를 명령했지만, 1275년(충렬왕 원년, 지원 12) 말에는 그것을 철회했다.[21] 위 충렬왕의 발언은 얼핏 보면 고려 측에서 자발적으로 나서 개전을 요구한 것처럼 보이기도 한다.

이에 대해 이케우치 히로시(池內宏)는 당시 고려가 원의 고려인 무장 홍차구로부터 내정간섭을 받아 양자 사이에 심각한 마찰이 생기고 있었다는 사실에 주목했다.[22] 즉, 쿠빌라이의 환심을 사서 간섭에 저항하고, 홍차구 세력을 배제하기 위해 친원적인 자세를 표명한 것이 아니냐는 것이다.

그러나 원 측에 이런 언질을 주어 실제로 전쟁이 재개되면, 고려가 큰 부담을 지게 될 것은 분명했다. 한 관인과의 대립이라는 이유만으로 피폐된 국가 전체를 다시 곤궁에 직면하게 만들 수 있는 '영합'을 했다고는 생각하기 어렵다.

한편 나카무라 히데타카(中村榮孝)는 이 직후에 한반도 남안을 침범한 왜구의 동향에 주목했다.[23] 당시 일본에서는 원과 고려에 반격하려는 계획, 즉 '이국정벌(異國征伐)' 계획이 부상했는데, 나카무라는 위와 같은 왜구의 침범도 이에 관련된 움직임이며 그 이전부터 조짐이 나타나 있었을 것으로 추정하면서, 고려는 이에 위협을 느끼고 일본을 직접 공격하고자 했다는 것이다.

위에 언급한 왜구가 '이국정벌' 계획과 관련된 사건인지 여부는 나카무라가 말하는 것처럼 명료하지는 않지만, 한편으로 '이국정벌' 계획을 고려 측이 감지했을 가능성을 완전히 배제할 수는 없다. 그러나 그러

---

20 『高麗史』 권28, 충렬왕 4년 7월 甲申. "日本一島夷耳, 恃險不庭, 敢抗王師. 臣自念, 無以報德. 願更造船積穀, 聲罪致討, 蔑不濟矣."

21 池內宏[1931b], 184~188쪽; 中村榮孝[1965a], 62~63쪽.

22 池內宏[1931b] 제8장.

23 中村榮孝[1965a], 76~98쪽.

한 사실관계는 어떻든 간에, 일본 자체에 대한 절박한 위기인식에 근거해 방위를 강화하는 수준을 넘어 적지(敵地) 공격까지를 진언할 정도라면, 충렬왕은 원에 대해 일본의 군사적 위협을 크게 강조해야 할 상황이 아니었을까? 단순히 원에 귀부를 거부하는 것을 정벌의 명목으로 삼고, 일본은 한낱 섬 오랑캐에 불과하며 쉽게 공략할 수 있다는 왕의 발언과는 잘 들어맞지 않는다.

아마도 실제 상황은 이케우치와 나카무라의 두 설을 절충한 것이 아닐까 한다.

앞서 언급했듯이 1275년 말에 원은 고려에 내렸던 일본 재공격 준비 명령을 철회했는데, 이것은 당시 진행하던 남송과의 전쟁을 우선했기 때문이라고 생각된다.[24] 그러나 쿠빌라이는 1276년(충렬왕 2, 지원 13)에 남송에서 투항한 장수들에게 일본 공격의 가부를 하문하면서 전쟁 재개 의지를 밝혔고, 다음 해에는 홍차구에게 명령해 준비에 들어가기 시작한 것으로 보인다.[25] 1276년 단계에서는 야율희량(耶律希亮)의 의견에 따라 대남송 전투 이후 얼마간 병사를 쉬게 했는데, 외교 교섭이 타결되지 않는 한 일본과의 전쟁은 불가피한 상황이었다. 그러나 1275년 초에 일본에 파견된 사신 두세충(杜世忠) 등은 오랫동안 그 소식이 두절되었으므로(이미 가마쿠라 바쿠후에 의해 처형되었음), 재전 가능성은 고려가 보기에도 명백했을 것이다.

갑술의 역에서는 작전 수행의 주도권을 원 측이 장악하고, 고려는 그 응접과 요구, 개입에 수동적으로 대응하는 형태가 되어 많은 부담을 강요받았다. 당시의 원 장수로 재정벌전에도 참가할 듯했던 홍차구는 고려 정부와 사이가 좋지 않았다. 이에 고려로서는 불가피할 것으로 예상되는 일본 재정벌에 대비해, 오히려 적극적인 협력 자세를 보여 되도

---

24 池内宏[1931b], 184~188쪽; 中村榮孝[1965a], 62~65쪽 참조.

25 中村榮孝[1965a], 65~76쪽 참조.

록 작전 수행 주도권을 장악하고, 이에 관련되는 원 측의 여러 세력, 특히 홍차구 같은 비우호적 세력을 멀리해 그의 개입과 간섭을 배제하고 자국의 이익을 지키려는 의도가 있었던 것이 아닐까?

실제로 이후의 사태는 그러한 방향으로 전개되었다. 쿠빌라이의 명으로 홍차구뿐 아니라 고려에 주재해 있던 원의 둔전군(屯田軍)과 다루가치도 원으로 소환되고, 고려는 원의 직접 감시에서 해방되었다. 더욱이 충렬왕은, 이때는 동로군사령부로서 정동행성의 책임자가 될 것을 청원해 그 승상(丞相)에 취임했고, 전투에 참가하는 고려의 군관도 원수(元帥) 이하 원의 군직(軍職)을 수여받았다. 또 후술하듯이 이때 충렬왕은 부마고려국왕(駙馬高麗國王)이라는 호칭도 함께 획득해 몽골 왕후의 한 사람으로서 입지를 확고히 했다. 그리하여 고려는 원의 군관(軍官)과의 역관계에서 우위에 서서 대일본 전역에 종사하게 되었던 것이다.

갑술·신사의 역이 종료된 후, 1292년(충렬왕 18, 지원 29)에 쿠빌라이가 일본 재공격을 기획했을 때에도, 충렬왕은 스스로 '부정지속(不庭之俗)', 즉 일본 토벌을 담당하겠다고 하는 '주전파' 입장을 표명했다.[26] 그러나 그 직후 표류자 송환 문제를 겸해 원에 귀부할 것을 권하는 국서를 일본에 보냈을 때에는, 원에 귀부해도 옛 체제를 그대로 인정받을 수 있다는 이점을 이야기하면서, "내가 이렇게 구구절절하게 이야기하는 것은 단지 〔고려와 일본〕 양국의 무고한 백성들을 위해서일 뿐이다."라고 했다.[27] 여기서 적극적으로 대일 경략의 진두에 섬으로써 상황을 관리하면서 사태의 연착륙을 도모하려는 고려 측의 의도를 읽어 낼 수 있다.[28]

---

26 『高麗史』 권30, 충렬왕 18년 9월 壬午; 『高麗史節要』 권21, 충렬왕 18년 9월.

27 『高麗史』 권30, 충렬왕 18년 10월 庚寅. "予之所以區區者, 只爲彼此無辜耳." 이 國書에 대해서는 金澤文庫와 東京大學 史料編纂所에 필사본이 전하고 있다. 텍스트에 대해서는 竹內理三[1982], 298~399쪽; 村井章介[1997], 165~171쪽도 참조.

28 村井章介[1997](171쪽)도 "왕의 眞意는 이 기회를 잡아 일본에 사자를 보내어 어떻게든 설득해 원에 입조하게 함으로써 세 번째 전쟁을 반드시 회피하는 데 있었던 것

3. 고려의 '대일본 전선'화

앞 절에서도 언급한 것처럼 신사의 역 때 한반도에는 고려왕을 책임자로 하는 동로군 사령부로서 정동행성이 편성되었다. 이 전역에 관련된 행성으로는 사료에 '정일본행성(征日本行省)'과 '정동행성(征東行省)' 두 가지가 등장한다. 이전에는 동일한 기구의 별칭이라고 이해되었는데, 장동익(張東翼)은 이들이 각각 별개의 조직으로, 전자가 강남군(江南軍), 후자가 동로군(東路軍)을 지휘했다고 해석했다.[29] 이에 대해 이강한(李康漢)은 신사의 역에서 동로군을 지휘한 정동행성은 정일본행성의 지부로 볼 수 있는 조직의 통칭이고, 1283년(충렬왕 9, 지원 20)에 제3차 공격이 계획되었을 때 처음으로 고려 지역에서 독립된 행성으로서 정동행성이 성립되었다고 했다.[30] 여하튼 당초 정동행성은 임시로 설치된 군사사령부였던 것인데, 1287년(충렬왕 13, 지원 24)에 다시 설립되었을 때부터는 크게 성격을 바꾸어서 원의 상설 지방최고통치기구의 하나로서 고려 지역을 관할하고, 역대 고려왕이 장관직을 겸임하면서 관리·운영하게 되었다.[31]

지방통치기관화된 이후 정동행성 연혁에 대해서는 장동익의 연구가 상세한데,[32] 여기서 문제로 삼고자 하는 것은 정동행성의 군사적 역할이 1287년을 경계로 상실되었는가의 여부다. 종래의 논의는 행성제도에 관한 마에다 나오노리(前田直典)의 고전적 연구에[33] 의거했다는 점에 주의하고자 한다. 거기에서는 원 초 군사기구로서의 '군전행성(軍前行省)'과 중앙 정부에서 재집(宰執)을 파견하는 형식을 취한 '외지(外地) 통치기

으로 보인다."라고 지적했다.

29 張東翼[1994a], 14~23쪽.

30 李康漢[2007], 85~91쪽.

31 北村秀人[1964], 6~12쪽 참조.

32 張東翼[1994a] 제2장 II.

33 前田直典[1973].

관'으로서의 행성이 지원 20년대 초에 독립한 최고지방통치기구로서의 행성으로 정비되어 간 과정을 논했는데, 결과적으로 각 시기 행성의 성격을 약간 단순화하고 고정적인 것으로 이미지화한 부분이 있었다. 최고지방통치기관으로서의 행성이 정비된 이후에도 군사기구로서의 행성은 존재했고,[34] 행성의 행정기구로서의 조직과 군사적 기능 자체는 이후에도 모순되지 않고 공존했다.[35]

지방통치기관으로서의 정동행성은 관할지의 명칭으로 칭해지는 다른 행성과 달리, '정동(征東)'이라는 기능, 목적에 입각한 명칭을 유지하고 있었다. 기타무라 히데토(北村秀人)에 따르면, 정동행성이 상설화된 계기는 같은 시기에 몽골고원 동부에서 발생한 칭기스칸 동생들의 후예인 동방3왕가의 반란, 즉 나얀의 난에 대한 대응이었다고 한다.[36] 그 때문에 '정동'이라는 명칭이 생겼다면 발족 당시에는 분명히 군사적 역할이 기대되었고, 이것이 지방통치기관으로서 정착해 갈 때에도 고려의 군사적 역할에 대한 기대는 계속되었다고 할 수 있다. 나얀의 난 여파로 발생한 카단의 난에 고려도 휘말리고 있었으니 말이다. 또한 1294년(충렬왕 20, 지원 31)에 사망하기까지 쿠빌라이는 일본을 재정벌하겠다는 의지를 견지했고, 전술한 바와 같이 1292년에는 고려를 포함해 계획을 발기하기도 했다. 정동행성이 이와 무관했다고 생각하기는 어렵다.

신사의 역 직후, 일본 측의 반격에 대비하기 위해 동로군의 전진 기지가 설치되었던 합포(合浦, 현재의 경상남도 창원시)에는 원의 기구라는 명목으로 진변만호부(鎭邊萬戶府)가 설치되었다.[37] 1290년(충렬왕 16, 지원 27)에는 전라도 방면에도 진변만호부가 설치되었다.[38] 삼별초의 저항이 평

34 大島立子[2002] 참조.

35 李治安[2000] 上篇 제4장 참조.

36 北村秀人[1964], 8~9쪽.

37 『高麗史』 권29, 충렬왕 7년 10월 己亥.

38 『元史』 권16, 世祖本紀, 至元 27년 2월 乙亥.

정된 후에 그 근거지였던 제주도는 원이 직할하다가 1294년(충렬왕 20, 지원 31)에 이르러 고려에 반환되었는데, 1301년(충렬왕 27, 대덕 5)에는 '진변(鎭邊)' 임무를 맡은 탐라군민만호부(耽羅軍民萬戶府)가 설치되었다.[39] 이에 더해 가덕도(加德島), 동래(東萊), 울주(蔚州), 죽림(竹林), 거제도, 각산(角山), 내례량(內禮梁) 등에도 병사를 배치해 한반도 남해안 일대를 포괄하는 경비 체제가 구축되었는데, 정동행성은 이런 경계망을 통해 일본의 동정에 대응하고 상황을 원에 통보하는 역할을 맡았다고 한다.[40] 쿠빌라이 사후에는 일본에 대해 공세에 나서지 않고 방어적인 태세로 변했지만, 일본과 관련된 군사 문제의 현장 담당 기관이라는 점은 변하지 않았던 것으로 보인다.

나얀과 카단의 난이 종식된 후에 동방3왕가를 견제하는 중앙 정부 측 세력으로서의 고려의 입장이 없어진 것은 아니었을 것이다.[41] 이것이 표면화하지 않은 것은 칭기스칸이 만든 구조로서 존재 자체는 부정할 수 없는 종왕가(宗王家)에 대해 노골적으로 경계 자세를 보이는 것을 꺼린 측면이 있을지도 모른다. 여하튼 1318년(忠肅王 5, 延祐 5)에도 제주도에서 발생한 구적(寇賊) 사건과 관련해 원에서 정동행성에 진압 명령을 내린 것처럼,[42] 원의 동방 변경에서 군사적인 위압을 담당하는 존재였다는 점은 정동행성의 기본적인 속성으로 재삼 확인해 둘 필요가 있다.

독립적인 지방통치기관으로서의 행성이 성립한 후, 원이 새로운 정복 활동에 나설 때에는 '정면(征緬)', '점성(占城)' 등 정복 명목을 띤 새로운 군전행성을 별도로 조직한 사례가 알려져 있다.[43] 그런 점에서 지방

39 『高麗史』 권32, 충렬왕 27년 3월 癸卯, 5월 庚戌.

40 『高麗史』 권32, 충렬왕 28년 12월 是歲.

41 이에 대해서는 고려 왕가와 몽골 황족의 통혼에 대한 李命美[2003]의 논의가 참고된다.

42 『元史』 권26, 仁宗本紀, 延祐 5년 4월 己亥.

43 前田直典[1973], 186쪽 참조. 이러한 행성을 前田은 '征討分省的 行省'이라고 가칭하

통치기구로서의 입장과 군사적 역할이라는 명목이 그대로 겹쳐져 있는 정동행성은 예외적인 존재라고도 할 수 있다. 재래의 왕조 정부가 존재했기 때문에 고려 국내의 광범한 통치 업무를 직접 담당하지 않아도 되었다는 점에서, 비록 명목적이라 하더라도 군사적 측면이 정동행성의 존재 의의에서 갖는 비중이 컸다고 할 수 있지 않을까 한다.

그런데 『원사』 지리지(地理志)와 백관지(百官志)에는 '정동등처행중서성(征東等處行中書省)'이라는 항목이 보이며 원 원각(袁桷)의 『청용거사집(淸容居士集)』 권28의 〈주은군묘지명(周隱君墓誌銘)〉에도 '정동등처유학제거(征東等處儒學提擧)'라고 기록된 것을 볼 때, '정동'이라는 명칭이 후에 지명처럼 사용된 경우도 있었을 가능성이 있다. 다만 필자가 확인한 한에서는, 이런 명칭은 위의 사례들 이외에는 보이지 않는 것 같다. 가장 정식의 호칭을 기재할 만한 공문서, 그중에서도 왕의 지위와 신분을 표시하는 인사 문서의 전체 또는 일부를 옮겨 적은 사료에는 오로지 '정동행중서성(征東行中書省)', '정동행성(征東行省)' 등으로 기록된 점이 오히려 중요하지 않은가 한다.[44]

정동행성과 위에 언급한 진변만호부의 관계에 대해서는 분명하지 않은 점이 많다. 서로 직접적인 통속(統屬) 관계는 없었다는 견해도 있지만,[45] 이것도 타당한 근거가 있는 것은 아니다. 다만 적어도 양자는 모두 고려왕의 통괄하에 운영되었다. 만호부의 군사적 역량에 대해서는 14세

고 있다.

44 특히 『元史』는 명 대 초기의 편찬물이다. 전거가 되는 문헌을 가공하지 않고 轉載한 부분도 많아 사료적인 가치는 높지만, 편찬자의 작위가 전혀 없는 것은 아니다. 정동행성에 관한 지리지와 백관지 기사의 기초가 된 것으로 보이는 『大元一統志』나 『經世大典』의 관계 기사가 남아 있지 않아 단언할 수는 없지만, 주제별 정보를 정리한 여러 志에서 찬자가 취한 항목명은 본기와 열전의 본문보다 字句 조작의 가능성을 상정하기 쉬울 것이다. 참고로 『大元一統志』를 근거로 한 것으로 보이는 원 중기 劉應李의 『大元混一方輿勝覽』에서는 다른 행성들이 '○○等處行中書省'이라고 되어 있는데, 정동행성만 '鎭東行中書省'이라고 기록되어 있다.

45 北村秀人[1964], 70쪽의 주 77.

기 중반 이색(李穡)의 건의서[46]나 공민왕이 원에 보낸 상서[47]에서 그것이 형해화되었음이 거론되었다. 그러나 이것은 만호부가 필요하지 않다는 입장에서 과장된 면도 있어 보이며, 다른 기록에서는 군사 조직으로서 일정한 실질을 갖추고 있었던 양상도 엿볼 수 있다.[48] 그 간부인 만호(萬戶)는 고려의 관인이 원 황제로부터 임명되는 형태를 취했는데, 실제로는 고려 정부의 관료가 원에서 직위를 수여받지 않은 채 순무사(巡撫使) 등 고려의 관련 관직을 띠고 현지에 가서 '진변' 임무를 담당한 경우도 많았던 것 같다.[49]

갑술·신사의 역에서의 기여는 당연히 원에 대한 고려의 공로 중 하나로서 고려가 원에 자국의 이해(利害)를 주장하는 장면에서 거론되기도 했다.[50] 위와 같은 전후의 경위에서 고려는 스스로를 원제국 동변 방위의 담당자로 자임하고, 그러한 입장을 원 측에 제시하기에 이르렀다. 이것은 원 중서성에 보낸 1302년(충렬왕 28, 대덕 6) 충렬왕의 상서에 보이는 "동방의 극변(極邊)에서 아직 복속하지 않은 일본과의 경계를 위압·진수하는 임무"[51]라는 말에 단적으로 표현되어 있다.

이러한 입장은 대일 경계 체제의 책임자로서 개별 고려왕의 지위를 옹호하는 데에도 관련되었다. 1324년(충숙왕 11, 泰定 원년) 원도(元都)에 오랫동안 억류되어 있던 충숙왕의 조기 귀국을 요청할 때 고려의 신료는,

> 소방(小邦)은 일본과 인접하는 극동의 요지로 중원(中原)과는 4천 리나

---

46 『高麗史』 권115, 李穡 傳.

47 『高麗史』 권36, 공민왕 5년 10월 戊午.

48 『高麗史』 권82, 兵志, 鎭戍, 충숙왕 12년 10월; 권111, 柳濯 傳; 『高麗史節要』 권26, 충정왕 2년 2월; 李穀, 『稼亭集』 권9, 〈送洪密直出鎭合浦序〉 등.

49 『稼亭集』 권9, 〈送洪密直出鎭合浦序〉.

50 예를 들면, 『東文選』 권62, 〈上征東省書〉(『高麗史』 권110, 李齊賢 列傳에도 거의 같은 글이 실려 있음) 등.

51 『高麗史』 권32, 충렬왕 28년, 是歲. "威鎭東方極邊未附日本國邊面勾當."

떨어져 있습니다. 오랫동안 국주(國主)가 부재하면 불측한 사변이 있을 경우에 보고할 수 없기 때문에 그 득실은 경미하지 않습니다. 저희는 이것을 밤낮으로 우려하고, 안심할 수 없습니다.[52]

라고 했다. 또 충숙왕이 사망한 1339년(충숙왕 後8, 後至元 5) 고려의 기로(耆老) 등이 충혜왕의 조속한 왕위 계승을 정동행성에 요청했을 때에도,

〔고려는〕 아직 복속하지 않은 바다의 왜(倭)와 이웃하기 때문에 사변이 발생할까 염려하지 않을 수 없습니다.[53]

라고 했다. 또 1348년(忠穆王 4, 至正 8) 충목왕 사후, 왕후(王煦) 등이 공민왕의 왕위 계승을 추진하면서 원에 올린 표문(表文)에도,

본국은 일본이라는 복속하지 않은 나라와 이웃하고 있어, 하루라도 국주가 없으면 안 됩니다.[54]

라고 했다. 국왕위 계승 시에 그때그때의 상황에 따라, 일본의 위협에 노출된 고려로서는 마땅히 국왕이 항상 있으면서 일본을 경계해야 한다는 논리를 주장했던 것이다. 이런 논법은 원에서도 공유된 듯한데, 1330년(충숙왕 17, 至順 원년)에 일시 퇴위한 충숙왕이 2년 후에 원도에서 복위하자, 그다음 해에 원의 권신 엘 테무르[燕帖木兒]는,

---

52 『高麗史』 권35, 충숙왕 11년 5월 壬辰. "小邦, 隣接日本極邊重地, 相離中原四千里. 久曠無主, 儻有不測之變, 無所啓稟, 利害非輕. 以此某等日夜爲懼, 未得寧心."

53 『高麗史』 권36, 충혜왕 즉위년 6월 壬辰. "海倭未服之隣, 不可不虞其變,"

54 『高麗史』 권37, 충목왕 즉위년 12월 己卯. "本國隣於日本不庭之邦, 不可一日而無主."

고려는 왜의 경계와 인접해 있습니다. 지금 그 국왕이 오랫동안 도하(都下)에 체제하고 있으니, 〔신속히〕 귀국시킬 것을 청합니다.[55]

라고 했다.

고려와 일본 사이에는 기록상 11세기 후반을 전성기로 13세기 중반까지 대마도·다자이후 방면의 사람들을 주요 담당자로 해서 통상을 행했다. 그러나 갑술·신사의 역의 영향으로 이런 통상도 두절된 듯하다. 이후에도 한반도에는 왜인이 와서 정박하고 접근한 사례가 있고, 고려가 왜인 표류자를 반드시 적대한 것은 아니었지만, 기본적으로는 원에 통보한 후에 처리한 것으로 보인다.[56]

전술한 것처럼 일본 측에서는 갑술의 역 이후에 고려와 원에 대한 '이국정벌' 계획이 존재했다. 결국 실행되지 않고 사라졌지만 그 정보를 고려 측이 알아챘을 가능성도 부정할 수는 없다. 적어도 소규모 침범 사건은 때때로 발생했고, 전술했듯이 그중에서도 신사의 역 직전에 일어난 사건을 '이국정벌' 계획과 연동된 움직임으로 보는 견해도 있다. 그리고 1350년(忠定王 2, 지정 10)부터는 이른바 전기 왜구가 본격화했다. 일본으로부터의 군사적 위협은 고려에 반드시 공상만은 아니었을 것이라고 할 수 있다.

그렇다고 하더라도 갑술·신사의 역 이후에 고려와 일본 사이에서 무역 활동이 완전히 소멸된 것처럼 보이는 것은 일본과 원 양국이 상호 무역선의 왕래를 인정했던 것과는 대조적이다. 일본에 대한 경계 자세는 원의 항구 도시에서도 엄격하긴 했지만, 일본과 원의 무역은 활황을 이루었다.[57] 사료에 고려로 표류해 온 사람이나 해적으로 나타난 왜인

---

55 『高麗史』 권35, 충숙왕 후2년 3월. "高麗隣于倭境. 今其王久在都下, 請令還國."

56 『高麗史』 권30, 충렬왕 12년 8월 辛亥; 9월 乙亥; 15년 12월 戊戌; 16년 정월 丁未; 18년 10월 庚寅; 19년 7월 丁丑; 권35, 충숙왕 11년 7월 癸丑 등.

가운데 실제로는 무역에 종사한 사람이 있었을 가능성도 의심해 볼 필요가 있다. 고려가 원의 동방 변경에서 유일한 적성 세력인 일본에 대한 방위의 요체임을 자임하고, 그것을 자기 주장의 근거로 삼았다는 점에 비추어 보면, 『고려사』 등에 실린 관제 기록에서 언급된 당시의 일본이 기본적으로 경계 대상으로 등장하는 것은 당연하며, 고려 측에서 형식적으로 이러한 자세를 취했던 것에 지나지 않을 가능성도 있다. 물론 그와 같은 사료의 정치적 성격이라는 필터를 넘어서 투시되는 정도의 질과 규모는 아니었다고 할 수도 있지만, 통교가 전무했다고 단정할 수는 없지 않을까?

그런데 정동행성은 원의 11개 행성 중에서도 독자적인 왕국인 고려에 설정되고 역대 고려왕이 장관을 세습해 실질적으로 고려가 운영한 기구였다는 점에서 특수하다고 평가된다. 필자가 지적하는 것처럼 동변 방위의 기능과 위상이 강조된다면 그 특수성은 한층 더 증가한다. 그러나 여러 연구를 통해 원의 최고지방통치기관인 행성의 운영 방식은 지역마다 다양한 특색이 있다는 사실이 밝혀졌다.

업무 내용의 중점에 지역성이 있다는 것은 리지안(李治安)의 개별 행성에 대한 연구[58]에서도 시사되는데, 관할 지역에 소재한 왕후 귀족과의 관계에 대해서도 예를 들면, 산시(陝西) 지방의 행성은 이 지역에 출진(出鎭)한 안서왕(安西王)의 정청(政廳), 즉 왕상부(王相府)가 행정 권한을 장악했던 시기에는 설치되지 않았지만, 일단 행성이 설치되자 안서왕 측의 권한은 대폭 축소되었다.[59] 한편 운남행성(雲南行省)의 경우 이 지역에 출진한 몽골 종왕의 권한이 행성 설치 후에 축소된 것은 마찬가지이지만, 왕의 종신(從臣)이 행성의 단사관(斷事官)이 되어 그것을 감독하고, 또 왕

57 이 문제에 대해서는 榎本涉[2007] 참조.

58 李治安[2000] 中篇.

59 松田孝一[1979] 제1장 참조.

측의 통치 권한이 행성과 분립, 경합하는 면도 있었다.[60] 일반 행성의 관료 기구는 제도상으로 정기적인 인사이동 원칙하에서 운영되었지만, 강절행성(江浙行省)의 경우는 남송 공략전의 수뇌부였던 잘라이르족 무칼리 가문의 쎙우[相威]와 우량카트족 수베테이 가문의 아쥬[阿朮] 두 가계(家系)에서 장관을 반복적으로 배출해, 강남 지배에 지속적으로 관여했음을 엿볼 수 있다고 한다.[61] 더구나 정부의 중추이면서도 복리(腹裏), 즉 허베이(河北)·산시(山西)·산둥(山東)의 통치기관이라는 점에서는 행성과 같은 입장이었던 중앙의 중서성(中書省)도, 황태자가 최고직인 중서령(中書令)에 취임한다는 특색이 있다.[62]

이렇게 보면, 정동행성의 특수성이 타 행성과 완전히 다른 차원의 이질적인 것인지, 아니면 지역 사정에 따라 행성마다 다양한 편차가 있는 가운데 가장 눈에 띄는 것에 불과한지, 다시 검토해 볼 필요가 있을 것이다.

또한 원에서는 변경의 재지 세력에 관직을 수여해 선위사(宣慰司), 군민총관부(軍民總管府), 만호부(萬戶府) 등의 기구에 위치시키고 통치 권한의 일부를 위임하는 경우가 있었다. 토사(土司) 제도가 그것이다. 고려왕에게 행성 승상직을 수여한 것도 넓은 의미에서 그 한 사례로 볼 수 있을지도 모르겠다. 고려의 경우 원의 직제(職制)와 재래의 왕조 정부가 병존했다는 점이 중요하지만, 운남이나 티벳 등의 재지 지배층이 원의 관직을 띠면서 실제로 행한 통치 내용은 밝혀지지 않은 부분이 많다. 앞으로 이러한 점을 정밀하게 살펴보면 고려의 경우와 유사한 상황이 발견될지도 모른다.

---

60 方慧[2001], 64~70쪽; 李治安[2007], 358~366쪽 참조.

61 堤一昭[2000] 참조.

62 이 점에 대해서는 船田善之의 시사에 따름.

4. 몽골 황족과의 통혼 배경

사원기 고려는 충렬왕 이래, 어린 나이에 재위했던 충목왕과 충정왕을 제외하고 역대 국왕이 원 황실에서 공주(황녀·왕녀)를 맞아들였다. 그 발단에 대해서는 이 책 제1장에서 논했는데, 그 요점은 다음과 같다.

앞에서 언급한 것처럼 1260년 강화 이후에도 고려와 원의 관계는 안정되지 않았고, 요구에 따르지 않는 고려 정부에 원은 불신감을 더해 가고 있었다. 이에 1269년(원종 10, 지원 6)에 권신 임연이 국왕 폐립 사건을 일으키자, 원은 이를 고려의 반역으로 간주해 왕조를 없애 버리고 그 영토를 분할하는 것까지 고려하면서 개입했다. 바로 그때 사절로서 원과의 교섭을 맡고 있던 세자 왕심(王諶), 훗날의 충렬왕은 이 위기를 벗어나고자 원에 공순한 자세를 표하는 일환으로, 임연을 토벌해 줄 것과 자신에게 공주를 희가시켜 줄 것을 요청했다. 원 측에서도 고려에 실력을 행사하는 데 수반되는 위험성과 부담, 그리고 남송과 일본 경략을 앞두고 있는 상황에서 고려가 남송과 손잡을 위험성까지 고려해, 고려 왕실을 후원하고 반대 세력을 제어함으로써 고려의 신속(臣屬)을 확실하게 하고, 고려를 송과 일본을 경략하는 데 이용하는 방침을 선택한 것으로 생각된다.

또한 이명미(李命美)는 양국 간에 통혼관계가 성립된 배경으로 위의 이유에 더해 앞서 언급한 동방3왕가를 거론하며, 고려를 친쿠빌라이가(家) 세력으로 확보함과 동시에 이들 종왕가를 견제하는 효과가 있다는 점을 지적했다.[63] 고려와 쿠빌라이가의 통혼이 결과적으로 그러한 효과를 가져왔음은 수긍이 간다. 그리고 통혼 교섭을 진행할 때 원 측이 그 점을 염두에 두었을 가능성도 인정할 수 있다. 다만 그것은 마침 1270년

63 李命美[2003], 21~31쪽 및 45~50쪽.

전후라는 시기에 통혼 교섭이 시작된 직접적 내지는 주요한 원인이라고 하기는 어려우며, 결과론 혹은 부대적인 요소로 봐야 할 것이다. 『원고려기사(元高麗紀事)』에 수록된 원 추밀원의 논의에서도 보이듯이, 원의 입장에서는 대남송·대일본 경략을 염두에 둔 가운데 고려 정세를 안정시키는 것이야말로 주요하고도 절박한 과제였다고 생각한다.

이처럼 원제국 동변의 군사 문제는 양국 왕실 간 통혼이 개시된 배경이 되기도 했다. 통혼을 처음 허락할 당시에는 남송 경략을 가장 중요하게 고려한 듯하지만, 이후 이를 실행에 옮길 타이밍으로는 고려가 직접 관여한 일본 경략을 중요시한 듯하다. 갑술의 역 개전 준비가 갖추어져 출격이 임박한 1274년(원종 15, 지원 11)에 이르러 충렬왕에 대한 하가가 마침내 실현된 것은 그 전역 참가에 대한 반대급부라는 측면을 시사하는 것으로 보인다.

그 결과, 충렬왕은 원 제실의 부마로서 몽골제국의 최고 지배자 집단을 구성하는 왕후 귀족의 일원이 될 것이었다. 그러나 그런 대우가 바로 실현된 것은 아니었다. 당초 고려왕과 부마라는 두 가지의 입장은 별개의 것으로 취급되어, 고려왕 자체가 부마로서 대우받았던 것은 아니었다. 이에 충렬왕은 원과의 교섭 끝에 1281년(충렬왕 7, 지원 18)에 '부마고려국왕'이라는 칭호를 획득했고, 이로써 두 가지 입장이 일체화하게 되었다. 이것도 바로 신사의 역 직전의 일이며, 충렬왕의 정동행성 승상 취임과도 같은 시기였다. 이 타이밍에 고려왕의 지위가 부마로 격상된 것도 일본 경략에 대한 협조와 표리관계를 이룸을 시사한다.

한편 통혼관계의 패턴으로는 이른바 출진(出鎭)한 종왕과의 통혼이 주목된다.[64] 출진이라는 것은 몽골 종왕(宗王), 특히 쿠빌라이 가문의 친왕(親王)이 변경 지대에 군대를 이끌고 주둔해 군사적인 수호자로서 위

64 이 문제에 관한 상세한 내용은 이 책 제3장 제4절 참조.

압하는 체제다. 최초로 공주를 하가받은 충렬왕은 쿠빌라이의 황녀를 부인으로 맞이했지만, 이어서 충선왕은 몽골 고원에 출진한 진왕(晉王) 카말라의 왕녀, 충숙왕은 운남에 출진한 영왕(營王) 에센 테무르의 왕녀, 충혜왕은 티벳에 출진한 진서무정왕(鎭西武靖王) 쵸펠의 왕녀와 혼인했다. 또 방계의 왕족이지만, 충선왕의 조카인 왕고(王暠)는 원의 심왕(瀋王) 위에 오름과 동시에 양왕(梁王) 숭샨의 왕녀를 맞이했다. 혼인 당시 양왕가의 동향은 불분명한 점이 있지만, 그 전후 시기에는 운남에 출진하고 있었다. 예외는 충숙왕의 두 명의 계비(繼妃)와 공민왕비를 낸 위왕가(魏王家)뿐이다.

물론 개별 통혼의 성립 배경으로는 생물학적인 우연을 포함해 다양한 요인이 고려되고, 추출할 수 있는 혼인 패턴도 위의 내용에 한정되지 않는다.[65] 그렇지만 그중에서도 각 시기의 황제와 출가 왕가 및 하가 대상인 고려 왕족, 3자 각각의 친소관계와 가격(家格), 개인의 지위 등이 관건이 된 것으로 보인다. 예를 들면, 진서무정왕 쵸펠은 문종 톡 테무르가 천력(天曆)의 내란에서 승리해 정권을 확립하는 과정에서 서남부 지역의 지지 세력으로 군사적 공헌을 했는데, 그 사위가 된 충혜왕 역시 문종 정권 지지 세력 중의 한 사람이었다. 반대로 충선왕의 장인인 진왕 카말라는 당시 성종 테무르의 장형(長兄)으로서 가격은 높았지만 성종과 황위 계승을 둘러싸고 마찰을 일으킬 가능성을 품고 있기도 했으므로, 그와의 통혼을 고려 왕가에 대한 단순한 의미에서의 우대라고 할 수 없는 부분이 있다.

또 출진 왕가와의 혼인은 통혼 대상으로 원격지의 왕가가 선택되었음을 의미한다. 게다가 심왕 왕고의 장인인 양왕 숭샨이 충선왕의 장인인 진왕 카말라의 아들인 점을 제외하면, 하나의 출진 왕가가 세대를

65 이 책 제3장 제4절 참조.

거듭해 통혼 대상이 되는 경우도 없었다. 고려 왕실과 몽골 왕실의 혼인은 기본적으로 원 중앙 정부의 의지 또는 승인하에 결정된 것으로 보이므로, 이러한 점은 고려 왕가가 가까운 지역 또는 특정한 몽골 왕가와의 관계를 특별히 심화하는 것을 경계해 원 정부가 의도적으로 취한 조치였을 가능성도 있다.

그러나 이러한 소극적인 동기뿐 아니라 적극적인 동기도 상정할 수 있다. 즉 고려 왕가를 포함한 이들 왕가의 공통점은 원제국 외연부의 방위를 담당하는 왕가였다는 점이다. 이러한 혈연 세력을 중앙 정부의 안배로 상호 연결함으로써 황제를 중심으로 하는 제국의 결속·응집성을 높이는 효과가, 비록 상징적인 형태라고 하더라도 기대되었다고 생각된다. 이런 견해가 인정된다면 원제국의 동변 진수의 요체로서 고려의 위상은 몽골 왕실과의 통혼 패턴에도 반영되었다고 할 수 있다.

5. 교통 · 경제 정책과 왕조 체제의 보전

원제국의 동방 변경 진수라는 고려의 기능적 위상은 교통과 경제를 둘러싼 고려-원 관계에도 반영되었다고 생각된다.

원은 종속 세력에 대한 정례 요구의 하나로 고려에 잠치[站赤] 설치를 요구했다.[66] 필자의 생각으로는 그 결과 고려에는 압록강변의 의주(義州)에서 수도 개경에 이르는 노선과, 개경 이남에서 두 갈래로 분기해 하나는 남동안의 합포에 이르고 하나는 남서부의 나주(羅州) 방면을 거쳐 제주도에 이르는 노선이 설정된 것으로 보인다. 합포는 일본 공격을 위한 전진기지였고, 전술한 것처럼 전후에는 진변만호부가 설치되었다.

66 이 문제에 대해서는 이 책 제7장 참조.

나주는 제주도에서 저항을 계속한 삼별초를 고려 정부와 원이 공략할 때 전진기지를 두었던 곳이다. 제주도는 바다를 사이에 두고 일본, 남송과 마주보는 한반도 남방 해상의 요충이며 일시 원에 직할되었다가 고려에 반환된 후에도 원 제실 직속 목장이 경영되었다. 앞서 언급했듯이, 갑술·신사의 역 후에는 전라도 방면과 제주도에도 각각 경비를 위한 만호부가 설치되었다. 이처럼 고려에 부설된 잠치는 원과 고려 정부 사이의 연락뿐 아니라 대일 전역 때에는 전선과의 연락, 전후에는 변경 수비에 관한 연락을 위해 유지된 것으로 보인다. 바로 고려의 대일 전선 기능에 대응하는 기반이었다.

또 고려에는 수상 역전, 즉 수참(水站)도 설정되었다. 필자가 보기에 1293년(충렬왕 19, 지원 30) 무렵, 제주도~한반도 서해안~압록강 하구 및 직고(直沽), 즉 현재의 허베이성 톈진(天津)시 방면을 연결하는 항로상에 13개 수참이 설치되었고, 이 가운데 2개 참은 고려 국외에 설치되었던 것으로 보인다. 이 수참은 고려의 물자를 국외로 수송하는 것을 목적으로 설치되었는데, 10년 정도 후에는 불필요하다고 해 폐지되고 말았다.[67] 그러나 항로 자체가 경제적 의미를 상실한 것은 아니었던 듯하다.

강남의 세량(稅量)을 대도(大都), 즉 현재의 베이징으로 수송하는 원의 공적 수운(水運)인 '해운(海運)' 경로와 관련해, 산둥반도를 감싸고 발해만으로 들어가는 지점에서 고려로 향하는 갈래길이 있었다고 한다.[68] 실제 적출항(積出港)이 있었던 태창(太倉), 즉 현재의 장쑤성 쑤저우시(蘇州市) 타이창시(太倉市)를 거점으로 하는 해도운량만호(海道運糧萬戶) 은구재(殷九宰) 등은 '해운' 기회를 이용해서 원 정부에서 지급받은 수송료인 박각전(舶脚錢)을 밑천으로 고려와의 교역을 일으켰다고 한다.[69] 또 대도의

67 『元史』 권178, 王約 傳.
68 陳高華[2005], 365쪽 참조.
69 植松正[2004], 157~158쪽 참조.

상인이 고려로 내항했음을 보여 주는 사료도 있는데,[70] 원 대의 역사적 사실을 어느 정도 반영한 것으로 생각되는 픽션 『노걸대(老乞大)』에는 교역을 위해 대도로 향하던 고려 상인이 직고에서 배편을 이용해서 개경까지 귀국하는 이야기가 실려 있다. 또 탐라, 즉 제주도로부터는 14세기 전반에도 소 83마리가 원 궁정에 헌상되었는데,[71] 다수의 소를 육로로 걷게 해 대도까지의 먼 길을 갔을 리는 없다. 즉 수참의 폐지는 이러한 경제적 목적에 따른 해상 교통을 공적으로 운영하는 것이 불필요하다고 판단되었음을 의미하는 것이다.

고려-원 사이의 공적 해상 물류 기구가 항상적인 중요성을 갖지 못했던 것은 고려가 원의 항시적인 수세 대상에서 줄곧 제외되었고, 수세의 전제가 될 수 있는 호구 파악 역시 결국 행해지지 않았다는 점[72]과도 관련 있다. 고려 정부가 행한 복속국으로서의 '세공(歲貢)'도 통혼의 시작과 함께 이른 단계에서 폐지되었던 듯하다.[73] 물론 고려는 정기적·부정기적으로 빈번하게 물품을 헌상했고 원 측에서도 필요한 물자를 수시로 요구했다. 그것은 고려-원 관계에서 두드러진 특징 중의 하나다. 그러나 체계적이고 항시적인, 게다가 무게와 부피 면에서 규모가 큰 수탈과는 양상이 다르며, 해로는 이 과정에서 중요성을 가질 수 없었던 것 같다.

이것은 고려가 독자적인 왕조 체제를 유지해 나가는 데 결정적으로 중요한 요건이었다. 고려를 경제적인 수탈 대상으로 기대하지 않는다는 인식은 고려 직할화 운동에 대한 원 내의 반대론에서도 제시되었다. 원 통사사인(通事舍人) 왕관(王觀)의 의논이 가장 상세한데, 그 대략은 다음

---

70 『高麗史』 권36, 충혜왕 후2년 7월 丙子.

71 『大元馬政記』 泰定 원년 10월 13일의 太僕卿渾丹, 寺丞塔海의 奏.

72 이 책 제9장 493~496쪽 참조.

73 이 책 제9장 497~498쪽 참조.

과 같다.[74] 고려를 직할하면 원의 제도에 의거해서 징세해야 하는데, 고려의 경제력은 그것을 감당할 수 없다. 또한 원에서 지방관을 파견해야 하는데 고려 국내에서는 그 운영 경비를 조달할 수 없다. 게다가 원에서 수비대를 파견해야 하는데 새로 고려에 보낼 군사력의 여유는 없고, 그 경비도 민을 고통스럽게 할 것이다. 그러므로 고려왕조를 존속시켜야만 한다. 이로써 원은 고려의 군사 협력을 얻어 자신의 힘을 들이지 않고도 동방 변경의 안정을 도모할 수 있다. 그리고 왕관은 이것을 쿠빌라이의 심모원려(深謀遠慮)에 근거한, 따라야 할 선례라고 주장했다. 이처럼 고려에서 큰 경제적 수익을 기대하지 않는다는 원의 방침은 고려 재래의 왕조 체제를 유지하는 방침과 연결되고, 나아가서 원의 동방 변경 방위책과도 연결되어 있었다.

또 고려의 직할화에 대한 반대론에서는 고려의 직할화는 원에 대한 일본의 경계심을 증폭시켜 그들의 귀속을 더욱 어렵게 만든다고 비판했다.[75] 사실 원은 일본에 조공을 권고할 때 고려와 마찬가지로 국가의 존속을 보장해 주겠다고 약속한 적이 있기 때문에[76] 고려의 폐절은 원이 이전에 한 말을 스스로 부정하는 셈이 된다. 고려 재래의 왕조 체제 보전은 원에는 효율적인 동쪽 변경 방위책이었을 뿐만 아니라 일본이 장래에 귀부시켜야 하는 적성 세력인 한 그 동방 정책의 방향성을 속박하는 요건이기도 했다.

적어도 고려 측은 그러한 효과를 기대하고, 원으로부터 불이익을 당하는 것을 회피하기 위한 논법으로 활용했다. 1343년(忠惠王 후4, 至正 3) 충혜왕이 원에 의해 포박되었을 때, 그 사면을 구하는 고려 신료의 상서에는 다음과 같은 이야기가 실려 있다.

---

74 『高麗史』 권125, 柳淸臣 傳.

75 『益齋亂藁』 권6, 〈在大都上中書都堂書〉.

76 『異國出契』 所載, 至元 6년의 日本國王에게 보낸 元中書省牒.

> 소방은 일본과 바다를 사이에 두고 인접하고 있습니다. 우리나라가 복(福)을 입으면 저 나라에서는 귀화가 지연된 것을 후회할 것이지만, 우리나라가 처벌당하면 저 나라는 자기의 완미(頑迷)함에 만족할 것입니다.[77]

6. 맺음말: 그리고 고려사에서 갑술 · 신사의 역의 의의에 대해

필자가 지금까지 검토한 고려-원 관계의 제도 및 관례들은 일반적인 관점에서 말하자면, 고려를 원 황제의 권위 및 권력 아래에 통합하기 위한 장치였다. 그런 의미에서는 몽골의 다른 복속 세력, 지배 지역과 비교해 반드시 두드러진 특징이라고 할 수 없는 면도 있다. 그러나 여기에 기능론적인 관점을 도입하면, 고려가 원제국의 동방 변경 진수를, 특히 일본을 염두에 두고 담당한다는 명목과 결부되면서—이것이 개별 제도·관례의 성립 요건 전체가 아니라는 점은 말할 것도 없지만—주요한 여러 관계가 편성되어 있는 양상을 파악할 수 있을 것이다.

물론 이상은 다분히 형식상에서의 논리라는 면을 포함하는 것인지도 모르겠다. 그러나 그러한 원칙이 일단 성립되면, 그것은 원의 고려 정책의 근간을 이루는 선례로서 쉽게 부정하기 어려운 구속력을 발휘하게 된다. 이런 구조는 고려가 일본 침략에 가담할 것을 강요받은 것을 계기로 생겨났다. 그러나 고려는 이런 제약 속에서 자신의 지위 안정과 향상을 위해 최종적으로는 이러한 입장을 오히려 적극적으로 쟁취하고 이용하는 길을 선택했다.

몽골 왕후의 일원인 부마임과 동시에 원 정부의 고급 관료인 정동

77 『東文選』 권62, 〈上征東省書〉; 『高麗史』 권110 李齊賢 傳. "小邦與日本隔海爲隣. 我之蒙福, 彼則愧其歸化之遲, 我之獲戾, 彼則甘其執迷之陋."

행성의 승상이고, 게다가 독자적인 왕국의 군주이기도 하다는 사원기 고려왕의 존재 형태는 그 근간에 이러한 공통 논리—결과론이라는 면도 포함하면서—로 관통된 점이 있었다. 이것은 고려 국내에 부설된 잠치 경로의 존재 양상에도 반영되어 있는 것으로 보인다. 그리고 위와 같은 세 가지 속성을 가진 고려왕을 원 황제와의 주종제(主從制)적인 관계 아래 유지, 재생산하기 위한 장치로서 투르칵·케식 제도가 운용되었고, 양국을 긴밀하게 매개하기 위한 통신 연락 매체로서, 사절 파견, 공문서, 교통 체계가 정비되었다. 나아가 이념적인 질서의 표현으로, 불교를 중심으로 한 원 황제의 종교적 권위, 그리고 형해화된 면이 있기는 하지만 중국의 전통을 계승하는 화이질서의 형식이 얽혀 있었다.

물론 고려의 선택은 원과의 정치적 일체화를 강화하는 결과를 초래했다는 점에서 양날의 검이었다. 원과의 관계 속에서 원 정국의 영향을 받기 쉽게 되어 왕위가 불안정해지는 문제가 있었다. 국내적으로는 신료가 개별적으로 원 측의 권력과 제휴해 군신 관계가 상대화되고, 역으로 국왕 측에서도 측근 정치에 따른 소수 전제(專制) 경향이 심해져서 왕권의 구심력이 종합적으로 저하되는 악순환이 생겨났다. 이 시대의 고려정치사를 특징짓는 왕위 계승을 둘러싼 혼란은 이런 내외 동향이 복합적으로 얽히는 가운데서 발생한 구조적인 문제였다. 1356년(恭愍王 5, 지정 16)에 공민왕이 원에서 이탈하는 정책을 개시한 이후 고려왕조 앞에는 이런 역사적 경위 속에서 동요된 왕권을 재정립하는 과제가 놓여 있었는데, 곧 사태는 1392년의 왕조 교체로 전개되었다.

이후에 이 책에서 논한 고려-원 관계의 구조를 보다 정치하게 파악하여 대원관계의 여러 국면을 한층 다각적으로 해명하는 것, 그리고 사원기 고려 국내 사회의 동향을 정치·경제·문화 등 여러 방면에 걸쳐 재구성하는 것이 필자의 과제가 될 것이다. 이를 통해 고려사, 나아가서는 한국사상에서 원과의 관계가 갖는 의의를 한층 입체적으로 밝혀 나가고자 한다.

한편 갑술·신사의 역의 역사적 의의에 대해서는 종래 일본사 연구의 입장에서 폭넓게 논의되어, 그 충격이 일본 국내의 정치·사회·문화 등 여러 방면에 끼친 영향이 밝혀졌다. 그러나 다른 한편의 당사자인 고려에 관해서는 이 문제가 정면에서 논의되어 왔다고 말하기는 어렵다. 어디까지나 하나의 국면이지만, 이 전역을 계기로 구축되어 간 원과의 관계에서 고려왕의 존재 형태는 현시점에서 이 문제에 대한 필자의 답변이기도 하다.

후기

이전에 필자는 연구서의 후기에서 지금까지의 인생을 회상하는 것을 그다지 좋게 생각하지는 않았다. 그러나 최근 들어 논고와 별도로 연구 활동의 원점(原點) 및 주변 상황을 기록해 두는 것은, 인간적인 영위일 수밖에 없는 학문의 역사를 이후 사회사적 관심에서 회고할 때 나름 유익한 사료가 된다고 생각하게 되었다. 또 많이 이야기되듯이 우연한 만남이 인생의 전기가 되기도 하는데, 필자의 학문 생활도 그 연속이므로 그에 대해 이야기하지 않는 것은 어떤 의미에서 전거를 분명히 기록하지 않는 행위와도 같다고 생각한다. 이에 앞서의 생각을 뒤집고 선례를 따르는 것을 양해해 주기 바란다.

필자는 어렸을 때부터 동식물을 가까이했고 그 생태에 관심을 갖고 있었는데, 10대가 되자 거기에 호모 사피엔스도 포함되었고, 결과적으로 대학에서 전공으로 역사학을 선택하기에 이르렀다. 그러나 당초, 한국사에 대해서는 제대로 된 지식도 없었고 흥미도 전혀 없었다. 도쿄대학 문학부에서 동양사학연구실에 진학하게 된 것은 북아시아와 중앙아시아의 여러 민족의 역사, 혹은 이와 관련된 중국사를 공부하기 위해서였다. 엄격한 자연조건에 적응하기 위한 생활 문화 및 주변 지역과의 다양하고 복잡한 관계성에 매력을 느낀 것인데, 그 근저에는 '생물을 좋아하는 것'에서 비롯된, 생태 환경에 대한 관심이 있었다고 생각된다.

그러한 때, 혼고(本鄕) 캠퍼스에 진학하기 전, 학부 2년차에 고마바

(駒場) 캠퍼스에서 개강한 동양사 입문강의를 담당하신 분이 한국고대사를 전공하시는 다케다 유키오(武田幸男) 선생님이었다. 『삼국지(三國志)』 위서(魏書) 동이전(東夷傳) 강독 강의를 통해 사료의 일언일구(一言一句)를 철저히 음미하는 역사학의 묘미를 접함과 동시에 '처음부터 흥미가 있는 사람을 위한 특수 분야'로만 보았던 한국사를 '유라시아로 크게 열려 있고 연결되어 있는 역사'로서, 북아시아사 등에 대해 갖고 있던 것과 공통된 지적 호기심의 대상으로 여기게 되었다. 이 우연한 만남이 없었다면, 필자가 한국사에 눈을 돌릴 일은 아마도 없었을 것이다.

이렇게 해서 학부 3, 4학년 동안 다케다(武田) 세미나에 참여했는데, 당시의 세미나 주제가 고려의 대외관계였다. 이는 당시 필자의 한국사에 대한 흥미와 관심에도 부합했고, 현재에 이르기까지 이 문제에 몰두하는 최초의 계기가 되었다. 생각해 보면, 세미나 석상에서 다케다 선생님은 "몽골과의 관계는 연구가 적은 블루오션이다."라고 말씀하셨다. 이 수업에서 필자의 관심은 발해의 잔존 세력이나 여진과의 관계에 향해 있었으므로 그 시점에서는 다케다 선생님의 말씀에 그다지 관심을 두지 않았지만, 지금에 와서 보면 무언가 인연이었던 듯하다.

국제관계에서 파생된 연구 관심은 고려의 통치체제에까지 이르렀고, 졸업논문의 주제는 토지제도사로 낙착되었다. 논문을 구상하는 과정에서 상담을 위해 일대일로 다케다 선생님을 뵈었는데, 필자는 대학 동아리에서 동유럽의 민족무용 등을 하면서 나름 무대에 설 배짱을 갖고 있었음에도, 이때 처음으로 '무릎이 제멋대로 떨리기 시작'하는 경험을 했다. 다케다 선생님의 성색(聲色)과 표정이 무서워서는 아니었다. 선생님은 완곡한 '선문답'으로 상대의 센스와 식견을 시험하고, 또 "질문은 답을 알고 나서 하세요."라며 안이한 발언을 경계하셨는데, 세미나 과제 발표와는 또 여러 가지로 다른 수준에서 스스로의 센스와 실력이 그대로 평가받는 상황에, 전에 없던 긴장을 느꼈던 것이다. 지금도 논문을 쓸 때에는 당시의 감각을 생각해 내곤 한다.

다케다 선생님은 1995년, 필자의 학부 졸업과 동시에 도쿄대학에서 정년퇴직하셨고, 대학원부터는 한국근세사를 전공하시는 요시다 미츠오(吉田光男) 선생님에게 지도를 받았다. 요시다 선생님으로부터는 특히 '현지감(現地感)'의 중요성을 배웠다. 이것은 역사 무대로서의 한반도의 인간과 토지의 실제를 체험적으로 경험하는 것, 그리하여 책상 위의 관념을 배제하고 구체적인 실태에 입각해 사물을 인식하고 파악하는 것의 두 가지 의미로, 요컨대 '살아 있는 인간의 모습이 보이는 역사상'을 추구하는 것이라고 이해하고 있다.

당초, 필자의 한국어 실력은 그다지 향상되지 않았고(큰 노력도 하지 않았기에 당연한 것이지만), 근대사 전공 후배가 훨씬 현지통이기도 해, 콤플렉스에 가까운 감정을 갖기도 했다. 현재 필자는 현장주의의 필드워커(field worker)를 자인하며 한국과 중국에 줄곧 나가고 있는데, 석사과정 시기 요시다 선생님의 현지 조사에 따라갔을 때, '외국사 연구자로서 현지에서 언어가 통하지 않는 것의 부끄러움'을 충분히 경험한 것이 원체험(原體驗)이었다. 한편, 현지를 오가는 노하우라는 점에서는 한국고대사를 전공하시는 다나카 도시아키(田中俊明) 선생님의 답사에 함께한 것도 도움이 컸다. 근세사에 관련된 대인(對人) 조사와 고대사에 관련된 유적지 조사라는 두 가지 현장을 조금이라도 체험할 수 있었던 것은 그것을 고려사에 응용하는 데 도움이 되고 있다.

어찌되었든 대학원에서도 사료가 풍부한 다른 시대로부터의 유혹에 꺾이지 않고 석사, 박사과정을 통해 고려사에 몰두했다. 이때 고려-몽골관계를 주된 연구 주제로 삼게 되었는데, 이것은 북아시아, 중앙아시아로의 원점회귀라기보다는 졸업논문을 통해 몽골과의 관계에 대한 이해부족이 고려 내부사회의 동향을 이해하는 데 큰 제약이 됨을 실감했기 때문이었다. 한국사회를 이해하는 수단으로서의 고려-몽골 관계사라는 관점은 이렇게 해서 확고해졌는데, 한편으로 이것은 일국사적 관점에서 그려지는 한국사상의 상대화를 추구한다는 문제의식(이 책 제2

장)과도 관련되어 있다. 이것은 한국고대사를 전공하시는 이성시(李成市) 선생님의 연구로부터 촉발된 부분도 크다.

일찍이 일본의 한국 전근대사 연구에서 고려사는 많은 연구자가 모인 인기 분야의 하나였는데, 1990년대 후반에는 이미 과거의 이야기가 되어 있었다. 선학인 기타무라 히데토시(北村秀人) 선생님과 하마나카 노보루(濱中昇) 선생님에게는 때때로 가르침과 격려를 받았는데, 도쿄대 대학원생 가운데 필자 이외에 고려사 전공자는 없고, 한국 전근대사 전체로 넓혀도 박사과정 훨씬 위의 유학생 1명이 있었을 뿐으로, 평소의 연구 활동은 그야말로 고군분투였다.

다만 한국사에 관해서는 요시다 선생님의 근세사 세미나 외에 당시 동양문화연구소에 계셨던 미야지마 히로시(宮嶋博史) 선생님의 근대사 세미나가 있었다. 또 학교 밖에서는 신라사 연구회에서 다케다 선생님, 이성시 선생님, 키무라 마코토(木村誠) 선생님을 비롯한 고대사 연구자와의 관계가 있었고, 이 외에 조선사연구회에도 참가했다. 이들 세미나와 연구회 등은 모두 학교 밖 관련 연구자와의 만남의 장이었으며, 또 한국사 전체로 시야를 넓힘과 동시에 연구를 둘러싼 사회 정세에 대해 생각해 보는 좋은 기회가 되기도 했다. 이 시기의 경험은 학생의 필요에 따라 한국사의 여러 시대와 주제에 대응해야 하는 현재, 나름대로 도움이 되고 있다.

동양사학연구실에서도 아시아 여러 지역을 전공으로 하는, 개성이 풍부한 교수진 및 동창생들과 유의미한 시간을 보냈다. 특히 당시의 대학원 선배 가운데에는 '아직 학생인데도 매우 버젓해 보이는', 일가견이 있는 분들이 모여 있어, 학부시절부터 많은 자극과 훈도를 받았다. 또 일본사와 서양사의 지기(知己) 중에도 혀를 내두를 정도의 수완가가 있었다. 덕분에 사자 없는 산의 토끼가 되지도 않고, 전공 분야 외의 사람들과 만나면서 스스로의 작업을 외부 시선으로 보는 습관이 생겼다는 점에서 오히려 잘된 일이었다.

고려사 연구자가 필자 혼자였기 때문에, 역으로 학교 내의 관계자료를 독점할 수 있다는 장점도 있었다. 필자가 대학원에 진학하기 전년인 1994년, 도쿄대 문학부의 문화교류연구시설에 한국학 전공의 새로운 기구로서 조선문화부문(朝鮮文化部門)이 설치되었다. 도쿄대에서의 마지막 1년을 남긴 다케다 선생님은 그곳으로 소속을 옮기셨고, 요시다 선생님은 그 새로운 담당자로 취임하셨다. 제도상으로는 학생이 소속되지 않는 연구실이었지만 필자는 사실상 제1호 전속학생이 되었다. 그 때문에 연구실 운영과 관련해 이러저러한 일은 많이 했지만, 그에 상당하는 만큼 충분히 덕을 보았다.

다만, 동양사학연구실의 한국사 관련도서가 새로운 연구실로 옮겨감에 따라, 서고는 이름뿐인 어둡고 습한(누수까지 있었다!) 창고로 옮기게 되었고, 이용 시에는 매번 열쇠를 빌리기 위해 시설관계 사무부까지 가야 했던 것은 조금 귀찮았다. 필자의 20대에 대한 기억은 그 다락방 같은, 마루 밑 같은 협소한 공간의 어둑한 형광등과 곰팡이 냄새와 함께 있다. 요시다 선생님의 개인 연구실 및 그와 일체형인 연구실의 사무실도 원래 강의동 한쪽 구석의 창고방이었던 곳으로, 급조된 느낌이었다. 학교에 나가는 날에는 곧잘 거기에서 자료 복사를 했는데, 때때로 요시다 선생님에게 붙잡혀(선생님의 주장에 따르면 필자가 돌아가려고 하지 않았다고 함) 긴 대화가 밤 늦게까지 계속되곤 했다.

한편, 몽골사에 관해서는 도쿄대에서는 세세하게 독학할 수밖에 없었다. 그러한 때, 당시 와세다대학의 대학원생으로 현재는 직장 동료인 후나다 요시유키(舩田善之) 씨가 원·몽골제국사의 연구회(『원전장』 강독회)를 만들었는데, 필자도 발기 멤버에 포함되었다. 이 연구회와, 거기에서 생겨난 몽골사 관계 네트워크는 현재에 이르기까지 필자가 고려-몽골 관계사를 연구해 오는 데 귀중한 토대가 되고 있다. 특히 나카무라 준(中村 淳) 씨와의 공동연구에 기반한, 이 책의 제6장 등은 이 연구회와 네트워크가 없었다면 성립할 수 없었을 것이다.

또 1999년부터 2000년까지 서울대학교에 유학해, 한국인 사회에 들어가서 지냈던 것은 연구뿐 아니라 인생의 보물이기도 하다. 요시다 선생님을 통해 국사학과 노명호 선생님을 소개받아 실현되었는데, 직접 자금을 마련해 스스로 만들어 간 개인유학이었다. 더플백을 부둥켜안고 모텔을 찾아 묵으면서 각종 절차를 진행하고 하숙을 찾는 것으로부터 시작했다.

외국생활이라는 것은 해당 개인의 이상과는 별개로 코드가 맞는지, 맞지 않는지의 현실이 있지만, 다행히 필자는 한국과 코드가 맞았다. 무엇보다 즐거웠던 것은 당연하게도 고려사를 연구하는, 그것도 같은 세대의 동학들이 많았다는 점이다. 연구발표 등을 할 때 매우 전문적인 지식에 기반한 질의응답이 전개되는 것은 일본에서는 경험하지 못하던 것이었고, 정말 흥분했다. 장기간 체재하는 것이 현지감이나 한국어 실력을 향상시키는 데 결정적으로 유익했던 것은 말할 것도 없다.

귀국 후 곧 박사과정을 수료함과 동시에 2001년에는 일본학술진흥회(日本學術振興會)의 특별연구원(PD)에 채용되어, 재단법인 동양문고(東洋文庫)에 적을 두게 되었다. 그다음 해, 조선문화부문의 해산과 함께, 도쿄대학 대학원에 새롭게 한국조선문화연구전공(韓國朝鮮文化硏究專攻)이 개설되었고, 필자는 그 초대 조교로 채용되었다. 옛 조직을 계승한다고는 하지만, 거의 처음부터 조직을 일으키는 것이었다. 시설을 이사하고 새로운 공간의 배열과 비품 배치, 제1기생 모집 등의 업무로 눈이 핑핑 돌 것 같은 하루하루를 보내다가 결국 정말 현기증에 시달렸다.

이렇게 보면, 필자의 학문생활은 1990년대 들어 한국과의 학술 교류가 급속히 깊어지는 가운데, 일본에서 한국사 연구교육기반이 크게 발전하는 과정과 병행하고 있었다. 필자는 그 과정 속에서 몇 가지 중요한 전환기를 맞닥뜨리고, 운 좋게 기회도 맞이했다. 호전되고 있던 시대의 혜택을 받은 입장에서 잘난 체하며 말할 것은 아니지만, 현재와 같은 환경이 이루어진 후부터 한국사를 공부하게 된 사람들에게는 그것이 자명한 것이 아닌, 비교적 최근에 호전된 상황이라는 점을 꼭 알려 주고 싶다.

바빴던 조교생활도 1년으로 끝나고, 2003년부터는 심기일전, 규슈대학의 조선사학연구실(朝鮮史學硏究室)에 직장을 갖게 되어 지금에 이르고 있다. 현재의 일본에서 희소하고 귀중한 존재인 한국사 전문학과를 담당하는 것은 마이페이스[1]인 필자로서도 조금 무거운 책임감이 드는 일로, 처음에는 강의나 세미나를 수강하는 학생의 얼굴이 해당 연구실의 졸업생인 무서운 선배 연구자(특정인이 아닌 복수의 선배들)의 얼굴로 보여서 꽤 긴장했다. 필자의 취임과 동시에 석사과정에 진학했던 학생이 지난해 박사학위를 취득하면서 시즌 1이 끝나고 시즌 2에 들어갔다고 느끼고 있다.

이 사이 연구실 주임인 하마다 고사쿠(濱田耕策) 선생님으로부터 자유로운 연구활동을 허락받은 것에 깊이 감사를 표한다. 또 역사학을 비롯한 관련 학과의 동료에게도 도움을 받았고, 자신 나름의 관점과 페이스를 지키면서 새로운 것에도 도전하면서 나름대로 폭을 넓혀 왔다고 생각한다.

후쿠오카의 땅은 한반도나 중국대륙에 양다리를 걸치고 움직이기에 적합한 지리적인 이점을 갖고 있고, 지방 풍속도 필자의 성격과 질 맞는다. 예로부터 대외교류의 창구였으므로, 국제관계사에 관한 필자의 관심도 국가 간 고차원적 정치관계뿐 아니라 그 아래에서 전개되는 사람, 물자, 정보의 움직임과 그것을 지탱하는 뱃사람 등의 인간 활동으로도 확대되었다. 최근에는 월경(越境) 오염의 최전선에 있음을 실감하게 하는 것도 많고, 또 그 한 요인인 저들의 땅(복수국)의 자연 파괴를 현지에서 목격하면서 이전의 '생물 사랑'이 다시 부활해 이른바 환경사에도

---

1 마이페이스: '자기 나름대로의 방식'이라는 의미. 일본식 조어.

관심을 두고 있다.

마지막으로 본인은 이러한 곳에서 언급되어 당황스러울지도 모르겠지만, 고려사 연구에 학은이 있는 선학 가운데 한 명으로서 오쿠무라 슈지(奧村周司) 선생님에 대해 언급해 두고자 한다. 오쿠무라 선생님은 1970년대부터 고려의 국제적 국가자세에 대해 자극적인 논고를 발표했고, 그 성과는 필자의 문제의식에도 큰 영향을 미쳤는데, 본업으로 사립고등학교에 근무하면서 연구를 계속해 왔다. '연구를 본업으로 하는 자가 그 직분에 마땅한 일을 하고 있는가?'라고 자문할 때, 필자에게 선생님의 업적은 스스로의 태만을 훈계하는 것이며, 덕분에 지금까지, 질적으로는 어떻든 간에 양적으로는 고삐를 늦추지 않아 왔다고 생각한다. 물론 이것은 선생님 본인의 인생관과는 전혀 관계없는, 필자 마음대로의 상상이다. 다만, 현재 일본에서 한국사 연구직 자리는 아직 적고, 운이 닿아 그것을 얻은 자의 학문에 대한 책임은 그만큼 크기에, 이 학문의 발전을 원하는 의미에서 더불어 기록해 두고자 한다.

이 책은 필자가 2010년에 도쿄대학에 제출해 2011년에 문학박사 학위를 받은 학위청구논문 『고려·원 관계의 기본구조-몽골제국의 패권과 고려 왕가』를 원형으로 한다. 심사를 담당해 주신 류사와 다케시(六反田豊)[主査], 요시다 미츠오(吉田光男), 무라이 쇼스케(村井章介), 사오토메 마사히로(早乙女雅博), 사가와 에이지(佐川英治) 선생님께 모두 감사드린다.

서장 이외의 각 장은 1998년부터 2011년에 걸쳐 발표해 온 개별논문을 기본으로 하는데(종장의 원논문은 심포지엄 보고를 겸해 집필해, 박사논문제출 후에 공간), 한 편의 학위논문, 한 권의 서적으로 편집하면서 옛 원고의 미비한 점을 전면적으로 보정하고, 새로이 기술한 곳도 많다. 이후에는 이 책을 관계 논고의 최종 논문으로 보아 준다면 다행이다.

간행을 하는 데에는 2013년도 일본학술진흥회과학연구비보조금(연구성과공개촉진비 〈학술도서〉)을 받았다. 나고야대학 출판회의 미키 신고(三木信五) 씨와 나가하타 세츠코(長畑節子) 씨에게는 출판에 대해 잘 모르는 필자를 처음부터 끝까지 따뜻하게 열심히 지원해 준 것에 대해 마음으로부터의 감사 말씀을 전한다.

개인적인 일이지만, 앞뒤를 가리지 않고 하고 싶은 대로의 인생을 사는 아들에게 한 번도 간섭하지 않고 방임해 주신 양친, 그리고 지금도 그런 남편이자 아버지인 필자에게 매일 밝은 식탁을 준비해 주는 아내와 두 아이들에게 감사한다.

2013년 9월 10일

옮긴이 후기

돌이켜 보건대, 2000년대 초반 고려-몽골 관계사에 대한 학계의 관심과 열기는 그야말로 대단했다. 고려와 몽골의 관계와 관련한 연구는 여러 분야에서 이루어졌지만, 당시 그 열기를 이끌어 갔던 중심 논의는 고려-몽골 관계의 성격을 어떻게 볼 것인가라는 문제였다. 간단하게 이야기하자면 이 관계를 동아시아의 국가 간 관계에서 흔히 보이는 책봉과 조공을 매개로 한 관계로 볼 것인지, 몽골의 국가체제를 바탕으로 하여 형성된 관계로 볼 것인지의 문제라고 할 수 있겠다.

이러한 논의의 진전에는 이른바 '원 간섭기'에 대한 국내 연구의 심화뿐 아니라 원대사 혹은 몽골제국사를 다루는 당시 동양사 방면에서의 새로운 연구 동향 등 여러 상황이 연관되었다. 그리고 이 책의 제1장과 제2장을 구성하고 있는 모리히라 마사히코 교수의 논문 「駙馬高麗國王の成立-元朝における高麗王の地位についての豫備的考察」(『東洋學報』 제79권 제4호, 1998)과 「高麗王位下の基礎的考察-大元ウルスの一分權勢力としての高麗王家」(『朝鮮史研究會論文集』 제36집, 1998)는 그러한 논의가 본격화되는 과정에서 중요한 촉매의 역할을 했던 연구라고 할 수 있다. 이후로도 저자는 고려와 몽골의 관계를 이해하는 데 중요한 골격이 되는 외교제도 및 시스템을 중심으로 한 일련의 연구를 발표했는데, 일련의 연구를 관통하는 문제의식을 바탕으로 관련한 연구성과를 재정리하여 2013년 이 번역서의 원서인 『モンゴル覇權下の高麗-帝國秩序と王國の對

應』(名古屋大學出版會)을 출판했다.

몽골제국의 국가체제를 시야에 넣고, 몽골제국이 다른 세력과의 관계에 설정한 제도와 체계에 대한 분석을 통해 고려와 몽골의 관계를 조망하고자 했던 모리히라 마사히코 교수의 연구가 제기한 문제의식과 그 내용이 이후 이루어진 고려-몽골 관계사 및 그에 연계되는 한국사 연구에 직간접적으로 큰 영향을 미쳤다는 사실은 부정하기 어렵다. 이 책 각 장의 바탕이 되는 연구논문들이 발표된 시점으로부터는 더 많은 시간이 지났지만, 이 책이 일본에서 발표된 지 10년이 지난 지금 다시 보아도, 그 문제의식과 논의는 해당 연구 주제와 관련해 새로운 시사점을 준다.

원서가 출판된 후 10년이 넘은 시점에 번역서의 출판을 앞두고 이전의 기록들을 뒤적여 보니, 역자들이 이 책을 번역하기로 뜻을 모으고 모리히라 마사히코 교수에게 연락을 취한 것은 2014년 7월의 어느 날이었다. 고려 후기 국제관계사를 연구하고 있던 역자들로서는 공부의 과정에서 여러모로 큰 영향을 받았던 연구 성과인 만큼 이미 개별 논문을 통해 주요 논지는 익숙히 알고 있었다. 그러나 연구서라는 틀 안에서 읽었을 때 개별 논의가 내포하는 의미 혹은 목표로 하는 바가 더욱 잘 드러나기도 했기에, 책을 번역함으로써 이 분야 연구에 관심 있는 국내 연구자들에게 이 연구서를 좀 더 쉽게 전달하고자 하는 마음이 깄던 것 같다. 모리히라 마사히코 교수도 흔쾌히 수락하여 직접 검토 작업을 해 주기로 약속했고, 이후 번역 작업은 일사천리로 시작되었다.

역자들이 초벌 번역을 하고, 당시 대학원에서 함께 공부하던—뒤에 다시 언급할— 후배들과 번역문과 원문을 함께 검토하며 공부를 겸해 번역 및 윤문 작업을 했다. 이 일련의 작업은 대략 2015년 말에 마무리가 되었고, 그 이듬해에는 저자의 검토가 이어졌다. 그러나 이후 여러 사정으로 작업은 지연되다가 중단되었고, 2020년 말경 재개되어 지금에 이르게 되었다. 조금 더 서두르지 못했던 것에 못내 아쉬움이 남지만, 지금이라도 결과물이 나오게 된 데에 안도감을 느낀다.

이 책이 출판되기까지 많은 분의 도움이 있었다. 역자들이 의기투합하여 시작한 일이다 보니, 번역서를 출판하는 과정에서 소요되는 여러 비용 등에 대해서는 전혀 대책이 서 있지 않았다. 무지한 역자들이 무사히 번역서를 낼 수 있도록 재정적 지원을 해 주신 서울대학교 동아문화연구소에 감사드린다. 원서에 가타카나로 등장하는 티벳어 발음, 티벳 문서를 일본어로 번역한 부분에 보이는 이해 불가한 지점 등은 역자들로서는 접근이 어려운 부분이었다. 동국대학교 문화학술원의 최소영 선생님의 도움이 없었다면 여전히 헤매고 있었거나 어설프게 마무리했을지도 모르겠다. 이 지면을 빌려 다시 한번 감사드린다. 초기 번역 단계에서 그야말로 거친 번역문을 함께 보며 번역의 오류를 바로잡고 문장을 고치는 데 도움을 준 서은혜, 윤영선 후배님에게도 미안한 마음과 감사의 마음을 함께 전한다. 전문적인 내용을 담고 있는 그야말로 '무거운' 연구서의 출판을 선뜻 수락해 주시고, 역자들의 중구난방 번역문을 일관성 있게 꼼꼼하게 잘 정리해 읽기 편한 글로 만들어 주신 서울대학교출판문화원에 감사드린다.

각자의 생각을 글로 풀어내는 연구자들에게는 각자의 문체가 있다. 콕 집어 이야기하기는 어려우나, 문체가 달라지면 그를 통해 전해지는 '생각'에도 미세한 차이가 발생한다. 그런 점에서 '번역서'라는 것이 갖는 근본적 한계 또한 생각하지 않을 수 없다. 번역문에 대한 검토뿐 아니라 마지막까지 내용적 오류를 점검하고 수정해 주신 모리히라 마사히코 선생님께 다시 한번 감사드리고, 더불어 양해의 말씀을 구한다.

의도치 않게 10여 년에 이르는 번역 기간을 거치며 여러 차례 번역문을 검토하면서, 매번 문제를 설정하고 이를 (저자의 표현에 따르면) '척결해 나가는' 치밀함과 절묘함에 새삼스럽게 감탄하며 초심자의 마음을 되살릴 수 있었던 것도 기억에 남는다. 다소 많이 늦어진 번역서이지만, 이 연구서를 처음 접하면서, 그리고 이후 거듭 깊이 접하면서 역자들이 느꼈던 감흥이 이 번역서를 통해 독자들에게도 전해져 새로운 학문적

결실에 바탕이 될 수 있기를 바란다.

2024년 3월
이명미, 정동훈

참고문헌

범례

- 한국어 문헌은 저자 이름의 가나다순으로, 일본어 문헌은 저자 이름의 50음 순으로, 중국어 문헌은 저자 이름의 병음 순으로, 영어 문헌은 저자 이름의 알파벳 순으로 배열함.
- 일본어 문헌 가운데 저자가 한국 인명이나 중국 인명인 경우는 일본어 한음 독법, 영어 인명인 경우는 가타가나 표기, 한국어 문헌 가운데 저자가 일본 인명이나 영어 인명인 경우는 그 한글 표기에 따름.
- 동일 저자, 동일 출판 연도의 문헌은 알파벳 기호를 붙여 구별함.

| 한국어 문헌 |

가와니시 유야(川西裕也)

[2009]「고려말기 元 任命箚付 體式의 수용 -「金天富箚付」의 검토」,『古文書研究』35

姜英哲

[1984]「高麗 驛制의 成立과 變遷」,『史學研究』38

[1987]「高麗 驛制의 構造와 運營」, 崔永禧先生華甲紀念論叢刊行委員會 編,『崔永禧先生華甲紀念 韓國史學論叢』, 探求堂

姜在光

[2011]『蒙古侵入에 대한 崔氏政權의 外交的 對應』, 景仁文化社

姜晉哲

[1974]「蒙古의 侵入에 대한 抗争」,『한국사 7 - 武臣政權과 對蒙抗争』, 국사편찬위원회

姜好鮮

[2000]『14세기 前半期 麗·元 佛教交流와 臨濟宗』, 서울大學校 석사학위논문

高柄翊

[1961]「麗代 征東行省의 研究(上)」,『歷史學報』14(→ 高柄翊[1970b])

[1962]「麗代 征東行省의 研究(下)」,『歷史學報』19(→ 高柄翊[1970b])

[1970a] 「蒙古·高麗의 兄弟盟約의 性格」, 同 著, 『東亞交涉史의 硏究』, 서울大學校出版部
[1970b] 「麗代 征東行省의 硏究」, 同 著, 『東亞交涉史의 硏究』, 서울大學校出版部
[1974] 「元과의 關係의 變遷」, 『한국사 7 - 武臣政權과 對蒙抗爭』, 국사편찬위원회

高昌錫

[1984] 「麗·元과 耽羅와의 關係」, 『濟州大學校論文集』 17
[1985] 「元代의 濟州島 牧場」, 『濟州史學』 창간호
[1998] 「『元高麗紀事』耽羅關係 記事의 檢討 - 13세기 耽羅와 元과의 關係」, 『慶北史學』 21

權寧國

[1994] 「원간섭기 고려 군제의 변화」, 14세기 고려 사회 성격 연구반, 『14세기 고려의 정치와 사회』, 민음사

綺山錫珍

[1965] 同 編, 『大乘禪宗曹溪山松廣寺誌』, 松廣寺

吉熙星

[1983] 「高麗時代의 僧階制度에 對해 - 特히 高麗圖經을 中心으로」, 『奎章閣』 7

金庚來

[1988] 「瀋陽王에 對한 一考察」, 『誠信史學』 6

金光哲

[1991] 『高麗後期世族層硏究』, 東亞大學校出版部

金九鎭

[1986] 「元代 遼陽地方의 高麗軍民」, 李元淳教授華甲記念史學論叢刊行委員會 編, 『李元淳教授華甲紀念史學論叢』, 教學社
[1989] 「麗·元의 領土紛爭과 그 歸屬問題 - 元代에 있어서 高麗本土와 東寧府·雙城總管府·耽羅總管府의 分離政策을 중심으로」, 『國史館論叢』 7

金文京

[2007] 「원간본(元刊本)《지정조격(至正条格)》에 대한 기초적 고찰」, 국제학술회의 『13-14세기 동아시아의 법과 사회 - 『至正条格』 출판 기념』, 한국학중앙연구원

金成俊

[1958] 「麗代 元公主出身王妃의 政治的 位置에 對해」, 金活蘭博士教職勤続四十周年記念論文編輯委員會 編, 『韓國女性文化論叢』, 梨花女子大學校出版部(→ 金成俊[1985])

[1985]「高麗後期 元出身王妃의 政治的 位置 - 특히 忠宣王妃를 중심으로」, 同 著,『韓國中世政治法制史研究』, 一潮閣

金成煥

[2000]「高麗時代 墓誌銘 新例 - 元瓘墓誌銘」,『韓國文化』25

金順子

[1994]「원 간섭기 민의 동향」, 14세기 고려 사회 성격 연구반,『14세기 고려의 정치와 사회』, 민음사

[2006]「고려, 원의 영토정책, 인구정책 연구」,『역사와 현실』60

金龍善

[2012] 同 編,『高麗墓誌銘集成(第5版)』, 翰林大學校出版部

金渭顯

[2004]「元과의 人的交流考」, 同 著,『高麗時代 對外關係史 研究』, 景仁文化社

金日宇

[2000]『高麗時代耽羅史研究』, 신서원

김재홍

[1963]『원 침략자를 반대한 고려 인민의 투쟁』, 과학원출판사

金昌洙

[1966]「成衆愛馬考 - 麗末鮮初 身分階層의 一斷面」,『東國史學』9·10

金昌賢

[1998]『高麗後期政房研究』, 高麗大學校 民族文化研究所

金炯秀

[1996]「13世紀 後半 高麗의 奴婢辨正과 그 性格」,『慶北史學』19

[2001]「원간섭기의 國俗論과 通制論」, 韓國中世史學會 編,『韓國中世社會의 諸問題』, 韓國中世史學會

金惠苑

[1986]「忠烈王 入元行績의 性格」, 邊太燮 編,『高麗史의 諸問題』, 三英社

[1989]「麗元王室通婚의 成立과 特徵 - 元公主出身王妃의 家系를 중심으로」,『梨大史苑』24·25

[1993]「高麗後期 瀋(陽)王의 政治·經濟的 基盤」,『國史館論叢』49
[1994]「원 간섭기 立省論과 그 성격」, 14세기 고려 사회 성격 연구반,『14세기 고려의 정치와 사회』, 민음사

金浩東
[1999]『황하에서 천산까지』, 사계절
[2002] 同 譯註,『부족지 - 라시드 앗 딘의 집사 1』, 사계절
[2005] 同 譯註,『칸의 후예들 - 라시드 앗 딘의 집사 3』, 사계절
[2007]『몽골제국과 고려』, 서울대학교출판부

나카무라 준(中村淳)
[2002]「松廣寺 元代 티베트文 法旨에 대하여」,『普照思想』17(森平雅彦 譯)

南基鶴
[2000]「고려와 일본의 상호인식」,『日本歷史硏究』11

盧明鎬
[1997]「東明王篇과 李奎報의 多元的 天下觀」,『震檀學報』83
[1999]「高麗時代의 多元的 天下觀과 海東天子」,『韓國史硏究』105

盧明鎬 외
[2000a]『韓國古代中世古文書硏究』上, 서울대학교출판부
[2000b]『韓國古代中世古文書硏究』下, 서울대학교출판부

모리히라 마사히코(森平雅彦)
[2002]「松廣寺法旨의 발급경위를 둘러싼 제문제」,『普照思想』17
[2012]「牧隱 李穡의 두 가지 入元 루트 - 몽골 시대 高麗-大都 간의 육상 교통」,『震檀學報』114

문화예술과
[1998] 同 編,『文化財目錄 - 道指定文化財篇』, 全羅南道

문화재관리국 문화재연구소
[1993]『坡州 瑞谷里 高麗壁畵墓 - 發掘調査 報告書』, 문화재관리국 문화재연구소

민족문화추진회
[1996] 同 編,『국역 동문선 8』, 솔

閔賢九

[1974]「高麗後期의 權門世族」,『한국사 8 - 高麗後期의 社會와 文化』, 국사편찬위원회

[1981]「高麗 恭愍王의 即位背景」, 韓沽劤博士停年紀念史學論叢刊行準備委員會 編,『韓沽劤博士停年紀念史學論叢』, 知識產業社

[2004]「元 干涉期 高麗의 정치 양태 - 國王 不在中의 국정운영을 통해 본 王朝體制의 지속성」, 同 著,『高麗政治史論 - 統一國家의 확립과 獨立王國의 시련』, 고려대학교출판부

朴榮濟

[1994]「원 간섭기 초기 불교계의 변화 - 冲止(1226~1293)의 현실인식과 불교사상을 중심으로」, 14세기 고려 사회 성격 연구반,『14세기 고려의 정치와 사회』, 민음사

朴胤珍

[2006]『高麗時代王師·國師研究』, 景仁文化社

朴宗基

[1994]「14세기의 고려 사회 - 원간섭기의 이해문제」, 14세기 고려 사회 성격 연구반,『14세기 고려의 정치와 사회』, 민음사

朴鍾進

[2000]『고려전기 재정운영과 조세제도』, 서울대학교출판부

朴洪培

[1986]「高麗 鷹坊의 弊政 - 主로 忠烈王대를 중심으로」,『慶州史學』5

方東仁

[1982]「雙城總管府考(上)」,『關東史學』1(→ 方東仁[1997b])

[1984]「東寧府 置廢小考」,『關東史學』2(→ 方東仁[1997a])

[1990]「麗·元關係의 再檢討 - 雙城總管府와 東寧府를 중심으로」,『國史館論叢』17

[1997a]「東寧府 置廢小考」, 同 著,『韓國의 國境劃定研究』, 一潮閣

[1997b]「雙城總管府 置廢考」, 同 著,『韓國의 國境劃定研究』, 一潮閣

徐閏吉

[1975]「道詵과 그의 裨補思想」,『韓國佛教學』1

[1976]「道詵의 裨補思想의 淵源」,『佛教學報』13

沈載錫

[2002]『高麗國王冊封研究』, 혜안

安啓賢
[1960]「麗元關係에서 본 高麗佛敎」, 東國大學校 史學會·黃義敦先生古稀記念論叢編纂會 編,『海圓黃義敦先生古稀記念史學論叢』, 東國大學校出版部
[1983]「麗代僧官考」, 同 著,『韓國佛敎思想史硏究』, 東國大學校出版部

安智源
[2005]『고려의 국가 불교의례와 문화 - 연등·팔관회와 제석도량을 중심으로』, 서울대학교 출판부

梁元錫
[1956]「麗末의 流民問題 - 特히 對蒙關係를 中心으로」, 斗溪李丙燾博士華甲紀念事業委員會 編,『李丙燾博士華甲紀念論叢』, 一潮閣

梁義淑
[1993a]「高麗 禿魯花에 대한 硏究」, 素軒南都泳博士古稀紀念歷史學論叢刊行委員會 編,『素軒南都泳博士古稀紀念歷史學論叢』, 民族文化社
[1993b]「麗·元 宿衛考 - 新羅의 對唐宿衛外交와의 比較 중심으로」,『東國史學』27

呂恩暎
[1982]「麗初 驛制形成에 대한 小考」,『慶北史學』5

吳宗祿
[1986]「高麗末의 都巡問使 - 下三道의 都巡問使를 중심으로」,『震檀學報』62
[1991]「高麗後期의 軍事 指揮體系」,『國史館論叢』24

劉善浩
[1990]「高麗時代 驛의 運營에 관한 硏究 - 地方組織과 驛의 관계 및 驛의 運營要員을 中心으로」,『서울産業大學論文集』31

柳在城
[1988]『對蒙抗争史』, 國防部戰史編纂委員會(蔡漢國 主幹)

柳洪烈
[1957]「高麗의 元에 對한 貢女」,『震檀學報』18

尹龍爀
[1990]「고려 대몽항쟁기의 불교의례」,『歷史敎育論集』13·14
[1991]『高麗對蒙抗争史硏究』, 一志社

[1994]「몽고 침입에 대한 항쟁」,『한국사 20 - 고려 후기의 사회와 대외관계』, 국사편찬위원회

尹銀淑

[2006]『蒙·元 帝國期 옷치긴家의 東北滿洲 支配 - 中央政府와의 關係를 중심으로』, 강원대학교 박사학위논문

[2010]『몽골제국의 만주 지배사 - 옷치긴 왕가의 만주 경영과 이성계의 조선 건국』, 소나무

李康漢

[2007]「征東行省官 闊里吉思의 고려제도 개변 시도」,『韓國史研究』139

李玠奭

[2008]「大蒙古國 - 高麗 關係 연구의 재검토」,『史學研究』88

李蘭暎

[1968] 同 編,『韓國金石文追補』, 中央大學校出版部

李命美

[2003]「高麗·元 王室通婚의 政治的 의미」,『韓國史論』(서울대) 49

李逢春

[1994]「승관조직과 승관제도」,『한국사 16 - 고려전기의 종교와 사상』, 국사편찬위원회

李昇漢

[1988]「高麗 忠宣王의 瀋陽王 被封과 在元 政治活動」,『全南史學』2

李龍範

[1989]「元代 喇嘛敎의 高麗傳來」, 同 著,『韓滿交流史研究』, 同和出版公社

李益柱

[1994]「충선왕 즉위년(1298) 관제개편의 성격」, 14세기 고려 사회 성격 연구반,『14세기 고려의 정치와 사회』, 민음사

[1996a]『高麗·元關係의 構造와 高麗後期 政治體制』, 서울대학교 박사학위논문

[1996b]「高麗 對蒙抗爭期 講和論의 研究」,『歷史學報』151

[1996c]「高麗·元關係의 構造에 대한 研究 - 소위 '世祖舊制'의 분석을 중심으로」,『韓國史論』(서울대) 36

[2009]「고려-몽골 관계사 연구 시각의 검토 - 고려-몽골 관계사에 대한 공시적, 통시적 접근」,『한국중세사연구』27

[2011]「고려-몽골관계에 보이는 책봉-조공 관계 요소의 탐색」, 동북아역사재단·경북대학교 한중교류연구원 편,『13~14세기 고려-몽골관계 탐구』, 동북아역사재단

李仁在
[2000]「高麗後期 鷹坊의 設置와 運營」, 河炫綱教授定年紀念論叢刊行委員會 編,『韓國史의 構造와 展開 - 河炫綱教授定年紀念論叢』, 혜안

李貞信
[2004]「동녕부와 고려의 대외관계」, 同 著,『고려 시대의 정치변동과 대외관계』, 景仁文化社

李載昌
[1975]「高麗佛教의 僧科·僧錄司制度」, 崇山朴吉眞博士華甲紀念事業會 編,『崇山朴吉眞博士華甲紀念 韓國佛教思想史』, 圓光大學校出版局

李智冠
[1997] 同 編,『校勘譯註 歷代高僧碑文』高麗篇 4, 伽山佛教文化研究院

印鏡
[2000]『蒙山德異와 高麗後期 禪思想 研究』, 佛日出版社

張東翼
[1981]「惠諶의 大禪師告身에 대한 檢討 - 高麗 僧政體系의 理解를 중심으로」,『韓國史研究』34
[1994a]『高麗後期外交史研究』, 一潮閣
[1994b]「원의 간섭과 자주성의 시련」,『한국사 20—고려후기의 사회와 대외관계』, 국사편찬위원회
[1997]『元代麗史資料集錄』, 서울대학교출판부
[2000]『宋代麗史資料集錄』, 서울대학교출판부
[2004]『日本古中世高麗資料研究』, 서울대학교출판부

鄭求先
[2002]『공녀 - 중국으로 끌려간 우리 여인들의 역사』, 국학자료원

鄭茂煥
[1980]「高麗時代 僧科 僧錄司制度」,『釋林』14

鄭枖根
[2001]「高麗前期 驛制의 整備와 22驛道」,『韓國史論』(서울대) 45

[2007]「고려 역로망 운영에 대한 원(元)의 개입과 그 의미」,『역사와 현실』 64

鄭容淑
[1992]「元 公主 출신 왕비의 등장과 정치세력의 변화」, 同 著,『고려시대의 后妃』, 民音社

趙晟佑
[1999]「13世紀初 옹구트部 繼承紛爭과 그 背景」,『서울大 東洋史學科論集』 23

周采赫
[1989]「몽골-고려사 연구의 재검토 - 몽골-고려사의 성격 문제」,『國史館論叢』 8
[2009]『몽·려전쟁기의 살리타이와 홍복원』, 혜안

秦弘燮
[1997]「高麗後期 金銅佛像에 나타나는 라마佛像樣式」, 同 著,『新羅·高麗時代 美術文化』, 一志社

崔柄憲
[1975]「道詵의 生涯와 羅末麗初의 風水地理說 - 禪宗과 風水地理說의 관계를 중심으로」,『韓國史研究』 11

최희림
[1982]「홍화진성의 위치와 축조 형식 및 시기에 대한 연구」,『력사과학』 104

푸지오니, 토니노(Puggioni, Tonino)
[1999]「14世紀前半期 麗·元佛教交流의 研究 - 在元 高麗僧의 活動을 中心으로」, 제50회 朝鮮學會大會發表 발표문

한국민족문화대백과사전 편찬부
[1991] 同 編,『한국민족문화대백과사전』 12, 한국정신문화연구원

韓國學文献研究所
[1977] 同 編,『曹溪山松廣寺史庫』, 亞細亞文化社

韓國學中央研究院
[2007] 同 編,『至正条格 影印本』, 휴머니스트

韓基汶
[1998a]「寺院의 組織과 運營」, 同 著,『高麗寺院의 構造와 機能』, 民族社

[1998b]「寺院의 特殊한 機能」, 同 著,『高麗寺院의 構造와 機能』, 民族社
[1999]「高麗中期 李奎報의 南游詩에 나타난 尙州牧」,『歷史敎育論集』23·24

韓盛旭
[2000]「松廣寺 聖寶博物館」,『五台法報』44

許一範
[2000b]「高麗·朝鮮時代의 梵字文化 硏究」,『회당학보』5

許興植
[1984a] 同 編,『韓國金石全文』中世上, 亞細亞文化社
[1984b] 同 編,『韓國金石全文』中世下, 亞細亞文化社
[1986a]「佛敎界의 組織과 行政制度」, 同 著,『高麗佛敎史硏究』, 一潮閣
[1986b]「僧科制度와 그 機能」, 同 著,『高麗佛敎史硏究』, 一潮閣
[1986c]「國師·王師制度와 그 機能」, 同 著,『高麗佛敎史硏究』, 一潮閣

洪潤植
[1994]「불교행사의 성행」,『한국사 16 - 고려전기의 종교와 사항』, 국사편찬위원회

| 일본어 문헌 |

安部健夫
[1955]『西ウイグル國史の硏究』, 彙文堂書店
[1972a]「元代'投下」の語原考」, 同 著,『元代史の硏究』, 創文社
[1972b]「大元通制解說 - 新刊本『通制条格』の紹介に代えて」, 同 著,『元代史の硏究』, 創文社

有高巖
[1917]「元代の海運と大元海運記」,『東洋學報』7-3

井黒忍
[2010]「金初の外交史料に見るユーラシア東方の國際關係 -『大金弔伐錄』の檢討を中心に」, 荒川慎太郎·高井康典行·渡邉健哉 編,『遼金西夏硏究の現在(3)』, 東京外國語大學アジア·アフリカ言語文化硏究所

池内宏

[1917]「高麗恭愍王の元に對する反抗の運動」,『東洋學報』7-1

[1919]『朝鮮平安北道義州郡の西部に於ける高麗時代の古城址(東京帝國大學文學部紀要3)』, 東京帝國大學

[1925]「高麗元宗朝の廢立事件と蒙古の高麗西北面占領」, 同 編,『白鳥博士還曆記念東洋史論叢』, 岩波書店

[1926a]「高麗の三別抄について」,『史學雜誌』37-9

[1926b]「元の世祖と耽羅島」,『東洋學報』16-1(→池内[1963c])

[1929]「高麗に駐在した元の達魯花赤について」,『東洋學報』18-2(→池内[1963d])

[1931a]「始建の征東行省と其の廢罷とについて」, 桑原博士還曆記念祝賀會 編,『桑原博士還曆記念東洋史論叢』, 弘文堂書房

[1931b]『元寇の新研究』, 東洋文庫

[1933]「高麗に於ける元の行省」,『東洋學報』20-3

[1963a]『滿鮮史研究』中世 3, 吉川弘文館

[1963b]「蒙古の高麗征伐」, 同 著,『滿鮮史研究』中世 3, 吉川弘文館

[1963c]「元の世祖と耽羅島」, 同 著,『滿鮮史研究』中世 3, 吉川弘文館

[1963d]「高麗に駐在した元の達魯花赤について」, 同 著,『滿鮮史研究』中世 3, 吉川弘文館

[1979]「高麗成宗朝に於ける女眞及び契丹との關係」,『滿鮮史研究』中世 2, 吉川弘文館(復刻版)

池田溫

[1979]『中國古代籍帳研究 - 概觀·錄文』, 東京大學東洋文化研究所

石井正敏

[2001a]「神龜四年, 渤海の日本通交開始とその事情 - 第一回渤海國書の檢討」, 同 著,『日本渤海關係史の研究』, 吉川弘文館

[2001b]「古代東アジアの外交と文書 - 日本と新羅·渤海の例を中心に」, 同 著,『日本渤海關係史の研究』, 吉川弘文館

石濱裕美子

[2001]「パクパの佛教思想に基づいたフビライの王權像」, 同 著,『チベット佛教世界の歷史的研究』, 東方書店

磯野富士子

[1985]「アンダ考」,『東洋學報』67-1·2

井谷鋼造

[1980]「モンゴル侵入後のルーム - 兄弟間のスルタン位争いをめぐって」,『東洋史研究』

39-2
[1985]「イルハン國とルーム」,『イスラム世界』23·24
[2002]「トルコ民族の活動と西アジアのモンゴル支配時代」, 永田雄三 編,『新版世界各國史 9 西アジア史 Ⅱ - イラン·トルコ』, 山川出版社

稲葉正就
[1964]「元の帝師に關する研究 - 系統と年次を中心として」,『大谷大學研究年報』17

岩井茂樹
[2005]「明代中國の禮制覇權主義と東アジアの秩序」,『東洋文化』85

岩村忍
[1968]「封建的領地制」, 同 著,『モンゴル社會經濟史の研究』, 京都大學人文科學研究所

植松正
[1993]「元典章·通制条格 - 附 遼·金·西夏法」, 滋賀秀三 編,『中國法制史 - 基本資料の研究』, 東京大學出版會
[1997a]「元代江南投下領の分賜について」, 同 著,『元代江南政治社會史研究』, 汲古書院
[1997b]「元代江南投下考 -『元典章』文書にみる投下と有司の相克」, 同 著,『元代江南政治社會史研究』, 汲古書院
[1997c]「元代の賜田についての一考察 - その返還の動向を手がかりとして」, 同 著,『元代江南政治社會史研究』, 汲古書院
[2004]「元代の海運万戸府と海運世家」,『京都女子大學大學院文學研究科研究紀要(史學編)』3

宇野伸浩
[1993]「チンギス·カン家の通婚關係の變遷」,『東洋史研究』52-3
[1999]「チンギス·カン家の通婚關係にみられる對稱的婚姻緣組」,『國立民族學博物館研究報告』別冊 20
[2008]「フレグ家の通婚關係にみられる交換婚」,『北東アジア研究』別冊 1

梅村坦
[1977]「一三世紀ウィグリスタンの公權力」,『東洋學報』59-1·2

ウラヂミルツォフ, ボリス ヤコウレウィチ
[1941]『蒙古社會制度史』, 生活社, 外務省調査部 譯

江上波夫

[2000]「元代オングト部族の王府址「オロン·スム」の調査」,『江上波夫文化史論集 5 - 遊牧文化と東西交渉史』, 山川出版社

榎本渉

[2007]「元朝の倭船對策と日元關係」, 同 著,『東アジア海域と日中交流 - 九~十四世紀』, 吉川弘文館

江原正昭

[1969]「高麗時代の驛について」,『鎮西學院短期大學紀要』創刊號

海老澤哲雄

[1961]「元代食邑制度の成立」,『歴史教育』9-7

[1962]「元朝の王族について」,『歴史教育』10-7

[1966]「元朝の封邑制度に關する一考察」,『史潮』95

[1973]「モンゴル帝國の東方三王家に關する諸問題」,『埼玉大學紀要(教育學部·人文社會科學)』21

[1976]「キリキア=アルメニア王國とモンゴル帝國」,『埼玉大學紀要(教育學部·人文·社會科學)』25

[1979]「モンゴル帝國の對外文書をめぐって」, 加賀博士退官記念論集刊行會 編,『加賀博士退官記念中國文史哲學論集』, 講談社

[1987]「モンゴル帝國對外文書管見」,『東方學』74

[2004]「グユクの教皇あてラテン語譯返書について」,『帝京史學』19

大島立子

[2002]「元朝福建地方の行省」,『愛大史學』11

太田彌一郎

[1993]「元朝の驅良婚所生子令とその反響」,『奥羽大學文學部紀要』5

大葉昇一

[1999]「元·明初の耽羅(濟州島)」,『昭和女子大學文化史研究』3

大藪正哉

[1983]「元の大禧宗禋院について」, 同 著,『元代の法制と宗教』, 秀英出版

岡田英弘

[1958]「元の順帝と濟州島」,『國際基督教大學アジア文化研究論叢』1(→ 岡田[2010])

[1959]「元の瀋王と遼陽行省」,『朝鮮學報』14(→岡田[2010])
[1992]『世界史の誕生』, 筑摩書房
[2010]「元の瀋王と遼陽行省」, 同 著,『モンゴル帝國から大淸帝國へ』, 藤原書店

岡本敬二
[1975] 同 編,『通制条格の研究譯註』2冊, 國書刊行會
[1976] 同 編,『通制条格の研究譯註』3冊, 國書刊行會

岡安勇
[1983]「中國古代史料に現れた席次と皇帝西面について」,『史學雜誌』92-9

奥村周司
[1979]「高麗における八關會的秩序と國際環境」,『朝鮮史研究會論文集』16
[1984]「使節迎接禮より見た高麗の外交姿勢 - 十一, 二世紀における對中關係の一面」,『史觀』110

小澤重男
[1989]『元朝秘史全釋續攷』下, 風間書房
[2007] 同 譯,『元朝秘史』上, 岩波書店

鴛淵一
[1929]「元の征東行省に就きて」,『大谷學報』10-4

愛宕松男
[1988a]「元朝の對漢人政策」,『愛宕松男東洋史學論集 4 - 元朝史』, 三一書房
[1988b]「蒙古人政權治下の漢地における版籍の問題 - 特に乙未年籍·壬子年籍及び至元七年籍を中心として」,『愛宕松男東洋史學論集 4 - 元朝史』, 三一書房

乙坂智子
[1989]「サキャパの權力構造 - チベットに對する元朝の支配力の評價をめぐって」,『史峯』3
[1997]「元代「内附」序論 - 元朝の對外政策をめぐる課題と方法」,『史境』34
[1998]『蠻夷の王, 胡羯の僧 - 元·明代皇帝權力は朝鮮·チベットからの入朝者に何を託したか』, 平成8·9·10年度文部科學省科學研究補助金(特別研究員奬勵費)「明朝對外政策史の研究 - チベットとの關係を中心として」報告書

片山共夫
[1977]「元朝四怯薛の輪番制度」,『九州大學東洋史論集』6

[1980a]「元朝怯薛出身者の家柄について」,『九州大學東洋史論集』8
[1980b]「怯薛と元朝官僚制」,『史學雜誌』89-12
[1982]「元朝の昔寶赤について - 怯薛の二重構造を中心として」,『九州大學東洋史論集』10
[1987a]「元朝必闍赤雜考」,『モンゴル研究』17
[1987b]「元朝怯薛の職掌について(その一)」, 日野開三郎博士頌壽記念論集刊行會 編,『日野開三郎博士頌壽記念論集 中國社會·制度·文化史の諸問題』, 中國書店
[1988]「元朝の玉典赤·八剌哈赤について」,『モンゴル研究』18

加藤一郎
[1981]「モンゴル人によるルーシ支配の開始 - キプチャク汗國の成立」,『思潮』11
[1985]「一三世紀後半のキプチャク汗國とロシア - 汗國史へのエチュード(1)」,『文教大學教育學部紀要』19
[1988]「一四世紀前半のキプチャク汗國とロシア - 汗國史へのエチュード(2)」,『文教大學言語文化研究所紀要』1
[1989]「一四世紀後半のキプチャク汗國とロシア - 汗國史へのエチュード(3)」,『言語と文化』2
[1993]「トフタムイシ汗とキプチャク汗國の解體 - 汗國史へのエチュード(4)」,『文教大學教育學部紀要』26

カルピニ·ルブルク
[1989]『中央アジア·蒙古旅行記 - 遊牧民族の實情の記錄』, 光風社(護雅夫 譯)

川添昭二
[1975]「鎌倉時代の對外關係と文物の移入」,『岩波講座日本歷史 6 - 中世 2』, 岩波書店
[1996]「中世における日本と東アジア」, 同 著,『對外關係の史的展開』, 文獻出版

川西裕也
[2011]「高麗末·朝鮮初における任命文書體系の再檢討」,『朝鮮學報』220

神田喜一郎
[1984]「八思巴文字の新資料」,『神田喜一郎全集 3 - 東洋學文獻叢說·舊鈔本叢說·鬯盦藏書絶句』, 同朋舍出版

岸本美緒·宮嶋博史
[1998]『明淸と李朝の時代(世界の歷史12)』, 中央公論社

北川誠一
[1975]「オルジタイ·ハトゥン降嫁の事情(1) - イル·ハン國のグルジア政策」,『史朋』2

[1976]「オルジタイ·ハトゥン降嫁の事情(2) - イル·ハン國のグルジア政策」,『史朋』4
[1977]「イル＝ハン國の西南グルジア支配とサムツヘ - アタベギ領(サアタバゴ)の成立」,『史朋』7
[1978]「モンゴル帝國の北西イラン支配とオルベリヤン家の台頭」,『北海道大學文學部紀要』26-2
[1979]「モンゴル帝國とグルジア王國」,『史朋』10
[1997]「モンゴル帝國のグルジア征服」,『オリエント』40-2

北村秀人
[1964]「高麗に於ける征東行省について」,『朝鮮學報』32
[1965]「高麗末に於ける立省問題について」,『北海道大學文學部紀要』14-1
[1972]「高麗時代の瀋王についての1考察」,『人文研究(大阪市立大)』24-10分冊

許一範
[2000a]「チベット·モンゴル佛教の高麗傳來について」,『印度學佛教學研究』48-2

金文京·玄幸子·佐藤晴彦
[2002] 同 譯註,『老乞大 - 朝鮮中世の中國語會話讀本』, 平凡社(鄭光 解說)

栗生澤猛夫
[2007]『タタールのくびき - ロシア史におけるモンゴル支配の研究』, 東京大學出版會

小林高四郎
[1983]「元朝投下考」, 同 著,『モンゴル史論考』, 雄山閣出版

近藤剛
[2008]「嘉祿·安貞期(高麗高宗代)の日本·高麗交涉について」,『朝鮮學報』207

佐伯弘次
[2003]『日本の中世 9 - モンゴル襲來の衝擊』, 中央公論新社

坂上康俊
[2004]「勅命下達文書の比較研究 - 日本と中國の場合」,『東アジアと日本 - 交流と變容』創刊號

坂本勉
[1970]「モンゴル帝國における必闍赤＝bitikči - 憲宗メングの時代までを中心として」,『史學』42-4

酒寄雅志

[2001]「渤海國中臺省牒の基礎的研究」, 同 著,『渤海と古代の日本』, 校倉書房

佐口透

[1943a]「モンゴル人支配時代のウイグリスタン(上)」,『史學雜誌』54-8

[1943b]「モンゴル人支配時代のウイグリスタン(下)」,『史學雜誌』54-9

[1951]「河西におけるモンゴル封建王侯」, 和田博士還曆記念東洋史論叢編纂委員會 編,『和田博士還曆記念東洋史論叢』, 講談社

櫻井益雄

[1936]「汪古部族考」,『東方學報』6

志茂碩敏

[1995]『モンゴル帝國史研究序說 - イル汗國の中核部族』, 東京大學出版會

白鳥庫吉

[1970]「『高麗史』に見えたる蒙古語の解釋」,『白鳥庫吉全集 第3 - 朝鮮史研究』, 岩波書店

末松保和

[1996]「朝鮮議政府考」,『末松保和朝鮮史著作集 5 高麗朝史と朝鮮朝史』, 吉川弘文館

杉山正明

[1992]『大モンゴルの世界 - 陸と海の巨大帝國』, 角川書店

[1995a]「大元ウルスの三大王國 - カイシャンの奪權とその前後(上)」,『京都大學文學部研究紀要』34

[1995b]『クビライの挑戦 - モンゴル海上帝國への道』, 朝日新聞社

[1996a]『モンゴル帝國の興亡(上) - 軍事擴大の時代』, 講談社

[1996b]『モンゴル帝國の興亡(下) - 世界經營の時代』, 講談社

[1997]「中央ユーラシアの歷史構圖 - 世界史をつないだもの」,『岩波講座世界歷史 11 - 中央ユーラシアの統合』, 岩波書店

[2004a]『モンゴル帝國と大元ウルス』, 京都大學學術出版會

[2004b]「モンゴル帝國の原像 - チンギス·カン王國の出現」, 同 著,『モンゴル帝國と大元ウルス』, 京都大學學術出版會

[2004c]「モンゴル帝國の變容 - クビライの奪權と大元ウルスの成立」, 同 著,『モンゴル帝國と大元ウルス』, 京都大學學術出版會

[2004d]「クビライと大都 - モンゴル型「首都圈」と世界帝都」, 同 著,『モンゴル帝國と大元ウルス』, 京都大學學術出版會

[2004e]「八不沙大王の令旨碑より - モンゴル諸王領の實態」, 同 著,『モンゴル帝國と大元

ウルス』, 京都大學學術出版會
[2004f]「ふたつのチャガタイ家 - チュベイ王家の興亡」, 同 著,『モンゴル帝國と大元ウルス』, 京都大學學術出版會
[2004g]「モンゴル命令文研究導論 - 眞定路元氏縣開化寺聖旨碑の呈示をかねて」, 同 著,『モンゴル帝國と大元ウルス』, 京都大學學術出版會
[2004h]「東西文獻によるコデン王家の系譜」, 同 著,『モンゴル帝國と大元ウルス』, 京都大學學術出版會

周藤吉之
[1969]「唐宋の資料に見える頭項·頭下と探馬 - 遼·元の投下との關連に於いて」, 同 著,『宋代史研究』, 東洋文庫

全宗釋
[1987]「高麗佛教と元代喇嘛教との關係 - 喇嘛教の影響を中心に」,『印度學佛教學研究』65-2

高雄義堅
[1944]「元代に於ける僧尼管屬僧並に度牒の研究」,『佛教學論纂(『龍谷大學紀要』1)』, 平樂寺書店

高橋公明
[1982]「外交文書,「書」·「咨」について」,『年報中世史研究』7

竹内理三
[1982] 同 編,『鎌倉遺文』古文書 23, 東京堂出版

田中謙二
[2000]「元典章文書の研究」,『田中謙二著作集』2, 汲古書院

田村實造
[1971]「元朝札魯忽赤考」, 同 著,『中國征服王朝の研究』中, 東洋史研究會

檀上寛
[1997]「初期明帝國體制論」,『岩波講座世界歷史 11 - 中央ユーラシアの統合』, 岩波書店
[2009]「明朝の對外政策と東アジアの國際秩序 - 朝貢體制の構造的理解に向けて」,『史林』92-4

張東翼

[2005]「1269年「大蒙古國」中書省の牒と日本側の對応」,『史學雜誌』114-8

朝鮮總督府

[1919] 同 編,『朝鮮金石總覧』上, 朝鮮總督府

陳高華

[1984]『元の大都 - マルコ·ポーロ時代の北京』, 中央公論社(佐竹靖彦 譯)

辻森要脩

[1929]「南禪大藏跋文蒐錄(4)」,『佛典研究』1-6

[1930]「南禪大藏跋文蒐錄(8)」,『佛典研究』2-10

津田左右吉

[1913a]「元代に於ける高麗西北境の混亂」,『朝鮮歷史地理』2, 南滿洲鐵道株式會社(→ 津田 [1964b])

[1913b]「元代に於ける高麗の東北境」,『朝鮮歷史地理』2, 南滿洲鐵道株式會社(→ 津田 [1964b])

[1964a]「高麗西北境の開拓」,『津田左右吉先生全集 11 - 滿鮮歷史地理研究 1』, 岩波書店

[1964b]『津田左右吉先生全集 11 - 滿鮮歷史地理研究 1』, 岩波書店

堤一昭

[1995]「李璮の亂後の漢人軍閥 - 濟南張氏の事例」,『史林』78-6

[2000]「大元ウルス江南統治首腦の二家系」,『大阪外國語大學論集』22

内藤乾吉

[1963]「西域發見唐代官文書の研究」, 同 著,『中國法制史考証』, 有斐閣

内藤雋輔

[1961a]「高麗驛傳考」, 同 著,『朝鮮史研究』, 東洋史研究會

[1961b]「高麗兵制管見」, 同 著,『朝鮮史研究』, 東洋史研究會

[1961c]「高麗時代の鷹坊に就いて」, 同 著,『朝鮮史研究』, 東洋史研究會

[1961d]「朝鮮支那間の航路及び其の推移に就いて」, 同 著,『朝鮮史研究』, 東洋史研究會

中西朝美

[2005]「五代北宋における國書の形式について -「致書」文書の使用狀況を中心に」,『九州大學東洋史論集』33

中村淳

[1993]「元代法旨に見える歴代法師の居所 - 大都の花園大寺と大護國仁王寺」,『待兼山論叢(史學篇)』27

[1997]「チベットとモンゴルの邂逅 - 遙かなる後世へのめばえ」,『岩波講座世界歷史 11 - 中央ユーラシアの統合』, 岩波書店

[1999a]「クビライ時代初期における華北佛教界 - 曹洞宗教團とチベット佛僧パクパとの關係を中心にして」,『駒澤史學』54

[1999b]「元代大都の敕建寺院をめぐって」,『東洋史研究』58-1

[2005]「元代チベット命令文の總合的研究にむけて」,『駒澤大學文學部研究紀要』63

[2010]「モンゴル時代におけるパクパの諸相 - 大朝國師から大元國師へ」,『駒澤大學文學部研究紀要』68

中村淳·松川節

[1993]「新發現の蒙漢合璧少林寺聖旨碑」,『內陸アジア言語の研究』Ⅷ

中村淳·森平雅彦

[2002]「韓國·松廣寺所藏の元代チベット文法旨」,『內陸アジア史研究』17

中村榮孝

[1965a]「文永·弘安兩役間の國際政局」, 同 著,『日鮮關係史の研究』上, 吉川弘文館

[1965b]「『太平記』に見える高麗人の來朝 - 武家政權外交接収の發端」, 同 著,『日鮮關係史の研究』上, 吉川弘文館

中村裕一

[1991a]「教 - 少林寺武徳八年(625)秦王「教」を中心に」, 同 著,『唐代官文書研究』, 中文出版社

[1991b]「渤海國咸和十一年(841)中臺省牒 - 古代東亞國際文書の一形式」, 同 著,『唐代官文書研究』, 中文出版社

[1991c]『唐代制勅研究』, 汲古書院

[1996]『唐代公文書研究』, 汲古書院

仁井田陞

[1937]『唐宋法律文書の研究』, 東方文化學院東京研究所

[1997]『唐令拾遺補』, 東京大學出版會(池田溫 編集代表)

[1980]「北方民族法と中國法との交渉(2) - 元代刑法考」, 同 著,『補訂 中國法制史研究 - 刑法』, 東京大學出版會

西尾賢隆

[2006a]「元朝の江南統治における佛教」, 同 著,『中國近世における國家と禪宗』, 思文閣出版

[2006b]「元末帝師の事績」, 同 著,『中國近世における國家と禪宗』, 思文閣出版

野上俊靜

[1950]「元の宣政院に就いて」, 羽田博士還暦記念會 編,『羽田博士頌壽記念東洋史論叢』, 東洋史研究會

野口周一

[1984]「元代武宗期の王號授與について －『元史』諸王表に關する一考察」, 岡本敬二先生退官記念論集刊行會 編,『アジア諸民族における社會と文化 － 岡本敬二先生退官記念論集』, 國書刊行會

旗田巍

[1969]『日本人の朝鮮觀』, 勁草書房

秦野裕介

[2012]「クビライ·カアンと後嵯峨院政の外交交渉」,『立命館文學』624

羽田亨

[1957]「元朝驛傳雜考」,『羽田博士史學論文集』上, 東洋史研究會

平岡定海

[1959]『東大寺宗性上人之研究並史料』中, 日本學術振興會

平田茂樹

[2012a]「文書を通して見た宋代政治 －「箚子」,「帖」,「牒」,「申狀」の世界」, 同 著,『宋代政治構造研究』, 汲古書院

[2012b]「文書を通して見た宋代政治 －「關」,「牒」,「諮報」の世界」, 同 著,『宋代政治構造研究』, 汲古書院

福田美穗

[2004]「元大都の皇城に見る「モンゴル」的要素の發現」,『佛教美術』272

藤島建樹

[1967]「元朝「宣政院」考」,『大谷學報』46-4

[1975]「元朝における政治と佛教」,『大谷大學研究年報』27

藤田明良

[2010]「東アジアにおける島嶼と國家 – 黄海をめぐる海域交流史」, 荒野泰典·石井正敏·村井章介 編,『日本の對外關係4 倭寇と「日本國王」』, 吉川弘文館

藤野彪

[1954]「朱清·張瑄について」,『愛媛大學歷史學紀要』3

舩田善之

[2006]「書評: 杉山正明著『モンゴル帝國と大元ウルス』」,『史學雜誌』113-11

[2007]「蒙文直譯體の成立をめぐって – モンゴル政權における公文書翻譯システムの端緒」,『大東文化大學フォーラム』13

古畑徹

[1995]「渤海使の文化使節的側面の再檢討 – 渤海後期の中華意識·對日意識と關連させて」,『東北大學東洋史論集』6

古松崇志

[2010]「契丹·宋間における外交文書としての牒」,『東方學報』85

星斌夫

[1959]「元代海運運營の實態」,『歷史の研究』7

堀敏一

[1993]『中國と古代東アジア世界 – 中華的世界と諸民族』, 岩波書店

[1998]「渤海·日本間の國書をめぐって」, 同 著,『東アジアのなかの古代日本』, 研文出版

堀江雅明

[1982]「モンゴル = 元朝時代の東方三ウルス研究序說」, 小野勝年博士頌壽記念會 編,『小野勝年博士頌壽記念東方學論集』, 龍谷大學東洋史學研究會

[1985]「テムゲ = オッチギンとその子孫」,『東洋史苑』24·25

本田實信

[1991]「ヘラートのクルト政權」, 同 著,『モンゴル時代史研究』, 東京大學出版會

ポーロ, マルコ

[1970]『東方見聞錄』1, 平凡社(愛宕松男 譯註)

前田直典
[1973]「元朝行省の成立過程」, 同 著,『元朝史の研究』, 東京大學出版會

眞杉慶夫
[1970]「怯薛制度について」,『社會文化史學』6

松井太
[2002]「モンゴル時代ウイグリスタンの税役制度と徵税システム」, 平成12~13年度科學研究費補助金基盤研究(B)(一)研究成果報告書,『碑刻等史料の總合的分析によるモンゴル帝國·元朝の政治·經濟システムの基礎的研究』(研究代表者: 松田孝一)

松川節
[1995]「大元ウルス命令文の書式」,『待兼山論叢(史學篇)』29

松田孝一
[1978]「モンゴルの漢地統治制度 - 分地分民制度を中心として」,『待兼山論叢(史學篇)』11
[1979]「元朝期の分封制 - 安西王の事例を中心として」,『史學雜誌』88-8
[1980a]「フラグ家の東方領」,『東洋史研究』39-1
[1980b]「雲南行省の成立」,『立命館文學』418·419·420·421
[1982]「カイシャンの西北モンゴリア出鎮」,『東方學』64
[1983]「ユブクル等の元朝投降」,『立命館史學』4
[1993]「紅巾の亂初期陝西元朝軍の全容」,『東洋學報』75-1·2
[1994]「トゥルイ家のハンガイの遊牧地」,『立命館文學』537
[1996]「宋元軍制史上の探馬赤(タンマチ)問題」, 佐竹靖彦·斯波義信·梅原郁·植松正·近藤一成 編,『宋元時代史の基本問題』, 汲古書院
[2000]「中國交通史 - 元時代の交通と南北物流」, 同 編,『東アジア經濟史の諸問題』, 阿吽社

丸龜金作
[1934]「元·高麗關係の一齣 - 瀋王に就いて」,『青丘學叢』18

宮紀子
[2006a]『モンゴル時代の出版文化』, 名古屋大學出版會
[2006b]「モンゴルが遺した「翻譯」言語 - 舊本『老乞大』の發見によせて」, 同 著,『モンゴル時代の出版文化』, 名古屋大學出版會
[2006c]「程復心『四書章圖』出版始末攷 - 大元ウルス治下における江南文人の保學」, 同 著,『モンゴル時代の出版文化』, 名古屋大學出版會

宮崎市定

[1992a]「宋元時代の法制と裁判機構 – 元典章成立の時代的·社會的背景」,『宮崎市定全集 11 – 宋元』, 岩波書店

[1992b]「洪武から永樂へ – 初期明朝政權の性格」,『宮崎市定全集 13 – 明清』, 岩波書店

村井章介

[1997]「文書からみた東アジア地域の交流」, 同 著,『國境を超えて – 東アジア海域世界の中世』, 校倉書房

村岡倫

[1985]「シリギの亂 – 元初モンゴリアの争亂」,『東洋史苑』24·25

[1997]「元代江南投下領とモンゴリアの遊牧集團」,『龍谷紀要』18-2

村上正二

[1960]「蒙古來牒の飜譯」,『朝鮮學報』17

[1970] 同 譯註,『モンゴル秘史 – チンギス·カン物語』1, 平凡社

[1993a]「元朝における投下の意義」, 同 著,『モンゴル帝國史研究』, 風間書房

[1993b]「チンギス汗帝國成立の過程」, 同 著,『モンゴル帝國史研究』, 風間書房

[1993c]「モンゴル朝治下の封邑制の起源 – 特にSoyurɣalとQubiとEmčüとの關連について」, 同 著,『モンゴル帝國史研究』, 風間書房

護雅夫

[1952a]「Nökör考序說 – 主として, 主從關係成立の事情について」,『東方學』5

[1952b]「Nökür考 –「チンギス＝ハン國家」形成期における」,『史學雜誌』61-8

森平雅彦

[1996]「高麗後期の賜給田をめぐる政策論議について – 14世紀初葉の政局情勢にみるその浮上背景」,『朝鮮學報』160

[1998a]「駙馬高麗國王の成立 – 元朝における高麗王の地位についての予備的考察」,『東洋學報』79-4

[1998b]「高麗王位下の基礎的考察 – 大元ウルスの一分權勢力としての高麗王家」,『朝鮮史研究會論文集』36

[2002]「大元ウルスと高麗佛教 – 松廣寺法旨出現の意義に寄せて」,『內陸アジア史研究』17

[2003]「朱子學東傳の國際的背景 – モンゴル時代と高麗知識人」,『アジア遊學』50

[2004]「高麗における元の站赤 – ルートの比定を中心に」,『史淵』141

[2006]「朱子學の高麗傳來と對元關係(その一) – 安珦朱子學書将來說の再檢討」,『史淵』143

[2007]「朝鮮における王朝の自尊意識と國際關係 – 高麗の事例を中心に」,『九州大學二一世紀coeプログラム「東アジアと日本: 交流と變容」統括ワークショップ報告書』, 九州大學

二一世紀coeプログラム「東アジアと日本: 交流と變容」
[2011]「朱子學の高麗傳來と對元關係(その二) - 初期段階における禿魯花·ケシク制度との接点」,『史淵』148

矢木毅
[2008a]『高麗官僚制度研究』, 京都大學學術出版會
[2008b]「高麗事元期における官品構造の變革」, 同 著,『高麗官僚制度研究』, 京都大學學術出版會

安田純也
[2002]「高麗時代の僧錄司制度」,『佛教史學研究』45-1

箭内亙
[1913a]「滿洲に於ける元の疆域」,『滿洲歷史地理』2, 南滿洲鐵道株式會社
[1913b]「元明時代の滿洲交通路」,『滿洲歷史地理』2, 南滿洲鐵道株式會社
[1930]「元朝怯薛考」, 同 著,『蒙古史研究』, 刀江書院

山根幸夫
[1965]「明太祖政權の確立期について - 制度史的側面よりみた」,『史論』13

山本隆義
[1955]「元代に於ける翰林學士院について」,『東方學』11

四日市康博
[2002]「ジャルグチとビチクチに關する一考察 - モンゴル帝國時代の行政官」,『史觀』147

吉川眞司
[1998]「奈良時代の宣」, 同 著,『律令官僚制の研究』, 塙書房

吉田孝
[1997]『日本の誕生』, 岩波書店

李治安
[1992]「元代における蒙古諸王の中原居留に關する問題」,『愛知大學文學論叢』99
[1994]「オゴタイ汗時期における小功臣の食邑民分封に關する考察」,『日本モンゴル學會紀要』24

李領
[1999]『倭寇と日麗關係史』, 東京大學出版會

鷲尾順敬
[1932] 同監修,『菩提達磨崇山史蹟大觀』, 菩提達磨崇山史蹟大觀刊行會

渡邊健哉
[1999]「元代の大都南城について」,『集刊東洋學』 82

渡邊信一郎
[2003]『中國古代の王權と天下秩序 - 日中比較史の視点から』, 校倉書房

| 중국어 문헌 |

白壽彝
[1937]『中國交通史』, 商務印書館

蔡美彪
[1955] 同 編,『元代白話碑集錄』, 科學出版社

陳高華
[1992]「元代大都的皇家佛寺」,『世界宗教硏究』 1992年 第2期
[2005]「元朝與高麗的海上交通」, 同 著,『元史硏究新論』, 上海社會科學院出版社

陳學霖
[2001]「張昱〈輦下曲〉與元大都史料」, 蕭啓慶 主編,『蒙元的歷史與文化 - 蒙元史學術檢討會論文集(上冊)』, 學生書局

黨寶海
[2006]『蒙元驛站交通硏究』, 昆侖出版社

丁崑健
[1980]「元代征東行省之硏究」,『史學彙刊』 10期

潘念慈
[1959]「關於元代的驛傳」,『歷史硏究』 1959年 第2期

方慧

[2001]『大理總管段氏世次年歷及其與蒙元政權關係研究』, 雲南教育出版社

耿世民

[2001]「回鶻文《亦都護高昌王世勳碑》研究」, 同 著,『新疆文史論集』, 中央民族大學出版社

寬城縣志編纂委員會

[1990] 同 編,『寬城縣志』, 河北人民出版社

黃文弼

[1989]「亦都護高昌王世勳碑復原并校記」, 黃烈編,『黃文弼歷史考古論集』, 文物出版社

李治安

[2000]『行省制度研究』, 南開大學出版社

[2007]『元代分封制度研究(增訂本)』, 中華書局

羅賢佑

[1987]「試論元朝皇室的聯姻關係」, 中國社會科學院民族研究所 主編,『中國民族史研究』, 中國社會科學出版社

卡哈爾=巴拉提·劉迎勝

[1984]「亦都護高昌王世勳碑回鶻碑文之校勘與研究」,『元史及北方民族史研究』8期

譚其驤

[1982] 同 主編,『中國歷史地圖集 第7冊 - 元·明時期』, 中國地圖出版社

[1988] 同 主編,『中國歷史地圖集 - 釋文匯編·東北卷』, 中國地圖出版社

王崇實

[1992]「元與高麗統治集團的聯姻」,『吉林師範學院學報』, 1992年 第4期

王文楚

[1981]「兩宋和高麗海上航路初探」,『文史』12

喜蕾

[2003]『元代高麗貢女制度研究』, 民族出版社

西藏自治區檔案館

[1995] 同 編,『西藏歷史檔案薈粹』, 文物出版社

蕭啓慶

[1983a]「元麗關係中的王室婚姻與強權政治」, 同 著,『元代史新探』, 新文豊出版公司

[1983b]「元代的宿衛制度」, 同 著,『元代史新探』, 新文豊出版公司

葉新民

[1983]「關於元代的"四怯薛"」,『元史論叢』2

于采芑

[2006]「蒙古汗國國号"大朝"考」, 赫時遠·羅賢佑·烏蘭 編,『天驕偉業 - 成吉思汗與蒙古汗國研究紀念文集』, 社會科學文獻出版社

于杰·于光度

[1989]『金中都』, 北京出版社

余大鈞·周建奇

[1983] 同 譯,『史集』1-1分冊, 商務印書館

[1985] 同 譯,『史集』2, 商務印書館

札奇斯欽

[1980]「說元史中的「禿魯花」(質子軍)與元朝秘史中的「土兒合黒」(散班)」, 同 著,『蒙古史論叢(下)』, 學海出版社

張帆

[1988]「元代翰林國史院與漢族儒士」,『北京大學學報(哲學社會科學版)』, 1988年 第5期

[1997]『元代宰相制度研究』, 北京大學出版社

張松柏·任學軍

[1992]「遼高州調査記」,『内蒙古文物考古』1992年 第1·2期

趙和平

[1993]『敦煌寫本書儀研究』, 新文豊出版公司

周良霄

[1983]「元代投下分封制度初探」,『元史論叢』2

周清澍

[2001a]「汪古部統治家族」, 同 著,『元蒙史札』, 内蒙古大學出版社

[2001b]「歷代汪古部首領封王事跡」, 同 著,『元蒙史札』, 内蒙古大學出版社

[2001c]「汪古部與成吉思汗家族世代通婚的關係」, 同 著,『元蒙史札』, 內蒙古大學出版社
[2001d]「汪古部的領地及其統治制度」, 同 著,『元蒙史札』, 內蒙古大學出版社

| 영어 문헌 |

Allsen, Thomas T.

[1983] "The Yüan Dynasty and the Uighurs of Turfan in the 13th Century", *China among Equals: The Middle Kingdom and Its Neighbors, 10th-14th Centuries*, Edited by Morris Rossabi, University of California Press

[1987] *Mongol Imperialism: The Policies of the Grand Qan Möngke in China, Russia, and the Islamic Lands, 1251-1259*, University of California Press

Boyle, John Andrew (trans.)

[1958] *Genghis Khan: The History of the World-Conqueror*, Manchester University Press

[1971] *Successors of Genghis Khan*, Columbia University Press

Cleaves, Francis Woodman

[1951] "The Sino-Mongolian Inscription of 1338 in Memory of Jigüntei", *Harvard Journal of Asiatic Studies*, 14

Henthorn, William E.

[1963] *Korea: The Mongol Invasions*, E. J. Brill

Hsiao, Ch'i-ch'ing

[1978] *The Military Establishment of the Yuan Dynasty*, Harvard University Press

Ledyard, Gari

[1963] "Two Mongol Documents from The Koryo sa", *Journal of the American Oriental Society* 83-2

Zhao, George Qingzhi

[2008] *Marriage as Political Strategy and Cultural Expression: Mongolian Royal Marriages from World Empire to Yuan Dynasty*, Peter Lang

| 프랑스어 문헌 |

Hambis, Louis

[1945] *Le Chapitre CVII du Yuan Che*, supplément du *T'oung pao* Vol. XXXVIII, E. J. Brill

[1954] *Le Chapitre CVIII du Yuan Che*, monographies du *T'oung Pao* Vol. III, E. J. Brill

[1957] "Notes sur l'histoire de Corée à l'époque Mongole", *T'oung Pao* XLV

Pelliot, Paul

[1923] "Les Mongols et la papauté", *Revue de l'Orient chrétien* XXIII

찾아보기

일러두기

각 장마다 핵심 키워드는 찾아보기에 별도로 표시하지 않았음.

1장: 부마(駙馬)

3장: 통혼(通婚)

4장: 케식, 질자(質子), 투르칵[禿魯花, turγaγ], 숙위(宿衛, kebte'ül)

5장: 계(啓), 첩(牒), 자(咨), 중서성(中書省), 정동행성(征東行省)

6장: 송광사, 티벳

7장: 잠치(ǰamči, 站赤), 역참(驛站)

8장: 이승휴(李承休), 『빈왕록(賓王錄)』

종장: 일본(日本)

ㄷ

지은이

모리히라 마사히코(森平雅彦)

도쿄대학에서 학사, 석사, 박사학위를 받았고, 현재 규슈대학 대학원 인문과학연구원 조선사학연구실 교수로 재직 중이다. 한국사를 둘러싼 국제적 조건과 자연조건에 대해 관심으로 가지고, 주로 고려-몽골 관계사, 중·근세 국제교통사, 인간의 삶과 물환경 관계사에 대해 연구해 왔다. 주요 저서로 『モンゴル覇権下の高麗: 帝國秩序と王國の對應』(2013, 名古屋大學出版會), 『中近世の朝鮮半島と海域交流』(편저, 2013, 汲古書院), 『日韓の交流と共生: 多様性の過去·現在·未來』(공편, 2022, 九州大學出版會) 등이 있다.

옮긴이

이명미

서울대학교 국사학과에서 학사, 석사, 박사학위를 받았고, 현재 경북대학교 인문대학 사학과 교수로 재직 중이다. 이질적인 요소들이 강하게 부딪히고 장기간 함께 하게 될 때 나타나는 변화상에 관심이 있어, 주로 정치사를 중심으로 한 고려-몽골 관계사 관련 연구를 하고 있다. 주요 저서로 『13~14세기 고려·몽골 관계 연구: 정동행성승상 부마 고려국왕, 그 복합적 위상에 대한 탐구』(2016, 혜안), 『고려, 몽골에 가다』(2022, 세창미디어), 『고려 · 몽골 관계 깊이 보기』(2022, 동북아역사재단) 등이 있다.

정동훈

서울대학교 국사학과에서 학사, 석사, 박사학위를 받았고, 현재 서울교육대학교 사회과교육과 교수로 재직 중이다. 과거에 대한 기억이 어떻게 만들어지고 전해지며 어떻게 현실에 영향을 주는지에 관심을 두고, 한국과 중국 왕조의 역사 인식, 상호 인식을 연구하고 있다. 주요 저서로 『고려시대 외교문서 연구』(2022, 혜안), 『황제의 말과 글: 조선을 대하는 명나라 황제의 두 얼굴』(2023, 푸른역사) 등이 있다.